KB095793

World Book Dictionary

지식과 교양을 위한 책의 백과사전

세계의 모든 책

초판 1쇄 인쇄 · 2007. 9. 20.
초판 1쇄 발행 · 2007. 10. 3.

황보종우 편저

발행인 · 이상용 이성훈
발행처 · 청아출판사
디자인 · Design All(02-776-9862)
출판등록 · 1979.11.13. 제9-84호
주소 · 경기도 파주시 교하읍 문발리 출판문화정보산업단지 507-7
대표전화 · 031-955-6031 편집부 · 031-955-6032 팩시밀리 · 031-955-6036
홈페이지 www.chungabook.co.kr
E-mail chunga@chungabook.co.kr

Copyright © 2007 by Chung-A Publishing Co.
서면에 의한 저자와 출판사의 허락 없이
내용의 일부를 인용하거나 발췌하는 것을 금합니다.

ISBN 978-89-368-0365-0 03900

*독자 의견에 항상 귀 기울이고 있습니다.
*값은 뒤표지에 있습니다.
*잘못된 책은 바꾸어드립니다.

지식과 교양을 위한 책의 백과사전

세계의 모든 책

| 황보종우 편저 |

청아출판사

| 서 문 |

책을 찾아주는 책

지식에는 두 가지 종류가 있다고 합니다. 첫 번째는 알아야 할 것을 아는 것이고, 두 번째는 알아볼 곳을 아는 것이라고 합니다. 사람은 살면서 알아두어야 할 지식과 정보를 배우고 익히면서 살아가게 됩니다. 그러나 사람의 기억력은 유한하기 때문에 우리는 책이라는 형태로 필요한 지식과 정보를 저장하게 되었습니다. 이렇게 해서 책에 담긴 지식과 정보도 세월이 흐르면서 차츰 그 양이 늘어나게 되자 새로운 문제가 생겨납니다. 무조건 기록하고 저장하는 데 그치지 않고, 책에 담긴 지식을 알기 쉽고 찾기 쉽게 정리할 필요가 생긴 것이지요. 이와 같이 수록된 정보를 찾아보기 쉽게 분류한 책을 우리는 사전이라고 부릅니다. 그리고 이 책은 사전 중에서도 책에 대한 사전입니다.

이 책은 청소년들에게 동서고금의 명작과 현대의 문제작들을 소개하고 독서의 지침을 제공하기 위한 책 사전입니다. 여기에 소개된 책들은 우리 청소년들이 공부하는 교과서에 나오는 작품들과 학교나 단체에서 만든 청소년이 읽어야 할 추천도서목록에 실린 책들을 위주로 하였습니다. 거기에 학교 수업이나 논술 시험에 대비하여 알아두어야 할 필요가 있는 책들을 추가하였습니다. 그 밖에 청소년들이 흥미를 갖고 읽을 수 있는 여러 분야의 작품들도 실었습니다. 교과서를 공부하다가 모르는 책의 이름이 나왔을 때 이 책 사전을 찾아보면 그 책에 대한 기본적인 정보와 간략한 내용을 알 수 있습니다. 또한 그 책과 비슷한 내용을 가진 책이나 영향을 미친 책들도 함께 소개해서 한 권의 책을 찾아봄으로써 여러 권을 알 수 있도록 만들었습니다.

이 책의 구성은 국어사전이나 백과사전과 같이 '가, 나, 다…' 순으로 되어 있습니다. 예컨대 여러분이 찾는 책의 제목이 《구운몽》이라면 '가' 항목을 찾아보면 됩니다. 그러면 우선 표제에서 《구운몽》의 저자는 김만중(金萬重, 1637~1692)이며, 분류상 한국문학에 속하고 원제목은 《九雲夢》, 출간 연도는 1687년이라는 것을 찾아볼 수 있습니다. 다음으로 본문에서는 저자는 어떤 의도로 이 작품을 썼으며, 그 줄거리는 어떤 내용인지, 그리고 이 작품은 어떤 평가를 받고 있으며, 비슷한 작품으로는 어떤 것들이 있는지까지 찾아볼 수 있습니다.

책 사전에 소개된 모든 책들은 문학, 철학, 과학, 예술 등의 분야로 분류하였으며, 가능한 한 정확한 출간 연도를 소개하였기 때문에 여러분이 관심을 갖는 분야와 시대에 해당하는 책들만 골라서 검색할 수 있습니다. 또한 원어로 된 원제목을 같이 표기하여 인터넷이나 외국어로 된 사전에서도 검색할 수 있도록 하였습니다.

이 책에서 소개한 책들 가운데는 청소년들이 읽기에 너무 어려운 책들도 있을 것입니다. 또 어쩌면 수업시간에 제목만 듣고 넘어가게 될 책들도 있을 수 있습니다. 그럴 때 이 책 사전을 찾아보면 어려운 책의 기본 줄거리를 이해하고 그 책에 대한 기초적인 정보를 얻을 수 있을 겁니다. 그렇게 해서 이 책 사전이 어려운 책을 쉽게 읽을 수 있는 길잡이가 되고 책에 대한 여러분의 견문을 넓히는 계기가 될 수 있다면 저자로서 그보다 더한 기쁨은 없을 것입니다.

이 책을 기획하고 제작하는 데 수고하신 모든 분들께 감사드리며, 이 책이 독자 여러분의 독서생활에 자그마한 보탬이 되기를 바랍니다.

2007년 9월 신촌에서

황보종우 씀

| 차 례 |

| 일 러 두 기 |

분 류

- 총 12개의 대항목으로 분류되며, 각각의 대항목은 여러 개의 소항목으로 나누어집니다.
- 책에 따라 여러 개의 대항목에 속할 수도 있습니다.
- 여성 작가의 책은 대항목 '여성'에도 포함됩니다.
- 영화화된 책은 '영화' 항목으로 함께 분류됩니다.

대항목

문학, 종교, 예술, 철학, 역사, 정치, 여성, 인문, 자연과학, 사회과학, 총서, 영화

소항목

문학 | 한국, 미국, 중국, 일본, 프랑스, 독일 , 러시아, 인도, 그리스, 아동, 중동, 중남미, 에스파냐, 이탈리아, 유럽, 신화, 문학이론

종교 | 불교, 기독교, 이슬람교, 힌두교, 천도교, 대종교, 기타종교, 종교학

예술 | 예술사, 미술, 음악, 건축, 영화, 연극

철학 | 유학, 도가철학, 서양철학, 윤리학, 논리학, 인도철학, 실존철학, 포스트모더니즘, 과학철학, 마르크스주의 철학, 미학, 중국철학, 한국철학, 문화철학, 역사철학, 예언서

역사 | 역사이론, 한국사, 중국사, 일본사, 미국사, 영국사, 독일사, 프랑스사, 그리스사, 로마사, 서양사, 동양사, 세계사, 이슬람사, 인도사, 고고학

정치 | 정치이론, 절대주의, 민주주의, 사회주의, 무정부주의, 전체주의, 한국정치, 미국정치, 중국정치, 일본정치, 계몽주의

여성 | 여성학 및 여성 작가의 저서

자연과학 | 수학, 의학, 심리학, 농업, 천문, 물리, 화학, 생물, 천문, 환경,
산업기술, 과학일반, 과학사

인문학 | 언어학, 신화학, 금석학, 인류학, 교육학

사회과학 | 법학, 경제학, 군사학, 사회학, 지리학, 미래학, 경영 · 처세술

총서 | 어학사전, 백과사전, 총서

표 기

- 저자의 이름은 서양인의 경우 성으로 표기하고, 동양인의 경우 성과 이름을 함께 표기하였습니다.
- 외국 지명이나 인명의 경우 〈외래어 표기법〉에 의거하였습니다.
- 1작가 1작품을 원칙으로 했으나, 일부 작가의 경우 여러 편의 저작이 실려 있습니다.
- 일반 책의 경우 《》를 사용했습니다.
- 단편소설, 시, 희곡, 판소리, 신문, 잡지, 논문 등 책 이외의 작품을 표시할 때는 〈〉를 사용했습니다.
- 저자가 밝혀지지 않은 경우 저자이름을 생략했습니다.
- 출간 연도가 밝혀지지 않은 경우 출간 연도를 생략했습니다.

세계의 모든 책

가

가(家)

저자 파금(바진, 巴金, 1904~) **분류** 문학(중국) **원제** 家 **출간 연도** 1931년

중국 현대문학을 대표하는 작가 파금의 소설. 작가의 대표작인 《격류 3부작》(《가(家)》, 《봄》, 《가을》)의 제1부에 해당하는 작품이다. 5·4 운동 시대를 배경으로 봉건적 대가족 제도의 붕괴를 묘사하였다. 시대적 배경은 1919년 5·4 운동이 일어난 지 몇 년 후이며, 사천성의 한 도시에 거주하는 상류층 가정인 고씨네 저택을 공간적 배경으로 하고 있다. 고씨 가족의 가부장인 할아버지와 젊은 학생인 고각민, 고각혜 형제와의 갈등이 주된 내용이며, 신세대가 스스로의 운명을 개척하기 위해 집을 뛰쳐나가는 것으로 끝난다. 출간 당시 5·4 신문화 운동 세대의 열렬한 지지를 받고 백만 부 이상이 팔렸으며, 해외 각국에서도 번역되었다.

가람시조집

저자 이병기(李秉岐, 1891.3.5~1968.11.29) **분류** 문학(한국)

원제 嘉藍時調集 **출간 연도** 1939년

'현대 시조의 아버지'로 불리는 가람(嘉藍) 이병기의 초기 시조를 모아 출간한 시조집. 초기 작품 71편 193수를 5장(章)으로 나누어 출간하였다. 이 시조집에 수록된 그의 시조들은 크게 〈난초〉로 대표되는 자연에 대한 관조와 〈젖〉으로 대표되는 인정물 등 서정적 작품들이다. 그 밖에 〈계곡〉, 〈대성암(大聖庵)〉, 〈도봉(道峯)〉 등의 작품을 통하여 전통 시조의 시조창(時調唱)에서 벗어나 현대시에 가까운 시조를 선보였다.

가루지기 타령

저자 신재효(申在孝, 1812~1884) **분류** 문학(한국)

원제 가루지기 타령, 변강쇠 타령, 변강쇠가, 횡부가(橫負歌), 송장가

조선 후기에 신재효가 정리한 판소리 6마당 중의 하나로 〈변강쇠 타령〉, 〈횡부가〉, 〈송장가〉 등으로도 불린다. 1권 1책의 국문 필사본으로

전한다. 예전부터 전해온 가루지기 타령은 적나라한 성 묘사와 음담패설 때문에 외설적이라는 평을 들었으나, 이를 신재효가 서민적 정서의 문학 작품으로 정리하였다. 평안도에서 태어난 옹녀와 전라도에서 태어난 변강쇠가 서로 만나 함께 유랑하다가 지리산에 들어가 살림을 차리게 된다. 어느 날 변강쇠는 장승을 패어가 동티(動土, 건드려서는 안 될 것을 건드려 그것을 관장하는 지신의 노여움을 사서 받게 되는 재앙)가 나서 죽고 만다. 옹녀는 지나가는 행인들에게 장례만 치러 주면 같이 살겠다고 한다. 그러자 중을 비롯해 유랑 광대패인 초라니와 풍각쟁이들이 나타나 강쇠의 시체를 묻으려다 시체에서 나오는 독기인 초상살(初喪煞)을 맞고 차례로 죽는다. 마지막으로 마종(馬從) 출신인 뎁득이가 각설이패의 도움을 받아 시체를 운반하던 중, 시체를 지고 가던 사람들이 땅에 붙어버린다. 결국 옹좌수가 굿판을 벌여 땅에 붙었던 사람들이 떨어지고 뎁득이도 시체를 떼어내고 옹녀 곁을 떠난다는 내용이다. 이 작품은 조선 후기 유랑 광대들이 자신들의 생활을 토대로 하여 유랑민의 비참한 생활과 정착생활의 실패 등을 노래한 데서 나온 것으로 보인다. 내용은 비극적이며 좌절과 죽음으로 끝나지만, 광대패의 공연 과정은 희극적으로 묘사된다.

가르강튀아와 팡타그뤼엘

저자 라블레(Rabelais, François, 1483~1553.4.9) **분류** 문학(프랑스)

원제 Gargantua et Pantagruel **출간 연도** 1532, 1534, 1546, 1552, 1564년

프랑스 르네상스 초기의 대표작가 프랑수아 라블레가 지은 풍자문학의 걸작. 전 5권으로 되어 있으며, 제1권 《가르강튀아》(1534), 제2권 《팡타그뤼엘》(1532), 제3권 《팡타그뤼엘》(1546), 제4권 《팡타그뤼엘》(1552), 제5권 《팡타그뤼엘》(1564)로 이루어져 있다. 거인왕인 가르강튀아와 그 아들 팡타그뤼엘의 탄생과 유년기, 기사도 수련, 영웅담과 환상적 모험을 다루면서 두 부자와 주변 인물들 사이에 벌어지는 사건을 해학과 풍자를 담아 묘사하였다. 가르강튀아는 원래 프랑스 전설에 나오는 거인의 이름인데, 소설에서는 유토피아의 왕으로 그려진다. 팡타그뤼엘은 중세 전설에 나오는 장난꾸러기 악마의 이름으로 소설에서는 가르강튀

아의 아들로 나온다. 아버지와 아들 거인왕은 르네상스 시대의 이상적인 인간형으로 모든 면에서 뛰어난 능력을 발휘할 수 있는 '완전한 인간(全人)'을 형상화한 것이라 할 수 있다. 중세 전설에서 착상을 얻었다는 이 작품의 줄거리는 중세 기사도 문학의 양식을 따르면서도, 그 표현에 있어서는 르네상스 시대의 새로운 역동성을 반영하고 있다. 르네상스 문학의 대표작이며, 프랑스 16세기 문학의 걸작으로 평가받고 있다.

가족 · 사유재산 및 국가의 기원

저자 엥겔스(Engels, Friedrich, 1820.11.28~1895.8.5) **분류** 역사(고대사)/정치(사회주의)

원제 Der Ursprung der Familie Des Privateigentums und des Staats

출간 연도 1884년

마르크스의 협력자 엥겔스가 역사적 유물론(유물사관)의 입장에서 고대 역사를 해석한 책. 아메리카 인디언을 연구한 인류학자 루이스 헨리 모건의 책 《고대사회》의 내용을 토대로 해서 가족, 사유재산, 국가의 기원을 경제 발전과 계급의 등장에 따른 결과로 해석하였다. 제1장에서 인류의 발전사를 야만 · 미개 · 문명의 세 시대로 구분하고, 제2장에서는 각 단계마다 나타나는 가족 형태의 변화를 서술하였다. 인류의 경제력이 커지면서 사회 변화가 일어나고 결혼 및 가족 관계도 변화한다. 야만시대에는 군혼(집단혼), 미개시대에는 대우혼(집단혼과 일부일처제의 중간 단계), 문명시대에는 일부일처제가 등장한다. 제3장에서는 아메리카 인디언인 이로쿼이 부족, 제4~8장에서는 그리스 · 로마 · 독일의 씨족 제도(氏族制度)와 씨족 사회가 무너진 후에 나타난 국가의 형성에 대해 서술하였다. 마지막 제9장에서 씨족 제도가 해체된 원인을 경제적 발전에 따른 사회 변화 때문이라고 주장하고, 이어서 씨족을 대신해 등장한 국가는 한 계급의 이익을 지키기 위한 기구라고 주장하여 국가의 계급적 성격을 강조하였다. 마르크스주의 역사관, 여성관, 국가관의 형성에 큰 영향을 미쳤다.

가치와 자본

저자 힉스(Hicks, John Richard, 1904.4.8~1989.5.20) **분류** 사회과학(경제학)

원제 Value and Capital **출간 연도** 1939년

'20세기를 이끈 10인의 경제학자'에 선정된 영국의 이론경제학자 힉스의 대표작. 고전경제학과 케인스 경제학의 절충을 시도한 절충주의자로서의 면모가 잘 드러나 있다. 힉스는 경기순환론과 균형이론의 절충을 시도하였는데, 그에 따르면 경제적 요인은 단순히 경기순환의 추세를 반영하기보다는 서로 균형을 향해 수렴하려는 경향이 있다. 그리고 가계와 기업 등 경제 주체 사이의 거래의 결과로써 시장의 균형이 성립한다. 이러한 균형이 성립하는 안정조건을 밝히고, 그에 입각한 변화의 법칙을 끌어내는 것이 이 책의 주제다. 이 책은 J. M. 케인스의 《고용 · 이자 및 화폐의 일반이론》, P. A. 새뮤얼슨의 《경제 분석의 기초》와 함께 이론경제학의 고전(古典)으로 불린다.

가이아

저자 러브록(Lovelock, James, 1919~) **분류** 자연과학(환경)

원제 Gaia : A New Look at Life in Earth **출간 연도** 1979년

영국의 대기화학자 러브록이 지구를 환경과 생물로 구성된 유기체로 보는 '가이아 이론'을 제시한 책. 환경 문제에 대한 새로운 관점을 제시하였다. 가이아는 그리스 신화에 나오는 '대지의 여신'이며, 지구를 뜻한다. 가이아 이론은 지구를 생물, 대기, 해양, 대지가 서로 영향을 주고받는 하나의 통합된 유기체로 본다. 이 거대한 유기체는 구성 요소들의 상호 작용을 통하여 생명체가 살아가는 데 적합한 환경을 꾸준하게 유지하는 능력(항상성)이 있다. 따라서 스스로가 하나의 생명체와 같은 역할을 한다. 가이아 이론 이전에는 지구의 역사를 생물이 주위 환경에 일방적으로 적응해 온 과정으로 이해하였다. 진화생물학자들은 환경에 적응한 생명체만이 살아남아 진화한다고 주장한다. 그러나 가이아 이론은 생물이 대기와 바다 같은 주변 환경을 능동적으로 변화시켰다는 가설을 제시하면서 생물과 환경의 유기적 관계를 강조하였다. 가이아 이론은

많은 논쟁을 일으키면서 지구생리학이나 지구의학과 같은 새로운 분야를 만들어냈고, '신과학'의 형성에도 큰 영향을 미쳤다.

개미

저자 베르베르(Werber, Bernard, 1961~) **분류** 문학(프랑스)

원제 제1부 개미(Les Fourmis), 제2부 개미의 날들(Le Jour des Fourmis), 제3부 개미혁명(La revolution des Fourmis) **출간 연도** 1991년

프랑스의 작가 베르나르 베르베르의 소설. 전 3부로 이루어져 있다. 추리소설과 과학소설의 양식을 혼합하고 여기에 인간과 개미의 관점, 그리고 백과사전의 기록이라는 세 가지 이야기를 교차해서 서술한 독특한 작품이다. 제1부 《개미》에서는 주인공과 주변 인물들의 실종 사건을 통해 실종된 인간들과 개미세계의 만남을 그렸다. 제2부 《개미의 날들》에서는 인간과 개미의 화합을, 제3부 《개미혁명》에서는 《상대적이며 절대적인 백과사전》의 발견과 미완으로 끝난 개미혁명에 대한 이야기가 나온다. 이 소설은 개미에 대한 과학적 지식을 바탕으로 인간과 개미세계의 만남이라는 설정을 통해 인간과 주변세계와의 관계에 대한 새로운 시각을 제시한다.

개미제국의 발견

저자 최재천 **분류** 자연과학(생물)

원제 개미제국의 발견: 소설보다 재미있는 개미사회 이야기 **출간 연도** 1999년

생물학자 최재천 교수가 개미의 생태를 소개한 책. 분업화된 사회생활을 하며 하나의 '초개체(거대한 전체)'로 살아가는 개미들의 모습을 살펴볼 수 있다. 저자의 개미 연구 경험에서부터 개미사회의 경제, 문화, 정치, 전쟁까지 소개하고 있다. 책의 뒷부분에는 개미라는 곤충을 통해 자연에 대한 관심을 촉구하는 글과 우리나라 개미의 분류검색표와 개미종 목록이 실려 있다.

간양록

저자 강항(姜沆, 1567~1618) **분류** 문학(한국) **원제** 看羊錄 **출간 연도** 1656년(효종 7)

정유재란 때 일본에 잡혀갔던 강항이 일본에서 3년간(1597~1600) 억류생활을 하며 겪은 일본의 문물을 기록한 책. 목판본 1권 1책으로 전한다. '간양(看羊)'은 흉노에 포로로 잡혀갔던 소무(蘇武)의 충절을 뜻한다. 강항은 이 책의 원제를 죄인이라는 뜻에서 《건거록(巾車錄)》이라 하였으나, 1656년에 책이 간행될 때 제자들이 그의 애국충절을 기린다는 의미에서 간양으로 고쳤다. 강항은 정유재란 때 의병을 모아 일본군과 싸우다 포로가 되었으며, 일본으로 끌려간 후 오사카, 교토 등지에서 일본인들에게 유학을 가르쳤다. 특히 일본 주자학의 개조로 불리는 후지와라 세이가[藤原惺窩, 1561~1619]에게 성리학 및 예법을 전수하였다. 일본의 지리 · 풍토 · 인문(人文) · 군사 상황 등과 조선 침략에 대한 내용을 상세히 기록하였다.

간화결의론

저자 지눌(知訥, 1158~1210) **분류** 종교(불교) **원제** 看話決疑論 **출간 연도** 1215년

보조국사(普照國師) 지눌이 간화선(看話禪)에 대하여 쓴 책. 화두를 가지고 하는 참선(간화선)에 대해 네 가지 문답의 형식으로 쓴 책이다. 1198년 무렵에 저술한 것으로 추정된다. 지눌이 죽은 후 제자 혜심이 판각하여 1215년 《원돈성불론》과 합쳐 유고집으로 나왔다. 화엄종에서 주장하는 법계연기설보다 간화선을 통한 깨달음이 우수하다는 것이 주된 내용이다. 네 가지 문답은 화엄종을 비롯한 교종에서 지적하는 참선의 문제점에 대하여 참선수행을 옹호하고, 간화선법이 교학 최고 교설인 돈교와 원교보다 위에 있음을 주장하였다. 지눌의 사상은 그의 제자인 진각(眞覺慧諶, 1178~1234)을 거쳐 수선사(修禪社)로 계승되었으며, 오늘날 한국 불교의 주류를 형성하고 있다.

갈관자

저자 갈관자(鶡冠子) **분류** 철학(도가철학) **원제** 鶡冠子 **출간 연도** 전국 시대

전국 시대(戰國時代) 초(楚)나라의 사상가 갈관자가 쓴 책. 갈관자는 도가(道家) 계통의 사상가로 깊은 산골에서 은거하였다. 갈새(꿩 종류의 새)의 깃털로 만든 관을 쓰고 살았다 하여 갈관자라 부른다. 그의 사상은 도가 · 법가(法家) · 병가(兵家)의 사상을 절충한 것으로 원본은 3권 19편으로 되어 있다고 전한다. 그러나 현존하는 판본은 한나라 가의(賈誼)의 《복조부(鵩鳥賦)》를 표절한 위서(僞書)로서 15편으로 되어 있으며, 그 내용과 기술 방식으로 볼 때 후대 사람들이 지은 것으로 보인다.

갈리아 전기

저자 카이사르(Caesar, Gaius Julius, BC 100.7.12~BC 44.3.15)

분류 역사(로마사) **원제** Commentarii de Bello Gallico

카이사르가 기원전 58~기원전 51년 사이에 행한 갈리아 원정에 대해 기록한 책. 객관적 서술과 간결한 문장으로 기록적 가치와 문학성을 함께 갖추고 있다. 전 8권이며 7권까지는 카이사르 자신이, 그리고 8권은 카이사르 사후에 부하 히르티우스가 집필하였다. 갈리아는 오늘날의 프랑스, 벨기에, 라인 강 서쪽의 독일, 네덜란드 남부, 스위스의 대부분을 아우르는 지역으로, 갈리아의 정복, 게르만인의 침입 격퇴, 갈리아인의 반란을 진압한 일, 두 차례에 걸쳐 브리타니아(영국)에 원정한 일 등을 기록하였다. 이와 함께 원정 과정에서 보고 들은 갈리아, 게르만인들의 정치, 사회, 종교, 생활관습 등을 기록하고 있다. 프랑스, 독일, 영국에 대한 가장 오래된 역사 기록으로서 매우 중요하며, 또한 라틴어 문장의 모범으로도 유명하다.

갈매기의 꿈

저자 바크(Bach, Richard, 1936~) **분류** 문학(미국)/영화

원제 Jonathan Livingston Seagull **출간 연도** 1970년

갈매기를 주인공으로 한 우화소설. 비행사 출신인 미국의 소설가 리처드 바크의 작품이다. 생계를 위한 비행을 넘어 더 높은 차원의 비행을 추구한 갈매기 조나단 리빙스턴이 주인공이다. 작가는 조나단을 통해 목표를 위해 노력하는 과정에서 완성과 초월에 이를 수 있으며, 그러한 가능성은 누구에게나 열려 있다고 말한다. 스스로 수행을 통해 깨달음에 이른다는 개념은 불교를 비롯한 동양사상에서는 일반적이다. 그러나 유대-그리스도교 전통이 주류인 서양에서는 상대적으로 낯선 것이었다. 이 소설이 1970년에 미국에서 미국인 작가에 의해 출간되었다는 자체가 1960년대 이래 꾸준히 서구에 소개된 동양사상이 서구인의 정신세계로 유입되었음을 반증한다. 요가, 명상, 참선과 같은 동양의 가르침을 찾는 분위기는 히피 문화와 결합하여 서양의 정신세계에 새로운 영역을 열었다.

감옥으로부터의 사색

저자 신영복(申榮福, 1941~) **분류** 문학(한국) **원제** 감옥으로부터의 사색 **출간 연도** 1988년

통일혁명당 사건으로 1968년부터 1988년까지 옥고를 치른 신영복 선생의 옥중서간집. 가족과 친지에게 보낸 편지와 엽서, 옥중생활을 기록한 노트 등으로 이루어져 있다. 20여 년의 옥중생활 속에서 저자가 느낀 사람과 사람의 관계에 대한 깊은 성찰이 가족에게 보내는 편지 속에 우러나 있다. 감옥은 수감자에게 피동적이고 무기력한 생활을 강요하지만, 저자는 수감생활 속에서 끊임없는 자기성찰과 주변의 사람과 사물에 대한 관심 갖기를 그치지 않는다. 글쓰기를 통해 자신과 타인의 삶에 대한 능동적인 관심을 거두지 않음으로써 저자는 피동적 수감생활을 벗어나고 있다. 저자의 사색과 글쓰기는 감옥이라는 공간에서 나온 것이지만, 그 주제는 보편적인 인간관계를 지향하는 것이기에 많은 독자들로부터 큰 반향을 얻었다. 간결하고 성찰력 있는 문장은 저자가 뛰어난 산문 작가임을 보여준다.

갑신일록

저자 김옥균(金玉均, 1851~1894) **분류** 역사(한국사) **원제** 甲申日錄 **출간 연도** 1885년

갑신정변(1884)의 주역 김옥균이 남긴 일기. 갑신정변 당시의 상황을 자세히 기록하였다. 책의 구성은 국내외 정치 정세를 개설한 서론과 갑신정변을 일기식으로 기록한 본론으로 되어 있다. 서론에서는 1881년부터 1884년까지 저자가 일본으로 건너가 살펴 본 국제 정세 및 국내의 정치상황에 대해 서술하였고, 본론에서는 1884년 9월 30일부터 12월 6일까지 갑신정변의 경과를 기록하였다. 정변의 계획, 참여 인물, 정변의 진행과 실패 과정이 상세히 나와 있다. 김옥균은 메이지유신으로 근대화를 추진 중인 일본을 높이 평가하고, 일본의 원조를 받아 조선에서도 근대적 개혁을 이루고자 하였다. 그러나 청국의 개입과 일본의 정략적 철수로 인해 개혁은 실패할 수밖에 없었다. 그가 이 책을 지은 동기는 정변의 주동자로서 기록을 남겨야 한다는 책임감과 일본 정부의 배신으로 인해 정변이 실패했다는 사실을 밝히기 위해서였다고 한다.

강대국의 흥망

저자 케네디(Kennedy, Paul, 1945~) **분류** 역사(역사이론)/사회과학(미래학)

원제 The Rise and Fall of the Great Powers **출간 연도** 1987년

미국의 역사학자 폴 케네디 교수가 근대 역사상 강대국의 성장과 몰락에 대해 고찰한 책. 16세기부터 20세기에 이르기까지 당대의 강대국이었던 합스부르크 왕가, 대영제국, 미합중국의 성장과 쇠퇴(미국의 경우에는 쇠퇴 예측)의 역사를 다루고 있다. 저자가 지적하는 강대국 성장과 몰락의 비밀은 '경제력과 군비 지출의 상관관계'에 있다. 건전한 경제 성장은 군사력의 증대로 이어지면서 강대국 성장의 발판이 된다. 그러나 강대국의 지위를 유지하기 위한 지나친 군사력 증강은 경제 발전의 저해를 일으켜 쇠망의 원인이 된다. 저자는 한 국가의 성장을 전체적인 '성장 전략'의 성공으로 본다는 점에서 역사에 대한 포괄적 이해를 시도한다. 그리고 이 '국가 발전의 전략'이라는 접근 방법 때문에 이 책은 역사서이면서 동시에 미래학의 주요 저서로 꼽힌다.

강희자전

저자 강희제(康熙帝, 1654~1772) **분류** 총서(어학사전) **원제** 康熙字典 **출간 연도** 1716년

중국 청(淸)나라 때 강희제(康熙帝)의 명에 따라 만들어진 자전. 장옥서(張玉書), 진정경(陳廷敬) 등 30명의 학자가 5년 만에 엮은 것으로 1716년 간행되었다. 《설문(說文)》, 《옥편(玉篇)》, 《광운(廣韻)》, 《자휘(字彙)》 등을 참고하여, 12집(集)으로 나누고 119부(部)로 세분하였다. 획수 분류의 형식은 이 자전에서 완성되었고, 후세의 자전은 이를 따랐다. 4만 9,030자를 214개의 부수별로 분류하고, 부수마다 획순으로 배열하여 각자에 상세한 자음(字音), 자체(字體), 뜻을 해설하였다. 1827년에 왕인지(王引之)가 《자전고증(字典考證)》을 만들어 2,588조(條)의 오류를 교정하여 출간하였다.

거대한 변환

저자 폴라니(Polanyi, Karl, 1886~1964) **분류** 사회과학(경제학)/인문학(인류학)

원제 The Great Transformation: The Political and Economic Origins of Our Time

출간 연도 1944년

헝가리 태생의 경제사가 칼 폴라니의 저서. 이 책에서 폴라니는 인류학과 경제사를 활용하여 시장경제와 사회의 관계를 연구하였다. 그에 따르면 경제사적으로 볼 때 시장경제는 근대 이후 서구사회에서 출현한 매우 특수한 현상이다. 고대사회에서는 경제가 사회의 한 부분이었으나, 산업혁명을 통해 등장한 자본주의 사회의 시장경제는 사회적 관계에서 분리되었다. 시장은 점점 전 세계적으로 사회를 지배하려 하며, 이에 맞서 시장을 통제하려는 움직임도 생겨난다. 폴라니는 경제공황, 실업, 계급 갈등, 제국주의 등이 시장의 지배로 인한 결과이며 파시즘, 뉴딜, 사회주의는 시장을 통제하기 위해 등장하였다고 설명한다. 그는 시장을 자율적 조정 메커니즘에 따라 움직이는 '악마의 맷돌'이라고 규정하고, 시장경제가 사회를 지배하는 것이 아니라 사회가 시장경제를 지배해야 한다고 주장하였다.

거대한 뿌리

저자 김수영(金洙暎, 1921~1968) **분류** 문학(한국) **원제** 거대한 뿌리 **출간 연도** 1974년

풍자가 넘치는 참여시의 선구자 김수영 유고 시선집. 표제시 〈거대한 뿌리〉(1964) 외에 초기 대표작 〈공자의 생활난〉(1946), 〈헬리콥터〉(1955), 〈폭포〉(1957) 등과 〈우리들의 웃음〉(1963), 〈강가에서〉(1964), 〈어느 날 고궁을 나오면서〉(1965), 〈사랑의 변주곡〉(1967), 〈풀〉(1968) 등의 후기 작품까지 총 65편의 시가 실려 있다. 김수영은 모더니즘의 형식을 따른 시인이었으나, 그런 형식 속에서 항상 현실에 대한 관심과 참여 의식을 보여 주었다. 특히 4·19 민주혁명을 계기로 전통과 역사, 민중에 대해 보다 강한 관심을 표출하였다. 후기 대표작인 〈거대한 뿌리〉, 〈풀〉 등의 거칠고 강렬한 시어에서 역사의 재발견을 통한 새로운 현실 인식을 찾아볼 수 있다.

건축 4서

저자 팔라디오(Palladio, Andrea, 1508~1580) **분류** 예술(건축)

원제 I Quattro Libri dell' Architettura **출간 연도** 1570년

후기 르네상스 시대의 이탈리아 건축가 팔라디오의 저서. 팔라디오는 16세기 후반의 가장 영향력 있는 건축가이자 건축 이론가이다. 책은 네 부분으로 이루어져 있다. 제1서는 총론(재료, 구조, 원주론), 제2서는 주택, 제3서는 도시계획과 공공건축, 제4서는 신전건축과 교회 등에 대해서 논하고 있다. 팔라디오는 건축은 그 다양성(주택, 공공건물, 도로, 다리 등)에도 불구하고 예술의 보편적이며 필수적인 법칙이 지켜져야 한다고 강조하였다. 이러한 법칙으로 그는 로마 건축에서 유래한 비례의 법칙을 제시하였다. 이 책에서 주장한 팔라디오의 건축 이론은 18세기 영국 신고전주의와 미국의 콜로니얼 양식에 큰 영향을 미쳤으며, 20세기에 들어서는 서양 근대건축의 기원으로 중시되고 있다.

건축서(건축 10서)

저자 비트루비우스(Marcus Vitruvius Pollio, ?~?) **분류** 예술(건축)

원제 De architectura **출간 연도** 기원전 1세기 후반

헬레니즘 시대 로마의 건축가 비트루비우스의 건축서. 전 10권으로 되어 있어 《건축 10서》로 불린다. 이 책에는 오늘날의 건축술뿐 아니라 토목기술, 기계기술 등도 다루고 있다. 고대 그리스와 로마의 건축 상황, 건축가의 교육, 건축 자재, 구조, 계획 및 각종 건축물과 도시 시설 등 건축 전반에 대해 다루고 있다. 비트루비우스는 건축은 튼튼하고 실용적이어야 할 뿐 아니라 아름다워야 한다고 주장하며, 이 세 가지 요소는 함께 추구해야 하는 것이며, 건축의 아름다움은 건물 각 부분의 치수가 정확한 '균제비례'를 이룰 때 얻을 수 있다고 지적하였다. 이 책은 현존하는 유일한 헬레니즘 시대의 건축서로서 귀중한 자료이며, 카롤링거 르네상스 시대와 르네상스 시대에는 건축의 기초 교과서로 사용되었다.

걸리버 여행기

저자 스위프트 (Swift, Jonathan, 1667~1745) **분류** 문학(영국)/영화

원제 Gulliver's Travels **출간 연도** 1726년

조너선 스위프트의 풍자소설. 모두 4권이며, 각 권마다 주인공 걸리버가 소인국, 대인국, 라퓨타(하늘을 나는 섬), 후이님(말)의 나라에서 겪는 경험담으로 꾸며져 있다. 각 권은 모두 인간사회에서 벌어지는 정치의 부조리와 편협함을 비꼬는 내용이며 신랄하지만 재치 있는 풍자와 교묘한 설정 기법을 보여준다. 특히 제4권은 말이 인간('야후'라는 종족으로 묘사된다)을 지배한다는 설정하에 인간의 사악함과 야만성을 신랄하게 풍자한다. 때문에 인간에 대한 혐오와 자학으로 가득 찬 작품이라는 비난도 받았다. 그러나 성공회 신부이자 인간의 자유를 옹호한 수많은 정치 논문을 집필한 스위프트는 인간이 올바른 모습으로 살아가기를 간절히 바랐다. 정치와 사회에 대한 그의 풍자는 현실에 대한 혐오와 경멸이 아니라 부조리에 대한 분노와 현실을 개선하고자 하는 의지의 표현이다. 인간에 대한 신랄한 비평 역시 자학적이고 염세적인 것이 아니라 인

간이 도덕적인 모습으로 살아가기를 바라는 열망을 담고 있다. 그렇기 때문에 이 소설은 당대 영국 사회에 대한 풍자를 넘어서 인간의 양면성에 경종을 울리는 작품으로 문학사에 큰 족적을 남겼다.

게르마니아

저자 타키투스(Tacitus, Publius Cornelius, 55?~117?)

분류 역사(로마사) **원제** Germania **출간 연도** 98년

로마의 역사가 타키투스가 게르만인의 풍습과 사회에 대해 쓴 작품. 로마 제정 시대인 98년에 출간되었으며, 전체가 46장으로 되어 있다. 오늘날의 라인 강 동쪽 지역과 도나우 강 북쪽 지역을 대상으로 고대 게르만족의 생활상을 다루고 있어 고대 게르마니아 지방에 거주하던 각 종족의 종류와 특성, 풍습에 대한 최초의 기록이라 할 수 있다. 타키투스가 당시 로마의 타락상을 비판하기 위하여 도덕적이고 소박한 게르만인의 삶을 작품의 대상으로 삼았다고도 한다. 그런 한편으로 타키투스는 게르만족이 로마에 정치·군사적으로 위협적인 존재라는 것을 역설하였다. 그는 게르만족의 호전성을 다음과 같이 표현하였다. "게르만족은 피를 흘려야만 얻을 수 있는 것을 단순히 땀만으로 얻으려고 하는 것을 게으르고 넋 나간 짓이라고 믿는다."

게마인샤프트와 게젤샤프트

저자 퇴니에스(Tönies, Ferdinand Julius, 1855~1936)

분류 사회과학(사회학) **원제** Gemeinschaft und Gesellschaft **출간 연도** 1887년

독일의 사회학자 퇴니에스의 사회학 저서. 사회를 분석하기 위해 게마인샤프트(공동사회)와 게젤샤프트(이익사회)란 개념을 도입한 것으로 유명하다. 이 개념은 사회학적 구분을 위한 개념일 뿐 아니라 역사적 개념이기도 하다. 퇴니에스에 따르면, 인류 역사는 신분, 가족, 관습, 토지를 바탕으로 한 공동사회에서 계약, 법률, 돈을 위주로 한 이익사회로 넘어가는 과정이다. 이 과정을 다시 세분하여 가내경제 위주의 가족 생

활, 농업 위주의 시골 생활, 장인 기술 위주의 소도시(town) 생활, 상업과 협약이 지배하는 대도시(city) 생활, 공업과 입법이 지배하는 국가 생활, 과학과 여론이 지배하는 국제 생활의 여섯 단계로 나누었다. 이러한 변화의 단계별 구분을 통해서 퇴니에스는 사회집단과 생활양식의 변화가 사회규범의 성격과 관계 있다고 강조한다. 즉 혈연과 지연으로 묶인 공동체(공동사회)와 각자의 이익을 위해 모인 조직(이익사회)은 전혀 다른 가치관과 질서에 따라 움직인다는 것을 역설하였다.

겐지 이야기

저자 무라사키 시키부(紫式部, 978?~1016?) **분류** 문학(일본)/여성/영화
원제 源氏物語 **출간 연도** 11세기경

일본 헤이안 시대(794~1192)의 궁녀 무라사키 시키부가 가나(かな)로 쓴 장편소설. 천황의 아들로 미남자이며 학문과 예능, 무예에 뛰어난 히카루 겐지[光源氏]의 사랑 이야기와 일족 3대의 생애를 3부 54첩으로 나누어 서술하였다. 원제의 '겐지'는 주인공의 이름, '모노가타리'는 이야기 또는 소설을 뜻한다. 헤이안 시대 귀족사회의 생활과 사랑을 묘사한 이 소설은 등장인물이 400명이 넘고 시대적 배경도 70년에 걸친 대작이다. 또한 탁월한 구성과 서정적 문체로 인간 심리 묘사와 현실에 대한 비판을 보여준다. 일본 문학사에 있어 이 소설은 그 이전의 노래 소설이나 모노가타리 문학과 일기문학을 통합, 계승하여 헤이안 시대 문학을 집대성한 작품으로 평가된다. 또한 헤이안 시대의 생활상을 자세히 묘사하여 역사 연구에도 귀중한 자료로 활용된다.

격암유록(남사고비결)

저자 남사고(南師古, ?~?) **분류** 철학(예언서)
원제 格庵遺錄, 南師古秘訣 **출간 연도** 조선 중기

조선 중기의 학자 남사고가 지은 미래 예언서. 남사고는 역학과 천문, 풍수, 점복, 관상에 뛰어났다고 한다. 임진왜란을 예언하였고, 풍수에 뛰

어나 많은 일화를 남겼다. 이 책은 남사고가 지은 비결로 《남사고비결》이라고도 부른다. 비결이란 미래를 예언하되 이를 쉽게 알 수 없도록 서술한 책을 말한다. 《정감록비결》이나 《토정비결》, 《도선비결》 등이 대표적 비결이다. 이 책은 〈세론시(世論視)〉, 〈계룡론(鷄龍論)〉, 〈궁을가(弓乙歌)〉, 〈은비가(隱秘歌)〉, 〈출장론(出將論)〉, 〈승지론(勝地論)〉 등 60여 편의 논(論)과 가(歌)로 되어 있다. 조선 왕조의 미래를 예언한 것으로 장차 서학이 융성하고 남북이 대치할 것이라 하였으며, 조선이 세계의 십승지가 되므로 사람들은 때의 도래(時來)를 잘 알아야 한다고 강조하였다.

경국대전

분류 사회과학(법학) **원제** 經國大典 **출간 연도** 1485년

조선 왕조의 기본 법전. 세조 때 편찬을 시작해 성종 때에 완성하였다(1466년에 편찬을 일단락하였으나, 그 후 5차에 걸쳐 개정한 끝에 1485년부터 시행하였다). 조선 왕조는 태조 때 정도전과 조준이 각각 《조선경국전》, 《경제육전》 등의 법전을 편찬하였고, 태종 때 《원육전》, 《속육전》 등을 편찬하였다. 세종 때에는 《정전》 6권을 편찬하였으며, 세조 때 들어서 《경국대전》의 편찬을 시작하였다. 《경국대전》은 정부체제인 육전체제(六典體制)를 따라 이전, 호전, 예전, 병전, 형전, 공전의 6전으로 구성되어 있다. 이전에는 관직제도와 관리의 임명, 호전에는 재정과 조세, 예전에는 과거와 제례, 외교, 교육, 병전에는 군사제도, 형전에는 형벌과 재판, 노비, 공전에는 도로, 교량, 도량형 등에 대한 규정이 실려 있다. 《경국대전》의 완성은 조선의 통치체제가 성리학에 입각한 합리적 법치의 기준을 가짐으로써 완성기에 접어들었음을 상징한다. 성리학에 입각한 만큼 신분, 남녀, 직업에 따른 차별과 윤리도덕을 강조한 것이 특징이다.

경마장 가는 길

저자 하일지 **분류** 문학(한국)/영화 **원제** 경마장 가는 길 **출간 연도** 1990년

한국의 작가 하일지의 장편소설. 1980년대 후반의 서울과 대구를 배경으로 프랑스에서 유학생활을 마치고 귀국한 주인공 R이 4개월 반 동안 겪는 일이 중심 줄거리를 이룬다. 유학생활 때문에 5년 반 동안 한국을 떠나 있었던 R은 귀국한 후부터 곳곳에서 한국 사회의 문화적 관습에 이질감을 느낀다. R은 아내와 이혼하고 프랑스에서 동거하던 여자 J와 결혼하려 한다. 그러나 아내는 이혼을 거부하고, J 또한 R을 피한다. 결국 R은 모든 것을 단념하고 글을 쓰기 위해 떠난다. 작가는 일상생활에 대한 사실적 묘사를 통해 인간관계의 실상을 드러내려고 시도한다. 그러한 시도를 통해 작가는 '인간'의 존재는 우리가 일상적으로 반복하는 삶을 성찰할 때 드러난다는 메시지를 전한다. 이 소설은 1990년대 한국 문학계의 문제작으로 불리면서 소설의 제목에서 '경마장'이 상징하는 의미에 대해 많은 해석과 논쟁을 낳기도 했다.

경세유표

저자 정약용(丁若鏞, 1762~1836) **분류** 정치(한국정치)/역사(한국사)

원제 經世遺表, 邦禮草本 **출간 연도** 1817년

조선 후기의 실학자 정약용의 저서. 원제는 《방례초본(邦禮草本)》이다. 《목민심서》, 《흠흠신서》와 함께 1표(表) 2서(書)로 불린다. 이, 호, 예, 병, 형, 공의 육전체제에 입각하여 44권 15책에 제도 개혁과 국가 쇄신의 견해를 담았다. 저자가 생각하는 국가 개혁의 기본 이념은 어디까지나 성리학에 입각한 것이기 때문에 《서경》과 《주례》에 나오는 제도를 모범으로 삼았다. 이러한 이념을 바탕으로 북학파의 상공업 중시나 실사구시 학풍을 받아들여 현실적으로 문제가 되는 토지제도, 과거제도, 조세제도, 지방행정제도의 문제점에 대한 개혁안을 제시하였다.

경제 및 과세의 논리

저자 리카도(Ricardo, David, 1772.4.18~1823.9.11) **분류** 사회과학(경제학)

원제 Principles of Political Economy and Taxation **출간 연도** 1817년

영국의 고전 경제학자 리카도가 저술한 경제사상사의 고전. 자본주의 사회의 경제구조를 밝힌 최초의 이론경제학서로 불린다. 이 책은 아담 스미스의 《국부론》에서 큰 영향을 받았다. 그러나 《국부론》이 귀납적 경험론과 역사적 사실에 많이 의존한 데 비해, 리카도는 이 책에서 가치법칙이라는 추상적 원리에 입각해 철저하게 연역적 방법을 사용하였으며 그럼으로써 자본주의 사회의 경제구조를 밝히는 일관된 이론체계를 제시하였다. 그는 아담 스미스의 투하노동가치설을 발전시켜 더욱 적극적인 투하노동가치설을 제시하였으며, 분배론에서는 차액지대론과 임금생존비설을 고안하였다. 이러한 학설을 통해 임금, 이윤, 지대의 3가지 소득관계를 정립하였으며, 무역이론으로 비교생산비설을 제시하였다. 이 책에서 제시한 리카도의 이론은 뒤에 칼 마르크스와 J. S. 밀에 의해 각각 사회주의 경제학과 자유주의 경제학으로 발전하였다.

경제 분석의 기초

저자 새뮤얼슨(Samuelson, Paul Anthony, 1915~) **분류** 사회과학(경제학)

원제 Foundations of Economic Analysis **출간 연도** 1947년

미국의 이론경제학자 폴 새뮤얼슨의 저서. 새뮤얼슨은 신고전학파의 시장균형이론과 케인스의 거시경제론을 통합하여 신고전파 종합이라는 20세기 후반의 가장 영향력 있는 경제학설을 만들었다. 이 이론은 완전고용을 위해 정부의 개입이 필요하지만 완전고용이 달성되면 그 후부터는 시장의 자율적 조절기능에 맡겨야 한다고 주장한다. 저자의 박사학위 논문이기도 한 이 책에서 새뮤얼슨은 수학적 방식을 경제 분석에 적극적으로 도입하여 경제이론을 체계화하는 데 기여하였다. 이 책은 2부 12장과 수학적 부록으로 구성되어 있고, 경제이론의 핵심으로 '최적 행위의 보편성' 이란 개념을 제시한다.

경제표

저자 케네(Quesnay, François, 1694.6.4~1774.12.16) **분류** 사회과학(경제학)

원제 Tableau Economique **출간 연도** 1758년

프랑스의 중농주의 경제학자 케네의 저서. 부의 생산과 분배의 과정을 인체의 혈액순환에 비유하여 사회적 총자본의 재생산 과정을 과학적으로 분석한 경제순환표이다. 케네는 국민을 농민(생산자), 지주, 상공업자(비생산자)의 3계급으로 나누어, 계급 간의 경제활동 상호의존관계와 한 나라의 총생산물이 유통되고 분배되는 관계를 도표로 나타내었다. 케네의 중농주의적 입장에서는 농업만이 생산에 소비된 이상의 잉여생산물을 만들며 비생산 계급은 새로운 부를 전혀 생산하지 않는다. 따라서 농업이 국민경제의 가장 중요한 요소가 된다. 케네의 《경제표》는 이러한 종류의 표식화 중에서 최초의 것으로서, 이후 마르크스의 재생산 표식이나, 지금의 국민경제 계산을 위한 여러 표식의 기초가 되었다.

경제학 논문집

저자 토빈(Tobin, James, 1918~2002) **분류** 사회과학(경제학)

원제 Essays in Economics 1~4 **출간 연도** 1971~1996년

'계란을 한 바구니에 모두 담지 말라'는 '포트폴리오 선택이론'으로 1981년 노벨 경제학상을 수상하였으며, '토빈세(稅)' 부과를 주장한 것으로 유명한 제임스 토빈 교수의 경제학 논문집이다. 토빈세란 급격한 자본이동에 의한 외환 투기를 막고 외환시장을 안정시키기 위해 국제외환거래에 대해 각국이 세금을 부과하자는 것이다. 이 책은 저자가 1940년대부터 1990년대까지 집필한 논문들을 4권으로 출판한 것이다. 제1권 〈거시경제학〉, 제2권 〈소비와 경제〉, 제3권 〈이론과 정책〉, 제4권 〈내셔널과 인터내셔널〉 등 각 권에서 토빈은 케인스 경제학을 현실에 맞게 적용하고자 고심하였다. 그는 자유무역이 빈곤을 심화시킨다는 좌파의 주장에는 반대하였으나, 경제를 시장에 맡겨 놓으면 된다는 신자유주의의 방임정책에도 찬성하지 않았다. 그는 케인스 경제학파의 입장에서 국가가 금융 및 재정 정책을 통해 시장에 개입함으로써 경제 활성화를 도모해야 한다고 주장하였다. 신자유주의와 반(反)세계화론의 양 극단 속에서 토빈의 주장은 경제학의 새로운 활로를 모색하는 데 귀중한 지침 역할을 하고 있다.

경제학 원론(맨큐의 경제학)

저자 맨큐(Mankiw, N. Gregory, 1958~) **분류** 사회과학(경제학)

원제 Principles of Economics **출간 연도** 1998년

하버드대 경제학과 교수인 저자의 경제학 교과서. 맨큐 교수는 강의와 저술 외에 각종 언론 매체에 기고문을 발표하고, 조지 W. 부시 행정부의 백악관경제자문회의(CEA) 의장을 맡고 있다. 기존의 경제학 교과서들과는 달리 각 단원마다 풍부한 도표와 그래프 및 현실경제에서 일어나는 관련 현상들에 대한 읽을거리를 삽입하여 독자들이 이해하기 쉽도록 구성하였다. 본문의 구성 또한 경제학의 기본 사항과 함께 고전 이론과 최신 이론을 함께 소개하고 있다. 이 책은 미국에서 출간된 후 폴 사무엘슨의 《경제학 원론》을 제치고 경제학의 대표적 교과서로 자리 잡았다. 우리나라에서는 《맨큐의 경제학》이라는 제목으로 출판되었다.

계원필경

저자 최치원(崔致遠, 857~?) **분류** 문학(한국) **원제** 桂苑筆耕

신라 시대의 문인 최치원의 문집. 최치원이 당나라에 체류하면서 관직생활을 할 때 저술하였다가 귀국한 후 헌강왕에게 바친 책이다. 전 20권 4책으로 이루어져 있다. 내용은 관직생활을 하며 작성한 표(表), 장(狀), 주장(奏狀), 별지(別紙), 격문(檄文), 서(書), 위곡(委曲), 거첩(擧牒), 제문(祭文), 기(記), 소(疏), 시(詩) 등이다. 이 중에 황소의 난 당시에 작성한 권11에 수록된 〈격황소서〉가 유명하다. 마지막 20권에는 귀국을 전후한 시기에 지은 시가 실려 있다. 능숙한 문장 서술 형식으로 한문학에 있어 중요한 저서이다. 또한 당시 세계 제국이었던 당나라에서 관직생활을 한 까닭에 당나라와 주변 국가인 월남, 남만, 신라와의 관계에 대한 역사적 자료로서의 가치도 있다.

고금가곡

저자 송계연월옹(松桂烟月翁) **분류** 문학(한국)

원제 古今歌曲 **출간 연도** 1764년(영조 40) 또는 1824년(순조 24)

조선 후기에 송계연월옹이 주제별로 분류해 엮은 시조집. 302수의 시조를 20여 항목으로 분류하여 엮었다. 항목은 이별, 은둔, 세상에 대한 한탄, 임금에 대한 그리움 등 다양하며 저자의 자작 시조 14수도 포함되어 있다. 그밖에 이현보의 〈어부사〉나 정철의 〈관동별곡〉을 비롯한 10여 편의 가사도 실려 있다. 다른 시조집에 없는 시조 120수 이상이 실려 있는 시가문학 연구의 중요한 자료이다.

고금도서집성

분류 총서(총서) **원제** 欽定古今圖書集成 **출간 연도** 1725년

청나라 때 편찬된 중국 최대의 백과사전. 강희제의 명령으로 진몽뢰(陳夢雷)가 시작한 것을 옹정제(雍正帝) 때 장정석(蔣廷錫)이 이어받아 1725년에 완성되었다. 발간 당시에는 이를 유서(類書)라고 하였으며, 총 1만 권에 목록만 40권의 방대한 분량이다. 이를 다시 6휘편(六彙編)으로 나누어 각기 역상(천문), 방여(지리와 풍속), 명륜(제왕, 백관의 기록), 박물(의학과 종교), 이학(문학), 경제(과거, 음악, 군사)로 분류하였다. 각 휘편은 다시 32전(典) 6,109부(部)의 항목으로 세분하여 각 항목마다 고금의 서적에서 내용을 뽑아 수록함으로써 해당 항목의 연혁과 변천사항을 잘 알 수 있게 만들었다.

고대법

저자 메인(Maine, Henry James Summer, 1822.8.15~1888.2.3)

분류 사회과학(법학) **원제** Ancient Law **출간 연도** 1861년

영국의 법학자 메인의 저서. 인류역사를 통한 법의 발전을 논하였다. 메인은 독일의 역사법학파의 영향을 받아 역사 연구를 통해서 법학을 연구하였다. 이 책은 메인이 런던 법조학원 강사로 있을 때의 강의 내용을 모아 출간한 것으로, 전통사회에서 근대사회로의 변화란 법학에서

볼 때 '신분에서 계약으로' 넘어간 것이라고 주장하였다. 즉 중세시대까지는 신분에 따라 강제적으로 사회질서가 유지된 반면 근대에는 자유의사에 의한 계약관계로 유지되는 질서가 등장하였다. 따라서 근대 정부는 개인의 자유로운 계약체결을 보장하기 위해 개입을 최소화해야 한다고 말한다. 이러한 주장은 자유방임주의 경제학과 함께 정부의 간섭을 최소화해야 한다는 사상적 흐름을 형성하는 데 바탕이 되었다.

고대에의 정열

저자 슐리만(Schliemann, Heinrich, 1822.1.6~1890.12.26) **분류** 역사(고고학)

원제 Selbstbiographie bis zu seinem Tode vervollstandigt **출간 연도** 1891년

상인 출신으로 트로이 유적을 발굴하여 유명해진 독일의 고고학자 하인리히 슐리만의 자서전. 슐리만이 죽은 뒤에 알프레드 브뤼크넬 박사가 편찬하였다. 슐리만은 어린 시절의 꿈을 이루기 위해 1870년부터 터키에서 트로이 유적 발굴 작업에 들어갔다. 그 결과 아나톨리아 히사를리크 언덕에서 트로이 유적을 발견하였다. 슐리만이 발굴한 지층은 나중에 트로이 시대가 아닌 것으로 밝혀졌지만, 그때까지 전설로 여겨지던 트로이 문명이 역사적으로 존재했다는 사실을 입증한 것은 분명히 그의 업적이다. 이어 1876년에는 그리스의 미케네 고분을 발견하여 많은 유물과 함께 크레타 문명과 에게 문명, 그리스 문명의 관계를 밝혀냈다. 이 책에는 저자의 젊은 시절에 대한 일화와 함께 트로이와 그리스 문명 발굴에 대한 기록이 자세히 실려 있다.

고도를 기다리며

저자 베케트(Beckett, Samuel Barclay, 1906.4.13?~) **분류** 문학(프랑스)

원제 En Attendant Godot **출간 연도** 1952년

극작가 사무엘 베케트의 희곡. 베케트는 아일랜드 출신으로 1938년 프랑스로 이주하여 처음에는 영어로, 1945년 이후에는 프랑스어로 작품을 썼다. 줄거리는 블라디미르와 에스트라공이라는 두 인물이 고도를

기다린다는 설정이다. 여기서 고도는 정체불명의 대상 또는 인물이다. 두 주인공 또한 누구인지 확실치 않으며 왜 고도를 기다리는지도 확실치 않다. 또한 극의 시간적, 공간적 배경 자체가 불분명하거나 의미가 없다. 이러한 설정에서 연극은 두 주인공의 의미 없는 대화로 진행된다. 중간에 럭키와 포조란 인물이 등장하지만 이들도 기다림의 의미를 밝혀 주지 못한다. 이 희곡을 이해하려면 작품이 나온 시대적 배경을 알아야 한다. 1950년대는 실존주의가 유행하던 시대였고 프랑스는 실존주의의 본고장이었다. 실존주의의 관점에서 보면 고도를 기다린다는 것은 삶의 의미를 찾는 것이다. 그러나 고도가 누구인지, 언제 오는지를 알 수 없는 상태에서 기다림(삶에 대한 모색)은 무의미하다. 그럼에도 불구하고 기다림을 포기할 수는 없다. 기다림은 인간이 삶의 의미나 존재의 이유를 찾으려고 애쓸수록 그것이 불가능하다는 것을 깨닫고 허무를 느끼게 되지만 포기할 수는 없다는 것을 뜻한다. 실존주의는 인간 존재가 불완전하고 부조리하다는 것을 지적할 뿐 아니라 불가능에 도전하는 인간의 의지(이 극에서는 기다림)야말로 의미 있는 것이라고 강조한다. 그래서 블라디미르와 에스트라공은 계속 고도를 기다린다. 1953년 파리에서 초연된 이 연극은 실존주의 부조리극의 대표작으로 평가받았으며, 1969년에 노벨 문학상을 수상하였다.

고독한 군중

저자 리스먼(Riesman, David, 1909.9.22~2002.5.11) **분류** 사회과학(사회학)

원제 The Lonely Crowd **출간 연도** 1950년

미국의 사회학자 데이비드 리스먼의 저서. 자본주의가 고도로 발달한 20세기 후반의 미국 사회를 이해하는 데 중요한 관점을 제시한 책이다. 리스먼에 따르면 전통사회에서 현대사회로의 변화과정에서 새로운 유형의 인간이 등장하였다. 원시 전통사회의 인간은 전통을 고수하며 사는 전통지향형 인간이다. 19세기 산업사회의 인간은 가족을 통해 학습된 가치관에 따라 사는 내부지향형 인간이다. 그러나 현대인은 동료집단(친구집단)의 영향과 행동을 따르는 타자지향형 인간이다. 현대사회는 대중사회이며, 현대인은 대중의 일원이 되기를 원한다. 그러나 현대

인은 겉으로는 활발한 사회활동을 하지만 항상 타자들로부터 인정받지 못할까 두려워하며 고립감에 시달린다. 현대인은 군중을 이루지만 그들 각자는 고독하다. 그것은 그들이 이룬 군중이 본질적인 공감대를 형성하는 집단이 아니라 끊임없이 변하는 유행의 물결을 타고 흐르는 집단이기 때문이다. 현대인이 집단의 일원으로 남아 있기 위해서는 끊임없이 변해야 한다. 이런 빠른 변화가 근본적으로 해소될 수 없는 고독을 낳는다. 리스먼의 연구는 현대사회를 이해하기 위해 사회학뿐 아니라 심리학, 인류학을 접목한 학제 간 연구의 필요성을 대두시켰다는 점에서도 가치가 있다.

고려사

저자 김종서(金宗瑞, 1390~1453), 정인지(鄭麟趾, 1396~1478) 등

분류 역사(한국사) **원제** 高麗史 **출간 연도** 1454년

조선 세종 때 김종서, 정인지 등이 만든 기전체(紀傳體)로 된 고려 시대 역사서. 책의 구성은 왕에 대한 기록인 세가(世家) 46권, 천문, 지리, 제도, 법률 등을 다룬 《지(志)》 39권, 연표 2권, 왕족, 신하, 충신, 간신, 반역자 등 인물을 다룬 《열전》 50권, 《목록》 2권 총 139권으로 되어 있다. 조선왕조는 성립 직후부터 역성혁명의 정당성과 왕조의 정통성 확립 차원에서 전 왕조인 고려의 역사 편찬을 시작하였다. 이후 세종의 직접 지시로 김종서 · 정인지 · 이선제(李先齊) · 정창손(鄭昌孫) 등이 편찬 작업에 나서 1451년 완성하고 단종 3년인 1454년에 반포하였다. 《고려사》의 역사관은 역성혁명을 정당화하는 입장에서 고려왕조를 비판하고, 문신, 유학자의 입장에서 무신정권에 부정적이며, 친명(明)적인 입장에서 원나라에 대한 사대를 비판하고 있다.

고려사절요

저자 김종서 등 **분류** 역사(한국사) **원제** 高麗史節要 **출간 연도** 1452년

조선 문종 때 김종서 등이 왕명으로 편찬한 편년체(編年體)로 된 고려

시대 역사서. 1424년에 편찬된 《수교고려사(校高麗史)》를 개정한 것으로 태종 1년부터 공양왕 4년까지를 다루고 있다. 《고려사》에서 밝혀져 있지 않은 역사적 사실이 많이 실려 있고, 역사적 사건의 연대에 대한 정확한 기록이 많다. 《고려사》와 함께 고려 시대 연구의 양대 사료이다.

고문진보

저자 황견(黃堅) **분류** 문학(중국) **원제** 古文眞寶

중국의 시문선집(詩文選集). 주(周)나라 때부터 송(宋)나라 때까지의 아름다운 시와 문장을 모은 책이다. 책의 제목은 '옛 글 가운데 진짜 보배'란 뜻으로 전통시대에 중국보다 우리나라에서 더 인기가 있어 사서삼경 다음으로 많이 읽혔다고 한다. 전집(前集) 10권, 후집(後集) 10권으로 되어 있다. 전집에는 시, 후집에는 문장이 실려 있다. 제갈량의 〈출사표〉, 도연명의 〈귀거래사〉, 굴원의 〈어부사〉, 소식의 〈적벽부〉 등 유명한 시와 문장을 한 책에서 접할 수 있어 전통시대 선비들의 필독서였다.

고봉집

저자 기대승(奇大升, 1527~1572) **분류** 철학(유학) **원제** 高峯集 **출간 연도** 1630년

조선 중기의 학자 기대승의 시문집. 1614년(광해군 6)에 기대승의 아들 효증이 《양선생왕복서(兩先生往復書)》를 간행하였고, 1630년(인조 8)에 조찬한(趙纘韓)이 기대승의 문집과 《논사록(論思錄)》을 합쳐서 간행하였다. 기대승은 퇴계 이황(1501~1570)과의 '사단칠정(四端七情) 논쟁'으로 유명하다. 《양선생왕복서》란 제목도 기대승이 이황과 주고받은 편지를 모았다는 뜻이다. 기대승은 1558년(명종 13) 서른한 살 때 30세 연상의 이황을 처음 만난다. 이후 1570년 퇴계가 세상을 떠날 때까지 13년 간 100여 통의 편지를 주고받는다. 두 사람이 주고받은 편지는 일상생활에 관한 것에서부터 정치에 참여하는 학자의 자세, 성리학자로서 사단칠정에 대한 이기론(理氣論) 논쟁에 이르기까지 다양한 주제를 다루고 있다. 두 사람이 주고받은 편지를 통해서 16세기 사림파 학자들의

정치적 성장, 조선 성리학의 성립과정을 살펴볼 수 있다. 《퇴계와 고봉, 편지를 쓰다》(소나무, 2003)란 제목으로 한글번역본이 나왔다.

고사기

저자 오노 야스마로(太安麻呂, ?~723) **분류** 역사(일본사) **원제** 古事記 **출간 연도** 712년

일본 나라 시대에 편찬된 고대 일본의 신화와 전설을 기술한 책. 《구사기(舊事記)》, 《일본기(日本紀)》와 함께 일본 삼부본서(日本三部本書)로 불린다. 겐메이 천황[元明天皇]의 명을 받아 오노 야스마로가 편찬했다. 내용은 천황가의 연대기와 계보를 기록한 〈제기(帝記)〉와 신화, 전설 등을 기록한 〈구사(舊辭)〉를 중심으로 일본의 건국신화에서부터 34대 스이코 천황[推古天皇, 628] 시대까지의 역사, 신화, 전설이 서술되어 있다. 전 3권으로 되어 있으며, 상권은 신들의 이야기, 중 · 하권은 초대(初代) 진무 천황[神武天皇]에서부터 스이코 천황에 이르는 계보와 천황, 황태자들을 중심으로 한 이야기이다. 덴무조[天武朝]의 정통성을 분명히 한다는 정치적 목적을 가지고 편찬되었다. 일본 고대사와 고대문학의 연구 및 고대 한일관계 연구에 매우 귀중한 자료로 쓰이는 문헌이다.

고산유고

저자 윤선도(尹善道, 1587~1671) **분류** 문학(한국) **원제** 孤山遺稿 **출간 연도** 1791년

고산(孤山) 윤선도의 시문집. 6권 6책으로 되어 있다. 윤선도의 시와 문장을 모아 수록하였으며 특히 제6권에 고산의 시조 75수가 실려 있다. 유명한 〈오우가(五友歌)〉와 〈기세탄(饑歲歎)〉이 들어 있는 〈산중신곡(山中新曲)〉, 〈어부사시사(漁父四時詞)〉, 〈우후요(雨後謠)〉 등을 모두 이 책에서 감상할 수 있다. 고산의 시조는 한글 시조의 새로운 경지를 개척한 작품으로 국문학상 매우 중요한 의미가 있다.

고양이 대학살

저자 단턴(Darnton, Robert, 1939~) **분류** 역사(서양사)

원제 The Great Cat Massacre **출간 연도** 1984년

미국의 역사가 로버트 단턴이 18세기 프랑스인들이 남긴 기록을 통해 계몽시대의 역사를 새롭게 구성한 책. 종래의 지성사가 일류 문인과 학자들의 작품을 소재로 한 반면 이 책은 농민들 사이에 전승되던 민담, 인쇄공들의 기록, 도시 안내서, 경찰 보고서, 서적 주문서 등을 연구 대상으로 삼았다. 기존까지는 계몽사상가로 알려진 몇몇 문필가들의 독창적 사유가 담긴 작품을 통해서 계몽주의가 대중에게 전파되었다는 것이 정설이었다. 그러나 단턴 교수는 대중들 속에서 태동하던 변화의 기운이 계몽사상가들을 자극한 것이라는 새로운 견해를 제시한다. 글을 쓸 줄 아는 노동자, 책을 주문하는 상인, 문필가들을 감시하던 경찰관 등은 자신들 시대에 일어나던 새로운 변화를 명확하게 규정하지는 못했지만 단턴 교수는 그들이 남긴 기록 속에서 드러나는 변화의 양상을 포착하였다. 그리고 묻혀 있던 사료를 재해석하여 계몽사상가들의 작품과 연결을 시도했다. 그렇게 함으로써 18세기 프랑스 계몽주의 연구의 외연을 몇몇 문필가에서 글을 읽고 쓸 줄 알았던 보다 많은 사람들로 확장시켰다. 또한 '일류 작가'의 작품이 일반 독서대중에게 미친 영향만큼이나, 대중의 성향이 작가들의 집필 경향을 규정하였으리란 가설을 제시한다. 이 책은 서양 문화사, 지성사, 미시사(微視史) 연구에 새로운 지평을 연 작품으로 평가받고 있다.

고용, 이자 및 화폐의 일반이론

저자 케인스(Keynes, John Maynard, 1883.6.5~1946.4.21) **분류** 사회과학(경제학)

원제 The General Theory of Employment, Interest and Money **출간 연도** 1936년

영국의 경제학자 케인스의 대표작. 케인스는 시장경제의 자율적 기능을 강조한 신고전파의 이론에 반대하여 시장은 불안정하며 시장을 안정시키기 위해 정부가 개입해야 한다고 주장하였다. 그는 불황을 극복하고 실업을 줄이기 위해 정부가 공공투자를 통해 수요와 일자리를 만들

어야 한다고 강조하였다. 이러한 주장은 1930년대 세계 대공황 시대에 불황 탈출을 위해 국가가 적극 개입해야 한다는 정책으로 발전했다. 케인스는 이 책을 통해 완전고용은 불가능하며 영속적인 비자발적 실업이 가능하다는 것을 제시하였다. 이로써 그는 고전파 경제학의 이론틀(패러다임)을 뛰어넘는 새로운 이론을 제시하였다. 이후 케인스 이론은 경제학의 새로운 주류로 떠올랐으며, 화폐금융론과 거시경제학의 발전에 기여하였다.

곤충기

저자 파브르(Fabre, Jean Henri, 1823.12.23~1915.10.11) **분류** 자연과학(생물)

원제 Souvenirs Entomologiques **출간 연도** 1879~1907년

프랑스의 곤충학자 파브르의 저서. 저자가 프랑스 남부에서 학교 교사와 과학 저술가로 생활하면서 관찰한 곤충의 생태가 주제이다. 이 책은 노래기벌과 병정개미 같은 곤충의 생태를 관찰하여 기록했다는 점에서 과학저서이다. 그러나 한편으로 곤충의 관점을 통해서 곤충과 주변 동식물들이 함께 하나의 자연을 이룬다는 사실을 진솔한 문장으로 소개한 측면에서 문학적이기도 한 책이다. 저자가 보여주는 곤충에 대한 세심한 관찰과 서술은 자연을 이해하고자 하는 열정과 함께 인간도 자연의 일부라는 메시지를 전해준다.

골짜기의 백합

저자 발자크(Balzac, Honoré de, 1799.5.20~1850.8.18) **분류** 문학(프랑스)

원제 Le Lis dans la vallée **출간 연도** 1836년

근대소설의 개념을 확립한 프랑스의 작가 오노레 드 발자크의 장편소설. 고독하게 자란 22살의 귀족청년 펠릭스는 무도회에서 6살 연상의 모르소프 부인 앙리에트를 만난다. 펠릭스는 앙리에트에게 애정을 느끼지만, 가톨릭 도덕에 충실한 앙리에트는 그의 사랑을 어머니와 같은 감정으로 받아들인다. 앙리에트의 도움으로 성공한 펠릭스는 영국의 후작부

인 아라벨의 유혹에 빠져 그녀와 육체적 사랑을 나눈다. 그런 펠릭스 때문에 상심한 앙리에트가 병을 앓다 임종하는 순간 펠릭스가 달려오고 앙리에트는 펠릭스에게 사랑을 고백하고 숨진다. 작가 자신의 연애 체험에 상상력을 가미하여 미묘한 연애심리를 아름다운 투렌 지방의 풍경 묘사 속에 그려낸 작품이다.

공산당 선언

저자 마르크스(Marx, Karl Heinrich, 1818.5.5~1883.3.14), 엥겔스(Engels, Friedrich, 1820.11.28~1895.8.5) **분류** 정치(사회주의)

원제 Manifest der Kommunistischen Partei **출간 연도** 1848년

마르크스와 엥겔스가 공산당의 기본 이론과 실천강령에 대해 쓴 선언문. 국제 노동자조직인 '공산주의자동맹' 제2차 대회(1847)의 의뢰로 저술하였으며, 1848년 2월 런던에서 독일어로 발간되었다. 약 40여 페이지 분량에 4장으로 구성되어 있다. 전반부에는 인류의 역사를 계급 투쟁의 역사로 규정하고 프롤레타리아 계급이 혁명적 계급이라는 주장이 실려 있으며, 후반부에는 공산주의자들을 제외한 여타 사회주의자들을 비판하고 공산주의자는 프롤레타리아 계급의 혁명을 이루기 위해 사회질서를 뒤집어야 한다는 주장이 실려 있다. 이 선언문은 공산주의의 역사관, 사회관, 경제관 및 정치적 목표와 행동강령을 보여준 최초의 문건으로서 역사적 가치가 있다.

과학과 근대세계

저자 화이트헤드(Whitehead, Alfred North, 1861.2.15~1947.12.30)

분류 철학(과학철학)/자연과학(과학일반) **원제** Science and the Modern World

출간 연도 1926년

영국의 수학자이자 철학자인 화이트헤드가 근대과학과 철학에 대해 논한 책. 저자가 미국으로 건너간 후 나온 후기의 저서다. 이 책에서 화이트헤드는 근대과학의 성과에 대해 자세히 설명하면서 근대과학이 철

학과 사회, 종교에 미친 영향을 살펴본다. 그러면서 근대과학을 바르게 이해할 수 있는 철학이 무엇인지 제시한다. 화이트헤드는 철학 분야에서 근대과학의 발전을 유물론으로 이해하는 데 반대하였다. 화이트헤드에게 있어 과학은 자연이며 자연은 유기체이며, 유기체는 고정불변의 실체가 아니라 끊임없이 변화하는 '과정' 혹은 '활동'이다. 근대과학의 성과인 장(場, field), 원자성(atomicity), 에너지 불변의 법칙, 진화론 등은 유물론으로 설명할 수 없다. 이러한 과학적 법칙은 기계적 유물론이 아니라 생명체와 같은 유기체론에 입각할 때 이해가 가능하다. 화이트헤드의 과학철학은 이 책의 출간 당시보다 20세기 후반에 들어 과학문명의 병폐가 두드러지면서 더욱 각광을 받게 되었다.

과학, 신념, 사회

저자 폴라니(Polanyi, Michael, 1891~1976) **분류** 철학(과학철학)/자연과학(과학일반)

원제 Science, Faith and Society **출간 연도** 1946년

영국에서 활동한 헝가리 태생의 의학자이자 물리화학자, 철학자, 경제학자인 마이클 폴라니의 과학철학서. 이 책은 과학에 대한 철학적 접근뿐 아니라 사회학적 분석을 시도하였다. 폴라니는 과학도 인간사회와 인간의 믿음의 체계 속에서 존재한다고 보았다. 그는 지식이 사회적 맥락을 통해 전승되는 방법에 주목하여 과학이 법률이나 종교와 비슷하게 전통을 통해 형성된 집단적 문화를 가지고 있다고 보았다. 그는 전통에는 어떤 구심점도 지향점도 없음을 강조하고 전통이란 개개인이 쌓은 지식이 전달되는 과정이라고 이해하였다. 이러한 관점에서 폴라니는 과학을 국가의 목적을 위해 이용하려는 계획에 반대하고, 과학자 개개인이 누려야 할 자유를 옹호하였다. 그는 과학의 발전은 개개인의 창의적 연구가 쌓여 이룩된 것이며 앞으로 과학이 나아가야 할 길도 그러하다고 강조하였다. 폴라니의 과학철학은 20세기 후반의 신과학과 포스트모더니즘에 큰 영향을 주었다.

과학적 관리법

저자 테일러(Taylor, Frederick Winslow, 1856.3.20~1915.3.21) **분류** 사회과학(경제학)

원제 The Principle of Scientific Management **출간 연도** 1911년

미국의 경영학자 테일러가 지은 경영관리서. 테일러는 엔지니어로 철강회사에 근무한 체험을 바탕으로 테일러 시스템이라는 과학적 노동관리 체계를 만들었다. 테일러는 우선 경영자가 과학적 관리에 대한 인식을 가져야 한다고 강조하였다. 이를 위해서 생산현장의 작업소요시간 연구를 바탕으로 노동생산성을 높일 수 있는 과학적, 합리적 작업기준(과업설정)을 설정해야 한다고 강조한다. 이러한 기준을 만들기 위해서는 우선 모든 노동자의 작업 조건과 작업시간을 표준화해야 한다. 그런 다음 이렇게 만들어진 작업기준에 따른 과업을 달성하기 위해 노동자에게 성과급을 지급하고 기획, 감독을 위한 전문부서를 두어 작업을 관리하게 해야 한다고 지적하였다. 테일러의 연구는 이후 노동생산성 증대와 경영 합리화 분야에 큰 영향을 미쳤다.

과학혁명의 구조

저자 쿤(Kuhn, Thomas, 1922~1996) **분류** 자연과학(과학일반)

원제 The Structure of Scientific Revolutions **출간 연도** 1962년

미국의 과학사가 토머스 쿤이 지은 과학서. 쿤은 과학의 발전을 역사적으로 살펴보았다. 쿤에 따르면, 역사상 각 시대마다 '정상과학'이라는 우주와 세계를 이해하는 큰 틀(패러다임)이 존재했다. 중세 유럽의 천동설이 그 대표적인 예이다. 그러나 과학지식의 발달로 인해 기존의 패러다임으로는 설명할 수 없는 이상현상이 발견된다. 이 때문에 패러다임의 위기가 생기고 새로운 과학이론이 등장한다. 그 예로 천동설에 맞선 지동설의 등장을 들 수 있다. 이로 인해 인간이 그때까지 알던 우주와 세계에 대한 패러다임이 변하게 된다. 이것이 바로 과학혁명이며 이 혁명을 통해 새로운 패러다임, 새로운 정상과학이 등장한다. 쿤은 과학의 발전이란 연구성과가 쌓여 가면서 무한히 발전하는 것이 아니라 이전의 과학과 다른 새로운 과학이 등장하는 것이라는 참신한 주장을

통해 20세기 후반의 문명 이해에 큰 영향을 미쳤다.

관자

저자 관중(管仲, ?~BC 645) **분류** 철학(중국철학) **원제** 管子 **출간 연도** 미상

춘추 시대(春秋時代) 제(齊)나라의 재상(宰相) 관중이 지은 책. 실제로는 후대의 사람들이 지은 것으로 보인다. 원래 86편이나 현재는 76편만 전해진다. 책의 내용은 제나라의 국민적 영웅으로 칭송되던 명재상 관중의 업적을 중심으로 하고 있다. 관중은 젊은 시절에 포숙아(鮑叔牙)의 추천으로 제나라 환공(桓公)을 섬기게 되었으며, 이후 환공을 보좌하여 그를 춘추오패(오대 강국)의 1인자로 만들었다. 관중과 포숙아 사이의 우정은 관포지교(管鮑之交)라는 고사가 있을 정도로 유명하다. 관자에 담긴 사상은 전국 시대 후기의 법가 사상이며, 〈수지편(水地編)〉 등에는 도가(道家)적인 면도 보인다. 정치의 요체(要諦)에는 백성을 부유하게 하고, 백성을 가르치며, 신명(神明)을 공경하도록 하는 세 가지 일이 있는데, 그중에서도 백성을 부유하게 하는 일이 으뜸이라고 하였다.

관촌수필

저자 이문구(李文求, 1941.4.12~2003.2.25) **분류** 문학(한국)
원제 冠村隨筆 **출간 연도** 1972~1977년

작가 이문구의 연작소설. 모두 8편으로 구성되어 있다. 충청도의 관촌 마을이 6 · 25 이후 60~70년대까지 겪는 변화가 작품의 주제다. 농민문학의 대가로 알려진 저자가 자신의 체험을 충청도 사투리가 가득한 예스럽고 해학적인 문장에 담아 서술하였다. 제1편 〈일락서산(日落西山)〉에서 13년 동안 고향을 떠나 있던 주인공은 성묘를 위해 귀향한다. 그러나 어린 시절 보았던 고향의 모습은 사라지고 없다. 옛 모습을 잃어버린 고향을 돌아보며 주인공은 평생을 선비로서 살았던 할아버지와 남로당의 일원이었다가 총살당한 아버지에 대한 추억에 잠긴다. 제2편 〈화무십일(花無十日)〉은 피란민 일가를 따뜻하게 대한 주인공 어머니의 인정을 통

해 전통사회의 인간미를, 제3편 〈행운유수(行雲流水)〉는 주인공의 어린 시절 친구 옹점이의 삶, 제4편 〈녹수청산(綠水青山)〉은 대복이네 가족의 삶을 보여준다. 제5편 〈공산토월(空山吐月)〉은 돌을 좋아해 석공으로 불린 농부 신씨의 삶을 보여준다. 제6편 〈관산추정(關山芻丁)〉은 도시화로 변질돼 가는 고향의 모습, 제7편 〈여요주서(與謠註序)〉는 꿩을 밀렵했다가 수난을 겪은 친구 이야기이며, 제8편 〈월곡후야〉에서는 마을청년들이 소녀를 겁탈한 범인을 응징한다는 내용이다. 1~5편이 유년 시절의 추억에 대한 것이라면, 6~8편은 성인이 되어 만난 어린 시절의 친구와 고향에서 체험한 내용을 담고 있다. 이 소설은 유년 시절의 고향을 아름다운 추억으로 묘사하지 않는다. 작가의 시선은 농촌이 겪는 변화와 갈등을 있는 그대로 응시한다. 그러나 변화를 있는 그대로 묘사하면서도, 작가가 찾는 것은 변하지 않고 남아 있는 인간적인 삶의 모습이다.

광기와 우연의 역사

저자 츠바이크(Zweig, Stefan, 1881~1941) **분류** 역사(세계사)

원제 Sternstunden Der Menschheit: 12 Historische Miniaturen **출간 연도** 1928년

오스트리아 출신의 전기 작가 슈테판 츠바이크가 12명의 역사적 인물에 대해 쓴 책. 츠바이크는 역사적 인물의 내면 심리에 대한 탁월한 묘사로 유명하다. 저자는 책에 등장하는 12명-태평양을 발견한 발보아, 오스만 투르크의 술탄 무하마드, 헨델, 루제, 나폴레옹, 괴테, 수터, 도스토예프스키, 필스, 톨스토이, 스콧-이 어느 한 순간에 내린 결정으로 인해 역사의 방향이 결정되는 과정을 생생하게 묘사하였다. 전기 작가답게 인간에 대한 관심을 통해 역사를 보는 츠바이크의 안목이 잘 드러나 있는 책이다.

광인일기

저자 루쉰(魯迅, 1881.9.25~1936.10.19) **분류** 문학(중국)

원제 광인일기(狂人日記) **출간 연도** 1918년

근대 중국의 작가 루쉰의 소설. 1918년 5월에 당시의 문학혁명(文學革命)을 주도한 〈신청년(新靑年)〉 지에 발표되었다. 러시아 작가 고골리가 쓴 같은 제목의 소설에서 착상을 얻은 것으로 보인다. 주변 사람들이 자신을 잡아먹으려 한다고 믿는 피해망상증 환자의 일기형식으로 중국의 봉건문화, 가족제도, 유교도덕을 신랄하게 비판하고 신중국 건설을 호소하는 주제를 담고 있다. 이 소설에서는 유교를 사람을 잡아먹는 식인(食人) 풍습에 빗대어 묘사하였다. 유교도덕 비판과 구어문(口語文) 제창을 내건 문학혁명의 대표작품으로 꼽히며, 구어문으로 된 근대 중국문학 최초의 작품으로 여겨진다.

광장

저자 최인훈(崔仁勳, 1936.4.13~) **분류** 문학(한국) **원제** 廣場 **출간 연도** 1960년

분단문제를 다룬 최인훈의 중편소설. 해방 이후부터 한국 전쟁에 이르기까지 남한과 북한 사회를 '광장'과 '밀실'이라는 상징을 통해 묘사하였다. 여기서 '광장'은 사회적 삶이 이루어지는 열린 공간이고, '밀실'은 개인의 삶을 영위하는 닫힌 공간이다. 그리고 주인공 이명준은 밀실에 머물러 있으면서도 끊임없이 광장으로 나아가기를 갈망하는 인물이다. 명준은 남한에서 대학을 다니다 부친이 월북했다는 이유로 취조를 받고 월북을 하게 된다. 그러나 북한 사회에서도 역시 적응하지 못한다. 명준이 보기에 남한의 광장은 타락했고, 북한에는 광장의 존재 자체가 용납되지 않는다. 한국전쟁이 일어나자 명준은 전쟁을 또 다른 광장으로 택하지만 거기에도 진정한 광장은 없었다. 포로가 된 명준은 남한도 북한도 아닌 중립국행을 택한다. 그리고 배 위에서 투신자살함으로써 자신만의 광장을 찾는다.

구당서

분류 역사(중국사) **원제** 舊唐書 **출간 연도** 945년

중국 당나라 때 역사를 기록한 정사(正史). 618년 당의 건국에서 907

년 멸망할 때까지 290년 동안의 기록이다. 원래의 제목은 《당서》이지만 송나라 때 《신당서(新唐書)》를 편찬함에 따라 기존의 《당서》가 《구당서》가 되었다. 편찬은 장소원(張昭遠), 가위(賈緯), 조희(趙熙), 감수는 조영(趙瑩)이 맡았고, 유후가 작업을 총괄하였다. 기전체 서술 방식에 따라 본기(本紀), 지(志) 열전(列傳) 등 전체 200권으로 되어 있다. 당나라 때의 원사료가 많이 들어 있고, 우리나라를 비롯한 주변 국가에 대한 기록도 많기 때문에 중국사뿐 아니라 아시아 각국의 역사 연구에 중요한 자료이다.

구름

저자 아리스토파네스(Aristophanes, BC 445?~BC 385?) **분류** 문학(그리스)
원제 Nephelai **출간 연도** 기원전 423년

고대 그리스 아테네의 희극 시인 아리스토파네스의 희극. 아리스토파네스는 펠로폰네소스 전쟁 시기(BC 431~BC 404)에 주로 작품을 썼다. 당시 아테네는 전쟁의 와중에 새로운 사회질서와 신학문이 등장하던 시기였다. 보수파였던 아리스토파네스는 선동정치가(데마고그)들의 기만과 책략에 놀아나는 중우정치를 비판하고, 전쟁에 반대하였으며, 당시 소피스트의 신식교육을 공격하였다. 그는 자신의 견해를 뛰어난 상상력과 풍자로 가득한 희극에 담아 표출하였다. 이 작품은 소피스트의 궤변을 풍자한 희극으로 소크라테스가 신학문의 대표로 등장한다.

구운몽

저자 김만중(金萬重, 1637~1692) **분류** 문학(한국) **원제** 九雲夢 **출간 연도** 1687년

조선 숙종 때 김만중이 지은 소설. 한글본과 한문본이 있다. 저자는 한글본 집필을 통해 국민문학에 대한 소신을 피력하였다. 줄거리는 육관대사의 제자인 승려 성진이 8선녀를 만난 후 속세를 그리워하다 지옥으로 떨어지는 데서 시작한다. 성진은 양소유라는 인간으로 환생한 후 과거에 급제하고 승상의 자리까지 오르고, 8명의 부인을 얻어 부귀영화

를 누린다. 그러나 만년에 인생무상을 느끼고 다시 불가에 귀의하고자 한다. 이때 문득 깨어나 그동안의 일이 모두 꿈이었음을 깨닫고 불도에 정진하게 된다는 내용이다. 양반소설로 분류되는 이 작품은 《옥류몽》, 《옥련몽》 등의 아류작을 낳았다.

국가론

저자 보댕(Bodin, Jean, 1530~1596) **분류** 정치(절대주의)

원제 Les Six livres de la Republique **출간 연도** 1576년

프랑스의 법률가이자 정치가 보댕의 저서. 정치 사상사에서 '주권(主權)'의 개념을 정립한 저서로 유명하다. 보댕은 일반적으로 '왕권신수설'을 주창하여 절대주의를 옹호한 인물로 알려져 있다. 그러나 보댕은 단순히 왕권을 옹호한 것은 아니었다. 당시의 프랑스는 가톨릭과 위그노의 종교전쟁으로 인한 내란 때문에 국가가 분열상태였다. 종교전쟁의 참상을 직접 목격한 보댕은 정치와 종교의 분리, 국가와 종교의 분리만이 분열과 갈등을 치유할 이론적 해법이라고 생각하였다. 보댕은 인간의 삶을 신앙에서 분리하고, 정치의 선(善)과 종교의 선이 다름을 지적하는 데서 출발하여 신권(神權)에 반대되는 개념으로써 국가의 주권을 제시한 것이다. 그가 보기에 당시에 국가주권을 강화시키는 길은 국왕권의 강화뿐이었다. 이를 위해서 그는 국가주권은 분리될 수 없으며 한 사람, 즉 왕에게 집중되어야 한다고 주장한 것이다. 이 책은 프랑스뿐 아니라 영국을 비롯한 유럽 각국에서 큰 인기를 얻었으며, 유럽 절대주의의 이론적 지침이 되었다.

국가론

저자 플라톤(Platon, BC 429?~BC 347) **분류** 철학(서양철학) **원제** Republic

고대 그리스의 철학자 플라톤의 저서. 이 책에서 플라톤은 우선 '정의(正義)'란 무엇이며 정의로운 국가는 어떤 국가인지 논한다. 당시의 정치체제(政體)인 과두정, 민주정, 참주정 등 5가지 정체의 장단점을 살펴

보면서 현실적으로 존재하는 이 정체들이 왜 자신이 생각하는 이상국가(理想國家)가 아닌지를 논한다. 플라톤은 인생의 목적이 선(善)의 이데아를 추구하는 데 있다고 보았으며, 국가도 이데아의 모습을 닮아야 한다고 생각했다. 플라톤이 생각하는 이상국가는 통치계급의 지혜와 방위계급의 용기, 생산계급의 절제가 조화를 이루며 인격과 지혜를 갖춘 철학자가 통치하는 이상국가이다. 여기서 철학자는 진리를 찾는 사람일 뿐 아니라 사회를 교육하는 사람이며, 철학자가 다스리는 국가의 목적 역시 국민의 교화에 있다. 이 책은 정치사상에 대한 내용뿐 아니라 형이상학에서 윤리학, 교육, 예술에 이르기까지 다양한 주제를 논한 서양 철학사의 원천과 같은 책이다.

국경의 밤

저자 김동환(金東煥, 1901.9.21~?) **분류** 문학(한국) **원제** 국경의 밤 **출간 연도** 1925년

김동환의 서사시집. 한국 근대문학 최초의 서사시 〈국경의 밤〉과 〈북청 물장수〉 등 14편의 시가 실려 있다. 〈국경의 밤〉은 3부 73장으로 된 서사시로 일제 시대 두만강변에 사는 주민들의 삶을 소재로 하고 있다. 내용을 살펴보면 어느 겨울밤, 두만강변 산곡마을에 사는 젊은 아낙 순이는 밀수를 하러 떠난 남편 병남을 걱정한다. 병남이 없는 사이 순이의 옛 사랑 청년이 마을에 나타나고, 순이와 재회한다. 청년은 순이에게 구애하지만 순이는 뿌리친다. 이때 남편 병남이 마적의 총에 맞아 시신으로 돌아오고 순이는 남편의 시신을 매장한다. 순이의 삶을 통해 일제 시대 우리 민족의 현실을 극적으로 묘사한 작품이다.

국부론

저자 스미스(Smith, Adam, 1723.6.5~1790.7.17) **분류** 사회과학(경제학)

원제 An Inquiry into the Nature and Causes of the Wealth of Nations

출간 연도 1776년

영국 고전 경제학파의 창시자인 아담 스미스의 대표작. 전 5편으로 되

어 있으며, 1 · 2편은 경제이론에 대한 내용으로 분업을 통한 노동생산력 향상과 생산물의 분배, 자본의 성질에 대해 논하였다. 3편은 경제사에 대한 내용으로 각국의 국부 증진과정, 4 · 5편은 경제정책으로 정치경제학의 학설에 대한 내용이다. 스미스는 이 책에서 개인의 이윤추구에 근거한 노동이 부의 원천이며, 부의 증진은 노동생산력 개선으로 이루어진다고 주장하였다. 그리고 개인의 노동은 분업에 기초한 생산으로 이루어지고 이는 '보이지 않는 손(invisible hand)'에 인도되어 질서를 낳고, 자본이 축적되어 '나라의 부(國富)'가 증대한다고 주장하였다. 이 책은 자유주의 경제사상을 명쾌하게 정리하였을 뿐 아니라 경제활동에 대한 과학적 분석을 시도하여 고전경제학을 확립한 경제학 연구서이다.

국화와 칼

저자 베네딕트(Benedict, Ruth Fulton, 1887 6. 5~1948 9. 17)

분류 인문학(인류학)/여성 **원제** The Chrysanthemum and the Sword

출간 연도 1946년

미국의 인류학자 루스 베네딕트가 일본문화에 대해 쓴 책. 저자가 제2차 세계대전 중에 미국 국무부에 제출한 〈일본인의 행동패턴〉이란 보고서를 책으로 낸 것이다. 이 보고서는 적국인 일본의 문화와 심리를 이해하고 전후에 일본을 어떻게 처리할지를 결정하는 데 참고할 목적으로 작성된 것이었다. 저자는 이 책의 제3장에서 일본인은 사회 속에서 자신의 위치에 맞게 행동하는 데 민감하다고 지적한다. 즉 계층 구분이 철저한 사회라는 뜻이다. 이어 7장과 9장에서 이러한 계층사회를 유지하는 요인으로 의리와 은혜를 제시한다. 지배층은 은혜(恩)를 베풀며 피지배층은 이에 대해 의리로 보답한다. 이러한 관계가 틀어지면 반드시 보복을 통해 바로 잡아야 한다. 저자는 이러한 일본인의 도덕관에 기초해서 전후 일본의 처리 문제는 천황제를 비롯한 일본의 전통을 존중하면서 이루어져야 한다고 충고하였다.

군주론

저자 마키아벨리(Machiavelli, Niccolo, 1469~1527) **분류** 정치(정치이론)

원제 Il Principe **출간 연도** 1532년

르네상스 시대의 사상가 마키아벨리의 저작. 군주에게 보내는 조언 형식의 책이다. 저자가 이상적으로 생각한 군주(체사레 보르지아가 모델이라고 한다)는 도덕에 구애 받지 않고 능란하게 책략을 구사할 줄 아는 참주이다. 마키아벨리는 이러한 군주라야 이탈리아에 통일국가를 세울 수 있다고 보았으며, 이 책의 마지막 장에서 이러한 군주를 중심으로 이탈리아가 외세의 지배를 물리쳐야 한다고 역설하였다. 이 책에 대한 평가는 다양하다. 사람에 따라 이 책을 진심 어린 충언, 출세를 위한 궤변, 당시 이탈리아 정세에 대한 냉정한 분석, 이탈리아 민족주의의 분출, 메디치 가문에 대한 풍자 등으로 보았다. 또한 마키아벨리즘이란 용어를 만들어 내었는데, 이 말이 뜻하는 바는 비도덕적 계략 내지는 힘에 의한 권력의 정당화란 의미로 통하게 되었다.

궁정인

저자 카스틸리오네(Castiglione, Baldassare, 1478~1529) **분류** 정치(정치이론)

원제 Libro del Cortegiano **출간 연도** 1528년

이탈리아의 문인이자 정치인 카스틸리오네의 저서. 이 책은 저자의 궁정 체험을 바탕으로 궁정인(宮廷人)의 올바른 자세에 대해 논한 책으로, 16세기 유럽의 궁정생활을 생생하게 묘사하였다. 전부 4권으로 1·2권은 궁정인의 신체적, 지적, 도덕적 기준에 대하여, 3권은 궁정 여인의 예절, 4권은 궁정인과 군주의 관계를 논하였다. 이 책은 유럽 각국에 전파되어 귀족사회에 큰 영향을 미쳤으며 르네상스 시대의 이상적 인간상이 무엇이었는지를 여실히 보여준다.

그리스도교 강요

저자 칼뱅(Calvin, Jean, 1509~1564) **분류** 종교(기독교)

원제 Christianae Religionis Institutio **출간 연도** 1536년

종교개혁 시대 개신교의 지도자 장 칼뱅의 저서. 개신교(프로테스탄트) 세력의 신학적 지침이 된 책이다. 칼뱅은 교황권을 부정하고 신앙을 유일한 근거로 내세움으로써 가톨릭 교회와 결별하였다. 그리고 자신의 입장을 뒷받침하기 위해 성서의 내용에 대한 주석(commentary)에 착수한다. 따라서 이 책은 성경 내용의 어려운 구절을 풀어 설명할 뿐 아니라 그러한 설명을 통해 저자 자신의 신학적 관점을 주장할 목적으로 쓴 것이다. 그런 면에서 이 책을 통해 우리는 칼뱅의 신학, 사회 및 정치관을 알 수 있다.

그리스 로마 신화

저자 불핀치(Bulfinch, Thomas, 1796~1867) **분류** 문학(신화)

원제 The Age of Fable **출간 연도** 1855년

미국의 작가 불핀치가 그리스 로마 신화를 정리한 책. 불핀치는 명문 사립고와 하버드 대학에서 교육을 받아 서양 고전에 소양을 갖춘 인물이었다. 불핀치가 살았던 19세기의 미국은 급격한 산업화로 인해 사회와 문화에 큰 변화가 있던 시대였다. 그는 점점 물질주의로 빠져드는 세태 속에서 서구 문명의 정수를 대중에게 쉽게 전달하고자 하는 의도로 고대 신화를 자신의 주관에 따라 정리하여 책으로 출판하였다. 이 책의 내용은 그리스 신들의 이야기와 헤라클레스, 이아손, 테세우스의 영웅담, 일리아스, 오디세이 이야기 등으로 이루어져 있다. 국내에는 《그리스 로마 신화》란 제목으로 발췌, 번역되었지만 원본에는 그리스 외에 북유럽 신화와 세계 각국 신화도 소개하고 있다.

그리스의 역사가들

편자 핀리(Finley, Moses I., 1912~1986) **분류** 역사(그리스사)

원제 The Greek Historians: The Essence of Herodotus, Thucydides, Xenophon, Polybius **출간 연도** 1978년

미국의 역사학자 핀리 교수가 고대 그리스의 역사가들의 저서를 요약한 책. 페르시아 전쟁을 다룬 헤로도토스의 《역사》, 펠로폰네소스 전쟁을 다룬 투키디데스의 《펠로폰네소스 전쟁사》, 그리스군의 소아시아 원정을 다룬 크세노폰의 《아나바시스》, 고대 제국의 정치체제 변천을 통해 로마 제국의 세계 제패 원인을 설명한 폴리비오스의 《세계사》 등에서 중요 부분을 발췌, 요약하였다. 그리스 역사가들의 역사관과 서술방식에 대해 알 수 있으며 요약된 역사가들의 저서를 통해 그리스와 로마의 역사를 가늠해 볼 수 있다.

그림 동화집

저자 그림 형제 야코프(형 Grimm, Jacob, 1785~1863), 빌헬름(동생 Grimm, Wilhelm, 1786~1859) **분류** 문학(독일, 아동) **원제** Kinder- und Hausmarchen **출간 연도** 1812년

독일의 언어학자 그림 형제가 수집, 편찬한 동화집. 낭만주의 사조의 영향으로 민중적, 토속적인 것을 찾으려는 시대 분위기의 영향을 받아 나온 작품이다. 그림 형제는 1807년부터 동화를 수집하여 1812년에 출판하였으며, 1815년에 제2편을 출판하였다. 이후 1857년 제7편을 낼 때까지 약 200여 편의 동화를 모아 출판하였다. 오늘날 널리 알려진 〈빨간 모자〉, 〈백설공주〉, 〈헨젤과 그레텔〉, 〈잠자는 숲속의 미녀〉, 〈황금 거위〉, 〈엄지 공주〉 등이 모두 이 동화집에 실려 있다.

근사록

저자 주희(朱熹, 1130~1200), 여조겸(呂祖謙, 1137~1181)

분류 철학(유학) **원제** 近思錄 **출간 연도** 1175년

중국 송(宋)나라 때의 유학자 주희(주자)와 여조겸이 편찬한 유학서. 북송(北宋) 시대의 유학자인 주돈이(周敦) · 정호(程顥) · 정이(程頤) · 장재(張載) 네 사람의 글을 발췌하여 전부 14권 622항목으로 편집한 책이다. 주자의 저서를 시대에 따라 전기, 중기, 후기로 구분해 볼 때, 전기의 마지막에 해당하는 책으로 저자의 학문적 기초가 확립된 시점에 나

온 책이다. 주로 유학의 핵심 문제와 학자의 삶에 대한 항목 위주이며 송나라 시대 신유학(新儒學)을 이해하는 데 중요한 자료이다. 우리나라에는 고려 말에 소개되었으며, 조선 중기에 와서는 《소학》과 함께 사림파들의 기본 서적이 되었다. 이 때문에 사림파가 정치적 탄압을 받으면서 한때 금서가 되기도 했다. 그러나 사림파가 정권을 잡은 후에는 선비의 필독서로 자리 잡았으며, 많은 주석서가 출간되었다.

금각사

저자 미시마 유키오(三島由紀夫, 1925.1.14~1970.11.25)

분류 문학(일본) **원제** 金閣寺 **출간 연도** 1956년

일본의 작가 미시마 유키오의 소설. 전후 일본문학의 대표작으로 꼽힌다. 주인공 미조구치는 말더듬이로 열등감과 소외감에 시달리는 인물이다. 그는 어린 시절 아버지에게 금각사의 아름다움에 대한 이야기를 들으며 자라다가 금각사의 도제가 된다. 미조구치는 금각사의 아름다움에 빠지지만 점차 절대적 아름다움의 화신인 금각사가 추한 자신을 더욱 소외시킨다는 생각을 갖게 된다. 결국 미조구치는 금각에 불을 지르고 새로운 인생을 찾아 나선다. 이 소설에는 주인공의 내면에 대한 치밀한 묘사와 아름다움에 대한 집착, 절대적 아름다움의 기준을 타도하고 새로운 인생을 찾으려는 의지가 섞여 있다. 초기에는 내면묘사와 이단적 탐미주의에 집착하던 작가가 국수적 민족주의로 넘어가는 중간 단계에 발표된 작품으로 그러한 두 경향이 혼재되어 나타난 작품이다.

금강

저자 신동엽(申東曄, 1930~1969) **분류** 문학(한국) **원제** 금강 **출간 연도** 1967년

시인 신동엽의 서사시집. 1967년에 간행된 《현대한국신작전집(現代韓國新作全集)》 제5권에 수록된 작품이다. 역사의식과 민족의식에 입각하여 〈아사녀〉, 〈껍데기는 가라〉, 〈진달래 산천〉, 〈4월은 갈아엎는 달〉 등의 시를 써 온 시인이 동학농민운동을 주제로 하여 쓴 장편 서사시이다.

동학 혁명 이후의 민족 수난사가 주제이며, 역사에 대한 허위의식을 버리고 외세에 대한 저항에 나섰던 민중들의 모습을 서사시 형태로 서술한 작품이다.

금강삼매경론

저자 원효(元曉, 617~686.3.30) **분류** 종교(불교) **원제** 金剛三昧經論 **출간 연도** 686년

신라의 학승(學僧) 원효가 〈금강삼매경〉을 해설한 책. 원래 불교에서 논(論)이라 함은 인도의 불교학자들이 불경의 뜻을 풀이한 글을 말한다. 원효의 저서에 '논'이란 칭호를 붙인 것은 그만큼 그 학문적 가치를 높이 인정한다는 뜻으로 한중일 삼국에서 나온 불교서적 중에 논이라 불리는 유일한 책이다. 이 책에서 논한 〈금강삼매경〉은 중국에서 번역된 공(空) 사상, 화엄(華嚴), 재가불교(在家佛敎) 등의 교리를 다룬 책으로 원효는 〈화엄경〉과 〈기신론〉 등의 경전을 인용하여 이를 풀이하였다. 책의 구성은 서분(序分) · 정종분(正宗分) · 유통분(流通分)의 3부분으로 되어 있으며 원효의 독창적 사상이 집약되어 있다.

금병매

저자 난릉소소생(蘭陵笑笑生, 16~17세기) **분류** 문학(중국)
원제 金瓶梅 **출간 연도** 16~17세기

명나라 때의 장편소설. 작자는 미상이며 중국 4대 기서(四大奇書) 중의 하나이다. 전편(全篇) 100회로 된 장회소설(章回小說)로 주인공은 《수호전(水滸傳)》에 나오는 서문경(西門慶)과 반금련(潘金蓮)이다. 책 속의 시대배경은 송나라로 설정되어 있지만 불륜관계의 두 주인공을 통해 명대 사회 여러 계층의 실상을 묘사한 것이다. 노골적인 성 묘사와 사회의 부패한 실상에 대한 폭로를 문학적으로 탁월하게 표현하였다. '금병매'라는 제목은 반금련, 서문경의 첩 이병아(李瓶兒), 반금련의 시녀 춘매(春梅)에서 한 글자씩 딴 것이라고 한다. 필사본으로 전해지다가 17세기 초에 판본으로 나왔으며, 《사화본(詞話本)》과 《제1기서본(第一奇書

本)》의 두 가지 판본이 있다.

금삼의 피

저자 박종화(朴鍾和, 1901.10.29~1981.1.31) **분류** 문학(한국)

원제 錦衫의 피 **출간 연도** 1936년

박종화가 쓴 장편 역사소설. 1936년 〈매일신보(每日申報)〉에 연재되었던 작품이다. 박종화는 계급을 강조하는 좌익문학이 유행일 당시 문학은 역사와 민족을 떠날 수 없다고 주장하면서 스스로 역사소설을 쓰기 시작했다. 이 작품은 그의 첫 번째 장편 역사소설로서, 성종의 폐비 윤씨와 연산군 모자의 일대기를 그린 작품이다. '금삼의 피'는 중전 윤씨가 폐비가 되고 사약을 받으면서 남긴 피 묻은 한삼 자락을 말한다. 폐비 윤씨의 아들로 성종의 뒤를 이어 왕위에 오른 연산군은 어머니의 죽음에 얽힌 사연을 알고 어머니를 복위시키고자 갑자사화(甲子士禍)를 일으킨다. 이후 연산군은 폭정을 하다 중종반정으로 폐위당한다. 일제 시대의 억압 속에서 민족의 역사를 지키려는 의미가 담긴 작품이다.

금오신화

저자 김시습(金時習, 1435~1493) **분류** 문학(한국) **원제** 金鰲新話 **출간 연도** 조선 전기

김시습이 지은 한문 단편소설집. 〈만복사저포기(萬福寺樗蒲記)〉, 〈이생규장전(李生窺墻傳)〉, 〈취유부벽정기(醉遊浮碧亭記)〉, 〈용궁부연록(龍宮赴宴錄)〉, 〈남염부주지(南炎浮洲志)〉 등 5편의 소설이 실려 있다. 한국 최초의 소설이라 불리며, 한국을 배경으로 한국인이 주인공으로 등장하고, 또한 행복한 결말로 끝나는 대부분의 고전소설과 달리 주인공이 주변세계와의 갈등 끝에 죽음을 선택한다는 결말 등 문학적 완성도가 높은 작품집이다. 이 가운데 앞의 세 편은 산 사람이 죽은 여인의 혼령과 사랑을 나눈다는 명혼(冥婚)소설이다. 뒤의 두 편은 주인공이 꿈속에서 각기 용궁과 저승에 간다는 몽유(夢遊)소설이다. 다섯 편의 소설 모두 귀신과 저승, 용궁 등을 다룬다는 점에서 전기소설(傳奇小說)에 속

하며, 중국소설 〈전등신화(剪燈新話)〉의 영향을 받았다고 볼 수 있다.

금융자본론

저자 힐퍼딩(Hilferding, Rudolf, 1877.8.10~1941.2) **분류** 사회과학(경제학)

원제 Das Finanzkapital **출간 연도** 1910년

오스트리아 출신의 사회주의자 힐퍼딩의 저서. 힐퍼딩은 독일사회민주당의 지도자였으며 '오스트리아 마르크시스트'로 불린 사회주의 이론가 그룹의 한 사람이었다. 제국주의의 전성기에 쓰인 이 책은 자본주의 경제가 독점자본주의 단계에 들어서면 산업자본과 은행자본이 결합하여 금융자본을 이룬다는 가설을 제시하였다. 힐퍼딩에 따르면, 이 금융자본은 보호관세, 덤핑, 카르텔, 트러스트, 자본수출, 식민지 분할을 통하여 제국주의를 추구한다. 이로써 힐퍼딩은 사회주의 관점에서 제국주의를 설명하는 틀을 제공하였으며, 레닌의 《제국주의론》에 큰 영향을 미쳤다.

금수회의록

저자 안국선(安國善, 1878~1926) **분류** 문학(한국) **원제** 禽獸會議錄 **출간 연도** 1908년

개화기에 안국선이 쓴 우화소설. 동물들의 비판을 통해 인간사회의 문제를 폭로하고 풍자한 작품이다. 소설은 주인공이 꿈에서 짐승들의 회의에 참가하면서 시작한다. 회의에서는 까마귀, 여우, 개구리, 벌, 게, 파리, 호랑이, 원앙 등 여덟 마리 동물이 나와 각기 인간의 불효, 사대주의, 우물 안 개구리와 같은 무지, 이중성, 지조 없음, 골육상쟁, 탐관오리, 문란한 부부윤리를 규탄한다. 동물들은 회의를 마치면서 인간세상의 타락을 기독교의 구원을 통해 극복하고자 한다. 작품의 처음과 끝에서는 인간의 타락과 구원을 원하는 기독교 사상이 표출되지만, 인간의 잘못을 규탄하는 내용에는 유교 이념이 섞여 있다. 이는 전통시대에서 근대로 넘어가는 개화기에 쓰인 신소설다운 모습이다.

기암성

저자 르블랑(Leblanc, Maurice, 1864~1941) **분류** 문학(프랑스)

원제 L' Aiguille Creuse **출간 연도** 1909년

모리스 르블랑의 추리소설. 르블랑은 '괴도신사 아르센 뤼팽' 이라는 인물을 주인공으로 한 여러 편의 추리소설을 발표하였다. 뤼팽은 부자들의 집만 골라서 터는 도둑이면서, 때로는 숨겨진 비밀을 풀어가는 탐정이자 모험가이고, 프랑스의 국익을 위해 실력을 발휘하는 국민영웅이다. 그래서 뤼팽이 등장하는 소설은 추리소설이면서도 치밀한 추리와 논리보다는 상상력과 감성을 중시한 모험소설이기도 하다. 르블랑 자신도 진정한 추리작가로서의 능력은 아무 거리낌 없이 자유분방하게 상상력을 활용하는 데 있다고 강조하였다. 이 작품은 고교생 탐정 이지도르가 뤼팽을 추적하는 과정에서 프랑스 역사의 숨겨진 비밀인 기암성의 정체를 파헤친다는 내용이다. 추리소설의 형식을 취하면서도 역사적 상상력을 가미한 작품이며, 영국의 명탐정 셜록 홈스를 등장시켜 뤼팽과 경쟁관계를 만들었다.

기탄잘리

저자 타고르(Tagore, Sir Rabindranath, 1861~1941)

분류 문학(인도) **원제** Gitanjali **출간 연도** 1910년

인도의 시인 타고르의 서정시집. 타고르는 벵갈어로 시를 쓰고 자신의 작품을 직접 영어로 번역하였다. 이 작품 〈기탄잘리〉로 1913년 노벨상을 수상하였다. '기탄' 은 벵갈어로 노래, '안잘리' 는 '합창하다' 라는 뜻을 지니고 있으며, 제목의 뜻은 '신을 찬미하는 송가' 라 할 수 있다. 여기서 신은 인도의 고전 〈우파니샤드〉에 나오는 빛이자 생명이며 세계 의식인 브라만이다. 타고르가 '임' 으로 표현한 이 신은 사랑과 기쁨에 의해 도달할 수 있는 경지이자 세계 그 자체이다. 타고르의 영역시는 유럽 문학에도 큰 반향을 일으켰을 뿐 아니라 한용운을 비롯한 우리 문학에도 많은 영향을 미쳤다.

기하학 원본

저자 유클리드(Euclid, ?~?) **분류** 자연과학(수학) **원제** *στοιχεια*(Stoicheia, 스토이케이아)

알렉산드리아 출신의 그리스 수학자 유클리드가 지은 기하학 저서. 원제 《스토이케이아》는 영어로 번역하면 'Element(점, 선, 면과 같이 도형을 구성하는 요소)' 란 뜻이며 우리말로는 《기하학원본》 또는 《원본》, 《원론》이라고 불린다. 성경(Bible) 다음으로 많이 읽힌 책이라 불리는 이 책은 모두 13권으로 되어 있으며, 23개의 정의, 5개의 공준, 9개의 공리가 제시되어 있다. 여기서 정의는 점, 선, 면, 각, 원 등과 같은 용어의 성질을 설명한 것이며, 공준이란 '모든 직각은 서로 같다' 와 같이 도형의 성질을 설명하는 분명한 이치를 말한다. 공준이 특정학문 분야의 이치라면 공리는 보다 일반적으로 모든 학문 분야에서 성립하는 자명한 이치로서, '전체는 부분보다 크다' 와 같은 원리들이다. 각 권별로 보면 제1권부터 6권까지는 평면기하, 제7권부터 제10권까지는 정수론과 실수론, 제11권부터 제13권까지는 입체기하를 다루고 있다. 이 책은 피타고라스 학파에서 플라톤 학파에 이르는 그리스 수학을 집대성하여 이전까지 축적된 수학지식에 계통적인 이론체계를 부여한 저서이다.

기효신서

저자 척계광(戚繼光, 1528~1588) **분류** 사회과학(군사) **원제** 紀效新書 **출간 연도** 1560년

중국 명나라 때의 장수 척계광이 지은 병법서(兵法書). 척계광이 중국 강남지방을 자주 침략하던 왜구와 싸운 경험을 바탕으로 지은 저서이다. 당시까지 중국군의 전략전술은 북방의 유목민을 상대로 하였다. 유목민의 기마(騎馬)전술에 대응하기 위한 전술로는 왜구를 상대로 싸우는 데 적절치 않았기 때문에 새롭게 고안한 부대 운용과 전술을 논한 책이다. 절강 지방에서 나왔다고 하여 절강병법(浙江兵法)이라고도 한다. 이 병법은 근접전에 능한 왜구를 상대하기 위해 부대를 원앙진이라 불린 12명의 소부대로 조직하고 조총수, 장창수, 방패와 칼을 갖춘 병사를 두었다. 기존의 병법서가 군사전략을 논한 반면, 이 책은 부대 운용과 대오, 진형, 전술까지 자세히 다루고 있다. 이 책은 임진왜란 때 조선에

전해져 이후 조선군의 표준교범이 되었다.

길가메시 서사시

분류 문학(신화) **원제** Gilgamesh Epoth

고대 바빌로니아의 영웅 길가메시의 모험담을 내용으로 한 서사시. 길가메시는 우루크(우룩) 제1왕조 5대 왕이며 고대 근동 지방의 전설적 영웅으로 알려진 인물이다. 이 서사시는 3,000행에 달하는 대작이며, 기원전 2000년경에 쓰인 것으로 추정된다. 현재 남아 있는 판본 중에서 가장 완전한 것은 니네베의 아슈르바니팔 왕의 도서관에 나온 기원전 7세기경의 아카드어 사본이다. 이 사본이 1862년에 영국의 조지 스미스에 의해 발견되면서 널리 알려지게 되었다. 줄거리는 다음과 같다. 여신과 인간 사이에서 태어난 반인반신의 영웅 길가메시는 신들이 그를 징벌하기 위해 보낸 엔키두와 싸운 후 친구가 되어 함께 모험을 떠난다. 도중에 엔키두가 하늘의 소를 죽인 죄로 벌을 받아 죽자 불사(不死)의 비밀을 찾아 우트나피시팀을 만나러 떠난다. 우여곡절 끝에 그를 만나지만 인간은 결국 죽을 수밖에 없는 존재임을 깨닫고 우루크로 돌아온다. 내용 중에 노아의 홍수와 유사한 대홍수 설화가 나온다.

길 위에서

저자 케루악(Kerouac, Jack, 1922.3.12~1969.10.21)

분류 문학(미국) **원제** On the Road **출간 연도** 1957년

1950년대 미국 비트 세대(the Beat Generation)를 대표한 작가 잭 케루악의 장편소설. 미국 전역을 떠돌아다닌 작가의 체험을 바탕으로 지은 자전적 소설이다. 무명의 젊은 작가 샐 패러다이스가 전과자 딘 모리아티를 만나 뉴욕에서 덴버, 시카고, 샌프란시스코를 전전한 끝에 멕시코로 향한다는 내용이다. 두 사람이 길 위에서 겪는 여정을 통해 현대 산업사회의 가치관을 거부하고 자유로운 삶을 추구한 50년대 비트 세대의 실상이 잘 드러난 작품이다. 앨런 긴즈버그의 시집 《울부짖음

(Howl)》과 함께 비트 문학의 대표작으로 꼽힌다.

꿈의 해석

저자 프로이트(Freud, Sigmund, 1856~1939) **분류** 자연과학(심리학)

원제 Die Traumdeutung **출간 연도** 1900년

오스트리아의 정신분석학자 프로이트가 꿈에 대해 분석한 책. 프로이트는 인간의 무의식이 꿈을 통해 표출된다고 보고, 꿈을 연구함으로써 인간의 정신세계를 알 수 있다고 생각했다. 그는 꿈을 이해하기 위해서 기존의 문헌 및 환자를 상담한 사례를 통해서 꿈의 성(性)적인 특징, 리비도(성욕망), 오이디푸스 콤플렉스, 상징, 소원, 자아, 무의식, 노이로제 등에 대한 이론과 치료방법을 정립하였다. 프로이트가 꿈을 통해서 제기한 '무의식' 이란 개념은 심리학뿐 아니라 20세기의 사상, 문학, 예술에 큰 영향을 미쳤다.

세계의 모든 책

나

나는 야한 여자가 좋다

저자 마광수(馬光洙, 1951~) **분류** 문학(한국) **원제** 나는 야한 여자가 좋다 **출간 연도** 1989년

우리 사회의 성에 대한 이중적 기준을 비판한 수필집. 시인이자 문학자인 저자는 우리 사회가 가치관의 영역에서는 정신적인 것을 높이고 육체적인 것을 낮추는 가치관을 고수하면서도 현실적으로는 정반대의 방향으로 나아가는 현상을 신랄하게 비판하였다. 이 작품의 제목《나는 야한 여자가 좋다》가 의미하는 바는 정신적 사랑 위주의 문학 풍토를 비꼬고 솔직한 사랑의 표현을 추구하려는 의도이다. 여기서 '야한 여자'는 기성사회의 여성관에 따라 설정된 '현모양처/요부(妖婦)'라는 분류를 벗어난 존재다. 즉 야한 여자는 주어진 가치관을 무조건 받아들이는 현모양처도 아니지만 남성의 성적 환상의 대상인 요부도 아니다. 야한 여자는 자신을 표현할 줄 아는 개성을 가진 여자를 말한다. 저자가 성에 대한 '솔직한 배설'을 주장하는 것은 정신 위주에서 육체 위주로의 전도(顚倒)를 말하는 것은 아니다. 저자의 진의는 인간에 대한 애정은 정신과 육체의 구분을 벗어나는 것이며, 있는 그대로의 개성을 사랑하는 것임을 강조하려는 데 있다.

나목

저자 박완서(朴婉緖, 1931.10.20~) **분류** 문학(한국)/여성 **원제** 裸木 **출간 연도** 1970년

박완서의 장편소설. 주인공 이경은 한국전쟁의 와중에 두 오빠를 잃고 생활고에 시달리다 미군부대 매점에서 일하게 된다. 그리고 그곳에서 미군들의 초상화를 그려주는 화가 옥희도를 만난다. 이경은 그가 페인트칠하던 '환쟁이'가 아니라 '진짜' 화가였다는 사실을 알고 그를 선망하게 된다. 그리고 자신이 감당하기 어려운 현실을 옥희도에 대한 사랑을 통해 잊어보고자 한다. 이경과 옥희도의 인연은 잠깐 동안의 만남으로 끝나지만, 세월이 흐른 후 옥희도의 유작전(遺作展)을 보러 간 이경은 그곳에서 헐벗은 '나목(裸木)'을 그린 그림을 보게 된다. 그 그림은 예전에 이경이 옥희도의 집을 찾아갔을 때 본 그림이었다. 그때 이경은 그 나무가 이미 죽어 말라 비틀어진 '고목(枯木)'이라고 생각했다. 그러

나 다시 그 그림을 보고 그것이 이미 죽은 나무가 아니라 험한 세월에 껍질은 벗겨졌을지언정, 그 내면에는 언젠가 푸르름을 다시 되찾을 생명력을 감춘 살아 있는 나목임을 깨닫게 된다. 이경은 그림을 보고 헐벗은 그 나무는 고단한 세월 속에서 자신의 뜻을 마음껏 펴지 못했던 옥희도이며, 자신은 그 나무 그늘에서 피로한 몸을 달랠 녹음(綠陰)을 기대하며 잠시 서성였던 것임을 깨닫는다.

나무를 심은 사람

저자 지오노(Giono, Jean, 1895.3.30~1970.10.10) **분류** 문학(프랑스)/영화

원제 L' homme qui plantait des arbes **출간 연도** 1953년

프랑스의 소설가 장 지오노의 단편소설. 이 소설에서 화자(話者)는 프로방스 지방을 여행하다가 길을 잃고 어느 불모지에 들어선다. 그곳에서 우연히 만난 양치기에게 하룻밤 신세를 지고 이튿날 그가 도토리를 파종하는 것을 보게 된다. 55세의 양치기 엘제아르 부피에는 가족을 잃고 홀로 산에 들어와 그렇게 나무를 심으며 살아간다. 세월이 흐른 뒤 화자는 옛 기억을 떠올리고 부피에가 살던 곳을 다시 찾아간다. 그곳에서 부피에의 키보다 더 크게 자란 떡갈나무들을 보고, 나무가 숲을 이루고 숲이 계곡물을 다시 흐르게 하면서 떠났던 주민들이 돌아와 마을이 되살아난 모습을 본다. 이 소설은 한 사람이 모든 사람들의 이익을 위하여 무엇을 할 수 있는지를, 그리고 인간이 자연을 위하여 무엇을 할 수 있는지를 보여 준 작품이다. 1987년에 캐나다의 프레드릭 바크가 이 작품을 애니메이션으로 제작하였다.

나의 라임오렌지 나무

저자 바스콘셀로스(Vasconcelos, Jose Mauro de, 1920~1984) **분류** 문학(중남미)

원제 O Meu pe de Laranja Lima **출간 연도** 1968년

브라질의 작가 바스콘셀로스의 성장소설. 상파울루 근처의 작은 도시 방구 시에 사는 다섯 살짜리 꼬마 제제는 집 앞에 서 있는 라임오렌지

나무에 밍기뉴라는 이름을 붙여주고 함께 노는 상상력이 풍부한 악동이다. 가난한 집안 형편에 때로는 기가 죽지만 마음속의 새와 밍기뉴를 친구삼아 이야기를 나누며 슬픔을 달랜다. 이런 제제에게 어느 날 우연히 포르투갈 사람 포르투가 아저씨와의 만남이 찾아온다. 포르투가 아저씨는 제제에게 사랑의 소중함을 가르쳐 주고, 제제는 아저씨에게 아버지와 같은 정을 느낀다. 그러나 아저씨가 교통사고로 세상을 떠나자 제제도 삶의 희망을 잃는다. 슬픔과 고통을 겪은 끝에 제제는 인생에는 어쩔 수 없는 이별이 있다는 것을 깨닫고 어느새 훌쩍 커버린 자신을 돌아본다. 그리고 어느 날 밍기뉴가 하얀 꽃을 피우는 것을 보고 그것이 작별 인사라는 것을 안다. 밍기뉴도 어른 나무로 자라난 것이다.

나의 문화유산 답사기

저자 유홍준(1949~) **분류** 역사(한국사)

원제 나의 문화유산 답사기 **출간 연도** 1993~1996년

미술사학자 유홍준 교수의 답사기. 1993년 1권이 나온 이후 1996년까지 모두 3권이 나왔으며, 2001년에는 《나의 북한 문화유산 답사기》 2권이 출간되었다. '아는 만큼 보인다', '알면 보이고, 보이면 사랑하게 된다'는 논지 아래 우리 문화유산에 대한 재인식을 촉구한 이 책은 저자가 '남도답사 일번지'로 부른 전남 강진, 해남에서부터 경북 청도의 운문사에 이르기까지 온 나라의 문화 유적지를 돌아다닌 답사기(踏査記)이다. 저자는 국토와 문화, 예술과 자연, 역사와 현실을 함께 논하면서 그것들이 서로 떼어놓을 수 없으며, 모두 함께 하나의 큰 실체를 이루는 것으로 보아야 한다고 강조한다. 그러면서 곳곳에서 번득이는 미술사학자다운 논리로 그동안 무관심 속에 방치되고 홀대당해 온 우리의 옛 문화유산이 마땅히 누려야 할 합당한 자리를 찾아준다. 또한 자연을 거스르지 않았던 우리 선조들이 남긴 문화유적과 그런 유적들을 오롯이 품어 온 이 땅에 대한 예찬을 담았다.

나의 투쟁

저자 히틀러(Hitler, Adolf, 1889.4.20~1945.4.30) **분류** 정치(전체주의)

원제 Mein Kampf **출간 연도** 1925~1927년

나치스의 지도자 히틀러의 자서전. 히틀러 자신의 이력과 함께 나치즘의 주요 강령을 논한 책이다. 히틀러가 1923년에 일으킨 뮌헨 쿠데타가 실패로 끝난 후 1년간 감옥에 있으면서 구술한 내용을 후에 2권의 책으로 낸 것이다. 책의 내용은 히틀러 자신의 성장과정과 정치입문과정을 언급하고 나치스의 핵심 주장을 서술하였다. 히틀러에 따르면, 근대 독일과 유럽의 정치, 문화, 예술이 타락한 것은 모두 볼셰비즘(사회주의)과 유태인 때문이다. 그리고 독일 바이마르 공화국의 자본주의와 의회민주주의는 볼셰비즘과 유태인의 준동을 막을 수 없는 무력하고 쓸모없는 제도에 불과하다. 독일 민족의 문화와 예술이 타락한 것도 모두 볼셰비즘과 유태인의 음모다. 이러한 정신적 노예상태를 극복하기 위해서는 민족적 각성이 필요하며, 확고한 민족관에 입각해 폭력을 사용해서라도 위기를 극복할 수 있는 이념이 필요하다. 그것이 바로 나치즘인 것이다. 그러므로 나치즘은 볼셰비즘과 유태인의 음모에 맞서 독일의 민족정신을 수호하는 이념이고 운동이라는 것이 이 책의 요지이다. 이 책은 출판된 이후 나치즘의 경전이 되었고, 오늘날에도 히틀러와 나치즘을 연구하는데 중요한 자료이다.

나자와 사자

저자 메일러(Mailer, Norman, 1923.1.31~) **분류** 문학(미국)/영화

원제 The Naked and the Dead **출간 연도** 1948년

미국의 소설가 노먼 메일러의 장편소설. 하버드 대학을 졸업하고 제2차 세계대전에 하사로 참전하여 필리핀 등지에서 싸운 저자의 체험을 바탕으로 하였다. 태평양에 있는 가상의 섬 아노포페이를 무대로 섬을 지키려는 일본군과 섬에 상륙한 미군의 전투가 소설의 배경을 이룬다. 여기서 작가는 정찰에 나선 보병소대가 겪는 전투체험을 통해 이야기를 끌고 나간다. 14명의 소대원들이 임무를 수행하기 위해 출발하지만 도

중에 한 사람씩 쓰러져 간다. 적과의 조우, 출신과 배경이 서로 다른 대원들 간의 갈등, 전쟁 전의 과거에 대한 회상과 현재의 대비를 통해 전쟁의 무의미함을 관찰하듯이 사실적으로 서술한 이 작품은 제2차 세계대전을 다룬 가장 뛰어난 전쟁소설이란 평가를 받고 있다.

난설헌집

저자 허난설헌(許蘭雪軒, 1563~1589) **분류** 문학(한국)/여성

원제 蘭雪軒集 **출간 연도** 1608년

조선 중기의 여류시인 허난설헌의 시집. 본명은 초희(楚姬)이며, 난설헌은 그의 호다. 허난설헌은 27세의 젊은 나이로 요절하면서 자신의 시를 모두 불태우라는 유언을 남겼다. 그러나 결혼하기 전에 친정에서 지었던 작품이 남아 있어 이를 남동생 허균(許筠)이 1608년(선조 41)에 간행하였다. 1606년 허균이 조선에 온 명나라 사신 주지번(朱之蕃)과 부사 양유년(梁有年)에게 난설헌의 시를 보여준 것이 계기가 되어 《난설헌집》이 중국에서 출판되어 큰 호평을 받았다. 이후 조선에서는 1618년 허균이 반역죄로 처형당하면서 《난설헌집》도 잊혀졌으나, 1692년(숙종 18)에 부산 동래부(東萊府)에서 다시 간행되었다. 이 시집이 일본에까지 전해져 1711년 분다이야 지로[文台屋次郎]에 의해 일본에서도 간행되어 인기를 끌었다. 시집의 내용은 142수의 시와 부(賦), 가사(歌辭) 등으로 되어있다. 이 중 널리 알려진 작품으로 〈소년행(少年行)〉, 〈동선요(洞仙謠)〉, 〈유선시(遊仙詩)〉, 〈빈녀음(貧女吟)〉, 〈곡자(哭子)〉, 〈망선요(望仙謠)〉, 〈동선요(洞仙謠)〉, 〈견흥(遣興)〉, 〈원부사(怨婦辭)〉, 〈봉선화가〉 등이 있다. 난설헌은 명문가에서 태어나 한학(漢學) 교육을 받고 자랐으나 여자로 태어나 자신의 재주를 펼치지 못한 점, 가정생활이 원만치 못한 점, 어린 두 자녀가 일찍 세상을 떠난 일 등을 한탄하였다. 그의 시에는 이러한 외로움과 서글픔이 배여 있다. 그러나 개인적 체험에 대한 작품 외에도 신비한 선계(仙界)를 그린 작품이나 당시 사회의 실정과 백성들의 삶을 다룬 작품도 있다.

난쟁이가 쏘아올린 작은 공

저자 조세희(趙世熙, 1942.8.20~) **분류** 문학(한국)

원제 난쟁이가 쏘아올린 작은 공 **출간 연도** 1976년

1970년대 사회문제를 다룬 조세희의 연작소설. 전 12편의 단편소설로 구성된 연작소설 가운데 4번째 작품으로 1976년 〈문학과 지성〉 겨울호에 발표되었다. 1979년 제13회 동인문학상을 수상하였으며, 지금까지 모두 134쇄 이상을 찍은 우리 시대의 스테디셀러이다. '낙원구 행복동'에 거주하는 난쟁이 아버지와 그 가족이 겪는 수난을 통해 70년대 도시 빈민의 삶을 상징적으로 다루고 있다. 난쟁이인 아버지는 사회적 약자를 상징하지만 아버지에게는 가족과 단란한 삶을 꾸리고자 하는 꿈이 있었다. 아버지가 몸이 아파 일을 할 수 없게 되자, 가족들의 보금자리인 집마저 철거 통지를 받게 되고 아버지는 현실에서 이룰 수 없는 꿈을 달나라에 가서 이루기 위해 굴뚝 위로 올라갔다가 죽고 만다. 아버지가 일을 못하게 된 후 공장에서 일하며 열악한 노동환경에 시달리던 딸 영희는 집을 지키기 위해 갖은 노력을 다하지만 아버지의 죽음을 알고 분노에 차 절규한다. "아버지를 난쟁이라고 부르는 악당은 죽여 버려." 이 소설은 도시 빈민의 삶을 묘사하고 있지만 그들을 사회모순에 희생당하는 피동적 존재로 다루지 않는다. 오히려 난쟁이 아버지와 가족들은 행복한 삶을 추구하고자 하는 '꿈'을 가진 사람들로 나온다.

난중일기

저자 이순신(李舜臣, 1545~1598) **분류** 문학(한국) **원제** 亂中日記 **출간 연도** 1592~1598년

충무공(忠武公) 이순신(李舜臣) 장군이 임진왜란 기간 중에 쓴 일기. 임진왜란이 일어난 1592년부터 정유재란이 끝난 1598년까지 6년 9개월 동안 쓴 일기로 연도별로 7책으로 되어 있다. 일기는 충무공의 〈서간첩(書簡帖)〉, 〈임진장초(壬辰狀草)〉와 함께 국보 제76호로 지정되었다. 일기의 주제는 크게 3가지로 나뉜다. 첫째는 전쟁 중에 군 지휘관으로서의 일상 업무이다. 엄격하면서도 병사와 백성에 대한 배려를 아끼지 않는 면모가 보인다. 둘째는 어머니를 비롯한 가족에 대한 그리움과 걱정이

다. 나이 드신 어머님께 보이지 않으려고 흰머리를 뽑는 대목이나 모함을 받아 옥에 갇혔다가 풀려나 백의종군하는 도중에 어머니의 부고를 듣고 억수같이 쏟아지는 빗속에 집에 도착해 빈소를 차리는 대목 등은 충무공의 인간적 면모를 잘 보여준다. 셋째는 전란의 와중에 제대로 대처하지 못하면서도 끊임없이 충무공을 질시하고 헐뜯는 조정인사들의 무능과 편협함에 대한 한탄이다. 이러한 비극적 인식은 옥에 갇혔다 풀려 나온 후 더욱 심화되어 일기 후반부에 나타난다. 이 일기는 전란에 대한 기록으로써 중요한 사료적 가치가 있으며, 충무공의 간결하면서도 힘이 넘치는 문장과 솔직한 감정표현이 담긴 빼어난 문학작품이다.

날개

저자 이상(李箱, 1910.9.14~1937.4.17) **분류** 문학(한국) **원제** 날개 **출간 연도** 1936년

이상의 단편 소설. 한국 현대문학에 심리주의 경향을 도입한 최초의 작품이라 불린다. 33번지에 아내와 함께 사는 화자 '나'가 자신의 생활에 대해 이야기하는 방식으로 진행된다. '나'는 사회와 단절된 생활을 한다. 나와 세상을 이어주는 유일한 끈은 아내뿐이다. 그러나 나와 아내의 관계 또한 의미가 통하는 관계는 아니다. 나는 아내가 없을 때면 아내의 옷에서 체취를 맡고 아내의 화장품을 가지고 놀면서 아내와의 소통(疏通)을 꿈꾸지만 정작 아내와 함께 있어도 아내와 통할 수 없다. 집을 뛰쳐나와 거리를 헤매던 '나'는 정오를 알리던 사이렌 소리를 듣고 겨드랑이가 가려워지자 이렇게 외치고 싶어진다. "날자. 한 번만 더 날자꾸나." 이 작품에서 '나'와 '아내'의 관계는 현대인과 사회의 어긋난 관계, 또는 현대인의 분열된 내면을 상징하는 것으로 읽힌다. 소설의 말미에서 주인공이 표출하는 날고자 하는 욕구는 그러한 분열을 치유하고 통합된 관계로 나아가고자 하는 의지로 읽을 수 있다.

남명집

저자 조식(曺植, 1501~1572) **분류** 문학(한국) **원제** 南冥集 **출간 연도** 1764년

조선 중기의 성리학자 남명 조식의 문집. 본집 5권, 속집 1권, 학기류편(學記類編) 5권, 학기도(學記圖) 1권, 부록 1권, 총 13권 6책이다. 조식은 진주를 중심으로 한 경상우도(慶尙右道) 지역의 대표적 선비로 경상좌도의 퇴계 이황과 함께 16세기 영남 유학의 양대 산맥을 이룬 인물이다. 그는 관직에 오래 머물지 않고 지리산 자락에서 제자들을 가르치는데 전념하였다. 성리학자이면서도 현실 문제를 도외시하지 않는 실천적 학풍을 지녔던 조식은 제자들에게 선비로서의 자기 절제와 사회 현실에 대한 비판정신을 강조하여 후일 임진왜란이 일어났을 때 곽재우를 비롯한 경상우도의 의병 지도자 대부분이 그의 제자들이었다고 한다. 이 책에는 조식이 남긴 시와 문장 및 학문에 필요한 구절을 뽑아 편집한 독서기인 〈학기류편〉이 실려 있다.

남해기귀내법전

저자 의정(義淨, 635~713) **분류** 문학(중국) **원제** 大唐南海寄歸內法傳

중국 당나라의 승려 의정(義淨)이 불법(佛法)을 배우기 위해 인도에 유학한 후 남긴 유학여행기(留學旅行記). 전 4권, 전문 40장이다. 의정은 671년 광저우에서 출발하여 인도의 나란타 사원에서 불법을 배우고 685년에 귀국길에 올랐다. 귀국하는 도중에 스리비자야에 머물면서 이 책을 비롯해 《대당서역구법고승전(大唐西域求法高僧傳)》 등을 저술하여 691년에 장안(長安)으로 보냈다. 인도 및 동남아 지방의 불교 수행과 승려 생활, 사원 조직 등과 함께 해당 지역의 민속과 풍습을 전하고 있는 귀중한 사료이다. 의정의 기록에 따르면, 당시까지 인도 불교는 대승 수행자와 소승 승려들이 한 사원에 기거하면서, 대승 수행자들도 소승과 같이 계율을 지키고 사성제를 수행한다고 나와 있다. 대승과 소승의 구분은 보살에 예배하고 대승경전을 읽는지에 따라 나누어진다고 밝히고 있어, 7세기 후반 인도 불교계의 상황과 사원생활에 대한 귀중한 정보를 제공하고 있다.

내게 거짓말을 해 봐

저자 장정일(蔣正一, 1962~) **분류** 문학(한국)/영화
원제 내게 거짓말을 해 봐 **출간 연도** 1996년

장정일의 장편 소설. 주인공 제이는 '아무것도 하지 않고 살기'가 인생 목표인 30대 후반의 조각가다. 제이는 아버지와 신을 합성한 '신버지(신격화된 아버지)'를 두려워하며 증오한다. 한때는 신버지에 대한 증오를 예술행위로 표출했지만, 이제는 그것마저 중단한 채, 전화로 만난 여고생 와이와 성의 세계에 몰입한다. 두 사람의 관계가 진척될수록 주도권은 와이에게 넘어가고 제이는 와이에게 매를 맞고 와이의 똥을 먹으며 피학적(마조히즘) 성의 세계에 정착한다. 제이는 신버지를 거부함으로써 기성사회의 제도와 가치관을 부정하며, 아무것도 하지 않음으로써 노동을 포기하고, 항문섹스와 피학적 성행위에 탐닉함으로써 종족보존을 위한 성의 가치까지 전복(顚覆)시킨다. 그리고 모든 것이 뒤집힌 순간 제이와 와이는 새롭게 태어난다. 이 소설은 작가의 전작(前作) 《아담이 눈뜰 때》, 《너에게 나를 보낸다》, 《너희가 재즈를 믿느냐》와 함께 예술과 성을 매개로 인간관계의 새로운 영역을 추구한 작품이다. 네 편의 소설 모두 작가 지망생, 표절 작가, 재즈 애호가, 조각가 등의 주인공이 한 편으로는 타락한 예술계의 현실에 부딪히고, 또 한편으로는 일탈적인 성(性) 체험을 거듭하면서 자신과 세상과의 관계를 무너뜨렸다가 새롭게 정립해 나가는 내용을 담고 있다.

노계집

저자 박인로(朴仁老, 1561~1642) **분류** 문학(한국) **원제** 蘆溪集 **출간 연도** 1800년

조선 중기의 무신(武臣) 박인로의 시문집. 목판본 3권 2책이다. 송강 정철, 고산 윤선도와 함께 근세 시가문학의 삼대 시가인으로 꼽히는 저자의 문장과 시, 가사와 시조가 실려 있다. 특히 권 3에는 가사 7편과 시조 60여편이 실려 있는데, 유명한 〈태평사(太平詞)〉, 〈누항사(陋巷詞)〉, 〈조홍시가(早紅柿歌)〉, 〈선상탄(船上歎)〉, 〈독락당(獨樂堂)〉, 〈영남가(嶺南歌)〉 등이 실려 있다.

노동과 나날

저자 헤시오도스(Hesiodos, BC 740?~BC 670?) **분류** 문학(그리스)
원제 Erga kai Homerai(The Works and the Days) **출간 연도** 기원전 8세기

《신통기(神統記, Theogony)》의 저자로 널리 알려진 그리스 시인 헤시오도스의 교훈 서사시. 헤시오도스는 대표적인 보이오티아파(派) 시인이다. 호메로스를 대표로 하는 이오니아파가 화려하고 오락성을 추구하는 데 비해, 보이오티아파는 중후한 문체에 종교적, 교훈적, 실용적 분위기를 띤다. 이 서사시는 전체 828행으로 되어 있으며, 부패한 관리들과 결탁하여 아버지의 유산을 가로채려는 아우 페르세스를 훈계하기 위해 쓴 작품이라고 한다. 작품의 구성은 제1부에서는 인류의 고통의 생성 원인과 대처 방안, 제2부 노동과 계절, 제3부 이웃과 신에 대한 올바른 행동, 제4부 노동과 나날로 되어 있다. 제1부에서는 〈선한 에리스와 악한 에리스〉, 〈프로메테우스와 판도라〉, 〈인류의 다섯 시대〉를 통해서 인간에게는 정의와 노동이 필요하다고 강조하였다. 제2부에는 계절에 따라 농경에 필요한 일들을 기술하였으며, 마지막에 항해에 관한 주의사항이 있다. 제3, 4부는 결혼, 우정, 금기 등 사회생활과 종교생활의 교훈에 대해 논하였다. 저자의 다른 작품 《신통기》에서 신들의 역사를 정의를 구현하는 과정으로 묘사한 것과 마찬가지로 이 작품에서도 인간은 신의 정의를 지키고 열심히 노동하며 살아야 한다는 교훈을 강조하고 있다.

노동의 새벽

저자 박노해(본명 박기평, 1956~) **분류** 문학(한국) **원제** 노동의 새벽 **출간 연도** 1983년

노동자 시인 박노해의 시집. 1980년대 노동자의 삶과 정서를 담은 〈신혼일기〉, 〈노동의 새벽〉, 〈바겐세일〉, 〈시다의 꿈〉, 〈사랑〉, 〈대결〉 등의 시가 실려 있다. 1980년대에는 민중문학이 유행했으나 정작 노동자나 농민 출신으로 작품을 발표한 사람은 많지 않았다. 이러한 때에 '민중', '해방', '혁명' 같은 관념적인 언어 대신 '전쟁 같은 밤일', '설은 세 그릇 짬밥', '찬 소주'와 같은 시어(詩語) 속에 노동자의 생활을 집약적으

로 담아낸 박노해 시인의 시는 하나의 충격이었다. 그의 시에는 고된 노동에 지친 삶의 괴로움, 노동자라는 신세에 대한 서러움, 좌절하고 분노하면서도 희망을 찾으려고 애쓰는 모습이 금방 튀어나올 것처럼 생생하게 담겨 있다. 때문에 이 시집은 1980년대 노동계의 상황에 대한 사실적 기록이면서, 또한 인간이 가지는 보편적 정서를 노동자의 삶을 통해서 표현한 문학작품이다.

노동의 종말

저자 리프킨(Rifkin, Jeremy, 1945~) **분류** 사회과학(경제학, 미래학)

원제 The End of Work: The Decline of the Global Force and the Dawn of the Post-Market Era **출간 연도** 1994년

경제 분석가이자 사회운동가인 제레미 리프킨의 문명비판 · 미래예측서. 2020년이 되면 기술의 발전으로 인해 산업노동자가 필요 없는 시대가 온다는 주장을 담고 있다. 리프킨은 기술의 발달은 생산성을 증가시킬 뿐 아니라 경제구조를 재편(리엔지니어링)시켜 대량해고와 실업사태가 발생할 것이라는 암울한 전망을 제시한다. 일부에서는 서비스업이나 화이트칼라 직업의 증대가 실업자를 흡수할 수 있다고 주장한다. 그러나 리프킨에 따르면, 컴퓨터의 발달로 인해 화이트칼라 직종 또한 감축될 수밖에 없다. 때문에 이 책은 기술의 발전이 유토피아 대신 디스토피아를 초래할 수도 있다는 관점을 제시한다. 그러나 리프킨이 보기에 인간이 고되고 반복적인 노동에서 벗어난다는 것은 새로운 기회가 될 수도 있다. 리프킨은 노동에서 벗어난 인간은 20세기의 물질주의 대신 새로운 가치관에 입각해 사회를 재조직해야 한다고 주장한다. 새로운 사회를 만들기 위해 리프킨이 제시하는 대안은 '제3부문' 이다. 제3부문은 사회의 공적 영역과 사적 영역의 중간부문으로 '자원봉사에 의한 공동체 서비스 조직' 을 말한다. 리프킨은 국가가 비정부 조직(NGO)이나 시민자원봉사단체를 지원하여 실업인력을 흡수해야 한다고 주장한다. 리프킨은 기술과 미래의 관계에 대한 예측을 제시할 뿐 아니라, 기술과 사회변화를 연관 지어 산업사회를 벗어난 새로운 가치관과 사회구조가 필요하다는 점을 역설하고 있다.

논어

저자 공자(孔子, BC 552~BC 479) **분류** 철학(유학) **원제** 論語 **출간 연도** 춘추전국 시대

춘추전국 시대의 사상가 공자의 저서. 유학의 기본경전으로 사서삼경(四書三經) 가운데 하나다. 내용은 공자의 언행록이며, 편찬자는 공자의 제자일 것으로 보이나 누구인지 확실치 않다. 공자의 제자가 편찬한 내용을 후대 한나라 때에 와서 여러 사람이 증보(增補)편찬하였을 것으로 짐작된다. 〈학이편(學而篇)〉부터 〈요왈편(堯曰篇)〉까지 20편으로 구성되어 있으며, 전반부 10편을 상론(上論), 후반부 10편을 하론(下論)이라 한다. 간결하지만 깊은 함축미가 있는 문장 속에 공자의 사상이 담겨 있다. 공자의 가르침은 기본적으로 인간관계의 윤리(倫理)에 대한 것이다. 공자는 우리가 사는 현실세계는 도덕적 질서에 따라 움직이는 것이며 인간이 이 도덕질서를 잘 지킬수록 개인 · 가족 · 국가 · 천하가 안정과 조화를 찾는다고 역설했다. 이와 같이 공자는 예(禮, 사회적 도덕질서의 준수)를 통하여 인(仁, 윤리의 완성)을 이룰 수 있다고 설파하였다. 《논어》는 한나라 이후로 유학의 기본경전이 되었으며 송나라 때부터는 성리학의 주요경전으로 널리 알려졌다.

논리철학논고

저자 비트겐슈타인(Wittgenstein, Ludwig Josef Johann, 1889.4.26~1951.4.29)

분류 철학(서양철학) **원제** Logisch-philosophische Abhandlung **출간 연도** 1921년

오스트리아의 철학자 비트겐슈타인의 저서. 저자의 전기(前期) 철학을 대표하는 책이다. 비트겐슈타인은 철학의 목적은 사유(思惟)의 명료화(明瞭化)에 있으며, 이를 위해서 언어에 대한 논리적 분석이 필요하다고 생각하였다. 이 책에는 그러한 생각을 담은 7개의 주요 명제와 그에 대한 부연설명이 있다. 명제 1은 그림이론(picture theory, 언어는 세계를 보여주는 그림이다. 언어는 이름과 논리라는 도구를 사용해 세계를 그린다), 명제 2와 3은 요소문장(복합적인 문장을 구성하는 가장 단순한 문장으로 세계를 그리는 문장), 명제 4는 진리함수성(복합문장은 요소문장들의 진리함수이다. 그리고 철학자의 역할은 언어를 논리적으로 분석

하여 요소문장들의 진리함수로 기능하지 못하는 복합문장을 찾아내어 교정하는 데 있다. 이것은 과학의 언어가 아닌 우리가 사용하는 일상언어(日常言語)에 대한 분석을 의미한다), 명제 5는 논리학적 명제의 동어반복성, 명제 6은 말할 수 없는 것(선, 악 등등), 명제 7은 '말할 수 없는 것에 관해서는 침묵해야 한다'는 하나의 명제로 되어 있다. 이 책은 20세기 영국과 유럽 철학계에 큰 영향을 미쳐 논리 실증주의나 일상언어학파의 형성에 직 · 간접적으로 기여하였다.

농가집성

저자 신속(申洬, 1600~1661) **분류** 자연과학(농업) **원제** 農家集成 **출간 연도** 1655년

조선 중기의 문신 신속이 17세기에 편찬한 농업서. 조선왕조의 농업이념을 잘 보여주는 책이다. 주자의 《권농문(勸農文)》, 정초의 변효문이 지은 한국 최초 · 최고(最古)의 농업서인 《농사직설(農事直說)》, 강희맹(姜希孟)이 지은 《금양잡록(衿陽雜錄)》과 《사시찬요초(四時纂要抄)》, 《구황촬요(救荒撮要)》를 한데 모아 내용을 개정하고 보충하여 만든 책이다. 한국의 농업실정에 맞게 나온 최초의 농업서 《농사직설》을 보충하여 수전농법과 이앙법에 관한 내용을 증보하였고 화누법(火耨法, 잡초의 제거와 도열병 처리기술)과 목화재배법 등을 보충하였다. 또한 여러 가지 작물의 품종명을 이두와 한글로 표기하여 국어사 연구에도 좋은 자료로 쓰인다. 이 책은 성리학적 농업관에 입각한 지주제 농업을 위주로 하였다. 때문에 18세기에 주자학을 비판하다 사문난적(斯文亂賊)으로 몰려 죽은 박세당(朴世堂, 1629~1703)은 자신의 농업서 《색경(穡經)》에서 이 책을 비판하고 지주제 경영 대신 양잠, 원예, 과수, 축산 등 상업적 농업을 주장하였다.

농경시

저자 베르길리우스(Vergilius Maro, Publius, BC 70.10.15~BC 19.9.21)

분류 문학(이탈리아) **원제** Georgica **출간 연도** 기원전 36~29년

〈아이네이스〉로 유명한 이탈리아의 시인 베르길리우스의 서사시. 전 4권 2,168행으로 된 장시(長詩)다. 헬레니즘 시대 알렉산드리아의 시법을 따라 신의 정의를 숭상하고 자연을 사랑하며 살아가는 소박한 전원생활을 묘사했다. 당시 로마의 실권을 장악한 아우구스투스의 고문 마이케네스가 새 정권을 홍보하기 위해 공공의 이익을 다룬 작품을 집필할 것을 지시하여 만들어진 작품이라고 한다. 제1권은 곡식 작물의 재배와 기상, 제2권은 올리브와 포도를 비롯한 과수 재배, 제3권은 축산, 제4권은 양봉을 다루고 있다.

농사직설

저자 정초(鄭招, ?~1434), 변효문(卞孝文, 1396~?) **분류** 자연과학(농업)

원제 農事直說 **출간 연도** 1430년(세종 12)

조선 세종 때 나온 농업서적. 세종의 명을 받아 정초와 변효문 등이 만든 책이다. 우리나라 최초 · 최고(最古)의 농업서이며, 중국의 농서(農書)를 따르는 대신 팔도 농부들의 경험을 토대로 우리 풍토에 맞게 만든 책이다. 책의 내용은 모두 10항목으로 먼저 종자와 토양에 대해 설명하고, 이어서 각종 작물 재배법과 씨앗 저장법, 토질 개량법, 묘판 만드는 법, 모내기법, 거름 주는 법 등에 대해 서술하였다. 벼, 기장, 조, 수수, 피, 콩, 팥, 녹두, 보리, 밀, 삼(麻) 등의 각종 작물들이 소개되어 있다. 이 책의 도입으로 농업기술과 생산량이 늘었으며, 특히 각 도의 실정에 맞는 농사법의 보급이 활성화되었다. 우리 농업기술의 변천사를 연구하는 데 중요한 자료로 쓰인다.

농정전서

저자 서광계(徐光啓, 1562.4.24~1633.11.8) **분류** 자연과학(농업)

원제 農政全書 **출간 연도** 1639년

명나라 시대의 학자인 서광계(徐光啓)가 중국의 농업서적을 집대성하여 편찬한 농업서. 북위(北魏)의 가사협(賈思勰)이 지은 《제민요술(齊民

要術)》, 원대(元代) 왕정(王楨)의 《농서(農書)》, 원대 사농사(司農司)가 편집한 《농상집요(農桑輯要)》와 함께 중국 역사상 '4대 농서(四大農書)' 라 일컬어지며 고대 중국의 농업 과학기술의 성과를 대표한다. 전 60권으로 되어 있으며, 서광계가 죽은 뒤 진자룡(陳子龍)이 1639년에 출간하였다. 책의 구성은 농본(農本), 전제(田制), 농사(農事), 수리(水利), 농기(農器), 수예(樹藝), 잠상(蠶桑), 잠상광류(蠶桑廣類), 종식(種殖), 목양(牧養), 제조(製造), 황정(荒政) 등의 12문(門)으로 되어 있다. 각 부문마다 여러 농업서를 인용하면서 자신의 학설도 주장하였다. 당시 양쯔 강 하류지역의 상품경제가 발달하고 있던 상황과 서광계 자신이 마테오 리치 등에게 서양학문을 배운 경험을 반영하여 상업성 농작물에 대한 내용 및 서양 수력학과 지리학도 반영하고 있다.

농포문답

저자 정상기(鄭尙驥, 1678~1752) **분류** 정치(한국정치) **원제** 農圃問答

조선 후기의 실학자 정상기가 당시의 정치적 과제에 대해 문답식으로 서술한 책. 정상기는 성호(星湖) 이익(李瀷, 1681~1763)의 4대 제자 중 한 사람으로 불린다. 그는 이익과 함께 경세치용학파(經世致用學派)로 분류되는 실학자로서 특히 지리학에 뛰어났다. 이 책은 당시의 토지제도, 호구통계, 조세와 요역, 병역, 법규, 군사, 축성(築城), 과거(科擧) 문제에 이르기까지 총 30항목에 걸쳐 실학자로서의 개혁방안을 제시하고 있다. 정상기는 국가개혁의 핵심은 토지제도의 개혁에 있다고 보았다. 그는 토지의 사유는 인정하지만 관리권은 국가가 갖는 균전제(均田制) 실시를 주장하였다. 토지에 대한 소유와 경영을 분리시켜 국가가 농민 모두에게 토지를 분배하면 호적을 이탈하여 떠돌아다니는 유민(流民)이 없어지므로 자연히 조세와 병역 문제도 해결된다는 논지를 펼쳤다. 이 밖에도 토지 측량과 교통 문제, 축성과 과거제도 문제 등 다양한 분야에 걸쳐 자신의 해법을 제시하였다. 이러한 점에서 이 책은 당시 실학자들의 경제사상을 잘 보여주는 책이라 할 수 있다.

느릅나무 밑의 욕망

저자 오닐(O' Neil, Eugene Gladstone, 1888.10.16~1953.11.27) **분류** 문학(미국)

원제 Desire under the Elms **출간 연도** 1924년

미국의 극작가 유진 오닐의 희곡. 전 3부 11장이다. 1850년대 뉴잉글랜드 지방의 거대한 느릅나무가 있는 농장을 배경으로 늙은 농부와 그의 후처, 젊은 아들 사이에서 벌어지는 욕망과 갈등을 묘사한 작품이다. 70대의 농장주 애프라임 캐봇은 세 번째 부인으로 30대의 관능적 여인 애비를 맞이한다. 캐봇의 두 번째 부인에게서 난 아들 에벤은 어머니를 홀대했던 아버지를 증오하며 농장을 빼앗고자 한다. 애비 역시 농장을 차지하려 하지만 에벤과 애비가 사랑에 빠지면서 두 사람은 복수심과 소유욕을 잠시 잊는다. 결국 애비는 에벤의 아이를 출산하고 애프라임은 새로 태어난 아기가 농장을 물려받을 것이라 선언한다. 그러자 에벤은 애비가 농장을 차지하기 위해 자신에게 접근했다고 오해한다. 이에 애비는 에벤에 대한 자신의 사랑을 증명하기 위해 자기 손으로 아이를 죽이고 만다. 결국 애비는 형무소로 끌려가고 애비의 사랑을 확인한 에벤 또한 그녀를 따른다. 농장에는 늙은 애프라임만 혼자 남게 된다. 이 작품은 그리스 비극에서 차용한 갈등구조(아버지와 아들의 갈등, 계모와 아들의 애정, 유아살해 등)를 청교도주의가 지배하는 19세기 뉴잉글랜드라는 가장 미국적인 배경 속으로 끌어들여 인간의 욕망과 갈등을 세심하게 묘사한 작품이다.

니벨룽겐의 노래

분류 문학(신학) **원제** Das Nibelungenlied **출간 연도** 12세기 후반 혹은 1200년경

독일 중세시대 기사문학(騎士文學)의 대표작품. 작자는 도나우 강의 지리에 밝은 오스트리아의 기사나 음유시인으로 추정된다. 게르만 민족 대이동 시대의 북유럽 영웅 신화를 소재로 하여 이를 12세기 후반에서 13세기 초 중세 독일의 가치관에 따라 재해석한 작품이다. 제1부 〈지크프리트의 죽음〉, 제2부 〈크림힐트의 복수〉로 되어 있다. 네덜란드의 왕자 지크프리트는 니벨룽이란 소인족을 정복하고 그들의 보물을 지키는

용을 퇴치한 영웅이다. 지크프리트가 부르군트족의 왕 군터의 동생 크림힐트에게 청혼을 하자 군터는 결혼을 허락하는 조건으로 이젠란트의 여왕 브룬힐트와 결혼하게 도와달라고 요청한다. 지크프리트는 니벨룽의 보물인 마법 망토를 가지고 군터를 도와 결혼을 성사시키고 자신도 크림힐트와 결혼한다. 그러나 10년 후 비밀이 드러나 진실을 알게 된 브룬힐트는 군터의 부하 하겐에게 복수를 부탁한다. 용을 죽이고 그 피로 목욕한 지크프리트의 몸은 창칼이 들어가지 않지만 용의 피가 닿지 않은 양 어깨 사이에 약점이 있다. 크림힐트를 속여 이 약점을 알아낸 하겐은 지크프리트를 창으로 찔러 암살한다. 이후 훈족의 왕 에첼과 재혼한 크림힐트는 복수를 계획하여 13년 만에 군터 이하 모든 사람을 죽이고 자신도 죽임을 당한다. 게르만족의 특성이 잘 묘사되어 있기 때문에 독일의 국민문학으로서 지금까지도 널리 읽히고 있다. 19세기의 작곡가 바그너는 이 니벨룽겐의 노래를 소재로 〈니벨룽겐의 반지〉라는 악극을 작곡하였다.

니코마코스 윤리학

저자 아리스토텔레스(Aristoteles, BC 384~BC 322) **분류** 철학(윤리학)

원제 Ethika Nikomacheia

고대 그리스의 철학자 아리스토텔레스가 지은 윤리학 저서. 저자의 강의 내용을 아들 니코마코스가 편집하여 《니코마코스 윤리학》이라 불린다. 전 10권으로 되어 있다. 인간이 인간답게 살기 위해 필요한 것은 무엇이며, 인간 행위의 기준인 최고선(最高善)은 무엇인가라는 질문을 던지고 그 해답을 제시하고 있다. 책의 구성은 제1권 〈인간을 위한 선〉에서 윤리학의 성격과 탐구주제를 살펴보고, 제2~5권 〈도덕적인 덕(德)〉에서는 덕과 중용(中庸)의 문제, 인간의 여러 행위 속에서의 덕을 논한다. 제6권 〈지적인 덕〉에서는 지적인 덕이란 무엇이며, 철학적 지혜와 실제적 지혜의 관계를 서술하고 있다. 제7권 〈자제와 쾌락〉에서는 자제와 쾌락에 대해, 제8~9권 〈우애〉에서는 우애의 종류와 필요성, 공동체에 있어 우애의 상호성에 대해 논하고, 제10권 〈쾌락과 행복〉에서는 행복에 있어 쾌락의 효용을 논하였다. 아리스토텔레스는 인간이 인간답게 살기 위해 필요하며, 인간 삶의 목적이자 행위의 기준인 최고선은 행복이라고 단언한다. 이 행복은 인간의 노력으로 얻을 수 있는 선이다. 행복은 덕을 지키는 마음인데 여기서 덕은 도덕적인 덕과 지적인 덕으로 나뉜다. 도덕적인 덕은 습관을 통해 얻어지며 지적인 덕은 교육을 통해 갖출 수 있다. 이 책에서 아리스토텔레스가 관심을 기울이는 것은 도덕적인 덕이며, 이는 중용을 지킴으로써 이를 수 있다. 중용이 삶 속에 배인 상태가 바로 행복이다. 이 책은 아리스토텔레스가 만년에 저술한 내용으로 그의 철학의 완성된 면모를 볼 수 있다.

님의 침묵

저자 한용운(韓龍雲, 1879~1944) **분류** 문학(한국) **원제** 님의 침묵 **출간 연도** 1926년

만해(卍海, 萬海) 한용운의 시집. 90편의 시가 실려 있다. 만해는 표제시 〈님의 침묵〉에 대해서 시집 서두의 '군말'에서 '귀룬(그리운) 것은 다 님'이라 규정하였다. 님은 연인일 수도 있고, 조국의 해방일 수도 있고, 불교적인 대상, 또는 기독교의 구세주일 수 있다. 중요한 것은 '님은 내가 사랑할 뿐 아니라 나를 사랑한다'는 진술이다. 그래서 만해의 시에서 '님'과 '나'의 관계는 연인처럼 다정하다. 표제시 〈님의 침묵〉을 비롯하여 〈이별은 미의 창조〉, 〈당신의 마음〉, 〈떠날 때의 님의 얼굴〉, 〈첫 키스〉, 〈논개의 애인이 되어 그의 묘에〉, 〈선사의 설법〉, 〈복종〉, 〈나룻배와 행인〉, 〈나의 길〉, 〈낙원은 가시덤불에서〉, 〈나의 노래〉 등이 실려 있다.

세계의 모든 책

다

닥터 지바고

저자 파스테르나크(Pasternak, Boris Leonidovich, 1890.2.10~1960.5.30)

분류 문학(러시아)/영화 **원제** Doktor Zhivago **출간 연도** 1957년

러시아의 작가 보리스 파스테르나크의 장편소설. 정치적 격변에 휩싸인 인간의 삶의 진실을 묘사하였다. 모스크바의 의사이자 시인인 유리 지바고는 어느 파티장에서 라라를 만난다. 이때 라라는 애인 파샤와의 결혼을 방해하는 코마로프스키를 총으로 쏘아 부상을 입힌다. 제1차 세계대전이 발발하고 군의관으로 참전한 지바고는 간호원이 된 라라를 다시 만난다. 두 사람은 이미 다른 상대와 결혼을 했지만, 서로에 대해 깊은 애정을 느낀다. 혁명의 발발과 종전으로 라라와 이별하고 모스크바로 돌아온 지바고는 혁명으로 변해버린 모스크바의 삶에 회의를 느낀다. 결국 지바고는 가족들을 이끌고 우랄 산맥 부근에 있는 바리키노란 작은 마을로 이주하기로 한다. 그리고 바리키노에서 지바고는 라라와 다시 만나게 된다. 두 사람은 은밀한 사랑에 빠지지만, 지바고는 적군에 강제징집되어 군의관으로 일하게 된다. 2년 만에 적군을 탈출한 지바고가 돌아왔을 때, 가족들은 파리로 떠나고 라라만이 그를 기다리고 있었다. 두 사람은 황량한 설원에서 잠시 둘만의 시간을 가진다. 그러나 기회주의적 정치가로 변신한 코마로프스키가 두 사람을 찾아와 신변의 위협을 알리며 함께 극동으로 떠날 것을 권유한다. 이에 지바고는 라라를 보내고 자신은 남기로 결심한다. 세월이 흘러 모스크바로 돌아온 지바고는 거리에서 우연히 라라의 모습을 보고 쫓아가다 심장마비로 숨을 거둔다. 이 소설은 지바고의 관점에서 보면 인간의 진실과 자유는 결코 혁명으로 달성할 수 없는 가치라는 점을 강조하고 있다. 지바고는 혁명에 반대한 것이 아니라 정치적 개혁으로 달성할 수 없는 인간의 삶의 심미적 완성을 끊임없이 지향한다. 지바고에게 계속해서 만남과 헤어짐으로 나타나는 라라는 그러한 미적 세계의 화신이다. 지바고는 삶의 마지막까지 그러한 가치의 추구를 포기하지 않는다. 그리고 그의 노력은 사후에 남은 유고 시를 통해서 인정받는다. 한편 라라의 관점에서 보면 라라를 거친 세 남자(파샤, 코마로프스키, 지바고)가 모두 각자의 방식으로 그녀를 사랑했듯이, 그녀 또한 자신만의 방식으로 그들을 사랑한다. 돌아오리라는 기대를 포기한 기다림, 어쩔 수 없는 이별에 대한 체념,

증오하면서도 함께 할 수밖에 없는 갈등 속에서도 라라는 사랑을 멈추지 않는다. 라라는 전쟁과 혁명, 내전과 독재에 시달리면서도 생명력을 잃지 않는 러시아를 상징한다.

단자론

저자 라이프니츠(Leibniz, Gottfried Wilhelm von, 1646.7.1~1716.11.14)

분류 철학(서양철학) **원제** Monadenlehre **출간 연도** 1840년

독일의 철학자 라이프니츠가 자신의 형이상학 철학을 정리한 책. 라이프니츠의 철학을 단자론이라고 부르며, 라이프니츠가 1714년에 쓴 작품을 에르트만(Erdmann)이 1840년에 출판하였다. 단자(單子, monad)라는 말은 원래 그리스어의 'monados(unit, 단위 또는 통일성)'에서 나왔다. 피타고라스학파에서 말하는 모나드는 수학 용어로 '1' 또는 '단위'를 뜻했다고 한다. 라이프니츠는 이를 모든 존재의 기본이 되는 실체(비물질적)라는 의미로 사용했다. 모나드는 물질이 아닌 실체이기 때문에 나눌 수 없고 변하지 않는다. 시작도 없고 끝도 없으며, 창조되는 것도 없어지는 것도 아니다. 그래서 라이프니츠는 '모나드는 입구도 창문도 없다'고 묘사했다. 이 모나드는 하나하나가 '작은 우주'를 이루며 각각 독립적으로 움직인다. 그리고 각각의 모나드가 독립적으로 움직이면서도 조화를 이룰 수 있는 것은 신이 미리 정해 놓은 '예정조화' 때문이다. 라이프니츠는 모나드론을 통해서 데카르트가 주장한 물질과 정신의 이원론(二元論)을 극복하고, 더 나아가 철학과 신학의 융화를 시도하였다.

달려라 토끼

저자 업다이크(Updike, John Hoyer, 1932~) **분류** 문학(미국)

원제 Rabbit, Run **출간 연도** 1960년

미국의 소설가 존 업다이크의 장편소설. 토끼를 제목으로 한 4편의 연작소설(〈달려라 토끼〉(1960), 〈돌아온 토끼〉(1971), 〈토끼는 부자다〉(1981),〈잠든 토끼〉(1990)) 중 첫 번째 작품이다. 토끼는 주인공 해리 앵

스트롬의 별명이다. 그는 고교 시절 유명한 농구선수였으며, 졸업 후에는 지방 소도시에서 세일즈맨으로 일하면서 단란한 가정을 꾸린다. 그러던 해리가 가정과 직장을 버리고 가출을 시도한다. 집에서 뛰쳐나와 창녀와 동거를 하던 해리는 그를 다시 복귀시키려는 주변의 노력으로 가정으로 돌아가게 된다. 그러나 얼마 견디지 못하고 다시 뛰쳐나간다. 그리고는 밤거리를 달려 나간다. 업다이크는 미국 중산층의 문제를 다룬 작품을 많이 발표했다. 안정된 직장과 단란한 가족, 같은 부류끼리의 사교모임, 소비생활에 대한 탐닉 등으로 채워진 중산층의 삶은 겉으로 보기에는 만족스러워 보인다. 그러나 내면에는 허무와 소외, 인간관계에서 오는 압박이 감추어져 있다. 토끼는 그런 압박에서 도망가기 위해 달린다.

담헌서

저자 홍대용(洪大容, 1731~1783) **분류** 자연과학(과학일반) **원제** 湛軒書 **출간 연도** 1939년

조선 후기의 북학파(北學派) 실학자 홍대용의 문집. 자연과학에 정통한 실학자로서 저자의 면모를 잘 보여주는 〈담헌연기(湛軒燕記)〉, 〈의산문답(醫山問答)〉, 〈임하경륜(林下經綸)〉, 〈주해수용(籌解需用)〉 등이 실려 있다. 홍대용은 송시열의 학풍을 계승한 노론학파에서 성리학을 배웠다. 그러나 그는 불교와 도교에 관심을 가졌고 수학과 천문학을 깊이 연구하였다. 또한 중국을 방문하여 서양의 문물에 관심을 보였고, 청나라의 지식인들과 교류하면서 국제 정세에 대해 상대주의적 견해를 가지게 되었다. 당시 조선 사회는 성리학을 유일한 가치관으로 삼아 사회적으로 사농공상(士農工商)의 신분체제를 유지하고 있었으나, 토지제도와 과거제도의 모순이 사회적 문제로 대두되고 있었다. 또한 국제적으로는 화이론(華夷論)에 입각하여 명나라를 세계 문명의 중심으로 숭상하고, 청나라와 서양을 배척하며, 조선은 명을 계승한 '작은 중화(小中華)'라 자칭하는 문화적 배타주의에 빠져 있었다. 홍대용은 다른 실학자들과 마찬가지로 토지제도와 과거제도의 문제를 개선할 것을 주장하였다. 이러한 사회개혁론에는 궁극적으로는 성리학적 사회관에 대한 문제제기가 잠재되어 있다. 이러한 비판의식은 후대로 가면서 표면화되어 결국

성리학 자체에 대한 부정으로 발전하였다. 홍대용의 사회개혁론은 그러한 사상적 발전의 시초라 할 수 있다. 홍대용은 또한 국제관계에 있어 상대주의를 주장했다. 그는 〈의산문답〉에서 문명의 중심인 화(華)와 변방인 이(夷)는 보는 사람에 따라 달라진다고 지적하면서, 이미 사라진 명나라를 숭상하는 조선의 문화지체현상을 공론(空論)이고 허론(虛論)이라고 비판하였다. 이러한 상대주의적 문화인식에 자연과학적 엄밀함을 더한 그의 국제관은 과거에 집착하던 당시 조선의 지식사회에서 독보적인 것이었다.

당신들의 천국

저자 이청준(李淸俊, 1939~) **분류** 문학(한국) **원제** 당신들의 천국 **출간 연도** 1976년

이청준의 장편소설. 나환자들의 섬 소록도에 군의관 출신의 조백헌 원장이 부임한다. 조 원장은 간척사업을 통해 환자들의 복지를 개선하려 한다. 그러나 환자들은 피동적이고 반항적인 태도를 보인다. 조백헌은 의지와 열정으로 환자들을 설득해 나간다. 그러면서 환자들이 그런 태도를 보이는 이유를 깨닫는다. 일제 시대의 주정수 원장을 비롯한 역대 원장들은 겉으로는 환자들을 위한다고 하면서 실제로는 환자들 위에 군림하는 권력으로 행세해 왔다. 그 과정에서 권력의 일방적 군림 앞에 소외당한 원생들은 불신과 불만을 키워왔다. 조 원장은 환자들에게 자신의 진심을 호소하고 이에 환자들도 마음을 열고 협력하기 시작한다. 간척사업이 결실을 거둘 무렵 조 원장은 다른 병원으로의 전임을 명령받는다. 조 원장은 자신이 시작한 사업을 자신의 손으로 마무리하고 싶어 하지만 보건과장 이상욱은 그만 떠날 것을 권유한다. 이상욱은 조백헌이 부임할 때부터 그가 또 한사람의 주정수 원장이 아닌지, 그가 세우겠다는 '나환자들의 천국' 이 실은 주정수의 동상이 상징하는 것처럼 환자들은 배제된 '당신들의 천국' 이 아닌지 감시하고 비판해 온 인물이다. 결국 조 원장은 소록도를 떠난다. 그러나 5년 후 민간인 신분으로 돌아온다. 이번에는 동상으로 상징되는 '힘' 을 가진 존재가 아니라 환자들과 함께 살아가는 한 사람으로. 이 소설은 권력의 독선과 피지배층의 소외를 비판하고 있다. 그러나 비판과 함께 해결의 의지도 제시한다. 독선과

소외로 얼룩진 상처를 치유하는 길은 돌멩이와 모래를 움직이는 데(간척공사로 상징되는 물질적 개발) 있는 것이 아니라 사람의 마음을 움직이는 데(사랑과 자유를 바탕으로 한 당신들과 우리의 화해) 있다. 그런 까닭에 돌아온 조 원장은 '당신들의 천국'이 아니라 '우리들의 천국'을 만들기 위해 노력하며 살아간다.

대동서

저자 캉유웨이(康有爲, 1858.3.19~1927.3.31) **분류** 역사(중국사)/정치(중국정치)

원제 大同書 **출간 연도** 1919년

근대 중국의 사상가 캉유웨이의 저서. 캉유웨이는 공양학(公羊學)과 유럽의 신학문을 배운 사람으로 무술변법(戊戌變法)의 핵심 지도자로 활약하였다. 공양학은 청나라 시대 유행하던 고증학(考證學)을 비판하면서 성립한 신유학 학파를 말한다. 이 책은 공양학과 유럽 사상이 혼합된 캉유웨이의 정신세계를 보여준다. 그는 유교적 이상사회인 대동(大同)세상을 만들자고 주장하면서 이러한 세상을 어떻게 이룰 것인지를 제시한다. 그리고 도입부에서 자신의 책이 유클리드 기하학의 영향을 받았음을 밝히는 등 서구사상의 영향을 찾아볼 수 있다. 그에 따르면, 우리가 사는 세계는 거란세(據亂世)에서 승평세(升平世)를 거쳐 대동세(大同世)로 발전한다. 이 대동세상은 너와 나의 구별 없이 모두가 하나 되는 세상이다. 대동세상에는 국가, 계급, 인종, 사유재산, 결혼제도가 존재하지 않는다. 이러한 사상은 당시 중국의 지식인들이 중국의 전통사상을 기반으로 서구사상을 받아들이고자 한 노력의 일환이다. 그리고 캉유웨이 이후로 중국 전통사상과 서구사상을 결합시키려는 노력은 각기 자유주의와 사회주의 운동의 형태로 발전하게 된다.

대당서역기

저자 현장(玄奘, 602~664) **분류** 문학(중국)/종교(불교) **원제** 大唐西域記 **출간 연도** 646년

중국 당나라 때의 승려 현장이 불법을 구하기 위해 인도로 여행했던

여행기. 현장이 629년 8월에 장안을 출발, 서역, 아프가니스탄을 거쳐 인도에 갔다가 645년 귀국하여, 이듬해 당 태종의 명으로 저술한 책이다. 당나라의 수도 장안을 떠난 현장은 고창국(高昌國)으로 갔다가 그곳에서 천산남로(天山南路)를 거쳐 구차와 능산을 넘어 북쪽으로 이동했다. 이어 중앙아시아 여러 나라를 통과해서 힌두쿠시 산맥을 넘어 마침내 서북인도에 도착한다. 인도에 도착한 후에는 각지의 불교유적을 순방하고 나란다 사원에 유학한 후 서역남로를 통해서 귀국하였다. 그는 이 책에 16년에 걸친 구법여행 동안에 직접 보고 들은 138개 국가의 불교계 상황 및 각국의 풍습과 문물을 기록하였다. 현장이 구술한 내용을 제자인 변기(辯機)가 정리하였으며, 646년에 12권으로 간행되었다. 당시 서역 불교계의 상황 및 각 지역의 민속을 연구하는 데 있어 매우 중요한 사료이다.

대동야승

분류 문학(한국) **원제** 大東野乘

조선 전기의 패관(稗官)문학 작품. 원래 패관이란 저잣거리에 떠도는 소문이나 민간의 풍습을 살펴 임금에게 보고하는 관직이다. 이러한 의미에서 시중에 나도는 소문을 각색하여 지은 이야기를 패관문학이라 부르게 되었다. 이 책은 저자와 출간 연대가 미상으로 조선 개국부터 인조 때까지를 배경으로 여러 패관문학 작품을 채록한 것이다. 여기에는 〈용재총화(齋叢話)〉, 〈필원잡기(筆苑雜記)〉, 〈광해조일기(光海朝日記)〉, 〈용천담적기(龍泉談寂記)〉, 〈석담일기(石潭日記)〉, 〈오산설림초고(五山說林草藁)〉, 〈부계기문(涪溪記聞)〉, 〈추강냉화(秋江冷話)〉, 〈사우명행록(師友名行錄)〉 등이 실려 있다. 위로는 국왕에서부터 아래로는 서민에 이르기까지 각계각층의 야사, 전기, 일화, 설화, 만담이 실려 있어 당시 민간의 풍습, 사화(士禍)와 당쟁, 임진왜란과 병자호란에 대한 중요한 연구자료로 쓰인다.

대동지지

저자 김정호(金正浩, ?~1864) **분류** 사회과학(지리학) **원제** 大東地志 **출간 연도** 1866년

조선 후기의 지리학자 김정호가 쓴 지리지(地理志). 김정호는 〈청구도(靑邱圖)〉, 〈동여도(東輿圖)〉, 〈대동여지도(大東輿地圖)〉 등의 지도를 제작한 경험을 바탕으로 〈동여비지(東輿備志)〉, 〈여도비지(輿圖備志)〉와 같은 지리서를 만들었다. 이 책은 전 30권 15책으로 도성과 팔도의 군현별 역사와 행정구역, 행정기구 및 군사요충지에 대해 서술하고 도로와 역참, 다리 등의 교통 여건을 기술하였으며, 지역산물과 목장 등 민간의 상업활동을 자세히 논하였다. 책의 말미에는 〈산수고(山水考)〉, 〈변방고(邊方考)〉, 〈정리고(程里考)〉, 〈역대지(歷代志)〉 (또는 방여총지(方輿總志)라고도 부른다) 등이 실려 있다. 이 책은 각 지역 단위로 해당 지역에 대한 정보를 담은 지역별 지지(地誌)와 산수, 도로, 군사 등 주제별 지리 연구가 결합된 종합적 지리서이다. 인물, 성씨, 시문을 중시하던 전통 지리지와 달리 상업과 교통, 군사 부문을 중시하였으며, 사실 확인과 고증에 입각한 실학의 학풍을 보여준다.

대승기신론소

저자 원효(元曉, 617~686.3.30) **분류** 종교(불교) **원제** 大乘起信論疏

신라시대의 승려 원효가 《대승기신론》에 주석을 단 책. 《대승기신론》은 《기신론》이라고도 하며, 인도의 대승 철학자 마명(馬鳴, 100~160?)이 저술하였다고 한다. 《기신론》의 구성은 서분(序分), 정종분(正宗分), 유통분(流通分)의 세 부분으로 되어 있고, 그 요지는 마음을 수행하여 망상에서 벗어나 깨달음에 도달할 수 있다는 것이다. 깨달음에 이르는 방법으로 진여(眞如)와 불·법·승(佛法僧)을 믿는 4신(信)과, 보시(布施)·지계(持戒)·인욕(忍辱)·정진(精進)·지관(止觀)의 5행(行)을 들고 있다. 원효대사의 주석은 해동소(海東疏)라고도 하며 현수(賢首)의 《기신론의기(起信論義記)》, 혜원(慧遠)의 《대승의장(大乘義章)》과 함께 3대소(大疏)라 불린다.

대위의 딸

저자 푸슈킨(Pushkin, Aleksandr Sergeevich, 1799.6.6~1837.2.10)

분류 문학(러시아)/영화 **원제** Kapitanskaya dochka **출간 연도** 1836년

러시아의 작가 푸슈킨의 역사소설. 18세기 러시아에서 일어난 푸가초프의 농민 반란(1773~1775)을 배경으로 한 작품이다. 귀족집안의 청년 그리니요프는 17세가 되자 부친의 뜻에 따라 국경 지방인 키르기스의 요새에 사관후보생으로 부임한다. 임지로 가는 도중 눈보라 속에서 길을 잃었다가 어느 농부의 도움으로 길을 찾게 된다. 요새에 도착한 그리니요프는 요새장 미로노프 대위의 딸 마샤를 사랑하게 되는데, 이 때문에 마샤를 짝사랑하는 장교 시바브린과 결투를 하게 된다. 결투 중 푸가초프 반란군의 습격으로 그리니요프는 죽음 직전에 몰린다. 그러나 임지로 갈 때 만났던 농부가 바로 푸가초프였음이 드러나고, 그때의 인연으로 목숨을 건진다. 한편 시바브린은 정부를 배신하고 푸가초프군에 가담한다. 정부군 지역으로 탈출한 그리니요프는 반란군에 억류된 마샤가 시바브린과 강제로 결혼할 위기에 처했음을 알고 단신으로 잠입해 푸가초프와 담판을 벌인다. 푸가초프의 도움으로 마샤를 구출하고 이윽고 반란도 진압되지만, 그리니요프는 시바브린의 모략으로 시베리아 유형에 처해진다. 이에 마샤는 에카테리나 여왕에게 선처를 호소해 그리니요프는 풀려난다. 그리고 정부군에 체포된 푸가초프는 모스크바에서 처형당하는 순간 군중 속에 있는 그리니요프를 보고 고개를 끄덕여 보인다. 이 소설은 19세기 러시아 사실주의 문학의 선구적 작품이라 불린다. 저자는 그리니요프와 푸가초프의 관계를 통해 농민 반란에 대한 역사적 재평가를 시도하면서 귀족과 농민 반란 지도자의 우정을 통해 참다운 인간관계가 무엇인지 보여주고 있다.

대중의 반란

저자 오르테가 이 가세트(José Ortega y Gasset, 1883.5.6~1955.10.18)

분류 철학(서양철학) **원제** La rebelion de las masas **출간 연도** 1930년

에스파냐의 철학자 호세 오르테가 이 가세트의 현대문명 비판서. 오

르테가 이 가세트는 대중이 지적인 소수의 지도를 받지 않는다면 혼돈 상태를 피할 수 없다는 견해를 보였다. 그는 공산주의와 파시즘이 준동함에 따라 정상적인 문명이 위협받고 있다고 생각했으며, 이러한 비정상적 운동은 무분별한 대중의 행동이 문명의 발전에 어떤 악영향을 초래할 수 있는지 여실히 보여준다고 지적하였다. 그가 생각한 대중의 문제점은 대중들은 국가와 사회를 건설하고 유지하기 위해 얼마나 많은 노력이 필요한지 이해하지 못한다는 것이다. 그 대신 대중들은 민족, 피, 조국과 같은 감상적 선동에 쉽게 도취된다. 국가와 사회는 끊임없이 변화하는 외부환경에 노출된 취약한 유기체이다. 이를 지키려면 많은 노력과 희생이 필요하다. 그런데 대중은 자신들이 누리고 있는 지위를 당연한 것으로 간주하며 항상 더 많은 것을 원한다. 오르테가가 공화국을 가장 이상적이면서도 가장 유지하기 어려운 체제라고 평가한 데서 그가 생각한 지적 소수와 대중의 관계를 짐작할 수 있다.

대지

저자 벅(Buck, Pearl Comfort, 1892.6.26~1973.3.6) **분류** 문학(미국)/여성/영화

원제 The Good Earth **출간 연도** 1935년

미국의 작가 펄 벅의 장편소설. 대지에 뿌리를 내리고 사는 농부 왕룽(王龍) 가족의 일대기를 그린 작품이다. 《대지(The Good Earth)》(1931), 《아들들(Sons)》(1932), 《분열된 가정(A House Divided)》(1935)의 3부작으로 되어 있다. 젊은 농부 왕룽은 지주 황씨 가문의 하녀 오란을 아내로 맞이한다. 왕룽 가족은 열심히 일하지만 기근 때문에 오란은 자신이 낳은 아이를 자신의 손으로 죽이고 만다. 기근을 피해 도시로 나온 왕룽 가족은 익숙지 않은 도시 생활에 지친 나머지 딸아이까지 팔아야 하는 상황에 처한다. 그러나 내란의 와중에 오란이 패물을 발견하면서 왕룽 일가는 도시생활을 청산하고 고향으로 돌아온다. 보물 덕분에 부유해진 왕룽은 이제 지주가 되고 첩까지 들이며 살게 된다. 오란은 왕룽이 변해 가는 모습을 보면서도 조용히 가정을 지킨다. 사치와 향락에 빠져 살던 왕룽은 어느 순간 자신을 키워 준 땅의 소중함을 깨닫게 된다. 그리고 작물을 망치는 누리(메뚜기)떼에 맞서 마을사람들을 이끌고 싸운다. 세

월이 흘러 오란도 세상을 떠나고 홀로 남은 늙은 왕룽은 자식들에게 땅이야말로 사람이 가진 전부이며 땅을 팔지 말라고 훈계한다. 2부와 3부에서는 왕룽의 세 아들이 각자의 방식으로 살아가는 모습을 통해 근대 중국의 변모를 묘사하였다.

대학

저자 공자(孔子, BC 552~BC 479) **분류** 철학(유학) **원제** 大學

《논어(論語)》, 《맹자(孟子)》, 《중용(中庸)》과 함께 유교 4대 경전 중 하나이다. 공자의 말씀을 정리한 것이라고 한다. 원래 《예기(禮記)》 200편 가운데 제42편이다. 《예기》는 오경(五經)의 하나로 《주례(周禮)》, 《의례(儀禮)》와 함께 삼례(三禮)라고 하며, 예에 대한 설명서라 할 수 있다. 송나라 시대 사마 광(司馬光)이 《예기》에서 《대학》 편을 떼어 《대학광의(大學廣義)》를 저술했으며, 이후 주자가 《대학장구(大學章句)》를 만들어 자신의 주석을 붙임으로써 성리학의 주요 경전이 되었다. 유명한 '수신제가(修身齊家) 치국평천하(治國平天下)', '격물치지(格物致知)' 와 같은 구절이 모두 《대학》에서 나온 말이다.

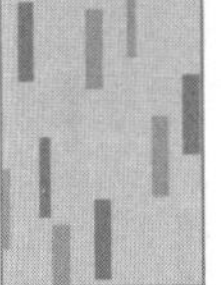

데미안

저자 헤세(Hesse, Hermann, 1877.7.2~1962.8.9) **분류** 문학(독일)

원제 Demian **출간 연도** 1919년

독일 작가 헤르만 헤세의 성장소설. 헤세의 소설에는 자신의 성장기 체험이 녹아 있다. 헤세는 어려운 시험에 통과해 신학생이 되었으나 엄격한 학교생활에 적응하지 못해 그만두고 방황과 모색의 청소년기를 보낸다. 이 소설의 주인공 싱클레어 또한 신앙심 깊은 가정에서 자라난 예민한 청년이다. 싱클레어는 부정과 거짓말로 상징되는 어둠의 세계를 기웃거리다 데미안이란 친구를 만나 빠져나오게 된다. 데미안은 싱클레어에게 알에서 빠져 나오려는 새는 알을 깨고 나와야 한다고 말한다. 세월이 흘러 전쟁의 와중에서 싱클레어는 데미안과 다시 만난다. 데미안과의 짧은 만남을 통해서 싱클레어는 데미안이 자신에게 나타난 안내자였음을 깨닫는다. 그리고 알을 깨고 나오는 것은 자신의 몫임을 알게 된다.

데카메론

저자 보카치오(Boccaccio, Giovanni, 1313~1375.12.21) **분류** 문학(이탈리아)

원제 Decameron **출간 연도** 1351년

이탈리아 작가 보카치오가 1349~1351년 사이에 쓴 단편소설집. 《데카메론》이란 제목에서 데카는 그리스어로 10, 메론은 날을 의미한다. 그러므로 이 책의 제목은 '10일간의 이야기'란 뜻을 가지고 있다. 줄거리는 흑사병을 피해 피렌체를 빠져나온 7명의 부인과 3명의 신사들이 교외의 별장에 모여 하루에 한 가지씩 10일 동안 100가지 이야기를 하기로 한다. 그날의 이야기가 끝나면 한 사람의 여왕 또는 왕을 선정해 그가 다음날 이야기의 주제를 정하게 한다. 이야기의 주제는 '고난 끝에 행복이 온다', '사랑이 불행한 결말로 끝난 사람들', '연인이 불행한 사건 뒤에 행복해지는 이야기', '재치', '부인들이 사랑 때문에 그 남편을 우롱하는 이야기', '남녀가 서로 속고 속이는 이야기' 등이다. 중세에서 르네상스로 넘어가는 시대에 남녀의 연애, 성직자들의 부패 및 교회제도의 모순을 비롯한 당시의 풍속을 풍자적으로 묘사하였다. 단테의 《신곡(神曲)》과 비교해서 이 책을 《인곡(人曲)》이라고 하며 보카치오의 문체는 이탈리아 산문의 모범으로 후세의 작가들에게 많은 영향을 미쳤다.

도덕경

저자 노자(老子, ?~?) **분류** 철학(도가철학) **원제** 道德經

중국의 사상가 노자의 저서. 〈도경(道經)〉과 〈덕경(德經)〉을 합쳐 《도덕경》이라 부른다. 노자가 지었다고 하나 실제로는 춘추전국 시대부터 한나라 때까지 도가 계열의 사상가들의 학설을 모은 책으로 보인다. 이후 삼국 시대를 거쳐 남북조 시대(南北朝時代)에 오늘날과 같이 상편 37장, 하편 44장, 합계 81장으로 정리되었다. 《도덕경》에서 도는 천지의

근본원리를 뜻하고, 덕은 도가 만물에 미치는 것을 말한다. 오늘날 노자의 사상은 이와 같은 철학적 우주론이나 수양론으로 이해된다. 그러나 춘추전국 시대의 노자 사상은 다른 제자백가와 같이 국가를 다스리는 통치술에 초점을 맞춘 것이었다. 노자는 국가를 통치하는 방법으로서 '무위(無爲)'를 주장하였으며, 이러한 면에서 유가의 '인의(仁義)', 법가의 '법치(法治)'와 차별성을 보인다.

도덕적 인간과 비도덕적 사회

저자 니부어(Niebuhr, Reinhold, 1892.6.21~1971.6.1) **분류** 철학(서양철학)

원제 Moral Man and Immoral Society **출간 연도** 1932년

미국의 종교학자 라인홀트 니부어의 저서. 기독교 사회윤리학 교수이자 기독교 현실주의자인 저자의 사상이 집약된 책이다. 니부어는 또한 국제관계와 미국 외교정책에 깊은 관심을 가진 정치철학자였다. 니부어가 이 책을 집필한 1930년대는 경제공황과 전체주의의 등장으로 세계적 격변이 일어난 시대였다. 니부어는 이러한 격변의 시대에 대처하는 데 전통적인 기독교 윤리관만으로는 한계가 있다고 보고 새로운 기독교 윤리관의 정립을 위해 이 책을 집필하였다. 니부어가 지적한 전통 기독교 윤리관의 한계는 개인의 도덕과 양심에만 의지한다는 점이다. 개인은 도덕적이며 포용적이고 이타적일 수 있는 존재다. 그러나 개인들이 모여 생겨난 사회집단은 이기적이며 집단의 이익을 위해 부도덕을 자행한다. 그 극단적인 예가 이 책이 출판될 당시 유럽에서 등장한 파시즘과 나치즘이다. 따라서 이런 부도덕한 사회집단에 대처하는 방법으로 개인의 양심에만 의지하는 것은 효과가 없다. 부도덕한 사회집단(또는 국가)을 제압하려면 폭력을 사용할 수밖에 없다. 그런데 과연 부도덕한 사회집단을 제압하기 위해 사용하는 폭력이 정의나 도덕에 입각한 것이라고 확신할 수 있는가? 그렇지 않다면 폭력에 이은 또 다른 폭력의 악순환만 계속될 뿐이다. 결국 니부어는 고도로 사회화, 집단화, 조직화된 현대문명의 병폐를 치유하기 위해서는 사회적, 집단적, 조직적 해법이 필요하다고 보면서도 그러한 해법은 개인의 내면적 양심에 어긋나서는 안 된다고 강조한다. 니부어는 이렇게 함으로써 개인적 윤리와 사회적 윤리

의 조화를 희구하였다.

도련님

저자 나쓰메 소세키(夏目漱石, 1867.1.5~1916.12.9) **분류** 문학(일본)

원제 坊っちゃん **출간 연도** 1906년

근대 일본의 작가 나쓰메 소세키의 중편소설. 철없던 도련님이 사회를 체험하면서 자신과 사회에 대한 새로운 인식에 눈뜨게 된다는 내용이다. 주인공 도련님(봇짱)은 어머니가 돌아가신 후 아버지와 형에게 외면당하지만 보모 기요만은 도련님을 감싸준다. 고집불통에 자존심 강한 도련님은 여러 사고를 치면서 학창시절을 보낸 끝에 시골 중학교 수학 교사로 부임하게 된다. 자존심 강한 도련님은 시골 교사들 사이에서 적응하지 못하고 그들에게 너구리 교장, 빨강 셔츠 교감, 알랑쇠 미술 선생, 끝물호박 영어 선생, 멧돼지 수학 선생 같은 별명을 붙인다. 교사들과 학생들 사이에서 좌충우돌하던 도련님은 점차 겉모습과 다른 사람들의 속내를 알게 되고 정의파의 편에 서서 멧돼지 선생과 힘을 합쳐 빨강 셔츠와 알랑쇠를 혼내준다. 사표를 내고 도쿄로 돌아온 도련님은 철도원 생활을 하면서 기요와 함께 살아간다. 이 작품은 근대 일본문학의 특징인 사소설(私小說)에 속하는 작품이라 볼 수 있다. 즉 개인의 체험과 느낌을 섬세하고 세밀하게 묘사한 작품이다. 또한 세상물정 모르던 주인공이 사회생활을 하면서 인간관계의 실상을 파악하고 자신의 정체성을 깨달아가는 성장소설이기도 하다. 소세키는 사소설답게 자신의 체험을 바탕으로 하면서도 거기에 풍자와 비판을 가미한 계몽소설적인 면모를 보여준다.

도리언 그레이의 초상

저자 와일드(Wilde, Oscar, 1854~1900) **분류** 문학(영국)

원제 The Picture of Dorian Gray **출간 연도** 1891년

아일랜드 출신의 영국 작가 오스카 와일드의 장편소설. 귀족 청년 도

리언 그레이는 친구인 화가 버질 홀워드의 초상화 모델이 된다. 도리언은 홀워드의 화실에서 쾌락주의자인 헨리 워튼 경을 만나게 되는데 도리언의 미모에 반한 헨리 경은 그의 조언자를 자처하면서 도리언을 쾌락의 세계로 이끈다. 쾌락주의에 깊이 빠진 도리언은 자기 대신 초상화가 나이를 먹고 그렇게 해서 젊음을 유지할 수 있다면 영혼까지 바치겠노라고 말한다. 끊임없이 쾌락을 좇는 생활을 하던 도리언은 시빌 베인이라는 여배우와 사랑에 빠졌다가 그녀를 버린다. 버림받은 시빌이 자살하고 나서 도리언은 자신의 초상화가 아름다운 미소 대신 사악한 미소를 짓는 형상으로 변모한 것을 발견한다. 도리언의 소원대로 초상화가 그가 저지르는 모든 악행과 타락, 그리고 세월의 흐름까지 대신 반영하게 된 것이다. 세월은 흘러 38세의 중년이 된 도리언은 여전히 젊음과 아름다움을 간직한 채 부도덕한 쾌락에 몰입한다. 그런 도리언에게 옛 친구 버질이 찾아온다. 말다툼 끝에 도리언은 버질에게 자기 대신 늙은 초상화를 보여주고 그를 칼로 찔러 살해한다. 그로부터 몇 주 뒤, 자신의 삶을 바로잡기로 결심한 도리언은 과거에 저지른 모든 악행이 반영된 추악한 형상의 초상화에 칼을 꼽는다. 그리고 비명소리를 듣고 달려온 하인들은 아름다운 청년의 모습을 그린 초상화와 가슴에 칼이 꼽힌 채 쓰러진 추악한 늙은이를 발견한다. 대표적 예술지상주의자로 꼽히는 와일드는 사회의 도덕과 예술의 도덕이 다르다는 것을 보여주기 위해 이 소설을 썼다고 한다. 현실에서 일어나는 일이 예술에서 다루어지지 않는 것은 없지만 예술에서는 현실에서 일어날 수 없는 일도 얼마든지 있을 수 있다. 예술은 항상 새로운 미적(美的) 질서를 추구하기 때문에 사회의 기존 질서와 마찰을 빚을 수도 있지만, 예술의 진정한 가치는 예술 자체의 목적에 충실한지에 따라 평가받아야 한다는 작가의 예술관이 이 소설의 세 주인공 바질, 도리언, 헨리 경의 행적을 통해서 드러나 있다.

도선비기

저자 도선(道詵, 827~898) **분류** 철학(한국철학) **원제** 道詵秘記 **출간 연도** 통일신라 말기

통일신라 말기의 승려 도선이 지은 풍수지리설과 정치적 예언을 결합시킨 책. 도선은 중국에서 전래된 참위설(讖緯說), 도참(圖讖)사상 등에

통일신라 말기의 정치상황을 결합한 지리쇠왕설(地理衰旺說), 산천순역설(山川順逆說) 및 비보설(裨補說) 등을 주장하였다. 도선은 땅의 기운은 흥성했다가 쇠퇴하며 이것은 그 땅을 지배하는 정치세력에 영향을 미친다고 보았다. 이는 당시 신라의 기운이 이미 쇠하였으므로 새로운 세력이 등장하리라는 것을 풍수에 입각하여 예언한 것이다. 또한 전통적 풍수지리설에서는 땅의 기가 모인 명당을 선호하지만 도선은 인간의 노력과 불교의 힘(사찰과 탑 건립으로 버림받은 땅을 명당으로 바꿈)으로 명당을 만들 수 있다는 비보사상을 제시하였다. 이러한 풍수지리적 예언사상과 비보사상은 고려왕조의 후삼국 통일과 이후 고려왕조의 정치, 문화에 큰 영향을 미쳤다.

도화선전기

저자 공상임(孔尙任, 1648~1718) **분류** 문학(중국) **원제** 桃花扇傳記 **출간 연도** 1699년

중국 청나라 때 공상임이 지은 희곡. 명말청초(明末淸初)를 배경으로 남녀의 사랑 이야기에 당시의 시대상을 함께 담은 작품이다. 명나라 말의 선비 후방역(侯方域)은 기생 이향군(李香君)에게 사랑의 정표로 부채에 시를 써 준다. 그 후 후방역은 완대월(阮大鉞)의 모함을 받아 난징을 떠나게 된다. 홀로 남은 향군은 유혹을 받지만 정조를 지키고자 필사적으로 노력한다. 그 와중에 상처를 입어 후방역이 준 부채는 피로 물든다. 나중에 이 부채를 본 양문총이 여기에 그림을 그려 도화선을 만든다. 난징으로 돌아온 후방역은 체포되어 옥에 갇히고, 이때 청나라 군대가 난징을 함락시키면서 감옥을 탈출한다. 산으로 피신한 후방역은 그곳에서 도교에 귀의한 이향군과 다시 만난다. 두 사람은 장도사(張道士)의 가르침을 받아 속세의 부질없는 욕망을 버리고 도교에 귀의한다. 이 작품은 홍승(洪昇)의 〈장생전(長生殿)〉과 함께 청대 희곡의 최고 걸작으로 평가받고 있다.

독사신론

저자 신채호(申采浩, 1880.11.7~1936.2.1) **분류** 역사(한국사)

원제 讀史新論 **출간 연도** 1909년

한국 근대 민족주의 사학의 선구자로 불리는 단재 신채호의 저서. 원래 〈대한매일신보〉에 연재된 사설이다. 1908년 8월 27일부터 9월 15일까지 1차 연재를 한 후, 10월 29일부터 12월 13일까지 2차 연재를 하여 총 50회에 걸쳐 연재되었던 사설을 책으로 출판한 것이다. 이 책의 서론에서 신채호는 한 국가의 형성에 역사의식이 차지하는 중요성을 강조하고, 당시 일본 사학계가 유포한 식민사관을 정면으로 반박하였다. 당시 조선의 사학계에는 일본 학계의 영향을 받은 일선동조론(日鮮同祖論), 단군부정론(檀君否定論), 임나일본부설(任那日本府說) 등이 등장하고 있었다. 이에 신채호는 민족을 역사의 주체로 삼는 민족주의 사관과 당시 유행하던 사회진화론 및 계몽사상을 결합하여 식민사관에 대항하고자 하였다. 이 책에서 신채호는 동국(東國)을 구성하는 민족으로 선비족, 부여족, 지나족, 말갈족, 여진족, 토족(土族)의 여섯 민족을 들고 이 가운데 단군의 후예인 부여족이 다른 민족을 복속시켜 동국의 주인이 되었다고 서술하여 한국사의 단군 기원설을 분명히 하였다. 단군에서 시작된 부여족의 역사는 삼부여(북부여, 동부여, 졸본부여)를 거쳐 삼국 시대에는 고구려로 계승되었으며 신라가 외세인 당나라를 끌어들여 고구려를 멸망시킨 후에는 쇠퇴하게 되었다고 말한다. 신채호에 따르면, 신라의 삼국통일은 반쪽의 통일이며, 이후 발해사가 우리 민족사에서 빠지게 된 것은 통탄할 만한 일이라 하였다. 이와 같이 신채호는 부여족을 우리 민족의 주체로 내세워 조선 시대 성리학에 입각한 중화중심주의와 일제 식민사관의 논리에서 벗어난 독자적 민족사의 체계를 제시하였다.

독일 국민에게 고함

저자 피히테(Fichte, Johann Gottlieb, 1762.5.19~1814.1.27) **분류** 문학(독일)

원제 Reden an die Deutschen Nation **출간 연도** 1808년

독일의 철학자 피히테의 강연을 모아 출판한 책. 당시 프랑스 황제 나폴레옹은 프러시아군을 격파하고 1806년 10월 26일에 베를린을 점령하였다. 이후 프랑스는 1812년까지 독일을 지배하였다. 이러한 국가적 위

기상황에서 베를린 대학 교수였던 피히테는 1807년 12월 13일부터 1808년 3월 12일까지 매주 일요일 오후마다 베를린 학사원에서 '독일 국민에게 고함' 이라는 강연을 했다. 이 강연에서 피히테는 독일을 재건하는 길은 새로운 교육을 통한 국민정신의 함양에 있다고 강조하였다. 이 새로운 교육은 자유의지에 입각한 선택을 부정하고 필연적 운명을 달성하려는 확고한 의지를 갖춘 인간을 만들기 위해 교양, 도의, 종교교육을 실시하여 강한 정신적 자극을 가하는 데 초점을 맞추었다. 피히테의 교육관은 당시 유럽에서 성행하던 계몽사상의 영향을 받은 이상주의적 교육관이면서 한편으로는 게르만 민족주의에 입각한 특이한 것이었다. 피히테가 국가에 대한 애국심을 강조한 것은 그가 국가를 게르만 민족의 영원한 신성을 계승하고 발전시키기 위한 도구로 보았기 때문이었다. 그는 게르만 민족의 궁극적 목적은 인류의 보편적 발전과 행복에 기여하는 것이라고 보았기 때문에 인류의 보편적 각성을 지향하는 계몽사상에 게르만 민족주의를 결합시켰던 것이다.

돈 키호테

저자 세르반테스(Cervantes, Miguel de (Saavedra), 1547.9.29~1616.4.23)

분류 문학(스페인) **원제** Ingenioso Hidalgo Don Quixote de la Mancha

출간 연도 1605년(전편), 1615년(후편)

스페인의 작가 세르반테스가 기사도와 중세를 풍자적으로 묘사한 소설. 원제목은 《재기(才氣) 발랄한 향사(鄕士) 돈 키호테 데 라 만차》이다. 전편과 후편으로 나뉘어 전편은 1605년, 후편은 1615년에 출간되었다. 스페인의 시골 기사 아론소 기하노는 기사도 이야기에 심취한 나머지 스스로를 중세의 기사 돈 키호테 데 라 만차라고 부르고 산초 판자라는 종자를 데리고 기사수업을 떠난다. 이상의 세계에 사로잡힌 주인 돈키호테와 현실적인 종자 산초 판자는 함께 여행하면서 갖가지 모험을 겪는다. 풍자적인 묘사와 함께 주인공 두 사람의 성격대비를 통한 뛰어난 인물묘사로 소설문학의 걸작으로 불린다.

동경대전

저자 최제우(崔濟愚, 1824~1864) **분류** 종교(천도교) **원제** 東經大全 **출간 연도** 1880년

천도교의 교조 최제우가 지은 경전. 이 책과 함께 천도교의 2대 경전인 《용담유사》가 순 한글본인 데 비해 이 책은 순한문본이다. 최제우가 사형당하면서 이 책도 함께 불태워졌는데, 그 후 2대 교주 최시형이 암송한 내용을 정리하여 1880년에 간행하였다. 본문과 별집(別集)으로 구성되었는데, 본문에는 〈포덕문(布德文)〉·〈논학문(論學文)〉·〈수덕문(修德文)〉·〈불연기연문(不然其然文)〉이 수록되었고, 별집에는 〈축문(祝文)〉·〈입춘시(立春詩)〉·〈절구(絕句)〉·〈강시(降詩)〉·〈좌잠(座箴)〉·〈화결시(和訣詩)〉 등이 실려 있다. 이 중에 〈포덕문〉, 〈논학문〉, 〈수덕문〉, 〈불연기연문〉이 4대 논문으로 불린다. 〈포덕문〉은 1861년 무렵에 쓴 논문으로 최제우의 득도과정이 상세히 기록되어 있다. '보국안민' 이란 말도 여기서 나온다. 〈논학문〉은 1862년경 쓴 논문으로 동학의 이론을 상술하였다. 동학이란 이름이 이 논문에서 처음 나오기 때문에 '동학론' 이라고도 한다. 〈수덕문〉은 〈논학문〉과 같은 시기에 지은 논문으로 수심정기(守心正氣)라는 새로운 수도법을 설파하였다. 〈불연기연문〉은 1863년경에 쓴 논문으로 절대진리에 대하여 '그러한 것(其然)' 과 '그렇지 않은 것(不然)' 을 구분하여 우주만물의 생성을 관통하는 질서를 논한 글이다.

동국문헌비고

분류 총서(백과사전) **원제** 東國文獻備考 **출간 연도** 1770년(영조 46)

조선 시대 영조 임금의 명으로 편찬한 백과사전. 전 100권 40책으로 되어 있으며 1769년(영조 45)에 편찬을 시작하여 1770년에 완성하였다. 당시까지 우리 민족의 여러 문물과 제도를 13개 항목으로 나누어 기술하였다. 13개 항목으로 나눈 것은 중국 원나라의 마단림(馬端臨)이 저술한 《문헌통고(文獻通考)》를 따른 것이다. 이에 따라 상위(象緯, 권1~5)·여지(輿地, 권6~22)·예(禮, 권23~38)·악(樂, 권39~51)·병(兵, 권5 2~55)·형(刑, 권56~62)·전부(田賦, 권63~66)·재용(財用, 권88~70)·호구(戶口, 권71)·시적(市糴, 권72~73)·선거(選擧, 권

74~82) · 학교(學校, 권83~90) · 직관(職官, 권91~100)의 13개 항목으로 구성하였다. 이 책을 편찬한 목적은 실생활에 도움을 주기 위한 것뿐 아니라 문물제도의 본을 세워 통치에 활용하고자 하는 정치적 목적도 있다. 그 후 이 책을 다시 증보, 고종 때인 1907년에 《증보문헌비고(增補文獻備考)》라 하여 250권으로 간행하였다.

동국병감

분류 역사(한국사) **원제** 東國兵鑑 **출간 연도** 조선 문종

문종 때 간행된 한반도 전쟁사. 한무제의 고조선 침공부터 고려 말 여진족의 침공까지 30여 회에 걸친 외국 세력의 한반도 침략 전쟁 및 이에 대응한 한반도 세력의 이민족 정벌사를 기술한 책이다. 서문 · 표(表) · 전(箋) 등이 없어 확실한 연대나 편찬자는 알 수 없다. 다만 문종이 오위진법(五衛陣法) 등을 직접 찬술하고 병법에 관심이 깊었던 것으로 볼 때 이 책의 편찬에 문종이 깊이 개입하였을 것으로 보인다. 2권 2책에 37항목으로 되어 있다. 제1항은 한무제의 침공으로 인한 고조선의 멸망과 한사군의 설치, 2~17항은 삼국 시대 및 통일신라 시대, 18~31항은 고려 시대, 32~37항은 고려 말 이성계의 무공을 다루고 있다. 《진법(陣法)》과 함께 조선 시대의 중요한 병서이며 전쟁사 연구의 자료로 쓰인다.

동국사략

저자 권근(權近, 1352~1409), 이첨(李詹, 1345~1405), 하륜(河崙, 1347~1416)

분류 역사(한국사) **원제** 東國史略 **출간 연도** 1402년(태종 2)

조선 태종의 명으로 권근, 이첨, 하륜 등이 편찬한 관찬(官撰) 역사서로 전 6권 3책이다. 《삼국사략(三國史略)》이라고도 한다. 단군조선부터 삼국 시대까지를 다루고 있다. 최근에 이 책의 저자가 권근이 아니라 박상(朴祥, 1474~1530)이라는 주장도 제기되었다. 조선 전기에 나온 역사서답게 유교이념에 입각하여 조선 성립 이전까지의 역사를 정리하고 조선왕조의 통치이념을 확립하려는 의도를 담고 있다. 성리학의 이념에

따라 역사적 사실에 도덕적 평가를 내리기 쉬운 편년체, 강목체(綱目體) 형식을 취했다. 거기에다 50여 편의 사론(史論)을 붙여 역사 사실을 직접적으로 평가하였다. 구성 순서는 단군조선 · 기자조선 · 위만조선 · 한사군 · 이부(二府) · 삼한(三韓) · 삼국의 순으로 구성하였다. 이 가운데 고대사의 주류를 기자조선–마한–신라로 서술하여 유교적 정통성을 부여하였다. 이러한 순서는 《삼국유사》의 체제를 따른 것이지만, 삼국 시대 이전의 삼한까지는 간략하게 서술하였기 때문에 《삼국사략》이라고도 부른다.

동국세시기

저자 홍석모(洪錫謨) **분류** 역사(한국사) **원제** 東國歲時記 **출간 연도** 1849년(헌종 15)

조선 순조 때의 학자 홍석모가 지은 세시풍속서. 당시까지 전해 내려오던 세시풍속을 정리한 책이다. 내용은 1년 12달 및 윤달로 나누어 각 달에 있는 명절과 행사, 풍습을 설명한 것으로 정월과 대보름, 단오, 추석 등 명절에 행한 차례 절차, 연날리기 등 놀이, 명절 음식 등에 대해 상세히 기록하였다. 정월을 예로 들어 보면 설날 차례, 설빔, 세배, 세찬, 세주, 떡국, 삼재(三宰), 덕담, 청참, 오행점 등의 풍속에 대해 설명하고 있다. 《열양세시기(洌陽歲時記)》, 《경도잡지(京都雜志)》 등과 함께 조선 시대 민속연구의 중요자료이다.

동국여지승람

분류 사회과학(지리) **원제** 東國輿地勝覽 **출간 연도** 1481년(성종 12)

조선 성종 때 왕명으로 양성지(梁誠之) · 노사신(盧思愼) · 강희맹(姜希孟) · 서거정(徐居正) 등이 만든 인문 지리서. 전 55권 25책으로 되어 있다. 세종 때 맹사성(孟思誠) · 신색(申檣) 등이 만든 《신찬팔도지리지(新撰八道地理志)》(1432, 세종 14)와 명나라에서 들어온 《대명일통지(大明一統志)》의 내용과 체제를 참고하여 만들었다. 이후 1530년(중종 25)에는 이 책을 개정하여 《신증동국여지승람》을 만들었다. 내용은 권1~2

는 경도(京都), 권3은 한성(漢城), 권4~5는 개성(開城), 권6~13은 경기도, 권14~20은 충청도, 권21~32는 경상도, 권33~40은 전라도, 권41~43은 황해도, 권44~47은 강원도, 권48~50은 함경도, 권51~55는 평안도로 되어 있다. 각 권마다 먼저 해당 도의 전체지도를 싣고 각 도의 연혁과 풍속, 묘소와 궁궐, 관청, 학교, 토산물, 효자, 열녀, 산천, 건축물, 역대 명사들의 기록문 등을 실었다. 종합지리지로서 조선 시대 정치와 제도는 물론 지방사 연구의 중요 자료이다.

동국이상국집

저자 이규보(李奎報, 1168~1241) **분류** 문학(한국)

원제 東國李相國集 **출간 연도** 1241년(고려 고종 28)

고려 시대의 문신 이규보의 시문집. 1241년에 전집(前集) 41권이 나오고, 이듬해에 후집(後集) 12권이 나와 총 53권 13책으로 되어 있다. 국문학사상 중요한 작품집으로 영웅서사시인 〈동명왕편(東明王篇)〉과 가전체 문학의 대표작 〈국선생전(麴先生傳)〉 등이 실려 있다. 전집의 구성은 문학 작품이 25권이고, 나머지는 편지, 공문, 교서, 제문 등이다. 후집은 시가 10권이고, 나머지는 서, 표, 잡저 등이다. 이 책에 실린 문학작품 가운데 〈국선생전〉과 〈청강사자현부전(淸江使者玄夫傳)〉은 당시 유행하던 설화와 소설의 중간 단계인 가전체문학의 대표작으로 꼽힌다. 또한 서사시 〈동명왕편(東明王篇)〉은 141운 282구에 이르는 장편으로 고구려 건국의 신화를 서술하였다. 이와 같이 민족과 역사를 강조한 작품은 당시 몽골의 침략에 시달리던 상황에서 무신정권의 고위 문신이었던 이규보가 내외적으로 무신정권의 안정을 도모하고 통치이념을 확립하기 위해 집필한 것으로 보인다. 이 밖에 《구삼국사(舊三國史)》란 역사서의 존재, 팔만대장경, 금속활자에 대한 기록 등 중요한 역사적 사실에 대한 기록이 많다.

동국정운

저자 집현전 **분류** 인문학(어학) **원제** 東國正韻 **출간 연도** 1448년(세종 30)

조선 세종 때 나온 음운서(音韻書). 활자본 6권 6책이다. 세종의 명령으로 집현전(集賢殿) 학사 신숙주(申叔舟) · 최항(崔恒) · 성삼문(成三問) · 박팽년(朴彭年) · 이개(李塏) · 강희안(姜希顔) · 이현로(李賢老) · 조변안(曺變安) · 김증(金曾) 등 9명이 편찬에 착수하여 1448년에 간행하였다. 이 책은 《훈민정음》(1443)과 함께 국어연구의 중요자료로 쓰인다. 이 책을 저술한 목적은 《훈민정음》을 만들고 나서 당시 조선에서 쓰이던 한자음의 체계를 정립하기 위한 것이었다. 이를 위해서 중국 명나라의 운서(韻書)인 《광운(廣韻)》, 《집운(集韻)》, 《홍무정운(洪武正韻)》 등의 체제를 참고하였다. 《동국정운》이란 제목은 《홍무정운》과 대비되는 것으로 '우리나라(동국)의 바른 음' 이란 뜻이다. 책의 구성은 91운(韻), 23자모(字母)로 되어 있으며, 글자마다 국어음을 먼저 표기한 다음 그 밑에 한자를 달았는데, 이 23자모는 그대로 훈민정음의 초성체계와 일치한다. 우리나라에서 최초로 한자음을 우리의 음으로 표기했다는 중요한 의미가 있다. 또한 훈민정음의 창제 배경을 이해하는 데도 큰 도움이 된다. 그러나 사용에 있어서는 《홍무정운》의 체제를 고수하였기 때문에 실생활과 맞지 않는 부분이 많았다. 이 때문에 16세기 초부터는 사용하지 않게 되었다.

동국통감

저자 서거정(徐居正, 1420~1488) **분류** 역사(한국사)

원제 東國通鑑 **출간 연도** 1484년(성종 15)

조선 성종 때 서거정, 정효항 등이 편찬한 관찬(官撰) 역사서. 56권 28책으로 되어 있다. 신라 초부터 고려 말까지의 역사를 편년체로 기술하였으며, 중국의 사마광이 지은 《자치통감》의 제목을 따르고 국내외의 사료를 참조하여 엮은 책이다. 편년체 서술방식에 따라 〈외기(外紀)〉 · 〈삼국기(三國紀)〉 · 〈신라기(新羅紀)〉 · 〈고려기(高麗紀)〉로 구성하였다. 〈외기〉는 단군조선에서 삼한 시대까지, 신라기는 문무왕의 삼국통일부터 경순왕이 고려 태조에게 귀순하는 때까지를 다루고 있다. 조선 전기의 역사서답게 유교적 이념에 입각하여 조선왕조 수립의 정통성을 부각시키는 방향으로 역사 서술이 이루어졌다. 기존 역사서에서 발췌한 사론

과 편찬자들의 사론을 함께 실었으며 정치적 명분과 사대, 군신관계를 강조하고 불교나 풍수지리에 따른 역사관을 배격하였다. 그러나 이 책보다 앞서 나온 《동국사략》(1402, 태종 2)에서 삼국 시대의 정통을 신라로 본 것과 달리 이 책에서는 삼국 시대를 무정통(無正統)의 시대로 보는 등 조선왕조 성립 초기에 비해서 좀 더 성숙해진 역사인식을 보여주고 있다.

동몽선습

저자 박세무(朴世茂, 1487~1554) **분류** 철학(유학) **원제** 童蒙先習 **출간 연도** 1670년(현종 11)

조선 시대의 어린이 학습서. 성종~명종 때의 학자 박세무가 저술한 책으로 우리나라에서 편찬한 최초의 어린이 학습서이다. 어린이들이 서당에 들어가면 먼저 《천자문》을 익히고 그 다음에 이 책을 배웠다. 내용은 오륜(五倫, 부자유친(父子有親) · 군신유의(君臣有義) · 부부유별(夫婦有別) · 장유유서(長幼有序) · 붕우유신(朋友有信))에 대해 설명한 후 총론이 나오며 중국과 조선의 역사를 서술하였다. 중국 역사로는 삼황(三皇) 오제(五帝) · 하(夏) · 은(殷) · 주(周) · 한(漢) · 당(唐) · 송(宋)을 거쳐 명(明)에 이르기까지의 역사를 서술하고, 우리 역사는 단군(檀君)을 시작으로 삼국(三國)을 거쳐 조선까지 서술하였다. 1742년에 영조가 직접 서문을 쓰고 발간하도록 하였으며 1770년에는 송시열이 발문을 썼다.

동문선

저자 서거정(徐居正, 1420~1488) **분류** 문학(한국) **원제** 東文選 **출간 연도** 1713년(숙종 39)

신라 시대부터 조선 숙종 때까지 우리나라의 시문(詩文)을 모은 책. 모두 156권의 방대한 분량이며, 목록 3권과 정편(正篇) 130권, 속편(續編) 23권으로 되어 있다. 정편은 1478년(성종 9)에 성종의 명으로 당시 홍문관 대제학이던 서거정을 중심으로 노사신(盧思愼), 강희맹(姜希孟) 등 23명이 편찬하였으며, 속편은 1518년(중종 13)에 신용개(申用漑), 김전(金詮) 등이 편찬하였다. 이를 다시 1713년(숙종 39)에 대제학 송상기

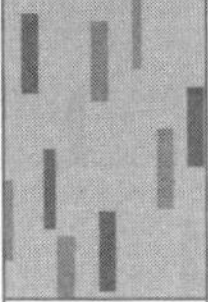

(宋相琦) 등이 개편한 것이다. 정편에는 신라 때부터 조선 전기까지의 시문을 모아 실었고, 속편은 그 이후부터 숙종 때까지의 시문을 수록하였다. 이 책의 서문에서 서거정이 밝힌 편찬의도를 보면, "우리나라의 글은 송 · 원나라의 글이 아니고 한 · 당의 글이 아니며 바로 우리나라의 글인 것입니다. 마땅히 중국 역대의 글과 나란히 익히고 알려야 할 것이니, 어찌 묻히고 사라져 전함이 없겠습니까"라고 하였다. 《동문선》이란 제목은 중국의 《문선》에서 온 것이지만, 우리나라의 글을 모았다는 것을 강조하기 위해 《동문선》이라 하였다. 이 책에 실린 유명한 글로는 고구려 을지문덕 장군이 수나라 장수 우중문을 꾸짖은 〈여수장우중문시(與隋將于仲文詩)〉부터 신라의 김인문, 설총, 최치원을 비롯해 고려의 김부식, 이인로, 이규보, 이제현, 이곡, 이색, 조선의 권근, 정도전 등 500여 명에 이르는 문인의 글 4,302편이 실려 있다. 이 많은 글을 시(詩) · 사(辭) · 부(賦) 등 글의 종류에 따라 55종으로 세밀하게 분류해 체계적으로 엮었다. 이 책은 조선 전기의 문화적 성숙도와 독자적 문화의식을 보여주는 작품집이며, 이후 조선 시대 지식인의 필독서로 자리 잡았다.

동물기

저자 시턴(Seton, Ernest Evan Thompson , 1860.8.14~1946.10.23)

분류 자연과학(생물) **원제** Wild Animals I Have Known **출간 연도** 1898년

동물학자, 동물 삽화가, 화가인 시턴의 저서. 영국 태생인 시턴은 어린 시절 캐나다로 이주한 후 야생의 세계와 접하였다. 이후 캐나다, 미국, 유럽을 오가면서 동물학자, 화가로 생활하다가 1898년에 《내가 아는 야생동물(Wild Animals I Have Known)》을 출판하였다. 이 책에는 모두 8편의 동물 이야기가 실려 있다. 늑대왕 로보, 영리한 늙은 까마귀 실버스팟, 토끼 래기러그, 떠돌이 사냥개 빙고 등의 이야기가 저자가 직접 그린 삽화와 함께 실려 있다. 시턴은 이 책 외에도 《회색곰의 일대기(The Biography of a Grizzly)》(1900), 《수렵동물의 생활(Lives of the Hunted)》(1901), 《두 토인 소년(Two Little Savages)》(1903), 《숲 속의 롤프(Rolf In The Woods)》(1911) 등의 작품을 발표하였다. 이러한 작품을 통해 시턴은 야생동물에 대한 과학적 관찰과 낭만적 애정이 결합된 동

물문학이란 장르를 열었다.

동물철학

저자 라마르크(Chevalier de Lamarck, Jean-Baptiste-Pierre Antoine de Monet, 1744.8.1~1829.12.18)

분류 자연과학(생물) **원제** Philosophie zoologique **출간 연도** 1809년

현대 진화론의 창시자인 프랑스의 생물학자 라마르크의 저서. 전 2권이다. 라마르크는 무척추 동물을 분류하고, 고생물학 분야를 개척했으며, '화석'이란 용어를 고안했고, 다윈의 진화론과 다른 독자적 진화론을 세웠다. 라마르크의 대표작으로 불리는 이 책은 3부로 이루어져 있다. 제1부는 분류와 진화론, 제2부는 생명체와 무기물을 구별 짓는 조직 특성을 다룬 일반 생물학, 제3부는 심리학을 생리학의 연장선상에서 설명한 심리생리학을 다루고 있다. 이 책은 단순히 진화론의 문제만 다룬 것이 아니라 보다 광범위하게 일반 생물학의 체계를 정립하려는 시도의 산물이었다. 그러나 후세에는 이 책의 제1부에 실린 진화론이 라마르크의 대표적 연구로 평가되었다. 제1부에서 라마르크는 자신의 진화론의 핵심인 두 가지 원리를 제시하였다. 첫 번째 원리는 '용불용설'이다. 이것은 기린이 목을 자주 사용한 끝에 목이 길어지게 되었듯이 동물의 기관 중에 사용빈도가 높은 기관은 점점 크고 강해지고 사용하지 않는 기관은 퇴화, 위축된 끝에 흔적만 남는다는 원리다. 라마르크는 인간의 꼬리뼈를 이러한 '흔적기관'의 예로 들었다. 두 번째 원리는 '획득형질의 유전'으로 용불용설의 원리에 따라 생긴 변화가 자손에게 전달된다는 원리다. 이러한 라마르크 진화설은 다윈의 진화설에 밀려 비과학적인 것으로 치부되었고, 이후 생물학에 유전자 연구가 도입되면서 완전히 부정되는 듯했다. 그러나 현대 분자생물학에서는 아직도 획득형질의 유전에 대한 연구가 실시되고 있다.

동방견문록

저자 마르코 폴로(Marco Polo, 1254~1324.1.8) **분류** 문학(이탈리아)/역사(중국사)

원제 The Description of the World, The Travels of Marco Polo

출간 연도 1298~1299년

이탈리아 베네치아의 상인 마르코 폴로가 쿠빌라이 칸 시대의 중국(원나라)에 다녀 온 모험담을 작가 루스티첼로가 받아 적은 여행기. 정식 명칭은 《세계의 기술(記述)》로 알려졌다. 마르코 폴로는 1271년에 보석 상인인 아버지 니콜로와 숙부 마테오를 따라 베네치아를 출발하여 중국으로 향했다. 바닷길로 소아시아에 도착한 후 이라크로 들어가 중앙아시아를 거쳐 중국으로 가는 길을 택했다. 이후 파미르 고원을 넘어 타림 분지에 도착했고 이어 타클라마칸 사막 남쪽 변경의 오아시스 도시들을 지나 1274년 쿠빌라이 칸(世祖)의 여름 궁전이 있는 상도(上都, 현 네이멍구 자치구의 남부인 돌룬노르)에 도착하였다. 이 책에 따르면, 중국에 도착한 후 마르코 폴로는 쿠빌라이 칸의 총애를 받아 원나라의 관리가 되었고 중국 각지를 여행하면서 17년간 머물렀다. 그 후 다시 바닷길로 푸젠성[福建省]의 취안저우[泉州]에서 출발하여 자바 · 말레이 · 스리랑카 · 말라바르 등을 경유하여 이란의 호르무즈에 도착하였고, 1295년에 베네치아로 귀국하였다. 귀국 후에 베네치아와 제노바의 전쟁에 참가했다가 제노바의 감옥에 갇히게 되었는데, 감옥에서 만난 프랑스인 작가 루스티첼로에게 자신의 모험담을 구술한 것을 루스티첼로가 받아 적어 1298~1299년 사이에 《동방견문록》을 집필하였다. 원본은 프랑스어로 기록되었으나 사라졌고, 현재 가장 오래된 판본은 1309년 이전에 필사된 이탈리아어본이다. 이 책의 신빙성이나 학술적 가치에 대해서는 여러 가지 견해가 있다. 여러 가지 신비한 이야기가 첨가되어 있고 쿠빌라이와의 관계 등에서 저자의 과장이 있을 것으로 추정된다. 일부 학자의 경우에는 마르코 폴로에 대한 중국 측 기록이 전혀 없는 점으로 볼 때 마르코 폴로가 중국에 간 사실이 없다고까지 주장하였다. 이 주장에 따르면, 마르코 폴로는 집안의 가업에 따라 흑해 지역에서 무역에 종사하면서 중동인 여행자들이나 책을 통해 중국에 대한 지식을 접했을 것으로 보인다. 그러나 마르코 폴로가 실제로 중국에 갔었는지의 여부와 관계없이 《동방견문록》은 13세기 유럽인들에게 중앙아시아와 중국에 대한 지리적 사실을 알렸고, 이를 통해서 콜럼버스를 비롯한 많은 유럽인들의 지리적 상상력을 촉발시켰다는 점에서 역사적 의미가 있는 책이다.

동사강목

저자 안정복(安鼎福, 1712~1791) **분류** 역사(한국사)

원제 東史綱目 **출간 연도** 1778년(정조 2)

조선 후기의 학자 안정복이 쓴 우리나라 역사서. 20권 20책이며 본문 19권, 부록 3권으로 되어 있다. 주자가 지은 《자치통감강목(資治通鑑綱目)》의 체제를 따라 고조선부터 고려 시대까지를 다루었다. 저자가 중요한 역사적 사실을 선정하여 기술하는 강목체이지만, 이를 시대순으로 구성하였으므로 편년체라고도 할 수 있어 편년강목체(編年綱目體)로 불린다. 즉 강목체의 형식을 취하면서도 우리 역사를 계통적으로 정리한 책이라 할 수 있다. 책의 구성을 보면 본문은 서문과 목록 · 범례 · 역대전수도(歷代傳授圖) · 지도 · 역대관직연혁도(歷代官職沿革圖)로 되어 있고, 부록은 고이(考異) · 괴설(怪說) · 잡설(雜說) · 지리강역고정(地理疆域考正)으로 되어 있다. 이 책에서 안정복은 성리학적 사관에 입각한 역사가의 5가지 원칙을 제시했는데 첫째, 계통을 철저하게 밝힐 것, 둘째 찬탈자와 반역자를 엄격하게 평가할 것, 셋째 시시비비를 공정하게 내릴 것, 넷째 충절을 높이 평가할 것, 다섯째 법제를 상세하게 살필 것 등이다. 이러한 원칙에 따라 한국사의 정통은 기자조선에서 마한으로 이어지며 삼국 시대는 무정통의 시대로 보았다. 그 밖에 한국사의 기원을 단군조선까지 올린 점, 철저한 사료 수집과 신화적 요소를 배제한 실증적 기술, 사료를 비교 검토하는 고증학적 방법의 채용, 역사지리학에 대한 관심 등으로 조선 후기의 가장 대표적 역사서로 꼽힌다.

동양학 어떻게 할 것인가

저자 김용옥(金容沃, 1948~) **분류** 철학(한국철학)

원제 동양학 어떻게 할 것인가 **출간 연도** 1986년

동양 철학자 김용옥이 동양학과 번역에 대해 쓴 논문집. 책의 구성은 〈서문〉, 첫째 글 〈우리는 동양학을 어떻게 해야 할 것인가〉, 둘째 글 〈번역에 있어서의 공간과 시간〉, 셋째 글 〈중공학계에 있어서의 중국철학사 기술의 전환〉, 넷째 글 〈 '동양적' 이란 의미〉, 다섯째 글 〈최영애-김

용옥 표기법 제정에 즈음하여〉, 여섯째 글 〈새로 지은 최영애-김용옥 일본어 표기법과 그것의 풀음〉 등으로 되어 있다. 책의 내용은 동양학을 하기 위한 전제로서 '동양'이란 의미에 대한 논의에서 시작하여 현재 한국에서 동양학을 하는 데 있어 어떠한 방법론이 필요한가에 대한 논의로 나아간다. 저자가 제시한 동양학 방법론은 한문에 대한 엄격한 번역, 즉 한문해석학을 토대로 한 것이다. 저자는 한국의 동양학계가 원전에 대한 철저한 해석을 가할 실력과 인식이 결여된 것을 문제점으로 지적하고, 원전에 대한 철저한 고증과 해석, 그리고 그러한 해석을 다시 현재적 의미의 맥락 속에서 이해할 수 있도록 '공간'과 '시간'에 맞게 번역하는 것이 동양학 연구의 출발점임을 강조하고 있다.

동의보감

저자 허준(許浚, 1546~1615) **분류** 자연과학(의학)

원제 東醫寶鑑 **출간 연도** 1613년(광해군 5)

조선 중기에 허준이 지은 의학서. 전 25권 25책이다. 원래 1596년(선조 29)에 왕명으로 내의원(內醫院)에 편찬국을 두고 허준 · 양예수(楊禮壽) · 이명원(李命源) · 정작(鄭碏) · 김응탁(金應鐸) · 정예남(鄭禮男) 등이 의서 편찬에 착수하였다. 이후 정유재란으로 편찬사업은 중단되었으나 허준은 계속해서 저술에 전념하였다. 그 결과 1610년(광해군 2)에 마침내 저술을 완성하고 1613년에 출간하였다. 전 25권으로 된 이 책의 본문은 다섯 편으로 나누어 사람의 병증과 그 치료법을 상세히 기술하였다. 〈내경편(內景篇)〉은 신형(身形), 정(精), 기(氣), 신(神), 혈(血), 오장육부(五臟六腑), 삼초부(三焦腑) 등의 항목으로 나누어 주로 내과의 질병을 다루었다. 〈외형편(外形篇)〉은 안(眼), 이(耳), 비(鼻), 인후(咽喉), 근(筋), 골(骨), 수(手), 족(足) 등의 항목으로 주로 외과의 질병을 다루었다. 〈잡병편(雜病篇)〉은 심병(審病), 진맥(診脈), 용약(用藥), 토(吐), 한(汗), 풍(風), 곽란(亂), 황달(黃疸), 구급(救急), 괴질(怪疾), 부인(婦人), 소아(小兒) 등으로 부인과, 소아과 및 기타 병증을 다루었다. 〈탕액편(湯液篇)〉은 주로 약물에 관한 지식을 열거했으며, 〈침구편(鍼灸篇)〉은 침을 놓는 데 필요한 경혈(經穴)을 설명하고 침을 통한 치료법을 기술했

다. 이 책의 의의는 무엇보다도 당시까지 나온 중국과 조선의 여러 의서들을 참조하여 종합적인 의학서적으로서의 체계를 완성했다는 데 있다. 또한 중국의 의학을 참조하면서도 한국의 독자적 의학체계를 만들어냈다는 점에서 큰 의의가 있다. 즉 '한방(漢方)'이 아닌 '한방(韓方)'을 추구하였기에 '동의(東醫, 우리나라의 의술)'란 제목을 붙인 것이다. 이를 위해서 허준은 중국의 진단법과 약재가 아닌 우리의 실정에 맞는 진단법과 약재를 기술하고, 약재명을 기록할 때 당시 통용되던 향약명을 함께 기록하여 일반인도 쉽게 약재를 구할 수 있도록 배려하였다. 이와 같이 의학서로서의 체제를 완성하고 동의학을 지향한 데 더하여 허준은 종합적인 의학사상을 표방하였다. 그는 의학의 대상을 신체에 국한하지 않고 정(精)·기(氣)·신(神)을 모두 대상으로 하였다. 즉 정신과 신체의 상호작용을 중시하였다. 그에 따라 의술의 근본을 정신수양과 섭생에 두고 약물과 치료는 2차적인 것으로 보았다. 이는 예방의학과 건강관리의 중요성을 강조한 것이다.

동의수세보원

저자 이제마(李濟馬, 1838~1900) **분류** 자연과학(의학)

원제 東醫壽世保元 **출간 연도** 1901년(광무 5)

조선 후기에 이제마가 저술한 의학서. 4권 2책이다. 저자의 독창적 의학설인 사상의학설(四象醫學說)을 체계적으로 정립한 책이다. 책의 구성은 〈성명론(性命論)〉·〈사단론(四端論)〉·〈확충론(擴充論)〉·〈장부론(臟腑論)〉·〈의원론(醫源論)〉·〈광제설(廣濟說)〉·〈사상인변증론(四象人辨證論)〉의 7편으로 되어 있으며, 각 편마다 증상과 치료법을 기술하였다. 이 책에서는 사람을 체질에 따라 태양(太陽)·소양(小陽)·태음(太陰)·소음(小陰)의 사상(四象)으로 나누고, 체질에 따른 섭생과 건강, 질병과 치료를 논하였다. 사람은 사상에 따라 체질과 성격이 다르고 몸에 좋은 음식과 나쁜 음식이 다르며 병이 생기는 원인과 치료약에 대한 반응도 제각기 다르다. 이 같은 차이가 생기는 원인은 체질에 따라 장부(내장 장기)의 허(虛)와 실(實)이 다르기 때문이며 허한 장부가 더 허해지거나 실한 장부가 더 실해질 경우 병이 생긴다. 이러한 장부의 허실을 장부의 대소

(大小)로 나누는 데 이러한 차이는 해부학적인 차이가 아니라 기능상의 차이를 말한다. 이에 따라 태양인은 폐대간소(肺大肝小), 소양인은 비대신소(脾大腎小), 태음인은 간대폐소(肝大肺小), 소음인은 신대비소(腎大脾小)로 구분된다. 이와 같은 사상의학은 한방의학의 전통적 관점과는 전혀 다른 새로운 관점을 제시하여 한의학의 새로운 영역을 열었다.

두 도시 이야기

저자 디킨스(Dickens, Charles John Huffam, 1812.2.7~1870.6.9)

분류 문학(영국)/영화 **원제** A Tale of Two Cities **출간 연도** 1859년

찰스 디킨스의 장편소설. 프랑스 혁명 시대 파리와 런던이라는 두 도시를 배경으로 남녀 간의 사랑과 우정을 그린 소설이다. 역사소설의 형식을 취하면서도 작가의 역사관을 드러내기보다는 소설적 묘사에 주력한 작품이다. 프랑스의 귀족 청년 샤를 다네는 귀족제도에 혐오를 느끼고 영국으로 건너가 대니라는 이름으로 살아간다. 대니는 뤼시라는 아가씨를 사랑하게 되는데, 그녀의 아버지 닥터 마네트는 대니의 아저씨인 귀족의 비밀을 알게 된 죄로 18년 동안 바스티유 감옥에 투옥되었던 인물이다. 대니와 뤼시가 사랑을 키워가는 사이, 또 한사람의 청년인 변호사 카튼도 남몰래 뤼시를 사랑하게 된다. 프랑스 혁명이 일어나고 혁명 정부에 의해 콩시에르쥬 감옥에 갇힌 대니는 사형될 위기에 처한다. 그리고 카튼은 자신이 사랑하는 뤼시를 위해 대니 대신 자신이 단두대에 오른다. 이 소설은 산업혁명 시대 런던의 빈곤층을 소재로 한 디킨스의 다른 소설들과 달리 상류사회 인물들의 삶을 소재로 하고 있다. 런던과 파리 두 도시의 삶에 대한 세밀한 정경 묘사와 치밀한 이야기 구조로 인해 《데이비드 카퍼필드》와 함께 디킨스의 양대 걸작으로 불린다.

두 문화

저자 스노우(Snow, Charles Percy, 1905~1980) **분류** 자연과학(과학일반)

원제 The Two Cultures **출간 연도** 1959년

물리학자이자 소설가, 공직자였던 C. P. 스노우의 저서. 1959년 케임브리지 대학에서 가진 리드 강연(Rede Lecture)의 내용을 책으로 만든 것으로 강연 제목은 〈두 문화와 과학혁명(The Two Cultures and the Scientific Revolution)〉이다. 이 강연에서 그는 현대 서구 사회의 문제로 과학문화(scientific culture)와 인문문화(literary culture) 사이의 단절에 대해 경고했다. 스노우는 "많은 과학자들이 찰스 디킨스의 소설을 읽지 않으며, 많은 인문학자들은 열역학 제2법칙에 대해 모른다"는 예를 들어 두 부류의 지식인들 사이에 생긴 간극을 설명하였다. 그에 따르면, 인문학자와 과학자 사이에 이러한 분열이 생긴 것은 역사상 처음이며, 이는 사회의 정상적 발전을 저해하고 통합적인 문화발전을 가로막는다. 이러한 분열과 몰이해의 원인을 스노우는 영국의 전통적인 전문화 교육에서 찾았다. 즉 사회를 이끌어 나갈 인재들이 지나치게 일찍 전문교육에 매몰됨으로써 다른 분야를 이해하지 못할 뿐 아니라 교류의 필요성마저 느끼지 못한다는 것이다. 스노우는 문제를 해결하기 위해 전문화로 소수의 엘리트를 양성하는 영국의 교육 대신 보다 대중적이고 응용위주의 과학교육을 실시할 것을 제안하였다. 그의 저서는 오늘날까지도 과학과 인문학의 단절에 대한 논의가 제기될 때마다 거론되고 있다.

두이노의 비가

저자 릴케(Rilke, Rainer Maria, 1875.12.4~1926.12.29) **분류** 문학(독일)

원제 Duineser Elegien **출간 연도** 1912년

체코 태생의 독일 시인 릴케의 장편비가집(悲歌集). 모두 10편의 비가로 구성되어 있다. 원래 비가(엘레지)는 친구나 연인, 위인의 죽음을 애도하는 서정시로 애가(哀歌)라고도 한다. 고전문학에서는 내용에 관계없이 비가체 운율(장단단 6보격과 장단단 5보격이 번갈아 나오는 운율)로 지어진 시를 말한다. 릴케가 지은 이 비가집도 누군가를 추모하기 위해서 지은 것이 아니라 인간 존재의 의미를 추구한 시인 자신의 정신세계를 표현하기 위해 비가라는 형식을 차용한 것이다. 릴케는 1912년 아드리아 해 연안의 두이노 성에서 제1비가와 제2비가를 집필했으며, 그 후 1922년 스위스의 뮈조트 저택에서 완성할 때까지 10년에 걸쳐 10편

의 비가를 썼다. 이 작품에는 정치나 경제, 종교를 초월한 '완전한 하나의 세계'에 인간존재의 의미가 있다고 생각한 시인의 인간관이 담겨 있다. 이 '완전한 하나의 세계'는 삶과 죽음, 공간과 시간을 초월한 세계이며 인간은 이러한 세계를 지향하면서 지상의 사물을 내면화할 때 세상에 태어난 의미를 달성할 수 있다고 보았다. 이러한 릴케의 인간관, 작품관은 20세기 서구 시인들에게 큰 영향을 미쳤다.

듄

저자 허버트(Herbert, Frank, 1920~1986) **분류** 문학(미국)/영화

원제 Dune **출간 연도** 1965년

미국의 소설가 프랭크 허버트의 공상과학 소설. 1965년 《듄》이 성공한 후 1985년까지 총 5편의 속편 시리즈가 나왔다. 먼 미래 우주를 배경으로 중세 유럽의 기사도 모험담과 아라비안 나이트, 기독교와 이슬람의 구세주 신화를 혼합한 공상과학 소설이다. 우주협회 시대가 열린 지 1만 5천 년 후, 칼라단 행성의 지배자 아트레이드 가문은 대가문들의 지지를 받아 하코넨 가문 대신 사막 행성 아라키스(듄)를 통치하게 된다. 아트레이드 가문의 지도자 레토 공작은 아라키스 행성에서 나오는 예지력과 통찰력을 갖게 해주는 '멜란지'라는 붉은 물질(스파이스)을 확보하여 가문의 세력을 키우고자 한다. 그런데 아라키스 정벌을 앞둔 칼라단 행성에 초능력을 발휘하는 영매 집단인 베네 게세리트의 대모 헤렌 모히암이 찾아와 레토 공작의 아들 폴의 능력을 시험한다. 폴은 레토 공작과 헤렌 모히암의 제자 제시카 레이디가 낳은 아들이다. 폴이 시험을 통과하자 대모는 폴이 초인적 영웅이자 구세주인 '퀴사츠 헤더락'일지 모른다고 말한다. 한편 레토 공작은 하코넨군과 황제군의 공격을 예상하고 아라키스의 원주민 프레멘족과 연합하여 대항하려 하지만 하코넨의 계략으로 레토 공작은 살해되고 폴과 제시카는 사막으로 도망쳐 프레멘족에게 몸을 의탁한다. 3년 후 폴은 프레멘족을 이끌고 하코넨과 황제군을 격파하고 황제의 자리에 오른다. 황제가 된 후 폴은 우주를 정복하는 성전(지하드)에 나선다. 이 작품은 공상과학이라는 장르를 택하여 전통적인 모험소설을 새로운 영역으로 확장하였으며 치밀한 서사구조와 미

궁과 같은 복선, 등장인물에 대한 생생한 묘사가 뛰어난 작품이다.

뜻으로 본 한국역사

저자 함석헌(咸錫憲, 1901.3.13~1989.2.4) **분류** 역사(한국사)

원제 뜻으로 본 한국역사 **출간 연도** 1965년

기독교 사회운동가 함석헌 선생의 저서. 저자의 독자적 사관으로 고대부터 현대까지 한국역사를 서술하고 평한 책이다. 저자는 성경에 나오는 유대민족의 수난에 비유하여 우리 민족의 삶을 '고난의 역사'로 규정하였다. 또한 역사의 주체는 '씨알'이며, 이 씨알들이 역사의 밭에 뿌려져 고난을 겪은 끝에 장차 세계평화를 이끄는 중심국가로 성장할 것이라고 단언하였다. 이 책은 원래 저자가 1932~1933년에 〈성서조선〉에 연재했던 〈성서적 입장에서 본 조선역사〉가 원본이다. 저자의 사상적 출발점은 기독교였지만 한 종파의 한계 안에 머무르지 않았다. 그렇기 때문에 대한민국이 수립된 후 종교적 틀에서 벗어난다는 취지로 《뜻으로 본 한국역사》로 제목을 바꾸었다. 책의 내용은 제1부에서는 인생과 역사, 사관, 한국역사의 기조, 지리적으로 결정된 한국역사의 성질 등의 항목을 통하여 전체적인 책의 기조를 제시하고, 이어 제2부에서는 열국 시대부터 삼국 시대를 거쳐 고려 시대 말까지, 제3부에서는 조선 시대부터 6·25까지 다루었다. 여기서 저자는 삼국 시대까지를 우리 민족의 영광의 시대로, 그 이후는 고난의 시대로 규정하였다. 제4부에서는 고난에 뜻이 있다, 고난의 의미, 역사가 지시하는 우리의 사명 등의 항목을 통해 우리 민족이 겪은 고난이 장차 성장의 밑거름이 되리라고 단언하였다. 함석헌 선생의 저서는 전문 역사가의 책이 아니면서도 우리 역사의 대중화를 앞당긴 선구적 작품이었다. 또 민족의 '고난'을 강조하면서도 패배주의에 빠지는 것이 아니라 고난을 성장의 원동력으로 보는 희망적 역사관을 통해 우리 역사를 다시 보게 해준 작품이다.

세계의 모든 책

라

라마야나

저자 발미키(Vlmki, BC 3) **분류** 문학(인도) **원제** Ramayana

고대 인도의 대서사시. 산스크리트어로 쓰였으며 '라마가 나아간 길'이라는 뜻이다. 〈마하바라타(Mahbhrata)〉(바라타 왕조의 위대한 서사시)와 함께 고전 산스크리트 문학을 대표하는 장편 서사시로 전 7편, 2만 4천 행으로 이루어져 있다. 기원전 3세기의 시인 발미키의 작품으로 전해지고 있으나 실제로는 기원전 4세기에서 서기 4세기에 걸쳐 여러 사람의 손을 거쳐 완성된 것으로 보인다. 〈라마야나〉는 코살라 국의 왕자 라마의 무용담과 사랑 이야기로 라마는 비슈누 신의 화신으로 나오며 그 밖에 라마의 아내 시타, 동생 라크슈마나, 원숭이 장군 하누마트, 마왕 라바나 등의 등장인물이 여러 가지 이야기를 펼치면서 서사시를 진행해 나간다. 코살라 국의 왕자 라마는 왕위를 계승할 태자로 책봉된다. 그러나 음모에 걸려 왕위계승권을 빼앗기고 부인 시타, 이복동생 라크슈마나와 함께 산으로 들어가 14년을 보낸다. 라마가 산의 평화를 깨는 악마를 처벌하자 이에 노한 랑카(스리랑카)의 마왕 라바나가 시타를 납치하고 라마와 라크슈마나는 시타를 구하러 나선다. 많은 모험을 거친 끝에 이들은 원숭이 왕 수그리바와 동맹을 맺는다. 원숭이 장군 하누마트와 함께 랑카를 공격한 동맹군은 라바나를 죽이고 시타를 구한다. 그러나 코살라 국의 백성들이 시타의 정조를 의심하자 라마는 그녀를 숲으로 추방한다. 숲으로 추방된 시타는 그곳에서 두 아들을 낳고, 세월이 흘러 가족과 재회하게 된다. 그 자리에서 시타는 마지막으로 자신의 정절을 주장하며 대지에 몸을 맡긴다. 〈라마야나〉는 12세기 이후 타밀어, 벵골어, 힌디어 등 인도의 여러 언어로 번역되어 인도 문화에 큰 영향을 끼쳤다. 또한 중국, 티베트, 인도네시아 등지로 전해져 문학과 미술의 소재로 활용되었다.

라모의 조카

저자 디드로(Diderot, Denis, 1713.10.5~1784.7.31) **분류** 문학(프랑스)

원제 Le Neveu de Rameau **출간 연도** 1791년

계몽사상가 디드로의 장편소설. 작가가 어느 날 파리의 카페에서 우연히 만난 음악가 라모의 조카 '그'와 대화하는 형식으로 된 작품이다. '그'는 유명한 음악가 라모의 조카이자 자신도 악사이지만 음악보다는 귀족들에게 식객으로 빌붙어 사는 인물이다. 작가와 그가 음악과 문학, 귀족사회와 3류 지식인들의 생활 등 당대의 사회와 문화에 대해 주고받는 대화를 통해 프랑스 혁명 직전의 시대상이 드러난다. 이 작품은 악한 소설의 형식을 띤 풍자소설이면서 동시에 한 시대의 문제를 진지하게 논한 철학소설이라 할 수 있다. 주인공 라모의 조카는 자신이 식객으로 빌붙었던 귀족들을 헐뜯고 자신과 같은 처지인 식객들을 조롱한다. 그러면서도 자신이 그들과 다른 깨끗한 부류인 척하지 않는다. 그는 귀족과 식객들의 모순을 비판하는 가운데 자기 자신의 독특한 개성을 드러내 보인다. 그는 '고매함과 비천함, 양식(良識)과 무분별'이 혼합된 모순 덩어리이며, 안목은 있으되 재능이 없어 위대한 예술가의 반열에 오르지 못한 인물이다. 온갖 아첨을 늘어놓으며 귀족의 식객으로 살아가다가 평생에 단 한번 바른 말을 한 탓에 쫓겨난 그는 기성체제의 찌꺼기를 먹고 살아가는 인물이면서 동시에 그 체제를 철저히 증오하고 부정하는 인물이다. 디드로는 라모의 조카에게서 광기와 예지를 동시에 발견하며 불안과 희망을 동시에 느낀다. 그리고 자신의 사상을 다시 돌아보게 된다. 이 소설은 괴테의 번역으로 독일어본이 먼저 출간되었다. 이후 헤겔 등 철학자들에 의해 계몽시대의 실상을 증언한 작품으로 인용되었으며, 오늘날에도 미셸 푸코의 이성과 광기에 대한 연구에서 거론되고 있다.

러브 스토리

저자 시걸(Segal, Erich, 1937~) **분류** 문학(미국)/영화

원제 Love Story **출간 연도** 1970년

미국의 소설가 에릭 시걸의 장편소설. 성장배경이 다른 두 남녀의 사랑을 통해 사랑과 가족의 의미를 재확인한다는 내용이다. 부유한 뉴잉글랜드 기업가의 아들이자 하버드 대학의 아이스하키 선수인 올리버 베리트 4세는 음악을 전공하는 제니 카빌레리를 도서관에서 우연히 만난다. 앵글로색슨 명문가의 후손으로 겉으로 보기에는 남부러울 것이 없

는 올리버지만, 내면적으로는 항상 1등을 원하는 아버지의 압박 때문에 반항심을 가지면서도 아버지에게 자신을 입증하기 위해 학업과 운동 모두에서 성공하려고 애를 쓴다. 그런 올리버와 가난한 이탈리아 이민의 후손이며 똑똑하고 자기주장이 강한 제니는 성장배경과 가족관이 전혀 다르다. 제니는 일찍 어머니를 여의었지만, 올리버와 달리 아버지 필과 애틋한 부녀지간의 정을 나눈다. 올리버가 아버지를 항상 '써(sir)' 라고 불러야 했던 것과 달리 필은 처음 만난 올리버에게 자신의 이름을 부르라고 할 정도로 개방적이며 탈권위적이다. 올리버는 제니와의 결혼을 반대하는 아버지의 뜻을 거스르고 제니와 결혼식을 올린다. 올리버의 인생에 처음으로 아버지를 위해서가 아니라 스스로를 위한 결정을 내린 것이다. 그러나 불치병에 걸린 제니는 올리버를 남겨둔 채 숨진다. 그리고 장례식장에 찾아와 미안하다고 말하는 아버지에게 올리버는 생전에 제니가 남긴 말을 들려준다. "사랑하는 사람에게는 미안하다는 말을 할 필요가 없는 거예요." 그런 다음 올리버는 아버지의 품에 안겨 흐느낀다. 이 작품은 아서 힐러가 감독한 영화로 만들어져 큰 인기를 끌었으며, 1979년에는 제니가 죽은 후 올리버의 삶과 사랑을 다룬 속편 《올리버 스토리》가 역시 소설과 영화로 나왔다.

레미제라블

저자 위고(Hugo, Victor-Marie, 1802.2.26~1885.5.22)

분류 문학(프랑스)/영화 **원제** Les Misérables **출간 연도** 1862년

프랑스 낭만주의 문학의 거장 빅토르 위고의 장편소설. 낭만적인 역사소설이면서 작가 자신의 자전적 성향이 있는 소설이고, 또한 당대 프랑스 사회의 어둡고 비참한 현실을 사실적으로 묘사한 복합적인 작품이다. '가엾은 사람들' 이라는 뜻의 제목처럼 생존을 위해 인간의 존엄성을 팔 수밖에 없는 가난한 사람들의 삶을 묘사하면서 인간에 대한 애정을 통해 보다 나은 인류사회를 이루고자 하는 바람이 작품 전체의 일관된 주제이다. 가난한 청년 장발장은 굶주린 조카들에게 주기 위해 빵 한 조각을 훔친 죄로 19년간 옥살이를 하게 된다. 감옥생활로 비뚤어지고 뒤틀린 심성을 갖게 된 장발장은 하룻밤 숙식을 제공해 준 미리엘 주교의

집에서 은촛대를 훔친다. 그러나 미리엘 주교는 촛대는 자신이 준 것이라며 체포된 장발장을 감싸준다. 그리고 풀려난 장발장에게 미리엘 주교는 자신의 선물이 조건 없는 것이 아니라고 말한다. 주교의 자비심에 감화된 장발장은 마들렌이라는 이름으로 새 인생을 살아간다. 그러나 집요하게 그의 정체를 파헤치는 경찰관 자베르 때문에 곤경을 겪는다. 자베르 또한 도둑인 아버지와 창녀인 어머니 사이에서 태어난 레미제라블에 속하는 인물이다. 그러한 출신배경 때문에 자베르는 법을 맹신하며 무조건적인 원칙의 적용을 추구한다. 장발장은 자베르의 추적을 피해 파리에서 숨어 살면서 여공 팡틴의 딸 코제트를 입양해 기른다. 파리가 혁명의 와중에 휩싸인 가운데 장발장은 코제트의 연인 마리우스를 돕다가 다시 한 번 자베르와 마주친다. 그러나 장발장을 통해 이 세상에는 법과 원칙보다 중요한 것이 있음을 깨달은 자베르는 장발장을 보내주고 스스로 목숨을 끊는다. 이 작품은 비참한 현실 속에서 인간으로서의 존엄성을 찾고자 끊임없이 노력하는 장발장의 모습을 보여준다. 장발장을 그러한 삶으로 인도한 것은 미리엘 주교의 감화 덕분이며, 여기에는 인간과 사회를 유지하는 기본원리는 용서와 이해가 되어야 한다는 작가의 주장이 담겨 있다. 작가는 또한 자베르로 대변되는 논리와 원칙에 대한 집착은 결국 수많은 희생자를 내고 자기파멸을 초래할 뿐이라는 점을 장발장과 자베르 두 사람의 평생에 걸친 대결을 통해 강조하고 있다.

로드 짐

저자 콘래드(Conrad, Joseph, 1857.12.3~1924.8.3)

분류 문학(영국)/영화 **원제** Lord Jim **출간 연도** 1900년

우크라이나 태생의 영국 작가 조셉 콘래드의 장편소설. 콘래드는 식민지에서 선장으로 일한 자신의 체험을 바탕으로 한 해양소설을 많이 썼으며, 제국주의가 식민지에 미치는 악영향을 신랄하게 비판하였다. 이 작품에서는 그의 소설 〈어둠의 심장〉에 서술자로 등장한 '멜로우' 라는 인물이 다시 나온다. 멜로우는 자신이 알았던 짐이라는 인물에 대해 이야기한다. 짐은 모험을 꿈꾸며 영웅이 되고 싶어 하는 낭만적인 젊은

이다. 동남아 해역을 운항하는 파트나 호의 항해사로 일하던 짐은 배가 충돌하는 와중에 원주민 승객들을 버려두고 백인 선원들과 함께 바다에 뛰어든다. 승객을 버렸다는 죄책감과 수치심을 못이긴 짐은 자신의 과거로부터 도피하고자 한다. 멜로우의 도움으로 짐은 말레이 반도의 파투산이란 원주민 마을의 교역 책임자가 된다. 그곳에서 원주민 간의 분쟁을 해결하고 도적떼를 물리친 짐은 정신적 지배자로 군림하게 된다. 원주민들은 그를 'Lord Jim'이라 부르며 초자연적 힘을 가진 존재로 숭배한다. 짐은 잃어버린 명예를 되찾고 원주민을 교화하여 이상향을 만들기 위해 노력한다. 그러나 짐의 노력은 낭만적 환상일 뿐이며, 현실세계에서 같은 백인으로부터 질시의 대상이 될 뿐이다. 결국 짐은 해적 브라운 일당의 배신으로 죽음을 당한다. 작가 콘래드는 멜로우의 서술을 통하여 짐의 내면세계의 변화가 비극으로 완성되는 과정을 보여준다. 이와 같이 개인의 내면에 천착하는 구성방식으로 인해 콘래드는 19세기 소설과 20세기 소설을 연결하는 중간자로 불린다.

로마법대전

분류 사회과학(법학) **원제** Corpus Juris Civilis **출간 연도** 533, 534년

유스티니아누스 황제의 명령으로 당시까지의 로마법을 집대성한 책. 《시민법 대전》이라고도 불리며 고대 민법을 집대성했다. 유스티니아누스 이전에 테오도시우스와 콘스탄티누스 황제도 로마법 편찬사업을 벌인 바 있다. 트리보니아누스 등 10명의 학자들이 편찬을 담당하였다. 원래는 법학자의 저작물 2천여 권 중 15만 행을 골라 50권으로 엮은 〈학설휘집(Digesta)〉, 법학 교과서인 〈법학제요(Institutiones)〉, 역대 황제의 칙령을 12권으로 발췌한 〈칙령집(Codex)〉으로 이루어진 3부작이었다. 여기에 534년부터 158가지의 칙령을 모은 〈신칙법〉(또는 〈추가법(Novellae)〉)이 추가되어 4부작이 되었다. 《로마법대전》은 유스티니아누스 황제가 통치하는 전역에서 시행되었으며, 이후 동로마 제국의 법으로 남았으나, 뿌리를 내리지는 못하였다. 로마법 자체가 지중해 지역의 활발한 상업거래에서 나온 계약과 의무이행을 중심으로 한 민법체계였던 만큼, 농업 중심의 자연경제로 복귀한 동로마 제국에서는 그 필요성

이 줄어들었기 때문이다. 이후 《로마법 대전》의 핵심인 〈학설휘집〉은 유럽인들에게 잊혔다가, 11세기 말에 이르네리우스가 이 책을 다시 발견하게 되었다. 이후 이탈리아 볼로냐 대학에서 로마법 주석이 강의되면서 유럽 각지에서 온 학생들을 통하여 전 유럽으로 퍼져나갔다. 이는 11세기부터 유럽에서 도시경제와 상공업이 다시 부흥하면서 로마법과 같은 정리된 민법체계가 필요해진 것과 깊은 연관이 있다. 이후 로마법은 나폴레옹의 민법전, 독일 민법전 등에 큰 영향을 미치면서 근대 유럽의 민법체계를 형성했으며, 대한민국의 민법전에도 큰 영향을 미쳤다.

로마법의 정신

저자 예링(Jhering, Rudolf von, 1818.8.22~1892.9.17) **분류** 사회과학(법학)

원제 Geist des römischen Rechts auf den verschiedenen Stufen seiner Entwickelung **출간 연도** 1852~1865년

독일의 법학자 예링의 저서. 예링은 역사법학파의 일원으로 《로마법의 정신》은 역사법학의 금자탑으로 불린다. 이 책은 로마법의 역사를 통해 한 도시국가의 시민법이 국가의 성장에 따라 세계법, 만민법으로 발전해 나간 과정을 서술하였다. 특히 법의 발전을 정치, 사회, 경제적 발전과 연관시켜 기술한 점이 특징이다. 예링은 이 책의 서문에서 '로마는 세계를 세 번 지배하였고, 로마의 지배를 받는 민족들을 세 번 통일시켰다' 고 하였다. 여기서 세 번의 지배와 세 번의 통일은 국가의 통일, 종교의 통일, 법의 통일을 의미한다. 첫 번째는 로마가 전성기에 군사력으로 정치적 통일을 이룩한 것을 말하고, 두 번째는 로마 가톨릭을 정통으로 지정하여 종교의 통일을 이룩한 것을 이른다. 세 번째는 로마법을 통하여 중세에 이르기까지 법체계를 통일한 것을 말한다. 예링은 세계사에서 로마가 갖는 의미를 '민족주의를 보편주의(보편사상)으로 극복한 점'이라며 높이 평가하였다.

로마사

저자 리비우스(Livius, Titus, BC 59~AD 17) **분류** 역사(로마사)

원제 Ab Urbe Condita Libri **출간 연도** 기원전후

로마의 역사가 리비우스가 지은 편년체 역사서. 《로마 건국사》라고도 불린다. 리비우스는 아우구스투스 황제의 문학서클의 일원으로 황제의 총애를 받던 인물이다. 이 책은 리비우스가 과거 연대기 작가들의 기록을 집대성하여 로마 건국부터 아우구스투스의 통치까지의 역사를 기술한 것이다. 원래 142권이지만 현재는 35권만 전해진다. 현존하는 35권은 처음의 10권(BC 293~제3차 삼니움 전쟁)과 21~45권의 25권(제2차 포에니 전쟁~마케도니아 왕국 정복)이며, 후대에 만들어진 《적요서》를 통해 나머지 부분의 내용을 짐작해 볼 수 있다. 이 책의 기술 목적은 공화정 말기의 정치적, 사회적, 도덕적 혼란을 강조하여 아우구스투스 집권의 당위성과 정통성을 널리 알리고 아우구스투스가 이룩한 정치적 안정과 대제국을 찬양하기 위한 것이다. 문학적인 색채가 강하여 서술을 중시하고 사료의 선정에 있어 신화적 전승을 채택하는 등 객관적인 역사서라기보다는 문학적, 낭만적으로 과거 역사를 미화한 작품이다.

로마인 이야기

저자 시오노 나나미(鹽野七生, 1937~) **분류** 역사(로마사)

원제 ローマ人の物語 **출간 연도** 1992~2006년

일본 작가 시오노 나나미가 지은 로마 역사서. 저자는 30년 동안 이탈리아에 거주하면서 독학으로 로마와 이탈리아 역사를 공부하여 여러 저서를 출간했다. 이 책은 저자가 로마 역사를 집대성하여 1년에 1권씩 출판한다는 목표 아래 사료와 역사적 상상력을 결합하여 쓴 책이다. 제1권 〈로마는 하루아침에 이루어지지 않았다〉부터 제15권 〈로마 세계의 종언〉에 이르기까지 이탈리아의 도시국가에 불과했던 로마가 어떻게 경쟁국들을 제치고 세계제국으로 성장하고 멸망했는지 서술하였다. 사료가 부족한 곳마다 군데군데 저자의 역사적 상상력이 가미되어 있기 때문에 객관적인 역사서라고 할 수는 없고, 지나치게 실리위주의 역사인식, 패권주의에 대한 옹호라는 비판도 받았다. 그러나 로마사를 알기 쉬운 문체로 소개했다는 점에서 호평을 받았다. 특히 한니발, 스키피오, 카이사르 등 역

사적 인물들을 현대의 독자들이 친밀감을 느낄 정도로 생생하게 묘사했기 때문에 일반 독자들에게 큰 인기를 끌었다. 뿐만 아니라 로마의 성공 비결이라는 주제가 현대의 정치, 기업의 생존전략 연구에 시사를 주는 부분도 있어 경제계 등에서도 큰 반향을 일으켰다.

로마 제국 쇠망사

저자 기번(Gibbon, Edward, 1737.5.8~1794.1.16) **분류** 역사(로마사)

원제 The History of the Decline and Fall of the Roman Empire

출간 연도 1776~1778년

계몽주의 시대 영국의 역사가 기번이 쓴 로마 제국 후반기의 역사. 트라야누스(재위 98~117) 황제 시대부터 비잔틴 제국의 멸망까지를 기술하였다. 로마 제국의 전성기인 서기 2세기의 5현제(五賢帝) 시대부터 로마 제국의 분열, 서로마 제국의 멸망을 거쳐 신성로마 제국의 등장과 15세기 비잔틴 제국의 멸망 등 고대와 중세 유럽의 중요한 역사적 사건들을 망라하였다. 기번은 계몽사상가의 특징인 근대적 합리주의와 반(反)기독교 정서를 가졌던 사람답게 로마 제국 쇠망의 원인으로 종교에의 몰입을 들었다. 그에 따르면, 현세적이고 실리적이던 로마인들은 정치적 혼란과 사회 불안을 겪으면서 기독교의 내세관에 귀의하게 되었다. 이에 따라 로마인들이 현실에 대해 체념하게 되면서 몰락이 가속화될 수밖에 없었다는 것이다. 책의 본문에서 기번은 '내세의 행복이 종교의 목적이라면, 그리스도교라는 종교의 도입이 로마 제국의 쇠망에 기여했다는 것은 놀라운 일이 아니다' 하고 기술하였다. 이 책은 저자 기번의 뛰어난 문장력과 역사적 인물에 대한 생생한 묘사로 인해 영문학 작품으로도 높이 평가받고 있지만, 무엇보다도 로마 제국의 몰락에 대한 근대적 해석을 시도했다는 점에서 의의가 있다. 현대의 학자들은 로마 제국의 쇠망 원인을 어느 한 가지로 규정하려 시도하지 않는다. 그러나 계몽 시대를 살았던 기번은 자신의 주관에 입각한 자유로운 역사해석을 시도했다. 특히 로마 제국의 몰락에 대한 기번의 거침없는 주관적 해석은 계몽주의 시대 역사관을 잘 보여준다.

로만체로

저자 하이네(Heine, Heinrich, 1797~1856) **분류** 문학(독일)

원제 Romanzero **출간 연도** 1851년

시인 하인리히 하이네의 대시집. '로만체'는 원래 중세 기사들의 영웅담과 귀부인과의 사랑을 노래한 민요조의 설화시를 말한다. 하이네는 유태계 출신으로 독일 태생이면서 파리에서 활동하였다. 시인으로서는 낭만주의와 고전주의의 전통을 잇는 서정시인이었으며, 한편으로는 전통을 거부하고 혁명을 지향한 많은 기록문학을 남긴 열정적 언론인이기도 했다. 《로만체로》에는 그러한 하이네의 양면성을 반영하듯이 역사에 대한 관심에서부터 시인 자신의 일상생활에 이르기까지 여러 가지 소재를 로만체 풍으로 노래하였다. 이 시집은 제1부 〈역사이야기〉, 제2부 〈애가〉, 제3부 〈히브리의 노래〉 등 모두 3부로 이루어져 있다. 이 시집이 나온 1851년 당시 하이네는 척추결핵에 걸려 침대에 누워 생활해야 하는 처지였다. 거기에 자신이 열정적으로 지지했던 1848년 혁명의 실패로 정신적으로 좌절했던 시기였다. 이 시집에 실린 작품들 또한 시인의 그러한 육체적, 정신적 좌절을 반영하고 있다.

로미오와 줄리엣

저자 셰익스피어(Shakespeare, William, 1564.4.26~1616.4.23)

분류 문학(영국)/영화 **원제** Romeo and Juliet **출간 연도** 1597년

영국의 극작가 셰익스피어가 지은 희곡. 전 5막의 비극이다. 셰익스피어의 완전한 창작이 아니라 이탈리아의 소설가 마테오 반델로의 작품(1554) 및 아서 브루크의 〈로메우스와 줄리엣의 비화〉(1562) 등의 작품을 소재로 하였다. 줄거리는 이탈리아 베로나 시의 두 명문가의 자녀가 집안의 반대를 무릅쓰고 비극적 사랑에 빠진다는 내용이다. 몬테규 가문과 캐풀렛 가문은 서로 원수처럼 지내는 사이이다. 몬테규 가의 아들 로미오는 캐풀렛 가의 무도회에 신분을 숨기고 참석했다가, 캐풀렛 가의 딸 줄리엣을 사랑하게 된다. 두 사람은 로렌스 신부의 도움으로 비밀리에 결혼식을 올린다. 그러나 로미오는 몬테규 가의 머큐쇼와 캐풀렛

가의 티볼트 사이의 싸움에 말려들었다가 티볼트를 죽이게 된다. 이 때문에 로미오는 베로나에서 추방당한다. 한편 줄리엣은 부모의 강요로 강제결혼을 하게 될 처지가 된다. 줄리엣은 로렌스 신부를 찾아가 도움을 청하고 신부는 줄리엣에게 42시간 동안 가사(假死)상태에 빠지는 비약을 준다. 그러나 로렌스 신부의 전갈을 듣지 못한 로미오는 줄리엣이 정말로 죽은 줄 알고 독약을 먹는다. 그리고 가사상태에서 깨어난 줄리엣도 로미오의 주검 옆에서 자결한다. 두 사람의 죽음으로 몬테규 가와 캐풀렛 가는 오랜 원한을 청산하고 화해한다. 이 작품은 셰익스피어의 출세작이며, 오늘날까지 많은 악극과 영화로 만들어졌다.

로빈슨 크루소

저자 디포(Defoe, Daniel, 1660~1731.4.24) **분류** 문학(영국)/영화

원제 The Life and Strange Surprising Adventures of Robinson Crusoe of York

출간 연도 1719년

영국의 작가 다니엘 디포의 장편소설. 원제는 《요크의 로빈슨 크루소의 생애와 이상하고 놀라운 모험》이다. 상인의 아들 로빈슨 크루소는 가업을 이어가기를 바라는 부모의 만류를 뿌리치고 선원이 된다. 무역선의 선원이 된 크루소는 여러 차례 항해를 하며 해적과의 전투, 노예생활 등 갖은 모험을 겪는다. 그러던 어느 항해에서 크루소는 폭풍을 만나 홀로 무인도에 표류한다. 크루소는 난파선에서 가져온 식량과 장비를 이용하여 무인도에서의 삶을 개척해 나간다. 자신이 살 집을 짓고 사냥과 경작, 목축까지 스스로 해내며 크루소는 섬의 지배자가 된다. 그렇게 혼자만의 생활을 계속하던 어느 날 섬에 상륙한 식인종들에게 포로로 잡힌 원주민 청년을 구해주게 된다. 크루소는 그 청년에게 프라이데이라는 이름을 붙여 주고 함께 생활하게 된다. 프라이데이와 함께 자신만의 식민지를 경영하던 크루소는 영국 배를 만나 28년간의 섬 생활을 끝내고 고국으로 귀향한다. 이 소설은 근대 유럽에서 개인주의가 태동하던 시기에 이를 반영한 작품이다. 또한 크루소가 섬을 개간하고 프라이데이를 문명화시킨 행위를 유럽의 제국주의를 반영한 것이라고도 한다. 그러나 이 소설이 오늘날까지도 인기를 끄는 것은 디포의 탁월한 상상

력과 직접 보고 온 듯한 생생한 묘사의 힘 때문이다.

롤랑의 노래

분류 문학(프랑스)/영화 **원제** Chanson de Roland **출간 연도** 11세기 무렵

11세기에 쓰인 프랑스의 대표적인 무훈시(武勳詩). 작자는 미상이다. 총 4,002행이며, 각 행마다 중세어 10음절 시구(詩句)로 이루어져 있다. 이는 다시 291개의 레스(laisse, 길이가 서로 다른 각각의 운문 단락)로 나누어진다. 줄거리는 다음과 같다. 샤를마뉴 대제가 7년간에 걸쳐 에스파냐의 사라센인들을 토벌한 끝에 사라고스의 왕 마르실만이 남았다. 마르실이 거짓으로 항복을 제의하자 샤를마뉴는 신하들의 의견을 묻는다. 이에 충직한 롤랑은 마르실의 의도를 경계하라고 간언하지만 간신 가늘롱은 항복을 받아들이도록 권한다. 샤를마뉴는 가늘롱과 마르실의 음모에 빠져 항복을 받아들이고 프랑스로 돌아간다. 그러나 사라센군은 귀환하던 샤를마뉴의 후위부대를 피레네 산맥 롱스보 협곡에서 기습한다. 12명의 기사와 함께 후위부대를 이끌던 롤랑은 최후까지 용감하게 싸우다 전사한다. 이에 샤를마뉴 대제는 배신자 가늘롱과 마르실을 토벌하여 응징한다. 그리고 이튿날 밤 대천사 가브리엘이 샤를마뉴 앞에 나타나 새로운 십자군 전쟁을 명한다. 이 무훈시는 원래 778년 샤를마뉴의 군대가 롱스보 협곡에서 바스크인들의 기습으로 패배한 역사적 사건을 소재로 한 것이다. 이 사건의 습격자를 바스크인에서 사라센인으로 바꾸고 전투의 성격을 그리스도교국과 이슬람국의 운명을 건 접전으로 묘사한 것이다. 이는 이 작품이 쓰인 11세기 말이 제1차 십자군 원정의 성공으로 종교적 분위기가 팽배하던 시기라는 점을 반영한 것이다. 이러한 종교적 배경과 함께 등장인물들에 대한 생생한 묘사와 사건의 전개를 통해 문학적으로 높이 평가받고 있다.

롤리타

저자 나보코프(Nabokov, Vladimir, 1899.4.22~1977.7.2) **분류** 문학(미국)/영화

원제 Lolita **출간 연도** 1955년

롤리타

러시아 태생의 작가 블라디미르 나보코프가 영어로 쓴 장편소설. 어린 소녀에 대한 성적 집착을 가리키는 '롤리타 신드롬'이란 용어를 만들어 낸 작품이다. 파리에서 미국 뉴잉글랜드로 건너온 47세의 불문학 교수 험버트는 하숙을 구하기 위해 샬롯이라는 미망인의 집을 방문한다. 험버트는 그곳에서 샬롯의 딸인 12세의 롤리타를 보고 그 집에 기거하게 된다. 험버트는 롤리타와 함께 있기 위해 샬롯과 결혼까지 한다. 그러나 롤리타에 대한 험버트의 속마음을 담은 일기장을 본 샬롯은 충격을 받고 거리로 뛰쳐나가다 교통사고로 숨진다. 험버트는 드디어 의붓딸이 된 롤리타와 단 둘이 지내게 된다. 그리고 롤리타에 대한 험버트의 집착과 그녀를 잃어버릴지 모른다는 두려움은 점점 더 심해져 간다. 주변의 의심 어린 시선을 피하기 위해 둘만의 여행을 떠나지만, 여행 중에 롤리타는 사라진다. 몇 년 후 결혼을 해서 임신한 롤리타의 편지를 받은 험버트는 그녀를 찾아간다. 그리고 사건의 전말을 듣게 된다. 롤리타는 험버트를 만나기 전부터 퀼티라는 중년남자를 좋아했으며, 퀼티와 공모해서 험버트를 떠났다. 사실을 알게 된 험버트는 성인이 된 롤리타에게 더 이상 매력을 느끼지 못한다. 그리고 돌아오는 길로 퀼티를 찾아가 그를 사살한다. 어린 소녀에 대한 중년남자의 집착을 그린 이 소설에서 험버트는 롤리타를 여성으로서 사랑하는 것이 아니다. 작가 나보코프가 평생토록 나비수집에 몰두하고 러시아 혁명으로 떠나 온 고향을 그리워했듯이, 험버트는 어린 롤리타에게서 자신이 잃어버린 것을 발견하고 그것을 되찾기 위해 그녀를 소유하고자 한다. 그러나 험버트가 롤리타에게 집착할수록 롤리타는 험버트에게서 멀어진다. 험버트는 소유할 수 없는 것을 소유하고자 했고 얻을 수 없는 것을 얻고자 했기 때문에 집착할수록 잃어버리게 된다. 세월이 흐른 뒤 만난 롤리타에게 험버트가 더 이상 매력을 느끼지 못한 것은 롤리타가 이미 한 사람의 성인으로서 자기 인생을 살아가기 때문이다. 그리고 험버트가 퀼티를 사살한 것 또한 자신의 소중한 것을 빼앗아간 데 대한 복수심 때문이다. 1955년에 쓰인 이 작품은 작가의 일방적 서술이 아닌 독자의 참여를 유도하는 글쓰기 방식 때문에 현대 포스트모더니즘 문학의 선구적 작품으로 평가받고 있다.

료마가 간다

저자 시바 료타로(司馬遼太郎, 1923~1996) **분류** 문학(일본)

원제 龍馬がゆく **출간 연도** 1966년

일본의 소설가 시바 료타로의 장편 역사소설. 도쿠가와 막부 말기에 태어나 일본의 근대화를 위해 헌신한 검객 사카모토 료마[坂本龍馬, 1835~1867]의 일대기를 다루었다. 토사번에서 태어나 어린 시절 지진아로 불렸던 료마는 검술 수업을 위해 찾은 에도에서 일본을 개항시키기 위해 온 미국 함대를 보고 새로운 세계에 눈을 뜬다. 이 일을 계기로 료마는 뛰어난 검객이면서도 검을 버리고 해상무역을 통해 일본의 개화를 위해 앞장선다. 결국 료마를 비롯한 개화파는 도쿠가와 막부를 타도하지만, 료마는 메이지 유신을 앞두고 자객의 칼을 맞고 암살당한다. 이 작품은 《언덕 위의 구름》 등 일본 근대를 배경으로 많은 역사소설을 쓴 시바 료타로의 대표작이다. 시바 료타로의 작품은 역사를 소재로 현대적 해석을 가하며 역사를 이끈 인물들을 조명하는 것으로 유명하다. 이 작품 역시 도쿠가와 막부 말기의 혼란스런 시대를 배경으로 하급무사 출신이지만 개화파의 지도자가 되어 일본 역사를 바꾸는 데 일익을 담당한 료마라는 대기만성형 인물의 일대기를 탁월하게 묘사하였다.

루어투어 시앙쯔

저자 라오서(老舍, 1899.2.3~1966.10) **분류** 문학(중국) **원제** 駱駝祥子 **출간 연도** 1937년

중국의 작가 라오서의 장편소설. '루어투어'(낙타)라는 별명을 가진 베이징의 노동자 시앙쯔의 삶을 통해 중국 사회의 모순과 혼란을 파헤친 작품이다. 시골에서 상경한 시앙쯔는 남의 인력거를 임대해 끌면서 열심히 돈을 모아 언젠가는 자기 인력거를 장만하려는 목표로 살아간다. 그는 낙타처럼 성실하고 묵묵하게 일한 끝에 3년 만에 인력거를 마련하지만 군벌들에게 빼앗기고 만다. 다시 한 번 인력거를 사기 위해 돈을 모으지만 이번에는 형사들에게 빼앗긴다. 그런 와중에 인력거 가게 주인의 딸이자 노처녀인 후뉴[虎紐]의 유혹을 받은 시앙쯔는 자포자기하는 심정으로 그녀와 살림을 차린다. 그리고 후뉴가 저축한 돈으로 세

번째로 인력거를 산다. 그러나 후뉴가 난산 끝에 죽자 장례비용을 대기 위해 인력거를 팔아버린다. 좌절한 시앙쯔는 자신과 처지가 비슷한 처녀 복자(福子)를 사랑하게 되면서 다시 생활의 의욕을 찾는다. 그러나 기생집에 팔려간 복자는 수모를 견디다 못해 스스로 목을 맨다. 마지막 희망마저 사라지자 거듭되는 시련 앞에 낙타처럼 인내하던 시앙쯔도 타락하고 만다. 이 작품은 20세기 전반기 중국 도시서민의 삶을 사실적으로 묘사한 것으로 유명하다. 작가 라오서는 영국 유학시절에 조셉 콘래드 등 영국 소설가들의 작품을 연구하고 그 기법을 도입하여 중국 현대소설의 수준을 끌어올렸다. 이 작품에서 보이는 암울한 배경묘사나 인물의 성격묘사에는 영국소설의 기법을 중국의 현실에 맞게 도입한 흔적이 보인다. 이 작품은 1945년에 미국에서 《Rickshaw Boy》라는 제목으로 출간되어 베스트셀러가 되었다.

르 시드

저자 코르네유(Corneille, Pierre, 1606.6.6~1684.10.1) **분류** 문학(프랑스)/영화

원제 Le Cid **출간 연도** 1636년

프랑스의 극작가 코르네유의 희곡. 전 5막에 운문으로 된 비극작품이다. 에스파냐의 국민영웅인 엘시드의 일대기를 다룬 작품으로 프랑스 고전주의 시대의 개막을 알리는 작품이다. 귀족청년 로드리고는 부친의 명예를 회복하기 위해 약혼녀의 아버지를 결투 끝에 죽이고 만다. 이 때문에 약혼녀의 사랑을 잃은 로드리고는 실의에 빠지지만 무어인과 전쟁 중인 조국을 위해 분연히 일어서 큰 공적을 세운 끝에 '시드' 라는 칭호를 받는다. 이 작품은 코르네유의 출세작이며, 초연 당시부터 큰 반향을 일으켰다.

리그베다

분류 종교(힌두교) **원제** Rgveda

인도에서 가장 오래된 문헌이자 브라만교의 경전인 4베다(〈리그베다〉,

〈야주르베다〉, 〈사마베다〉, 〈아타르바베다〉) 중에서 가장 오래되고 가장 중요한 경전이다. 원래 이름은 〈리그베다 상히타〉로서 신들에 대한 찬가를 집대성한 것이다. 전 10권에 1,028개의 찬가로 이루어져 있다. 리그베다는 인도 북서지방(펀자브)에 자리 잡은 아리아 문화가 낳은 작품이다. 기원전 2000~기원전 800년에 현재의 형태로 정비·편찬된 것으로 추정되며, 암송에 의하여 후세에 전해졌다. 그 내용은 베다의 여러 자연신, 특히 전쟁의 신인 인드라에게 바치는 노래와 결혼식, 장례식, 우주창조 등으로 이루어져 있다. 경전의 초반부에는 각각의 주관분야를 가진 여러 신이 등장하지만, 점차 각 신의 특성이 한 신에게 집중되면서 후반부로 갈수록 유일신관이 나타난다. 〈리그베다〉의 언어(Vedic Sanskrit)는 인도 유럽어의 가장 오래된 형태를 보여준다. 〈리그베다〉는 분명 신화이지만 고대 인도인들이 역사 기록을 남기지 않았기 때문에 고대 인도의 역사를 유추할 수 있는 귀중한 사료로 쓰인다. 그 밖에 언어학, 문학, 종교학 분야의 연구에 귀중한 자료이다.

리바이어던

저자 홉스(Hobbes, Thomas, 1588.4.5~1679.12.4) **분류** 철학(서양철학)

원제 Leviathan **출간 연도** 1651년

영국의 철학자 홉스가 사회계약설의 입장에서 절대주의를 이론화한 책. 1651년에 '교회 및 시민 공동체의 내용, 형태, 권력' 이란 부제를 달고 출판되었다. 전 4부로 되어 있으며, 제1부는 '인간(人間)에 대하여', 제2부는 '코먼웰스에 대하여', 제3부는 '그리스도교의 코먼웰스에 대하여', 제4부는 '암흑의 왕국에 대하여' 란 제목을 달고 있다. 리바이어던이란 구약성서 〈욥기〉에 나오는 거대한 괴물이며, 홉스는 교회권력에서 해방된 국가를 리바이어던에 비유했다. 홉스는 자연상태의 인간은 자기 보존을 위한 자연권을 마음대로 행사하기 때문에 '만인에 대한 만인의 투쟁' 상태에 빠지게 되며 이를 극복하기 위해서는 이성에 의해 자연권을 제한하고 사회계약에 의해 자연권을 주권자에게 인도해야 한다고 주장하였다. 이때 주권자는 이성이 요구하는 보편적 자연법을 실현하며, 계약을 실행하기 위해서 계약을 초월하여 존재해야 하므로 절대적인 존

재(전제군주)가 된다는 논리를 펼쳤다. 이상과 같은 논리를 놓고 볼 때 홉스는 전제군주제가 사회계약을 가장 잘 실현할 수 있는 제도라고 옹호하기는 했으나, 군주의 권력은 바로 신민들과 맺은 계약을 통해서 생긴 것임을 분명히 함으로써 국민주권이라는 민주주의의 원칙을 논증하였다. 홉스의 사회계약설은 서양 정치학사에서 큰 비중을 차지한다. 홉스에 이르러서야 비로소 국가는 개인들의 필요성에 의해 생긴 인위적 제도이며 개인은 국가 성립 이전부터 자연권을 가지고 있다는 사상이 확립되었기 때문이다.

리어 왕

저자 셰익스피어(Shakespeare, William, 1564.4.26~1616.4.23) **분류** 문학(영국)/영화

원제 King Lear **출간 연도** 1608년

영국의 극작가 셰익스피어의 희곡. 전 5막으로 된 비극작품이다. 셰익스피어의 작품 가운데 〈맥베스〉, 〈햄릿〉, 〈오셀로〉와 함께 4대 비극으로 불린다. 이 작품은 리어 왕과 세 딸, 그리고 글로스터 백작과 두 아들의 관계라는 이중 비극의 형태를 띠고 있다. 브리튼의 국왕인 리어 왕에게는 고네릴, 리건, 코델리아라는 세 딸이 있다. 리어 왕은 자신의 영토를 3등분하여 딸들에게 나누어주기로 결심하고 딸들이 자신을 얼마나 사랑하는지 물어본다. 이에 큰 딸 고네릴과 둘째 딸 리건은 온갖 아첨으로 자신들의 사랑을 과장한다. 그러나 셋째 딸 코델리아는 자식으로서 부모에게 받은 만큼만 사랑한다고 말한다. 분노한 리어 왕은 코델리아와 의절하고 아무것도 물려주지 않는다. 코델리아는 그녀를 사랑한 프랑스 국왕에게 시집을 간다. 이후 리어 왕은 국토를 나누어받은 두 딸에게 냉대를 받다 못해 궁을 떠나 폭풍우가 치는 밤에 황야를 헤맨다. 폭풍우 속에서 두 딸을 저주하던 리어 왕은 어느 순간 자신이 누구인지를 자문한다. 한편 글로스터 백작은 둘째 아들 에드먼드의 계략에 빠져 첫째 아들 에드가를 내쫓는다. 쫓겨난 에드가는 변장을 하고 아버지와 리어 왕을 돕는다. 고네릴과 리건은 에드먼드와 치정관계에 빠져 고네릴은 리건을 독살하고 자신도 목숨을 끊는다. 리어 왕을 돕기 위해 프랑스군을 이끌고 브리튼에 상륙한 코델리아는 에드먼드가 이끄는 군대에 패해 감

옥에 갇히고 그곳에서 아버지 리어 왕과 상봉한다. 에드가는 에드먼드와 결투를 벌여 그를 응징하고 그동안의 잘못을 바로잡는다. 그러나 코델리아는 리어 왕의 품에서 숨지고 슬픔에 빠진 리어 왕 또한 세상을 떠난다. 이 작품은 셰익스피어의 비극 가운데서도 가장 강렬한 비극적 감정을 불러일으키는 작품으로 알려져 있다. 특히 폭풍우가 치는 밤, 실성한 채 광야를 헤매는 리어 왕의 독백을 통해서 극한 고통 속에서 자신을 되돌아보는 인간의 모습을 탁월하게 묘사하였다.

세계의 모든 책

마

마농 레스코

저자 프레보(Prévost, Abbé, 1697.4.1~ 1763.11.29) **분류** 문학(프랑스)/영화

원제 Manon Lescaut **출간 연도** 1731년

프랑스의 소설가 아베 프레보의 장편소설. 데 그리외라는 청년과 마농이라는 여인을 주인공으로 한 연애소설이다. 원래 저자의 연작소설 《어느 귀인의 회상록》의 제7권으로 출판되었다가 이후 1753년에 단독판으로 개정 출간되었다. 명문가의 자제인 데 그리외는 집안의 반대를 무릅쓰고 신분이 낮은 마농이라는 여인과 사랑에 빠진다. 그러나 두 사람의 사랑은 비극적 결말로 끝난다. 마농은 아메리카 대륙으로 추방되고, 데 그리외도 마농을 찾아 떠난다. 우여곡절 끝에 다시 재회한 두 사람은 서로의 사랑을 확인하지만 마농은 사막에서 그리외의 품에 안겨 숨을 거둔다. 홀로 남은 그리외는 마농의 시신을 사막에 묻고 프랑스로 돌아간다. 이 작품은 낭만주의 소설의 선구적 작품으로 연애지상주의를 표방하였으며, 뒤마의 소설 《춘희》의 첫머리에 언급되기도 하였다. 현재는 소설보다 푸치니의 오페라로 더 유명하다.

마누 법전

분류 사회과학(법학) **원제** Manu-smrti(Code of Manu)

고대 인도에서 만들어진 가장 오래되고 권위 있는 법전. 전 12장, 2,684조이며 산스크리트 운문으로 쓰였다. 마누는 인류의 시조를 뜻하며, 이 법전은 마누가 만들었다고 하지만 정확한 작성 연도나 작성자에 대해서는 알려져 있지 않다. 《마누 법전》에는 오늘날의 법률에 해당하는 내용뿐 아니라 신화, 도덕, 습관 등이 포괄적으로 망라되어 있다. 신화적인 우주의 창세기부터 여러 관습법을 토대로 한 민법, 형법, 행정법과 개인의 업보와 해탈에 대해서까지 논하고 있다. 《마누 법전》은 힌두교의 영향을 받은 각종 관습법을 바라문 계층의 관점에서 해석하여 집대성한 것이라고 볼 수 있다. 《마누 법전》은 기원전 2세기에서 서기 2세기 사이에 현재와 같은 형태를 갖춘 것으로 보이며, 인도 문화가 동남아시아로 전파됨에 따라 동남아 각 지역의 법전에 영향을 미쳤다.

마의 산

저자 만(Mann, Thomas, 1875.6.6~1955.8.12) **분류** 문학(독일)

원제 Der Zauberberg **출간 연도** 1924년

독일 작가 토마스 만의 장편소설. 원제는 《마법산》으로 번역하는 것이 정확하지만, 우리나라에는 일본식 번역인 《마의 산》으로 소개되었다. 깊은 산중에 자리한 결핵 요양소를 무대로 한 청년이 요양소의 폐쇄적 세계에 빠져 들었다가 극복하는 과정을 통해 삶과 죽음의 문제, 예술과 사회의 관계를 다루었다. 함부르크 출신의 젊은 엔지니어 한스 카스토르프는 결핵에 걸린 사촌을 문병하기 위해 스위스 산중 다보스의 결핵 요양원을 찾는다. 한스는 그곳에서 뜻밖에 결핵 판정을 받고, 7일간 머무를 일정으로 방문했던 요양원에 7년이나 머무르게 된다. 요양원에서 한스는 유럽 각국에서 온 환자들이 일상생활에서 벗어나 각자의 지적 전통과 사상을 자유롭게 주고받는 도피적이고 탐닉적인 분위기를 발견하고, 이를 마법의 세계라 명명한다. 그리고 자연스럽게 그 세계에 동화된다. 여러 환자들로부터 예술과 사상, 삶과 죽음에 대한 가르침을 접한 한스는 결국 어떠한 이념이나 예술도 죽음의 지배를 정당화할 수 없으며, 삶과 사회를 위한 실천이 필요하다는 자신만의 결론에 도달한다. 그리고 제1차 세계대전이 발발했다는 소식을 듣고 자신의 생각을 실천하기 위해 산을 내려간다. 이 소설은 독일문학의 전통인 성장소설, 교양소설의 형식을 취하면서도 19세기 독일의 보수적인 시민사회의 가치관이나, 극단적 낭만주의에 치우쳐 죽음에 탐닉했던 독일철학과 예술에서 벗어난 작품이다. 작가 토마스 만 역시 이 작품을 계기로 시민사회의 일원으로서 작가의 역할을 강조하였으며, 이후 나치스에 반대하여 고국을 떠나 망명생활을 하였다.

마음은 외로운 사냥꾼

저자 매컬러스(McCullers, Carson, 1917~1967) **분류** 문학(미국)/여성/영화

원제 The Heart Is A Lonely Hunter **출간 연도** 1940년

20세기 미국 남부문학을 대표하는 여류작가 카슨 매컬러스의 장편소

설. 1930년대 남부의 한 소도시를 무대로 육체와 정신의 장애를 안고 사는 사람들이 끝내 소통하지 못하고 고독과 몰이해에 눌려 비극적 결말을 맺는 과정을 묘사하고 있다. 벙어리인 세공사 존 싱어는 주변 사람들의 불만과 한탄을 들어주는 이야기 상대이다. 그를 찾아와 자신의 이야기를 늘어놓는 사람들은 꿈 많은 소녀, 정치적 과격파, 성불구인 식당 주인 등 각양각색이지만 모두 한 가지 공통점을 갖고 있다. 그들은 모두 외롭다고 느끼면서도 주변 사람들이 자신을 이해하지 못한다고 생각하기 때문에 벙어리인 싱어를 찾는다. 그들에게 싱어는 '대화'의 상대가 아니라 자신의 외로운 마음을 달랠 '독백'의 대상이다. 하지만 그런 독백은 진정한 의사소통이 아닌 일시적 해소에 불과하기에 그들은 계속해서 싱어를 찾아와 자신들의 고독을 토해낸다. 이들 각자의 생활과 에피소드가 3부 25장에 걸쳐 묘사된다. 한편 싱어는 싱어대로 같은 청각장애인이자 억제할 수 없는 탐식증 환자인 안토나폴로스에게 동성애적인 사랑의 감정을 느낀다. 싱어를 찾아오는 사람들이 그를 유일하게 자신을 이해해 주는 사람으로 믿는 것처럼 싱어도 안토나폴로스에게서 마음의 위안을 찾는다. 그러나 안토나폴로스가 병으로 죽자 싱어도 권총자살이란 길을 택한다. 싱어를 찾아오던 사람들은 그제서야 싱어도 자신들처럼 외로운 마음을 가진 한 사람이었음을 깨닫는다. 작가는 이 소설에서 사람은 누구나 외로움에 시달리는 존재이며 자신의 외로움을 이해해 줄 누군가를 절실히 필요로 하지만, 삶을 살아가면서 겪는 육체의 장애와도 같은 의사소통의 장애 때문에 쉽게 상처받고 좌절한다는 것을 보여준다. 그리고 그러한 상처를 극복하고 진정한 삶을 살기 위해서는 서로를 이해할 용기가 필요하다는 것도 보여준다.

마하바라타

분류 문학(인도) **원제** Mahabharata

〈라마야나〉와 함께 산스크리트어로 쓰여진 고대 인도의 2대 서사시의 하나. 18편 10만 수의 시구와 부록 〈하리바니사〉 1편 10만 6천 수로 된 방대한 분량이다. 특이한 것은 처음부터 문자로 전해진 것이 아니라 이 서사시를 암송하여 노래하는 사람들에 의해 전승되었다는 점이다. 일설에는 비야사가 편찬하였다고 전해지나 한 사람의 작품이 아니라 민족 서사시로 구전되어 오다가 4세기경에 현재와 같은 형태를 갖춘 것으로 보인다. 이후 〈마하바라타〉는 산스크리트어, 드라비다어를 비롯한 인도의 여러 방언으로 번역되어 인도인의 정신문화에 큰 영향을 미쳤다. '마하바라타' 라는 제목은 '바라타족의 전쟁을 노래한 대서사시' 란 뜻이며, 하스티나푸루 왕국을 지배하는 쿠루족의 왕권을 놓고 사촌형제들 간에 벌어지는 싸움이 중심 줄거리이다. 쿠루족의 왕 비치트라비아가 죽은 후 장남인 드르타라스트라가 왕위를 계승해야 하지만 장님인 까닭에 동생 판두가 왕이 된다. 그러나 판두는 저주를 받아 자녀를 가질 수 없게 되고 결국 형에게 왕위를 맡기고 히말라야로 수행의 길을 떠난다. 판두는 수행 끝에 저주를 풀고 5명의 아들을 낳는다. 판두가 죽은 후 형 드르타라스트라는 판두의 아들 5형제와 자신의 아들들에게 왕국을 분할해 주지만, 우여곡절 끝에 사촌 형제들은 왕권을 놓고 큰 전쟁을 벌이게 된다. 인도의 모든 왕국과 그리스, 중국, 박트리아까지 참가한 대규모 전쟁에서 승리한 판두의 아들 5형제는 하스티나푸루 왕국을 통치하다가 자손들에게 왕위를 물려주고 세상의 중심인 메루 산(수미산)에 있는 신들의 도시로 들어간다. 이와 같은 줄거리에 수많은 설화, 신화, 전설이 삽입되어 있다. 또한 이 서사시에는 힌두교의 3대 경전 중 하나인 〈바가바드기타〉도 포함되어 있다. 이 부분은 〈마하바라타〉의 제6권에 해당하는데, 참혹한 전쟁에 충격을 받은 판두의 둘째 아들 아르주나에게 야다바족의 족장 크리슈나가 설교하는 내용이다. 여기서 크리슈나는 창조, 보호, 파괴를 모두 주관하는 삼신일체의 신 비슈누의 화신으로 나온다. 크리슈나가 아르주나에게 들려주는 철학적, 종교적 가르침을 담은 〈바가바드기타〉는 이후 인도 사상과 문화에 큰 영향을 미쳤다.

만다라

저자 김성동(金聖東, 1947.11.8~) **분류** 문학(한국)/영화 **원제** 만다라 **출간 연도** 1978년

불교를 소재로 한 김성동의 장편소설. 젊은 수도승이 깨달음을 얻기 위해 방황하는 과정을 통해 종교적 각성의 실체가 무엇인지에 대한 물음을 던진 작품이다. 한국전쟁으로 아버지는 처형당하고 어머니는 가출

한 집안 출신인 법운은 지암 스님을 만나 불가에 입문한다. 출가 후 6년 동안 수도생활에 매진하다 벽에 부딪힌 법운은 바랑을 짊어지고 기약 없는 만행(卍行)에 나선다. 만행 도중 지산이라는 파계승을 만난 법운은 스스로 땡초를 자처하면서 기성 종단의 가르침에서 벗어나 철저한 자유인의 경지를 추구하는 지산에게 매력을 느낀다. 전통적인 수도생활과 지산이 보여준 새로운 세계 사이에서 주저하던 법운은 지산의 죽음을 계기로 여태까지 자신이 해 온 수도의 목적을 자문해 본다. 그리고 그 동안 수도의 목적이 피안(彼岸)의 세계에 도달하고자 하는 집착이었음을 깨달은 법운은 다시 세상 속으로 발걸음을 돌린다.

만물의 본성에 대하여

저자 루크레티우스(Lucretius Carus, Titus, BC 94?~BC 55?) **분류** 철학(서양철학)
원제 De Rerum Natura(On the Nature of Things) **출간 연도** 기원전 50년경

로마의 시인 루크레티우스가 운문으로 쓴 6권의 철학시. 에피쿠로스 철학과 원자론에 대한 내용으로 이루어져 있다. 레우키포스와 데모크리토스로부터 에피쿠로스로 이어지는 원자론에 입각한 우주관을 소개하면서 에피쿠로스 학파의 자연철학과 쾌락주의에 대해서도 언급하고 있다. 루크레티우스는 카이사르와 같이 로마 공화정 말기에 살았던 사람으로 그의 쾌락주의적 자유사상은 당시에 큰 인기를 얻었다. 이후 아우구스투스 황제의 등장으로 공화정이 끝나고 제정이 시작되면서 엄격한 도덕성을 강조하는 사회 풍조 탓에 루크레티우스의 저술은 잊혀지게 되었다. 로마 제정과 중세시대 동안 잊혀졌던 이 책의 사본이 1417년에 발견되면서 고대의 원자설과 에피쿠로스 철학이 다시 알려지게 되었다. 오늘날 에피쿠로스의 생애와 사상에 대해 알려주는 유일한 책이다.

만엽집

분류 문학(일본) **원제** 萬葉集 **출간 연도** 630~760년

고대 일본에서 가장 오래된 가집(歌集). 630년에서 760년 사이에 와카

[和歌] 4,536수를 모두 20권에 걸쳐 수록하였다. 그중에서 장가(長歌) 265수, 단가(短歌) 4,207수, 기타 작품이 64수이다. 여기에 실린 노래를 성격별로 분류해 보면 여행과 연회 등 일상생활을 소재로 한 '잡가'와 가족과 친지 간에 안부를 주고받는 '상문가', 고인의 죽음을 애도하는 '만가' 등으로 나눌 수 있다. 일본 역사상 중국 문화가 유행하던 나라[奈良] 시대에 중국의 영향을 받은 작품들이 많으며, 표기는 만요오 가나[萬葉假名]를 사용하였다. '만엽'이란 이름은 '여러 시대의 노래집' 또는 '여러 가지의 노래집'이란 뜻이다. 그 이름에 걸맞게 《만엽집》에는 약 130여 년에 걸쳐 여러 지역의 다양한 계층이 지은 노래가 실려 있다. 《만엽집》에 실린 노래의 작자들은 위로는 왕실과 귀족층에서 아래로는 일반 서민에 이르기까지 다양하며 약 130여 년에 걸쳐 수록, 정리된 만큼 각 시대별로 작품과 언어의 변천 상황도 살펴볼 수 있다. 초기 시대의 노래는 집단적 구전가요와 비슷하며 시간이 흐를수록 보다 섬세하고 형식을 갖춘 귀족적 성격의 작품들이 등장한다. 대표적인 가인으로는 누카다노 오키미[額田王], 가키노모토노 히토마로[柿本人麻呂], 야마노우에노 오쿠라[山上憶良], 오토모노 야카모치[大伴家持] 등이 있다. 이 책은 시기적으로도 오래된 가집일 뿐 아니라 고대 일본의 문학, 사상, 생활상을 연구하는 데 매우 귀중한 자료이다.

말타의 매

저자 해미트(Hammett, Dashiell, 1894~1960) **분류** 문학(미국)/영화

원제 The Maltese Falcon **출간 연도** 1930년

미국의 작가 더쉴 해미트의 하드보일드 추리소설. 1941년에 존 휴스턴 감독이 영화로 만들어 '필름 누아르'라는 장르의 효시가 된 작품으로도 유명하다. 고대 말타 섬의 기사단이 스페인 황제에게 바친 보석으로 장식된 순금 매 조각상을 둘러싸고 벌어지는 연쇄살인 사건과 우연히 이 사건에 뛰어든 탐정 샘 스페이드의 활약상을 그린 작품이다. 샌프란시스코에서 '스페이드 & 아처'라는 탐정 사무실을 운영하는 샘 스페이드는 오직 사건의 해결에만 관심을 갖는 건조하고 냉소적인 탐정이다. 수단을 가리지 않고 좌충우돌하는 그에게 어느 날 원덜리라는 미모의

여인이 나타나 사건을 의뢰한다. 그녀의 의뢰를 받아들인 샘은 동료 아처에게 수사를 맡긴다. 하지만 아처가 살해되면서 샘은 이 사건에 감춰진 이면이 있음을 직감하고 원덜리를 찾아 나선다. 다시 만난 원덜리는 자신의 본명이 브지리드이며 자신은 결백하다고 주장한다. 샘은 그녀에게 사랑의 감정을 느끼지만 한편으로는 여전히 의혹을 느낀다. 사건이 전개되면서 샘은 브리지드와 그녀의 동업자들이 말타의 매를 입수했으며, 그 조각상을 놓고 다툼을 벌이고 있음을 알게 된다. 살인이 계속되는 와중에 조각상을 입수한 샘은 이를 이용해서 살인극의 진범을 밝혀낸다. 이 작품은 건조하고 냉정한 시각으로 거칠고 빠르게 사건을 전개시키는 하드보일드 추리소설의 대표작이다.

말콤 X 자서전

저자 말콤 X(Malcolm X(Malcolm Little), 1925.5.19~1965.2.21), 헤일리(Haley, Alex Palmer, 1921.8.11~1992.2.10) **분류** 문학(미국)/영화
원제 The Autobiography of Malcolm X **출간 연도** 1965년

1960년대 미국 흑인 민족주의 운동의 지도자 말콤 X의 자서전. 소설 《뿌리》의 작가 알렉스 헤일리가 말콤의 구술을 정리하여 출판한 책이다. 말콤 X는 마틴 루터 킹 목사를 비롯한 흑인 시민권 운동 세력과 달리 흑인 이슬람교를 중심으로 한 전투적 흑인 민족주의를 주장하면서 지도자로 부상했다. 이후 흑인 이슬람 지도부와 갈등을 빚은 끝에 결별하고 독자적인 인권운동을 벌이다 암살당했다. 이 책에는 말콤의 성장배경, 건달생활을 하며 범죄에 빠진 끝에 체포되어 수감된 이야기, 감옥에서 흑인 이슬람교에 입문하게 된 계기, 출감 후에 뉴욕에서 흑인 이슬람 민족주의 운동에 참여한 과정, 흑인 이슬람 지도부와 갈등을 빚은 끝에 메카와 아프리카로 순례여행을 떠난 경위, 미국으로 돌아온 후 새로운 인권운동을 시작하게 된 배경 등이 상세히 기술되어 있다. 특히 감옥에서 '흑인'이라는 자신의 인종적 정체성에 대해 눈을 뜨는 과정과 종교적 흑인 민족주의자였다가 메카 순례 후 모든 인종을 포괄하는 보편적 인권운동가로 변신하는 과정 등 두 차례의 사상적 변화를 통해서 말콤 X의 사상과 운동의 변천사를 파악할 수 있다. 이 밖에 말콤이 구술한

1940~1950년대 할렘 흑인사회의 생활과 독특한 문화가 알렉스 헤일리의 유려한 문체로 정리되어 있다.

매디슨 카운티의 다리

저자 월러(Robert James Waller, 1939~) **분류** 문학(미국)/영화

원제 The Bridges Of Madison County **출간 연도** 1992년

미국의 사진가이자 소설가 로버트 제임스 월러의 장편소설. 중년의 사진작가와 시골주부가 나누는 4일간의 짧은 사랑을 묘사한 작품이다. 52세의 사진작가 로버트 킨케이드는 잡지에 실을 사진 촬영을 위해 아이오와 주 매디슨 카운티를 찾는다. 길을 잃고 헤매던 킨케이드는 어느 농가에 들러 길을 묻는다. 그곳에는 한 남자의 아내이자 두 아이의 엄마인 45세의 프란체스카 존슨이 식구들이 4일 동안 일리노이 주의 박람회에 간 사이 홀로 집을 지키고 있다. 두 사람의 중년 남녀는 서로에게 사랑을 느끼지만, 두 사람에게 허락된 시간은 단 4일뿐이다. 그러나 짧은 만남이 끝난 후에도 프란체스카는 가슴 속에 사랑의 추억을 간직하고 그 추억의 힘으로 가정을 지키고 살아간다. 저자 월러는 대학교수로 생활하다 틀에 갇힌 대학사회에 진절머리를 내고 중년의 나이에 사진작가로 전업한 특이한 경력을 가진 사람이다. 소설에 나오는 킨케이드는 작가 자신의 자전적 체험을 통해 형상화시킨 인물이라 할 수 있다. 소설 속의 킨케이드가 어디에도 얽매이지 않는 자유와 사랑을 찾아 떠돌아다니는 낭만적 인물로 나오는 반면, 프란체스카는 불륜의 사랑에 빠지면서도 오히려 그 사랑의 힘을 가족에 대한 헌신으로 승화시킨 연약하면서도 강인한 여성으로 묘사된다. 가치관과 소중히 여기는 대상이 다른 두 남녀는 진실한 사랑을 나누지만 결국 스스로를 지키기 위해 헤어진다.

매천야록

저자 황현(黃玹 , 1855.12.11~1910.9.10) **분류** 역사(한국사) **원제** 梅泉野錄

구한말의 선비 황현이 1864년 고종의 즉위부터 1910년 한일합방 때까

지 47년간 조선에서 일어난 주요사건을 기록한 책. 전 6권 7책이다. 중앙정치의 중요 사건을 대부분 서술했을 뿐 아니라 야사에 해당하는 세간의 여론이나 민심의 동향까지 세세히 기록하고 있기 때문에 구한말 역사연구의 중요 자료이다. 황현은 한일합방 소식을 접하고 자살했기 때문에 마지막 부분은 문인 고용주(高墉柱)가 기록하였다. 주요 내용은 대원군의 집권과 안동 김씨 세도정치의 몰락, 민비와 대원군의 정권 다툼, 민씨 외척의 집권, 조선을 둘러싼 청국과 일본의 경쟁, 동학농민전쟁, 청일전쟁, 갑오경장, 러시아 세력의 진출, 아관파천, 노일전쟁, 을사조약, 친일파와 의병에 대한 기록 등이다. 이 가운데 동학농민전쟁과 청일전쟁, 갑오경장이 일어난 1894년 이후의 기록이 이 책의 본론에 해당한다. 1864년부터 1894년까지의 30년간의 기록이 1책 반에 불과한 반면 1894년부터 1910년까지 17년간의 기록은 5책 반을 차지할 정도로 큰 비중을 차지하고 있다. 또한 1894년 이전의 기록은 연도만 있을 뿐 자세한 일자가 없는 반면, 1894년 이후의 기록은 대부분 정확한 일자가 나와 있다. 이는 저자 황현이 이 시기에 들어 단순히 세간의 풍문을 기록하는 차원에서 벗어나 조선왕조의 몰락과 일제의 침략을 비판적으로 기록하고자 하는 의식을 갖고 집필하였기 때문인 것으로 보인다.

맥베스

저자 셰익스피어(Shakespeare, William , 1564.4.26~1616.4.23) **분류** 문학(영국)/영화

원제 Macbeth **출간 연도** 1605~1606년

영국의 극작가 셰익스피어의 희곡작품. 〈햄릿〉, 〈리어 왕〉, 〈오셀로〉와 함께 4대 비극으로 불린다. 스코틀랜드 왕국의 장군 맥베스가 국왕을 암살하고 왕위를 찬탈한 후 양심의 가책을 이기지 못하고 스스로 파멸해가는 과정을 묘사한 작품이다. 스코틀랜드의 장군 맥베스와 뱅쿠오는 전쟁에서 승리를 거두고 개선하던 도중에 우연히 세 마녀와 마주치게 된다. 마녀들은 맥베스가 코다의 영주가 되고 나중에는 스코틀랜드의 왕이 되며 뱅쿠오는 왕의 아버지가 될 것이라 예언한다. 개선한 후 코다의 영주로 임명된 맥베스는 마녀의 예언이 실현되는 것을 보고 이를 부인에게 이야기한다. 예언에 대한 기대와 왕위에 대한 욕심에 마음이 흔

들린 맥베스는 부인의 충동질에 넘어가 던컨 왕을 암살하고 왕위를 찬탈한다. 이어서 뱅쿠오와 그 아들 플린스마저 암살해 후환을 없애려고 한다. 뱅쿠오는 맥베스가 보낸 자객들에 의해 암살당하지만 플린스는 몸을 피해 탈출한다. 한편 귀족 맥더프가 잉글랜드로 피신한 던컨 왕의 아들 맬컴 곁으로 탈출하자 맥베스는 맥더프의 처자를 모두 처형한다. 거듭되는 살인에 대한 양심의 가책과 파멸에 대한 불안으로 시달리던 맥베스는 다시 마녀들을 찾아간다. 마녀들은 그에게 여자가 낳은 인간은 결코 그를 죽일 수 없으며, 뱅쿠오의 자손들이 스코틀랜드를 통치할 것이란 상반된 예언을 한다. 맬컴을 옹립한 잉글랜드군이 진격해 오자 스코틀랜드의 귀족들도 맥베스에게 등을 돌린다. 부인마저 자살해 버리고 홀로 남은 맥베스는 최후의 격전에서 맥더프와 일대일로 마주치게 된다. 그리고 만삭이 되기 전에 어머니 배를 가르고 태어난 맥더프에게 죽임을 당한다. 이 작품은 4대 비극 가운데 가장 나중에 발표된 작품으로 죄에 대한 가책과 미래에 대한 공포에서 벗어나기 위해 거듭해서 악행을 저지르다 끝내 파멸하는 주인공 맥베스의 심리묘사가 두드러진 작품이다. 맥베스는 야심과 양심 사이에서 고민하다 야심을 택하지만 양심의 가책에서 오는 불안과 공포를 이기지 못한 채 파멸한다. 셰익스피어는 인간의 내면에 상반되는 두 성향이 있으며, 잘못된 선택으로 인해 스스로 참혹한 결말을 초래한다는 것을 이 작품에서 보여주었다.

맨큐의 경제학→경제학 원론

맹자

저자 맹자(孟子, BC 372?~BC 289?) **분류** 철학(유학) **원제** 孟子

중국 전국 시대의 유가(儒家) 사상가 맹자의 언행을 기록한 책. 맹자 사후에 제자들이 스승의 언행을 모아 책으로 엮은 것으로 보인다. 주된 내용은 맹자가 각지를 다니면서 제후들과 나눈 문답, 제자들과 주고받은 문답으로 되어 있으며 이를 〈양혜왕(梁惠王)〉 상 · 하, 〈공손추(公孫丑)〉 상 · 하, 〈등문공(滕文公)〉 상 · 하, 〈이루(離婁)〉 상 · 하, 〈만장(萬

章)〉 상 · 하, 〈고자(告子)〉 상 · 하, 〈진심(盡心)〉 상 · 하의 7편으로 나누어 기록하였다. 맹자는 각지의 제후들에게 왕도정치(王道政治)를 역설하였다. 왕도정치는 인의(仁義)에 입각한 정치를 말한다. 제후가 인의에 입각한 왕도정치를 펼 때 하늘의 뜻인 천명(天命)이 그와 함께 한다. 그러나 제후가 인의를 저버리고 패도(覇道)정치를 펼 경우 천명은 그에게서 떠나며 누구든 제후를 타도하고 인의를 세우는 자가 천명을 이어받는 역성혁명(易姓革命)이 정당화된다. 맹자는 이러한 인의와 역성혁명의 정치사상을 주장하면서 그 철학적 근거로 인간의 본성은 선한 것이라는 성선설(性善說)을 제시하였다. 이 성선설은 다시 인간의 본성(性)에 대해 인의예지(仁義禮智)의 사단론(四端論)을 내세웠다. 인의 근본으로 측은히 여기는 마음인 측은지심(惻隱之心), 의의 근본으로 의롭지 못한 것을 부끄러워하고 미워하는 수오지심(羞惡之心), 예의 근본으로 사양하고 양보하는 마음인 사양지심(辭讓之心), 지의 근본으로 옳고 그름을 가리는 마음인 시비지심(非之心)이 있다고 설명하였다. 《맹자》는 출간된 당시에는 큰 주목을 받지 못했다. 그러다가 당(唐)나라 때 한유(韓愈)가 이 책을 소개하면서 알려졌으며, 점차 유가의 교리를 설명한 중요한 책으로 인정받았다. 이후 남송 시대에 들어서 주희(朱熹; 朱子)가 《맹자》를 《논어(論語)》, 《대학(大學)》, 《중용(中庸)》과 함께 유교의 기본경서인 사서(四書)의 하나로 분류하였다.

머나먼 쏭바 강

저자 박영한(朴榮漢, 1947~) **분류** 문학(한국) **원제** 머나먼 쏭바 강 **출간 연도** 1977년

월남전을 배경으로 한 박영한의 장편소설. 원래 1977년 6월 〈세계의 문학〉에 중편으로 발표했다가, 이듬해 장편으로 개작 출판하였다. 이어 1992년에는 전면 개작한 2부작(1부 머나먼 쏭바 강, 2부 인간의 새벽)으로 개정 출판되었다. 베트남에 파견된 한국군 병사와 남베트남 처녀와의 사랑을 다룬 이 소설은 전쟁소설이면서 일종의 성장소설이라 할 수 있다. 주인공 황일천 병장은 대학에 다니다 입대한 후 월남 파병을 자원한다. 전투 도중 동료 유하사와 외박을 나온 황일천은 빅뚜이라는 여대생을 만나게 된다. 일천은 뚜이와 편지를 주고받으며 사랑의 감정을 느

끼지만, 복무기한이 끝나 귀국명령을 받는다. 그러나 귀국을 앞두고 받은 신체검사에서 성병환자가 아닌데도 성병판정을 받는다. 일천은 어이없게도 성병환자 수용소에 들어가 있지도 않은 성병을 치료받게 된다. 이 수용소는 작게는 군대조직의 모순을 상징하고 크게는 남베트남의 모순을 상징한 일종의 축도이다. 성병이 없는 일천이 성병치료를 받아야 하는 것처럼, 남베트남인들은 외국 군대의 주둔을 원치 않지만, 외세의 개입이 없이는 남베트남의 존재 자체가 유지될 수 없다는 모순 속에서 서로가 방향성을 상실하고 표류하듯이 살아간다. 수용소에서 일천과 가까워진 김기수 병장은 이와 같이 방황하는 외국군인을 상징한다. 사이공에서 근무한 기수는 전쟁의 분위기를 실감하지 못한다. 기수는 자신이 승리할 목적도, 수호할 대상도 없는 전쟁에 뛰어들었기 때문임을 깨닫는다. 그리고 린느라는 베트남의 유한 여성을 통해 성과 마약, 부패와 타락의 세계에 몰입한 끝에 마지막 종착역으로 수용소에 들어온다. 한편 일천은 수용소를 빠져나와 뚜이와 짧은 만남을 이루지만, 뚜이는 두 사람의 관계가 지속될 수 없다는 이유로 일천을 떠난다. 자포자기한 일천은 매춘에 탐닉하게 되고 정말로 성병에 걸리게 된다. 그리고 재검사를 받게 되는데, 이번에는 성병이 없다는 판정을 받는다. 결국 일천은 허무와 좌절이라는 상처를 안고 귀국한다. 이 소설은 베트남 여성과 한국군 병사의 사랑을 통해 전쟁 속에서 흔들리는 개인의 삶을 묘사했을 뿐 아니라 수용소에서 벌어지는 여러 사건을 통해 베트남 전쟁의 모순을 두 연인이 겪는 갈등과 대비시켜 보여준다. 이러한 갈등은 소설의 결말에 가서도 극복되지 못한다. 결국 회한과 향수만이 남는데, 이러한 정서가 2부 인간의 새벽으로 이어진다.

멋진 신세계

저자 헉슬리(Huxley, Aldous Leonard, 1894.7.26~1963.11.22) **분류** 문학(미국)/영화
원제 Brave New World **출간 연도** 1932년

영국의 소설가 올더스 헉슬리의 장편소설. 공상과학소설이자 문명풍자소설이다. 제목의 '멋진 신세계'는 일종의 반어법이며, 헉슬리의 소설은 미래를 유토피아가 아니라 디스토피아로 묘사하였다. 헉슬리는

'모랄이 없는 모랄리스트'라 불렸던 작가로, 과학의 발전에 대한 확고한 믿음을 가졌던 19세기의 도덕에 반발하여 역동적인 20세기에 걸맞은 새로운 도덕을 찾으려 했다. 그래서 이 소설에는 과학에 대한 무조건적 숭배가 어떠한 결과를 가져올 것인지를 2500년경의 세계를 배경으로 풍자적으로 묘사하였다. 이 세계는 과학이 극도로 발달하여 인공수정을 통해 필요한 수만큼 인간을 배양한다. 그렇기 때문에 이 세계에는 결혼도, 가정도, 부모도 없다. 수정 과정에서 조작을 통해 개개인의 지능 정도를 결정하며, 지능에 따라 5개의 계급 가운데 한 등급에 배치된다. 지능이 뛰어난 상층계급은 사회의 두뇌역할을 하고, 지능이 낮은 하층계급은 사회의 손발이 된다. 이 세계에는 종교나 예술은 필요치 않다. 즐거움은 과학이 만든 각종 오락거리와 극단적 자유연애를 통해 누리며, 불안이나 우울은 '소마'라는 신경안정제를 통해 해소한다. 주인공 버나드 막스는 최상층인 알파 계급 출신이지만, 이러한 체제에 불만을 품은 인물이다. 버나드는 그의 비판활동으로 인해 유명해지지만 결국 자신의 지위를 유지하기 위해 체제와 타협하는 나약한 지식인의 모습을 보여준다. 한편 또 다른 주인공 존은 부모의 실수로 인한 임신으로 태어나 야만인 통제구역에서 생활하던 인물로 사람들에게 체제에 순응하지 말고 자유를 되찾을 것을 호소하다 끝내 자살한다. 헉슬리는 존을 통하여 과학이 모든 것을 보장해 주는 획일화된 사회보다는 실수와 불안이 있지만 선택의 자유가 있는 사회가 보다 인간답다는 것을 역설한다.

메가트랜드

저자 나이스비트(Naisbitts, John, 1929~) **분류** 사회과학(경제학, 미래학)

원제 Megatrends: Ten New Directions Transforming Our Lives **출간 연도** 1982년

미국의 미래학자 존 나이스비트의 저서. 메가트랜드란 현대 미국 사회에서 일어나는 거대한 변화의 물결을 말한다. 나이스비트 박사는 이 책에서 미국인들의 삶을 변화시킨 메가트랜드를 10가지로 정리하였다. 1. 산업사회에서 정보사회로의 이행, 2. 첨단기술사회로 발전하는 데 따른 고감도 반응, 3. 경제 초강대국으로서 미국의 지위가 흔들림에 따라 전 세계적 상호의존성의 대두, 4. 기업가들의 장기적 안목 중시, 5. 조직

구조의 분권화, 6. 개인의 독자성에 대한 강조, 7. 근로자와 소비자들의 성장, 8. 컴퓨터의 활용으로 인한 네트워크 사회의 등장, 9. 산업 중심이 남부와 남서부로 이동, 9. 하나의 복합적 기능보다는 여러 개의 단일 기능을 요구하는 소비자들의 취향. 나이스비트 박사는 미래에 대한 낙관적 믿음을 바탕으로 전 지구적 차원으로 일어나는 메가트랜드의 흐름을 예측하였다. 이 책은 발간 이후 2년 동안 뉴욕 타임스 베스트셀러 1위를 차지했으며, 전 세계 57개국에서 출판되어 800만 권 이상이 팔렸다. 또한 현재까지 여러 종류의 메가트랜드 후속작이 발간되었다.

메데이아

저자 에우리피데스(Euripides, BC 484?~BC 406?) **분류** 문학(그리스)

원제 Medeia **출간 연도** 기원전 431년경

아이스킬로스, 소포클레스와 함께 고대 그리스의 3대 비극시인으로 불리는 에우리피데스의 비극작품. 그리스 신화에 나오는 이아손과 아르고 호 원정대를 소재로 하였다. 신화에서 아르고 호 원정대는 황금양털을 찾아 코르키스에 도착한다. 코르키스의 공주 메데이아는 이아손과 결혼을 약속하고 부친인 국왕 몰래 황금양털을 훔쳐 이아손과 함께 탈출한다. 원정대가 그리스로 귀국한 후 메데이아는 남편을 왕으로 만들기 위해 살인도 서슴지 않는다. 그러나 남편 이아손이 자신을 버리고 다른 여자와 결혼하려 하자 분노한 메데이아는 이아손에게 고통을 주기 위해 자식들을 죽이고 남편의 새 아내가 될 여자까지 죽인다. 이렇듯 신화에 나오는 메데이아는 간악하고 잔인한 요부의 이미지가 강하다. 그러나 에우리피데스는 메데이아를 남편에게 버림받고 애정을 되찾기 위해 애쓰다 증오로 인해 미쳐버리는 인물로 묘사하였다. 신화에서는 이아손이 영웅적 이미지의 주인공이지만, 이 작품에서는 메데이아가 주인공이며, 남편에 대한 애증으로 인해 파멸하는 여인의 심리를 보여준다. 에우리피데스는 전통적 양식의 과감한 탈피와 자연주의적 묘사로 유명한 극작가인데, 이 작품에서도 치밀한 구성과 심리묘사를 보여준다.

면암집

저자 최익현(崔益鉉, 1833.12.5~1906.11.17) **분류** 문학(한국)
원제 勉菴集 **출간 연도** 1908년

구한말의 사대부 최익현의 시문집. 전 46권 23책이며 원집 40권, 속집 2권, 부록 4권으로 되어 있다. 원래 1908년에 최익현의 아들 영조가 부친이 남긴 글을 모아 간행하였다. 그러나 배일사상을 고취한다는 이유로 일제에 의해 압수되었다. 이후 부분적으로 전해지다가 1931년에 보완 출판되었다. 현재 전해지는 것은 1931년에 나온 신미본이다. 문집의 내용 가운데 외세를 배격할 것을 호소한 각종 상소문이 유명하다. 그리고 이와 함께 저자가 제주도에 유배되었을 당시 한라산에 오른 체험을 기록한 《유한라산기(遊漢拏山記)》가 유명하다.

명남루총서

저자 최한기(崔漢綺, 1803~1875) **분류** 총서(총서) **원제** 明南樓叢書 **출간 연도** 조선 후기

조선 후기의 학자 최한기의 저서를 모은 총서. 최한기는 기(氣)를 만물의 실체로 보는 철학체계에 입각하여 지리학, 수학, 천문학, 농학, 의학, 광학 등 다양한 자연과학 분야를 연구하였다. 일생 동안의 연구를 통해 1천여 권의 저서를 남겼으나, 현재는 15종 80여 권만 전한다. 이를 1971년 성균관대학교 대동문화연구원에서 영인본 5책으로 간행하였다. 그의 철학은 성리학의 이기론 대신 신기(神氣) 개념을 제시하였는데, 이는 유물론에 가까운 모습을 보여준다. 이러한 자신의 독자적 철학에 입각하여 최한기는 중국을 통해 들어온 서양의 과학사상을 이해하고 수용하였다. 그런 까닭에 그의 저서 《신기통(神氣通)》과 《추측록(推測錄)》 등은 중국에서 《기측체의(氣測體義)》라는 제목으로 간행되었다. 《명남루총서》에는 그 밖에 〈습산진벌(習算津筏)〉(수학), 〈인정(人政)〉(정치), 〈강관론(講官論)〉(정치), 〈소차유찬(疏箚類纂)〉(정치), 〈지구전요(地球典要)〉(지리학), 〈육해법(陸海法)〉(농업), 〈명남루수록(明南樓隨錄)〉(철학), 〈신기천험(身機踐驗)〉(의학), 〈심기도설(心器圖說)〉(기계), 〈의상이수(儀象理數)〉(천문학) 등의 전부 12책의 저서가 실려 있다.

명상록

저자 아우렐리우스(Marcus Aurelius Antoninus, 121.4.26~180.3.17)

분류 철학(서양철학) **원제** The Meditations

고대 로마 제국의 황제이자 스토아 학파 철학자였던 마르쿠스 아우렐리우스의 글을 모은 책. 그의 글은 황제이자 철학자로서의 삶을 살았던 한 인간의 생각을 진솔하게 서술한 것으로 유명하다. 이 책은 전부 12장으로 되어 있다. 제1장은 조부 베루스를 비롯해 아우렐리우스에게 큰 영향을 미친 인물들에 대한 회상의 글이며, 나머지 장은 배움, 인생, 운명, 죽음, 인간의 본성과 올바른 삶, 자연의 순리와 우주의 질서 등에 대한 철학적 단상으로 되어 있다. 게르만족의 준동으로 변경이 불안한 시대에 제국을 통치했던 아우렐리우스는 자연의 본질은 끊임없는 흐름에 있으며, 인생을 살아가는 순리는 이러한 자연의 흐름을 거스르지 않고 순응하는 것이라고 믿었다. 이러한 아우렐리우스의 철학은 후기 스토아 학파에 속한다. 그는 자연이 우주의 질서를 의미하며, 인간은 스스로의 내면은 바꿀 수 있지만 자연의 순리에 따라 정해진 운명을 바꿀 수는 없다고 말한다. 이에 인간 각자는 외부세계의 변화에 흔들림 없이 내면을 가꾸어 나가야 한다는 것이 스토아 철학의 요지이자 아우렐리우스 글의 핵심이다. 아우렐리우스는 각지의 전장을 순회하면서도 이러한 철학의 가르침을 잊지 않기 위해 진중에서 틈이 날 때마다 글을 썼다고 한다.

명심보감

저자 추적(秋適) **분류** 철학(유학)/인문학(교육) **원제** 明心寶鑑 **출간 연도** 고려 충렬왕 때

고려 시대의 문신 추적이 공자를 비롯한 성현들의 금언을 모아 편찬한 책. 추적은 고려 충렬왕 때 예문관 제학을 지낸 인물로 알려져 있다. 제목의 '명심'은 마음을 밝게 해준다는 뜻이며, '보감'은 보배로운 거울이라는 뜻으로 수양과 처세의 지침이 된다는 의미이다. 원래 19편 247조이며 후대에 추가되어 20편 798조가 되었다. 편저자가 추적이 아니라 명나라 때의 범입본(范立本)이라는 설도 있다. 오랜 세월에 걸쳐 여러 가지 판본이 나왔기 때문에 원본이나 편저자에 대한 정확한 연구에 어

려움이 있기 때문이다. 책의 내용은 주로 〈경행록〉, 〈공자가어〉, 〈격양시〉, 〈성리서〉, 〈예기〉, 〈역경〉, 〈시경〉 등의 유교경전을 중심으로 좋은 글귀를 모은 것이며, 널리 알려진 '권선징악'이나 '천명' 등이 소개된다. 전통시대에는 한문을 처음 배울 때 우선 《천자문》을 배우고 그 다음에 《동몽선습》과 《명심보감》을 익혔다. 오늘날에도 《명심보감》은 수신서로 널리 알려져 있다.

명이대방록

저자 황종희(黃宗羲, 1610~1695) **분류** 철학(중국철학) **원제** 明夷待訪錄 **출간 연도** 1663년

중국 명말 청초의 학자 황종희의 저서. '명이'는 주역의 64괘 중 하나로 '밝은 태양이 땅 속에 들어간 암흑시대'를 말한다. 그러므로 제목의 뜻은 '암흑시대를 헤치고 새로운 아침을 열 군주를 기다리며 그에게 바치는 책'이란 뜻이다. 황종희는 명이 멸망하자 한때 의병활동을 하다 이후 고향에서 제자들을 가르치며 학문에 전념한 사람이다. 이 책은 그가 한족 국가의 부흥을 고대하면서 언젠가 청조를 타도하고 등장할 한족 국가가 명나라의 부패와 악습을 반복하지 않기를 바라는 마음에서 새로운 정치체제의 원칙을 정리한 책이다. 책의 내용은 군주론, 신하론, 법제론, 재상론, 학교, 관리 선발, 수도 건설, 국경 수비, 토지제도, 병사제도, 회계제도, 서리, 환관 등 13편으로 되어 있다. 군주론에서 저자는 '민주군객(民主君客)'을 강조하였다. 이는 백성이 천하의 주인이며, 군주가 정치를 잘못할 경우 그 책임을 져야 함을 강조한 것이다. 이 밖에 세금의 경감을 통한 부민론(富民論), 사농공상의 신분관을 배격한 공상개본(工商皆本) 등의 경제론이 실려 있다. 황종희의 이러한 사상은 청나라 말기 개혁파들에 의해 재발견되어 널리 알려지게 되었다.

모란정환혼기

저자 탕현조(湯顯祖, 1550~1617) **분류** 문학(중국) **원제** 牡丹亭還魂記 **출간 연도** 1598년

중국 명나라 시대의 희곡. 〈환혼기〉로도 불린다. 탕현조(湯顯祖)의 작

품으로 1598년에 간행되었다. 줄거리는 남안태수(南安太守)의 딸 두여랑(杜麗娘)이 꿈에 버드나무 가지를 든 서생을 만난다. 다음날 모란정가에 선 매화나무에서 어제의 서생의 모습을 본 여랑은 감상이 지나쳐 몽유병자가 되어 죽는다. 그 후 광둥[廣東]의 서생 유몽매(柳夢梅)가 과거에 응시하기 위해 상경하던 중 남안에서 병으로 쓰러진다. 이때 꿈에 여랑의 영혼이 나타나 숙소 근처의 무덤을 파보라 이른다. 유몽매가 무덤을 파보니 그 안에서 여랑이 소생하여 두 사람이 맺어진다는 내용이다. 유교적인 질서가 엄격하던 시대에 죽음을 통해 행복을 추구한 한 여인의 삶을 다룸으로써 당시 사회에 큰 충격을 준 작품이다. 명대 곤곡전기(傳奇)문학에 새로운 경지를 열었으며, 명대는 물론, 청말(淸末)에 이르기까지 극장에서 계속 상연되었다.

모르그 가의 살인사건

저자 포(Poe, Edgar Allan, 1809.1.19~1849.10.7) **분류** 문학(미국)

원제 The Murders in the Rue Morgue **출간 연도** 1841년

미국의 시인이자 소설가인 에드가 앨런 포의 단편 추리소설. 파리의 모르그 가 4층집에서 두 여인이 살해당한다. 그러나 사건이 일어난 방은 잠겨 있었고, 살인범이 들어온 흔적도 없다. 경찰이 해결의 실마리를 찾지 못하자 뒤팽이 사건 해결에 나선다. 뒤팽은 몰락한 귀족의 후예로 낡은 저택에 살면서 어둠과 독서를 좋아하는 아마추어 탐정이다. 사건 현장을 관찰한 뒤팽은 추리를 통해 범인을 밝혀낸다. 이 작품은 저자가 첫 번째로 쓴 추리소설이자 고전적 추리소설의 원형을 창조한 작품이다. 고전적 추리소설은 퍼즐형 추리소설로도 불리는데 퍼즐을 맞추듯이 수수께끼와 같은 상황을 하나씩 풀어 나간다. 우선 소설의 첫 부분에 불가사의한 사건이 일어난다. 이어 이 사건을 해결할 탐정이 등장한다. 탐정의 추리를 통해 범행의 전모가 밝혀지고 범인이 드러난다. 포는 이러한 고전적 추리소설의 전개방식을 만들어 냈을 뿐 아니라 추리소설 최초의 탐정인 뒤팽을 창조하였다.

모비 딕

저자 멜빌(Melville, Herman, 1819.8.1~1891.9.28) **분류** 문학(미국)/영화

원제 Moby Dick **출간 연도** 1851년

미국의 소설가 허만 멜빌의 장편소설. 포경선을 탔던 작가의 체험을 바탕으로 한 해양소설이다. 주인공 이스마일은 육지에서의 생활에 회의를 느끼고 포경선의 선원으로 배를 탄다. 이스마일이 승선한 포경선 피쿼드 호의 선장 에이허브는 고래에게 한쪽 다리를 잃은 인물이다. 에이허브는 자신의 다리를 앗아간 흰 고래 모비 딕을 쫓기 위해 선원들을 독려하며 대양을 누빈다. 에이허브에게 있어 모비 딕은 제거해야 할 악의 화신이며 모든 것을 다 포기하면서까지 추적해야 할 대상이다. 그리고 모비 딕을 추적하면서 에이허브 자신도 모비 딕이 없으면 존재할 수 없는 집착의 화신으로 변모해간다. 선원들은 이러한 에이허브의 집념에 압도되어 그에게 순종하지만, 에이허브를 두려워하는 만큼 에이허브의 눈먼 집착이 가져올 파국적 결말에 대해 불안을 느낀다. 이 대목에서 저자 멜빌은 청교도적 선악관에 사로잡혀 스스로 파멸하는 에이허브와 에이허브에게 압도당한 나머지 예정된 파멸 속으로 끌려 들어가는 선원들의 모습을 성찰적으로 묘사한다. 결국 에이허브는 모비 딕에 대한 복수에 성공하지만, 모비 딕과 함께 그 자신과 피쿼드 호마저 깊은 바다 속으로 가라앉게 된다. 그리고 유일하게 이스마일만이 살아남아 이 이야기를 전한다. 이 작품은 포경선의 생활을 사실적으로 묘사한 자연주의 소설이면서 인간의 집착과 불안을 모비 딕과 에이허브, 에이허브와 선원들 간의 관계를 통해 상징적으로 묘사한 상징주의 소설이다.

모모

저자 엔데(Ende, Michael, 1929~1995) **분류** 문학(독일)/영화

원제 Momo **출간 연도** 1974년

독일의 작가 미하엘 엔데의 장편소설. 동화소설이면서 성인들을 위한 우화소설이다. 다 떨어진 롱코트를 걸치고 다니는 소녀 모모는 마을 사람들의 도움으로 살아간다. 사람들은 모모가 온 뒤부터 삶을 살아갈 용

기를 얻고 다툼을 멈추고 화해하게 된다. 모모에게는 다른 사람의 이야기를 귀 기울여 들을 줄 아는 능력이 있기 때문이다. 어느 날 마을에 찾아온 회색일당은 사람들에게 시간을 절약할 것을 권유하면서 사람들을 유혹한다. 이들은 사실 사람들의 시간을 빼앗아 살아가는 시간 저축은행의 직원들이었던 것이다. 시간을 빼앗긴 사람들이 모모를 찾아오지 않자 모모가 사람들을 찾아오게 되고 회색일당은 모모를 방해물로 여기고 제거하려 한다. 이때 호라 박사가 거북이 카시오페이아를 보내 모모를 데려온다. 시간을 앞서 내다보는 능력을 가진 카시오페이아의 도움으로 시간의 원천을 본 모모는 다시 마을로 돌아와 회색일당과 대결 끝에 마을 사람들의 시간을 되찾아 준다. 이 소설은 저자가 어린이들과 어른을 함께 대상으로 하여 집필한 철학이 담긴 동화이다. 저자 엔데는 모모를 통해 꿈과 환상의 중요성을 강조함으로써 시간에 쫓겨 사는 현대인의 삶을 우화적으로 비판하였다.

모히칸족의 최후

저자 쿠퍼(Cooper, James Fenimore, 1789.9.15~1851.9.14) **분류** 문학(미국)/영화

원제 The Last of the Mohicans **출간 연도** 1825년

미국의 소설가 제임스 페니모어 쿠퍼의 장편소설. 쿠퍼는 인디언과 백인의 생활방식이 공존하는 아메리카 대륙의 변경을 배경으로 여러 편의 작품을 발표했다. 사격의 명수로 '호크아이'라는 별명을 가진 내티 범포는 백인이지만 인디언과 어울려 살아가는 인물이다. 내티는 모히칸족의 추장 칭카추쿠크와 그의 아들이자 모히칸족의 마지막 계승자인 웅카스와 함께 숲 속에서 길을 잃고 헤매는 백인들을 도와준다. 이들은 영국군 먼로 대령의 딸 코라와 엘리스, 영국군 소령 헤이워드와 성경 선생 게머트 일행으로 먼로 대령이 있는 헨리 요새로 찾아가는 길이었다. 그러나 길 안내를 맡은 인디언 마구아의 계략에 빠져 길을 잃고 인디언들에게 쫓기게 된다. 내티 일행은 이들이 헨리 요새까지 무사히 찾아갈 수 있도록 돕는다. 일행은 여러 차례 위기를 넘긴 끝에 헨리 요새에 도착하지만 프랑스군의 공격에 무너질 위기에 처한 먼로 대령은 요새를 포기하고 철수한다. 철수 도중에 마구아가 이끄는 인디언들의 기습을 받아

먼로 대령은 죽고, 코라와 엘리스는 마구아의 인질이 된다. 내티 일행은 다시 마구아를 뒤쫓은 끝에 일대 격전이 벌어진다. 이 소설의 갈등 구조는 단순히 백인과 인디언의 대립이 아니다. 아메리카 대륙의 주도권을 놓고 전쟁을 벌이는 영국인과 프랑스인, 그리고 이들 편에 선 인디언들, 백인과 접하면서 백인처럼 행동하게 된 인디언들과 백인이면서도 인디언의 삶을 사는 내티와 같이 여러 성향의 인물들이 등장한다. 저자 쿠퍼는 백인 문명이 아메리카 대륙을 잠식하는 과정을 부정하지 않으면서도 백인이나 백인의 삶을 흉내 내는 인디언에 대해 비판적이다. 오히려 자연의 일부로 살아가는 인디언의 삶이 백인 문명에 의해 밀려나는 과정을 비장한 어조로 서술하였다.

목민심서

저자 정약용(丁若鏞, 1762~1836) **분류** 정치(한국)/역사(한국사)
원제 牧民心書 **출간 연도** 1818년

조선 후기의 학자 정약용이 고금의 여러 서적에서 지방관을 위한 내용을 뽑아 편찬한 지침서. 전 48권 16책이다. 같은 저자의 《경세유표》, 《흠흠신서》와 함께 1표 2서로 불린다. 저자가 1801년(순조 1) 신유박해에 휘말려 전라남도 강진에서 유배생활을 하는 도중 저술하여 1818년에 완성한 책으로 지방관이 가져야 할 바른 자세와 지방행정의 문제점과 유의사항을 1편에 6조씩 12편 72조로 엮은 것이다. 각 편은 부임편(赴任篇), 율기편(律己篇), 봉공편(奉公篇), 애민편(愛民篇), 이전편(吏典篇), 호전편(戶典篇), 예전편(禮典篇), 병전편(兵典篇), 형전편(刑典篇), 공전편(工典篇), 진황편(賑荒篇), 해관편(解官篇)으로 되어 있어 수령의 부임에서 해관(퇴임)할 때까지 지켜야 할 사항을 조목조목 기술하였다. 이 가운데 1편에서 4편까지는 지방관의 중요성과 기본임무에 대한 내용이고, 5편에서 10편까지는 이, 호, 예, 병, 형, 공 여섯 분야에 걸친 지방행정의 실무에 대하여, 11편은 빈민구제, 12편은 지방관의 퇴임에 대한 것이다. 이 책은 저자 자신이 지방관으로 근무한 경험 및 유배생활을 거치면서 접한 아전들의 횡포와 농민들의 억울한 사정에 대한 이해를 바탕으로 쓴 만큼 당시 지방행정의 문제와 서민생활의 실상이 생생히 기록되어 있다. 당시의 사회, 경제를 연구하는 데 귀중한 자료일 뿐 아니라 정약용의 정치사상을 이해하는 데도 필수적인 자료이다.

몬테크리스토 백작

저자 뒤마(Dumas, Alexandre, 1802.7.24~1870.12.5) **분류** 문학(프랑스)/영화

원제 Le Comte de Monte-Cristo **출간 연도** 1845년

프랑스의 작가 알렉상드르 뒤마의 장편소설. 알렉상드르 뒤마는 〈춘희〉의 작가인 아들과 구분하기 위해 '대(大) 뒤마'로도 불린다. 나폴레옹이 몰락하고 프랑스에 왕정이 복고된 시대를 배경으로 주인공 에드몽 당테스의 파란만장한 인생역정을 그린 작품이다. 당테스는 마르세유에서 손꼽히는 항해사이며 약혼녀 메르세데스와의 결혼을 앞둔 전도유망한 젊은이다. 그러나 우연한 사건에 말려들었다가 그의 능력을 시기한 같은 회사 직원 당글라르, 메르세데스를 짝사랑한 페르낭, 당테스로 인해 자신의 출세에 지장이 생길까 우려한 검찰관 빌포르, 이 세 사람의 음모에 빠져 결혼식 피로연 자리에서 체포된다. 자신이 왜 체포되었는지도 모른 채 이프 섬의 감옥에 투옥되어 자포자기에 빠진 당테스는 감옥에서 만난 파리아 신부를 통해 자신을 둘러싼 음모의 전말을 깨닫고 복수를 다짐한다. 14년 만에 탈옥에 성공한 당테스는 파리아 신부가 알려준 몬테크리스토 섬에 묻힌 보물을 찾아 복수에 나선다. 14년 전의 원수들인 당글라르, 페르낭, 빌포르 세 사람은 각기 파리의 은행장, 장군, 검찰총장이 되어 부귀와 권세를 쥐고 있었다. 몬테크리스토 백작이란 이름으로 파리 사교계에 나타난 당테스는 막대한 재력과 치밀한 준비 끝에 세 사람의 원수를 파멸시킬 계획을 실행에 옮긴다. 그러나 이 모든 복수는 세 사람이 그간 저질러 온 악행의 결과이며, 당테스는 단지 그 결말을 앞당겼을 뿐인 것으로 묘사된다. 복수를 다 마친 당테스는 과거를 회상하며 다시 바다로 나아간다. 이 작품은 치밀한 구성과 절묘한 반전, 권선징악에 입각한 결말 등으로 발표 당시는 물론 지금까지도 큰 인기를 끌고 있는 작품이다.

몽구

저자 이한(李瀚) **분류** 철학(유학)/인문학(교육) **원제** 蒙求 **출간 연도** 8세기

당나라 현종 때의 문신 이한이 어린이들의 한문 교육을 위해 지은 책. 이한은 잠시 관직에 머무르다 사직하고 고향 요주에서 평생 후학을 가르치는 데 전념하였다. 《몽구》는 그때 사용한 교과서로 후에 일반 백성의 훈육서로 중국 전역에 널리 보급되었다. '몽구' 라는 제목은 《주역》의 몽괘(蒙卦)에 나오는 '동몽구아(童蒙求我)' 에서 딴 것이다. 내용은 주로 역대 성현과 문장가들의 글을 4자 1구로 뽑고 다시 비슷한 2구를 대구로 하여 전부 596항목으로 만들었다. 이 책은 《소학》과 함께 유교적 가치관을 학습시키는 교재로써 중국과 일본에서 널리 사용되었으며, 여러 종류의 주석본이 나왔다.

무기여 잘 있거라

저자 헤밍웨이(Hemingway, Ernest Miller, 1899.7.21~1961.7.2) **분류** 문학(미국)/영화 **원제** A Farewell to Arms **출간 연도** 1929년

미국의 작가 헤밍웨이의 장편소설. 제1차 세계대전을 배경으로 이탈리아군에 자원 입대한 미국인 청년과 영국인 간호사의 사랑을 묘사한 작품이다. 제1차 세계대전이 일어나기 직전 유럽과 북미의 청년 세대는 이상주의와 낭만적 모험심에 가득한 세대였다. 그러나 전쟁이 끝난 후 허무와 상실감에 시달리는 집단으로 변모하면서 이른바 '잃어버린 세대(Lost Generation)' 로 불리게 된다. 헤밍웨이는 이 잃어버린 세대를 대표하는 작가이다. 주인공 프레드릭은 막연한 사명감과 모험심으로 유럽에서 일어난 전쟁에 뛰어든다. 그러나 이탈리아군에 자원한 프레드릭의 눈앞에 펼쳐진 전장의 현실은 그의 기대와는 전혀 달랐다. 전쟁은 그의 헌신을 필요로 하지 않았고, 오히려 그의 목숨을 위협한다. 프레드릭은 자신의 노력이 아무런 인정도 받지 못할 뿐 아니라 전장에서 자신의 존재 자체가 무의미하다는 생각에 회의를 느끼다가 부상을 당해 입원하게 된다. 그리고 병원에서 만난 영국인 간호사 캐서린과 사귀게 된다. 캐서린과의 만남은 전쟁을 포기하고 빠져 나가려는 프레드릭의 결심을 굳히

게 만든다. 결국 두 사람은 이탈리아를 탈출하여 스위스로 건너간다. 그러나 짧은 동거생활 끝에 캐서린은 출산을 하다 아기와 함께 숨진다. 결국 프레드릭은 전쟁을 통해 영광도 애정도 얻지 못하고 홀로 남는다. 헤밍웨이의 소설은 열렬한 기대와 끔찍한 환멸을 모두 체험한 세대의 경험을 차갑고 사실적인 문체로 묘사한 것으로 유명하다. 그의 소설은 작가의 주장을 통해서가 아니라 전쟁에 참여한 개인의 체험에 대한 사실적 묘사를 통해서 반전 정서를 전한다.

무명인의 편지

분류 종교(기독교) **원제** Epistolae obscurorum virorum **출간 연도** 1514, 1517년

르네상스 시대에 독일에서 출판된 풍자 서한집. 《어리석은 자의 편지》라고도 한다. 르네상스 시대 독일에서 유대교 서적 말살 운동이 일어났을 때 이에 반대한 인문주의자 로이힐린을 쾰른 대학 신학부에서 고발한 사건이 있었다. 로이힐린은 당대 독일 최고의 인문주의자로 그리스어와 라틴어는 물론 헤브라이어에 정통하여 유럽 인문학의 수준을 높인 인물이다. 로이힐린이 로마 교황청에 고발당하자 로이힐린을 지지하는 인문주의자들과 교회당국 간에 치열한 논쟁이 벌여졌다. 로이힐린을 지지하는 저명한 인문주의자들이 《유명인의 편지(Epistolae clarorum virorum)》를 출간하였고, 이어서 이 책이 출판되었다. 저자는 미상이지만 에르푸르트 대학의 청년학도 크로투스 루비아누스와 울리히 폰 후텐인 것으로 추정된다. 서한집의 내용은 쾰른 대학 신학부를 중심으로 한 로이힐린 반대파들을 풍자적으로 비판한 것으로, 1514년 제1집은 48통, 17년 제2집은 추기(追記)를 합쳐서 70통에 이른다. 결국 로이힐린의 주장은 로마 교황청의 지지를 받아 승리를 거두었고, 이로써 유럽의 인문주의가 낡은 관념을 깨고 더 한층 발전하는 계기가 되었다.

무소유

저자 법정(法頂, 1931~) **분류** 종교(불교)/문학(한국) **원제** 무소유 **출간 연도** 1976년

승려이자 수필가인 법정스님의 수필집. 1976년에 초판이 출판된 이래 현재까지 3판을 찍으며 300만 부가 나갈 정도로 많은 사람들의 사랑을 받은 책이다. 책의 제목이 된 〈무소유〉를 비롯해 35편의 수필이 실려 있다. 〈무소유〉 편을 보면 선물로 받은 난초 화분에 대한 애착을 통해 집착의 무서움을 깨닫고 소유의 허망함에 대해 자각하는 과정이 담담하게 그려져 있다. 법정 스님은 일상생활에서 얻은 이러한 성찰을 인류 역사와 현대 문명에 적용시켜 우리 사회가 처한 근본문제가 소유에 대한 집착에서 비롯됨을 조용히 설파한다.

무엇을 할 것인가

저자 레닌(Lenin, 본명 Vladimir Ilich Ulyanov, 1870.4.22~1924.1.21)

분류 정치(사회주의) **원제** Chto delat' ? **출간 연도** 1902년

러시아의 혁명가 블라디미르 일리치 레닌의 정치 팸플릿. 러시아 사회주의 운동권 내에서 주도권을 장악하기 위한 목적으로 쓴 문건이다. 당시 러시아에는 여러 부류의 사회주의 세력이 있었다. 러시아 인구의 대다수를 차지하는 농민을 혁명의 주체로 보는 인민주의자들, 농업사회인 러시아에서 사회주의 혁명은 아직 멀었다는 견해를 가진 멘셰비키 그룹, 그리고 혁명가들과 소수 노동자들의 전위 조직을 통해서 노동자 대중을 이끌어야 한다고 생각한 레닌과 볼셰비키 그룹이 사회주의 운동의 주도권을 장악하기 위해 치열한 논쟁을 벌였다. 레닌은 자본주의가 고도로 발전된 후 사회주의 혁명이 가능하다는 견해를 거부하고 혁명가들의 전위당이 노동자 대중을 의식화시키면서 혁명을 유도해야 한다는 전위당론을 내세웠다. 이 팸플릿을 계기로 레닌은 볼셰비키 그룹의 대표적 이론가이자 지도자로 자리를 굳혔다. 이후 러시아 사회주의 운동은 레닌의 전위당 이론을 따르게 되었고, 마침내 1917년 10월 혁명을 통해 볼셰비키가 러시아의 정권을 장악하였다.

무예도보통지

저자 이덕무(李德懋, 1741~1793), 박제가(朴齊家, 1750~1805), 백동수(白東修)

분류 사회과학(군사학) **원제** 武藝圖譜通志 **출간 연도** 1790년(정조 14)

조선 정조 때 편찬한 무술서. 4권 4책의 한문본과 1권의 언해본으로 되어 있다. 정조의 명으로 규장각 검서관 이덕무, 박제가와 장용영, 장교, 백동수 등이 편찬하였다. 조선 조정은 임진왜란을 거치면서 전통적인 궁술 위주의 전술에 한계를 느끼고 근접전에 필요한 창과 칼 같은 병장기의 사용법을 체계적으로 도입할 필요성을 느끼게 되었다. 이에 조선에 유입된 중국과 일본의 무기술 및 조선 전래의 무술을 정리하려는 시도를 하게 되었다. 이러한 시도는 《무예도보통지》가 처음은 아니며, 《무예도보통지》의 내용은 1598년(선조 31) 한교(韓嶠)가 편찬한 《무예제보(武藝諸譜)》와 1559년(영조 35) 간행된 《무예신보(武藝新譜)》의 내용을 증보 개편한 것이다. 이 책에는 《무예신보》에 실린 18가지의 무기술에 말을 타고 하는 마상 6기가 추가되어 있다. 책의 구성은 정조의 서문을 비롯하여 책의 집필배경 및 서지사항이 나오며 본론으로 장창, 죽장창, 당파, 기창, 낭선, 쌍수도, 예도, 왜검, 제독검, 본국검, 쌍검, 마상쌍검, 월도, 마상월도, 협도, 등패, 표창, 권법, 곤봉, 편곤, 마상편곤, 격구, 마상재 등 총 24가지의 기술이 수록되어 있다. 이 책의 제목에서 '도보'란 그림과 함께 해설을 곁들였다는 의미이며, '통지'란 여러 가지 사항을 한데 아울렀다는 뜻이다. 그러한 제목에 걸맞게 이 책은 그때까지 조선에 전해진 무기술을 총망라하여 그림과 함께 설명해 놓은 책이라 할 수 있다.

무원록

저자 왕여(王與, 1261~1346) **분류** 자연과학(의학) **원제** 無寃錄 **출간 연도** 1321년경

중국 원나라 때 왕여가 편찬한 법의학서. 제목의 뜻은 '억울함이 없도록 한다'는 의미로 형사사건의 경험을 토대로 시체검안과 법의학 수사 기법을 다룬 책이다. 이 책은 원래 왕여의 독창적 저작은 아니다. 전통적으로 중국에 전해지던 시체 검안 방법을 수록한 《세원록》, 《평원록》 등의 책을 원나라 때에 이르러 왕여가 분류 편집한 것이다. 책의 내용은 살인사건 조사의 총설, 검시 도구와 절차, 방법, 보고서 작성 방식, 익

사, 구타, 중독, 병사 등 22가지의 사망 내용 및 그 원인과 시체에 나타나는 증상 등을 자세히 기술하였다. 이 책은 조선에도 전해져 여러 종류의 증보판이 나왔으며 언해본으로도 간행되었다. 1440년(세종 22)에 최치운이 왕명으로 《무원록》을 주역한 《신주무원록》을 간행하였으며, 1748년에는 구택규가 《신주무원록》을 다시 주역하였고, 1792년에는 서유린이 《증수무원록언해》를 간행하고, 1796년(정조 20)에는 구택규의 아들 구윤명이 김취하와 《증수무원록》을 편찬하였다.

무장독립운동비사

저자 채근식(蔡根植) **분류** 역사(한국사) **원제** 武裝獨立運動秘史 **출간 연도** 1949년

독립운동가 채근식 선생이 저술한 독립운동사. 저자 자신이 독립운동에 참여한 경험을 바탕으로 특히 중국과 만주 지역에서의 독립운동에 중점을 두어 서술하였으며, 1905년 을사조약 이후에 일어난 의병운동에서 1945년 일제로부터 해방될 때까지의 독립운동의 역사를 기술하였다. 내용은 총 12장으로 의병과 임시정부, 만주의 독립운동 단체들, 일본군의 조선인 학살 사건, 일본군과 독립군의 전투, 러시아 영토 내의 독립군 활동, 중일전쟁과 독립운동의 관계 등에 대해 기술하였다. 독립운동사 연구에 있어 필수자료이다.

무정

저자 이광수(李光洙, 1892~1950.10.25) **분류** 문학(한국)
원제 무정(無情) **출간 연도** 1917년

춘원 이광수의 장편소설. 작가의 첫 번째 장편소설이자 한국 최초의 근대 장편소설이다. 1917년 〈매일신보〉에 연재되었다. 낙후된 조선에 문명을 발전시키자는 민족주의적인 계몽주의 소설인 동시에 남녀 주인공들의 삼각관계를 축으로 한 연애소설이다. 서울 경성학교의 영어교사 이형식은 장안의 갑부 김장로의 딸 선형의 개인교사를 하다가 선형에게 연정을 느낀다. 이런 형식에게 고아인 그를 길러준 박진사의 딸 영채가

찾아온다. 형식은 아버지 박진사를 구하기 위해 기생이 된 영채에게 연민을 느끼고 선형과 영채 사이에서 갈등한다. 형식을 정혼자로 생각하면서 기다려 온 영채는 경성학교 배학감 일당에게 정조를 빼앗기자 유서를 남기고 떠난다. 그러나 기차에서 만난 신여성 병욱을 통해 마음을 바꾸고 함께 동경 유학길에 오르기로 한다. 한편 형식은 선형과 약혼하여 미국 유학길에 오른다. 네 사람은 우연히 부산행 기차에서 만나게 되고, 삼랑진 수재현장에서 함께 봉사활동에 나선다. 그리고 유학에서 돌아온 후 민족의 계몽을 위해 신문명을 일으키는 데 힘쓰자고 다짐한다. 이 작품은 신교육과 자유연애 사상을 통해 조선에 근대문명을 전파해야 함을 강조하며 "어둡던 세상이 평생 어두울 것도 아니요, 무정할 것도 아니다. 우리는 우리의 힘으로 밝게 하고, 유정하게 하고, 즐겁게 하고, 가멸게 하고, 굳세게 할 것이로다. 기쁜 웃음과 만세의 부르짖음으로 지나간 세상을 조상(弔喪)하는 '무정(無情)'을 마치자"라고 역설하였다.

무진기행

저자 김승옥(金承鈺, 1941.12.23) **분류** 문학(한국) **원제** 霧津紀行 **출간 연도** 1964년

김승옥의 단편소설. 주인공 윤희중은 30대 초반의 제약회사 중역으로 사장의 딸과 결혼하여 출세한 인물이다. 오랜만에 고향인 항구도시 무진을 찾은 그는 안개로 뒤덮인 고향에서 과거의 기억을 더듬는다. 그리고 무진에서 만난 하인숙이란 여인과 하룻밤의 정사를 가진다. 그러나 다음날 상경하라는 아내의 전보를 받고 잠시 갈등 끝에 서울로 올라간다. 이 소설은 서울과 무진, 아내와 하인숙이라는 서로 다른 두 장소와 두 인물을 대비시키면서 윤희중의 의식의 흐름을 보여준다. 서울과 아내는 현실의 세계, 무진과 하인숙은 환상의 세계로 윤희중에게 다가온다. 윤희중은 환상의 세계가 주는 일탈을 즐기고 잠시 그 유혹에 빠진다. 그러나 환상은 환상이라서 아름다운 것이며, 환상은 현실을 대치해서는 안 된다. 그렇게 되면 환상은 또 하나의 현실이 될 뿐이다. 결국 윤희중은 환상을 현실로 만드는 것은 환상을 파괴할 뿐이라는 것을 깨닫는다. 그리고 환상을 환상으로 남겨 놓기 위하여 다시 현실로 돌아간다.

묵자

저자 묵자(墨子, BC 480~BC 390) **분류** 철학(중국철학) **원제** 墨子 **출간 연도** 전국 시대

중국 전국 시대의 사상가 묵자의 사상을 기록한 책. 《한서》 〈예문지〉에 따르면 71편이 있다고 되어 있으나, 현재는 53편만이 남아 있다. 이 53편은 다시 5류로 나누어지며, 그중에 10론(10가지 주요덕목)을 논한 제2류가 특히 중요하다. 10론은 상현(尙賢, 어진 사람을 존경함), 상동(尙同, 윗사람의 뜻에 동조함), 겸애(兼愛, 보편적 인류애), 비공(非攻, 침략 전쟁에 대한 비난), 절용(節用, 근검절약), 절장(節葬, 장례의 간소화), 천지(天志, 하늘의 뜻과 그에 따른 상벌), 명귀(明鬼, 상벌을 내리는 귀신을 섬김), 비악(非樂, 낭비적 활동인 음악에 대한 비난), 비명(非命, 숙명론에 대한 반대) 등이다. 이 10론은 1론이 상중하 3편씩으로 원래는 10론 30편이었으나, 현재는 23편만 남아 있다. 그 밖에 특이한 점은 제3류에서는 논리학을 다루고, 제5류에는 군사학과 축성술에 대한 내용이 있다는 점이다. 묵자는 겸애설(兼愛說)을 주장하여 박애(博愛), 반전(反戰), 절검(節儉), 금욕(禁慾)을 강조하였다. 그의 사상은 공자의 유가사상과 함께 전국 시대에 크게 성장하면서 유가사상에 대해 비판적 입장을 취했다. 묵가집단은 거자(巨子)를 지도자로 하여 농촌을 중심으로 활동하였으며, 전국 시대 말기에 3파로 분리되었다고 한다. 이후 전한(前漢) 무제(武帝) 때 유교일존(儒敎一尊) 정책으로 완전히 소멸하였다.

문명의 공존

저자 뮐러(Muller, Harald, 1949~) **분류** 정치(정치이론)/사회과학(미래학)

원제 Das Zusammenleben der Kulturen: Ein Gegenentwurf zu Huntington

출간 연도 1998년

독일의 정치학자이자 군비축소 전문가인 하랄트 뮐러의 저서. 1996년에 《문명의 충돌》의 저자 사무엘 헌팅턴과 가졌던 논쟁을 정리한 책이다. 이 논쟁에서 헌팅턴이 서로 다른 종교에 기반한 문명권의 충돌을 주장한 반면 뮐러는 제3세계 문명과 서구 문명의 충돌은 냉전 시대에 유행한 이분법적 사고의 연장에 불과하며, 문명 간에는 대화와 공존이 가능

하다고 역설했다. 이 책에서 뮐러는 우선 헌팅턴의 세계이론이 선과 악의 대결이라는 지나치게 단순한 이분법을 바탕으로 하였다는 점을 지적하였다. 뮐러에 따르면, 이러한 선악의 이분법은 미국 정치학의 뿌리 깊은 관념이며 역사적으로 갈등과 충돌을 일으킨 원인이다. 이와 같이 헌팅턴식 세계 인식의 문제점을 지적한 다음 뮐러는 헌팅턴이 문명 간의 갈등의 근거로 든 사례와 통계들을 조목조목 반박하였다. 예를 들어 이슬람 문명권의 경계에서 전쟁과 폭력이 빈번하다는 통계는 이슬람 국가들의 육지 경계선이 매우 길다는 사실을 도외시한 것이며, 이를 근거로 이슬람 문명의 호전성을 주장하는 것은 잘못된 인용이라고 지적한다. 뮐러는 문화가 비슷한 국가들이 서로 뭉치는 경향이 있으며, 그 가운데 질서를 부여할 수 있는 국가가 핵심국으로 가부장과 같은 역할을 한다는 헌팅턴의 주장에 대해서도 반론을 제기한다. 뮐러에 따르면, 대부분의 국가들은 인접국이 강성할 경우 멀리 떨어진 국가와 동맹을 맺어 견제하는 방식을 택한다. 이와 같이 뮐러는 헌팅턴의 세계 인식과 외교정책을 반박하면서 앞으로의 세계는 문명 간의 충돌이 아니라 개방으로 나아갈 것이라고 예측한다. 뮐러는 그 근거로 앞으로의 세계에서 국가 간의 교류는 정부차원보다 민간차원의 교류가 활성화될 것이며, 이를 통해서 서로에 대한 이해와 공존의 기반을 마련할 수 있을 것이라고 제시한다.

문명의 충돌

저자 헌팅턴(Huntington, Samuel, 1927~) **분류** 정치(정치이론)/사회과학(미래학)
원제 Clash of Civilizations and the Remaking of World Order **출간 연도** 1996년

미국의 정치학자 사무엘 헌팅턴의 저서. 1993년 미국의 외교학술지 〈Foreign Affairs〉지에 기고한 같은 제목의 논문을 증보하여 1996년에 단행본으로 출판하였다. 이 책에서 헌팅턴은 냉전이 끝남으로써 세계는 이념의 대립이 아니라 종교에 기반한 문명의 갈등과 충돌을 맞이할 것이라는 예측을 제시한다. 그에 따르면, 서구 문명은 다른 문명(이슬람, 힌두, 중화, 라틴 아메리카, 일본, 그리스 정교, 아프리카)사회를 서구화시키지 못했으며, 이에 따라 세계는 문명의 다극화 시대를 맞이하였다.

헌팅턴은 문명권을 구분하는 기준을 종교로 보고 종교를 기반으로 한 문명권 간의 경쟁과 갈등을 예측한다. 그에 따르면, 서구 문명은 앞으로 이슬람 문명 및 중화 문명권과 갈등을 빚게 된다. 서구와 비서구가 대립하면서 비슷한 문화를 가진 국가들끼리 협력하게 되고, 이 가운데 현실적 질서를 부여할 수 있는 국가가 핵심국으로서 가부장적 역할을 하게 된다. 헌팅턴에 따르면, 서구 문명의 핵심국은 미국이며 장차 서구 문명의 운명은 미국이 핵심국으로서 자신의 역할을 빨리 인식하고 그에 걸맞은 행동을 취하는가에 달려 있다. 헌팅턴은 미국의 학자와 정책입안자들에게 이 점을 강조하기 위해 이 책을 썼다고 볼 수 있다.

문명화 과정

저자 엘리아스(Elias, Norbert, 1897~1990) **분류** 역사(서양사)

원제 The Civilizing Process **출간 연도** 1939년

독일 출신의 사회학자 노르베르트 엘리아스의 저서. 서양의 문명화 과정을 사회학, 심리학, 역사학적 연구방법을 복합적으로 이용하여 규명한 책이다. 저자는 서양의 문명화 과정을 중세 이후 유럽의 역사를 통해 서구 상류층의 '매너(예법)'가 형성된 과정을 살펴봄으로써 규명하고자 하였다. 이 책은 모두 3부로 되어 있다. 제1부 〈'문명'과 '문화' 개념의 사회적 발생〉에서 저자는 문명과 문화 개념의 대립의 기원을 살펴본다. 그런 다음 제2부 〈인간행동의 특수한 변화로서 '문명'에 관하여〉에서는 12세기부터 19세기까지 식사, 개인위생, 대인관계, 애정표현 등이 변해온 과정을 사료를 통해 추적하였다. 저자에 따르면, 서양의 문명화 과정은 12~15세기, 16~18세기 전반, 18세기 후반~20세기의 3시기로 구분할 수 있으며 기사, 궁정귀족, 시민계급 등이 그 과정을 주도하였다. 봉건시대 기사들은 대영주의 궁정에서 사교생활을 하게 되면서 사교예절을 익히게 되었다. 그 후 절대주의 시대의 귀족들은 이러한 예절을 외부의 강요에 의해서가 아니라 개개인이 내면적으로 받아들이게 되었다. 그 뒤를 이은 시민계급은 귀족들의 예절을 더욱 확대시켜 이를 '문명화'시켰다는 것이다. 제3부 〈서양 문명의 발생과정〉에서는 앞서 살펴본 바와 같은 문명화 과정의 사회적 기원이 봉건제도의 해체와 근

대국가의 형성과 관계가 있다는 논지를 제시하였다. 저자는 문명은 야만보다 우월한 가치가 아니며, 역사적으로 형성된 하나의 '과정'으로 이해해야 한다고 말한다. 엘리아스의 저작은 기능주의에 치중해 있던 사회학계에 역사적 관점을 일깨운 것으로 높이 평가받고 있으며 개인과 사회는 분리할 수 없다는 '결합태' 개념을 제시하여 개인과 사회를 분리하는 기능주의를 비판한 것으로 유명하다.

문선

저자 소명태자(昭明太子, 501~531) **분류** 문학(중국)

원제 文選 **출간 연도** 중국 남북조 시대

중국 남북조(南北朝) 시대에 양(梁)나라의 소명태자(昭明太子) 소통(蕭統)이 편찬한 시문선집(詩文選集). 전 30권으로 되어 있다. 춘추(春秋) 시대부터 양나라에 이르기까지 130여 명의 작품 800여 편을 부(賦)·시(詩)·소(騷)·조(詔)·책(策)·표(表)·서(序)·논(論)·제문(祭文) 등 39종으로 나누어 실었다. 이 중에서 시가 443수로 가장 많으며 시대별로는 진(晋)나라 작품이 가장 많다. 소명태자의 작품 선정 기준은 내용보다는 우아한 형식을 위주로 하였고 사색에 잠기거나 한가로이 관조하는 내용의 작품이 많은데, 이것은 육조 문화의 특색이기도 하다. 《문선》은 육조(六朝) 문화를 대표하는 작품으로 이후 수나라와 당나라 때 주(注)가 작성되었는데, 그중에서 당나라 때 이선(李善)이 주를 단 《육신주문선(六臣註文選)》이 유명하다.

문학과 예술의 사회사

저자 하우저(Hauser, Arnold, 1892~1978) **분류** 예술(예술사)

원제 Sozialgeschichte der Kunst und Literatur(The Social History of Art)

출간 연도 1951년

헝가리 태생으로 영국에서 활동한 예술철학자이자 예술사가 아놀드 하우저의 저서. 기존의 예술사가 예술의 발전을 정신의 발전이나 양식

의 발전으로 이해한 데 비해, 예술의 발전을 사회사적 시각에서 서술한 책이다. 저자가 미학과 예술사 분야에서 30년 넘게 연구한 결과를 4권에 담았으며, 라스코 동굴의 석기 시대 벽화에서 영화에 이르기까지 예술의 변천과정을 역사의 발전과 연관 지어 서술하였다. 하우저는 예술의 발전이 그 시대의 사회적 조건과 직접적 관련이 있다고 보았다. 그렇지만 예술이 정치나 사회적 요구에 의해 좌우된다고는 생각지 않았다. 오히려 예술가는 현실을 성실하게 묘사하려는 노력을 통해서 그의 시대에 영향을 미친다고 보았다. 하우저에 따르면, 중세 시대까지 예술가는 개성을 인정받지 못하는 직인에 지나지 않았다. 그러던 것이 르네상스를 통해 예술가는 개성과 재능을 발휘할 수 있는 자유업 종사자로 부상하였으며, 근대에 들어서 예술가는 그의 지적인 재능으로 인해 사회에서 인정받고 우월한 위치를 가진 존재가 되었다. 프랑스 혁명 이후로 예술가와 문학가들은 자신들의 독자적 기준을 가지면서 대중을 앞서가는 집단이 되었다. 예술가들은 시민사회를 주도하는 부르주아에 맞서 '예술을 위한 예술'을 주장하였으며, 대중과 분리된 자신들만의 세계를 창조하기에 이르렀다. 따라서 하우저는 현대의 예술은 지적으로 매우 복잡하게 발달한 만큼 모든 사람이 이해할 수 있는 것은 아니라고 생각했다. 그리고 보다 많은 사람들이 예술을 이해하기 위해서는 사회적, 경제적 조건(즉 올바른 예술교육)이 필수적이라고 생각하였다.

문헌통고

저자 마단림(馬端臨, 1254~?) **분류** 역사(중국사) **원제** 文獻通考 **출간 연도** 1319년

중국 송나라 말기에서 원나라 초기의 학자 마단림이 고대부터 송나라 때까지 역대 제도와 문물에 대해 쓴 책. 전 348권이다. 당(唐)나라의 두우(杜佑)가 쓴 《통전(通典)》, 송나라의 정초(鄭樵)가 쓴 《통지(通志)》와 함께 3통(三通)이라 불린다. '문헌통고'라는 제목의 뜻은 고대의 경전과 사서를 '문'이라 하고 역대 신하들의 상소와 유학자들의 논설을 '헌'이라 하여 이를 취합하였다는 뜻이다. 책의 구성은 전부(田賦) · 전폐(錢幣) · 호구(戶口) · 직역(職役) · 정각(征榷) · 시적(市糴) · 토공(土貢) · 국용(國用) · 선거(選擧) · 학교(學校) · 직관(職官) · 교사(郊社) · 종묘(宗

廟)·왕례(王禮)·악(樂)·병(兵)·형(刑)·경적(經籍)·제계(帝系)·봉건(封建)·상위(象緯)·물이(物異)·여지(輿地)·사예(四裔) 등 24항목으로 되어 있다. 내용 가운데 고대부터 당나라 때까지는 《통전》의 내용을 증보한 것이고 그 밖에 《통전》에 없는 송나라 시대에 관한 내용이 있어, 송나라의 제도와 문물을 알 수 있는 중요한 자료이다. 내용 가운데 한반도에 대한 부분도 많으며, 조선에 전해져 많은 학자들이 참고자료로 활용하였다.

문화의 수수께끼

저자 해리스(Harris, Marvin, 1927~2001) **분류** 인문학(인류학)

원제 COWS, PIGS, WARS AND WITCHES: The Riddles of Culture

출간 연도 1974년

미국의 문화 인류학자 마빈 해리스의 저서. 《식인과 제왕》, 《음식문화의 수수께끼》와 함께 저자의 '문화인류학 3부작'으로 꼽히는 책이다. 저자는 이방인의 눈에는 이상하고 때로는 혐오스럽게 보이는 관습도 그 주변 환경에 대한 과학적인 관찰을 통해서 보면 문화를 이해하는 열쇠가 된다는 것을 보여준다. 이를 위해 저자는 현대 유럽 문화권과 시간적, 공간적으로 동떨어진 문화를 선택하였다. 저자는 영문판 원제처럼 왜 힌두교도는 암소를 숭배하고, 유태인과 회교도는 돼지를 혐오하며, 원시인들의 전쟁은 어떤 메커니즘을 지녔으며, 중세 유럽에서 유행했던 마녀사냥의 사회적 기능은 무엇이었는가에 대한 질문을 던진다. 그리고 그 밖에 아메리카 북서부 인디언의 선물교환 의식, 예수의 역사적 실체와 초기 기독교의 성립과정 등에 대해서 문제를 제기한다. 그런 다음 이런 관습들은 해당 문화권의 생태적, 경제적, 사회적, 성적 조건에 따라 합리적으로 선택된 제도들이라는 점을 보여준다. 그렇기 때문에 문화는 환경의 산물이며, 각 문화를 대표하는 관습과 제도는 주어진 환경을 가장 잘 이용할 수 있기 때문에 선택된 것이라는 해답을 제시한다. 그런 까닭에 문화들 사이에는 우월이 있을 수 없다. 단지 차이만이 있을 뿐이다. 또한 과학적인 관찰 대신 자기 문화의 관점에서 다른 문화를 평가하고 재단하는 것은 어리석은 행위이며, 이러한 평가를 바탕으로 한 개입은 불행한 결과를 초래할 뿐이다. 저자는 서구의 제국주의와 기독교 포교의 역사가 바로 이러한 자문화중심주의에 입각한 어리석은 행동이었다고 비판한다. 이처럼 문화를 환경의 산물로 본다는 점에서 저자는 '문화유물론자'로 불린다.

물과 원시림 사이에서

저자 슈바이처(Schweitzer, Albert, 1875~1965) **분류** 문학(독일)/철학(서양철학)

원제 Zwischen wasser und urawld **출간 연도** 1921년

알베르트 슈바이처 박사의 아프리카 의료활동 체험기. 슈바이처 박사는 신학자이자 파이프오르간 연주자이며, 아프리카에서 의료봉사 활동에 종사한 의사이자 '생명에의 외경'을 외친 생명존중의 철학자였다. 이 책에는 슈바이처 박사가 30세에 아프리카 의료봉사를 결심하고, 7년간의 의학수업 끝에 1913년부터 프랑스령 적도 아프리카의 오지 랑바레네에서 4년 반 동안 생활한 체험이 담겨 있다. 박사는 제1차 세계대전의 발발로 유럽으로 강제송환당하여 일시 아프리카를 떠나게 되었는데, 유럽에 체류하는 동안 아프리카의 실상을 유럽인들에게 알리기 위해 이 책을 집필하였다. 책에는 초창기의 열악한 진료상황과 아프리카인의 생활방식이 상세하게 기록되어 있다. 슈바이처 박사는 아프리카 현지인들에게 의료봉사를 했을 뿐 아니라 아프리카의 대자연 속에서 생명존중의 철학을 정립하였다. 박사는 인간은 고통에 예속되어 있으며 고통을 경험한 사람은 다른 사람의 고통을 덜어줄 책임을 느껴야 한다고 강조하였다. 그에 따르면, 윤리란 우리가 우리 자신의 생명을 존중하는 만큼 다른 생명에 대해서도 외경(畏敬)하는 의무감을 스스로 체험하는 것이다. 그런 까닭에 윤리는 삶에 대한 긍정이며 단순한 생존의 지속이 아니라 긍정적으로 생을 누리고자 하는 삶에 대한 건강한 의지이다. 인간은 생명에의 외경을 통해 자신의 존재를 고양시키므로 생명에의 외경은 자기완성의 윤리가 된다. 이러한 생명존중 철학은 후에 생명윤리학과 환경윤리학으로 발전하였다.

물질문명과 자본주의

저자 브로델(Braudel, Fernand, 1902~1985) **분류** 역사(서양사)

원제 Civilization and Capitalism 15th~18th Century **출간 연도** 1979년

프랑스의 역사가 페르낭 브로델의 저서. 저자는 '아날 학파' 에 속하는 학자로 15세기에서 18세기까지 물질문명의 발전과 자본주의의 등장을 서술하였다. 저자는 역사를 3단계로 분류하였다. 맨 밑의 단계는 물질문명의 영역으로 사람들의 '일상생활' 이 이루어지는 영역이다. 이 영역은 '장기지속' 의 영역으로 불리며 거의 변화하지 않는다. 그 다음 중간 단계는 교환활동이 이루어지는 '교환경제' 의 영역이다. 이 영역은 '중기지속' 의 영역으로 완만하게 주기적으로 변화한다. 맨 위의 영역은 정치적 사건이나 이데올로기와 같은 '단기지속' 의 영역이다. 이 영역은 아래 영역들을 통제하지만 또한 아래 영역들의 변화에 따라 거품처럼 사라져 버리기도 한다. '자본주의' 도 물질문명과 교환경제의 영역 위에 성립한 특수한 아이템일 뿐이다. 저자는 시장경제의 확대가 곧 자본주의의 발전이라는 도식을 받아들이지 않는다. 대신 일상생활과 시장경제와 자본주의는 한 사회 안에 공존하며 서로 영향을 주고받으며 때로는 대립한다고 본다. 그럼으로써 저자는 자본주의의 발달이 곧 근대화라는 관념에 도전한다. 결론적으로 저자는 역사의 흐름을 물질문명과 일상생활의 느리지만 지속적인 발전과정으로 파악하고 그러한 변화의 '구조' 를 드러내려는 시도를 하였다.

미국의 민주주의

저자 토크빌(Tocqueville, Alexis de, 1805.7.29~1859.4.16)

분류 정치(미국정치, 민주주의)/역사(미국사)

원제 De la democratie en Amerique(Democracy in America)

출간 연도 1835, 1840년

프랑스의 정치 사상가 알렉시스 드 토크빌의 저서. 토크빌은 근대 정치사상사에 있어 대표적인 자유주의 사상가로 알려져 있다. 저자는 1831년 판사로서 미국의 형행제도를 시찰하기 위해 미국을 방문하였다.

이때 미국의 정치풍토가 유럽 대륙과 너무나 틀리다는 사실에 깊은 충격을 받았다. 토크빌이 미국에서 가장 깊은 인상을 받았던 것은 미국 사회의 평등지향적 분위기였다. 아직도 신분사회의 영향이 남아 있던 프랑스에서 온 토크빌에게는 미국 사회의 평등과 신분차별의 부재가 매우 강한 인상을 남겼던 것이다. 귀국한 후 토크빌은 열악한 프랑스의 정치 상황을 개혁하기 위해서는 미국과 같은 사회변화가 필요함을 느끼고 이 책을 저술하였다. 이 책에서 토크빌은 민주적 사회변동을 적극 옹호하면서 시민사회가 능동적으로 변화를 일으킬 수 있으며 변화를 주도해야 한다고 강조하였다. 이와 함께 평등에 대한 선호가 미국의 정치, 경제, 문화에 어떠한 영향을 미쳤는지를 상세히 서술하였다. 그는 먼저 북아메리카에 정착한 영국계 미국인들의 역사적 기원과 사회 상태를 서술하고, 그들 사회의 특징으로 주권재민 원칙을 들었다. 그리고 이러한 주권재민의 원칙이 실현되는 정치적 제도인 타운 제도와 자치기구에 대해 설명하였다. 이어 미국의 사법제도와 연방헌법, 정당과 언론에 대한 고찰을 통해 미국 민주주의의 장점을 논하였다. 한편 이러한 평등지향적 사회가 다수의 독재나 정치적 무관심을 불러일으킬 위험성도 있음을 지적하였다. 결론적으로 토크빌은 미국의 민주주의가 가진 적극적인 활동력과 자정능력을 긍정적으로 평가하였으며, 미국에서 벌어진 정치적 실험은 근대 민주주의의 실현을 위해 필요한 것이었다고 평가했다.

미국역사에 있어서 프론티어

저자 터너(Turner, Frederick Jackson, 1861~1932) **분류** 역사(미국사)

원제 The Significance of the Frontier in American History **출간 연도** 1893년

미국의 역사학자 프레드릭 잭슨 터너의 논문. '프론티어(변경) 사관'을 제시하여 미국사 해석의 새로운 장을 연 논문이다. 터너 이전의 역사가들은 미국사를 유럽 역사의 연장으로 파악하였다. 이에 반해 터너는 미국의 역사는 유럽과 단절된 아메리카 대륙이라는 독특한 조건에서 형성된 독자적인 것임을 강조하였다. 그에 따르면 인구가 희박한 광대한 변경을 뜻하는 프론티어의 존재와 서부개척을 통한 프론티어의 소멸은 미국의 역사에 큰 영향을 미쳤다. 경제적인 면에서 프론티어는 농업의

발달을 가져왔고 방대한 공산품 내수 시장을 제공하였다. 사회적으로는 자영농이 자리 잡을 공간을 제공하여 과잉노동력을 흡수함으로써 사회의 안전판 역할을 하였다. 정치적인 면에서 프론티어는 인구가 적어 모든 주민들이 공동체의 운영에 적극적으로 참여해야 했기 때문에 유럽의 낡은 관습을 떨쳐 버리고 직접 민주주의와 사회적 평등을 실현할 조건을 제공했다. 문화적인 면에서는 척박한 환경을 개척하는 과정에서 도전정신, 협동심, 실용적 자세, 개척정신을 진작시켰다. 이러한 프론티어의 존재가 개인주의와 현실적 합리주의를 중시하는 미국인의 국민성을 형성하는 데 큰 역할을 하였다는 것이다. 결론적으로 터너에게 있어 미국의 역사는 곧 서부개척의 역사, 프론티어의 역사였다.

미국의 송어 낚시

저자 브로티건(Brautigan, Richard, 1935~1984) **분류** 문학(미국)

원제 Trout Fishing In America **출간 연도** 1967년

미국의 소설가 리처드 브로티건의 장편소설. 생태주의 소설로 알려진 이 작품은 1950년대의 '비트 세대' 와 1960년대의 '히피 세대' 의 정서를 보여준다. 이 소설은 전통적인 소설과는 형식이 다르다. 과거와 현재가 뒤섞인 47편의 독립적인 짧은 이야기로 구성된 파편적 구조를 보여준다. 이야기들은 모두 미국의 문화에서 차용한 다양한 요소들로 이루어져 있으며, 주인공의 성장이나 줄거리의 전개는 큰 비중을 차지하지 못한다. 저자는 '송어' 를 '아메리칸 드림' 또는 미국의 자연에 빗대어 묘사하면서, 과거에는 희망과 아름다움이 있었던 미국의 꿈과 자연이 이제는 사라졌다는 메시지를 전한다. 작중의 화자는 어린 시절에 의붓아버지로부터 미국의 송어 낚시에 대한 이야기를 듣는다. 화자는 송어에서 미국의 이상을 본다. 그러나 현재의 미국은 환경오염으로 송어 낚시가 불가능하다. 화자는 성장하면서 송어를 낚을 수 있는 맑고 깨끗한 하천을 찾아 미국 전역을 누빈다. 화자에게 있어 송어를 찾아가는 여행은 곧 미국의 정체성을 찾기 위한 순례이다. 송어를 찾는 여행 도중에 화자는 불모지가 된 하천과 꿈은 기졌다가 좌절하거나 상처받은 여러 사람들을 만난다. 황폐해진 자연과 좌절한 사람들에게서 화자는 폐허와 죽

음과 상실을 본다. 그래도 화자는 송어가 뛰노는 맑은 하천에서 낚시를 하는 꿈을 버리지 않는다. 송어는 곧 미국인의 인간답고 자연친화적인 삶을 의미하며, 화자는 그 꿈이 언젠가 이루어지리라는 희망을 표현하고자 문학을 선택한다.

미디어의 이해

저자 맥루한(Mcluhan, Marshall, 1911~1980) **분류** 철학(문화철학)

원제 Understanding Media **출간 연도** 1964년

캐나다의 언론학자 마샬 맥루한의 저서. '미디어는 메시지다', '지구촌', '정보시대'와 같은 유행어를 만들며 정보혁명의 시대를 예견한 책이다. 이전의 언론학자들이 미디어(매체)가 전하는 메시지의 내용에 관심을 기울였다면, 맥루한은 미디어 자체가 가진 잠재력에 주목했다. 맥루한에 따르면, 미디어는 인간 능력의 확장이며 감각기관을 확장시켜 우리가 세상을 인식하는 방식을 좌우한다. 그렇기 때문에 미디어는 단순히 메시지를 전달하는 매개체가 아니라 메시지 그 자체를 결정한다. 미디어가 달라지면 메시지도 달라진다. 신문을 통해 전달되는 메시지와 텔레비전을 통해 전달되는 메시지와 인터넷을 통해 전달되는 메시지는 결코 같지 않다. 맥루한은 미디어를 쿨(cool) 미디어와 핫(hot) 미디어로 구분한다. 핫 미디어는 정세도(완성도)가 높기 때문에 수용자가 참여할 여지가 줄어들므로 수용자는 일방적 전달의 대상으로 전락한다. 쿨 미디어는 수용자의 높은 수준의 참여를 요구한다. 그렇기 때문에 쿨 미디어일수록 수용자의 상상력이 필요하다. 신문, 영화, 라디오는 핫 미디어이며, 텔레비전, 전화, 만화 등은 쿨 미디어다. 그러나 이러한 구분은 절대적이 아니다. 텔레비전은 영화에 비해 '쿨'하지만, 인터넷에 비하면 '핫'하다. 맥루한은 그 시대의 지배적 매체가 무엇이냐에 따라 그 문명의 성격도 달라진다고 주장하였다. 현대 문명은 과학기술의 발전에 힘입어 전 세계가 하나의 공동체로 통합되는 지구촌 시대를 열었다. 맥루한은 이러한 흐름을 긍정적으로 평가했다. 그는 인간이 과거 시각 중심의 미디어에서 탈피하면서 보다 개방적이고 자유로운 세계로 나아가고 있다고 보았다. 맥루한의 주장은 1960년대 당시에 큰 반향을 일으켰지

만 그에 못지않게 미래에 대한 지나친 낙관론과 기술결정론적 사고라는 비판도 받았다. 이후 70~80년대에 잊혔던 맥루한의 이론은 90년대 들어 인터넷의 보급과 디지털 문명론의 등장으로 다시금 주목받고 있다.

미야모토 무사시

저자 요시카와 에이지(吉川英治, 1892.8.11~1962.9.7) **분류** 문학(일본)/영화

원제 宮本武藏 **출간 연도** 1935~1939년

일본의 작가 요시카와 에이지의 장편역사소설. 일본 역사상 실존인물이며 뛰어난 검객이자 화가로 《오륜서》라는 병법서를 남긴 미야모토 무사시(1584~1645)의 일대기를 소설화한 작품이다. 도요토미 히데요시가 일본을 통일하던 무렵 무사의 아들로 태어난 무사시는 어려서부터 검술을 수련한다. 도쿠가와 이에야스가 일본의 패권을 장악한 1600년의 세키가하라 전투에 참전한 무사시는 패잔병으로 쫓기는 신세가 된다. 생사의 위기에 처한 무사시는 다쿠앙이란 스님을 만나 목숨을 건지고 검술 수련에 전념한다. 3년의 수련 끝에 검에 자신을 얻은 무사시는 일본 전국을 떠도는 수련 여행에 나선다. 당시 교토의 명문 요시오카 검술 도장, 창술로 이름 높은 보장원 등을 방문하면서 무사시는 두 자루의 칼을 쓰는 '이도류' 라는 자기만의 검술류파를 창시한다. 자신만의 검법을 깨우친 무사시는 마침내 당대의 고수들을 차례로 격파하고, '간류' 라는 유파를 창시한 사사키 고지로와 목숨을 건 마지막 대결을 벌이게 된다. 작가 요시카와 에이지는 실존인물인 무사시를 일본의 국민 영웅으로 재창조했으며, 주인공 무사시가 진정한 검객으로 성장해 나가는 과정을 방대한 스케일과 짜임새 있는 구성으로 묘사하였다.

민주주의와 교육

저자 듀이(Dewey, John, 1859~1952) **분류** 인문학(교육)

원제 Democracy and Education **출간 연도** 1916년

미국의 철학자이자 교육학자인 존 듀이의 교육학 저서. 민주사회에서

교육이 차지하는 위치는 무엇이며 민주시민을 육성하기 위해서는 어떤 교육이 이루어져야 하는지에 대해 논한 책이다. 실용주의 철학자로 알려진 듀이는 인간은 환경과의 상호작용을 통해 경험을 쌓으며 자신을 변화시켜 간다고 생각했다. 사회는 그러한 개인들이 모여 구성하는 만큼, 개인은 사회 속에서 공동생활의 규범을 배우고 익혀야 한다. 민주주의 사회는 개인의 자유를 최대한 인정하지만 평등한 개인들로 구성된 민주사회를 유지하려면 시민 각자가 타인의 자유를 침해하지 않고 공동체를 유지할 수 있는 자율적 능력을 갖추어야 한다. 그렇기 때문에 민주사회일수록 개인의 교육에 대한 필요성은 커진다. 민주사회의 학교는 사회와 동떨어진 곳이 아니다. 학교는 사회의 일부이며 그 자체가 하나의 작은 사회이다. 학생들은 학교에서 사회활동의 원리를 배워야 한다. 그러므로 학생들은 학교에서 특정 교과목을 배우는 것이 아니라 삶을 살아가는 데 필요한 학습의 방법을 배워야 한다. 듀이는 학교에서 학생들의 개성과 자유를 최대한 수용하는 자율적 학습을 주장하면서도, 사회와 마찬가지로 학교에서도 규범에 대한 학습과 방향성의 제시가 필요하다고 강조했다. 그럼으로써 학생들은 학교생활을 통해서 민주시민으로 성장할 능력을 기르게 된다. 이와 같이 듀이는 교육을 계속적인 성장으로 이해했으며, 인간의 삶은 이러한 계속적 성장, 즉 교육의 과정이라고 이해했다.

세계의 모든 책

바

바가바드기타

저자 비아사(Vyasa, ?~?) **분류** 문학(인도) **원제** Bhagavadgita

힌두교의 경전. 〈베다〉, 〈우파니샤드〉와 함께 힌두교 3대 경전의 하나로 꼽힌다. 제목은 '거룩한 자(신)의 노래'라는 뜻이다. 이 경전은 산스크리트어로 쓰인 종교적 서사시이며, 원래는 고대 인도의 대서사시인 〈마하바라타〉의 일부였다. 〈마하바라타〉 가운데 제6권 〈비스마파르바〉의 23장에서 40장에 실린 철학적이고 종교적인 시 700편이 나중에 독립된 작품으로 떨어져 나온 것이다. 〈바가바드기타〉에는 비슈누 신의 화신인 크리슈나가 최고신으로 등장하며, 카르마(업) 때문에 생기는 윤회를 벗어나 해탈하는 방법에 대해 설명하고 있다. 〈마하바라타〉의 줄거리를 살펴보면, 하스티나푸르 왕국의 지배권을 놓고 벌어진 사촌 형제들 간의 전쟁에 참전한 아르주나 왕자는 혈족들 간의 참혹한 전쟁에 슬픔과 회의를 느낀다. 이때 왕자의 친구인 크리슈나가 업보와 해탈에 대한 이야기를 들려주어 왕자를 미혹에서 깨어나게 한다. 여기서 크리슈나는 삼신일체의 신인 비슈누 신의 화신으로 나온다. 이 이야기에는 크리슈나를 숭배하는 바가바타파 종교가 브라만교와 결합하고 여기에 우파니샤드, 상키아, 요가, 베단타 철학 등 복잡한 사상이 혼재되어 있다. 그 사상은 오랜 세월에 걸쳐 여러 종파의 가르침을 받아들이면서 발전하였기 때문에 난해한 부분이 많으며 여러 종의 주석서가 출간되었다. 오늘날에도 힌두교도의 성전으로 인도인의 정신문화에 많은 영향을 끼치고 있으며, 마하트마 간디도 이 책의 주석서를 출판하였다.

바람과 함께 사라지다

저자 미첼(Mitchell, Margaret, 1900~1949) **분류** 문학(미국)/여성/영화
원제 Gone with the Wind **출간 연도** 1936년

미국의 작가 마가렛 미첼의 장편역사소설. 남북 전쟁과 재건시대의 남부를 배경으로 여주인공 스칼렛 오하라의 사랑과 삶을 묘사한 작품이다. 조지아 주 타라 농장주의 딸 스칼렛은 오만하고 자존심 강한 미인이다. 스칼렛은 충동적인 기질이 있지만 자신이 마음먹은 목표를 이루기 위해

집요하게 노력하는 성격이다. 스칼렛은 자신과 상반되는 성격에 지적이고 이상주의적인 애슐리를 사랑한다. 그러나 애슐리는 그와 비슷한 성격의 멜라니에게 청혼한다. 이에 분노한 스칼렛은 복수심에 충동적으로 멜라니의 오빠 찰스의 청혼을 받아들인다. 남북 전쟁이 일어나고 애슐리와 찰스는 남군에 입대하여 출전한다. 찰스는 전사하고 스칼렛은 만삭이 된 멜라니를 데리고 북군에게 포위된 애틀랜타를 빠져나가려고 시도한다. 이때 레트 버틀러라는 냉소적이면서도 야성적인 밀수상이 스칼렛을 돕는다. 전쟁은 남부의 패전으로 끝나고 스칼렛은 혼자서 타라 농장을 재건하기 위해 애쓴다. 중간에 돈 때문에 프랭크라는 남자와 재혼하지만, K.K.K.단에 연루된 프랭크는 총격전 끝에 죽고 만다. 프랭크가 죽은 후 다시 레트와 재혼한 스칼렛은 여전히 애슐리를 잊지 못한다. 레트는 그런 스칼렛을 진심으로 사랑하면서 그녀가 마음을 돌리기를 기다린다. 그러나 딸 보니의 죽음으로 레트의 인내심은 한계에 이르고, 결국 스칼렛을 떠난다. 그제야 자신이 진정으로 사랑한 것은 애슐리가 아니라 레트였음을 깨달은 스칼렛은 좌절하지 않고 레트가 돌아올 때까지 기다릴 것을 결심한다. 이 소설은 등장인물들의 생생한 성격묘사가 탁월한 작품이다. 특히 고집스럽지만 솔직한 성격의 주인공 스칼렛과 냉소적인 태도를 취하지만 속으로는 사랑에 대한 열정을 간직한 레트의 성격묘사가 뛰어나다. 이 소설에서 '바람'은 전쟁과 재건, 어긋난 애정관계 등 스칼렛에게 닥친 여러 가지 시련을 나타낸다. 소설의 결말에서 스칼렛은 남편과 자식 등 그녀에게 소중했던 모든 것을 잃는다. 그러나 그 모든 시련도 주인공 스칼렛의 강인한 의지를 꺾지는 못한다. 작가는 좌절하지 않는 스칼렛을 통해 삶에 대한 강한 의지를 묘사하였다. 이 작품은 소설로서도 베스트셀러가 되었을 뿐 아니라, 1939년 데이비드 셀즈닉 제작, 빅터 플레밍 감독에 비비안 리와 클라크 게이블이 각각 스칼렛과 레트를 연기한 영화로 제작되어 전 세계적으로 크게 성공하였다.

박물지

저자 플리니우스(Plinius Secundus, Gaius, 23~79) **분류** 자연과학(생물학)

원제 Historia Naturalis(Natural History) **출간 연도** 77년

로마 시대의 군인, 정치가이자 박물학자인 플리니우스가 자연계의 여러 현상에 대해 종합적으로 기술한 책. 전 37권으로 되어 있으며, 77년에 티투스 플라비우스(79년에 로마 황제가 됨)에게 헌정되었다. 이 책은 일종의 대백과전서로 백과사전의 기원이라 할 수 있다. 플리니우스는 이 책의 제목에 대하여 '만물의 속성, 즉 생명에 대한 연구'라고 풀이하였다. 이 책의 특징은 100종 이상의 출전을 일일이 밝힌 점이며, 천문, 지리, 의학, 인간, 동물, 식물, 농업, 광물, 보석 등 약 2만 개의 항목으로 구성하였다. 특히 동물 · 식물 · 광물의 이용에 대한 기술이 중요하게 다루어졌으며, 기타 풍속에 대한 설명도 있다. 플리니우스는 그가 보고 들은 '세상 만물에 대한 자세한 기술'을 목표로 했는데, 그중에는 상상의 동물이나 초자연적인 존재에 대한 기술도 많이 포함되어 있다. 플리니우스의 기술 방식은 실험을 통해 증명을 이끌어 내는 현대의 과학적 방식과는 차이가 있다. 플리니우스는 고대의 과학자답게 현상에 대한 직관적 관찰과 상세한 묘사를 위주로 하였다. 중세시대에 들어 플리니우스가 이 책을 집필하면서 의존했던 많은 그리스 문헌들이 사라지면서, 이 책이 일종의 보편 교양서 역할을 하게 되었다.

반계수록

저자 유형원(柳馨遠, 1622~1673) **분류** 정치(한국정치)

원제 磻溪隨錄 **출간 연도** 1670년(현종 11)

조선 후기의 학자 유형원의 저서. 전 26권 13책이다. 전제(田制) · 교선제(敎選制) · 임관제(任官制) · 직관제(職官制) · 녹제(祿制) · 병제(兵制) 등 본편 6부분과 군현제(郡縣制)를 다룬 속편 1편으로 구성되어 있다. 이 가운데 토지문제를 다룬 전제 부분이 가장 분량이 많다. 제목의 '반계'는 저자의 호이며, '수록'이란 그때그때 자유롭게 기록하였다는 뜻이다. 그러나 제목의 뜻과는 달리 저자의 개혁정책을 매우 체계적으로 논하고 있다. 이 책에서 저자는 토지제도와 과거제도의 개혁을 중심으로 한 개혁방안을 제시하였다. 우선 토지제도에 있어서는 토지의 집중을 막고 균등하게 분배하는 균전제(均田制)를 실시하자고 주장하였다. 균전제를 통하여 경작자는 기본생활을 보장받고, 국가는 재정과 병

역을 해결할 수 있다. 다음으로 과거제도에 대해서는 우선 교육제도의 개혁이 필요하다고 주장하였다. 지방별로 교육기관을 설치하여 단계적 교육을 실시하며 비용은 국가가 전부 부담한다, 학생은 능력에 따라 상위 교육기관으로 진학하며 마지막 단계로 중앙의 태학(太學)을 수료한 학생을 관리로 등용한다 등의 내용이 담겨 있다. 이와 같이 저자는 과거제를 폐지하고 천거에 의한 공거제(貢擧制)를 실시하며 신분 및 직업의 세습과 차별을 폐지할 것을 주장하였다. 이 밖에도 관료제도와 행정기구, 병역제도와 노비제도에 대한 개혁을 주장하였다. 이와 같이 토지 소유제도를 개혁의 핵심대상으로 보는 관점은 훗날 이익, 안정복, 정약용 등의 중농주의 실학자들이 계승하였다. 유형원이 이 책에서 주장한 개혁방안은 국가정책으로 채택되지는 않았지만, 학문적 가치를 인정받아 1770년(영조 46)에 영조의 명으로 간행되었다.

반야심경

분류 종교(불교) **원제** 摩訶般若波羅蜜多心經

불교의 기본 경전. 원 제목은 〈마하반야바라밀다심경〉이며, 〈심경〉이라고도 부른다. 반야부 경전 600여 권의 핵심을 정리한 경전으로 8만대장경 중의 요체라고 한다. 내용은 260자에 불과하지만 불교의 핵심교리를 담고 있어 종파를 초월하여 불교의식에서 독송되는 경전이다. 제목은 '지혜의 완성' 을 뜻한다. '마하' 는 절대적인 크기를 의미하며, '반야(프라즈냐)' 는 지혜를 의미한다. '바라밀다(파라미타)' 는 '도피안(到彼岸)' 으로 번역되며 '저 언덕을 건너간다' 는 뜻이다. 그 의미는 중생의 세계인 차안(此岸)에서 깨달음의 세계인 피안(彼岸)으로 건너간다는 뜻으로 깨달음의 완성을 의미한다. 심경(흐리다야 수트라)은 핵심 경전이란 의미이다. 〈반야심경〉에서 말하는 '반야(지혜)' 는 인간 본연의 깨끗한 마음으로 너와 나의 분별이 없는(공, 空) 자유로운 경지를 말한다. 〈반야심경〉은 이러한 본연의 마음을 되찾는 수행의 핵심으로 연기설과 공사상을 제시한 경전이라 할 수 있다. 즉 반야는 연기의 이치를 깨닫고 공을 실천함을 말한다. 경전의 구조는 크게 네 부분으로 구분된다. 첫 부분은 반야의 뜻에 대한 내용이다. 일체 현상이 공하며 일체의 괴로움을 해탈한다는 가르침을 담고 있다. 둘째 부분은 잘못된 인식에서 벗어나 반야의 공관을 통해 모든 현상이 공이라는 가르침을 담고 있다. 셋째 부분은 공을 통해 열반과 성불에 이르는 대목이다. 넷째 부분은 결론으로 반야의 공관이 진리에 도달하는 경지임을 강조한 대목이다. 원래 산스크리트어로 쓰인 이 경전은 중국 당나라 때의 승려 현장이 한문으로 번역하였다. 이후 구마라습을 비롯한 여러 승려들이 번역과 주석을 남겼다.

반지의 제왕

저자 톨킨(Tolkien, John Ronald Reuel, 1892~1973) **분류** 문학(영국)/영화

원제 The Lord of The Rings **출간 연도** 1954년(1, 2부), 1955년(3부)

영국의 언어학자이자 작가인 J. R. R. 톨킨의 장편소설. 고대언어와 신화의 전공자인 저자가 북유럽 신화를 바탕으로 창조한 가상 세계의 '중간계'라는 대륙의 역사를 서술한 판타지 소설이다. 제1부 《반지원정대(The Fellowship of The Rings)》, 제2부 《두 개의 탑(The Two Towers)》, 제3부 《왕의 귀환(The Return of The Kings)》의 3부작이다. 톨킨은 중간계를 만들어 내면서 창세 신화 및 역사, 문학까지 세심하게 고안하여 배치하였다. 또한 중간계에 거주하는 인간, 호빗, 엘프, 난장이, 오크, 엔트 등 각 종족의 문화와 관습도 신화를 바탕으로 구성하였다. 이 작품은 순서상 저자의 다른 작품인 《실마릴리온》이나 《호빗》에서 펼쳐지는 이야기 이후의 중간계를 다루고 있다. 소설은 중간계에 거주하는 호빗족의 일원인 빌보 배긴스가 조카 프로도 배긴스에게 자신이 발견한 반지를 물려주면서 시작된다. 빌보의 친구인 마법사 갠달프는 그 반지가 과거 악의 군주인 사우론이 세계를 지배하기 위해 만든 절대반지라는 것을 프로도에게 알려준다. 이 반지는 사우론이 이끄는 악의 군대와 인간과 엘프족의 연합군이 결전을 벌이는 와중에 사라졌다가 호빗족인 빌보의 손에 들어온 것이다. 프로도는 절대반지를 파괴하기 위해 호빗족 친구들과 '운명의 산'을 향해 떠난다. 프로도 일행은 사우론의 하수인들을 피해가며 도중에 인간, 엘프, 난장이족의 지원자들과 합류한다. 계속되는 모험의 와중에서 프로도는 소유자의 영혼을 사로잡는 반지의 힘 때문에 고통을 겪는다. 한편 사우론은 마법사 사우론과 오크,

일부 인간족을 규합하여 중간계를 장악하기 위한 전쟁을 일으킨다. 사우론의 군대와 인간족의 군대가 최후의 격전을 벌이는 와중에 프로도는 천신만고 끝에 운명의 산에 도착한다. 이 작품은 치밀한 구성과 방대한 스케일, '절대반지'가 가지는 상징성 등으로 큰 인기를 끌었으며 20세기 영국문학의 걸작으로 평가받는다.

발해고

저자 유득공(柳得恭, 1749~1807) **분류** 역사(한국사)

원제 渤海考 **출간 연도** 1784년(정조 8)

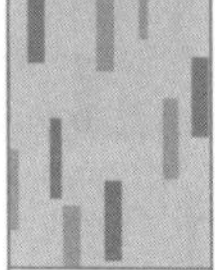

조선 후기 북학파의 일원인 유득공이 지은 한국 최초의 발해 역사서. 《삼국사기》, 《고려사》 등의 우리 사료는 물론 《구당서》, 《오대사》, 《송사》 등의 중국 사료와 《속일본기》, 《일본일사》 등 일본 역사서를 참고하여 저술하였다. 책의 구성은 정사(正史)의 세가(世家)·전(傳)·지(志) 형식을 따라 군고(君考)·신고(臣考)·지리고(地理考)·직관고(職官考)·의장고(儀章考)·물산고(物産考)·국어고(國語考)·국서고(國書考)·속국고(屬國考) 등 9고(考)로 구분하였다. 이 9고는 각기 발해의 왕, 신하, 지리, 관청과 관직, 의식과 복장, 생산물, 언어, 외교문서, 후속 국가 등에 관한 내용이다. 각 고(考)의 끝부분에는 '안(按)'이라고 하여 큰 문제에 대한 자료비판과 고증을 달았다. 이 책은 발해사를 한국사의 일부로 서술하였다는 점에서 큰 의의가 있는 책이다. 저자는 《발해고》의 서문에서 고려가 발해 역사를 포함하는 '남북국사(南北國史)'를 써야 했는데 그러지 못했기 때문에 '토문강 북쪽과 압록강 서쪽이 누구의 땅인지 알지 못하게 됐다'고 비판하였다. 이어서 발해를 세운 대조영이 고구려 사람이므로 발해는 고구려를 계승한 국가이며 우리 역사에 속한다고 주장하였다. 이로써 삼국 시대에 이어 통일신라 시대가 성립한 것이 아니라 신라와 발해가 각기 남과 북에 공존하는 남북국 시대가 성립하였다고 주장하였다.

방드르디

저자 투르니에(Tournier, Michel, 1924~) **분류** 문학(프랑스)

원제 Vendredi: ou les Limbes du Pacifique **출간 연도** 1967년

프랑스의 소설가 미셸 투르니에의 장편소설. 다니엘 디포가 쓴《로빈슨 크루소》를 패러디하여 비판적으로 재구성한 작품이다. 제목 '방드르디'는 프랑스어로 '금요일'이란 뜻이며, 디포의 원작에 나오는 원주민 '프라이데이'를 패러디한 것이다. 디포의 원작은 비록 무인도에 홀로 남겨졌을망정 철두철미하게 합리적 개인주의에 입각해 사고하고 행동하는 로빈슨에게 초점을 맞추고 있다. 그러나 투르니에는 소설의 중심을 로빈슨이 아닌 원주민 방드르디(프라이데이)에게 두었다. 따라서 이 소설의 줄거리는 로빈슨이 방드르디를 만나는 부분까지는 같지만, 그 다음부터는 원작과 정반대로 전개된다. 원작에서는 프라이데이가 로빈슨의 노예이자 유럽 문명을 배우는 '학생'으로 묘사된다. 그러나 방드르디는 오히려 로빈슨에게 개인주의의 껍질을 벗고 나와 자연 속에서 삶아가는 공동체적 삶을 가르친다. 원작소설의 결말은 로빈슨이 프라이데이를 데리고 유럽으로 돌아가는 것으로 끝난다. 그러나 이 작품에서 로빈슨은 섬에 남고 방드르디가 배를 타고 떠난다. 그리고 홀로 남은 로빈슨은 또 다른 원주민 소년을 발견하고 그에게 '죄디(목요일)'라는 이름을 붙여준다. 투르니에는 로빈슨은 자본주의와 제국주의의 화신으로, 방드르디는 반자본주의적이고 반제국주의적인 대안적 삶의 화신으로 설정하였다. 원작의 로빈슨이 모험심과 독립심에 가득 찬 인물인 데 비해《방드르디》에 나오는 로빈슨은 불안과 공포에 사로잡힌 무기력한 인물로 묘사된다. 원작에서 로빈슨과 프라이데이의 관계가 비교적 단순한 데 비해, 이 작품에서 투르니에는 두 사람의 관계에 많은 해석의 여지를 남겨 놓았다. 소설의 결말 역시 독자들의 상상력을 자극하도록 '열린' 형태로 남겨 놓음으로써 작가는 독자들의 성찰을 요구하고 있다.

방법서설

저자 데카르트(Descartes, Rene, 1596~1650) **분류** 철학(서양철학)

원제 Discours de la Methode **출간 연도** 1637년

프랑스의 철학자이자 수학자, 자연과학자인 르네 데카르트의 저서. 원

래 저자가 쓴 〈굴절광학〉, 〈기상학〉, 〈기하학〉이라는 세 논문을 한 권의 책으로 묶어 출판하면서 그 서론으로 쓴 것이다. 정식 제목은 《이성을 올바르게 인도하고 모든 학문에서 진리를 탐구하기 위한 방법의 서설》이다. 전 6부로 되어 있으며, 내용은 데카르트가 고민해 온 철학적 주제들을 간결하게 요약한 것이다. 데카르트는 아리스토텔레스와 스콜라 철학으로 대표되는 중세 철학을 벗어나 근대 철학으로 가는 새로운 방법을 확립했다는 의미에서 '방법의 철학자'로 불린다. 또한 라틴어가 아닌 프랑스어로 썼다는 점에서도 당시의 학문풍토에서 일종의 파격이었다. 이 책에서 데카르트는 진리를 탐구하기 위한 네 가지 규칙을 제시하였다. 첫째는 명증성의 규칙이다. 의심할 수 없을 정도로 확실한 진리를 제외하고는 어떤 것도 진리로 받아들여서는 안 된다. 이는 모든 것을 이해할 때까지 계속해서 의심하며 속단과 선입견을 피해야 한다는 규칙이다. 데카르트는 이러한 의심을 '방법적 회의'라고 불렀다. 데카르트는 이러한 방법적 회의를 통하여 '나는 생각한다. 고로 나는 존재한다'는 인식에 이르렀다. 둘째는 분석의 규칙이다. 이는 검토대상인 복잡한 문제를 작은 부분으로 나누어 복잡한 것을 단순화하라는 규칙이다. 셋째는 종합의 규칙이다. 이 규칙은 단순한 것에서 시작하여 복잡한 것으로 인식의 수준을 높이라는 규칙이다. 넷째는 총괄의 규칙으로 문제의 모든 요소를 열거해 보고 항상 전반적인 검토를 하라는 규칙이다. 이 밖에 진리를 탐구하는 사람은 신중한 태도와 겸손함이란 덕성을 가져야 한다고 강조하였다. 데카르트가 《방법서설》에서 제시한 철학적 방법은 이후 라이프니츠와 스피노자 등이 계승하여 대륙 합리주의 철학을 형성하였다.

배비장전

분류 문학(한국) **원제** 裵裨將傳 **출간 연도** 조선 시대

판소리 열두 마당의 하나인 배비장 타령을 소설화한 국문고전소설. 영, 정조 시대에 판소리로 공연되었다는 기록이 있으며 고종 때 신재효가 판소리를 여섯 마당으로 정리하는 과정에서 빠진 것으로 보아, 이미 그 당시에 판소리로서의 생명력을 잃은 것으로 보인다. 소설의 배경은 제주도이며 배비장의 행동을 통해 지배층의 위선을 풍자한 골계소설이

다. 제주 기생 애랑은 영리하고 수완이 뛰어나 정비장의 이까지 뽑게 만든다. 이에 신임 제주목사를 따라 제주도에 부임한 배비장은 애랑을 놓고 방자와 내기를 벌인다. 배비장은 여색을 멀리하기로 약속했지만, 애랑과 방자의 계교에 빠져 한밤중에 애랑의 집을 찾아간다. 애랑과 만나는 중에 방자가 애랑의 남편 행세를 하며 들이닥치자 배비장은 급한 나머지 자루 속에 들어갔다가 피나무 궤짝 속에 몸을 숨긴다. 방자는 궤짝을 동헌에 옮겨 놓고 바다에 던지는 시늉을 한다. 물에 빠진 줄 안 배비장은 알몸으로 궤짝에서 뛰쳐나와 망신을 당한다. 이 소설은 두 가지 근원설화를 바탕으로 하였다. 하나는 사랑하는 기생과 이별할 때 이를 뽑아준 소년의 이야기인 발치설화(拔齒說話)이며, 다른 하나는 어린 기생의 계교에 빠져 알몸으로 뒤주에 갇힌 채 여러 사람 앞에 망신을 당하는 경차관(敬差官)의 이야기인 미궤(쌀궤)설화이다. 발치설화는 《골계전(滑稽傳)》에, 미궤설화는 《동야휘집(東野彙集)》에 각기 실려 있다. 이 소설은 설화에서 판소리로, 판소리에서 다시 소설로 만들어졌기 때문에 국문학적인 변천과정을 살펴볼 수 있는 작품이다. 이후 1938년에 창극으로 공연되었으며, 현재는 판소리 및 악극으로 재창조되었다.

백과전서

저자 디드로(Diderot, Denis, 1713~1784), 달랑베르(D' Alembert, Jean Le Rond, 1717~1783) **분류** 총서(백과사전) **원제** L' Encyclopedie **출간 연도** 1751~1772년

18세기 계몽주의 시대 프랑스에서 나온 백과사전. 계몽사상가인 디드로와 달랑베르가 주도하여 과학, 예술, 기술 등 당시의 학문적 성과를 집대성한 백과사전의 출판을 기획하였다. 이 작업에는 투르고, 볼테르, 루소, 몽테스키외, 케네 등 184명의 계몽사상가들이 필진으로 참여하였으며, 1751년 제1권을 출간하였다. 《백과전서》는 신앙보다 이성을 중시하고 교회와 신학에 대해 비판적인 성향을 띠었다 하여 탄압당하고 발행금지를 당하기도 하였다. 그러나 디드로 등의 노력으로 1772년까지 본문 19권, 도판 11권의 대사전을 완간하였다. 귀족에서부터 평민에 이르기까지 프랑스 사회의 각계각층에서 참여한 이 《백과전서》에는 필자에 따라 다양한 입장이 실려 있으나, 절대왕정과 교회에 비판적인 입장

과 개혁을 촉구하였다는 점에서는 공통적이었다. 《백과전서》의 기본 입장은 혁명이 아닌 개혁이었지만, 프랑스 혁명의 지도자 중 한 사람인 로베스피에르는 이 책을 '혁명의 서곡' 이라 불렀다.

백 년 동안의 고독

저자 마르케스(Marquez, Gabriel Garcia, 1928~) **분류** 문학(중남미)
원제 Cien años de soledad(One Hundred Years of Solitude) **출간 연도** 1967년

콜롬비아의 작가 가브리엘 가르시아 마르케스의 장편소설. 가상의 마을 '마꼰도' 에 정착한 부엔디아 가문의 100년에 걸친 이야기를 현실과 환상을 오가며 서술한 소설이다. 부엔디아 가문의 1대인 남편 호세 아르까디오 부엔디아와 아내 우르술라 이구아란은 사촌 간이다. 두 사람은 근친상간으로 돼지꼬리를 단 아이가 태어날 것을 두려워한 나머지 사람들의 눈을 피해 마꼰도 마을에 정착한다. 두 사람은 이곳에서 아들 둘과 딸 하나를 낳고 가정을 꾸린다. 이 마을에 종종 찾아오는 멜끼아데스라는 집시는 부엔디아 가문에 앞으로 벌어질 일들을 예언한다. 마꼰도 마을은 도시로 성장하고 아르까디오의 아들 아우렐리아노는 내란의 와중에 자유당에 가세하여 대령이 된다. 자유당이 패배하면서 부엔디아 가문은 수난을 겪게 된다. 이후 미국의 바나나 회사가 들어와 경제가 활성화되면서 마꼰도 마을에도 변화가 찾아온다. 바나나 공장에서 일하던 호세 아르까디오 2세는 노동자들을 이끌고 시위를 벌이지만, 정부군의 진압으로 3천 명이 학살당한다. 이후 마꼰도는 장마와 가뭄이 계속되면서 처음과 같이 초라한 시골 마을로 돌아간다. 부엔디아 가문의 마지막 후손인 아우렐리아노 바빌로니아는 멜끼아데스가 남긴 양피지의 암호를 해독하면서 소일한다. 그러던 중 자신의 이모뻘인 아마란따 우르슬라와 동침한 끝에 아마란따는 돼지꼬리를 단 아이를 낳고 죽는다. 이 사건으로 아우렐리아노는 멜끼아데스가 남긴 양피지의 비밀을 해독한다. 멜끼아데스는 부엔디아 가문의 내력의 비밀과 함께 양피지가 해독되는 순간 마꼰도 마을은 멸망할 것이라 예언했던 것이다. 아우렐리아노는 자신의 출생의 비밀과 자신이 근친상간을 저질렀다는 것을 깨닫고 미쳐버린다. 이와 함께 대폭풍이 몰아쳐 마꼰도 마을은 회오리바람 속으로 완전히 사라

진다. 이 소설은 크게 볼 때 멜끼아데스의 예언이 실현되는 과정을 묘사하였다. 그리고 예언은 소설의 서두(근친상간과 마꼰도 마을의 성립)에서부터 잠재해 있던 가능성이 실현되는 순간(근친상간으로 돼지꼬리를 단 아이의 출생과 마꼰도 마을의 파멸)에 완성된다. 그런 의미에서 이 소설은 성서의 묵시록과 같은 이야기 구조를 가졌다. 또한 부엔디아 가문의 인물들이 자신들의 고독을 해소하지 못하고 결국 파멸한다는 점에서 그리스 비극의 이야기 구조와도 유사하다. 이처럼 작가 마르케스는 서양 문명의 양대 기반인 성서와 그리스 신화의 이야기 구조에다가 전설, 우화, 역사를 결합하여 현실과 환상이 결합한 이야기를 만들어 내었다.

백범일지

저자 김구(金九, 1876~1949) **분류** 정치(한국정치) **원제** 白凡逸志 **출간 연도** 1947년

독립운동가 백범 김구의 자서전. 보물 1245호이다. 이 자서전은 백범이 20년에 걸쳐 쓴 것으로 상편과 하편으로 나누어져 있다. 상편은 백범이 53세 되던 1929년에 상하이에서 인(仁)·신(信) 두 아들에게 편지 형식으로 쓴 글이다. 상편을 쓸 당시 백범은 임시정부의 요직을 맡아 활동하던 중에 일제의 추적으로 언제 죽을지 모르는 상황에 처해 있었다. 그래서 아들들에게 자신의 인생역정과 독립운동에 투신한 과정을 알려주기 위해 유언장과 같이 쓴 기록이다. 상편에는 〈우리 집과 내 어린 적〉, 〈민족에 내놓은 몸〉 등의 글이 실려 있다. 백범의 성장기와 과거시험에 응시했던 일, 동학군에 가담했던 일, 치하포에서 일본군 첩자를 죽이고 교도소에 갇혔다가 극적으로 탈옥한 일 등이 실려 있다. 하편은 백범이 67세 되던 1943년에 충칭에서 집필하였다. 상편의 내용 이후를 다루고 있으며 백범이 임시정부의 요직을 맡아 본격적인 독립운동에 헌신하면서 겪은 일들을 기록하였다. 이봉창 의사와 윤봉길 의사의 의거, 일제의 추적과 도피생활, 중경 임시정부의 활동 등에 대한 자세한 기록이 실려 있다. 〈3·1운동의 상해〉, 〈기적 장강 만리풍(寄跡長江萬里風)〉 등의 글이 실려 있다. 하편의 뒤에는 백범이 지향한 독립통일국가의 모습을 밝힌 〈나의 소원〉이 실려 있다. 이 책은 임시정부의 지도자 백범의 자서전으로 독립운동사 연구의 중요 자료일 뿐 아니라 백범의 파란만장한 인

생역정과 독립운동의 여러 가지 비화가 수록되어 있어 문학적으로도 흥미로운 작품이다.

백팔번뇌

저자 최남선(崔南善, 1890~1957) **분류** 문학(한국) **원제** 百八煩惱 **출간 연도** 1926년

육당 최남선의 현대시조집. 현대시조의 발전에 큰 역할을 한 시조집이다. 서문에는 108편을 실었다고 되어 있으나 실제로는 제1부 〈동청나무 그늘〉에 36수, 제2부 〈구름 지난 자리〉에 39수, 제3부 〈날아드는 잘새〉에 36수가 실려 전부 111편이다. 최남선이 이 시조집을 낸 1920년대는 시조부흥운동이 활발하게 전개되던 시기였다. 이 시기에 위당 정인보, 가람 이병기, 노산 이은상, 조운, 일석 이희승 등이 현대시조를 발표하였다. 작자는 서문에서 시조를 조선문학의 정화이자 조선시가의 본류이며 예술적 재산의 성형이라고 평가하였다. 그리고 이러한 시조를 현대적으로 발전시키기 위해 시조집을 낸다는 취지를 밝혔다.

범죄와 형벌

저자 베카리아(Beccaria, Cesare Bonesana Marchese di, 1738~1794)

분류 사회과학(법학) **원제** Dei delitti e delle pene **출간 연도** 1764년

이탈리아의 형법학자 체사레 베카리아의 형법학 저서. 전 42장으로 구성되어 있다. 책의 구성은 총론(1~5장)과 일반원리(7~12장), 형사재판의 원리(13~19장), 범죄(20~34장), 유해한 형벌(35~39장), 교육(41~47장)의 5개 부분으로 되어 있다(국내 번역본은 총론(1~5장), 형사소송(6~14장), 형벌(15~23장) 및 범죄(24~42장)의 4개 부분으로 되어 있다). 베카리아는 이탈리아의 계몽사상가로서 근대 형법학의 선구자로 불린다. 그는 당시 이탈리아에서 막강한 정치권력을 행사하던 로마 교황청과 각 도시공화국의 원로원이 로마법을 '신의 섭리'란 이름으로 주관적으로 적용하는 것을 비판하고, 근대 객관주의 형법사상의 틀을 고안하였다. 베카리아는 국가가 형벌을 내릴 수 있는 것은 사회계약에 의

한 국민의 동의가 있기 때문이라고 규정하였다. 국민 각자는 사회 속에서 자유인으로 살아가기 위해 자신의 자유 일부를 포기한다. 국가의 형벌권은 그러한 국민의 자발적 동의와 자유의 포기를 바탕으로 성립한다. 따라서 그러한 국민의 동의를 넘어서는 형벌은 권한의 남용이며 부당한 것이라고 주장하였다. 그는 이러한 형벌권의 남용과 오용을 막기 위해 사전에 범죄와 그에 따른 형벌을 규정해 놓는 '죄형법정주의' 를 도입할 것을 주장하였다. 이때 형벌은 범죄에 비례하여야 하며, 재판은 증인과 증거를 갖춘 배심재판으로 이루어져야 하고, 사형제도와 고문은 인도주의에 반하는 것으로서 폐지되어야 한다고 주장하였다. 공리주의와 자유주의, 인도주의에 바탕한 형법제도를 역설한 베카리아의 계몽주의적 고전파 형사법이론은 이 책의 프랑스어 번역본을 통해 유럽 각국에 널리 알려지게 되었다. 특히 프랑스에서는 볼테르를 비롯한 계몽사상가들의 열렬한 지지를 받았으며, 프랑스 대혁명 당시 〈인권선언〉에 인용되었다. 또한 러시아와 미국에까지 널리 알려졌으며, 각국의 형법제도 개선에 큰 영향을 미쳤다. 오늘날에도 이 책 가운데 사형제도 폐지에 관한 장이 사형제도 폐지론자들의 주요 논거로 활용되고 있다.

법구경

저자 법구(法救, Dharmatrata, ?~?) **분류** 종교(불교)

원제 法句經(Dhammapada) **출간 연도** 기원전 3~4세기경

인도의 승려 다르마트라타(법구)가 편찬한 경전. 전 2권 39품의 체제에 운문으로 된 423편의 게송(偈頌)을 모아 실었다. 이 게송들은 부처님이 여러 상황에서 설법한 것으로 각기 여러 경전에 실려 있던 것들을 후대에 각 경전에서 뽑아 편집한 것이다. 법구경은 경전이면서 아름다운 시어로 된 한 편의 시집이며 비유와 암시를 통해 부처님의 가르침을 전하는 비유문학이라 할 수 있다. 팔리어로는 '담마파다' 라고 하는데, '담마' 는 '진리', '파다' 는 '말씀' 이란 뜻으로 합쳐서 '진리의 말씀' 으로 번역되며 한자로는 '법구경' 이라 하였다. 이 책의 원전을 기록한 언어인 팔리어는 부처님이 주로 설법하시던 갠지스 강 중류의 마가다국의 평민들이 사용하던 언어로 팔리어 원전은 팔리어 5부(니카아야) 중 소부(小部)에

속한다. 이 경전은 〈우다나(無問自說經)〉, 〈숫타니파타(經集)〉와 함께 불교 경전 중에서 가장 오래된 경전에 속한다. 그만큼 부처님의 말씀을 추상적 개념이 아니라 생활 속의 언어를 통해 직접적으로 전하고 있다. 경전의 내용은 신앙과 생활의 방법으로써 마음을 닦고 밝은 지혜를 얻어 욕망과 집착에서 벗어나는 것이 올바른 길임을 설법한 것이다. 3세기 초에 중국으로 전해져 오(吳)나라 유기난(維祇難) 등이 번역했으며, 〈법구비유경〉, 〈출요경〉, 〈법집요송경〉, 한역 〈법구경〉(2권), 〈법구경〉, 〈간다라법구경〉 등등 여러 가지 번역본이 전한다. 이 경전은 1855년에 덴마크의 불교학자 파우스뵐이 라틴어로 번역하여 유럽에 전해졌으며 19세기 들어 유럽 각국의 언어로 번역되었다. 특히 1881년에 나온 막스 뮐러의 영어본이 유명하다.

법의 정신

저자 몽테스키외(Montesquieu, Charles Louis de Secondat, 1689~1755)

분류 사회과학(법학)/정치(계몽주의) **원제** L' Esprit des lois **출간 연도** 1748년

프랑스의 계몽사상가 몽테스키외가 '3권분립'을 주장한 저서. 전 2권으로 되어 있다. 책의 전반부는 정치와 사회의 조직 원리를 다루고 있으며, 후반부는 기후, 지리, 풍토가 법에 미치는 영향에 대해 실례를 들어 논하였다. 이 책의 원 제목에는 〈어머니 없이 태어난 자식〉이라는 부제가 붙어 있다. 이는 이전까지 유래가 없는 새롭고 독창적인 저서라는 의미로 해석된다. 몽테스키외는 20년에 걸쳐 이 책을 준비하였다고 하며 1748년에 이 책이 출간되었을 때 금서목록에 올랐으나 2년 동안 22판을 찍을 만큼 대단한 호평을 받았다. 몽테스키외는 연역적인 추론이 아니라 경험적, 실증적 방법을 사용해서 고대로부터 당시까지 각국의 역사와 법률, 정치제도, 풍토, 인구 등을 비교 분석하여 자신의 주장을 도출하였다. 그는 《법의 정신》에서 법을 선험적 이론이 아니라 각 국가의 경험을 통해 살펴보아야 한다고 주장하고 영국의 제도를 본받아 권력이 입법권, 행정권, 사법권으로 3권분립되어야 한다고 주장하였다. 그에 따르면 이 세 가지 권력은 각각 독립된 국가기관이 수행하며 각 기관은 다른 기관의 간섭을 받지 않는다. 그리고 세 기관 가운데 입법부와 사법부는 서로

를 견제하는 기능을 가지며, 이를 통해서 권력의 균형을 유지한다. 몽테스키외는 이 책을 통해서 그가 이상적으로 생각했던 영국의 정치제도를 프랑스에 소개하였으며, 절대왕정의 개혁을 촉구하였다. 이후 몽테스키외의 3권분립론은 프랑스 혁명의 이론적 토대가 되었을 뿐 아니라 미국 독립혁명을 비롯해 19세기의 자유주의 운동의 사상적 기반이 되었다.

법학제요

저자 가이우스(Gaius, ?~?) **분류** 사회과학(법학) **원제** Institutiones **출간 연도** 161년

고대 로마의 법학자이자 법률교사였던 가이우스의 저서. 로마 민사소송법의 역사적 발전과정을 설명한 법학 입문서이다. 현재 원본은 전하지 않으며, 4~5세기에 쓰인 필사본이 남아 있다. 책의 구성은 전 4권으로 되어 있다. 제1권은 서론에 이어 가족법을 포함한 사람에 대한 인법(人法), 제2권과 3권은 물건에 대한 물권, 상속법, 채권법, 제4권은 소송과 관련한 청구권과 소송법의 분야에 대해 설명하였다. 이 책은 법학을 공부하는 학생들을 위한 교과서로 사용하기 위해 만든 것이다. 당시의 로마 법학이 실제적 문제의 해결에 치중한 데 비해 이 책은 역사적 변천과정에 대한 설명을 위주로 하였다는 것이 특징이다. 이 책은 로마 민사소송제도의 역사에 대한 유일한 사료일 뿐 아니라 후대 유럽의 민법과 민사소송제도의 발전에 큰 영향을 미쳤다.

보바리 부인

저자 플로베르(Flaubert, Gustave, 1821.12.12~1880) **분류** 문학(프랑스)/영화
원제 Madame Bovary **출간 연도** 1857년

프랑스의 작가 구스타브 플로베르의 장편소설. '지방 풍속'이란 부제가 붙어 있다. 보바리 부인의 결혼에서부터 자살에 이르기까지의 삶을 사실적 문체로 보여준 소설이다. 이 책이 출판되자 플로베르는 불륜을 묘사하여 미풍양속을 해쳤다는 혐의로 소송까지 받게 되었다. 또한 '보바리즘'이라는 정신의학 용어까지 생겨났다. 보바리즘은 과거와 미래에

사로잡혀 현실에 만족하지 못하고 현실로부터 도피하고자 하는 일종의 히스테리와 유사한 정신병을 말한다. 노르망디에서 중농의 딸로 자란 엠마는 수도원에서 사춘기를 보내면서 결혼과 정숙한 가정생활이 여자의 유일한 행복이라고 교육받는다. 그러나 한편으로는 몰래 낭만적인 연애소설을 읽으며 사랑과 결혼에 대한 환상을 품는다. 엠마의 환상은 자신의 현실에 대한 불만과 멋진 미래에 대한 채울 수 없는 갈증으로 나타난다. 그러나 농촌생활에서 벗어나기 위해 상처한 시골 의사 보바리와 결혼한 엠마는 곧 결혼생활에 실망을 느낀다. 결혼생활의 권태와 멋진 삶에 대한 동경을 이기지 못한 엠마는 바람둥이 홀아비 지주 로돌프, 수줍고 창백한 젊은 서기 레옹과 불륜관계를 가진다. 엠마는 부정을 저지르면서 자신이 소설에 나오는 그대로의 삶을 산다는 데 환희를 느끼지만, 엠마의 낭만적 욕구는 결코 충족될 수 없는 것이어서 처음에는 삶의 새로운 의미였던 불륜도 점점 권태와 환멸로 변해간다. 거기에다 분방한 생활로 빚이 늘어나면서 엠마는 궁지에 처한다. 함께 도망가자고 약속했던 로돌프는 혼자 떠나고, 레옹은 빚을 갚을 돈을 빌려 달라는 엠마의 요구를 외면한다. 결국 엠마는 비소를 먹고 음독자살한다. 현실을 외면하고 환상을 쫓던 엠마의 삶은 그렇게 비극적으로 끝난다. 플로베르는 실화를 바탕으로 약간의 변형을 가미하였으며, 스타일(문체)에 치중하였다고 한다. 이 작품에서 중요한 것은 간통과 자살이라는 소재가 아니라 현실을 도외시한 엠마의 낭만적 갈망을 그대로 보여주는 것이다. 작가는 모든 사람들에게 보편적으로 존재하는 엠마와 같은 속성(현실에서 이룰 수 없는 것에 대한 바람)을 간통과 자살이라는 흔한 소재를 보여주기 위해 치밀한 관찰을 바탕으로 한 간결한 표현 스타일을 택하였다. 그리하여 지극히 낭만적이고 열정적인 엠마의 삶은 철저하게 사실적이고 냉정한 플로베르의 문체를 통해 묘사된다.

베니스의 상인

저자 셰익스피어(Shakespeare, William, 1564~1616) **분류** 문학(영국)

원제 The Merchant of Venice **출간 연도** 1596년경

셰익스피어의 희극 작품. 전 5막으로 되어 있다. 베니스의 가난한 귀

족 청년 바사니오는 벨몬트의 상속녀 포샤에게 청혼하고자 한다. 바사니오는 친구인 베니스의 상인 안토니오에게 여비를 빌려줄 것을 부탁한다. 이에 안토니오는 자신의 상선을 담보로 하여 유대인 고리대금업자 샤일록에게 돈을 빌린다. 평소 자신을 비난하는 기독교도 안토니오를 증오하던 샤일록은 돈을 빌려주는 대신, 갚지 못할 경우 안토니오의 가슴살 1파운드를 내놓아야 한다는 각서를 받는다. 바사니오는 안토니오의 도움으로 포샤에게 구혼하러 간다. 포샤는 구혼자들에게 금, 은, 납으로 된 세 가지 상자 중 하나를 고르게 하고 바사니오는 가장 허름한 납으로 된 상자를 골라 구혼에 성공한다. 한편 샤일록의 딸 제시카는 기독교도 청년 로렌조와 눈이 맞아 아버지 샤일록 몰래 재산을 훔쳐 도망간다. 그리고 안토니오는 폭풍우에 휘말린 배가 실종되는 바람에 돈을 갚지 못하고 재판정에 서게 된다. 포샤는 남편의 친구를 돕기 위해 남자로 변장하고 재판관을 맡는다. 재판관이 된 포샤는 샤일록에게 안토니오의 살은 취하되 피를 흘려서는 안 된다는 판결을 내린다. 피를 흘리지 않고 살을 취할 방도가 없는 샤일록은 패소하고 그리스도교로 개종할 것을 명령받는다. 이때 침몰한 줄 알았던 안토니오의 선단도 무사히 귀환하여 행복한 결말을 맞는다. 이 작품은 당시 영국에 만연하던 반유대주의 감정을 표출한 희극이면서도, 유대인 샤일록을 탐욕스런 악한이면서 동시에 딸에게 배신당하고 기독교인들로부터 박해를 받는 비극적 인물로 묘사한 점이 특징이다. 한편으로 이 희곡에 나오는 기독교도들은 자비와 관용을 말하지만, 유대인 샤일록에게는 시종일관 냉담하며 결국 그가 받아야 할 돈을 못 받게 하고 강제로 개종시킨다. 셰익스피어가 샤일록을 이와 같이 비극적인 인물로 묘사한 것은 기독교도들에게도 유대인과 다름없는 잔인함과 편협함, 돈에 대한 집착이 있다는 것을 풍자하기 위한 의도로 보인다. 그런 의미에서 작가는 가장 허름한 상자를 고른 바사니오가 성공을 거두었듯이, 유대인이냐 기독교도냐 하는 외면적 편가르기에 대한 집착이 무의미하다는 것을 보여주는 동시에 인간이 진정으로 관용과 자비를 베푼다는 것의 의미에 대해 질문을 던진다.

베버리지 보고서

저자 베버리지(Beveridge, William Henry, 1879~1963) **분류** 사회과학(사회학)

원제 Social Insurance and Allied Services **출간 연도** 1942년

제2차 세계대전 중에 경제학자 베버리지를 위원장으로 한 '사회보험 및 관련 서비스에 대한 각 부처 연락위원회'에서 발간한 보고서. '요람에서 무덤까지'라는 표어로 대변되는 전후 영국의 사회보장제도 시행에 출발점 역할을 한 보고서이다. 베버리지 위원회의 임무는 영국의 사회보장제도를 점검하고 개선책을 제시하는 것이었다. 위원회는 1941년 6월에 창설되어 1942년 11월에 이 보고서를 제출하였다. 보고서에는 사회진보의 장애물인 빈곤, 질병, 무지, 불결, 나태를 해소하기 위해 사회보험을 해결책으로 제시하였다. 이러한 사회보험은 전 국민이 강제로 가입하며 전 국민에게 최저생활수준(내셔널 미니멈)을 보장하는 것을 그 목적으로 한다. 이 최저생활수준은 국민 개개인의 재산 정도에 관계없이 국민의 권리로서 제공되는 생존권이다. 따라서 이전의 빈민구제법이 동정이나 시혜적 차원에서 시행된 것과 달리 〈베버리지 보고서〉는 국민의 당연한 권리로서 최저생활수준의 보장을 명시한 새로운 사회복지사상을 표방하였다. 이와 같이 전 국민을 대상으로 하여 국민의 권리로서 최저생활수준을 보장한다는 두 가지 특징으로 인해 〈베버리지 보고서〉는 현대 사회보장제도의 기본원리가 되었다. 제2차 세계대전이 끝난 후 영국은 이 보고서를 토대로 1946년부터 가족수당법, 국민보험법, 국민업무재해보험법, 국민보건서비스법, 국민부조법, 아동법 등을 입안하여 광범위한 사회보장제도를 시행하였다.

베어울프

분류 문학(신화) **원제** Beowulf **출간 연도** 8세기 전반

영국의 영웅 서사시. 1부와 2부로 나누어지며, 전부 3,182행으로 되어 있다. 게르만 민족의 영웅서사시 가운데 현존하는 가장 오래된 작품이며, 고대 영어(앵글로색슨어)로 기록되어 있다. 또한 영어로 쓰인 고대 영시 가운데 가장 오래된 작품이며, 고대 영문학에 있어 매우 중요한 작품이기도 하다. 이 작품은 본래 방랑시인들이 각지를 떠돌며 부르던 노래를 8세기경에 노섬브리아의 한 시인이 기독교적으로 각색한 것으로

보인다. 문장은 영어로 쓰였지만, 배경은 영국이 아니다. 작품의 배경은 덴마크와 스웨덴이며, 줄거리는 영국으로 이주하기 전의 앵글로색슨족 전설에서 유래한 것으로 추정된다. 제1부(1~2199행)는 게아타스(스웨덴)의 젊은 무사 베어울프가 데네(덴마크)의 호로트가르 왕의 궁전에 출몰하는 괴물 그렌델과 그 어미를 퇴치한 이야기이다. 제2부(2200~3182행)는 베어울프가 게아타스의 왕이 되어 50년간 통치하는 이야기, 그리고 베어울프가 불을 뿜는 용(화룡)과 싸우다 화룡을 물리치고 자신도 숨을 거둔 이야기이다. 이 작품은 삶은 투쟁과 죽음이라는 게르만인의 인생관을 반영하고 있다. 그런 까닭에 주인공 베어울프는 용기와 신의라는 게르만 무사도에 충실한 인물로 그려진다. 제1부의 베어울프는 국왕에게 충성하는 신하, 제2부에서는 부하와 백성을 아끼는 보호자와 같은 국왕으로 묘사된다. 그러나 이 작품에는 한편으로 평화를 추구하는 그리스도교 윤리가 나타나 있다. 이는 후대의 편찬자가 윤색한 것으로 보인다. 즉 이 작품은 게르만적 세계관이 주를 이루면서 그리스도교적 가치관이 어느 정도 포함되었다고 볼 수 있다. 끝 부분에 베어울프가 화룡을 퇴치하고 숨지는 것은 초자연의 힘 앞에 무력한 인간을 묘사함으로써 고대 영시의 비극적이고 운명론적인 세계관을 보여준다.

변신이야기

저자 오비디우스(Ovidius, BC 43~AD 17) **분류** 문학(신화)

원제 Metamorphoses **출간 연도** 8년

고대 로마의 시인 오비디우스가 지은 서사시. 전 15권에 2인칭 6행시 1만 2천 행으로 되어 있으며, 그리스와 로마의 신화 246가지를 연대기 순으로 기술한 작품이다. 이 작품은 '변신' 이라는 소재를 가지고 그리스 로마 신화를 풀이하였다. 이 작품에서 '변신' 은 그리스로마 신화를 이해하는 중요한 실마리가 된다. 고대 그리스인들은 우주에는 소멸되는 것이 없고 단지 변화하여 새로운 모습을 가질 뿐이라고 생각하였다. 우주는 서로 상이한 여러 요소가 모인 하나의 커다란 생명체이며 끊임없이 '변신' 한다. 그리스인들의 이러한 우주관은 그들의 신화에도 그대로 반영되었다. 우주를 지배하는 신들도 끊임없이 변신한다. 그리고 인간 또

한 신의 뜻에 따라 모습을 바꾸게 된다. 이러한 변신은 우주를 하나의 커다란 유기체로 유지하기 위해 각 부분들의 질서와 균형을 잡기 위해서이기도 하지만 신들과 인간의 감정에 따라서도 일어난다. 제우스는 인간의 처녀들을 유혹하기 위해 각종 동물로 변신하며, 제우스의 아내인 여신 헤라는 질투심 때문에 처녀들을 동물로 변신시킨다. 인간들 또한 분수를 넘어서는 욕망에 사로잡힌 나머지 신들의 분노를 사 동물이나 식물로 변신하게 된다. 이와 같이 〈변신이야기〉는 기독교와 함께 서양 정신의 양대 기반을 이루는 그리스로마 신화를 이해하는 데 중요한 실마리를 제공한 작품이다. 19세기 미국의 작가 불핀치는 이 작품을 토대로 해서 유명한 〈그리스 로마 신화(The Age of Fable)〉를 지었다.

별들의 고향

저자 최인호(崔仁浩, 1945~) **분류** 문학(한국)/영화 **원제** 별들의 고향 **출간 연도** 1973년

최인호의 장편소설. 〈조선일보〉에 연재된 신문소설이다. 소설의 화자인 김문오는 대학의 시간강사 생활을 하는 화가이다. 어느 날 그는 과거에 동거했던 오경아라는 여자의 사망소식을 알리는 전화를 받는다. 전화를 받고 경아의 시신이 안치된 병원을 찾아가면서 문오는 경아와의 지난 과거를 돌이켜본다. 경아는 아버지가 돌아가신 후 대학을 중퇴하고 취직을 한다. 직장생활을 하며 강영석이란 남자를 만나고, 그의 아이를 임신한다. 그러나 경아가 낙태수술을 한 후 영석은 그녀를 떠난다. 그 후 만준이란 남자와 결혼을 하지만 경아가 낙태수술의 후유증으로 아이를 낳지 못한다는 것을 안 남편 역시 그녀를 떠난다. 호스티스 생활을 하게 된 경아는 술집에서 만난 화자 김문오와 동거를 시작한다. 그러나 이때 이미 경아는 정상적인 결혼생활의 꿈을 버린 상태였고, 문오 역시 경아와의 관계를 진지하게 생각지 않았다. 우연히 시작된 문오와의 동거는 1년 만에 홀연히 깨어지고 만다. 헤어진 지 1년 후 문오와 경아는 어느 술집에서 다시 만난다. 평범하고 예쁜 꿈을 가진 여자였던 경아는 누구에게도 나쁜 일을 한 적이 없고 단지 버림받지 않기만을 바랐던 소박한 여자였지만, 이제는 몸과 마음이 모두 무너진 상태였다. 두 사람의 마지막 만남에서 경아는 자신을 스쳐간 모든 사람들이 사랑스럽다고

말한다. 그리고 어린 시절 자신은 땅을 밟지 않고 살 거라는 말을 들었다고 한다. 그 후 술과 약에 취해 밤거리를 헤매던 경아는 눈 쌓인 거리에 쓰러진 채로 얼어 죽고 만다. 이 소설은 1970년대부터 경제성장의 여파를 타고 본격적으로 등장한 향락산업의 주역인 '호스티스' 라는 신종 직업을 가진 여성들의 삶을 소재로 한 이른바 '호스티스 문학' 의 선구적 작품이다. 작가는 감성적인 문체로 경아의 삶을 묘사하여 1970년대 한국사회의 세태를 보여준다.

보한집

저자 최자(崔滋, 1188~1260) **분류** 문학(한국) **원제** 補閑集 **출간 연도** 1254년(고려 고종 41)

고려 시대의 문인 최자가 지은 수필형식의 시화집. 이인로(李仁老)의 《파한집(破閑集)》을 보충하였다는 의미에서 《보한집》이라 하였다. 당시 무신정권의 실력자 최우는 《파한집》의 내용이 간략하고 범위가 제한적이므로 이를 보완하라고 최자에게 지시하여 이 책이 편찬될 수 있었다. 때문에 《고려사》 〈최자열전〉에는 이 책을 《속파한집(續破閑集)》이라고 기록하였다. 그런 의미에서 이 책 《보한집》은 《파한집》과 상보적 관계를 이루며, 이 두 책은 이제현(李齊賢)의 《역옹패설(櫟翁稗說)》과 함께 고려 시대 비평문학의 3대 작품으로 꼽힌다. 시화집은 시와 시평(時評)과 함께 당시의 사회상을 엿볼 수 있는 세간의 이야기 등을 다룬다. 이 때문에 패관문학(稗官文學) 작품으로 불린다. 책의 구성을 살펴보면 전 3권으로 서문에 이어 상권 52장, 중권 46장, 하권 49장으로 되어 있다. 각 장은 모두 독립된 단편적 이야기로 시평, 문담, 수필 등으로 이루어져 있다. 그 가운데 시평이 82장, 수필이 56장, 문담이 7장이다. 서문에서 저자는 문학의 본질을 이야기하면서 문학은 형식보다 내용이 중요하며 '글(文)이란 도(道)를 밟아 들어가는 문' 이라고 강조하였다. 그에 따르면, 문인이 문학적 표현을 사용하는 것은 미묘한 뜻을 드러내어 바른 길을 보여주기 위한 것이다. 서문에 이어 시평과 문담은 고려 시대 여러 시인들에 대한 논평과 문학론에 대해 논하였다. 다음으로 수필에서는 설화와 사전체만록 등의 패관문학적 내용을 주로 다루고 있다. 설화로는 호승 설화(虎僧說話), 강감찬 설화, 오수 설화(獒樹說話) 등이 실려 있으며 사전체만록에는 고려 역대 왕과 귀족에 대한 기록, 역사적 인물에 대한 평가, 고려 중기까지의 사회풍속과 사적 등을 기록하였다. 이와 같이 다양한 내용으로 인해 《보한집》은 우리 문학사에서 최초의 본격적인 비평문학이자 수필문학으로 불리며, 역사적으로 고려 시대의 사회상을 볼 수 있는 귀중한 사료로 평가받고 있다.

본초강목

저자 이시진(李時珍, 1518~1593) **분류** 자연과학(의학) **원제** 本草綱目 **출간 연도** 1586년

중국 명나라 때의 의학자이자 박물학자인 이시진(李時珍)이 저술한 의학서. 본문 52권, 부도 2권으로 되어 있으며, 저자 혼자서 30년에 걸쳐 집대성한 것으로 1,871종의 약재를 기술해 놓았다. '본초'란 자연에서 얻을 수 있는 모든 약재를 말한다. 자연 약재는 식물, 동물, 광물 등 다양하지만, 그중에 식물이 가장 많으므로 '본초'라는 이름으로 불린다. 이 책은 기존의 중국의학서를 집대성한 것일 뿐 아니라 서양학문의 영향도 받았다. 전편(全篇)을 수부(水部), 화부(火部), 토부(土部), 금석부(金石部), 초부(草部), 곡부(穀部), 채부(菜部), 과부(果部), 목부(木部), 복기부(服器部), 충부(蟲部), 인부(鱗部), 개부(介部), 수부(獸部), 인부(人部) 등 16부 60류로 나눈 다음 정명(正名)을 강(綱)이라 하고, 별명을 목(目)이라 하였다. 여기에다 각 약품을 약효에 따라 상, 중, 하로 나누고 약품에 대하여 8항목으로 나누어 설명을 달고 약 8천여 가지 처방을 기술하였다. 이 책에는 주로 남방의 약품에 대해 실려 있으며, 본초학(의약학)을 대표하는 책으로 널리 알려져 있다.

봉신연의

분류 문학(중국) **원제** 封神演義 **출간 연도** 명나라 후기

명나라 때의 장편소설. 은 왕조를 뜻하는 상(商) 자를 따서 《상주연의(商周演義)》라고도 하며, 그 밖에 《봉신방》 또는 《봉신방연의》로도 불린다. 저자는 육서성(陸西星, 1520~1605) 또는 허중림(許仲林,?~?)이라고

하나 확실치 않다. 현재 우리나라에서 번역 출판된 《봉신연의》는 대만의 작가 안능무가 평역한 평역본이다. 이 작품은 주나라 무왕이 은나라를 무너뜨린 역사적 사실에 얽힌 민간전승을 바탕으로 도교 사상과 민간전설 등을 덧붙인 소설이다. 도교적 우주관에 따르면 세상은 천계(天界), 선계(仙界), 하계(下界, 인간계)로 나누어진다. 각 세계 사이에는 엄격한 구분이 없기 때문에 서로 상대 세계에 드나들며 개입한다. 이 소설은 인간계에서 이루어지는 일에 천계와 선계가 개입한다는 설정으로 이야기를 진행시킨다. 은나라의 마지막 왕 주는 자신의 능력에 대한 과신이 지나친 나머지 천계를 우롱하는 행동을 범한다. 이에 천계에서는 주왕을 벌하기 위해 달기라는 미녀를 보내 주왕을 조종한다. 달기에게 홀린 주왕은 폭정을 일삼아 백성의 원성을 산다. 한편 선계의 지배자 원시천존은 인간계와 천계를 넘어서는 새로운 세계인 신계(神界)를 만들기 위해 인간 중에서 능력이 뛰어난 자들을 신으로 만들(封神) 계획을 세운다. 원시천존은 이 계획을 실행할 책임자로 태공망을 임명한다. 태공망은 봉신 계획을 실행하면서 한편으로는 주나라 무왕을 도와 은나라를 무너뜨리고 주나라를 세우는 역성혁명을 완수한다는 것이 이 책의 줄거리다. 이 책은 《서유기》, 《삼국지》, 《수호지》와 함께 중국의 4대 괴기소설로 불린다. 다른 소설에 비해 이 책이 잘 알려지지 않은 것은 이 책의 줄거리가 유교적 가치관과 맞지 않다 하여 배척을 받으면서 주로 민간에서 전승되었기 때문이다.

부분과 전체

저자 하이젠베르크(Heisenberg, Werner Karl, 1901~1976) **분류** 자연과학(과학일반)

원제 Der Teil Und Das Ganze: Gesprache Im Umbkreis Der Atomphysik

출간 연도 1969년

'불확정성의 원리'로 유명한 독일의 양자물리학자 베르너 하이젠베르크의 자서전. 하이젠베르크는 1925년에 불확정성 이론을 발표하였으며, 양자물리학 연구의 공로로 1932년 노벨 물리학상을 수상하였다. 하이젠베르크는 전자와 같은 소립자의 차원에서 소립자의 위치와 속도를 동시에 측정하는 것은 불가능하며 단지 통계적으로 설명할 수 있을 뿐이라는 '불확정성의 원리'를 입증하였다. 그럼으로써 모든 물질은 불확정의 요소가 있으며, 인간은 자연현상을 완벽하게 예측할 수 없다는 '비결정론적 세계관'을 제시하였다. 이 책은 하이젠베르크의 이러한 과학적 이론이 발전해 온 과정을 보여준다. 저자는 이 과정을 동료 물리학자들과의 대화와 토론을 담은 20편의 대화록 형식으로 자연스럽게 서술하였다. 이 대화록은 19세 때 친구들과 토론한 장에서 시작해서 아인슈타인을 비롯한 저명한 물리학자들과의 대화로 이어진다. 이러한 대화를 통해서 20세기 전반기 양자물리학의 발전과정을 살펴볼 수 있다. 그런데 흥미로운 점은 대화의 내용이 물리학이나 자연과학에만 치중한 것이 아니라 자연과학 외에도 과학과 철학, 종교, 예술, 정치의 관계에 대해 다루고 있다. 이 책의 제목이 '부분과 전체'인 것도 과학이라는 '부분'은 인간사회라는 '전체'의 일부이며, 과학의 목표는 인류사회에 보탬이 되는 것이라는 저자의 생각에서 나온 것이다.

부활

저자 톨스토이(Tolstoi, Lev Nikolaevich, 1828~1910) **분류** 문학(러시아)/영화

원제 Voskresenie **출간 연도** 1898~99년

러시아의 작가 톨스토이의 장편소설. 주인공 네플류도프와 카튜샤의 정신적 각성과 영혼의 부활을 그린 작품이다. 젊은 귀족 네플류도프는 배심원으로 법정에 출석했다가 피고가 예전에 자신의 하녀였던 카튜샤라는 것을 알고 놀라게 된다. 사실 네플류도프는 카튜샤를 유혹하여 임신시켰던 과거가 있었다. 그 일로 해고된 카튜샤는 매춘부로 생활하다 범죄를 저지르고 법정에 선 것이다. 양심의 가책을 느낀 네플류도프는 시베리아로 유형을 떠나는 카튜샤를 따라간다. 그리고 카튜샤를 돕는 과정에서 자신이 여태까지 알지 못했던 사회의 어두운 면을 체험하게 된다. 처음에는 카튜샤에 대한 죄책감과 동정심 때문에 그녀를 돕던 네플류도프는 보다 근원적인 문제를 목격하고 영혼의 부활을 경험한다. 그리고 카튜샤를 비롯한 소외된 사람들을 위해 살아가기로 결심한다. 소설에는 당시 러시아 법제도의 모순점과 사회문제가 드러나 있으며, 러시아의 국교인 동방정교를 비판했다는 이유로 저자는 파문까지 당하

게 된다. 그러나 톨스토이가 보여주려 한 것은 그러한 부정적 측면의 존재에 국한된 것이 아니었다. 톨스토이는 사회문제를 고발하는 데서 그친 것이 아니라 왜 그러한 문제가 생기는가에 대해서도 질문을 던진다. 그는 인간의 타락한 영혼이 모든 부정과 악의 원천이라고 생각했다. 따라서 영혼의 눈을 뜨지 않고서는 어떤 문제도 해결할 수 없다는 것을 소설 속에서 보여주려고 했다. 그런 의미에서 이 작품은 톨스토이가 만년에 집필한 대표작으로 작가의 예술적, 사상적 성취가 집약된 작품이다.

북간도

저자 안수길(安壽吉, 1911.11.3 ~1977.4.18) **분류** 문학(한국) **원제** 北間島 **출간 연도** 1967년

안수길의 장편역사소설. 1959년 〈사상계〉에 제1부를 연재하였고, 1967년에 제5부가 완결되었다. 조선조 말기에 북간도로 이주한 이한복 일가의 4대에 걸친 가족사를 통해 민족사를 그린 작품이다. 이한복 일가는 두만강을 건너 간도에 있는 비옥한 땅을 개간하며 새로운 삶을 시작한다. 그러던 어느 날 한복은 아들 장손이 감자를 몰래 가져온 일 때문에 관가에 잡혀 간다. 한복이 신관 사또에게 북간도의 현실을 알리자 정부의 협조로 북간도 이주가 본격적으로 시작된다. 조선인들이 간도에 이주하자 청국인들의 위협이 있었지만, 한복을 중심으로 한 비봉촌 사람들은 이에 굴하지 않고 새로운 삶의 터전을 닦아 나간다. 청국인 지주 동복산과 비봉촌 사람들의 갈등은 계속되고 장손의 아들 창윤은 가족들을 이끌고 용정으로 이주한다. 용정에서 창윤의 아들 정수는 신명학교에 다니면서 독립운동에 가담한다. 독립군에 참여한 정수는 김좌진 장군의 휘하에서 일본군과 싸우게 된다. 이후 정수는 감옥생활을 한 끝에 1945년 8월 15일 석방된다. 이 작품은 1870년대부터 1945년까지 한국인의 간도 정착사를 그린 작품이다. 그러나 이 소설의 주제는 간도 이민생활의 어려움이나 고달픔을 보여주는 것이 아니다. 주인공 이한복 일가는 간도에서 생활하면서 중국이나 일본에 동화되기를 거부한다. 그런 의미에서 이 소설의 주제는 이한복 일가의 4대에 걸친 가족사를 통해 민족정신을 지키며 살아간 간도 이민의 역사를 보여 주는 데 있다.

북학의

저자 박제가(朴齊家, 1750~1805) **분류** 문학(한국) **원제** 北學議

조선 후기의 북학파 실학자 박제가의 청나라 기행록. 내편 1권과 외편 1권의 2권 1책으로 되어 있다. 저자가 1778년(정조 2)에 사은사 채제공의 수행원으로 청나라를 방문하면서 보고 들은 내용을 정리한 책이다. 《북학의》란 제목은 저자가 농업 위주인 조선이 상공업이 발달한 청나라의 문물을 배워야 한다는 뜻을 표현하기 위해 맹자가 중국 남부에 살던 진량이 북부에 있는 공자의 학문을 배우고자 한다는 의미로 사용한 '북학' 이라는 용어를 빌려 온 것이다. 내편은 건축, 도로, 배와 수레 등 청국의 각종 문물에 대한 내용이며, 외편은 과거제도와 농업제도, 무역론 등에 대한 저자의 주장을 담은 글이 수록되어 있다. 구체적으로 내편에는 거(車), 선(船), 성(城), 벽(甓), 와(瓦), 옹(甕), 단(簞), 궁실(宮室), 창호(窓戶), 계체(階砌), 도로(道路), 교량(橋梁), 축목(畜牧), 우(牛), 마(馬), 여(驢), 안(鞍), 조(槽), 시정(市井), 상고(商賈), 은(銀), 전(錢), 철(鐵), 재목(材木), 여복(女服), 장희(場戲), 한어(漢語), 역(譯), 약(藥), 장(醬), 인(印), 전(氈), 당보(塘報), 지(紙), 궁(弓), 총시(銃矢), 척(尺), 문방지구(文房之具), 고동서화(古董書畫) 등 39항목이 있다. 이는 일상생활에 필요한 거의 모든 문물을 다룬 것이다. 외편은 전(田), 분(糞), 상과(桑菓), 농잠총론(農蠶總論), 과거론(科擧論), 북학변(北學辨), 관론(官論), 녹제(祿制), 재부론(財賦論), 통강남절강상박의(通江南浙江商舶議), 병론(兵論), 장론(葬論), 존주론(尊周論), 오행골진지의(五行汨陳之義), 번지허행(樊遲許行), 기천영명본어역농(祈天永命本於力農), 재부론(財賦論) 등 17항목이다. 저자는 외편의 논설에서 중국의 선진기술과 제도를 도입하고 상공업과 무역의 발전을 위해 노력할 것을 강조하였다. 상업과 무역이 발전하려면 우선 도로와 교통수단이 개선되어야 한다. 교통이 발달하면 전국적인 시장이 형성되고, 시장이 활성화되면 상품의 유통과 화폐의 사용이 촉진된다. 또한 국내경제의 활성화뿐 아니라 국제무역을 시행할 것을 주장하였다. 서해안에 무역항을 개설하여 중국 및 일본, 서양과 통상하고 수출로 국부를 늘려야 한다고 강조하였다. 이와 같이 이 책은 북학파 실학의 등장 및 북학파의 성향을 알 수 있는 귀중한 자료이다.

북회귀선

저자 밀러(Miller, Henry Valentine, 1891~1980) **분류** 문학(미국)/영화

원제 Tropic of Cancer **출간 연도** 1934년

미국의 작가 헨리 밀러의 장편소설. 작가가 파리에서 생활한 경험을 바탕으로 쓴 소설로 파리에서 영어로 출판되어 호평을 받았다. 그러나 정작 영국과 미국에서는 노골적인 성 묘사로 인해 1960년대까지 출판금지 되었다. 저자는 뉴욕 브루클린 태생으로 뉴욕에서 무명작가 생활을 하다 1930년에 파리로 건너간다. 파리에서 초현실주의 작가들과 어울리면서 그들의 영향을 받았고, 경제적인 어려움 때문에 파리의 빈민가에서 폐인처럼 생활하기도 했다. 그래서 이 소설은 파리의 밑바닥 생활을 초현실주의적 시각으로 그려낸 일종의 체험수기이다. 소설의 내용은 일정한 줄거리 없이 작가가 직접 보고 들은 일과 소설적 각색이 뒤섞여 있다. 밀러의 소설은 D. H. 로렌스의 작품들과 함께 영문학사에서 성에 대한 새로운 지평을 연 작품으로 평가받고 있다.

분노의 포도

저자 스타인벡(Steinbeck, John Ernst, 1902~1968) **분류** 문학(미국)/영화

원제 The Grapes of Wrath **출간 연도** 1939년

미국의 작가 존 스타인벡의 장편소설. 대공황의 여파로 토지를 잃고 유랑하는 조드 일가를 통해 급격한 사회변화 속에 수난을 겪는 1930년대 미국 소농민의 삶을 보여준 작품이다. 오클라호마에서 작은 농장을 꾸려가던 조드 가족은 공황과 재해 때문에 농장을 포기할 수밖에 없는 상황에 처한다. 전 재산을 팔아 낡은 트럭을 마련한 일가는 가재도구를 싣고 캘리포니아로 향한다. 캘리포니아로 가는 도중에 조드 가족은 공황이 가져온 참상을 목격한다. 갖은 고생 끝에 마침내 캘리포니아에 도착하지만 그곳에도 약속된 삶은 없었다. 배고픔과 착취가 판치는 빈민 수용소에서 조드의 아들 톰은 파업에 가담했다가 뜻하지 않게 사람을 죽이게 된다. 수용소를 떠나는 톰을 배웅하면서 어머니는 우리들이야말로 대지처럼 굳세게 살아가는 사람들이라고 되뇐다. 스타인벡의 소설은

자본주의의 확대로 소농이 몰락하는 1930년대 미국 농촌의 삶을 사실적으로 묘사하였다. 그가 묘사한 미국 농촌의 현실은 그 자체로 자본주의의 모순에 대한 고발을 담고 있다. 그런 의미에서 이 작품은 사회주의적 요소가 짙다는 평가를 받았다. 그러나 스타인벡은 이러한 모순을 보여주고 그 해결책으로 사회주의를 제시하지 않는다. 대신 참혹한 상황에 처해도 희망을 버리지 않고 살아가는 사람들을 보여준다. 작가는 그런 사람들의 모습에서 아름다움과 감동을 보여준다.

불국기

저자 법현(法顯, 337~422) **분류** 문학(중국)/종교(불교) **원제** 佛國記 **출간 연도** 414년

중국 동진(東晋) 시대의 승려 법현이 중앙아시아와 인도, 동남아시아를 여행한 후 남긴 여행기. 《고승법현전(高僧法顯傳)》 또는 《동진법현기(東晋法顯記)》, 《역유천축기전(歷遊天竺記傳)》이라고도 한다. 저자는 399년 장안에서 출발해서 서역으로 가는 출발점인 돈황에 도착하였다. 돈황에서 천산북로를 택해 중앙아시아(서역)를 횡단하고 다시 히말라야 산맥을 넘어 북인도로 들어가 마투라, 사위국, 석가국 등을 거쳐 중부 인도에 도착하였다. 석가가 태어나고 활동한 중부 인도에서 불교유적을 순례하고 경전을 수집하며 5년간 체류한 끝에 동인도를 거쳐 스리랑카(실론)에 도착했다. 스리랑카에서 주로 소승불교의 경전을 모으며 2년간 머물다 바닷길로 수마트라를 경유해 413년 산둥성에 도착하였다. 귀국한 후에는 15년간 30개국을 주파한 여행기인 이 책을 저술하였다. 이 책은 인도와 중앙아시아의 당시 문물을 연구하는 귀중한 자료로서 현장법사(玄萬法師)의 여행기인 《대당서역기(大唐西域記)》와 더불어 인도의 불교계 사정과 현지 풍속 등을 연구하는 데 활용되고 있다. 특히 2세기 후에 현장이 남긴 《대당서역기》와 비교하여 역사의 변천과정을 짐작해 볼 수 있는 자료이다.

불한당들의 세계사

저자 보르헤스(Borges, Jorge Luis, 1899~1986) **분류** 문학(중남미)

원제 Historia Universal de la Imfamia 출간 연도 1935년

아르헨티나의 작가 호르헤 루이스 보르헤스의 단편소설집. '환상적 사실주의' 라는 소설 기법을 등장시킨 저자의 첫 번째 단편집이다. 이 단편집에는 세계적으로 유명한 불한당들의 삶을 그린 9편의 단편소설이 실려 있다. 9편의 소설들은 모두 기존의 책에 있는 이야기를 작가가 재창조한 것이다. 예를 들어 이 단편집의 첫 번째 소설인 〈잔혹한 구세주 라자루스 모렐〉은 마크 트웨인의 〈미시시피 강 위에서의 삶(Life on the Missiissippi)〉을, 두 번째 소설 〈황당무계한 사기꾼 톰 카스트로〉는 필립 고세의 〈해적질의 역사(The History of Piracy)〉를 바탕으로 보르헤스가 재구성한 것이다. 보르헤스는 과거의 이야기를 자신의 방식으로 재창조함으로써, 문학이란 새로운 이야기를 만들어 내는 것이 아니라 이미 있는 이야기를 끊임없이 새롭게 해석하는 과정이라는 것을 보여준다.

블레이드 러너

저자 딕(Dick, Philip K., 1928~1982) **분류** 문학(미국)/영화

원제 Do Androids Dream of Electric Sheep? **출간 연도** 1968년

미국의 SF 소설가 필립 K. 딕의 소설. 원제목은 《안드로이드도 전기양의 꿈을 꾸는가?》이지만 이 소설을 바탕으로 한 영화가 크게 성공하면서 국내 번역본의 제목은 영화제목과 같이 《블레이드 러너》로 출판되었다. 이 소설에는 핵전쟁으로 황폐화된 미래의 지구에서 복제인간 안드로이드를 추적하는 사냥꾼(바운티 헌터)이 주인공으로 등장한다. 서기 2021년, 핵전쟁 때문에 지구는 오염되고 대부분의 생명체가 멸종된다. 인류는 우주선을 타고 지구를 떠난다. 지구에 남은 사람들은 살아 있는 생명체에 광적으로 집착하게 되고, 살아 있는 동물을 기르는 것이 신분의 상징으로 여겨진다. 그러나 오염으로 인해 살아남은 생명체가 많지 않기 때문에 복제 생물이 등장한다. 새, 고양이, 양, 마침내 복제인간까지 등장하게 된다. 정부는 우주 식민지를 개척하는 데 복제인간을 투입하지만 인간보다 뛰어난 복제인간의 능력에 두려움을 느끼고 지구에 복제인간이 존재하는 것을 금지한다. 그러나 복제인간들이 인간들 틈에

숨어들면서 복제인간을 잡는 사냥꾼이 등장한다. 샌프란시스코의 복제인간 사냥꾼 데카드는 아내와 함께 살면서 전기양을 기른다. 데카드는 전기양 대신 진짜 양을 살 돈을 마련하기 위해 복제인간 사냥에 나선다. 그러나 데카드는 복제인간을 추적하는 과정에서 복제인간에게 동정심을 느끼는 자신을 발견하고 혼란에 빠진다. 복제인간 여성과의 사랑을 통해 데카드는 인간과 복제인간을 구분하는 기준이란 것이 불확실하고 자의적이라는 것을 깨닫는다. 이 소설에서 복제인간(안드로이드)은 인간과 로봇의 중간적 형태로 묘사된다. 복제인간은 인간과 같은 감정이입(동정심)의 능력이 없지만 인간과 같이 되기를 원하는 존재다. 대부분의 SF 소설에서 미래는 과학의 발달로 이룩된 '멋진 신세계'로 그려지지만, 이 작품에서는 정반대로 묘사된다. 작가는 이 소설에서 인간과 복제인간을 구분하는 근거로 등장하는 '인간다움'이 과연 무엇인지에 대해 물음을 던진다.

비변사등록

분류 역사(한국역사) **원제** 備邊司謄錄

조선 중기 이후 정치와 군사를 총괄하는 문무 합의체의 최고의결기관이었던 비변사의 회의내용과 결정사항을 날마다 기록한 책. 언제부터 기록을 시작했는지는 알 수 없으며, 현재는 1617년(광해군 9)부터 1892년(고종 29)까지 276년간의 등록 273책이 규장각도서에 보관되어 있다. 비변사라는 이름은 1517년부터 등장하며 처음에는 임시기구였다가 1522년부터 상설기구로 바뀌었다. 그러다가 임진왜란을 거치면서 문무고관이 함께 참여하는 최고의결기관으로 승격되었다. 원래 1년에 1책씩 출간하게 되어 있지만 경우에 따라 1년에 2~3권도 출간되었다. 내용은 연호와 일자 비변사 구성원들에 대한 기록, 회의 내용으로 되어 있으며 회의 내용은 국가의 중대사에 대한 상세한 서술과 정부의 대처과정을 기록하였다. 조선왕조의 역사를 연구하는 데 있어 《승정원일기(承政院日記)》, 《일성록(日省錄)》 등과 함께 중요한 자료로 쓰인다.

비파기

저자 고명(高明, 1306~1359?) **분류** 문학(중국) **원제** 琵琶記 **출간 연도** 명나라 때

중국 명나라 때의 희곡. 전 42막이다. 원말명초(元末明初)에 원저우[溫州] 지방에서 유행하던 〈남희(南戲)〉라는 민간연극을 고명(高明)이 작품화한 것이다. 〈남희〉는 〈희문(戲文)〉, 〈영가잡극(永嘉雜劇)〉, 〈영가희곡(永嘉戲曲)〉이라고도 불린다. '남희'란 이름은 '북방의 잡극(雜劇)'에 대하여 '남방의 대표적 희곡'이란 의미로 사용된 것이다. 고명은 원나라 말에 진사 시험에 합격하여 강남 지방에서 지방관을 지냈으며, 명나라가 들어선 후에는 강남에서 은거하며 집필 활동에 전념하였다. 줄거리는 다음과 같다. 진류(陳留) 사람 채옹(蔡邕)이 과거를 보기 위해 상경하자 아내 조오랑(趙五娘)이 시부모를 봉양한다. 과거에 급제한 채옹은 재상의 사위가 되어 부귀영화를 누리지만 조오랑은 시부모를 모시며 고생한다. 시부모가 사망한 후 조오랑은 비파를 연주해 노자를 벌며 남편을 찾아 서울로 온다. 그리하여 새 아내의 주선으로 채옹과 조오랑은 상봉하고 일부 이처가 행복하게 살게 된다는 내용이다. 원래 남희는 강남 지방의 단순 소박한 민간연희였다. 여기에 고명과 같은 지식인이 창작의 주체로 뛰어들어 문학적으로 정제함으로써 남희는 당당한 희곡의 장르로 자리 잡게 되었다. 작품의 주제는 명나라 때의 민족주의 흐름에 편승하여 충효와 정절이라는 전통적인 주제를 택하여 이를 연극으로 형상화시킨 것이다. 이 작품은 남희의 대표적 작품으로 이후 중국 희곡의 발전에 큰 영향을 끼쳤다.

빌헬름 텔

저자 실러(Schiller, Johann Christoph Friedrich von, 1759~1805)

분류 문학(독일)/영화 **원제** Wilhelm Tell **출간 연도** 1804년

독일의 작가 실러의 희곡. 전 5막으로 되어 있다. 스위스가 오스트리아의 지배를 받던 시대를 배경으로 부당한 폭력에 맞서 가족을 지키는 명사수 빌헬름 텔의 이야기를 그린 작품이다. 자연 속에서 살아가는 빌헬름 텔은 오스트리아의 학정에 분개하는 스위스 주민들에게 인내와 침

묵으로 대처할 것을 호소한다. 한편 오스트리아의 총독 게슬러는 높은 장대에 모자를 걸어놓고 지나가는 스위스인들에게 경례할 것을 강요한다. 텔과 아들은 시내에 나갔다가 게슬러의 모자에 경례를 하지 않았다는 이유로 체포된다. 게슬러는 텔에게 아들의 머리에 얹은 사과를 백 보 밖에서 석궁으로 쏘아 맞추면 풀어주되 텔이 석궁을 쏘지 않는다면 부자를 처형하겠다고 협박한다. 텔은 놀라운 솜씨로 사과를 맞추는 데 성공한다. 그러자 게슬러는 텔이 화살을 두 대 꺼낸 이유를 추궁한다. 텔은 만약 실수로 아들을 맞추었을 경우 두 번째 화살로 게슬러의 심장을 겨누었을 것이라고 답한다. 이 때문에 텔은 다시 체포되지만 호송 도중에 탈출하는 데 성공한다. 탈출한 텔은 숲 속에 숨었다가 게슬러의 심장에 화살을 날린다. 이 작품은 자연의 질서에 순응하며 살아가는 빌헬름 텔이 자연을 거스르는 폭력(아들에게 화살을 겨누게 만든 게슬러)을 응징함으로써 오스트리아에 대한 스위스인들의 투쟁을 촉발시키는 과정을 보여준다. 작가 실러는 괴테와 함께 독일문학의 개성해방운동인 '슈트름 운트 드랑(질풍노도)' 운동을 주도했으며, 사회를 통렬히 비판하고 압제에 항거하여 자유를 찾을 것을 호소하는 〈군도(群盜)〉와 같은 작품을 남겼다. 이 작품 〈빌헬름 텔〉은 실러가 만년에 쓴 대표작으로 그의 문학관과 사상이 전편에 스며 있는 작품이다.

뿌리

저자 헤일리(Haley, Alex Palmer, 1921~1992) **분류** 문학(미국)/영화

원제 Roots **출간 연도** 1976년

미국의 작가 알렉스 헤일리의 장편소설. 소설의 형식을 취하고 있지만 작가 자신의 가족사를 다룬 작품이다. 작가의 어머니 쪽으로 7대조 할아버지인 만딩고족의 쿤타 킨테가 1767년에 서부 아프리카의 감비아에서 노예로 잡혀 미국으로 온 후 그 후손들이 살아온 과정을 소설화하였다. 백인들에 의해 강제로 끌려온 쿤타 킨테는 자유를 찾기 위해 4차례나 도망치다가 도끼에 발등이 잘리게 된다. 그러나 자유를 향한 쿤타의 열망과 아프리카인의 전통은 딸 키지에게 전해지고 손자 조지 대에 이르러 노예 신분에서 벗어나게 된다. 이 작품은 미국문학의 한 부분인

흑인문학에 속한다. 그러나 흑인문학이라는 틀을 넘어서 인간이라면 누구나 가지는 자신의 뿌리(조상)에 대한 회귀의지를 그대로 보여주는 데 성공하였다.

세계의 모든 책

사

사고전서

분류 총서(총서) **원제** 四庫全書 **출간 연도** 1781년(건륭 45)

중국 청나라 건륭제(乾隆帝) 때 편찬한 총서(叢書). 모두 3,458종의 7만 9,582권을 수록하였으며, 경(經, 유교경전) · 사(史, 역사서) · 자(子, 유교 경전 외의 사상가들의 저서) · 집(集, 개인의 문집 또는 전집)의 4부로 분류 편집하였다. 《사고전서》란 이름은 당나라 때 집현서원(集賢書院)에서 황실의 장서를 경, 사, 자, 집으로 나누어, 각기 하나의 수장고(庫)에 보관한 데서 유래하였다. 건륭제는 1772년(건륭 37)에 편찬소(編纂所)인 사고전서관을 개설하였으며, 총찬관(總纂官)인 기윤(紀旳)을 비롯하여 대진(戴震) · 소진함(邵晉涵) · 주영년(周永年) 등이 편찬 작업을 주도하였다. 이후 10년 동안 책을 모아 1782년(건륭 46)에 처음 한 벌(제1질)을 출판하였고, 1784년(건륭 49)에 제2, 제3, 제4질을 완성하였다. 완성본은 내정사각(內廷四閣)이라 불리는 문연각(文淵閣), 문소각(文溯閣), 문원각(文源閣), 문진각(文津閣)에 각각 보관하였다. 이후 민간에 열람시킬 목적으로 3질을 더 발간하여 강절삼각(江浙三閣)에 각각 보관하였다. 또 부본(副本)을 한 질 만들어 한림원(翰林院)에도 보관하였다. 현재는 문진각, 문소각, 문란각과 문연각에 보관되었던 것만 남아서, 북경도서관, 감숙성(甘肅省)도서관, 절강성(浙江省)도서관과 타이완에 보관되어 있다. 청 왕조는 수집된 책 중에서 왕조에 해로운 책은 금서(禁書)로 지정하여 소각하거나 파기하였다. 이 때문에 건륭 39년부터 47년 사이에 24번의 분서(焚書)로 538종 1만 3,862권의 책이 소실되었다. 이와 같이 청 왕조는 학문을 장려하면서도 정권에 해로운 내용은 통제하는 정책을 구사하였다.

사기

저자 사마천(司馬遷, BC 145?~BC 86?) **분류** 역사(중국사)

원제 史記 **출간 연도** 기원전 90년

중국 전한 때의 역사가 사마천이 지은 역사서. 처음에는 《태사공서(太史公書)》, 혹은 《태사공기(太史公記)》로 불리었으나 위진(魏晋) 시대에 와서 《사기》라고 불리게 되었다. 기전체(紀傳體, '기'는 역대 왕에 대한 기록, '전'은 그 밖의 인물들에 대한 기록을 말한다) 서술방식을 최초로 채택하였으며, 이 방식은 이후 중국 역대 왕조의 역사를 다룬 정사(正史) 서술의 모범이 되었다. 책의 내용은 상고 시대의 황제(黃帝) 때부터 한나라 무제 초반기(BC 104~BC 101)에 이르기까지 중국과 그 주변민족의 역사를 저술한 통사(痛史)이다. 구성은 제왕의 연대기인 〈본기(本紀)〉 12편, 제후를 중심으로 한 〈세가(世家)〉 30편, 역대 제도 문물의 연혁에 관한 〈서(書)〉 8편, 연표인 〈표(表)〉 10편, 개인의 행적을 다룬 전기 〈열전(列傳)〉 70편 등, 총 130편, 52만 6,500자로 구성되었다. 130편 가운데 개인의 성공과 실패, 삶과 죽음, 명분과 실리, 의리와 반역을 다룬 열전이 70편을 차지할 정도로 비중이 높다. 또한 열전에는 지배층의 인물들뿐 아니라 협객, 상인, 대중예술인 등 다양한 계층의 사람들의 삶을 기술하여 저자가 특정한 이념이나 가치관에 사로잡히지 않고 역사를 포괄적으로 기술하려고 한 점이 보인다. 사기는 신화나 전설을 배제한 객관적인 사료 선택과 합리적인 기술방식, 빼어난 문장이 돋보여 중국 고전 역사서의 대표작으로 불린다.

사단칠정분이기왕복서

저자 이황(李滉, 1501~1570), 기대승(奇大升, 1527~1572) **분류** 철학(유학)

원제 四端七情分理氣往復書 **출간 연도** 조선 시대

조선 중기의 유학자 퇴계 이황과 고봉 기대승이 성리학의 '사단칠정론'에 대해 토론을 주고받은 편지들을 모아 엮은 책. 전 2권 2책이다. '사단'이라 함은 맹자가 성선설(性善說)을 주장하면서 제시한 측은지심(惻隱之心) · 수오지심(羞惡之心) · 사양지심(辭讓之心) · 시비지심(是非之心)을 말한다. 이 네 가지 마음은 각각 인 · 의 · 예 · 지의 실마리가 된다. 칠정은 《예기(禮記)》 〈예운(禮運)〉편에 나오는 희(喜) · 노(怒) · 애(哀) · 구(懼) · 애(愛) · 오(惡) · 욕(欲) 등 사람이 가진 7가지 감정을 말한다. 송나라 때 성리학을 체계화한 주희는 사단은 '이지발(理之發)'로, 칠정은 '기지발(氣之發)'로 설명하여 양자를 구분하였다. 이에 따라 사단은 '이(理)'에 속하는 것으로, 칠정은 '기(氣)'에 속하는 것으로 간주되

었다. 조선에서는 정지운(鄭之雲, 1509~1561)이 《천명도(天命圖)》에서 사단은 이에 의해 생기며 칠정은 기에 의한 것으로 정리하였다. 이황도 사단은 이에서 발한 것, 또는 이가 발한 것이며 칠정은 기에서 발한 것 또는 기가 발한 것이라고 하였다. 이에 대해 기대승이 반론을 제기하면서 두 사람의 논쟁이 시작되었다. 기대승은 1558년(명종 13)에 처음 이황을 찾아갔으며, 같은 해 12월에 이황이 기대승에게 처음 편지를 보낸 이후 1570년에 이황이 사망할 때까지 13년간 편지를 주고받았다. 이황은 이와 기를 구분하는 이기이원론(理氣二元論)의 입장을 취하여 이기호발설(理氣互發說)을 주장하였고, 이에 대해 기대승은 이는 단지 기의 조리(條理)일 뿐이라고 보는 이기일원론(理氣一元論)의 입장에서 이기겸발설(理氣兼發說)을 주장하였다. 이러한 두 사람의 주장은 후학들에 의해 각기 주리론(主理論)과 주기론(主氣論)으로 발전하였다. 이 책은 《퇴계와 고봉, 편지를 쓰다》(김영두 옮김, 소나무, 2003)란 제목으로 번역, 출간되었다.

사람의 아들

저자 이문열(李文烈, 1948~) **분류** 문학(한국)/영화 **원제** 사람의 아들 **출간 연도** 1978년

이문열의 장편소설. 1979년 〈세계문학〉에 중편소설로 발표하였던 것을 1987년에 장편소설로 개작하였고, 다시 1993년에 재출간한 작품이다. 한 경찰관이 살인사건을 수사해 가는 과정 속에 신앙과 이성의 갈등과 조화라는 문제를 담았다. 소설의 화자인 남 경사는 고시에 실패하고 한때 소설가를 지망했다가 지금은 경찰이 된 인물이다. 남 경사는 어느 기도원 부근에서 발생한 살인사건을 수사하게 되는데, 피살자는 기도원에 머물던 민요섭이란 30대 남자다. 남 경사는 사건의 원인을 찾기 위해 민요섭이 남긴 노트를 읽기 시작한다. 민요섭은 예수와 같은 시대에 살았으며 예수를 비판했다가 사탄으로 몰린 아하스 페르츠란 인물을 '진정한 사람의 아들'이라 여겼다. 아하스 페르츠는 인간의 고통에 무관심하고 인간을 억압하는 가혹하고 잔인한 신을 버리고 인간의 이성이 가진 지혜의 힘을 신봉한 인물이다. 민요섭은 조동팔이란 제자와 함께 아하스 페르츠와 같은 삶을 실천해 나간다. 그러나 그 과정에서 민요섭은

인간의 이성도 야훼만큼이나 무분별하고 잔인해질 수 있다는 것을 발견하고 절망한다. 이성이 불완전하다는 것을 깨달은 민요섭은 회의와 번민 끝에 애초에 자신이 불완전하다고 생각해 떠났던 기독교로 다시 귀의하고자 한다. 이에 격분한 조동팔은 민요섭을 살해한다. 그리고 조동팔 역시 그를 체포하기 위해 찾아온 남 경사 앞에서 음독자살한다. 이 소설은 남 경사가 민요섭 피살사건을 수사하는 과정에서 아하스 페르츠의 일대기가 드러나는 액자소설의 형태를 취하고 있다. 작가는 올바른 신앙은 절대자에 대한 믿음과 인간의 이성이 조화를 이룰 때 가능하다는 것을 보여준다. 그리고 조화가 깨어지면 맹목적인 신앙과 맹목적인 이성만이 남는다는 것을 민요섭과 조동팔의 행적을 통해 보여준다.

사랑의 요정

저자 상드(Sand, George, 1804~1876) **분류** 문학(프랑스)/여성

원제 La Petite Fadette **출간 연도** 1849년

프랑스의 여성 작가 조르주 상드(본명 Aurore Dupin)의 소설. 상드의 문학인생에서 제3기에 해당하는 시기에 쓴 작품이다. 이 시기에 상드는 어린 시절에 살았던 노앙에 체류하면서 자연 속에서 살아가는 소박한 농민의 삶을 그린 전원소설을 많이 썼다. 대표적인 작품으로 〈마의 늪〉(1846), 〈사생아 프랑수아〉(1848) 등과 함께 이 소설이 있다. 이 작품은 연작소설 《삼(麻) 두드리기 야화》 중의 첫 번째 권으로 프랑스 중부 베리 지방의 농촌을 배경으로 쌍둥이 형제 실비네와 란드리, 고아 소녀 프랑수아즈가 주인공으로 등장한다. 실비네와 란드리는 둘만의 정으로 연결된 쌍둥이 형제지간이지만 성격은 전혀 다르다. 한편 마을 사람들로부터 '프티 파데트(작은 요정, 요술쟁이)' 라 불리는 프랑수아즈는 얄미운 말과 행동을 일삼는 말괄량이지만, 할머니에게서 배운 약 만드는 법으로 사람들을 치료해 준다. 세 사람은 함께 자라면서 란드리와 파데트는 사랑하는 사이가 되고, 마침내 결혼하게 된다. 이 작품은 아름다운 자연을 배경으로 시골 청소년들의 순박한 사랑을 그린 소설로 작가의 풍경 묘사가 돋보이는 작품이다.

사반의 십자가

저자 김동리(金東里, 1913~1995) **분류** 문학(한국) **원제** 사반의 십자가 **출간 연도** 1955년

김동리의 장편소설. 1955년부터 1957년까지 〈현대문학〉에 연재되었고, 1957년에 장편소설로 출간되었다. 예수와 함께 십자가에 달린 강도 사반을 통해 신앙을 통한 구원과 현세의 해방 사이의 갈등을 그린 작품이다. 사반은 로마의 지배에서 벗어나는 것을 최우선의 가치로 생각하는 인물이다. 그런 사반에게 점성술사 하닷은 장차 등장할 메시아와 협력한다면 꿈을 이룰 수 있을 것이라고 예언한다. 사반은 혈맹단을 조직하여 테러활동을 벌이면서 메시아를 찾기 위해 애쓴다. 메시아를 찾아다니던 사반은 마침내 예수와 만나게 된다. 그러나 예수는 사반이 기대한 메시아가 아니었다. 예수는 유대왕국의 해방이 아니라 신앙을 통한 구원을 강조한다. 지상의 왕국을 세우고자 하는 사반에게 예수는 천상의 왕국을 이야기한다. 결국 사반과 예수는 체포되어 같은 날 십자가에 매달리게 된다. 십자가에 매달린 사반은 예수에게 권능을 행사하여 이 상황을 벗어나 보라고 요구하지만, 예수는 지상의 일에 하늘의 권능을 쓸 수 없다고 거절하며 숨을 거둔다. 작가는 신앙을 통한 해법과 인간적 해법을 보여주면서도 어느 한쪽을 우선시하지 않는다. 오히려 사반과 예수 두 사람의 인간적 갈등과 고뇌를 보여 줌으로써 인간을 구원하는 진정한 길이 무엇인지에 대한 물음을 던지고 있다.

사명당대사집

저자 유정(惟政, 1544~1610) **분류** 종교(불교) **원제** 泗溟堂大師集 **출간 연도** 1612년(광해군 4)

임진왜란 때 승병장으로 활약했던 사명대사 유정의 문집. 전 7권 1책이다. 불교에 관한 내용보다는 주로 시문이 실려 있다. 시의 내용은 승병장으로서의 담대한 기개가 드러난 작품과 승려로서의 수행이 녹아 있는 작품으로 크게 나눌 수 있다. 시(詩) 100수(首), 문(文) 10여 편이 수록되어 있으며, 허균(許筠)이 서문을 쓰고 뇌묵당(雷默堂)이 발문을 썼다. 각 권의 구성을 보면 제1권은 사(辭) 6수 · 고시(古詩) 7수, 제2권은 5언 율시(五言律詩) 20수, 제3권은 7언 율시 42수, 제4권은 5언 절구(五言絕

句) 10수 · 7언 절구 85수 등이며, 제5권은 선게(禪偈) 26수로 사명대사의 수행을 보여주는 선시들이다. 제6권은 잡문(雜文) 19편으로 〈화엄경발(華嚴經跋)〉 등 여러 경전에 단 발문과 그 밖의 글로 되어 있다. 제7권은 명도해시(命渡海詩) · 소기잡체시(所記雜體詩) 등 강화교섭을 위해 일본에 건너가며 지은 잡체시(雜體詩) 68수로 되어 있다. 그 밖에 부록으로 제자 해안(海眼)이 찬한 유정의 행적기와 허균이 지은 비명(碑銘) 등이 있다. 허균은 서문에서 사명대사의 시는 맑고 격이 높아 당나라 구승(九僧)의 작품에 비교할 만하다고 칭찬하였다. 이 책에 실린 사명대사의 행적은 조선 시대 불교사를 연구하는 데 중요한 자료로 쓰인다.

사모아의 성년

저자 미드(Mead, Margaret, 1901~1978) **분류** 인문학(인류학)

원제 Coming of Age in Samoa: A Psychological Study of Primitive Youth for Western Civilization **출간 연도** 1928년

미국의 문화인류학자 마가렛 미드의 저서. 저자가 사모아 섬에서 현지인들과 6개월간 생활한 체험을 바탕으로 쓴 책이다. 저자는 인간의 행동이 지역에 따라 다른 것은 인종에 따른 차이가 아니라 문화와 환경의 차이 때문이라는 이론에 입각하여 연구를 진행하였다. 이러한 이론은 미국 인류학의 창시자이며 저자의 스승인 프란츠 보아스가 처음 제기하였다. 이 이론에 따르면, 인간의 행동은 태어나면서 결정되는 것이 아니라 자라면서 학습한 내용에 따라 결정된다. 그리고 이 과정에는 그 사회의 문화가 결정적 영향을 미친다. 저자는 이러한 이론을 실제로 입증하기 위해 사모아 소녀들의 성장과정을 연구대상으로 택하였다. 저자는 사모아 소녀들을 관찰한 결과 이들은 미국의 소녀들처럼 사춘기의 혼란을 겪지 않는다고 주장하였다. 그 이유는 사모아 문화가 소녀들이 심리적, 성적(性的) 혼란을 겪지 않고 안정적으로 성장할 수 있도록 영향을 미치기 때문이다. 사모아 문화에서 개인은 성년이 되어도 가족을 벗어나지 않고 대가족의 일원으로 계속 남아 있게 된다. 또한 직업선택을 비롯해 성인이 된 후의 삶에 있어서 선택의 여지가 많지 않으므로 청소년들이 불안해하거나 고민할 필요가 없다. 성에 있어서도 억압이나 규제

없이 자연스럽게 성에 눈뜨기 때문에 급격한 변화를 겪지 않는다. 저자는 사모아와 미국 소녀들의 사춘기를 비교하여 인간행동은 문화에 의해 좌우된다는 이론을 구체화하였다. 이러한 이론은 이 책《사모아의 성년》이 큰 성공을 거두면서 널리 알려지게 되었으며, 청소년과 여성의 사회화에 대한 학문적 관심과 사회적 반향을 일으켰다. 그러나 미국 사회의 일각에서는 미드의 책이 성적 방종과 가정의 해체를 옹호했다는 비판이 제기되었다. 1983년 데렉 프리먼은《마가렛 미드와 사모아: 인류학적 신화의 형성과 해체(Margaret Mead and Samoa: The Making and Unmaking of an Anthropological Myth)》라는 책을 출간하여 미드의 연구는 과학적 근거가 없으며 사모아의 역사와 문화에 대한 무지와 미드 자신의 편견으로 인해 왜곡된 것이라고 비판하였다. 이에 대해 대부분의 인류학자들은 미드가 사모아에서 연구한 이후 사모아가 급격한 문화적 변동을 겪었다는 점을 들어 오늘날에 와서 미드 연구의 진위를 가리기는 어렵다는 입장을 취하였다. 그러나 미드의 연구가 사모아의 문화를 제대로 반영하였는지 여부와는 별개로, 개인의 심리학적 · 성적 발달에 문화가 결정적 영향을 미친다는 이론을 현실적으로 규명한 공적은 오늘날에도 높이 평가받고 있다. 특히 여성의 성역할이 태어나면서 주어지는 것이 아니라 문화에 따라 다르게 결정된다는 이론은 여성학의 정립에 크게 기여하였다.

사서대전

저자 호광(胡廣) 외 **분류** 철학(유학) **원제** 四書大全 **출간 연도** 1410년(명나라 영락 8)

명나라 영락제 때 편찬한 사서(논어, 맹자, 대학, 중용)에 대한 주석서. 전 36권이다. 영락제의 명으로 한림학사 호광 등 42명의 학자들이 편찬했다. 《성리대전(性理大全)》 70권, 《오경대전(五經大全)》 154권과 함께 《영락삼대전(永樂三大全)》이라 불린다. 내용은 송나라와 원나라 성리학자들의 사서 주석을 모은 것으로 원(元)나라 때의 성리학자 예사의(倪士毅)가 쓴《사서집석(四書輯釋)》을 바탕으로 하였다. 명나라 과거시험의 교재로 사용되었으며, 이후 이 책에 대한 많은 주석서가 출간되었다.

사서집주

저자 주희(朱熹, 1130~1200) **분류** 철학(유학) **원제** 四書集注 **출간 연도** 1177년

중국 송나라 때 성리학을 집대성한 유학자 주희가 사서(논어, 맹자, 대학, 중용)에 주석을 단 책. 전 19권이다. 책의 구성은 〈대학장구(大學章句)〉 1권, 〈중용장구(中庸章句)〉 1권, 〈논어집주(論語集注)〉 10권, 〈맹자집주(孟子集注)〉 7권으로 되어 있다. 주희 이전의 유학자들은 오경(역경, 시경, 서경, 예기, 춘추)을 중요시하였으나, 주희는 오경의 입문서로 사서를 강조하였다. 주희는 자신의 저서 가운데 《사서집주》를 가장 중시하여 40여 년에 걸쳐 끊임없이 주석을 수정하였으며, 죽기 사흘 전까지도 〈대학장구〉를 손질하였다. 그는 사서 가운데서 《대학》을 가장 중시하여 《대학》이 유학을 이해하는 데 근본적인 틀을 제시해 준다고 강조하였다. 그 다음으로 《논어》가 기본이 되고, 《맹자》는 구체적인 사항들을 제시하며, 《중용》은 보다 깊은 철학적 문제들을 다루고 있다고 보았다. 주희 이후로 사서는 오경에 앞서는 성리학의 기본경전이 되었다. 그리고 이 책 《사서집주》는 과거시험의 교재로 채택되었으며, 후대 중국의 학문과 문화 형성에 결정적인 영향을 미쳤다.

사씨남정기

저자 김만중(金萬重, 1637~1692) **분류** 문학(한국) **원제** 謝氏南征記 **출간 연도** 조선 숙종 때

김만중이 지은 한글소설. 《남정기(南征記)》 또는 《사씨전》이라고도 한다. 한글본과 함께 김만중의 종손 김춘택이 옮긴 한문본도 전한다. 김만중은 숙종이 인현왕후를 폐위하고 장희빈을 왕비로 맞이하는 데 반대하다가 유배를 당하였는데, 유배지에서 이 작품을 썼다고 한다. 따라서 이 작품은 저자가 1689년(숙종 15)에서 1692년(숙종 18) 사이에 쓴 것으로 추정된다. 소설의 내용은 명나라의 한림학사 유연수(劉延壽)와 그의 조강지처 사씨(謝氏), 그리고 후실 교씨(喬氏)를 주인공으로 등장시켜 숙종이 인현왕후를 폐위하고 장희빈을 왕비로 삼은 것을 풍자적으로 비판하였다. 유연수는 15세에 장원급제하여 한림학사의 벼슬을 제수받고, 사정옥을 아내로 맞이한다. 그러나 혼인한 지 9년이 지나도록 자식을 얻

지 못하자 부인 사씨의 권유로 교채란을 후실로 맞아들인다. 교씨는 천성이 간악하고 교활한 여자로 유씨 집의 식객인 동청과 짜고 사씨를 모함한다. 교씨의 꾀임에 넘어간 유연수는 사씨를 쫓아내고 교씨를 정실로 삼는다. 이후 교씨와 동청은 냉진이란 악한을 보내 사씨를 괴롭힐 뿐 아니라 조정의 엄승상과 결탁하여 남편 유연수를 모함하여 유배 보내고 재산을 차지한다. 유배당한 유연수는 황제의 특사로 풀려나고 시녀 설매를 만나 사건의 전말을 듣고 오해를 풀지만, 권세를 잡은 동청과 교씨에게 쫓기다가 우여곡절 끝에 사씨와 다시 만난다. 그러는 사이 조정에서는 엄승상 일파의 죄가 드러나 동청은 처형되고 교씨는 냉진을 따라갔다가 기생으로 전락한다. 유연수는 다시 벼슬길에 올라 예부상서가 되고 교씨를 잡아들여 죽인 후 사씨 부인과 함께 부귀영화를 누리며 살아간다. 이 작품은 주인공과 주변 인물들에 대한 사실적 묘사 속에 축첩 제도에 대한 저자의 비판적 시각을 담아 큰 인기를 얻었으며, 이후 《일락정기(一樂亭記)》, 《쌍선기(雙仙記)》, 《소씨전(蘇氏傳)》 등의 소설에 큰 영향을 미쳐 17세기 소설문학의 발전에 선구적 역할을 하였다.

사이버네틱스

저자 위너(Wiener, Norbert, 1894~1964) **분류** 자연과학(과학일반)

원제 Cybernetics: or Control and Communication in Animal and Machine

출간 연도 1948년

미국의 학자 노버트 위너의 저서. '사이버네틱스'란 생명체와 기계를 모두 포괄하여 제어와 통신에 대해 연구함으로써 인공지능과 정보통신에서부터 인간의 두뇌활동이나 사회활동에 이르기까지 광범위한 분야에 적용되는 새로운 학문 분야이다. 이 용어는 원래 선박 조종술을 의미하는 그리스어 'kybernetes'에서 유래한 것이다. 위너는 수학자이자 물리학자, 철학자로서 일반조화해석(一般調和解析), 예측(豫測)과 여파(濾波)의 이론, 위너 적분론, 선형통계이론(非線形統計理論) 등 많은 새로운 이론을 창안하였다. 그는 제2차 세계대전 중에 적 항공기의 움직임을 미리 예측해서 대포를 쏠 수 있는 대공 예측조준기 제작에 참여한 경험을 바탕으로 사이버네틱스 이론을 정립하였다. 위너는 생명체와 고도로 발달된 기계는 모두 '정보의 전달'과 '피드백(feedback)'을 통하여 통제와 조절이 가능하며 예측가능하다고 생각했다. 이러한 생각은 생명체의 신경계가 수행하는 정보전달과 이에 대한 반응작용을 규명한 신경생리학자 로젠블루트(Arturo Rosenblueth)의 연구에서 영향을 받은 것이다. 사이버네틱스의 관점에서 보면 생명체는 정보의 입력에 따라 스스로 조절하는 피드백 능력을 가진 체계이며 이 점은 기계와 다를 바가 없다. 또한 크게 보아 우리가 사는 세계도 균형을 유지하기 위해 제어를 하는 하나의 체계이다. 오늘날 사이버네틱스는 컴퓨터와 인공지능, 제어공학, 통신공학, 생명공학, 인간공학, 심리학, 사회학, 경제학 등 여러 분야에서 활용되고 있다.

사자의 서

분류 종교(기타종교) **원제** Book of the Dead

고대 이집트에서 죽은 사람과 함께 매장한 사후 세계의 안내서. 원래의 제목은《낮에 나옴에 관한 장들(Chapters of Coming-Forth-by-Day)》이며 '사자의 서'란 이름은 1842년에 이 책을 수집하여 출판한 독일의 이집트 학자 리하르트 렙시우스가 명명한 것이다. 파피루스나 가죽으로 된 두루마리에 삽화와 함께 약 200개의 주문을 상형문자로 표기하였으며, 이와 함께 무덤의 벽면에 새긴 비문도 '사자의 서'라 부른다. 그 기원은 기원전 2400년경 고왕국(古王國) 시대의 〈피라미드 문서〉와 기원전 2000년경 중왕국(中王國) 시대의 〈관 문서〉까지 거슬러 올라가며, 기원전 16세기경에 새롭게 편찬된 것으로 보인다. 따라서 이 문서는 신왕국(新王國) 시대에 주요 장례문서로 쓰였던 것으로 보인다. 이 두루마리에는 죽은 사람이 사후세계에서 여러 가지 상황을 만났을 때 외우는 주문이나 신에 대한 서약 등이 적혀 있다. 이 주문을 외움으로써 사자는 영혼을 파괴하는 악령이나 파괴의 신으로부터 벗어나 오시리스 신의 왕국에 도달하게 된다. 여기서 죽은 사람은 오시리스 신으로부터 재판을 받는다고 생각하였다. 오시리스 신이 42명의 배심원과 함께 재판을 주재하고 호루스 신이 검사, 따오기 머리를 한 토트 신이 서기관을 맡는다. 우선 저승세계의 안내자이며 개의 머리를 한 아누비스 신이 죽은 사람의 심장을 저울에 단다. 그런 다음 진리의 신 마아트를 상징하는 깃털과 무게를 비교한다. 이때 심장이 더 무거울 경우 악어 머리를 한 아마메트 신에게 잡아먹히게 된다. 이어서 사자는 재판관과 배심원들 앞에서 42가지 죄악에 대해 결백을 선언해야 한다. 이 과정을 거쳐 오시리스 신이 사자의 결백을 선언하면 죽은 사람은 오시리스의 왕국에 들어가 영원한 삶을 누리게 된다. 이와 같은 사후세계에 대한 믿음은 고대 이집트인들이 죽음과 내세에 대해 어떤 생각을 가졌는지를 보여준다. 건조한 사막지대에 살았던 이집트인들은 죽은 사람의 시체가 건조한 사막기후에서 자연적으로 미라가 되는 것을 자주 보며 살았다. 그러면서 자연스럽게 죽은 후에도 살아 있을 때와 같은 사후생활을 한다는 믿음을 가지게 되었다. 이 책은 그러한 이집트인들의 내세관을 볼 수 있는 귀중한 자료이다.

사통

저자 유지기(劉知幾, 661~721) **분류** 역사(중국사) **원제** 史通 **출간 연도** 710년

당나라 때의 역사학자 유지기(劉知幾)가 중국의 역사학 이론과 비평에 대하여 저술한 책. 내편(內編) 10권 36편, 외편(外編) 10권 13편, 합계 20권 49편으로 되어 있다. 유지기는 20세 때에 진사에 급제하고 수사국(修史局)에 들어가 측천무후(則天武后) 때부터 현종(玄宗) 초에 걸쳐 사관(史官)으로 재직하면서 고종·측천무후·중종·예종 등의 실록과 《당서(唐書)》, 《성족계록(姓族系錄)》을 편찬하였다. 《사통》의 내용을 보면 내편에는 기전체나 편년체 같은 역사서의 체계에 대하여 논술하였고, 외편에서는 역대 역사서의 연혁과 장단점에 대하여 비평하였다.

사티리콘

저자 페트로니우스(Petronius Arbiter, Gaius, 20~66) **분류** 문학(이탈리아)/영화
원제 Satyricon **출간 연도** 1세기 중엽

로마 시대의 소설로 가장 오래된 작품. 네로 황제의 측근이었던 페트로니우스가 지은 것으로 전해진다. 현재 남아 있는 것은 제15, 16장뿐이

다. 줄거리는 주인공 에코르피우스가 이탈리아를 방랑하며 로마 사회의 구석구석을 살펴본다는 내용이다. 에코르피우스는 졸부 트리말키오가 베푸는 호사스런 연회에 참석하고, 술집이나 창녀촌도 다니면서 졸부와 타락한 시인, 사교계의 귀부인, 노예, 농부, 뱃사람 등 각계각층의 사람들과 만난다. 그중 트리말키오의 향연 부분에서는 노예 신분에서 벼락부자가 된 트리말키오가 베푼 화려한 연회를 사실적이며 풍자적으로 묘사하고 있는데 이는 네로 황제의 사치스런 생활을 풍자한 것이라 한다. 에코르피우스는 그가 사랑하는 소년 지톤이 노예로 팔려가자 슬픔에 빠진다. 얼마 후 방랑하던 에코르피우스는 노예선에서 지톤을 다시 만난다. 그러나 노예선의 선장 또한 지톤을 사랑하고 있었고, 선장과 지톤은 배 위에서 결혼식을 올린다. 다시 방랑에 나선 에코르피우스는 미노타우로스(그리스 신화에 나오는 사람의 머리에 소의 머리를 한 괴물)로 분장한 남자와 싸우게 된다. 절대절명의 위기에 선 에코르피우스는 삶을 포기하게 되지만, 이 대결은 실은 신을 모시기 위한 제사의식일 뿐인 것으로 드러난다. 다시 길을 떠난 에코르피우스는 시인 에우몰피우스로부터 그의 시체를 먹으면 유산을 물려주겠다는 제의를 받는다. 에코르피우스는 이 제안을 거부하고 다시 배에 올라 방랑을 계속한다. 고대소설의 대부분이 모험이나 연애를 다룬 것인 데 비하여 이 작품은 사실적인 풍속소설이며 문학사적으로 악한소설(惡漢小說)의 선구가 되는 작품이다. 저자 페트로니우스는 도덕적 판단을 배제한 채 다분히 쾌락주의적 관점에서 당시 로마인들의 삶을 사실적으로 묘사하였다.

사회계약론

저자 루소(Rousseau, Jean-Jacques, 1712~1778) **분류** 사회과학(사회학)/정치(계몽주의)
원제 Du contrat social, ou principes du droit politique **출간 연도** 1762년

프랑스의 계몽사상가 장 자크 루소의 저서. 원제는 《사회계약 또는 정치권의 원리》이며, 일본에서는 《민약론(民約論)》이라고 번역하였다. 이 책은 저자가 1755년에 발표한 《인간 불평등기원론》과 《정치경제론》에서 제시한 관점을 보다 체계적으로 정리한 것이다. 이 책에서 루소는 사회계약이란 개념을 가지고 국가의 성립과 정치의 역사를 풀이하였다. 원

시시대의 인간은 자연 속에서 자유와 평등을 누리며 살았다. 그러다가 사회의 질서를 유지하고 공공의 이익(공공선)을 실현하기 위해 자신의 자유를 공동체에 맡기는 일종의 계약(사회계약)을 맺게 되었다. 영국의 사상가 홉스도 사회계약설을 주장하였지만, 홉스는 자연상태의 인간은 '만인에 대한 만인의 투쟁 상태' 에 처해 있으며, 자신의 생명과 재산을 보존하기 위해 사회계약을 맺는다고 보았다. 이와 같이 홉스의 사회계약설이 피동적이고 개인적인 반면, 루소는 인간이 사회의 질서를 유지하고 공동의 이익을 실현하기 위해 사회계약을 맺는다고 보는 능동적이고 공동체적인 관점을 제시했다. 사회계약을 통해 인간은 국가(정치체)를 세우게 되었다. 그리고 국가를 유지하고 올바른 정치를 하기 위해서는 '일반의지' 라는 기준이 필요하다. 일반의지는 곧 국가의 최고의지, 국가의 주권이 된다. 주권은 국민 모두의 의사를 반영해야 하며, 특정 집단의 뜻에 따라 좌우되는 것이 아니라 법에 따라 집행되어야 한다. 따라서 인간이 본래 가지고 있던 자유와 평등은 사라진 것이 아니라 주권을 통해 구현된다. 이와 같이 루소는 사회계약론을 통해 인민주권론과 법의 지배라는 민주주의의 2대 원리를 정립하였다. 이러한 루소의 사회계약론은 루소가 죽은 지 11년 후에 일어난 프랑스 혁명의 기본이념이 되었을 뿐 아니라 근대 민주주의의 교과서로 유럽은 물론이고 세계 각국에 소개되었다.

사회분업론

저자 뒤르켐(Durkheim, Emile, 1858 ~ 1917) **분류** 사회과학(사회학)

원제 De la division du travail social(The Division of Labor in Society)

출간 연도 1893년

프랑스의 사회학자 에밀 뒤르켐의 저서. 사회질서의 기초로서 분업에 대해 논한 책이다. 뒤르켐은 분업이 단순히 경제적인 필요에 의해 발생했다고 보지 않았다. 그가 보기에 분업은 사회를 구성하는 개인들이 공동체를 보다 발전시키고 그 속에서 개인들 간의 사회적 유대를 강화하기 위한 선택이다. 뒤르켐은 분업이 늘어나면서 사회는 기계적 사회에서 유기적 사회로 발전한다고 설명했다. 기계적 사회는 구성원들이 공동의 가치와 정서를 공유하는 기계적 연대를 통하여 사회를 결속하고 유지한다. 이러한 사회는 산업이 덜 발달하고 사회의 분화가 활성화되지 않은 전산업화 사회이다. 유기적 사회는 분업을 통해 전문성을 가진 개인들이 서로 의존하는 유기적 연대를 통해 공동체를 결속한다. 이러한 사회는 산업이 발달하고 분화된 사회이다. 분업이 발달할수록 사람들은 개인화되어 각자 자기만의 가치관과 취향을 가지게 된다. 그러나 분업의 발달 때문에 사람들은 서로의 차이를 인정하면서 서로의 능력에 의존할 수밖에 없게 된다. 이 단계에서는 모든 사람들이 하나의 가치관을 따르는 대신 자신의 개성을 중시하는 개인들이 서로 의존하고 연대하게 된다. 뒤르켐은 현대사회는 유기적 사회이며 유기적 연대로 사회의 결속을 유지한다고 생각했다. 현대인은 하나의 상징이나 신념에 집착하지 않으며 그렇게 만들 수도 없다. 그럼에도 불구하고 현대사회가 유지되는 것은 고도화된 분업을 통해 다른 사람의 전문성이 아니면 나 자신이 살아갈 수 없는 상황에서 개인들 간에 연대감이 형성되기 때문이다. 바로 이 때문에 유기적 연대가 이루어지며 이를 통해 사회를 유지하는 도덕적 규범이 만들어진다. 그러므로 분업은 단순히 경제적 효율성을 위한 선택이 아니라 인간이 사회를 유지하고 문명을 보전하기 위한 도덕적 선택이다. 뒤르켐은 이와 같은 분석을 근거로 해서 앞으로의 사회는 개인의 개성이 중시되면서도 사회적 연대는 더욱 끈끈해지게 될 것이라고 예측하였다.

사회생물학

저자 윌슨(Wilson, Edward O., 1929~) **분류** 자연과학(생물학)

원제 Sociobiology: The New Synthesis **출간 연도** 1975년

미국의 생물학자 에드워드 윌슨의 저서. 윌슨은 개미 연구의 전문가이자 사회생물학의 창시자이다. 그는 개미나 꿀벌처럼 복잡한 사회생활을 하는 곤충을 연구하면서 곤충 사회의 구조나 사회적 행동이 인간사회와 유사하다는 점을 발견하였다. 윌슨은 이 점에 착안하여 동물의 행동을 연구하여 얻은 결과를 가지고 인간의 행동을 설명해 보려고 시도하였다. 그리하여 자연과학, 특히 동물사회학과 진화생물학의 연구 성과를 가지

고 인문 · 사회과학의 문제들에 해답을 제시해 보고자 사회생물학을 창시하였다. 따라서 사회생물학은 인간을 비롯한 동물의 사회적 행동을 체계적으로 연구하는 학문이며, 자연과학의 관점에서 모든 학문분야를 포괄하려는 새로운 시도이다. 윌슨에 따르면, 생명의 목적은 유전자를 보존하여 다음 세대에 전달하는 데 있다. 개인으로서 인간의 개체는 유한하지만 유전자는 영원하다. 따라서 사회 속에서 인간의 이기적 행동이나 이타적 행동은 모두 유전자를 보존하여 전달하기 위한 적응과 진화의 결과로 설명할 수 있다. 윌슨은 600페이지의 분량에 2천 권의 참고문헌을 언급한 이 방대한 저서에서 이러한 관점을 제시하였다. 윌슨이 이 책을 발표한 후 리처드 도킨스의 《이기적인 유전자》를 비롯한 많은 사회생물학 저서들이 출판되어 주목을 받았다. 사회생물학에 대한 관심은 자연과학계뿐 아니라 인문학과 정치 분야에까지 파급되었다. 그러나 한편으로 사회생물학의 관점은 모든 해답을 유전자로 돌리는 환원주의적 관점이란 비판이 제기되었다. 특히 사회생물학은 인간사회의 인종, 성, 빈부에 따른 불평등을 모두 유전자의 차이로 설명하는 생물학적 결정론이란 비판이 거세게 일었다. 그러나 윌슨은 이후 자신의 후속 저서 《인간본성에 대하여》와 《학문의 대통일》에서 이러한 비판에 개의치 않고 생물학을 중심으로 모든 학문 분야를 통합하려는 야심 찬 시도를 계속하고 있다.

산경표

저자 신경준(申景濬, 1712~1781) **분류** 사회과학(지리학) **원제** 山經表 **출간 연도** 1769년경

조선 시대의 지리학자 신경준이 편찬한 산악 개념도. 전통적인 산줄기(山經) 개념에 따라 우리의 산맥을 하나의 대간(大幹), 하나의 정간(大幹), 열세 정맥(正脈)으로 분류하였다. 이러한 분류의 원리는 크게 세 가지이다. 첫째, 산은 물을 넘지 못한다. 산줄기와 강줄기는 나란히 이어지며, 산줄기가 강을 넘어 이어지지 않는다. 둘째, 산줄기는 모두 하나로 이어진다. 백두대간은 백두산에서 남하하여 태백산맥을 거쳐 지리산까지 이어지며 한반도를 가로지르는 등뼈와 같은 산줄기이다. 이 백두대간을 중심으로 정간과 정맥의 산줄기들이 여러 갈래로 뻗어 나간다. 그러므로 크게 보아 대간과 정맥은 하나의 산줄기를 이룬다. 셋째, 산은

인간을 나누고 물은 인간을 잇는다. 삼국 시대에는 대간과 정맥 산줄기들이 삼국의 국경선을 이루었고, 고려 시대 이후로는 행정경계선이 되었다. 산줄기를 경계로 지역이 달라지고 말씨와 풍습이 틀려진다. 반면 강줄기는 사람과 물자를 연결하고 문화를 전파한다. 이와 같이 전통시대의 사람들은 자연지리와 인문지리를 구분하지 않고 하나로 이해하였다. 이 책은 일제 시대에 일본인 학자가 분류한 산맥 개념과 다른 전통시대의 지리관을 살펴볼 수 있는 귀중한 자료이다.

산림경제

저자 홍만선(洪萬選, 1664~1715) **분류** 자연과학(농업) **원제** 山林經濟 **출간 연도** 1716년경

조선 시대의 실학자 홍만선이 지은 농촌생활 백과사전. 전 4권 4책이다. 원본은 필사본이며 1766년(영조 42) 유중림(柳重臨)에 의하여 16권 12책으로 증보되었고, 이후 순조 때 서유구(徐有)가 이 책을 바탕으로 《임원경제지(林園經濟志)》를 출판하였다. 책의 내용은 전체를 16지(志)로 나누어 각 지별로 곡물, 과수, 임업, 잠업 등에 대해 기술하였다. 제1지 〈복거(卜居)〉는 건축물의 터 잡기와 건축, 제2지 〈섭생(攝生)〉은 식생활과 건강법, 제3지 〈치농(治農)〉은 곡물과 특용작물 재배법, 제4지 〈치포(治圃)〉는 원예작물 재배법, 제5지 〈종수(種樹)〉는 유실수(有實樹)의 재배, 제6지 〈양화(養花)〉는 화초와 정원수 재배, 제7지 〈양잠(養蠶)〉은 잠업에 관한 내용, 제8지 〈목양(牧養)〉은 목축과 양봉, 양어, 제9지 〈치선(治膳)〉은 가공식품의 제조와 보관, 제10지 〈구급(救急)〉은 응급의학, 제11지 〈구황(救荒)〉은 기근 대처법, 제12지 〈벽온(辟瘟)〉은 전염병 방제법, 제13지 〈충법(蟲法)〉은 해로운 벌레와 짐승 퇴치법, 제14지 〈치약(治藥)〉은 약재와 약초 채취법, 제15지 〈선택(選擇)〉은 길흉일과 길지 선정법, 제16지 〈잡방(雜方)〉은 그 밖에 일상생활의 방편에 대해 설명하였다. 이 책은 우리의 농업서적과 중국농서를 두루 참고하면서도 우리의 농촌 현실에 필요한 내용을 위주로 기술하였다. 또한 단순히 농업에 관한 내용뿐 아니라 농촌의 일상생활에 필요한 의학이나 가정생활에 관한 내용도 수록하였다. 따라서 농학뿐 아니라 자연과학과 기술에 관한 교범으로서의 가치도 있는 책이다.

산해경

분류 문학(중국) **원제** 山海經

고대 중국의 지리서(地理書). 하(夏)나라 우(禹)임금 또는 백익(伯益)이 지었다고 하나 실제로는 고대부터 전국 시대까지 여러 사람들이 편찬한 것으로 보인다. 특히 전국 시대의 방사(方士)들이 신비한 내용을 많이 첨가한 것으로 보인다. 원래는 23권이었으나 전한(前漢) 말(기원전 6세기)에 유수(劉秀)가 정리한 18권 30,825자만이 남아 있다. 책의 구성은 《산경(山經)》과 《해경(海經)》으로 나누어져 있다. 《산경》에는 〈남산경(南山經)〉, 〈서산경(西山經)〉, 〈북산경(北山經)〉, 〈동산경(東山經)〉, 〈중산경(中山經)〉이 있으며, 이 다섯 편을 오장산경(五藏山經)이라 한다. 《해경》에는 〈해외사경(海外四經)〉과 〈해내사경(海內四經)〉, 〈대황사경(大荒四經)〉, 〈해내경(海內經)〉이 있으며, 〈해내경〉을 제외한 각 경은 다시 동서남북으로 나누어 구분하였다. 각 경은 서술시기가 서로 다르다. 위의 경 가운데 《산경》은 우임금의 명으로 각국의 지리와 물산을 기록하였다고 하며, 가장 오래된 경이다. 다음으로 〈해외사경〉과 〈해내사경〉은 기원전 6년에 유수가 정리한 것이라 하며, 〈대황사경〉과 〈해내경〉은 가장 나중에 첨부된 것으로 보인다. 《산경》에는 중국과 그 주변부의 산맥을 따라 산과 강의 이름, 위치, 형세, 서식하는 동식물과 광물을 기록하고, 그곳에 거주하는 신비한 신령과 괴수에 대해서도 언급하였다. 따라서 《산경》은 중국의 종합지리서라고 할 수 있다. 이와 달리 〈해내경〉은 중국 권역의 가장자리에 관한 기록이며, 〈해외경〉은 그 권역 밖에 대하여, 그리고 〈대황사경〉은 그보다 먼 외부세계에 관한 내용이다. 여기에는 중국 외부 나라의 산물과 동식물, 각 민족의 신화와 영웅, 괴수에 대해 기록하였다. 따라서 《해경》에 실린 내용은 지리적인 면보다는 신화에 치중하였다. 이와 같이 《산해경》은 고대 중국인의 지리관, 종교관을 보여줄 뿐 아니라 중국과 주변 민족의 신화, 역사, 민간신앙, 과학지식까지 살펴볼 수 있는 귀중한 자료이다.

살리카 법전

분류 사회과학(법학) **원제** Lex Salica(the Salic law, Pactum legis Salicae)

출간 연도 507~511년경

고대 유럽에서 프랑크 왕국을 세운 프랑크족의 일파인 살리족(saliers)의 법전. 서(西)게르만족의 부족법 가운데 가장 오래된 법전이다. 살리족은 리부아리족과 함께 프랑크족의 주류를 형성한 부족이었다. 이 부족은 원래 북해(덴마크) 연안에 거주하다가 민족의 대이동 때 갈리아 북부(오늘날의 벨기에와 프랑스 북부)로 이동하였다. 이후 부족장 클로비스(Clovis)가 부족을 통일하고, 쾰른을 중심으로 라인 강 중류에 거주하던 리부아리족을 병합하여 프랑크 왕국을 수립하였다. 이리하여 클로비스는 프랑크 왕국에서 메로빙거 왕조 시대를 열었다. 클로비스는 네 명의 원로로 하여금 부족의 관습을 채록하게 한 후 이를 취합하여 성문법전을 만들었다고 한다. 이 법전은 성문법이란 점에서 로마법의 영향을 받았지만 내용상으로는 게르만족 부족법의 전통을 지키고 있다. 법전은 살리족의 생활을 규제하는 65개 조항으로 이루어져 있으며, 여기에는 그리스도교의 영향이 거의 나타나 있지 않다. 게르만 부족법답게 속인주의(屬人主義)를 채택하였으며, 손해배상에 대해 자세히 규정하였다. 살리카 법전이 제정된 후 리부아리 법전을 비롯하여 각 부족의 법전이 제정되기 시작했으며, 후대로 갈수록 로마법과 교회의 영향이 커지게 되었다.

삼강행실도

저자 설순(偰循) 등 **분류** 인문학(교육) **원제** 三綱行實圖 **출간 연도** 1434년(세종 16)

조선 세종 때 편찬된 도덕 교육서. 전 3권 3책이다. '삼강'이라 함은 임금과 신하, 아버지와 아들, 남편과 아내 사이에 마땅히 지켜야 할 역할에 대한 규정이다. 삼강은 유교 도덕의 기본이며, 삼강을 잘 지키는 사람을 충신, 효자, 열녀라 부른다. 이 책은 세종의 명령으로 집현전 부제학 설순 등이 편찬하였다. 편찬자들은 권부(權溥)의 《효행록(孝行錄)》을 바탕으로 하고, 여기에 우리나라의 옛 사적을 더하여 책을 만들었다. 내용은 〈삼강행실효자도〉, 〈삼강행실충신도〉, 〈삼강행실열녀도〉의 3부로 되어 있으며, 중국과 조선의 효자 110명, 충신 112명, 열녀 94명을 선정하여 그들의 행적을 그림과 글로 설명하였다. 한글을 창제한 후인 1471년경(성종 12)에 다시 인원을 각각 35명으로 줄이고 한글 설명을 붙여 3권 1책으로 출간하였는데, 오늘날에는 《삼강행실도》라 하면 이 판본을 가리킨다. 책의 구성은 각각의 인물의 행적을 우선 그림으로 설명하고, 거기에 한문 설명과 7언 절구(七言絕句) 2수의 영가(詠歌)와 4언 일구(四言一句)의 찬(贊)을 붙이고, 그림 위에는 한글 설명을 실었다. 이 책은 조선 시대에 국민 윤리 교육서로서 최초로 출판되고 가장 많이 보급된 책이다. 따라서 조선 전기의 사회와 문화를 알 수 있는 중요한 자료이며, 수록된 판화를 통해서 조선 전기 미술사의 흐름을 살펴볼 수 있다.

삼국사기

저자 김부식(金富軾, 1075~1151) **분류** 역사(한국사)

원제 三國史記 **출간 연도** 1145년(고려 인종 23)

고려 인종 때 김부식 등이 편찬한 삼국 시대의 역사서. 인종의 명령으로 김부식이 편찬작업을 주관하고 최산보(崔山甫), 이온문(李溫文), 허홍재(許洪材), 서안정(徐安貞), 박동계(朴東桂), 이황중(李黃中), 최우보(崔祐甫), 김영온(金永溫) 등 8인의 참고(參考)와 김충효(金忠孝), 정습명(鄭襲明) 2인의 관구(管句) 등 11인의 관료가 참여하였다. 김부식이 〈진삼국사기표(進三國史記表)〉와 서문, 논찬(論贊)을 직접 집필하였으며, 그 밖에 사료의 선택이나 항목 선정, 나머지 부분의 서술에 있어서도 큰 영향을 미쳤을 것으로 보인다. 《삼국사기》가 편찬된 12세기 전반기는 고려의 귀족문화가 전성기를 맞이한 시기로 문화의식이 발전한 시기였다. 그러나 한편으로는 왕권이 흔들리면서 관료들 사이에서 사회개혁의 방향을 놓고 정치적 갈등이 끊이지 않았으며, 그 결과 묘청의 난이 발생한 시기였다. 또한 거란과 여진, 송나라가 동북아의 주도권을 놓고 각축을 벌이는 국제정세의 격변기로 이로 인해 고려인들의 국가의식이 고양된 시기였다. 《삼국사기》에는 이러한 시대 정서가 반영되어 있다. 책의 구성은 중국의 정사(正史) 서술방식인 기전체(紀傳體)를 채용하여 본기(本紀, 역대 왕에 대한 기록) 28권, 지(志, 제도와 문물에 대한 기록) 9권, 연표(年表) 3권, 열전(列傳, 인물의 일대기) 10권으로 되어 있다. 본기는 다시 고구려 본기 10권, 백제 본기 6권, 신라 본기 12권(통일신라 포함)으로 나뉜다. 이와 같이 《삼국사기》는 열전 중심의 중국 역사서와 달리 본기를 중심으로 구성되어 있으며, 본기의 구성은 정치, 천재지변, 전쟁, 외교의 4항목으로 되어 있다. 김부식은 본기에 23편, 열전에 8편의 논찬을 달아 유교적 명분론과 민족적 현실주의가 혼합된 역사관을 제시하였다.

삼국유사

저자 일연(一然, 1206~1289) **분류** 역사(한국사)

원제 三國遺事 **출간 연도** 1281~1283년(고려 충렬왕 7~9)

고려 시대의 승려 일연이 편찬한 역사서. 김부식이 편찬한 《삼국사기》가 정부에서 만든 정사(正史)인 데 비해, 이 책은 일연 개인의 주관과 창의가 많이 들어간 야사(野史)이다. 이러한 점은 역사서로서 약점이 될 수도 있지만, 한편으로는 정사에서 다루지 않은 많은 역사적 사실을 기록하였다는 점에서 큰 가치가 있다. 《삼국사기》가 삼국의 성립부터 서술을 시작한 데 비해, 《삼국유사》는 단군신화와 고조선의 성립부터 기술하였다. 이는 일연이 신화와 역사를 구분하지 않고 그대로 옮겨 적었음을 보여주며 《삼국유사》에는 그 밖에도 많은 설화와 전설, 향가 14수가 수록되어 있다. 책의 구성 또한 《삼국사기》가 전통적인 기전체 서술방식을 택한 데 비해, 《삼국유사》는 선례가 없는 독창적 체제를 택하였다. 전 5권 중에 제1권은 〈왕력(王曆)〉 제1, 〈기이(紀異)〉 제1, 제2권은 〈기이〉 제2, 제3권은 〈흥법(興法)〉 제3, 〈탑상(塔像)〉 제4, 제4권에는 〈의해(義解)〉 제5, 제5권에는 〈신주(神呪)〉 제6, 〈감통(感通)〉 제7, 〈피은(避隱)〉 제8, 〈효선(孝善)〉 제9를 각각 수록하고 있다. 〈왕력〉은 연표로 중국, 신라, 고구려, 백제, 가야 및 후삼국의 역대 왕의 출생, 즉위, 주요 치적을 기록하고 저자의 의견을 첨부하였다. 〈기이(奇異)〉에는 고조선, 삼한, 부여, 고구려, 통일신라와 후삼국 등 여러 국가의 흥망과 신화, 전설을 비롯한 유사를 실었다. 〈흥법〉 편은 불교의 전래와 고승의 행적, 〈탑상〉 편은 사찰에 대한 기록과 탑과 불상에 관한 기록, 〈의해〉 편은 신라 고승들의 행적과 설화, 〈신주〉 편은 밀교의 신비한 이적과 기이한 승려들의 행적, 〈감통〉 편은 불교 신도들의 영적 감응에 대한 내용, 〈피은〉은 덕이 높은 은둔 승려들의 이적, 〈효선〉 편은 효행과 선행에 대한 아름다운 이야기를 실었

다.《삼국유사》는 역사서로뿐 아니라 문학, 민속, 언어, 신앙 등에 대한 기록이 풍부하여 한국의 고대 사회와 문화를 연구하는 데 있어 중요한 자료이다.

삼국지

저자 진수(陳壽, 233~297) **분류** 역사(중국사) **원제** 三國志

중국 진(晉)나라 때의 학자 진수가 편찬한 삼국 시대 위(魏)·촉(蜀)·오(吳)의 역사를 기록한 정사(正史).《사기(史記)》,《한서(漢書)》,《후한서(後漢書)》와 함께 중국 '전사사(前四史)'로 불린다. 진수는 촉한 출신으로 후에 위나라를 계승한 진나라에서 벼슬을 한 인물로 위나라를 정통으로 하여 삼국의 역사를 기술했다. 기술방식은 전통적인 정사 기술방식인 기전체(紀傳體, 역대 왕에 대한 기록인 〈본기〉, 제후와 그 밖의 인물들에 대한 기록인 〈열전〉, 〈연표〉, 제도와 문물의 역사인 〈지(志)〉로 구성)를 채택했으나, 이 가운데 연표와 지는 없고 위나라를 정통으로 보아 〈제기(帝紀)〉로 기술하였으며, 촉과 오는 〈열전(列傳)〉으로 다루었다. 구성은 위서 30권, 촉서 15권, 오서 20권에 전 65권으로 되어 있다. 이 가운데 위서 동이전에는 부여(扶餘)·고구려·동옥저(東沃沮)·읍루(婁)·예(濊)·삼한(三韓)·왜인(倭人) 등에 관한 기록(傳)이 있어 고대사 연구의 중요자료로 쓰인다. 진수의《삼국지》는 엄격하고 간결한 서술로 유명하지만 빠진 부분이 많아 이후 남북조 시대 송(宋)나라의 배송지(裴松之, 372~451)가 부족한 부분을 보충하는 주석을 달아 역사자료로서의 가치를 더욱 높였다.

삼국지연의

저자 나관중(羅貫中, 1330?~1400) **분류** 문학(중국)/영화 **원제** 三國志演義

중국의 작가 나관중이 지은 대하역사소설. 원제는《삼국지통속연의(三國志通俗演義)》이다. 역사가 진수(陳壽, 233~297)가 위(魏)·촉(蜀)·오(吳) 세 나라의 역사를 기록한 정사(正史)《삼국지》에 나오는 역사적

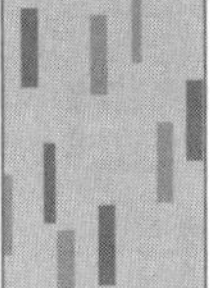

사실에다 허구를 가미한 소설이다. 진수의 《삼국지》가 조조의 위나라를 정통으로 기술한 데 비해, 나관중의 《삼국지연의》는 유비의 촉나라를 한나라 황실을 계승한 정통으로 간주하였다. 삼국지 이야기는 남북조 시대 이후로 사람들 사이에서 전해지다가 송나라 때부터는 연극으로 공연되었다. 이후 원나라 때 소설문학이 발전하면서 《전상삼국지평화(全相三國志平話)》가 등장하였으며, 이후 많은 소설과 희곡 판본이 나왔다. 나관중은 그의 시대에 유행하던 이러한 삼국지 이야기를 개작하여 소설로 만들었다. 원작의 구성은 24권 240절(節)로 이루어졌던 것으로 추정되며, 이후 청나라 때 모종강(毛宗崗)이 나관중 본(本)을 개정한 모본(毛本)을 출간하여 대중적 인기를 얻으면서, 현재는 모본이 가장 널리 알려진 삼국지가 되었다. 소설의 줄거리는 유비 · 관우 · 장비 세 사람이 도원결의(桃園結義)로 의형제를 맺고 황건적(黃巾賊)의 난을 진압하는 데서 시작한다. 유비는 혼란한 세상에서 한나라 황실을 지키고 입신할 뜻을 세웠으나 조조에게 패하여 쫓기는 신세가 된다. 이후 유비는 제갈량을 군사(軍師)로 얻고 '천하삼분(天下三分)'의 뜻을 세우게 된다. 조조가 대군을 이끌고 오나라를 침공하자 유비는 손권과 연합하여 적벽대전에서 조조군을 격파하고 촉한(蜀漢)을 차지하여 위 · 촉 · 오 삼국 시대를 연다. 천하삼분을 이룬 후 유비 삼형제는 오나라와 싸우다 차례로 죽고, 제갈량이 군대를 이끌고 위나라를 공략하나 끝내 뜻을 이루지 못하고 병사(病死)하면서 소설은 끝난다. 이 소설은 《수호전》, 《서유기》, 《금병매》와 함께 중국 사대기서(四大奇書)로 불리며 우리나라에서도 큰 인기를 얻어 많은 작가들이 번역본과 평역본을 출간하였다.

삼대

저자 염상섭(廉想涉, 1897.8.30~1963) **분류** 문학(한국)/영화 **원제** 三代 **출간 연도** 1931년

염상섭의 장편소설. 1931년 〈조선일보〉에 연재되었다. 1920년대 서울을 배경으로 만석꾼 조씨 집안 삼대의 삶을 그린 작품이다. 조씨 집안의 가부장인 조의관은 전통 가치관을 고수하는 인물로 구한말 세대를 상징하는 인물이다. 아들 조상훈은 미국 유학을 한 기독교 신자이지만, 한편으로는 주색과 노름에 빠져 사는 인물로 개화기 지식인 세대를 상징한

다. 손자 조덕기는 식민지 세대를 상징하는 청년이다. 덕기가 보기에 할아버지의 전통 가치관은 변화된 세상에 어울리지 않는다. 하지만 전통 가치관을 부정하면서도 새로운 가치관을 제시하지 못하는 아버지 세대는 더 큰 문제와 무능을 안고 있다. 덕기는 할아버지와 아버지 사이를 중재하면서 마음속으로는 사회주의자인 친구 김병화에게 공감하지만 직접 나서지는 않는다. 조의관의 임종이 다가오자 후처 수원댁은 재산을 가로챌 목적으로 그를 독살한다. 그러나 덕기의 노력으로 사건의 전말이 밝혀지고, 가문의 사당(祠堂)과 재산은 덕기가 관리하게 된다. 이제 덕기는 가문을 이끌고 식민지 시대를 살아갈 책임을 지게 된다. 이 소설은 한국 사실주의 문학의 창시자인 염상섭의 작품답게 등장인물들의 일상에 대한 사실적 묘사로 높은 평가를 받은 작품이다. 작가는 조씨 가문의 손자 덕기에게 가족을 이끌고 살아갈 책임을 부여함으로써 식민지 청년 세대의 내일에 대한 우려와 기대를 함께 보여주었다.

삼대목

저자 위홍(魏弘), 대구화상(大矩和尚) **분류** 문학(한국)

원제 三代目 **출간연도** 888년(신라 진성여왕 2)

신라 시대 위홍과 대구화상이 편찬한 향가집. 진성여왕의 명에 따라 각간(角干) 벼슬에 있던 위홍(魏弘)과 승려 대구화상(大矩和尙)이 향가를 수집하여 엮었다고 한다. 현재는 《삼국사기》에 이 책에 대한 기록만 있고, 책은 전해지지 않는다. '삼대'는 신라의 상대, 중대, 하대의 삼대를 가리키는 것으로 추정되며, 향가를 세 시대로 구분하여 수록하였던 것으로 보인다. 이로 미루어 볼 때 이 책에는 상당히 방대한 분량의 향가가 실렸을 것으로 보인다. 이는 진성여왕 때가 향가의 최전성기를 넘어 쇠퇴기에 들어선 시기이므로, 앞 세대의 가요를 수집하여 보존할 필요성이 제기됨에 따라 이 책을 편찬하였을 것으로 짐작된다. 이 책은 한국 최초의 가집(歌集)으로서 고대 국문학 연구의 귀중한 자료이다.

삼민주의

저자 쑨원(孫文, 1866~1925) **분류** 정치(중국정치) **원제** 三民主義 **출간 연도** 1924년

근대 중국혁명의 지도자 쑨원의 저서. 쑨원의 혁명이념인 삼민주의에 대한 강연을 엮은 책이다. 구성은 제1부 민족주의 6강, 제2부 민권주의 6강, 제3부 민생주의 4강으로 되어 있다. 원래는 민생주의도 6강으로 마무리하려 했으나, 쑨원의 죽음으로 인해 미완성으로 끝났다. 제1부는 1924년 1월부터 3월까지, 제2부는 1924년 3월과 4월에, 제3부는 1924년 8월에 강연한 내용이다. 쑨원이 사망하기 직전에 강연한 내용이므로, 이 책에 제시된 삼민주의 사상도 초기와는 크게 달라진 모습을 보여준다. 초기의 삼민주의에서 민족주의는 청나라를 무너뜨리고 한족의 나라를 세우는 멸만흥한(滅滿興漢), 민권주의는 공화국의 수립, 민생주의는 사회주의적 색채를 띤 평균지권(平均地權)의 실현을 주 내용으로 하였다. 그러나 혁명정부의 수립 및 군벌들과의 투쟁을 거치면서 삼민주의에 대한 쑨원의 생각도 변화해갔다. 쑨원은 혁명의 완수를 방해하는 군벌들 뒤에는 제국주의가 있다고 여겼다. 그리고 군벌과 외세를 타도하기 위해서는 러시아 혁명을 통해 사회주의 국가로 탈바꿈한 소련과 손을 잡고, 공산당과 연대하며, 생산의 주체들이 연대하는 연소(聯蘇) · 용공(容共) · 농공부조(農工扶助)의 3대 정책을 실시해야 한다고 생각하였다. 초기의 민족주의가 한민족(漢民族) 중심주의라면 후기의 민족주의는 중국에 거주하는 여러 민족의 평등을 구현하고, 외세의 침략과 수탈에 대항하는 사상으로 바뀌었으며, 민권주의는 인민과 정부의 권력이 균형을 이룰 때 실현되는 것으로, 민생주의는 인민의 생활안정을 통하여 대동세계(大同世界)를 실현하는 일종의 사회주의로 변화하였다.

삼봉집

저자 정도전(鄭道傳, 1337~1398) **분류** 문학(한국)/정치(한국정치)

원제 三峯集 **출간 연도** 1397년(태조 6)

조선왕조의 개국공신 삼봉 정도전의 문집. 전 14권 7책이다. 제1권과 2권에는 시, 부, 악장 등 문학작품, 제3 · 4권에는 상소문과 그 밖의 문장,

제5 · 6권에는 〈경제문감(經濟文鑑)〉, 제7 · 8권에는 〈조선경국전(朝鮮經國典)〉, 제9 · 10권에는 〈불씨잡변(佛氏雜辨)〉 · 〈심기리편(心氣理篇)〉 · 〈심문천답(心問天答)〉 등, 제11 · 12권에는 〈경제문감별집(經濟文鑑別集)〉, 제13 · 14권에는 〈진법(陳法)〉 · 〈습유(拾遺)〉 등의 책이 포함되어 있다. 원래 1397년에 정도전의 아들 정진이 2권으로 간행하였으나 현재는 전하지 않는다. 현재 전해지는 판본은 1791년(정조 15)에 재간된 판본이다. 이 책에는 조선의 개국공신이자 새 왕조의 정체성을 정립한 정도전의 사상과 학문적 관심을 담은 글들이 실려 있다. 〈불씨잡변〉에서는 불교의 교리를 10편으로 나누어 비판하고, 고려의 사회문제를 불교와 연관 지어 공격하면서, 새 왕조의 이념으로 유교를 제시하였다. 〈경제문감〉에서는 중국의 정치체제를 고찰하여 재상을 비롯한 관료들의 역할에 대해 논하였는데, 특히 재상의 권한을 강화할 것을 주장하였다. 이를 통해 그가 구상한 새 왕조는 국왕의 권한보다 재상을 비롯한 관료들의 권한이 강한 유교적 이상국가라는 것을 알 수 있다. 〈경제문감별집〉에서는 고려 역대 왕의 치적에 대해 서술하면서 군주가 취해야 할 올바른 자세에 대해 논하였다. 〈조선경국전〉에서는 〈주례〉의 육전체제에 맞추어 새 왕조의 통치이념과 통치체제를 논하였다. 그 내용은 단순히 행정구조나 법률에 대한 것뿐 아니라 국가이념과 경제사상까지 포괄적으로 서술하였다. 여기서 정도전은 경제발전을 위해서는 토지제도와 조세제도의 개혁이 필요하며, 이를 통해서 농업을 발전시켜 국가경제를 튼튼히 해야 한다는 농본주의 경제관을 제시하였다. 이 〈조선경국전〉의 내용은 이후 조선왕조의 기본법전인 〈경국대전〉의 바탕이 되었다. 〈진법〉은 병법서로 정도전이 요동정벌에 적용하기 위해 지은 것이다. 이렇듯 《삼봉집》에는 새로운 국가를 건설하기 위한 정도전의 이론적 관심이 철학, 정치, 행정, 법률, 경제, 군사 분야에 걸쳐 총망라되어 있다.

삼일신고

분류 종교(기타종교) **원제** 三一神誥

대종교의 근본경전. 〈천부경〉, 〈참전계경〉과 함께 대종교의 3대 경전이다. 대종교의 경전에는 하늘의 계시가 담긴 계시경전과 인간이 도통하여 남긴 도통경전이 있는데, 〈삼일신고〉는 계시경전에 속한다. 제목의 '삼일(三一)'은 '하나를 잡아 셋을 포함하고(執一含三), 셋을 모아 하나로 돌아온다(會三歸一)'는 교리를 뜻하며, '신고'는 신이 남긴 말씀이란 뜻이다. 1906년 대종교의 창시자 나철이 서울에서 어느 노인으로부터 전해 받았다고 한다. 전부 366자의 한자에 천훈(天訓)·신훈(神訓)·천궁훈(天宮訓)·세계훈(世界訓)·진리훈(眞理訓)의 오훈(五訓)으로 되어 있다. 그 내용은 천(天)과 신(神)의 무한성과 유일성을 강조하고, 한배검이 사는 천궁에 이르는 성통공완의 길을 제시하며, 우주창조의 과정과 진리에 이르는 세 가지 수련법(三法)을 서술하였다.

삼총사

저자 뒤마(Dumas, Alexandre, 1802~1870) **분류** 문학(프랑스)/영화

원제 Les Trois Mousquetaires **출간 연도** 1844년

프랑스의 작가 알렉상드르 뒤마의 장편역사소설. 루이 13세 시대의 프랑스를 배경으로 국왕을 호위하는 총사대(銃士隊) 대원들의 활약상을 그린 작품이다. 가스코뉴 출신의 청년 달타냥은 총사가 되기 위해 파리로 나왔다가 뜻하지 않게 유명한 삼총사 아토스, 포르토스, 아라미스와 차례로 결투약속을 하게 된다. 달타냥과 삼총사는 결투장소에서 다시 만나는데, 이때 재상 리슐리외 추기경의 근위대가 삼총사를 공격한다. 달타냥과 삼총사는 함께 친위대에 맞서 싸우고 이를 계기로 친해지게 된다. 견습총사가 된 달타냥은 왕비를 위해 사라진 보석을 찾는 임무를 맡는다. 그 보석은 영국과 프랑스의 평화를 위해 프랑스 왕비가 영국 수상에게 보낸 것으로, 수상의 관저에서 실종되었다. 달타냥은 리슐리외 추기경의 첩자 말레디 부인이 보석을 훔쳐갔다는 것을 알아내고, 말레디의 뒤를 쫓는다. 보석이 추기경에게 넘어가면 왕비가 위험해질 뿐 아니라 영국과 프랑스는 전쟁의 위기에 처하게 된다. 결국 달타냥은 삼총사의 도움으로 보석을 되찾고, 왕비의 명예를 지킨다. 이로써 달타냥은 어엿한 총사가 되고 삼총사와 함께 국왕을 수호하는 총사대원으로 활약하게 된다. 이 작품은 《몬테크리스토 백작》과 함께 뒤마의 대표작이다. 기발한 상상력으로 역사적 사실에 허구를 끼워 넣은 교묘한 구성과 등

장인물들의 생생한 성격묘사로 출간 당시부터 지금까지 큰 인기를 얻고 있다. 《삼총사》가 큰 인기를 얻자 뒤마는 달타냥과 삼총사를 주인공으로 등장시켜 《20년 후》(1845)와 《브라질론 자작(철가면)》(1848) 등의 후속작을 썼다.

상군서(상자)

저자 상앙(商鞅, ?~BC 338) **분류** 철학(중국철학)
원제 商君書(商子) **출간 연도** 중국 전국 시대

중국 전국 시대의 법가(法家) 사상가 상앙의 저서. 《상자》라고도 한다. 상앙이 지었다고 전해지지만 실제로는 그의 사후 전국 시대 말기에 많은 부분이 편집된 것으로 보인다. 한나라 때에는 29편이 전해졌으나 현재는 24편만 전한다. 법가 정책에 입각하여 농업을 중시하고 상업을 규제하며, 세금제도와 도량형을 통일하고, 유세가와 학문을 배격하고, 엄벌주의를 적용할 것을 주장하였다. 상앙은 진나라 효공에 의해 재상으로 등용되어 두 차례의 변법을 주도하였다. 이 책의 내용은 바로 상앙이 실시한 변법의 골자이자 법가의 기본정책에 해당한다. 상앙은 정치의 근본은 법이며, 법이 지켜지지 않기 때문에 사회가 어지럽다고 생각하였다. 그는 법이 지켜지지 않는 이유는 윗사람들이 먼저 법을 어기므로 아랫사람들이 법을 우습게 여기기 때문이라고 생각하였다. 따라서 지위고하를 막론하고 법을 어기면 엄벌에 처해야만 법이 지켜지고 사회가 안정된다고 주장하였다. 이와 같은 법가 정책은 난세의 현실주의로 진나라 천하통일의 기본이념이 되었다.

상록수

저자 심훈(沈熏, 1901~1936) **분류** 문학(한국)/영화 **원제** 常綠樹 **출간 연도** 1935년

심훈의 장편소설. 〈동아일보〉 창간 15주년 기념 현상 소설에 당선된 작품이다. 농촌계몽에 뛰어든 두 남녀의 사랑과 농촌운동의 현실을 사실적으로 그렸다. 주인공 채영신과 박동혁은 어느 신문사 주최의 농촌

계몽운동 보고회에서 처음 만난다. 계몽운동 모임을 통해 알게 된 두 사람은 농촌운동의 동지가 되고, 서로를 사랑하게 된다. 가정형편으로 학업을 중단한 동혁은 고향 한곡리에서 농우회를 조직하여 활동하면서 농우회관을 건립한다. 그러나 지주의 아들이자 고리대금업자인 강기천의 방해로 난관에 부딪힌다. 한편 영신은 청석골에서 야학을 열고 아이들을 가르친다. 그러나 학생정원을 줄이라는 주재소의 압력을 받자 영신은 새 학원 건물을 짓기 위해 모금운동에 나선다. 이렇게 각자의 위치에서 농촌운동에 매진하던 두 사람은 결혼을 약속하지만, 맹장염으로 쓰러진 영신을 간호하기 위해 동혁이 한곡리를 떠난 사이 강기천이 농우회관을 차지해 버린다. 이에 분노한 동혁의 여동생 동화가 회관에 불을 지르려다 발각되면서 동혁과 동화는 옥살이를 하게 된다. 그리고 동혁이 옥살이를 하는 사이 새 학원 건물을 짓느라 무리한 영신은 병으로 세상을 떠난다. 홀로 남은 동혁은 영신의 몫까지 농촌운동을 계속하리라 다짐하며 한곡리로 돌아간다. 이 작품은 계몽소설의 형식을 취하면서도, 생생한 묘사와 긴장감을 잃지 않는 전개를 보여주는 문학적 성취가 뛰어난 작품으로, 오늘날에도 많은 독자들의 사랑을 받고 있다.

상서(서경)

저자 공자(孔子, BC 552~BC 479) **분류** 철학(유학)

원제 尙書(書經) **출간 연도** 기원전 4세기 이전

유가(儒家)의 경전. 오경(五經)의 하나이다. 한나라 이전까지는 《서(書)》라고 불렀으며, 한나라 때 들어 《상서》라 불렸다. 이후 송나라 때에는 《서경》이라 하였는데, 현재는 《상서》와 《서경》이란 두 가지 서명(書名)이 통용된다. 내용은 우(虞), 하(夏), 상(商), 주(周) 시대의 역사를 기록한 것으로, 우서(虞書) 5편, 하서(夏書) 4편, 상서(商書) 17편, 주서(周書) 32편으로 이루어져 있다. 우서는 요(堯) · 순(舜) 시대에 대한 기록이며, 하서는 하(夏, BC 2205경~BC 1766경)나라에 대한 기록, 상서는 은(殷)나라의 건국과 몰락(BC 1122)에 대한 기록, 주서는 주나라의 건국부터 기원전 771년의 서주(西周)의 몰락까지 기록하고 있다. 이 내용은 당시의 사관(史官)들이 기록한 것을 공자(孔子)가 편찬하였다고 한다. 《상

서》에는 《금문상서(今文尙書)》와 《고문상서(古文尙書)》가 있다. 《금문상서》는 진시황의 분서갱유로 《상서》가 사라진 후, 한나라 문제(文帝) 때 복생(伏生)이라는 유학자가 구술한 내용을 당시의 문자체인 금문(今文)으로 옮겨 적은 판본이다. 이 금문체는 한자의 문체 가운데 예서(隷書)체를 말한다. 《고문상서》는 이후 한나라 경제(景帝) 때 공자의 옛집에서 나온 춘추 시대의 문자체인 고문(古文)으로 쓰인 판본이다. 그 후 《고문상서》는 실전(失傳)되었다가, 위진남북조 시대에 동진(東晉)의 매색이란 학자가 나라에 바쳤으나, 이 책은 진본이 아닌 것으로 평가된다. 원본은 100편으로 이루어졌다고 하나, 현재 전하는 것은 58편뿐이다. 이 58편 가운데 33편이 《금문상서》, 25편이 《고문상서》이다.

상식

저자 페인(Paine, Thomas, 1737~1809) **분류** 정치(미국정치, 계몽주의)

원제 Common Sense **출간 연도** 1776년

미국의 정치인 토머스 페인이 쓴 정치 팸플릿. 미국 독립혁명을 촉발시킨 문건이라 불린다. 독립혁명 직전인 1776년 1월에 출간된 이 문건에서 페인은 아메리카 대륙 식민지들은 영국의 지배를 필요로 하지 않으며, 영국으로부터 완전히 독립해야 한다고 주장하였다. 그는 독립의 정치적 대의명분과 경제적 실리를 교묘히 조합하고 이를 선동적 문체로 포장하여 식민지인들의 마음을 사로잡았다. 그리하여 이 문건은 필라델피아에서 출판되자마자 15만 부가 팔려나갈 정도로 큰 인기를 얻었다. 페인은 "미국의 대의는 모든 인류의 대의라 할 수 있다"고 독립혁명의 정당성을 설파하였다. 페인이 미국의 독립에 그토록 큰 의미를 부여한 이유는 그가 단순히 정치 저술가일 뿐 아니라, 계몽사상에 공감한 인물로서 미국의 독립을 계몽주의적 이상의 실현으로 생각했기 때문이다. 페인의 문건은 식민지 내의 여러 불만세력을 하나로 규합하는 역할을 했을 뿐 아니라, 미국혁명이 단지 식민지인의 요구일 뿐 아니라 세계사의 결정적 국면이라는 인식을 불어넣었다.

상실의 시대

저자 무라카미 하루키(村上春樹, 1949~) **분류** 문학(일본)

원제 ノルウェイの森 **출간 연도** 1987년

무라카미 하루키의 장편소설. 서른일곱의 중년이 된 주인공 와타나베가 대학생활을 회상하는 내용을 통해 60년대 일본 젊은이들의 사랑과 삶을 그린 작품이다. 이제 막 신입생으로 대학에 입학한 청춘임에도 불구하고, 와타나베는 모든 일을 심각하게 생각하지 않고, 모든 사물과 자신 사이에 거리를 두기로 결심한다. 와타나베가 이런 결심을 하게 된 이유는 고교 2학년 때 친구 기즈키가 자살한 뒤부터다. 기즈키가 죽은 후 와타나베는 '죽음은 삶의 대극(對極)이 아니라, 삶의 일부'라고 생각하게 된다. 친구였던 기즈키는 죽고, 살아남아 도쿄의 대학에 진학한 와타나베는 기즈키의 여자친구 나오코와 다시 만나게 된다. 와타나베와 나오코 두 사람은 죽은 기즈키에 대한 기억으로 묘하게 연결된 사이지만, 기즈키의 추억을 떨쳐내지 못하는 두 사람은 완전한 연인으로 발전하지 못한다. 작가는 순수한 사랑의 이야기를 그리는 한편으로 한 시대의 분위기를 담아보고 싶었노라고 밝혔다. 그리고 사랑을 통해서 삶의 의미를 찾으려는 노력은, 비록 모든 사람이 다 성공할 수는 없는 것이라 해도, 그리고 실패하는 사람들에게는 너무나 아픈 기억으로 남는다 해도, 허무해 보이는 삶을 허무하지 않게 만드는 힘이라는 것을 보여준다.

상정고금예문

저자 최윤의(崔允儀, 1102~1162) **분류** 철학(한국철학)

원제 詳定古今禮文 **출간 연도** 1234년(고려 고종 21)

고려 시대에 고금의 예문을 집대성하여 만든 책. 《고금상정예문》이라고도 한다. 고려 의종 때 문신 최윤의가 편찬하였다고 하나 지금은 전하지 않는다. 이 책은 세계 최초의 금속활자본으로 추정된다. 그 근거로는 고려 고종 때의 문인 이규보(李奎報)의 저서 《동국이상국집(東國李相國集)》에 이 책 28부를 금속활자(주자)로 찍어냈다고 언급한 대목이 있다. 이규보에 따르면 최윤의가 만든 초간본은 모두 50권이었으며, 이를 고

종 때 금속활자본으로 복간하였다고 한다.

상한론

저자 장중경(張仲景, 150~219) **분류** 자연과학(의학) **원제** 傷寒論 **출간 연도** 중국 후한 말기

중국 후한(後漢) 말기에 장중경이 지은 의학서. 한의학의 기본 교과서로 한의학에서 사용하는 약물요법의 기본체계를 정립한 책이다. 장중경은 원래 문신(文臣)이었으나, 지방관으로 부임했다가 유행성열병으로 가족을 잃고 나서 의학에 관심을 가지게 되었다고 한다. '상한(傷寒)'이란 외부의 기운에 영향을 받아 생긴(外感) 병을 말하며 《상한론》은 이러한 병을 치료하는 약재 처방법을 지시한 실용임상의학서이다. 《상한론》은 기일원론(氣一元論)의 관점을 취한다. 인간의 몸은 기로 이루어져 있으며, 기에서 진액과 혈액이 만들어진다. 인간의 기에 외부의 나쁜 기운(邪氣)이 영향을 미칠 때 병이 생긴다. 그러므로 병을 치료한다는 것은 증상에 따라 계지탕과 마황탕 등의 약물을 써서 기와 기에서 만들어진 진액 등을 치료한다는 것을 뜻한다는 것이 상한론의 내용이다. 이는 고대사회에서는 인간이 자연환경에 많이 노출된 생활을 했으므로, 외부에서 들어오는 질병이 많았기 때문에 외부감염에 의한 질병 위주의 처방을 실었던 것으로 보인다. 이 책은 원래 《상한잡병론(傷寒雜病論)》이란 이름으로 16권에 걸쳐 급성열성전염병과 기타 질환에 대한 치료법을 다룬 것이었는데, 3세기 말에 진(晉)의 왕숙화(王叔和)가 이 책에서 〈상한부(傷寒部)〉와 〈잡병부(雜病部)〉를 구분하여 각기 《상한론》과 《금궤요략방(金櫃要略方)》이라 개정하였다 한다. 이후 송나라 초기에 국가에서 10권 22편으로 개정한 송본(宋本) 상한론을 출간하였는데 모두 397조에 112가지 처방을 제시하였다. 현재 이 송본은 전하지 않으며 후대에 다시 찍은 판본만 전한다. 현재까지도 한의학의 기본 교과서로 사용되고 있다.

새로운 건축을 향하여(건축을 향하여)

저자 르 코르뷔지에(Le Corbusier, 1887~1965) **분류** 예술(건축)

원제 Vere une architecture(Toward a New Architecture) **출간 연도** 1923년

스위스의 건축가 르 코르뷔지에(본명 Charles Edouard Jeanneret)의 저서. 저자가 1920년대에 창간한 잡지 〈에스프리 누보(새로운 정신)〉에 게재했던 글들을 모아 출판한 책이다. 이 책에서 저자는 현대건축의 출발을 알리는 새로운 개념을 제시하였다. 그는 건축은 건설이 아니라 예술 창조 행위이며, 건축가는 개인의 독단이나 무질서를 배제하고 질서를 추구해야 하며, 그러한 질서는 공학의 바탕 위에서 찾을 수 있으며, 건축가는 공학적 계산에 입각하여 진정한 '미(美)'를 창조해야 한다고 주장하였다. 이와 같이 르 코르뷔지에의 건축미학은 공학과 기계문명의 기술을 적극 수용하고, 그 성과를 건축에 반영하고자 하는 것이었다. 기능주의를 그 극단까지 추구했던 르 코르뷔지에는 "건축은 (들어가) 살기 위한 기계"라는 말까지 남겼다. 우리나라에서는 《새로운 건축을 향하여》(영어판의 제목)라는 제목과 《건축을 향하여》라는 제목으로 두 종의 번역본이 출판되었다.

새로운 아틀란티스

저자 베이컨(Bacon, Francis, 1561~1626) **분류** 문학(영국)

원제 The New Atlantis **출간 연도** 1627년

영국의 철학자 프란시스 베이컨의 유토피아 소설. 베이컨의 다른 저작과는 달리 많은 대중들이 읽을 수 있도록 영어로 쓰였으며, 저자의 사후인 1627년에 미완성인 채로 간행되었다. 토머스 모어의 《유토피아》, 토마소 캄파넬라의 《태양의 나라》와 함께 서양 근대 초기의 3대 유토피아 소설로 불린다. 모어와 캄파넬라의 작품이 사회개혁이나 종교개혁을 이룩한 미래의 사회에 초점을 맞추어 일종의 공산주의적 유토피아를 지향한 반면, 베이컨의 소설은 과학기술의 발전을 이룩한 미래사회를 묘사하였다. 소설의 주인공인 영국인 뱃사람들은 페루에서 출발하여 동양으로 항해하던 중 우연히 '벤살렘 왕국'이라는 섬에 도착하게 된다. 이 섬은 '행복의 섬'으로 불리며, 기독교와 가부장제를 유지한다는 점에서는 베이컨이 살던 시대와 다를 바 없지만, 과학을 연구하는 학문기관인 '솔로몬 전당'이 있어 놀라운 진보를 이룩한 곳이다. 이 학술원은 '사물의 숨겨진 원인과 작용을 탐구하고', '인간 활동의 영역을 넓히며 인간

의 목적에 맞게 사물을 변화시키는 역할' 을 하는 곳으로 베이컨이 꿈꾸었던 이상적 대학의 형태를 갖춘 곳으로 묘사된다. 이곳에서는 자연을 변화시켜 인간에게 필요한 식량과 자원을 만들어내며, 쾌적한 환경과 감각적 즐거움까지 제공한다. 베이컨은 이와 같이 과학이 극도로 발달한 이상사회를 그리면서도 과학을 신의 섭리의 구현으로 간주했기 때문에 종교와 과학 사이의 모순을 느끼지 않았고, 기술의 발전은 그 부작용까지 극복할 수 있을 것이라는 믿음을 표방했다. 그러므로 이 작품은 귀납적 경험론에 입각하여 실용성을 중시했던 그의 철학을 소설로 형상화한 것이라 할 수 있다.

색경

저자 박세당(朴世堂, 1629~1703) **분류** 자연과학(농업) **원제** 穡經 **출간 연도** 조선 후기

조선 숙종 때의 문신 박세당이 지은 농업서. 제목은 농업에 관한 경서라는 뜻이다. 상 · 하 2권으로 되어 있다. 상권은 토질과 경작에 대한 총론과 각종 작물, 과일, 가축, 양어, 양봉에 대한 내용이며, 하권은 양잠, 농사 월력(月曆), 기후 예측법, 술과 발효식품 제조법 등에 대한 내용이다. 단순히 경작에 대한 내용뿐 아니라 수리와 기후에 대해서도 논하여 농촌생활에 대한 포괄적 안내서라 할 수 있다. 이 책은 저자가 벼슬을 그만두고 경기도 양주군 수락산 서쪽 골짜기의 석천동(石泉洞)에서 직접 농사를 지은 체험을 바탕으로 지은 것이다. 박세당은 전쟁으로 피폐해진 조선의 농업을 발전시키기 위해 《농상집요(農桑輯要)》, 《제민요술(齊民要術)》, 《농상촬요(農桑撮要)》, 《범승지서(氾勝之書)》, 《예기월령(禮記月令)》, 《전가오행(田家五行)》 등의 중국 농업서를 두루 참고하였다. 이 과정에서 그는 물이 풍부하여 수전농업이 발달한 중국 강남지방의 농업은 우리나라의 남부지방을 제외하고는 적합지 않다는 생각을 갖게 되었다. 그리고 그 대안으로 중국 화북지방의 한전농업을 본받아 물이 부족한 논은 과감하게 한전작물을 재배할 것을 주장하였다. 그러므로 당시의 관찬 농서인 《농가집성》이 남부지방의 수전농업을 전국적으로 보급하려는 취지로 만든 책인 데 비해, 《색경》은 한강 이북 중부지방의 기후와 풍토에 적합한 한전농법을 보급하려는 취지로 저술한 책이다.

또한 《농가집성》이 지주소작제에 입각한 대농장 경영을 목표로 한 데 반해, 《색경》은 소규모 자영농을 육성·발전시킬 목적으로 저술되었다. 이와 같이 박세당이 소규모 자영농의 육성을 강조한 것은 백성들이 각자 재산을 보유해야 이상적인 국가를 건설할 수 있다는 그의 국가경제관에서 비롯된 것이다.

생각의 속도

저자 게이츠(Gates, Bill, 1955~) **분류** 사회과학(경제학)

원제 Business@The Speed Of Thought– Using a Digital Nervous System

출간 연도 1999년

미국의 기업가 빌 게이츠의 저서. 《미래로 가는 길》에 이은 저자의 두 번째 저서이다. 이 책에서 저자는 '디지털 신경망'이란 새로운 개념을 제시한다. 그리고 이 디지털 신경망을 기업경영에 어떻게 적용할 것인지를 여러 가지 사례를 들어 설명하고 있다. 디지털 신경망은 기업 내부의 정보 흐름을 원활하게 함으로써, 정보를 분석하고 대응책을 결정하는 '조직의 생각의 속도'를 빠르게 한다. 즉 과거와 같이 정보가 아래에서 위의 한 방향으로 전달되는 것이 아니라, 조직 전체가 해당 정보를 공유함으로써, 의사결정과정의 민주화가 일어나고, 이를 통해서 기업은 끊임없이 변하는 사업 환경에 즉각적으로 반응할 수 있게 된다. 게이츠는 디지털 신경망을 도입한 경영혁신이 이미 항공·금융 분야를 중심으로 일어나고 있으며, 인터넷을 비롯한 정보통신기술의 발달과 전자상거래의 발전으로 인해, 머지않아 기업운영의 대세가 되리라고 예측한다.

생명의 기원

저자 오파린(Oparin, Aleksandr Ivanovich, 1894~1980) **분류** 자연과학(생물학)

원제 The Origin of Life on Earth **출간 연도** 1857년

러시아의 생물학자 오파린의 저서. 생물의 기원에 대한 가설을 제시한 책이다. 이 책에서 저자는 무기물에서 유기물이 합성되는 '화학적 진

화'가 일어났고, 다시 이 유기물이 생명체로 발전하였다는 가설을 제시하였다. 오파린은 원시시대 지구의 대기와 바다는 오늘날과 달랐을 것이라고 가정하였다. 그는 원시 대기에는 산소가 없어 산화작용이 일어나지 않으며, 메탄과 암모니아 · 수증기 · 수소 등으로 가득 찬 환원적 구조로 되어 있었을 것이라고 생각했다. 이러한 조건에서 벼락이 칠 때 전기방전이 일어나면서 무기물이 화학합성을 통해 유기물이 되고, 이 유기물에서 단백질이 만들어지며, 단백질은 다시 '코아세르베이트'라는 보다 복합적인 유기물 구조로 진화하였다는 것이다. 이 코아세르베이트가 다시 진화하여 최초의 세포가 되었으며, RNA와 DNA를 갖추고 성장 · 대사 · 복제를 하는 생명체로 진화하였다는 것이다. 1953년 미국의 화학자 밀러는 원시 대기와 유사한 혼합가스에서 전기방전을 통해 아미노산과 유기산을 합성하는 데 성공하여 오파린의 가설에 근거를 제시하였다. 오늘날에는 오파린의 가설을 바탕으로 하여, 생명체의 기원을 해저 화산에서 찾거나, 생명체가 우주에서 유입되었을 것이라는 가설 등 다양한 가설이 제기되고 있다.

생명이란 무엇인가

저자 마굴리스(Margulis, Lynn, 1938.3.15~), 세이건(Sagan, Dorion, 1959~)

분류 자연과학(생물학) **원제** What Is Life? **출간 연도** 1995년

미국의 미생물학자 린 마굴리스와 과학저술가 도리온 세이건 모자의 저서. DNA 발견 이후 획기적으로 발전한 현대 생물학의 성과를 도입하여 진화의 역사를 새롭게 설명한 책이다. 이 책에서 저자들은 인간과 다른 생명체들과의 관계에 대하여, 그리고 생명체와 지구와의 관계에 대하여 전통 진화론의 입장과는 다른 해석을 제시한다. 우선 저자들은 인간이 다른 생명체보다 우월하다는 인간중심주의를 주장하지 않는다. 저자들은 DNA의 발견으로 인해 세포 공생론, 생명체 공생론이 등장함으로써, 진화의 역사를 적자생존과 자연선택의 과정으로 이해하는 전통 진화론의 입장에서 벗어날 수 있게 되었다고 강조한다. 서로 다른 세포들이 한데 모여서 하나의 생명체를 이루는 것처럼, 각각의 생명체들은 서로 공존하면서 진화하였다는 것이다. 다음으로 마굴리스와 세이건은

생명과 지구(환경)의 연관성을 강조하였다. 그에 따르면, 생명이란 '지구와 대기권 전체'를 뜻한다. 이러한 관점은 지구 자체를 하나의 살아있는 유기체로 보는 제임스 러브록의 가이아 이론과 비슷하다. 저자들은 이러한 관점에 입각해서 진화의 역사는 생명체 간의 경쟁과 정복이 아닌 공존과 공생의 역사이며, 또한 생명체와 지구의 공존·공생의 역사라고 설명한다. 이 책은 현대 생물학의 연구 성과를 일목요연하게 설명하면서, 철학적 해석과 역사적 조망까지 함께 제시하고 있다.

생명이란 무엇인가

저자 슈뢰딩거(Erwin Schrödinger, 1887~1961) **분류** 자연과학(생물학)

원제 What is Life?: The Physical Aspect of the Living Cell **출간 연도** 1944년

오스트리아 태생의 물리학자이자 철학자 에르빈 슈뢰딩거의 저서. 저자가 제2차 세계대전 중에 더블린 고등연구소에 있으면서 했던 강연을 모아 출판한 책으로, 양자물리학자인 저자가 일반인을 대상으로 물리학의 관점에서 생명에 대해 강연한 내용이다. 그럼에도 불구하고 이 책은 DNA 발견을 비롯하여 20세기 후반 분자생물학의 발전에 많은 기여를 했다는 평가를 받았다. 1953년에 DNA의 이중나선구조를 발견한 영국의 생물학자 왓슨과 크릭은 이 책을 읽고 영감을 얻었다고 토로하였다. 저자는 가장 미시적인 물리현상인 양자역학의 전문가로서 이를 생명현상에 적용시켜 생명을 이해해 보고자 하였다. 그는 엔트로피(무질서도) 증가라는 자연계의 보편적 질서에 대하여, 생명체는 "네겐트로피(네거티브 엔트로피, 음의 엔트로피)를 먹고 생명 고유의 질서를 유지한다"고 설명하였다. 그에 따르면, 자연계는 일반적으로 무질서가 증가하고, 질이 높은 에너지가 질이 낮은 에너지로 바뀌어가는 데 비해, 생명체는 고도의 질서를 유지하고, 주위의 에너지를 이용하여 스스로 질이 높은 에너지를 계속해서 만들어 냄으로써 엔트로피를 낮출 수 있는 계이다. 그렇기 때문에 생물은 35억 년 동안 엔트로피의 증가에 맞서며 진화해 온 것이다. 식물은 태양의 복사에너지를 흡수하여 광합성을 일으키고, 광합성을 통하여 복사에너지보다 질이 높은 화학에너지를 만들어 낸다. 그러므로 식물은 지구상에 양질의 에너지를 축적시키고 있다. 왓슨과

크릭은 이러한 슈뢰딩거의 설명에 영감을 받아 생명체에서 에너지를 만드는 단위가 세포이며, 세포의 핵심은 유전정보를 지닌 DNA(유전자)이고, 이 DNA에 엔트로피를 감소시킬 수 있는 정보가 담겨 있으며, 이 정보가 다음 세대의 생명체에 계속 전달된다는 것을 밝혀냈다.

생활의 발견

저자 린위탕(林語堂, 1895~1976) **분류** 문학(중국)

원제 The Importance of Living **출간 연도** 1937년

중국의 작가 린위탕의 산문집. 저자가 영국에 체류할 당시 중국문화를 알리기 위해 영어로 집필한 책이다. 이 책에서 린위탕은 인생에 대한 중국인들의 철학을 소개한다. 그는 중국인들에게 있어 인생의 목적은 '인생을 즐기며 행복하게 사는 데' 있으며, 중국인들의 인생관은 서구인들에 비해 실용적이고 쾌락주의적이라고 말한다. 저자는 도가(道家) 철학의 가르침을 소개하면서 인생에 있어 무엇을 하는가 보다는 무엇을 하지 않는가가 더 중요하다고 강조한다. 린위탕은 인생을 즐기기 위해서는 삶을 단순화시키라고 충고한다. 쓸데없는 근심걱정에 빠지는 것보다 산책을 하고 차를 마시며 친구들과 담소를 나누면서 생활을 즐기는 편이 훨씬 바람직하다는 것이다. 부드럽고 재치가 넘치는 문장으로 중국인의 인생관을 소개한 이 산문집은 오늘날에도 많은 사랑을 받고 있다.

샤머니즘

저자 엘리아데(Eliade, Mircea, 1907~1986) **분류** 종교(종교학)

원제 Shamanism: Archaic Techniques of Ecstasy **출간 연도** 1951년

루마니아 태생으로 미국에서 활동한 종교학자 엘리아데의 저서. 샤머니즘 연구의 대표작으로 꼽히는 책이다. 저자는 종교사 연구의 대가로서, 샤머니즘이 처음 등장한 것으로 추정되는 시베리아와 중앙아시아로부터 아메리카 대륙과 동남아, 동북아시아에 이르기까지 광범위한 지역을 대상으로 인류 역사상의 샤머니즘 행위를 소개하고, 그 종교적 의미

에 대해 설명하였다. 이 책에서 엘리아데는 샤머니즘의 수행자이며, 마법사이자 의사, 사제, 시인 등 여러 역할을 수행하는 샤먼에 대해 심리학, 사회학, 민족학의 접근방법을 동원하여 분석하였다. 그에 따르면, 샤먼은 세습되거나 학습을 통하여 되는 경우와 신이나 정령의 강신(降神)을 받아 되는 경우가 있다. 이러한 연구를 통하여 엘리아데는 샤머니즘이란 인간이 초월적 존재(신령)와 통하는 엑스터시(접신)의 기술이며, 샤먼은 종교적 목적으로 엑스터시 기술을 통제할 수 있는 사람이라고 규정하였다. 엘리아데는 이러한 샤머니즘을 시대와 역사를 초월한 원초적 종교형태로 간주하였는데, 이러한 관점에 대하여 이후 여러 학자들이 찬반양론을 제기하면서 이 책은 샤머니즘에 대한 연구를 활성화시키는 단초가 되었다.

샤쿤탈라

저자 칼리다사(Kalidassa, 4~5세기) **분류** 문학(인도문학)

원제 Abhijakuntalam(Sakuntala)

인도의 시인 칼리다사가 지은 희곡. 찬드라굽타 2세 시대에 쓴 것으로 추정된다. 산스크리트어로 쓰인 운문 음악극이며, 전 7막으로 되어 있다. 원제목은 〈추억의 샤쿤탈라〉이다. 인도의 대표적인 고전희곡으로 대서사시 〈마하바라타〉와 힌두교 성전 〈파드마 프라나〉에서 소재를 얻어 칼리다사가 각색한 것이다. 줄거리는 브르족의 왕 도프샨타가 사냥을 나갔다가 산중에서 천녀(天女) 샤쿤탈라를 만나 사랑을 나눈다. 왕은 성으로 돌아가면서 샤쿤탈라에게 정표로 반지를 준다. 샤쿤탈라는 이후 선인(仙人) 두루바사스의 저주를 받아 왕이 그녀를 알아보지 못하게 된다. 그러나 몇 년 후 잃어버렸던 반지가 물고기 뱃속에서 나타나고, 물고기를 잡은 어부가 이 반지를 왕에게 바치자, 기억을 되찾은 왕이 다시 샤쿤탈라와 만나 행복하게 산다는 내용이다. 인도의 희곡에는 유럽의 희곡처럼 비극이거나 비극의 주인공이 등장하지 않는다. 오히려 동화와 같이 행복한 결말로 끝난다. 인도의 관객들은 유럽 연극의 관객들처럼 비극을 통한 감정의 정화(카타르시스)를 체험하는 것이 아니라, 힌두교의 종교적 믿음에 따른 행복한 결말을 감상함으로써 종교적 충만감을 느꼈다. 칼리다사는 그러한 인도 희곡의 전통을 따라 종교적 서사시 〈마하바라타〉에서 이 작품의 소재를 가져 온 것이다. 이 작품은 18세기에 유럽에서 번역되어 뛰어난 구성과 세련된 대사로 유럽의 문인들에게 많은 영향을 주었다.

서구의 몰락

저자 슈펭글러(Spengler, Oswald, 1880~1936)

분류 철학(역사철학)/역사(역사이론, 서양사)

원제 Der Untergang des Abendlandes(The Decline of the West)

출간 연도 1918, 1922년

독일의 철학자 오스발트 슈펭글러의 저서. 제1차 세계대전 이후 유럽인들의 자신감 상실 분위기에 편승하여, 서구 유럽문명의 몰락을 예언한 책이다. 슈펭글러는 역사에 대한 두 가지 관점을 제시하였다. 첫째, 역사는 직선적으로 발전하는 것이 아니라 순환하는 것이다. 둘째, 이와 같이 순환하는 역사의 주체는 국가나 민족이 아니라 고등문화(high culture)이다. 슈펭글러는 역사적으로 인도, 바빌론, 이집트, 중국, 멕시코, 아라비아, 그리스와 로마, 서구 유럽 등의 고등문화가 등장하였다고 보았다. 이 문화들은 서로 연관성은 없으나 모두 발전과 쇠퇴의 과정을 거쳤다는 점에서는 동일하다. 슈펭글러는 따라서 앞서간 문화들과 비교해 보면 서구 유럽문화가 현재 어느 단계에 있는지를 알 수 있다고 생각했다. 그에 따르면 이러한 고등문화들은 하나의 유기체로서 탄생(봄)-성장(여름)-쇠퇴(가을)-소멸(겨울)의 과정을 거친다. 탄생기에는 그 문화의 상징(영혼)이라 불리는 고유한 특징을 갖추게 된다. 이러한 특징은 특히 그 문화의 종교와 예술에 반영된다. 모든 고등문화 뒤에는 고등종교가 있으며, 예술을 보면 문화의 특징을 알 수 있다. 성장기에는 상징이 문화의 모든 부문에서 구현되고 발전한다. 쇠퇴기에 접어들면 문화는 문명의 단계에 진입한다. 대도시와 금권정치, 제국주의가 성행하고, 종교를 비롯한 과거의 전통에 대한 부정이 유행하는 단계이다. 몰락의 단계에는 문화가 물질적 안락에 물들고 정신적 창조성은 고갈된다. 대도시는 와해되고 사람들은 다시 농촌으로 돌아간다. 그리고 한 문화가 소멸하면 새로운 문화가 등장한다. 슈펭글러는 이 책을 집필할 당시인 20세기 초반이 서구문화가 몰락을 앞둔 단계라고 생각했다. 그러나 그는 이에 대해 비관적으로 생각하지 않았다. 오히려 필연적인 순환의 과정을 받아들이고, 그 과정에 기여해야 한다고 생각하였다. 이 책에 담긴 슈펭글러의 역사관은 제1차 세계대전의 충격에서 벗어나지 못하던 당대의 유럽인들에게 해답을 제시해 준 것으로 받아들여지면서 큰 인기를 끌었고, 오늘날까지도 문명순환사관의 한 종류로 연구되고 있다.

서머힐

저자 닐(Neill, Alexander Sutherland, 1883~1973) **분류** 인문(교육)

원제 Summerhill: A Radical Approach to Child Rearing **출간 연도** 1960년

영국의 교육자 A. S. 닐의 저서. 저자가 설립자이자 교장으로 재직하는 서머힐 학교의 설립 목적과 교육방법, 학교생활에 대해 쓴 보고서이다. 1921년에 설립된 서머힐 학교는 런던에서 100킬로미터 정도 떨어진 서퍽 주의 레스턴에 있으며, 유치원부터 고등학교 과정까지 있는 기숙사제 사립학교이다. 이 학교는 대안교육과 대안학교의 모범사례로 유명하며 전 세계적으로 널리 소개되었다. 이곳에서는 닐 교장의 교육관에 따라 학생의 자율성을 존중하는 개방교육을 실시한다. 서머힐 학교의 교육목적은 학생들이 어른들로부터 강압 받지 않고 정서적으로 성장할 수 있게 하고, 시간적 여유를 가지면서 자신의 인생을 결정할 수 있게 하는 데 있다. 따라서 서머힐의 학생들은 스스로 수업과목을 선택하며(윤리나 종교에 관한 과목은 없다), 스스로 목표를 정해 학습할 뿐 정해진 기준에 따라 평가받지 않는다. 교사들은 강제적 훈육 대신 학생들의 자발성을 중시하며, 학생의 지적 능력뿐 아니라 정서적 능력의 계발에도 많은 배려를 한다. 저자는 서머힐 학교에서 40여 년에 걸친 현장교육의 사례를 들면서, 이러한 교육이 학생을 창의력이 풍부하고 정서적으로 성숙한 성인으로 만든다는 점을 강조하였다.

서부전선 이상 없다

저자 레마르크(Remarque, Erich Maria, 1898~1970) **분류** 문학(독일)/영화
원제 Im Westen nichts Neues **출간 연도** 1929년

독일의 작가 레마르크의 장편소설. 제1차 세계대전에 참전한 독일군 소년병의 삶과 죽음을 통해 전쟁의 참모습을 보여준 작품이다. 고등학생 파울 보이머는 조국에 대한 의무와 전쟁의 승리를 위해 친구들과 자원입대한다. 최전방의 참호에 투입된 파울은 입대 전에 가졌던 이상과는 너무도 다른 전쟁의 현실을 목격하고 충격을 받는다. 그러나 최전선의 하루하루는 오직 살아남는 데 매달려야 하는 생활의 연속이다. 파울은 이상과 현실의 차이를 생각할 틈도 없이 그저 살아남기 위해 몸부림친다. 소리만 듣고도 포탄의 종류를 맞출 수 있게 되고, 수류탄과 야전삽을 들고 독가스가 자욱한 참호에서 육박전을 벌이면서 파울은 어느덧 냉소적이고 노련한 고참병이 되어간다. 이제 파울은 전쟁의 의미나 희생자들에 대해 생각하기보다는 포격을 받지 않을 위치를 찾고, 한 개비 담배와 한 끼의 급식에 목숨을 걸고 하루하루를 살아간다. 짧은 휴가를 받아 고향으로 돌아 온 파울은 입대 전과 너무나 달라진 자신을 발견하지만, 아무 말 없이 다시 전선으로 복귀한다. 참호전이 격렬해지면서 생사를 같이한 동료들도 하나둘씩 전사하고, 1918년 가을 어느 날 파울도 전사한다. 파울이 전사한 날 서부전선의 상황일지에는 이렇게 쓰여 있었다. '서부전선, 이상 없다.' 레마르크는 시대적 비극에 휩쓸린 개인의 삶을 아주 냉정하게 현재형 문체로 묘사하였다. 그는 격렬한 전투를 묘사하면서도 마치 전황보고서를 쓰듯 사실적 문체를 구사하였다. 그럼으로써 전쟁의 비참함을 있는 그대로 보여주었으며, 개인의 의지와는 상관없이 흘러가는 거대한 역사의 흐름 속에서 냉소적인 태도를 보이면서도 삶의 의지를 포기하지 않으려고 애쓰는 인간의 모습을 보여주었다.

서상기

저자 왕실보(王實甫, 1250?~1337?) **분류** 문학(중국) **원제** 西廂記

중국 원대(元代) 잡극(雜劇, 元曲)의 대표작. 작자는 왕실보(王實甫)이다. 잡극은 13세기 후반부터 14세기 초에 걸쳐 지금의 베이징을 중심으

로 발전한 연극이다. 가곡을 중심으로 하고 중간에 대사를 넣었으며, 노래는 주역이 독창하였다. 송대부터 유행하기 시작해 몽골 제국에서 주로 대도(大都, 베이징)를 중심으로 북방에서 행하여 '북곡(北曲)' 이라고도 하며, 남방의 남곡과 혼합되어 발전하였다. 〈서상기〉의 내용은 당나라 때 원진이 지은 전기소설(傳奇小說) 〈앵앵전(鶯鶯傳, 일명 회진기[會眞記])〉에 나오는 재상의 딸 최앵앵과 백면서생 장생(張生)과의 사랑 이야기이다. 두 남녀는 젊은 시절 만나 사랑에 빠진다. 부모의 눈을 속이며 밀회를 계속하던 두 사람은 결국 헤어지게 된다. 장생과 앵앵은 이별을 담담하게 받아들이고, 각자의 운명에 따라 다른 배필을 맞이해 살아간다. 남곡(南曲)을 대표하는 작품으로 〈비파기(琵琶記)〉를 꼽는다면, 북곡을 대표하는 작품으로는 이 〈서상기〉를 들 수 있다.

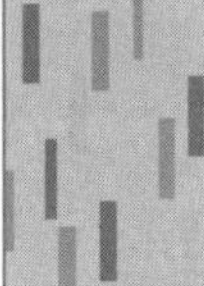

서양 미술사

저자 곰브리치(Gombrich, Ernst Hans Josef, 1909~2001) **분류** 예술(예술사)
원제 The Story of Art **출간 연도** 1950년

오스트리아 태생의 미술사가 E. H. 곰브리치의 서양미술사 입문서. 미술에 처음 관심을 가진 사람들을 위해 미술에 대한 개론 및 시대별로 미술사를 소개한 책이다. 이 책에서 저자는 서양 미술의 역사를 선사시대부터 20세기까지 시대별로 구분하고, 각 시대마다 역사적 배경과 예술 취향을 설명한 다음, 그 시대의 작가와 작품에 대해 풍부한 삽화를 곁들여 설명하였다. 곰브리치는 특히 근대 유럽의 미술이 이전 시대와 달라진 점을 강조하였다. 즉 이전까지의 미술가들은 전통 양식을 답습하면서 자신이 본 것을 전통 양식에 맞게 그려내는 데 전념하였다. 그러나 근대 미술가들은 전통 양식을 그대로 따르지 않았다. 그들은 먼저 사물을 어떻게 표현할지에 대한 자신들의 생각을 하나의 양식으로 정립하였고, 그러한 양식에 맞추어 자신들이 본 것을 그려냈다. 그 결과 19세기 이래 수많은 미술 양식이 등장하면서 미술은 비약적으로 발전하였으며, 20세기에 들어서는 보다 과감한 실험 미술이 등장하였다. 이와 같이 각 시대별로 서양미술사의 전개를 설명하면서, 곰브리치는 전문용어를 가급적 피하고 이해하기 쉬운 문체와 간결한 설명을 제시하였다. 그럼

으로써 이 책은 1950년 초판이 나온 이래 지금까지 미술사에 처음 입문하는 사람들을 위한 좋은 안내서 역할을 하고 있다.

서유견문

저자 유길준(兪吉濬, 1856~1914) **분류** 문학(한국) **원제** 西遊見聞 **출간 연도** 1895년(고종 32)

구한말의 정치가 유길준의 저서. 유길준은 1883년(고종 20) 친선사절단의 일원으로 미국에 파견되어 1884년 11월까지 미국에 머물렀으며, 유럽 각국을 순방하고 귀국하였다. 이 책은 저자가 이때의 경험을 바탕으로 서구 각국의 정치와 문화를 소개한 책이며 국한문 혼용체를 사용하였다. 책의 내용을 보면 전부 20편 중 1~2편은 지리에 대한 개관으로 세계의 산과 바다, 강과 호수, 인종과 물산에 대해 설명하였다. 유길준이 세계지리에 관한 내용을 서론으로 넣은 것은 조선인들이 중국 중심의 세계관에서 탈피할 것을 촉구하기 위한 것으로 보인다. 3~14편은 서구 각국의 제도와 문물에 대한 소개, 15~20편은 서구 각국의 풍속과 각국의 대도시에 대한 소개로 되어 있다. 이 가운데 3~14편이 본론에 해당하며, 여기서는 각국의 정부제도와 국가운영, 정치와 법률, 교육과 학문, 군사제도와 경제제도, 예절과 풍속에 대해 상세히 설명하였다. 이와 같은 내용으로 볼 때 이 책은 본격적인 기행문이라기보다는, 조선의 개화를 앞당기기 위하여 서구 각국의 문물을 소개한 안내서라고 볼 수 있다. 그렇기 때문에 본문에는 저자가 직접 체험한 사실보다는 주로 책을 통해 얻은 서구에 대한 정보를 소개하며 조선도 서둘러 개화에 나설 것을 주장하고 있다.

서유기

저자 오승은(吳承恩, 1500?~1582?) **분류** 문학(중국)/영화 **원제** 西遊記 **출간 연도** 1592년

중국 명나라 때 쓰인 장편소설. 원본에 저자의 이름은 없으나 오승은의 작품으로 추정된다. 전 100회로 된 장회 소설이다. 삼장법사와 손오공, 저팔계, 사오정 일행이 불경을 구하기 위해 당나라에서 천축(인도)

으로 가는 과정에 겪는 갖가지 모험을 그렸다. 629년에 당나라 현장법사가 불경을 구하기 위해 중앙아시아를 경유해 인도에 갔다 온 역사적 사실에서 소재를 얻고, 여기에 중국의 민간 설화에 나오는 갖가지 요괴와 신통술 이야기를 끼워 넣은 신괴(神怪)소설에 속한다. 현장법사의 인도 기행은 당나라 때 이미 민간에서 전설로 회자되다가, 송나라 때 《대당삼장취경시화(大唐三藏取經詩話)》 등의 작품이 나왔으며, 원나라 때 연극으로 극화되기에 이르렀다. 오승은은 이러한 작품들을 한데 모으고, 여기에 자신의 창작을 가미하여 소설로 만들었을 것이다. 실화의 주인공은 현장법사이지만, 소설에서는 손오공이 주인공으로 나온다. 이 작품의 내용 또한 손오공의 내력을 소개하는 것으로 시작된다. 하늘의 기운을 받아 돌에서 태어난 원숭이 손오공은 화과산 수렴동에서 원숭이들의 왕 노릇을 하다 옥황상제의 궁정으로 발탁된다. 천상에서 갖은 말썽을 저지르던 손오공은 부처님과 내기를 했다가 져서 오행산 밑에 깔리는 신세가 된다. 손오공이 세상에서 사라지고 500년이 지난 후 삼장법사는 관음보살의 계시를 받고 불경을 구하러 천축으로 떠난다. 가는 도중 손오공을 구해 제자로 삼고 이어서 저팔계와 사오정을 차례로 받아들여 함께 길을 떠나는데, 당승(唐僧)의 고기를 먹으면 불로장생한다는 소문을 들은 요마들이 가는 곳마다 삼장과 제자들을 괴롭힌다. 결국 삼장 일행은 여든한 가지 고난을 무사히 극복하고 천축에 도달하여 부처님으로부터 불경을 얻어 귀국한다. 이 작품에는 불교와 도교 및 민간설화와 전설이 많이 등장하며 특히 불교를 숭상하는 주인공 일행과 이들의 서역행을 방해하는 도교의 도사들 간의 대립구도가 자주 등장한다. 이는 저자 오승은이 당시 유행하던 주술적 도교신앙을 비판하고자 이러한 대립구도를 끼워 넣은 것으로 보인다. 이 작품은 《삼국지연의》, 《수호전》, 《금병매》와 함께 중국의 사대기서(四大奇書)로 불린다.

서정 가요집

저자 워즈워스(Wordsworth, William, 1770~1850), 콜리지(Coleridge, Samuel Taylor, 1772~1834) **분류** 문학(영국) **원제** Lyrical Ballads **출간 연도** 1798년

영국의 시인 워즈워스와 콜리지의 공저 시집. 영국 낭만주의 문학의

출발을 선언한 기념비적 시집으로 불린다. 워즈워스는 서문에서 "시는 일상생활의 주제를 일상적인 언어로 읊은 것이다"라고 규정하여 시에 대한 고전주의적 이해에서 벗어난 새로운 문학의 시작을 선포하였다. 워즈워스는 좋은 시는 '시인이 느낀 힘찬 감정의 자연스런 발로'라고 생각하였고, 콜리지는 시는 시인의 상상력의 산물이라 여겼다. 이렇듯 두 저자는 시인 자신의 내면세계와 감정을 중시하는 낭만주의 문학의 취지에는 공감하였지만, 작풍(作風)에 있어서는 다른 면모를 보여주었다. 워즈워스는 일상생활 속에서 시적인 요소를 찾아 이를 형상화하고 전원(田園) 속에서의 삶을 소박한 민요조로 노래하였다. 이 시집에 실린 대표적인 작품으로는 〈틴탄 수도원의 시〉, 〈수선화〉, 〈이른 봄〉, 〈백치 소년〉 등이 있다. 이에 비해 콜리지는 초자연적이고 몽환적인 세계를 주로 그렸다. 〈노선원의 노래〉, 〈사랑〉 등이 대표적인 작품이다.

서 푼짜리 오페라

저자 브레히트(Brecht, Bertolt, 1898~1956) **분류** 문학(독일)

원제 Die Dreigroschenoper **출간 연도** 1928년

독일의 극작가 브레히트의 희곡. 서곡과 3막 8장으로 된 음악극으로 음악은 작곡가 쿠르트 바일(Weil, Kurt, 1900~1950)이 맡았으며, 1928년 베를린에서 초연되었다. 이 작품은 영국의 시인이자 극작가 존 게이(Gay, John, 1685~1732)가 쓴 발라드 오페라 작품 〈거지 오페라(The Beggar' s Opera)〉(1728)를 번안(飜案)한 것이다. 원작이 런던의 도둑과 창녀 이야기를 줄거리로 정치에 대한 풍자와 이탈리아 오페라에 대한 조소를 담았다면, 브레히트는 사회의 밑바닥에서 살아가는 강도, 거지, 창녀의 세 집단을 등장시켜 시민계급을 풍자하였다. 그는 이 작품에서 시민이 곧 강도이며, 시민사회의 질서와 강도사회의 질서는 알고 보면 똑같다고 조소하였다. 강도단의 두목 매키 메서는 강도와 창녀들을 거느린 뒷골목의 사업가이며, 옛 친구인 경찰청장 브라운과 결탁하여 암흑가를 지배하는 인물이다. 그런 매키가 거지왕 피첨의 딸 폴리와 사랑에 빠져 결혼하기로 약속한다. 폴리의 아버지 피첨은 런던 거지들을 장악한 구걸 사업가로 매키가 자신의 딸을 빼앗아간다 생각하고 두 사람

의 결혼을 방해하려 한다. 매키는 폴리와 결혼식을 올리지만 피첨 부인은 딸을 돈 많은 과부로 만들 속셈으로 매키의 창녀를 매수하여 매키를 팔아넘기도록 만든다. 매키는 창녀들을 찾아갔다가 체포되지만 운 좋게 탈출한다. 그러자 피첨은 여왕의 대관식 날에 거지들이 '가난의 행진'을 벌여 대관식을 방해하겠다고 브라운을 협박한다. 이렇게 되자 브라운은 우정을 버리고 매키를 다시 체포한다. 매키는 교수형을 당할 위기에 처하지만 마지막 순간 여왕의 사면으로 풀려나고 행복한 결말을 맞는다.

이 작품은 서사극(敍事劇)의 전형으로 불린다. 브레히트는 관객들이 연극을 사실로 착각하고 연극에 몰입하는 것을 바라지 않았다. 오히려 그는 자신의 메시지를 전달하기 위해서 관객에게 감정이입(感情移入)이 아닌 이화(異化), 낯설게 하기 효과를 일으키고자 했다. 그럼으로써 관객들이 연극을 사실이 아니라 연극으로 인식하고, 거리를 두고 관찰하면서 극이 전달하는 메시지를 성찰하기를 원했다. 극 중에 삽입된 많은 노래들은 극의 진행과는 무관하게 불리며, '연극 속의 연극'과 같은 효과를 냄으로써 관객들에게 그들이 지금 보는 것은 연극이라는 점을 일깨운다. 이 작품에서 사용된 이러한 서사극 구조는 이후 20세기 연극의 발전에 큰 영향을 미쳤다.

선가귀감

저자 휴정(休靜, 1520~1604) **분류** 종교(불교) **원제** 禪家龜鑑 **출간 연도** 1564년(명종 19)

임진왜란 당시 승병을 이끌고 싸운 서산대사 휴정 스님이 엮은 불교 개론서. 일반 대중에게 불교를 소개하고 수행의 지침을 제시한 책이다. 내용은 선종(禪宗)과 교종(敎宗)에 대한 설명, 선종의 다섯 유파에 대한 소개, 참선 수행의 지침 등이며, 휴정 스님이 50여 종의 불경과 선사들의 어록에서 핵심내용만을 추려 엮은 책이다. 원래는 원문만 발췌하여 엮었으나, 나중에 주석과 평을 달았다. 휴정 스님이 이 책을 엮을 당시 조선의 불교계는 선종과 교종의 대립이 극심하였다. 이에 휴정 스님은 선종을 중심으로 선·교를 통합하고자 하였으며, 한편으로는 선종 승려들의 자성(自省)과 엄격한 수행을 촉구하였다. 이 책은 이러한 시대적 배경과 편찬취지에 따라 나온 책이지만, 오늘날에도 불교를 이해하는

데 좋은 안내서이자, 불교 수행의 지침서 역할을 하고 있다.

설국

저자 가와바타 야스나리(川端康成, 1899~1972) **분류** 문학(일본)/영화

원제 雪國 **출간 연도** 1948년

일본의 작가 가와바타 야스나리의 중편소설. 눈이 많이 내리는 고장의 온천장을 배경으로 남녀의 심리를 유리창에 반영된 눈의 풍경처럼 차갑고 투명하게 묘사한 작품이다. 도쿄에 거주하며 무용에 대한 글을 번역하며 살아가는 시마무라는 온통 하얀 눈에 둘러싸인 설국의 온천장을 찾았다가 고마코라는 게이샤와 만난다. 도쿄로 돌아온 후 고마코와의 추억을 떠올린 시마무라는 다시 설국을 찾는다. 설국으로 가는 긴 터널을 통과하는 기차 안에서 시마무라는 고마코에게 춤을 가르치는 춤선생의 아들 유키오와 그를 간호하는 요코라는 소녀를 만난다. 시마무라는 고마코를 만나기 위해 설국을 다시 찾았지만, 요코를 보고 야릇한 감정을 느낀다. 시마무라는 고마코의 애정을 받으면서도 요코에게 끌리고, 고마코와 유키오는 한때 결혼 이야기가 오가던 사이였으며, 고마코는 요코를 끔찍이 아끼고 사랑한다. 이렇게 네 남녀는 묘한 인연으로 얽히게 된다. 결국 병으로 요양하던 유키오는 고마코의 이름을 부르면서 숨을 거두고, 유키오가 죽고 얼마 후 요코 또한 화재현장에서 자살과 다름없는 죽음을 택한다. 작가는 설국의 풍경과 네 남녀의 관계를 섬세하고 투명하면서도 왠지 모를 불안과 허무한 느낌을 담아 묘사하였다. 이 소설은 전후 일본문학을 대표하는 작품으로 1968년에 노벨 문학상을 수상하였다.

설문해자

저자 허신(許愼, 30~124) **분류** 총서(어학사전)

원제 說文解字 **출간 연도** 121년경(후한 안제 원년)

중국 후한(後漢) 때의 유학자 허신이 편찬한 한자 사전. 중국 최초의 자전(字典)으로 불린다. 당시 통용되던 한자 9,353자를 글자의 형태에

따라 540부(部)로 구분하여 실었다. 이와 같이 복잡한 한자를 그 기본형체인 부에 따라 분류한 부수배열법은 허신의 독창적 고안이다. 자전에 실은 한자는 소전(小篆)체를 사용하여 글자의 본뜻과 형태를 설명하였다. 그는 또한 육서(六書, 지사 · 상형 · 형성 · 회의 · 전주 · 가차)를 최초로 도입하여 한자를 분류하는 데 이용하였다. 당시 중국의 유학자들은 고문(古文)학파와 금문(今文)학파로 나누어져 있었다. 고문학파는 진나라의 천하통일 이전의 경전해석을 중시하였으며, 금문학파는 한나라 당대의 해석을 따랐기 때문에, 양 학파 사이에는 경전의 해석을 두고 논쟁이 그치지 않았다. 허신은 고문학파에 속하는 인물로 그가 《설문해자》를 편찬한 것은 금문학파의 경전해석을 비판하기 위해서라고 하나, 오늘날에는 중국 문자학의 주요 경전이 되었다.

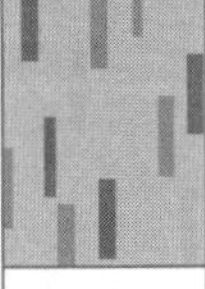

성

저자 카프카(Kafka, Franz, 1883~1924) **분류** 문학(독일)

원제 Das Schloss **출간 연도** 1926년

체코 태생의 유대계 독일인 작가 프란츠 카프카의 장편소설. 작가가 죽은 후 미완성인 채로 출간되었다. 어느 외딴 마을의 성(城)을 배경으로 그 성에 들어가려는 주인공 조셉 K.의 노력과 좌절을 그린 작품이다. 마을 사람들은 성을 측량하러 왔다는 K의 말을 불신하고 성으로 가는 길을 가르쳐 주지 않는다. 사람들의 따돌림 속에 K는 혼자서 성으로 가는 길을 찾으려고 애쓰지만, 노력하면 노력할수록 성으로 가는 길은 보이지 않는다. 결국 K는 성에 다다르지 못한 채로 소설은 끝난다. K에게 있어 성은 반드시 도달해야 할 목표이지만, 현실적으로 접근할 방법이 없는 어떤 존재를 상징한다. 아버지와의 관계가 원만하지 못했던 작가에게 있어 성은 엄격한 아버지를 상징하고, 성으로 가는 길은 아버지와 화해하고 진심으로 통할 수 있는 방법을 의미한다. 한편으로 성은 국가 권력이나 신 또는 개인을 압도하는 모든 존재를 상징하며, 성으로 가는 길은 억압과 소외를 해소할 방법으로 이해할 수도 있다. 마을사람들은 성의 절대적 권위에 복종하고, K와 같은 외부인에 대해 성을 수호하는 존재들이다. 그런 의미에서 마을사람들은 개인의 감정을 용납하지 않는

냉혹한 사회를 상징한다고 볼 수 있다. 이 작품은 출간 이후 오랫동안 주목받지 못하다가 제2차 세계대전이 끝나고 나서 사르트르와 카뮈 등 프랑스 실존주의 작가들에 의해 재발견되었다. 이들에 의해 이 작품은 현대사회에서 개인이 처한 부조리를 상징하는 실존주의 문학의 선구로 평가되었고, 이후 세계적으로 알려지게 되었다.

성과 속

저자 엘리아데(Eliade, Mircea, 1907~1986) **분류** 종교(종교학)

원제 The Sacred and Profane: The Nature of Religion **출간 연도** 1959년

루마니아 태생으로 미국에서 활동한 종교학자 엘리아데의 저서. 종교의 역사에 대한 입문서이다. 저자는 인간이 원시시대부터 현대에 이르기까지 시간과 공간, 자연과 우주, 그리고 인생에 있어 성(聖)스러운 것과 속(俗)된 것을 구분하고 받아들이는 방식의 변천과정을 서술하였다. 그에 따르면 인간이 성과 속을 구분하는 방식은 전통시대에서 현대로 넘어오면서 크게 바뀌었다. 전통시대의 사람들은 세계를 성스러운 것이자 조화로운 질서로 받아들였다. 그들은 그 성스러움을 숭상하고 그에 가까이 다가가려 했는데, 이것이 종교행위로 발현되었다. 이에 반해 현대인은 세계를 세속적인 것으로 인식하기 때문에 현대인의 세계는 중심과 질서가 없는 혼란과 혼돈의 세계이다. 이 책은 이와 같이 성과 속에 대한 인간의 인식의 변천과정을 각기 공간, 시간, 자연, 인생의 측면에서 네 장으로 나누어 설명하였다. 이러한 고찰을 통해서 엘리아데는 인간에게는 본질적으로 성스러움에 다가가려는 종교심이 존재하며, 이것은 현대인에게도 마찬가지라는 점을 지적하였다. 그러므로 성스러움을 모르는 현대인의 삶은 인간 본연의 종교심을 채워주지 못하는 큰 결함을 안고 있다고 진단하였다.

성리대전

분류 철학(유학) **원제** 性理大全 **출간 연도** 1415년(영락 13)

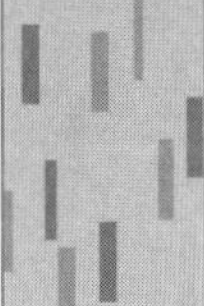

중국 명나라 때 나온 성리학 사상을 집대성한 전 70권의 전집. 영락제의 명령으로 호광(胡廣) 등 42명의 학자가 편찬에 참여하였다. 《사서대전(四書大全)》, 《오경대전(五經大全)》과 함께 영락삼대전(永樂三大全)이라 한다. 내용은 제1권부터 25권까지는 송나라와 원나라 때 성리학자들의 저서를 수록하고, 26권부터는 성리학의 주요 개념을 13개의 항목으로 나누어 그에 대한 여러 학설을 소개하였으며, 그 가운데 정자와 주자의 학설을 중심으로 하였다. 13항목은 이기(理氣), 귀신(鬼神), 성리(性理), 도통(道統), 성현(聖賢), 제유(諸儒), 학(學), 제자(諸子), 역대(歷代), 군도(君道), 치도(治道), 시(詩), 문(文) 등이다. 이 책은 조선 세종 초에 우리나라에 수입되어 조선 성리학의 발전에 중요한 역할을 하였다.

성서

분류 종교(기독교) **원제** Bible

그리스도교와 유대교의 경전. 《구약성서(Old Testament)》 39권과 《신약성서(New Testament)》 27권으로 나뉜다. 신약과 구약은 모두 인간과 하느님이 맺은 약속을 의미하며, 《구약성서》는 그리스도 이전에 쓰인 경전, 《신약성서》는 그리스도 이후의 내용을 다룬 경전이다. 《구약성서》는 1천 년에 걸쳐 기록된 것으로 모세의 율법(모세 오경)과 선지자들의 예언, 시가(시편, 잠언, 욥기), 역사서 등이 히브리어로 쓰여 있다. 구약의 중심은 하느님이 모세에게 주신 율법이며, 구세주(메시아)의 등장을 예언하고 있다. 《신약성서》는 약 9명의 저자가 50년에 걸쳐 기록한 것으로 복음서, 사도행전, 서신서, 예언서로 나뉘며, 당시의 국제어인 헬라어(코이네)로 쓰였다. 복음서가 그리스도의 생애와 그 가르침을 기록한 것이라면, 사도행전은 그리스도 이후 그 제자들의 전도내력을 기록한 것이며, 서신서는 교회의 교리를 설명한 내용이고, 요한계시록은 종말과 최후의 심판을 예언하였다. 초기의 그리스도교에는 《구약성서》만이 있었고 신약의 내용은 수기의 형태로 전해졌으나, 교단의 규모가 커지면서 교파 간의 분란이 일어나자 이를 조정하고 기준을 정하기 위해 《신약성서》의 편찬이 이루어졌다. 이후 그리스도교 교단은 여러 차례에 걸쳐 종교회의를 열고 교리를 통일해 나갔으며, 397년의 제3회 카르타고 종교회의에서 신약 27권을 구약 39권과 함께 공인하였다. 이후 성경은 여러 차례 개정을 거치며 각국의 언어로 번역되었으며, 현재에도 그리스도교의 유일한 경전으로 신앙의 지침이 되고 있다.

성장의 한계

저자 로마 클럽(The Club of Rome) **분류** 사회과학(미래학)

원제 The Limits to Growth **출간 연도** 1972년

로마 클럽의 학자들이 경제성장이 환경에 미치는 부정적 영향에 대해 분석한 보고서. 로마 클럽은 1968년 서유럽의 정치, 경제, 학문 분야의 지도자들이 결성한 미래연구기관으로 현재까지도 활발한 연구활동을 하고 있는 단체이다. 이 보고서는 경제성장의 지속가능성에 대해 인구, 공업화, 식량, 자원, 환경 등 다섯 가지 문제를 중심으로 분석하였다. 그 결과 공업생산의 속도에 비해 인구증가나 식량부족, 자원고갈, 환경오염이 진행되는 속도가 더 빠르다는 예측을 내놓았다. 그에 따르면, 현재와 같은 경제활동을 계속한다면 결국 지구는 100년 안에 성장의 한계에 도달하며, 자원고갈과 환경오염이라는 돌이킬 수 없는 결과를 맞이할 수밖에 없다. 유한한 지구에서 무한한 성장이란 있을 수 없다는 명제를 제시하며 기술에 대한 지나친 믿음에서 깨어나 환경오염이 심화되는 현실을 직시할 것을 주장한 이 보고서는 37개 언어로 번역되어 총 1,200만 부가 판매되는 대성공을 거두었다. 이 보고서를 통하여 로마 클럽의 이름이 세계적으로 알려지게 되었고, 환경문제에 대한 경각심을 증대시키는 계기가 되었다.

성학십도

저자 이황(李滉, 1501~1570) **분류** 철학(유학) **원제** 聖學十圖 **출간 연도** 1568년(선조 1)

조선 시대의 유학자 퇴계 이황이 성리학의 개요를 그림(도식)으로 설명한 책. 원래는 《진성학십도차병도(進聖學十圖箚并圖)》가 제목이지만, 일반적으로 《성학십도》라 부른다. 당시 갓 즉위한 선조 임금이 성군(聖

君)이 되기를 바라면서 바친 책이다. 이황은 조선 성리학이 철학으로서 발전하는 데 크게 기여한 인물이며, 이 책은 그가 죽기 2년 전에 지은 것으로 그가 평생 연구한 성리학의 정수가 담겨 있다. '성학(聖學)' 은 성리학자들의 저작에서 '통치자의 교육' 이란 의미로 쓰인다. 그러나 한편으로는 모든 사람이 '성인(聖人)' 이 될 수 있는 방법을 배우는 학문이란 의미도 포함하고 있다. 따라서 이 책은 성리학을 배우는 모든 사람들에게 학문의 지침서 역할을 하였다. 십도(十圖)란 태극도(太極圖), 서명도(西銘圖), 소학도(小學圖), 대학도(大學圖), 백록동규도(白鹿洞規圖), 심통성정도(心統性情圖), 인설도(仁說圖), 심학도(心學圖), 경재잠도(敬齋箴圖), 숙흥야매잠도(夙興夜寐箴圖)의 열 가지이다. 이 열 개의 도표 가운데 일곱 개는 다른 성리학자들이 만든 것이며, 소학도, 백록동규도, 숙흥야매도 등 세 개는 이황 자신이 작성한 것이다. 도표에는 도식과 함께 유가 경전과 주자를 비롯한 여러 학자들의 글에서 인용한 내용을 소개하고 저자의 학설을 덧붙였다. 제1도부터 5도까지는 '천도(天道)' 를 주제로 성학에 대해 설명하였고, 제6도부터 10도는 '심성(心性)' 을 주제로 성학을 설명하였다. 이 책은 조선 시대 동안 여러 차례 출판되면서, 성리학을 배우는 사람들을 위한 지침서 역할을 하였다.

성학집요

저자 이이(李珥, 1536~1584) **분류** 철학(유학) **원제** 聖學輯要 **출간 연도** 1575년(선조 8)

조선 중기의 성리학자 율곡 이이의 저서. 군주가 배워야 할 학문에 대한 내용을 《대학》을 비롯한 유교경전에서 발췌·정리하여 선조에게 바친 책이다. 전 8편으로 서문(제1편)과 수기편(修己篇, 2~4편), 정가편(正家篇, 5편), 위정편(爲政篇, 6~7편), 성현도통(聖賢道統, 8편)으로 되어 있다. 저자는 서문에서 이 책의 내용은 사서(四書)와 육경(六經)에 나오는 '도(道)' 에 대해 간략하게 정리한 것이라고 밝혔다. 이어서 개인의 수양으로부터 가정을 바로하고 정치를 올바로 세우며 성현들의 행적을 배우는 순으로 경전의 내용을 소개하고 자신의 설명을 덧붙였다. 이러한 순서는 유교경전인 《대학》의 체제를 따른 것으로 국왕의 교육뿐 아니라 성리학을 공부하는 선비들의 지침서로 널리 소개되었다.

성호사설

저자 이익(李瀷, 1681~1763) **분류** 문학(한국) **원제** 星湖僿說 **출간 연도** 1740년경

조선 후기의 학자 성호 이익의 저서. 저자가 평소에 기록해 둔 글과 제자들과 문답한 내용을 정리한 것이다. 일종의 백과사전과 같은 성격의 책으로 모두 3,007편의 항목을 〈천지문(天地門)〉 223항목, 〈만물문(萬物門)〉 368항목, 〈인사문(人事門)〉 990항목, 〈경사문(經史門)〉 1,048항목, 〈시문문(詩文門)〉 378항목으로 나누어 실었다. 〈천지문〉은 천문 · 지리에 대한 내용이고, 〈만물문〉은 일상생활에서 사용하는 의복과 음식, 각종 도구와 물건에 대한 내용이다. 이 두 문에서는 서양의 과학기술을 소개하면서 이를 받아들일 것을 주장하였다. 〈인사문〉은 정치제도와 학문, 인물과 사건에 대한 내용으로 특히 저자의 사회개혁안이 담긴 부분이다. 저자는 당대 정치의 문제점으로 당쟁을 지적하고, 경제의 문제점으로는 토지제도를 들었다. 저자는 당쟁의 원인이 양반들의 사리사욕이라는 점을 날카롭게 지적하였으며, 토지제도를 개선하기 위해 토지 소유의 한계를 정하는 균전제를 실시할 것을 주장하였다. 또한 노비제도와 서얼차별제도의 폐해를 지적하고 이를 점진적으로 폐지할 것을 주장하였으며, 과거제도를 보완하는 천거제를 실시하여 인재를 널리 등용하고, 비변사를 폐지하고 지방 군현을 재편하여 국가재정과 행정의 낭비를 줄이며, 소농민을 괴롭히는 고리대의 원천인 화폐제도를 폐지할 것 등을 주장하였다. 〈경사문〉은 유교경전 및 중국과 한국의 역사서에 대한 해석과 비평에 관한 내용으로, 저자의 독자적 역사관을 소개하였다. 〈시문문〉은 역대 문인의 작품에 대한 비평이다. 이와 같이 다양한 내용을 다루었지만, 저자의 주된 관심은 어디까지나 올바른 학문과 올바른 정치에 있었다. 이 책에 실린 사회개혁에 관한 여러 가지 주장은 올바른 정치를 촉구하는 저자의 바람에서 나온 것이다. 이러한 이익의 학풍은 '경세치용학파' 로 불리며, 안정복과 정약용 등으로 이어졌다.

세계사 편력

저자 네루(Nehru, Pandit Jawaharlal, 1889~1964) **분류** 역사(세계사)

원제 Glimpses of World History: being further letters to his daughter, written in prison, and containing a rambling account of history for young people

출간 연도 1930~1933년

인도의 정치인 네루의 저서. 저자가 인도 독립운동을 벌이다 투옥된 동안 딸에게 보낸 편지를 모아 출간한 책이다. 네루는 1930년 10월부터 1933년 9월까지 외동딸 인디라 간디에게 모두 196통의 편지를 보냈다. 그는 13세의 딸에게 보낸 편지마다 고대부터 현재에 이르기까지 세계역사의 중요한 대목과 인물들에 대해 들려주면서, 서구 중심의 역사관 대신 주체적 입장에서 세계사를 보라고 일깨운다. 또한 네루는 딸에게 보낸 편지에서 "역사를 읽는 것보다 더 매력적이고 흥미로운 일은 역사를 만드는 데 참여하는 것이다"라면서, 지도자가 가져야 할 의무를 강조하였다. 이 책은 비(非)서구적 시각으로 세계사라는 방대한 주제를 다루었다는 점 때문에 주목을 받았으며, 또한 아버지가 딸에게 이야기를 들려주는 듯한 쉽고 정감 넘치는 문체로 인해 오늘날까지도 큰 인기를 얻고 있다.

세계 자본주의의 위기

저자 소로스(Soros, George, 1930~) **분류** 사회과학(미래학, 경제학)

원제 The Crisis of Global Capitalism: Open Society Endangered **출간 연도** 1998년

미국의 금융투자 전문가 조지 소로스의 저서. 소로스는 뉴욕 금융계에서 퀀텀 펀드를 운영하면서 기록적인 투자수익률을 올렸으며, '열린 사회재단'을 설립하여 냉전 이후의 세계에 대한 연구를 지원하고 있다. 이 책에서 저자는 세계경제의 문제점에 대해 분석하면서, 시장경제이론의 허점과 시장경제의 불안정성에 대해 지적하였다. 저자는 냉전이 끝나고 전체주의 사회가 몰락하였음에도 불구하고, 세계가 열린 사회로 나아가지 못하는 이유는 시장에 대한 지나친 믿음에 있다고 보았다. 시장경제이론에 따르면 판매자와 구매자 모두 완벽한 정보를 가진 상태를 전제조건으로 삼는데, 이는 현실적으로 불가능하다. 완벽한 정보를 갖지 못한 판매자와 구매자는 선입견에 따라 움직이게 되므로 시장은 불안정하게 움직일 수밖에 없다. 따라서 시장이 보이지 않는 손의 자율기능을 가진다는 이론은 허구이다. 그리고 그러한 불안정성을 방치할 경

우, 현재의 경제위기보다 더 심각한 파국을 초래할 수 있다. 저자에 따르면, 시장은 본질적으로 무(無)도덕하며, 공공의 이익을 위한 조치는 시장에서 나올 수 없다. 저자는 이와 같이 시장논리와 정치논리에 근본적인 차이가 있는데도 불구하고 시장근본주의자들이 시장의 논리를 정치에까지 적용하려 한다고 비판한다. 그러면서 저자는 이러한 위기를 예방하는 길은 '열린 사회를 향한 실천 계획'을 이행하는 데 있다고 주장한다. 이 계획의 골자는 정치적으로 국제연합을 비롯한 국제정치기구의 역할을 강화하여 세계적으로 민주주의를 확산시키고, 경제적으로 위기관리능력의 한계를 드러낸 국제통화기금을 보완할 국제경제기구를 설립하여 국제금융의 도덕성을 회복하는 데 있다. 소로스는 이와 같은 계획을 실행하여 세계를 열린 사회로 만들 때 시장경제의 위기를 극복할 수 있다고 주장하였다.

세계 풍속사

저자 프리샤우어(Frischauer, Paul, 1898~1977) **분류** 역사(서양사)

원제 Knaurs Sittengeschichte der Welt **출간 연도** 1968년

오스트리아의 문화사가 파울 프리샤우어의 저서. 원시시대부터 20세기까지 세계의 성풍속사를 다룬 책이다. 1991년 초판은 두 권으로 나왔으나 2000년도 개정판은 3권으로 출간되었다. 제1권 〈파라다이스에서 중세까지〉는 원시시대부터 메소포타미아, 이집트, 인도, 그리스, 로마, 기독교 문명, 이슬람 문명 등 중세시대까지의 성풍속을 다루었으며, 제2권 〈르네상스에서 섹스혁명까지〉는 르네상스부터 1960년대까지를, 제3권 〈마릴린 먼로에서 마돈나까지〉는 그 이후를 다루고 있으며, 각 권 모두 다양한 그림과 삽화가 들어 있다. 제3권은 프리샤우어의 사후에 독일 크나우어 출판사에서 사회심리학자 고트프리트 리슈케(Lischke, Gottfried)와 문화사가 앙겔리카 트라미츠(Tramitz, Angelika)에게 의뢰하여 20세기 후반의 성담론을 소개한 책이다. 저자 프리샤우어는 시대와 지역에 따라 성에 대한 인간의 생각이 매우 다양했다는 것을 보여준다. 원시시대와 고대 초기의 사람들은 인생을 즐기는 방편이자 생명력의 표출이란 의미에서 성을 긍정적으로 받아들였으나, 로마 제국 이후

로 기독교 문명이 등장하면서 성을 죄악시하게 되었다. 이렇게 성을 죄악시하는 생각은 르네상스 시대에 들어 남녀 간의 사랑을 아름다운 것으로 간주하게 되면서 점차 사라지게 되었으며, 20세기에 들어서는 육체적 즐거움과 자유로운 삶의 상징으로써 거리낌 없이 성을 추구하는 성혁명이 일어나게 되었다. 저자는 이러한 변화가 갖는 문화적 · 사회적 의미에 대하여 풍부한 그림과 함께 차분하고 명쾌하게 설명하였다.

세계화와 그 불만

저자 스티글리츠(Stiglitz, Joseph E., 1943~) **분류** 사회과학(경제학)

원제 Globalization and Its Discontents **출간 연도** 2002년

미국의 경제학자 조셉 스티글리츠의 저서. 저자는 컬럼비아 대학 교수이자 클린턴 행정부의 경제정책자문위원장을 지냈으며 정보의 불완전성으로 인해 완전경쟁시장이란 존재할 수 없다는 논지를 폄으로써 정보경제학이란 새로운 분야를 열었다. 이러한 공적으로 2001년도에 노벨경제학상을 수상하였다. 저자는 1990년대 후반 동아시아 금융 위기 당시에 세계은행 부총재로 재직하면서 IMF의 정책의 문제점을 지적하고, 금융 위기는 동아시아 국가들의 문제점이라기보다는 국제금융구조의 취약성이 원인이라고 진단하였다. 이러한 경험을 바탕으로 이 책에서 저자는 세계화 과정의 문제점을 지적하였다. 저자가 지적한 문제점은 IMF를 비롯한 국제금융기구의 일방적이고 독선적인 구제정책 운영이다. 그에 따르면 IMF는 개별국가들의 특수한 사정은 고려하지 않은 채 일방적으로 경제정책을 지시함으로써 각국의 현실을 도외시하였다. 그 결과 IMF의 지시를 받아들이지 않은 한국은 경제 위기에서 비교적 빨리 회복한 반면, IMF의 지시를 충실히 이행한 태국과 러시아는 혼란에 빠졌다. 또한 정책 결정에 있어 케냐에 대해서는 정치 부패를 이유로 원조를 거절하면서, 심각한 부패가 만연한 러시아에는 아낌없는 원조를 제시한 사례에서 볼 수 있듯이 일관성 없고 정치적 이해에 따른 결정을 남발하였다. 저자는 세계화 자체는 거부하지 않는다. 오늘날 경제발전을 원하는 개발도상국이라면 세계화라는 흐름을 외면할 수 없다. 그러나 현재와 같이 국제금융기구가 일방적으로 주도하는 세계화에 대해서는

반대한다. 그리고 이의 대안으로 각 국가가 자국의 경제정책에 대한 자결권을 가져야 하며, 이를 통해 IMF를 비롯한 국제금융기구의 '민주화'가 이루어져야 한다고 주장한다.

세계화의 덫

저자 마르틴(Martin, Hans-Peter, 1957~), 슈만(Schumann, Harald, 1957~)

분류 사회과학(미래학, 경제학) **원제** De Globalisierungsfalle **출간 연도** 1997년

독일의 언론인 한스-페터 마르틴과 하랄트 슈만의 공저서. 저자들은 세계화에 대해 강력하게 비판하였다. 저자들에 따르면, 세계화는 사회복지와 민주주의를 저해하며, 지구 전체에서 20퍼센트의 사람들만이 유복한 삶을 누리게 되고, 나머지 80퍼센트는 빈곤에 처하는 '20대 80 사회'로 가는 길이다. 저자들은 세계화 논리가 '수단과 목적의 전도', '주체와 객체의 전도', '기업적 합리성과 사회적 합리성의 전도'라는 세 가지 차원의 전도를 일으킨다고 지적하고, 이러한 비정상 상태를 올바로 인식하는 것이 세계화로 인한 위기를 예방하는 첫걸음이라고 제시하였다. 그런 다음 저자들은 미국 정부가 신자유주의를 포기할 것을 촉구하고, 민주화된 유럽연합의 건설을 통하여 국제금융세력을 통제하고 환경과 복지에 더 많은 노력을 기울여야 한다고 주장하였다. 이러한 주장이 현실화되려면 가장 중요한 것이 정치의 개혁이며 이는 시민의 참여를 통해서 실현할 수 있다는 것이 저자들의 결론이다.

세속도시

저자 콕스(Cox, Harvey, 1926~) **분류** 종교(기독교)

원제 The Secular City; Secularization and Urbanization in Theological Perspective **출간 연도** 1965년

미국의 신학자 하비 콕스의 첫 번째 저서. 현대사회에서 기독교와 교회의 역할에 대한 새로운 해석을 제시한 책이다. 원래 1965년에 개신교 신학생들을 대상을 한 일련의 토론회를 위해 작성된 문건이었으며, 책

으로 출간되면서 사회학과 신학 분야에서 많은 논쟁을 일으킨 문제작이 되었다. 전통적인 신학자들이 현대사회의 세속화와 도시화를 부정적으로 평가한 데 비해, 콕스는 세속화와 도시화 속에서 새로운 가능성을 찾으려 하였다. 그는 현대사회는 '부족문화'와 '촌락문화'의 단계를 거쳐 발전한 '기술-도시문화'이며, 현대도시는 시민들에게 익명성과 유동성, 자유를 보장한다고 보았다. 그에 따르면, 과거 씨족문화에서 신과 인간의 관계는 지배와 복종의 상하수직관계였다. 그러나 도시문화에서 철저하게 세속화된 현대의 도시인에게 복종과 외경을 요구하는 전통적인 신학은 호응을 얻을 수 없다. 따라서 현대사회에서 신과 인간의 관계는 수평적인 상호협력관계가 될 수밖에 없다. 현대의 도시인은 철저하게 개인화된 익명의 존재들이다. 그러므로 현대의 신은 이들 외로운 개개인의 고민을 들어주고 해소해 줄 수 있어야 한다. 이와 같이 콕스는 세속적인 도시에서는 종교와 교회 또한 세속적인 방식으로 활동해야 한다는 결론을 내린다.

세일즈맨의 죽음

저자 밀러(Miller, Arthur, 1915~) **분류** 문학(미국)/영화

원제 Death of a Salesman **출간 연도** 1949년

미국의 극작가 아서 밀러의 희곡. 어느 늙은 세일즈맨이 자살에 이르는 과정을 통해 현대 미국인들의 가치관과 삶을 그린 비극작품이다. 주인공 윌리 로먼은 30년간 세일즈맨으로 살아온 사람이다. 윌리는 열심히 일하면 성공한다는 믿음을 가지고 살아가지만 그의 두 아들 비프와 해피는 그런 믿음을 받아들이지 못하거나 기대에 부응하지 못한다. 윌리는 뚜렷한 성취 없이 늙어버린 자신이 한심하고, 자신의 가치관을 받아들이려 하지 않는 큰아들 비프 때문에 좌절하면서 무기력하게 노년을 보낸다. 결국 다니던 직장에서마저 해고를 당한 윌리는 자신의 잘못된 신념 때문에 가족을 망쳤다고 자책하면서 비프에게 보험금을 남겨주기 위해 자동차를 몰고 자살한다. 윌리의 장례식장에서 아내 린다는 평생 부어온 주택 할부금은 다 갚았지만 이제 들어가 살 사람이 없어졌다고 흐느낀다. 큰아들 비프는 둘째 해피에게 서부로 가자고 권하지만, 해피

는 아버지의 성공에 대한 꿈을 꼭 이루겠다고 다짐한다. 극의 전개는 윌리의 과거회상을 따라 현재와 과거, 현실과 상상을 오가면서 이루어지며, 윌리가 가졌던 믿음과 기대가 퇴색하는 과정을 사실적이면서도 상징적으로 보여준다. 이 작품은 과거의 미국인들이 가졌던 성공에 대한 믿음이 급변하는 현대의 미국에서는 더 이상 이룰 수 없는 것이 되어 버림으로써, 성공을 믿고 살아온 평범한 소시민의 삶이 어떻게 무너지는지를 비극적으로 보여준다.

셜록 홈스의 모험

저자 도일(Doyle, Sir Arthur Conan, 1859~1930) **분류** 문학(영국)

원제 Adventures of Sherlock Holmes **출간 연도** 1892년

영국의 추리소설가 아서 코난 도일의 단편추리소설집. 명탐정 셜록 홈스를 주인공으로 한 첫 번째 소설집이다. 여기에 실린 단편소설은 〈보헤미아 스캔들〉, 〈붉은 머리 클럽〉, 〈사라진 신랑〉, 〈보스콤 계곡의 괴사건〉, 〈다섯 개의 오렌지 씨앗〉, 〈입술 삐뚫어진 사나이〉, 〈푸른 홍옥〉, 〈얼룩무늬 끈〉, 〈기술자의 엄지손가락〉, 〈독신 귀족〉, 〈녹주석 보관〉, 〈너도밤나무 집〉 등 모두 12편으로 1891년 7월부터 1892년 6월까지 런던의 〈스트래드 매거진〉에 매월 연재되었던 작품들이다. 주인공 셜록 홈스는 뛰어난 추리력과 날카로운 직관을 발휘하여 충실한 친구이자 조언자 왓슨 박사와 함께 열두 건의 사건을 해결해 나간다. 이 소설집은 도일이 1887년에 발표한 장편소설 《주홍색 연구》, 1890년에 발표한 《네 사람의 서명》과 함께 큰 인기를 얻어 도일은 일약 인기작가가 되었다.

소유냐 삶이냐

저자 프롬(Fromm, Erich, 1900~1980) **분류** 철학(서양철학)

원제 To Have or to Be? **출간 연도** 1976년

독일 태생으로 미국에서 활동한 심리학자이자 정신분석학자 에리히 프롬의 저서. 현대인은 궁핍에서 벗어나 물질문명의 온갖 혜택을 누리

고 있으면서도 왜 행복하지 못한가라는 질문에 해답을 제시한 책이다. 저자는 삶의 방식에는 소유하기 위한 삶과 존재하기 위한 삶이 있다고 상정한다. 그리고 소유하기 위한 삶은 대상을 소유하고자 하는 욕심에 지배당하는 삶이며, 언제나 더 많이 갖고자 하는 이러한 욕심은 영원히 채워질 수 없는 것이기에 소유하기 위한 삶을 사는 사람은 언제나 불만족스럽고 공허한 삶을 살게 된다고 지적한다. 프롬은 현대의 물질문명이 이와 같이 소유에 집착하는 삶의 방식을 만들어 내었다고 지적하면서, 소유욕이 영원히 충족될 수 없는 것처럼, 물질문명의 발전 또한 영원히 지속될 수는 없으며, 언젠가는 한계에 부딪혀 파국을 초래하리라고 예측하였다. 반면 존재하기 위한 삶을 사는 사람은 자신의 능력을 발휘하기 위해 살며, 삶을 긍정적으로 보고 다른 사람들과 나누며 살아가는 사람이다. 프롬은 부처, 그리스도, 수도사 에크하르트 등의 인물을 예로 들면서 존재하기 위한 삶의 중요성을 강조하였다. 이를 통해서 프롬은 소유에 집착하는 삶보다 자신의 존재를 실현하기 위해 노력하는 삶이 바람직한 것처럼, 현대사회 또한 시민 각자가 사회의 의사결정구조에 능동적 · 주체적으로 참여하는 '참여민주주주의' 를 통해 무한정의 성장보다는 필요한 만큼의 성장을 추구하고, 물질적 만족보다 정신적 만족을 추구하는 사회로 만들어야 한다고 주장하였다.

소크라테스의 변명

저자 플라톤(Platon, BC 429?~BC 347) **분류** 철학(서양철학)

원제 Apologia Sokratous(The Apology of Socrates)

고대 그리스의 철학자 플라톤이 그의 스승 소크라테스에 대해 쓴 책. 소크라테스가 저서를 남기지 않았기 때문에, 오늘날에는 플라톤의 책을 통해서만 철학자로서 소크라테스의 면모를 살펴볼 수 있다. 그 가운데 이 책은 소크라테스가 재판정에서 한 변론을 엮은 것으로, 이 책을 통해서 우리는 철학자로서 소크라테스가 무엇을, 어떻게 가르치고자 했으며, 도덕과 국가에 대해 어떻게 생각했는지 알 수 있다. 소크라테스는 기원전 399년에 국가의 신을 믿지 않고, 젊은이들에게 나쁜 영향을 미친다는 혐의로 멜레토스, 아나토스, 리콘 등 세 사람으로부터 고발당하여 재판을 받게 되었다. 재판정에서 소크라테스는 자신의 혐의를 부인하며 당당하게 변론을 펼쳤다. 그의 변론은 전부 세 부분으로 이루어져 있다. 제1부는 최초 변론으로 서론에 해당하고, 제2부는 유죄선고 후의 변론으로 문제제기에 해당하며, 제 3부는 사형선고 후의 변론으로 본론에 해당한다. 변론을 통해서 소크라테스는 자신은 현명한 사람이 아니며 단지 자신이 아는 것이 없다는 것을 알고 있을 따름이라고 진술하였다. 계속해서 그는 자신이 만난 유명한 정치인이나 문학가, 장인들에게 대화를 통해서 그들이 무지하다는 것을 알려주려고 했기 때문에 그들로부터 미움을 받게 되었다고 밝혔다. 이어서 소크라테스는 고발자 멜레토스와의 문답을 통해서 국가의 신을 믿지 않고, 젊은이들을 타락시켰다는 죄목은 잘못된 추론에서 나온 것임을 논리적으로 밝혀낸다. 사형선고가 내려지자 소크라테스는 자신은 죽은 다음의 일을 모르기 때문에 죽음이 좋은지 나쁜지 알지 못하지만, 양심에 어긋나는 그릇된 행동이 나쁘다는 것은 분명히 알기 때문에 사형을 당할지언정 그릇된 행동을 택하지는 않겠노라고 당당히 진술하였다. 그는 개인보다는 국가의 이익이 우선해야 하지만, 어떤 일을 할 때는 그 일의 전문가를 찾듯이 국가의 운영은 가장 적합한 사람에게 맡겨야 한다고 강조하였다. 마지막으로 소크라테스는 아테네를 둔감한 말에 비유하고, 자신은 그 말을 깨어 있도록 하기 위해 신이 보낸 등에로 비유하여 자신의 행동은 신의 사명을 따랐을 뿐이라고 변론하였다.

소피의 선택

저자 스타이런(Styron, William, 1925~) **분류** 문학(미국)/영화

원제 Sophie' s Choice **출간 연도** 1979년

미국 작가 윌리엄 스타이런의 장편소설. 젊은 소설가 지망생의 눈에 비친 전쟁의 상처와 후유증을 그린 작품이다. 소설은 제2차 세계대전이 끝난 직후인 1947년 여름, 뉴욕 브루클린을 무대로 전개된다. 주인공 스팅고는 작가가 되기 위해 뉴욕에 온 버지니아 출신의 청년이다. 브루클린의 유대인 거주 지역에 셋방을 구한 스팅고는 이웃에 사는 네이선과 소피라는 커플을 알게 된다. 네이선은 머리가 명석한 유대계 미국인, 소

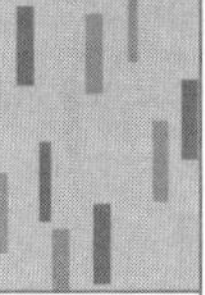

피는 폴란드에서 온 금발의 가톨릭 신자로 스팅고는 그들과 어울리면서 두 사람의 기묘한 관계에 흥미를 갖게 된다. 여기서부터 소설은 스팅고, 네이선, 소피 세 사람의 현재 관계와 소피의 과거회상을 오가면서 전개된다. 소피의 아버지는 폴란드의 유명한 대학교수로 유대인 배척운동에 앞장섰던 인물이었으나 소피의 남편과 함께 나치스에게 처형당한다. 아버지와 남편을 잃은 소피는 레지스탕스 운동에 연루되어 두 아이와 함께 아우슈비츠 수용소로 끌려간다. 수용소로 가는 도중, 아리아 인종과 같이 금발에 하얀 피부를 가진 소피를 본 독일군 장교는 소피에게 두 아이 가운데 하나는 살려주겠다며 가스실로 보낼 아이를 선택하라고 강요한다. 인간으로서는 차마 할 수 없는 선택을 강요받은 소피는 고뇌 끝에 딸아이를 선택한다. 수용소에서 소장의 비서로 뽑힌 소피는 남은 아들을 살려내기 위해 애쓰지만 실패하고 만다. 전쟁이 끝나고 난민수용소로 보내진 소피는 아이들을 버리고 홀로 살아남은 죄책감에 자살을 시도하지만 실패하고, 새로운 삶을 찾아 미국으로 온다. 미국에 온 소피는 네이선을 만나지만 네이선은 정신질환을 앓고 있어 발작을 일으킬 때마다 소피를 학대한다. 소피와 네이선은 각기 죄책감과 정신병 때문에 평범한 삶을 살 수 없다는 기묘한 연대감으로 얽힌 사이이다. 이 두 사람의 관계에 끼어 든 스팅고는 소피를 사랑하게 되고, 소피가 네이선을 떠나자 소피에게 사랑을 고백한다. 그러나 소피는 네이선에게 다시 돌아가 생의 마지막 선택을 한다.

소학

저자 주희(朱熹, 1130~1200) **분류** 철학(유학) **원제** 小學 **출간 연도** 1187년

중국 송나라 때의 유학자 주희가 제자 유자징[劉子澄]이 편집한 아동용 교재를 교열하고 내용을 추가하여 만든 책. 주로 8세 전후의 어린이들의 학습교재로 활용되었으며, 부모에 대한 효도를 윤리의 근본으로 강조한 책이다. 책의 구성은 내편과 외편으로 되어 있으며 내편은 〈입교(立敎)〉, 〈명륜(明倫)〉, 〈경신(敬身)〉, 〈계고(稽古)〉 항목으로 나누어 유교 윤리사상을 설명한 내용이다. 외편은 〈가언(嘉言)〉, 〈선행(善行)〉 항목에 중국의 역대 현인들의 언행을 기록하였다. 〈입교〉는 어린이 교육의 본

질과 중요성에 대한 내용이며, 〈명륜〉은 유교의 기본윤리인 오륜(五倫)에 대하여, 〈경신〉은 송나라 유학자들의 오륜 실천에 대하여, 〈계고〉는 송대 이전의 학자들의 언행에 대한 내용이다. 〈가언〉은 선진(先秦) 시대부터 한나라 때까지 사람들의 아름다운 언행을 기록한 것이며, 〈선행〉은 한나라 이후 사람들의 언행을 기록한 내용이다. 이 책은 고려 말부터 우리나라에 전해져 가정이나 서당에서 교재로 사용되었으며, 조선 시대에 들어서는 유교교육의 기초교재로 서당, 사학, 향교, 서원 등 유학교육기관에서 필수교재가 되었다. 특히 조선 중기 이후 정치권에 등장한 사림세력은 소학을 보급하여 자신들의 정치기반을 굳히고 정치적 명분을 세우고자 하였다.

속대전

분류 사회과학(법학) **원제** 續大典 **출간 연도** 1746년(영조 22)

조선 영조 때 편찬한 법전. 1744년(영조 20)에 찬집청(纂輯廳)을 설치하고 서종옥 · 김약로 · 이종성 · 이일제 · 김상성 · 구택규 등이 편찬 책임을 맡고, 김재로 · 송인명 · 조현명 등이 감수하였으며, 영조가 직접 서문과 법전의 취지를 집필하여, 1746년(영조 22)에 전 6권 4책으로 출간하였다. 《속대전》의 편찬 동기는 조선 초기에 제정한 《경국대전》이 반포된 지 260여 년이 지나 법률해석과 시행에 문제점이 많아 이를 정비하기 위한 것이었으며, 따라서 《경국대전》의 후속편에 해당한다. 《경국대전》의 총 213항목 가운데 137항목을 개정하거나 보충하였으며, 18항목을 추가하였다. 《속대전》의 편제 역시 《경국대전》을 따라 이(吏) · 호(戶) · 예(禮) · 병(兵) · 형(刑) · 공(工)의 6전(六典) 체제를 갖추었으며, 형벌 적용을 중국이 아닌 우리의 실정에 맞게 하고, 처벌에 있어 관용을 베푸는 방향을 택하였다.

속장경

분류 종교(불교) **원제** 續藏經 **출간 연도** 1096년(고려 숙종 1)

고려 시대에 《초조대장경》의 후속편으로 편찬된 불전(佛典). 《의천의 속장경》 또는 《고려속장경》이라고도 부른다. 이 《속장경》은 먼저 편찬된 《초조대장경》이 경 · 율 · 논의 삼장(三藏), 즉 불교 경전을 주로 수록한 데 비해, 경전의 주석서인 장(章) · 소(疏)를 위주로 하였다. 대각국사(大覺國師) 의천(義天)이 송나라와 요나라, 일본에서 약 3천여 권의 불경과 주석서를 구하여, 간행목록인 〈신편제종교장총록(新編諸宗教藏總錄)〉을 먼저 작성하였으며, 이어 흥왕사(興王寺)에 교장도감(敎藏都監)을 설치하고, 1096년(숙종 1)에 4,760여 권을 간행하였다. 이 《속장경》은 고려 말 몽골군의 침입으로 불타 없어지고, 현재는 목록과 일부 내용만 전한다. 현존하는 《신편제종교장총록》 3권을 보면, 상권에는 경에 관한 장소(章疏) 561부 2,586권, 중권에는 율에 대한 장소 142부 467권, 하권에는 논에 관한 장소 307부 1,687권이 각각 수록되어 있다. 이 《속장경》은 송나라와 요나라에서 만든 대장경을 참조하여 《초조대장경》을 보완하고, 경전에 대한 주석을 풍부하게 수록하였으며, 이후에 편찬된 해인사 고려대장경의 모체가 되었다.

손자병법

저자 손무(孫武, ?~?), 손빈(孫?, ?~?) **분류** 사회과학(군사학) **원제** 孫子

고대 중국의 병법서. 춘추 시대 오나라의 전략가 손무의 저서로 알려져 있으나, 손무의 후손으로 전국 시대 진(晋)나라의 신하였던 손빈의 저서라는 설도 있다. 오늘날에는 원본은 전하지 않고 삼국 시대 위나라의 조조가 간추렸다는 13편만 전한다. 13편은 〈계(計)〉, 〈작전(作戰)〉, 〈모공(謀攻)〉, 〈군형(軍形)〉, 〈병세(兵勢)〉, 〈허실(虛實)〉, 〈군쟁(軍爭)〉, 〈구변(九變)〉, 〈행군(行軍)〉, 〈지형(地形)〉, 〈구지(九地)〉, 〈화공(火攻)〉, 〈용간(用間)〉 등이며, 각 편마다 군사작전의 여러 측면을 상세히 설명하였다. 《손자병법》에서 말하는 병법은 단순히 군대를 움직이는 방법에 대한 것이 아니다. 책의 앞부분에서 저자는 전쟁을 하기 이전에 따져 보아야 할 정치 · 경제 · 지리 · 기후 조건을 논하면서, 전쟁이란 국가의 존망이 걸린 큰일인 만큼, 심리전을 활용하여 싸우기 전에 적의 기세를 꺾고, 적이 스스로 무너지도록 만드는 것이 최선의 병법이라고 강조하였다. 이와 같이 《손자병법》은 실제 전투를 치를 때 필요한 사항들을 상세히 설명하고 있으면서도, 싸우지 않고 이기는 것이 최선의 병법이라고 주장하고 있다. 또한 전쟁을 국가적 차원에서 거시적으로 조망하였기 때문에, 오늘날에는 군사 분야뿐 아니라 정치나 경제 분야에서도 《손자병법》의 가르침을 연구하고 적용하고 있다.

송강가사

저자 정철(鄭澈, 1536~1593) **분류** 문학(한국) **원제** 松江歌辭

조선 중기의 문신 송강 정철의 시조와 가사를 모은 작품집. 이선본(李選本), 성주본(星州本), 관서본(關西本), 의주본(義州本), 관북본(關北本) 등 여러 판본이 있으나, 오늘날에는 앞의 세 판본만 전한다. 유명한 가사문학작품 〈관동별곡(關東別曲)〉, 〈사미인곡(思美人曲)〉, 〈속미인곡(續美人曲)〉, 〈성산별곡(星山別曲)〉, 〈장진주사(將進酒辭)〉 등과 시조(단가)가 실려 있다. 특히 그의 가사 작품은 3·4조 또는 4·4조의 운을 맞춘 산문체 시가에 자연의 아름다움을 노래하거나, 자신을 여자로 비유하고 임금을 님으로 비유하여 사모의 정을 표현한 내용을 담았는데, 문학적으로 뛰어난 작품이라는 평가를 받고 있다.

수궁가

저자 신재효(申在孝, 1812~1884) **분류** 문학(한국) **원제** 水宮歌

조선 후기에 신재효가 정리한 판소리 여섯 마당 가운데 하나. 〈토별가(兎鱉歌)〉 또는 〈토끼타령〉, 〈별주부타령〉이라고도 한다. 판소리 외에 소설로 〈토끼전〉, 〈토생원전〉, 〈토의 간(肝)〉 등이 전한다. 이러한 판소리와 소설은 모두 《삼국사기》 가운데 〈김유신전〉에 나오는 '귀토지설(龜兎之說)'을 모태로 한 것이다. 줄거리를 보면 남해 용왕이 병이 들자 영약인 토끼의 간을 구하기 위해 자라가 뭍으로 나온다. 뭍에 나온 자라는 갖은 고생 끝에 토끼를 만나 물 속 구경을 하자고 꾀여 수궁으로 데리고 간다. 그러나 수궁에 도착해서 내막을 알게 된 토끼는 간을 볕에 말리느라 빼 놓고 왔다고 용왕을 속임으로써 뭍으로 무사히 도망친다는 내용이다. 이러한 줄거리를 따라 판소리는 수궁–육지–수궁–육지로 무대를 바꾸어 가며 전개된다. 이 작품은 탐욕과 어리석음이 판치는 인간 세상의 모습을 동물에 빗대어 묘사한 기법이 돋보이는 작품이며, 다른 판소리나 판소리계 소설과 같이 서민의 입장에서 지배층의 탐욕과 허위를 풍자하고 비판한 작품이다.

수상록

저자 몽테뉴(Montaigne, Michel Eyquem de, 1533~1592) **분류** 철학(서양철학)

원제 Les Essais **출간 연도** 1586년

프랑스 르네상스 시대의 철학자이자 문학가인 몽테뉴의 수필집. 저자가 법관과 정치인으로 활약하면서 틈틈이 썼던 글을 만년에 정리하여 출간한 책이다. 이 책에 실린 수필의 주제는 개인의 수양 · 신앙 · 과학 · 교육 · 성 · 문명 · 자연 · 법률 · 전쟁 등으로 다양하며, 한결같이 인간본성에 대한 통찰을 바탕으로 하고 유머와 역설을 사용해서 자신의 생각을 제시하였다. 몽테뉴는 '나는 무엇을 아는가?' 라는 금언으로 유명한데, 이 말은 그가 취한 회의주의적 · 상대주의적 입장을 나타낸다고 할 수 있다. 그는 무신론자가 아니었고, 교육을 통한 인간의 발달을 옹호했지만, 종교적 맹신이나 이성에 대한 확신을 비롯해 모든 종류의 독단적 믿음에 반대하였다. 그는 인간의 지식에는 오류가 많다는 것을 비판적으로 지적했지만, 인간이 아무것도 제대로 알 수 없다고 생각하지는 않았다. 오히려 인간은 자신을 아는 데서 시작하여 세상에 대한 지식을 쌓고 도덕적 판단력을 갖추어야 하며 진리와 조화를 찾아야 한다고 주장하였다. 즉 그의 사상은 비관적 회의주의가 아니라 인간이 비판적 시각과 문제제기를 통해 지식과 지혜를 얻을 수 있는 가능성을 인정하는 근대 사상의 선구적 형태였던 것이다. 몽테뉴는 이러한 철학적 입장에서 출발하여 인간성을 탐구함으로써 합리적 사고와 근대적 인간 개념의 발전에 기여하였다.

수필집

저자 베이컨(Bacon, Francis, 1561~1626) **분류** 문학(영국)

원제 The Essays **출간 연도** 1597년

영국의 철학자이자 문인 프란시스 베이컨의 수필집. 총 58가지 주제에 대한 짧은 수필이 실려 있다. 〈여행에 대하여〉, 〈진리에 대하여〉, 〈복수에 대하여〉, 〈학문에 대하여〉, 〈청춘과 노년에 대하여〉 등이 유명하다. 저자는 이 밖에도 죽음, 적개심, 부러움, 결혼, 사랑, 건강, 부(富), 선(善), 미신, 우정, 야망, 아름다움, 정원, 명예 등 인생의 여러 측면에 대해 자신의 생각을 수필로 풀어 놓았는데, 그런 의미에서 이 수필집의 주제는 인생 그 자체라 할 수 있다. 수필의 주제가 하나같이 인생에서 접하는 여러 주제를 다루었다는 것은 신을 중심으로 돌아가던 중세시대가 끝나고 인간을 중심으로 하는 근대가 시작되고 있음을 알리는 선언이라 할 수 있다. 그렇기 때문에 이 수필에서는 인간에 대한 관심이 많았던 고대의 사상가와 고대 작품들이 많이 인용되고 있다. 인간과 삶을 주제로 했기 때문에 오늘날까지도 많은 사랑을 받고 있는 수필집이다.

수호지

저자 시내암(施耐庵, 1296?~1370?), 나관중(羅貫中, 1330?~1400)

분류 문학(중국)/영화 **원제** 水滸志

중국 명나라 때 시내암과 나관중이 쓴 소설. 《서유기》, 《삼국지》, 《금병매》와 함께 중국 사대기서(四大奇書)의 하나다. 1121년에 송강(宋江)이 회남(淮南)지방에서 35명의 두령과 함께 농민반란을 일으킨 역사적 사건을 토대로 하여, 송나라 때 이후로 민간에 회자되던 설화와 민담, 연극을 시내암이 정리하여 소설로 만들고, 이를 나관중이 《충의(忠義) 수호지》 100권으로 편찬하였다고 전한다. 이를 곽훈(郭勳)이 개정하여 100회본으로 만들었고, 이 100회본을 바탕으로 양정견(楊定見)의 120회본 《충의수호지전》, 김성탄(金聖嘆)의 70회본 《5재자서(第五才子書) 수호지》 등 여러 판본이 나왔다. 작품의 시대 배경은 송나라 휘종 연간으로, 송강을 수령으로 한 108명의 호걸들이 산동성 양산 기슭의 호수에

양산박이란 산채를 짓고 조정에 맞선 이야기를 그리고 있다. 줄거리는 각지의 호걸들이 부패하고 탐학한 관리들에 맞서다 하나둘씩 양산박으로 모여드는 데서 시작한다. 이 108 호걸들이 조정의 진압군을 여러 차례 물리치며 기세를 올리다가, 조정에 귀순하여 거란군과 각지의 반란군을 물리쳐 큰 공을 세운다. 그러나 간신들의 모략에 빠져 송강을 비롯한 수령들이 독살당하는 것으로 끝난다. 《수호지》는 수많은 등장인물들 하나하나에 대한 다채로운 성격묘사와 생동감 넘치는 이야기 전개로 큰 인기를 얻었으며, 노지심, 이규, 무송, 임충 등 서민적이고 정의로운 호걸들의 이야기를 다루어 서민층으로부터 큰 호응을 얻었다.

숙영낭자전

분류 문학(한국) **원제** 淑英娘子傳

조선 후기의 국문소설. 저자와 출간 연대는 알려져 있지 않다. 《수경낭자전》, 《수경옥낭자전》, 《숙향낭자전》, 《낭자전》이라고도 불리며, 필사본, 목판본, 활자본 등 여러 판본이 전한다. 이밖에 판소리 〈숙영낭자타령〉으로도 전한다. 줄거리는 조선 세종 때 안동에 사는 선비 백씨와 부인 정씨가 외아들 선군을 낳는 데서 시작한다. 백선군이 장성하자 백씨 부부는 아들의 혼처를 구한다. 이때 천상에서 죄를 짓고 옥련동에 유배 중인 선녀 숙영낭자가 선군의 꿈에 나타나 천상에서 맺은 인연을 알려준다. 선군은 숙영낭자를 그리워하다 병을 얻은 끝에 옥련동을 찾아가 숙영낭자와 혼례를 올리고 함께 집으로 돌아온다. 선군과 숙영이 자녀를 낳고 행복하게 살던 중에, 선군은 과거를 보러 상경한다. 선군이 없는 동안 시녀 매월의 모함으로 누명을 쓰게 된 숙영은 자신의 억울함을 밝히기 위해 자결하고 만다. 이에 백씨 부부는 임낭자를 선군의 후처로 들이고자 하나, 귀가한 선군은 이에 응하지 않고 숙영이 죽은 내막을 밝혀낸다. 전후사정을 알게 된 선군은 매월을 처벌하고, 숙영은 옥황상제의 은덕으로 소생한다. 이후 선군은 숙영의 권고로 임낭자를 후처로 맞이하여 세 사람은 행복하게 살다 80세를 맞아 함께 하늘로 올라간다. 이 작품은 조선 시대 양반사회를 배경으로 하여 부모와 자식 간의 관계와 부부의 애정관계가 충돌하는 갈등구조를 묘사하고 있다. 이는 유교

문화가 흔들리고 새로운 문화가 태동하던 조선 후기의 시대상을 반영한 것으로 볼 수 있다.

순수법학

저자 켈젠(Kelsen, Hans, 1881~1973) **분류** 사회과학(법학)

원제 Reine Rechtslehre **출간 연도** 1934년

오스트리아의 법학자 한스 켈젠의 저서. 켈젠은 신(新)칸트학파의 일원으로 법률실증주의를 논리적으로 완성시켰다는 평가를 받은 법학자이다. 그는 법을 사회적 · 정치적 · 경제적 · 도덕적으로 이해하는 대신, 법 자체의 자율성과 고유성에 입각해서 법을 이해하려 하였다. 그에 따르면, 법이란 하나의 규범(規範)체계로 파악해야 하며, 법의 규범 가운데서 법질서 전체에 타당성을 부여하는 규범은 근본규범으로서 모든 법적 효력의 근거가 된다. 따라서 하위법은 상위법에 의거하여 법적 효력을 가지며, 상위법은 다시 그 위의 법에 의거하여 법적 효력을 가진다. 이런 식으로 최하위법에서 최상위의 헌법까지 단계적으로 상위법에 의거하여 법으로서의 효력을 보장받는다. 즉 법이 법으로 인정되어야 할 근거를 도덕적 의무나 사회적 필요, 정치적 이해에서 찾는 것이 아니라, 법률 체계 자체에서 찾는 것으로, 이를 법단계설이라 한다. 법단계설에 따르면 모든 법률은 그 상위법에 어긋나지 않는 한 합법이며, 반대로 헌법에 어긋나는 모든 법률은 위법이다. 이 책에서 제시된 켈젠의 순수법학이론은 20세기 법이론의 발전에 크게 기여하였으며, 법학의 여러 분야에 많은 영향을 미쳤다.

순수의 시대

저자 와튼(Wharton, Edith, 1862~1937) **분류** 문학(미국)/여성/영화

원제 The Age of Innocence **출간 연도** 1920년

미국의 여류 작가 이디스 와튼의 장편소설. 와튼은 뉴욕의 오랜 명문가가 급변하는 시대의 흐름 속에 몰락하는 내용을 다룬 작품을 주로 썼

다. 이 작품에서는 세 남녀의 삼각관계를 통해 19세기 말 뉴욕 상류층의 삶을 묘사하였다. 소설의 주인공 뉴랜드 아처는 뉴욕의 명문가인 아처 가문의 후손으로 역시 명문가인 밍코트 가문의 메이 웰런드와 결혼을 약속한 사이이다. 두 사람의 약혼식을 앞두고 메이의 사촌 엘렌이 뉴욕으로 돌아온다. 엘렌은 유럽의 귀족과 결혼하여 백작부인이 되었지만, 남편의 비서와 사랑에 빠져 함께 도망쳤다는 소문 때문에 사교계에서 배척을 받는 존재가 된다. 엘렌을 만나면서 뉴랜드는 자신이 그동안 살아온 뉴욕 상류층의 삶이 얼마나 폐쇄적이고 허위에 찬 것인지를 깨닫게 되고, 약혼녀 메이의 순수함은 속마음을 숨긴 일종의 사회적 가식이라고 생각하게 된다. 뉴랜드는 맺어질 수 없다는 것을 알면서도 엘렌을 사랑하게 된다. 그러나 뉴랜드는 가문과 메이를 버릴 수 없어 결국 메이와 결혼식을 올린다. 결혼 후에도 뉴랜드와 엘렌은 서로를 그리워하지만, 메이의 임신을 계기로 엘렌은 유럽으로 돌아간다. 그로부터 26년이 지나 메이가 죽은 후, 뉴랜드는 아들의 권유로 유럽에 있는 엘렌을 찾아간다. 그러나 엘렌의 아파트 밑에서 오랜 생각 끝에 자신이 사랑한 것은 현재의 엘렌이 아니라 추억 속의 엘렌이라 여기며 돌아선다. 저자 와튼은 마치 인류학적 연구를 방불케 하는 문체로 뉴욕 상류층이라는 집단을 관찰하고 묘사하였다. 저자는 한 사회집단으로서 뉴욕 상류층의 도덕 · 관습 · 격식 · 사교 · 복장을 감각적으로 묘사하면서, 형식과 인습의 틀에 스스로 갇힌 채 미묘한 몸짓과 희미한 암시로만 자신의 감정을 표현해야 하는 상류층 남녀의 삶을 보여주었다.

순수이성비판

저자 칸트(Kant, Immanuel, 1724~1804) **분류** 철학(서양철학)

원제 Kritik der reinen Vernunft **출간 연도** 1781년

독일의 철학자 임마누엘 칸트의 저서. 《실천이성비판》, 《판단력비판》과 함께 저자의 비판철학 3부작 가운데 하나이자, 그 첫 번째 저서이다. 여기서 '순수이성'이란 인간이 경험을 하지 않고서도 가능한 인식(칸트는 이를 '선험적 인식(先驗的認識)'이라 불렀다)을 말한다. 이러한 인식은 구체적이고 개별적인 경험에 좌우되는 것이 아니므로 보편성과 필연

성을 갖춘 것이며, 따라서 자연과학의 지식과 같은 것이기에 형이상학이 자연과학과 같은 엄밀한 학문으로 정립될 수 있는 근거가 된다. '비판'이란 부정적인 의미가 아니라 이성의 힘으로 조사한다는 의미이다. 따라서 순수이성비판이란 인간이 경험하지 않고도 알 수 있는 이성적(理性的) 능력에 대한 연구를 말한다. 인간이 무엇을 알 수 있는지, 그리고 어디까지 알 수 있는지를 주관하는 순수이성은 도덕을 주관하는 실천이성과 함께 인간의 사고와 행동을 결정한다. 이 책에서 칸트는 종래의 형이상학이 신 중심적이었음을 지적하고, 인간 중심의 형이상학을 정립하고자 하였으며, 그런 인간 중심 형이상학의 근원 · 범위 · 한계에 대한 학문적 체계를 정립하고자 하였다. 칸트는 이 책에서 인간이성의 능력과 한계를 규정함으로써 그 이전까지의 합리론과 경험론의 모순을 밝혀냈다. 그렇기 때문에 이 책은 그 당시까지의 서양철학의 성과를 정리하고 한계를 극복하여 새로운 철학으로 발전시켰다는 평가를 받고 있다.

순애보

저자 박계주(朴啓周, 1913~1966) **분류** 문학(한국) **원제** 殉愛譜 **출간 연도** 1938년

박계주의 장편소설. '순애보'란 사랑을 위해 목숨을 바친 아름답고 슬픈 이야기를 의미한다. 작품의 내용은 주인공 최문선과 윤명희의 사랑 이야기 속에 기독교적 인도주의와 민족주의를 담았다. 문선은 원산 앞바다의 해수욕장에서 물에 빠진 인순이라는 여인을 구해주게 되는데, 이 일을 계기로 두 사람은 친해지게 된다. 인순과 보트를 타고 가던 문선은 우연히 어린 시절의 친구 윤명희를 다시 만나게 된다. 다시 만난 명희 부친의 권유로 서울로 상경한 문선은 교회 야학에서 일하면서 마음속으로 명희를 사랑한다. 평양에 있는 명희의 친구 혜순의 결혼식에 초대받은 문선은 명희와 서로에 대한 마음을 확인하고 서울로 돌아온다. 한편 인순은 문선에게 적극적으로 구애하고, 난감해 하던 문선은 마지못해 저녁 초대에 응해 인순의 집에 들어서는 순간 강도의 습격을 받아 의식을 잃고 만다. 강도의 공격으로 문선은 시력을 상실하여 맹인이 되었을 뿐 아니라 인순의 살해범이란 누명까지 쓰게 된다. 병상에 누운 문선에게 강도범이 찾아와 용서를 구하는데, 그의 딱한 사정을 들은 문선은 자신이

대신 죄를 덮어쓰기로 하고 재판에서 사형언도를 받는다. 그러나 양심의 가책을 느낀 진범이 자수하여 문선은 풀려난다. 감옥에서 나온 문선은 맹인이 된 자신이 명희에게 부담이 되리라 생각하고 시골에 있는 친구의 과수원에 몸을 숨긴다. 한편 혜순의 남편 철진은 아내의 친구 옥련과 불륜에 빠져 혜순을 버린다. 그 후 우연히도 혜순이 탄 차와 철진과 옥련이 탄 차가 충돌사고를 일으키는데, 혜순은 비록 자신을 버린 남편이지만 생명을 구하기 위해 헌혈을 한다. 이에 크게 뉘우친 철진은 남을 위해 살기로 결심하고 수해지구에서 봉사활동을 하다 물에 빠진 사람을 구하고 숨진다. 그리고 철진이 죽자 옥련은 수녀원에 들어간다. 명희는 문선이 풀려난 후 그의 행방을 찾아 헤매다가 마침내 문선과 다시 만나고, 문선의 눈이 되어 살아가겠노라 다짐하고 두 사람은 결혼식을 올린다. 이 작품은 1938년 〈매일신보〉 현상모집에 1등으로 당선되어 1939년 1월 1일부터 8월 31일까지 연재되었다. 같은 해 10월 단행본으로 출판되어 큰 인기를 얻었으며, 해방 후 작가가 내용을 개정하여 다시 출판하였다.

순자

저자 순자(荀子, BC 298?~BC 238?) **분류** 철학(중국철학) **원제** 荀子

중국 전국 시대 말기에 살았던 사상가 순자의 사상을 집대성한 책. 한나라 때 유향(劉向)이 당시 전하던 순자의 사상 12권 322편 가운데 중복되는 부분을 편집하여 《손경신서(孫卿新書)》 32편으로 편찬하였고, 이를 당(唐)나라 때 양량(楊倞)이 편(編)의 순서를 바꾸고 주석을 붙여 《손경자(孫卿子)》라 한 것이 나중에 《순자》로 불리게 되었다. 순자는 계통상 공자와 맹자의 뒤를 잇는 유가(儒家) 사상가이지만, 공자의 예(禮) 사상을 바탕으로 묵가와 법가를 비롯한 전국 시대 제자백가 사상을 받아들여 보다 합리적이고 현실적인 정치 · 윤리관을 제시한 철학자였다. 그는 인간은 사회 속에서만 존재할 수 있는 사회적 존재이지만, 인간 본성은 이기적이고 반사회적이라 생각하였다. 따라서 인간이 인간으로 존재하기 위해서는 본성을 억누르고 사회질서를 유지하는 것이 필요한데, 그 방법이 바로 예(禮)로써 다스리는 예치주의(禮治主義)라고 주장하였다. 그는 또한 인간의 윤리와 사회질서는 하늘(天)과 아무 관계도 없으며, 오직 교육과 법률로써 개인을 교화하여 예치를 구현할 때 유지되는 것이라 주장하였다. 여기서 예는 성인(聖人)이 전한 사회규범으로 개개인이 사회 속에서 자신의 위치를 알고 그에 따라 행동하는 것을 말한다. 그리고 이러한 예는 사회적 필요성뿐 아니라 개인의 정서적 · 심미적 만족을 위해서도 필요한 것이다. 이와 같이 교육과 법률을 통해 후천적으로 예를 주입해야 한다는 것이 유명한 순자의 성악설이다.

숫타니파타

저자 석가(釋迦, BC 563?~BC 483?) **분류** 종교(불교)

원제 Sutta-nipata **출간 연도** 기원전 3세기경

부처님의 말씀을 담은 불경. 팔리어로 기록되어 있으며, 남방 상좌부(上座部) 경장(經藏)에 수록되어 있다. 이 경전은 대화 형태의 게송(偈頌)으로 된 일종의 시집이라 할 수 있다. '숫타니파타'란 제목의 의미는 경을 한데 모은 것이란 뜻으로 한자로는 〈경집(經集)〉이라고 한다. 구성은 〈뱀의 장〉 12경, 〈작은 장〉 14경, 〈큰 장〉 12경, 〈여덟 편의 시의 장〉 16경, 〈피안으로 가는 장〉 16경 등 다섯 장 70경에 전부 1,149수의 시로 되어 있다. 이 다섯 장이 서로 연결되는 내용이 아닌 것으로 볼 때, 따로따로 전해지다가 대략 기원전 3세기 아소카 왕의 제3차 결집 때 하나의 경전으로 묶인 것으로 보인다. 〈법구경〉과 함께 부처님의 말씀을 직접 전하는 가장 오래된 원시불교 경전으로, 역사적 인물로서의 부처의 모습과 초기 불교 교단의 모습을 알 수 있다.

슬픈 열대

저자 레비스트로스(Lévi-Strauss, Claude, 1908~1991) **분류** 인문학(인류학)

원제 Tristes Tropiques **출간 연도** 1955년

프랑스의 구조주의(構造主義) 문화인류학자 레비스트로스의 저서. 저자가 인류학자가 된 계기 및 1937~1938년에 브라질 열대 지방을 탐사한 기행문과 카두베오족, 보로로족, 남비콰라족, 투피 카와이브족 등 브

라질 내륙에 사는 원주민들을 대상으로 수행한 민족학(民族學) 연구 및 저자의 문명비판이 담겨 있다. 저자는 역사는 한 방향으로 발전한다는 생각에 반대한다. 따라서 서구인들은 앞서 있고 원주민들은 뒤처져 있다는 생각을 받아들이지 않는다. 저자는 오히려 원주민들의 생활방식 속에 서구인들이 배워야 할 점이 많다고 주장한다. 그에 따르면, 서구 사회는 '자민족중심주의'에 빠져 원주민들을 '야만'과 '미개' 상태의 존재로 폄하하지만, 원주민들은 서구인들보다 정서적으로 성숙하며 물질적으로는 경쟁이 아니라 교환과 분배를 통해 사회를 안정적으로 유지한다. 저자는 이러한 원주민 사회가 서구인들의 침탈로 인해 파괴되는 데 대해 안타까움과 분노를 느낀다. '슬픈 열대'라는 제목은 원주민들의 문화가 파괴되고 있다는 저자의 비관적 인식을 반영한 것이다. 문화를 '선진문화'와 '후진문화'로 구분하지 않고 문화의 다양성을 인정하며, 각 문화마다의 고유성을 존중하는 저자의 시각은 인류학을 연구하는 새로운 관점을 제시한 것으로 높은 평가를 받고 있다.

시각예술에서의 의미

저자 파노프스키(Panofsky, Erwin, 1892~1968) **분류** 예술(미술)

원제 Meaning in the Visual Arts **출간 연도** 1957년

독일 태생으로 미국에서 활동한 미술사학자 어윈 파노프스키의 저서. 저명한 미술사학자인 저자가 예술의 개념, 이상, 상징에 대해 논한 책으로 미술사의 고전으로 불린다. 전부 7장으로 구성되어 있는데, 제2차 세계대전 중에 미국으로 망명한 파노프스키가 프린스턴 대학 고등연구소에 재직하면서 쓴 여러 논문을 한데 모은 것이다. 저자는 르네상스 시대의 유럽미술뿐 아니라 미국의 미술사에 대해서까지 다루면서 저자가 정립한 '도상해석학(iconology)'의 방법을 적용하여 미술사에 대한 새로운 이해를 제시하였다. 이전의 도상학(iconography)이 그림·조각·공예품에서 표현된 상징성이나 우의성(寓意性)을 가진 양식을 비교·분류하는 데 그친 반면, 파노프스키의 도상해석학은 하나의 도상에 나타난 상징은 그림의 주제를 반영하는 것으로 보고, 그 주제를 보여주는 표현양식의 변천사를 연구하는 데까지 나아갔다. 그림으로써 하나의 도상이

특정한 형태를 취하는 이유를 문화사의 큰 흐름 속에서 파악함으로써, 미술사 연구를 보다 심화시키는 한편, 보편적인 역사 발전의 흐름 속에서 이해할 수 있는 방법을 제시하였다.

시간의 역사

저자 호킹(Hawking, Stephen William, 1942~) **분류** 자연과학(물리학)

원제 A Brief History of Time: From the Big Bang to Black Holes **출간 연도** 1988년

영국의 이론물리학자 스티븐 호킹의 저서. 우주의 역사에 대한 어려운 과학이론을 대중들이 알기 쉽도록 풀어 쓴 책이다. 우주의 시초와 종말에 대한 의문에 대해서 호킹 박사는 물리학의 역사를 간략하게 소개하면서 해답을 제시한다. 이 책의 전반부에서 호킹 박사는 먼저 아리스토텔레스의 우주관을 소개하는 것으로 시작해서 갈릴레이와 뉴턴의 연구를 소개하고, 이어서 20세기 들어 아인슈타인을 비롯한 물리학자들이 제시한 특수상대성이론 · 일반상대성이론 · 양자역학 · 통일장이론 · 팽창우주론 · 소립자이론 · 빅뱅(Big Bang) 이론 · 블랙홀 · 초끈(Superstring) 이론 등 현대 물리학의 여러 이론들을 소개하였다. 이를 통해서 호킹 박사는 '세상 만물은 모두 쿼크와 같이 매우 작은 구성요소로 이루어져 있으며, 네 가지 근본적인 힘이 만물을 주관한다' 는 것을 밝혀 낸 현대물리학의 성과를 소개하였다. 다음으로 이 책의 후반부에서는 호킹 박사 자신의 전문분야인 블랙홀과 호킹 방사(radiation), 시간의 시초상태에서 우주의 경계, 미시물리학과 거시물리학의 통일 등의 주제에 대해서 상세히 설명하였다. 여기서 호킹 박사는 우리 우주는 어떠한 경계 없이 시작되었다는 자신의 이론을 제시하고, 결론에서는 우주의 네 가지 힘을 하나의 구조로 통합하는 이론의 가능성을 보여준다. 이 책은 우주와 시간의 역사에 대한 매우 근본적인 질문에 대해 현대물리학의 연구성과를 가지고 해답을 제시하고 있을 뿐 아니라, 이를 명쾌하고 간결한 문체로 풀어서 설명하여 큰 인기를 얻었다.

시경

분류 문학(중국) **원제** 詩經

고대 중국의 시가집. 중국에서 가장 오래된 시가집으로 알려져 있다. 《모시(毛詩)》라고도 부른다. 시기적으로는 주나라 초기(기원전 11세기)부터 춘추 시대 중엽(기원전 6세기)까지, 지역적으로는 주로 황하 중류의 중원(中原) 지방에서 불린 노래 305편을 수록하고 있다. 원래 3천여 편이던 것을 공자가 편찬했다고 《공자세가》에 전하지만, 사실 여부는 불분명하다. 〈국풍(國風)〉, 〈소아(小雅)〉, 〈대아(大雅)〉, 〈송(頌)〉의 4부로 구성되어 있다. 이 가운데 〈국풍〉 160편은 주나라의 15개 제후국의 민요를 말한다. 이 15개 국풍 가운데 두 국풍만이 장강, 한수, 여수 일대의 노래이며, 나머지 13개 국풍은 모두 황하 유역의 노래이다. 〈국풍〉은 대부분 민요이며, 귀족의 작품이 약간 포함되어 있다. 〈소아〉, 〈대아〉와 〈송〉은 주나라 천자가 직할 통치하는 지역에서 불리던 노래로 국풍과 달리 대부분 귀족문인의 작품이며, 민요는 몇 수에 불과하다. 〈대아〉 74편은 왕실 행사에서 불리는 노래, 〈소아〉 31편은 연회에서 불린 노래이며, 〈송〉 40편은 종묘제사에 쓰이는 무용곡을 말한다. 원래는 생활 속의 민요와 공식 행사에서 부르는 노래를 모은 것이었지만, 공자가 《시경》을 '즐겁되 음탕하지 않고, 슬프되 상심하지 않는(樂而不淫, 哀而不傷)' 문학적 표현의 정형이라 일컬은 뒤부터 유교의 경전으로 취급되었다. 문학적으로는 자세한 묘사(賦) · 비유(比) · 사물을 빌려 표현(興) 등의 표현법을 채택하였으며, 이후 중국문학의 교범이 되었다.

시계태엽 오렌지

저자 버제스(Burgess, Anthony, 1917~1993) **분류** 문학(영국)/영화

원제 A Clockwork Orange **출간 연도** 1962년

영국의 작가 앤소니 버제스의 장편소설. 과학기술이 진보한 미래사회를 배경으로 한 SF소설이면서도, 기술의 진보가 바람직하지 않은 결과를 초래한다는 '디스토피아' 적 경향을 띤 작품이다. 그런 면에서 이 작품은 올더스 헉슬리의 《멋진 신세계》나 조지 오웰의 《1984년》과 유사하

며, 실제로 버제스는 《1984년》을 패러디한 장편소설 《1985년》을 썼다. 주인공 알렉스는, 총명하고 재치가 있지만, 폭력을 탐닉하고 사회가 정한 질서를 무시하며, 자신이 원하는 삶을 살아간다. 그런 알렉스가 살인을 저질러 교도소에 수감되면서 과학자들로부터 '교화 치료' 를 받게 된다. 폭력에 대한 거부감을 갖도록 세뇌된 알렉스는 완전히 순종적인 인간으로 탈바꿈한다. 작가는 알렉스의 예를 들어서 아무리 흉악한 인간이라 할지라도 사회가 개인이 스스로의 삶을 선택할 권리를 박탈하는 것이 과연 옳은 일인가 하는 질문을 던진다. 이 소설의 제목에서 '오렌지' 는 교화를 받기 이전에 알렉스가 누렸던 자유분방한 삶을, '시계태엽' 은 세뇌된 채 기계적 조건반사에 길들여진 교화 이후의 삶을 상징한다. 결국 작가는 소설의 결말에서 알렉스가 다시 예전의 폭력성을 되찾고 자신이 원하는 삶을 살아가는 것으로 설정함으로써, 자유의지를 박탈당한 삶은 인간다운 삶이라 할 수 없다는 메시지를 전한다.

시조유취

저자 최남선(崔南善, 1890~1957) **분류** 문학(한국) **원제** 時調類聚 **출간 연도** 1928년

육당(六堂) 최남선이 옛 시조를 모아 편찬한 시조집. 《청구영언》, 《가곡원류》, 《해동악부》 등 옛 시조집에 실려 전해지는 시조 가운데 1,405수를 뽑아 내용에 따라 21항목으로 나누어 편찬하였다. 이 시조집에서 특기할 점은 '시조' 라는 명칭이 책 이름으로 처음 등장하였다는 점이다. 최남선은 이전에는 '국풍(國風)' 이란 이름으로 시조를 발표하였으나, 《시조유취》에 이르러 국풍 대신 시조란 명칭을 사용하였다. 이 이후로 시조라는 이름이 정착되어 《가람 시조집》 등의 현대시조가 등장하였다.

시용향악보

분류 예술(음악) **원제** 時用鄕樂譜 **출간 연도** 1469~1544년(조선 성종~중종 연간)

조선 시대에 간행된 악보집. 삼국 시대 이후로 전해오는 향악(鄕樂) 26곡의 악보를 수록한 책이다. 향악이란 삼국 시대에 들어온 당나라 음악

인 당악(唐樂)과 구별되는 우리 고유의 음악을 말하며, 여기에는 악장·사(詞)·단가·가사·창작가사·민요·무가 등 여러 종류의 노래가 실려 있다. 특히 《악학궤범》이나 《악장가사》에는 없는 고려 가요 16곡이 실려 있다. 이 책에 실린 26곡은 〈납씨가(納氏歌)〉, 〈유림가(儒林歌)〉, 〈횡살문(橫殺門)〉, 〈사모곡(思母曲)〉, 〈서경별곡(西京別曲)〉, 〈쌍화곡(雙花曲,쌍화점)〉, 〈나례가(儺禮歌)〉, 〈정석가(鄭石歌)〉, 〈청산별곡(青山別曲)〉, 〈유구곡(維鳩曲)〉, 〈귀호곡(歸乎曲, 가시리)〉, 〈생가요량(笙歌寥亮)〉, 〈상저가(相杵歌)〉, 〈풍입송(風入松)〉, 〈야심사(夜深詞)〉, 〈성황반(城隍飯)〉, 〈내당(內堂)〉, 〈대왕반(大王飯)〉, 〈잡처용(雜處容)〉, 〈삼성대왕(三城大王)〉, 〈군마대왕(軍馬大王)〉, 〈대국일(大國一)〉, 〈대국이(大國二)〉, 〈대국삼(大國三)〉, 〈구천(九天)〉, 〈별대왕(別大王)〉 등이다. 이 26곡을 각기 궁·상·각·치·우의 오음약보로 된 악보와, 장고법(杖鼓法)·박법(拍法)을 실고 가사(歌詞)를 달아 소개하였다. 고전음악뿐 아니라 국문학과 민속학 연구에도 중요한 자료이다.

시학

저자 아리스토텔레스(Aristoteles, BC 384~BC 322)

분류 문학(문학이론) **원제** peri poietike

고대 그리스의 철학자 아리스토텔레스의 저서. 원제의 뜻은 '시작(詩作)에 관하여' 란 의미로, 저자가 남긴 강의안을 중심으로 여러 원고를 묶은 것으로 추정된다. 제목은 시에 대한 것이지만, 실은 엄격한 운율을 갖춘 운문으로 된 당대의 극시(劇詩), 즉 연극을 주로 다루고 있다. 현재 26장이 전하는데, 대부분 비극에 관한 것이기 때문에, 희극을 논한 제2부가 있었던 것으로 보이지만, 현재는 전하지 않는다. 이 책에서 저자는 먼저 예술은 인간의 모방본능에서 나온다고 규정한다. 그에 따르면 인간은 모방하려는 본능과 남이 모방한 것을 보면서 기쁨을 느끼는 본능이 있다. 그리고 이러한 모방의 수단·대상·방법에 따라 여러 가지 예술형태가 나누어진다. 즉 조형예술은 색채와 형태를 통해서 모방하며, 음악과 시는 소리를 매개로 모방한다. 연극에 있어 비극은 숭고한 행위의 모방이고, 숭고한 인물이 불행에 빠지는 과정의 모방이다. 관객들은

그 과정을 지켜보면서 두려움과 연민의 감정을 느끼게 된다. 그리고 비극은 이를 통해서 관객들이 감정의 정화 또는 배설(카타르시스)을 경험하도록 하여 정신을 고양시킨다고 주장하였다. 이 책은 서양 근대에 들어 문학창작이론의 교과서로 널리 알려졌으며, 오늘날에도 예술철학 분야에서 논의되고 있는 고전이다.

신곡

저자 단테(Dante, Alighieri, 1265~1321) **분류** 문학(이탈리아)

원제 La Divina Commedia **출간 연도** 1321년

이탈리아의 시인 단테가 지은 장편서사시. 〈지옥편〉, 〈연옥편〉, 〈천국편〉의 삼부로 이루어졌으며, 각 부는 다시 33곡(칸토)으로 이루어졌는데, 여기에 서곡을 합해 모두 100곡 14,233행으로 되어 있다. 원제의 '코메디아'란 뜻은 희극이 아니라 행복한 결말로 끝난다는 의미이며, 초반부 〈지옥편〉을 제외하고는 즐거운 내용으로 신에 대한 사랑을 노래한다. 단테는 35세가 되던 해에 숲에서 길을 잃고 헤매다가 고대 로마의 시인 베르길리우스를 만난다. 베르길리우스의 안내로 지옥 · 연옥 · 천국을 구경하게 되는데, 지옥에서는 아홉 층에 걸쳐 각종 죄인들이 벌을 받는 참상을 목격한다. 다음으로 연옥에서는 일곱 층에 걸쳐 천국에 올라가기 위해 대기하는 사람들을 보고, 마지막으로 천국에서는 베르길리우스와 헤어지고 성녀 베아트리체의 인도로 10층의 하늘을 둘러보고 가장 높은 곳에 계시는 하느님과 조우한다. 이 작품은 여러 가지 의미구조를 지녀 다양한 해석이 가능한 작품이다. 당시 이탈리아는 교황당과 황제당의 분쟁에 휩싸인 시대였고, 황제당의 일원이었던 단테는 이 작품에서 교회의 종교적 역할과 황제의 세속적 역할을 구분하여 세속적 정치관을 표방하였다. 그러면서도 그리스도교의 중요성과 신에 대한 찬미를 주제로 하고 있기 때문에 이 작품은 중세에서 르네상스로 넘어가는 과도기적인 시대 분위기를 보여준다고 할 수 있다. 또한 언어 면에서 중세의 공용어인 라틴어 대신 이탈리아어를 사용하여 속어문학의 활성화를 일으키는 계기가 되기도 했는데, 여기에는 교황청으로부터의 정치적 · 사상적 독립 추구라는 의미도 있다. 이와 같이 《신곡》은 종교적이면

서도 인간적이고, 중세적이면서도 르네상스적인 분위기가 혼재하며, 신에 대한 찬미와 사랑하는 여인에 대한 연모가 공존하는 작품이다.

신과학

저자 비코(Vico, Giambattista, 1668~1744) **분류** 철학(서양철학)

원제 Principi di una Scienza Nuova d'intorno alla commune natura delle nazioni(New Science: Principles of the New Science Concerning the Common Nature of Nations) **출간 연도** 1725년

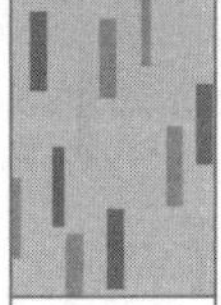

이탈리아의 철학자 지암바티스타 비코의 저서. 원제목은 《여러 민족의 공통 본성에 대한 새로운 학문의 원리》로, 저자의 역사철학이 집약된 책이다. 데카르트와 같은 당대의 계몽주의자들은 연역적 · 과학적 방법론에 입각한 자연과학만이 진정한 학문이며, 역사는 우연과 모순의 연속이므로 학문의 대상이 될 수 없다고 생각하였다. 그러나 비코는 인간은 인간이 만들지 않은 자연의 질서는 완벽하게 이해할 수 없지만, 인간 행위의 결과이자 인간 스스로가 만든 역사는 이해할 수 있다고 생각하였다. 그런 의미에서 비코는 경험적 · 귀납적 역사연구가 인간의 정신을 이해할 수 있는 '신과학' 이라고 주장하였으며, 인간정신의 발달과 인류 역사의 전개를 대응시켜 이해하였다. 비코는 역사를 '신들의 시대' 에서 '영웅들의 시대' 를 거쳐 '인간들의 시대' 에 이르고, 여기서 다시 '신의 시대' 로 회귀 · 순환하는 것으로 보았다. 신들의 시대는 신화가 지배하는 신정(神政)정치 시대이며, 영웅 시대는 시적 감성이 발달한 귀족정 시대를 말한다. '인간들의 시대' 는 감성을 중시하는 앞선 두 시대와 달리 철학적 · 논리적 이성이 발달하여 시민사회가 형성되고 민족국가가 수립되는 시기이다. 비코에게 역사는 인간의 잠재적 능력을 실현하며 발전하는 과정이지만, 결코 그 능력의 완성에는 도달할 수 없으며, 그 직전 단계에서 원시시대의 '악덕' 이 다시 발호하면서 '반전' 을 일으켜 원시적 단계로 회귀한다. 비코에 따르면, 유대민족을 제외한 지구상의 모든 민족의 역사는 이러한 순환을 따른다. 이와 같은 비코의 역사철학은 헤겔과 마르크스 등 후대 철학자들의 역사철학의 기본 틀이 되었다.

신국론

저자 아우구스티누스(Augustinus, Aurelius, 354~430) **분류** 종교(기독교)

원제 De civitate Dei **출간 연도** 413~427년

고대 그리스도교의 교부(敎父) 아우구스티누스의 저서. 전 22권이다. 그리스도교에 적대적인 사람들에 맞서 그리스도교를 옹호하는 일종의 호교론(護敎論)이다. 이 책에서 저자는 '천상의 나라(신의 도성(都城))'와 '지상의 나라(지상의 도성)'라는 개념을 제시하여 그리스도교의 사회관 · 정치관 · 역사관을 설명하고, 교회를 통한 구원을 강조하였다. 저자는 410년에 동고트족의 왕 알라릭이 로마를 약탈 · 방화한 사건을 계기로, 이 사건의 원인과 책임이 그리스도교도에게 있는 것이 아니며, 신의 섭리에 의한 것임을 밝히기 위해 이 책을 쓰게 되었다고 한다. 책의 내용은 제1권~10권까지는 그리스도교 신앙에 대한 옹호, 제11~22권은 천상의 나라와 지상의 나라의 역사적 관계를 논하였다. 저자는 이 두 나라의 관계는 대립적인 것이 아니라 현재(지상)와 미래(천상)의 관계로서, 지상의 바람직한 가치들이 천상에서 완성된다고 규정하였다. 이는 서양 고대의 사상 중 바람직한 가치들(덕성 · 용기 · 정의 · 평화 등)이 그리스도교에 흡수되어 완성된다는 의미이다. 책의 뒷부분은 그리스도교의 역사관을 체계적으로 정리한 것으로, 저자는 '역사는 과거에 대한 기억'이라고 규정하고, 창조에서 시작하여 종말로 끝나는 이른바 '직선적 · 종말론적 역사관'을 제시하였다. 이 역사관은 이후 서양의 역사철학에 큰 영향을 미쳤으며, 이 책은 토마스 아퀴나스의 《신학대전》, 칼뱅의 《그리스도교 강요》와 함께 그리스도교의 3대 저작으로 불리게 되었다.

신기관

저자 베이컨(Bacon, Francis, 1561~1626) **분류** 철학(논리)

원제 Novum Organum **출간 연도** 1620년

영국의 철학자 프란시스 베이컨의 저서. 《노붐 오르가눔(신기관)》이란

원제는 아리스토텔레스의 논리학 저서인 《오르가눔(기관)》에 빗대어 지은 것이다. 아리스토텔레스는 논리학을 지식을 생산하는 '기관'으로 간주하여 그와 같은 제목을 붙였다. 이에 대해 베이컨은 아리스토텔레스의 연역적 논리학의 한계를 지적하고, 귀납적 방법을 통한 지식의 추구야말로 진정으로 자연의 본질을 이해할 수 있으며, 그러므로 지식 발전의 '새로운 기관'이라는 의미로 《신기관》이란 제목을 붙였다고 한다. 이 책은 원래 저자가 전 6부로 구상한 저서 《대개혁》의 제2부에 해당하는 책이다. 책의 구성은 전 2권으로, 제1권 《우상(idola) 파괴편》에서는 인간의 이성을 흐리는 우상(편견)에 대해 논하였다. 저자는 널리 알려진 네 가지 우상(종족의 우상 · 동굴의 우상 · 시장의 우상 · 극장의 우상)을 제시하였는데, 이는 각각 인류가 보편적으로 가지는 편견과 선입견, 개인의 편견과 선입견, 언어 소통의 오류, 전통과 권위를 들어 새로운 것을 가로막는 오류에 해당한다. 저자가 이러한 우상을 제시한 것은 아리스토텔레스의 연역적 논리학으로는 이러한 편견과 오류의 우상에서 벗어날 길이 없으며, 오로지 귀납적 방법을 통해서만 극복할 수 있다고 주장하기 위해서였다. 제2권 《진리 건설편》에서는 귀납법을 통해 우상에서 벗어나 자연의 본질을 올바로 인식하는 방법을 구체적 사례 연구들을 들어 논하였다. 그 자신이 뛰어난 자연과학자이기도 했던 저자는 여기서 27가지 자연적 사례에 대한 관찰기록을 제시하였다. 이와 같은 저자의 주장은 근대 영국의 경험론 철학과 자연과학의 성립에 큰 영향을 미쳤다.

신당서

분류 역사(중국사) **원제** 新唐書 **출간 연도** 1060년

중국 송나라 때 역사서 《당서(唐書, 구당서)》를 보충하여 새로 편찬한 책. 편찬의 총책임은 재상 증공량(曾公亮)이 맡고, 구양수(歐陽修) · 송기(宋祁) 등이 실제 편찬 작업을 주도하였다. 《구당서》가 200권인 데 비해 〈본기〉의 내용을 줄이고, 〈표(表)〉를 추가하여 225권으로 출간하였다. 책의 구성은 〈본기(本紀)〉 10권, 〈지(志)〉 50권, 〈표(表)〉 15권, 〈열전(列傳)〉 150권으로 이루어져 있다. 〈구당서〉와 함께 당나라 역사를 연구하는 데 기본사료로 쓰인다.

신의 가면

저자 캠벨(Campbell, Joseph, 1904~1987) **분류** 인문학(신화학)

원제 The Masks of God **출간 연도** 1959~1967년

미국의 신화학자 조셉 캠벨의 저서. 세계 각지의 신화를 비교한 4부작이다. 제1부 《원시신화》, 제2부 《동양신화》, 제3부 《서양신화》, 제4부 《창조신화》로 이루어져 있다. 제1부 《원시신화》는 선사시대의 신화, 제2부는 이집트 · 인도 · 중국 · 티베트 · 일본의 신화, 제3부는 지중해 동부 연안 지역 · 페르시아 · 그리스 · 로마 · 북유럽 신화, 제4부는 근대 이후의 신화를 다루고 있다. 저자는 세계 각지의 신화를 비교 · 분석한 결과 모든 신화는 시대와 지역에 따라 그 양식은 다를지언정 영웅이 시련을 극복하고 소명을 이룬다는 주제는 동일하다고 주장한다. 저자는 모든 신화가 같은 주제를 반복하는 것은 신화가 '경이감'과 '자기구원'이라는 인간의 보편적 욕구에서 비롯되기 때문이라고 설명한다. 10여 년에 걸쳐 완성된 이 대작(大作)은 신화에 대한 종합적이고 본질적인 해석을 제시하는 신화연구서로 높이 평가받고 있다.

신증동국여지승람

저자 이행(李荇, 1478~1534), 홍언필(洪彦弼, 1476~1549) **분류** 사회과학(지리)

원제 新增東國輿地勝覽 **출간 연도** 1530년(중종 25)

조선 전기에 만들어진 인문지리서. 55권 25책으로 되어 있다. 이 책은 1481년(성종 12)에 만든 《동국여지승람》 50권을 1530년(중종 25)에 이행과 홍언필이 내용을 추가하여 새롭게 출간한 것이다. 조선 전기에 나온 지리서로는 《세종실록지리지》 이후 가장 큰 규모의 지리서이다. 책의 구성은 서울과 경기도 지역을 먼저 다루고 이어 충청도 · 경상도 · 전라도 · 황해도 · 강원도 · 함경도 · 평안도 순으로 되어 있으며, 각 도마다 해당 도의 전도(全圖)를 싣고 연혁과 지명 · 성씨 · 산천 · 기관 · 사적 · 경제 · 인물 · 교통 · 문화 순으로 소개하였으며, 전통설화도 여러 편 소개하였다. 따라서 이 책은 단순한 지리서를 넘어서 조선 시대 지방행정과 향토사를 연구하는 데 매우 귀중한 자료로 활용되고 있다.

신천문학

저자 케플러(Kepler, Johannes, 1571~1630) **분류** 자연과학(천문학)

원제 Astronomia Nova seu Physica Coelestis tradita commentariis de motibus stellae Martis(The New Astronomy) **출간 연도** 1609년

독일의 천문학자 요하네스 케플러의 저서. 원제는 《신 천문학, 원인에 기반한, 혹은 천체 물리학에 기반한 화성의 운동에 대한 해석》이다. 케플러는 코페르니쿠스와 함께 근대 천문학을 정립한 인물이며, 이 책은 케플러의 행성운동법칙을 소개하여 새로운 천문학의 정립에 크게 기여하였다. 케플러는 천문학자 티코 브라헤의 조수로 일하면서 화성에 관한 자료를 접할 수 있었고, 티코가 죽은 후 그 자료를 물려받아 화성의 궤도를 연구할 수 있었다. 그는 이 연구를 토대로 행성운동의 두 가지 법칙을 발견하여 그것을 이 책에서 발표하였다. 첫째는 모든 행성은 태양을 초점으로 타원궤도를 그리며 움직인다는 것(타원궤도 법칙)이며, 둘째는 행성과 태양을 연결하는 직선은 같은 시간에 같은 면적을 덮는다는 것(면적속도 일정의 법칙)이다. 이어서 케플러는 행성이 태양 주위를 도는 공전주기(시간)의 제곱은 행성과 태양 사이의 평균거리의 세제곱에 비례한다는 세 번째 법칙(주기-반경의 법칙)을 발견하였는데, 이는 1619년에 출간한 《세계의 조화》에서 소개하였다. 행성의 궤도가 타원을 그린다는 케플러의 발견은 매우 중요한 의미를 지닌다. 그 이전까지 피타고라스와 프톨레마이오스를 비롯한 고대와 중세 천문학자들은 행성의 궤도는 원형이라고 생각하였다. 이것은 원이 질서와 조화의 상징이자 창조의 완벽함을 나타내는 것으로 여겨졌기 때문이었다. 그러나 케플러는 정확한 관찰을 토대로 행성의 궤도가 원형이 아니라 타원임을 계산해 내었다. 케플러는 신앙인이었고 신이 창조한 우주의 아름다운 조화를 밝히기 위해 천문학을 연구하였지만, 그의 연구의 결과는 신앙이 아닌 과학에 입각한 근대 천문학의 시발점이 되었다.

신통기

저자 헤시오도스(Hesiodos, BC 740~BC 670?) **분류** 문학(신화) **원제** Theogony

고대 그리스의 시인 헤시오도스가 지은 서사시. 그리스 신화를 정리한 가장 오래된 작품이며, 고대 그리스인들의 우주관, 신화관을 이해하는 데 중요한 자료이다. 헤시오도스의 정확한 생몰연대는 알려져 있지 않으나 호메로스보다 후대의 사람으로 여겨지며, 기원전 8세기경에 활동한 것으로 보인다. 호메로스의 작품에 나오는 그리스 신들이 매우 인간적인 모습으로 그려지는 반면, 헤시오도스의 작품에 나오는 신들은 보다 권위를 갖춘 모습으로 나온다. 이 작품은 1,022행에 달하는 장편 서사시로서 천지창조로부터 신들의 탄생과정을 계통적으로 정리하였다. 그에 따르면, 태초의 우주는 카오스(혼돈) 상태였으며, 이 카오스에서 가이아(대지)와 에로스(사랑)가 생겨났다. 가이아는 우라노스(하늘)와 폰토스(바다)를 낳았고, 가이아와 우라노스 사이에 티탄족(族)이라는 제1세대 신들이 태어났다. 우라노스가 자식들을 가이아의 깊은 지하 속에 던져 넣자, 티탄족의 막내인 크로노스는 어머니 가이아의 사주를 받아 아버지 우라노스를 거세하고 자신이 신들의 지배자가 된다. 지배자가 된 크로노스는 아버지와 같은 운명을 피하기 위해 태어나는 자식들을 모두 삼켜버린다. 크로노스의 아들 제우스는 용케 위기를 모면하고 자신이 낳은 올림포스 신들을 이끌고 크로노스와 티탄족에 맞서 전쟁을 벌인다. 이 전쟁의 결과 제2세대인 올림포스 신들이 승리하고 제우스는 신들의 제왕이 된다. 이와 같이 헤시오도스는 약 300여 명의 신들의 계보를 정리하고, 그 밖에 각종 설화와 전설, 영웅담도 소개하였다.

신학대전

저자 아퀴나스(Aquinas, Thomas, 1225?~1274) **분류** 종교(기독교)

원제 Summa Theologiae **출간 연도** 1265/66~1273년

중세 이탈리아의 수도사이자 스콜라 철학자 토마스 아퀴나스의 저서. 저자가 신학교수로서 강의한 내용을 제자들이 정리하여 편찬한 것이다. 전 3부로 되어 있으며, 제1부는 신과 신의 창조물에 대해 논한 신론(神論) 문제, 제2부는 인간과 인간의 행위, 윤리에 대한 인간론 문제, 제3부는 그리스도론, 교회론, 성사론에 대한 문제 등 전부 512개의 문제에 대해 논술하였다. 원제의 '숨마(Summa)' 는 중세시대 대학에서 사용하던

교재로 학문적 문제에 대한 요점정리집을 말한다. 이것은 해당분야의 자료를 정리하고 요약한 형식을 말하며 《법학대전(Summa juris)》, 《논리학대전(Summa logica)》, 《신학대전(Summa theologica)》 등과 같이 거의 모든 분야에서 활용되었다. 숨마는 한 분야에 대한 여러 문제로 이루어져 있으며, 각 문제는 다시 항목(articulus)으로 세분된다. 그리고 항목은 질문과 반론, 재반론, 본론, 답변으로 되어 있으며, 끊임없이 묻고 대답하는 과정을 통해서 사고의 발달을 유도하도록 구성되어 있다. 이러한 구성은 중세대학에서 학생들의 토론식 수업교재로 사용하기 위한 것이다. 아퀴나스의 《신학대전》은 중세 스콜라 철학을 집대성한 작품이면서, 한편으로는 신에 대한 인간의 상대적 자율성을 인정하여 인간 중심의 근대사상을 준비한 책으로 평가받고 있다.

실락원

저자 밀턴(Milton, John, 1608~1674) **분류** 문학(영국)

원제 Paradise lost **출간 연도** 1667년

영국의 시인 존 밀턴의 장편서사시. 원래 전 10권이었으나 제2판(1674)부터 12권으로 늘었다. 17세기 영문학을 대표하는 시인 밀턴은 독실한 청교도였으며, 그리스도교에 입각한 서사시를 구상하였으나 청교도 혁명의 와중에 집필을 연기할 수밖에 없었다. 이 작품은 만년에 시력을 잃은 밀턴이 딸에게 구술하여 완성하였다고 한다. 구약성서에 나오는 아담과 이브가 에덴동산에서 추방당한 이야기를 소재로 하였다. 줄거리를 살펴보면 원래 천상의 천사였으나 신에게 반역하여 지옥에 떨어진 사탄은 에덴동산에 사는 아담과 이브를 유혹하여 타락시키려 한다. 사탄의 유혹에 넘어간 아담과 이브는 죄를 저지르고 에덴동산에서 쫓겨난다. 그러나 신은 추방당하는 아담과 이브에게 먼 훗날 그들의 후손이 구원받을 것이라고 약속한다. 이 작품의 주제는 인간과 신의 관계라고 할 수 있다. 신은 인간을 창조하였으나, 인간은 신이 만든 질서를 어김으로써 스스로 신을 등지게 된다. 그 벌로 인간은 낙원의 행복을 잃어버리지만, 신이 약속한 구원의 희망은 남아 있다. 그러므로 인간의 역사는 그 구원을 향해 나가는 과정이며, 신의 섭리가 실현되는 과정이다. 밀턴

은 신을 찬양하고 구원을 향해 나아가는 인간의 고난과 역경을 장중한 문체로 묘사하여 큰 반향을 얻었으며, 《실락원》의 후속으로 1671년에 《복락원(Paradise Regained)》을 발표하였다.

실증철학강의

저자 콩트(Comte, Auguste, 1798~1857) **분류** 철학(서양철학)

원제 Cours de philosophie positive **출간 연도** 1835~1842년

프랑스의 실증주의 철학자이자 사회학의 창시자로 알려진 오귀스트 콩트의 저서. 전 6권으로 제1권은 서론과 수학, 제2권은 천문학과 물리학, 제3권은 화학과 생물학, 제4권은 사회학의 이론, 제5권은 사회학의 역사, 제6권은 결론으로 되어 있다. 서론 2강(講), 수학 16강, 천문학, 물리학, 화학, 생물학 등이 각 10강, 그리고 사회학 14강 등 모두 72편의 강의로 이루어져 있다. 이 책에서 콩트는 인간 정신의 발달과정을 3단계로 구분한 '단계의 법칙'을 제시한다. 첫 번째 단계는 신학적 단계로 물신 숭배에서 다신교를 거쳐 일신교로 발전한다. 두 번째 단계는 형이상학 단계로 실체 · 속성 · 본질 등의 추상적 개념을 사용하여 자연의 질서나 모든 현상의 원인을 파악하려 하는 단계이다. 세 번째 단계는 실증적 단계로, 인간은 이 단계에 이르러 신이나 추상적 개념에 의존하지 않고 관찰 · 실험 · 비교를 통하여 과학적 법칙을 정립하게 되었다. 따라서 이 단계는 과학적 이성의 단계이자 현대 공업사회에 상응하는 단계이다. 그는 이러한 과학적 지식은 일반적인 것에서 특수한 것으로, 단순한 것에서 복잡한 것으로, 다른 학문과 연관성이 없는 것에서 있는 것의 순서로 발전한다고 생각하였다. 따라서 실증과학은 수학–천문학–물리학–화학–생물학–사회학(사회학은 사회의 질서를 다루는 사회정학(社會靜學)과 사회 변화를 다루는 사회동학(社會動學)으로 구분된다)의 순서로 성립된다고 보았다. 콩트는 19세기에 들어 인류가 세 번째 단계에 도달하여 인간사회와 역사의 문제를 과학으로 설명할 수 있게 되었다고 생각하였다. 그리고 사회학 연구를 통해 사회의 법칙과 동력을 밝혀내면 사회문제에 대한 과학적 해결책을 발견할 수 있다고 생각하였다. 그는 이러한 취지로 '사회학'이란 용어를 사용하여 사회학의 창시자로 불리게 되었다.

실천이성비판

저자 칸트(Kant, Immanuel, 1724~1804) **분류** 철학(서양철학)

원제 Kritik der Praktischen Vernunft **출간 연도** 1788년

독일의 철학자 임마누엘 칸트의 저서. 《순수이성비판》, 《판단력비판》과 함께 저자의 '비판 3부작'을 이루는 책이며, 그 가운데 《순수이성비판》에 이어 두 번째로 출간되었다. 칸트는 앞서 나온 《순수이성비판》에서 '인간은 무엇을 알 수 있는가?'를 규명하려 하였고, 이 책에서는 '인간은 무엇을 해야 하는가?'라는 질문에 해답을 제시하려 하였다. 그는 《순수이성비판》에서 인간이 자연세계를 과학적으로 인식할 수 있다는 것을 밝혔고, 《실천이성비판》에서는 인간이 무엇을 해야 하고, 무엇을 해서는 안 되는지의 기준은 인간의 이성이 판단한 기준에 따른다고 주장하였다. 그에 따르면, 자연세계는 원인과 결과의 법칙인 인과율(因果律)에 따라 기계적으로 움직일 뿐 어떤 목적도 없다. 그러나 인간의 이성은 자연세계를 어떤 목적에 따라 변화시키고자 한다. 따라서 이성의 세계는 목적을 가진 세계이며, 인간은 스스로 이성의 판단에 따라 도덕적으로 옳은 일을 하려는 순수한 의지(칸트는 이를 '선의지'라 불렀다)를 가지고 있다. 인간은 이 선의지를 가지고 보편적 절대선에 복종함으로써 도덕을 구현할 수 있다. 따라서 인간에게 도덕은 목적이자 의무이며, 도덕의 근거는 자유로운 인간이성의 자율적 판단에서 나오는 것이다. 이전의 철학자들이 도덕의 기준을 신의 계시나 공동체의 질서로 설정한 반면, 칸트는 도덕의 기준은 이성이 명령하는 '정언명령(定言命令)'에 있다고 규정함으로써 근대철학의 기초를 만들었다.

심청전

분류 문학(한국) **원제** 沈淸傳

한국 고대 소설. 《심청왕후전》이라고도 한다. 지은이와 출간연대는 알려져 있지 않다. 경판본 계열과 완판본 계열을 비롯한 여러 종의 판본이 있다. 경판본은 설화가 소설화된 작품으로 유교적 효를 강조하는 주제에 보다 충실하다. 완판본은 판소리로 불리다가 소설화된 작품으로 유

교적 엄숙성에서 벗어나 다양한 등장인물과 여러 가지 에피소드가 추가되어 있으며, 무조건적 효행보다는 현실적 가치를 중시하는 시대정서를 반영하고 있다. 경판본 줄거리를 살펴보면, 대명 성화 연간에 남군 땅에 사는 선비 심현과 정씨 부인 부부가 딸을 낳아 심청이라 이름 짓는다(완판본에서는 송나라 말년 황주 도화동에 사는 심학규와 곽씨 부부로 나온다). 심청이 세 살 때 어머니가 죽고, 아버지는 맹인이 된다. 심청은 아버지의 눈을 뜨게 하려고 공양미 300석에 몸을 팔아 인단소(인당수)에 뛰어든다. 그러나 용왕의 도움으로 연꽃을 타고 다시 세상에 나가 황후가 된다. 심황후는 맹인잔치를 열고, 여기에 참석한 심봉사와 상봉한다. 이때 하늘의 도움으로 심봉사는 눈을 뜨게 된다. 이 소설은 〈효녀 지은 설화〉, 〈관음사 연기 설화〉, 〈거타지 설화〉 등의 전래 설화와 이를 바탕으로 한 판소리에서 소재를 빌려 영·정조 시대에 소설화된 것으로 추정된다. 중심 주제는 유교의 효 사상이며, 전래된 민간신앙, 불교의 인과응보 사상, 도교의 신선사상 등이 혼재되어 있다. 완판본에는 당대의 몰락 양반(잔반)과 평민층의 시대정서와 욕구가 반영되어 있다.

십팔사략

저자 증선지(曾先之, ?~?) **분류** 역사(중국사)

원제 古今歷代十八史略 **출간 연도** 중국 남송 말기~원나라 초기

중국의 역사가 증선지가 편찬한 역사서. 원제는 《고금역대십팔사략》이다. 제목대로 중국의 역사서 18권 가운데 흥미로운 부분만 추려 편찬한 책으로 상고 시대부터 송나라 말까지를 다루었다. 이 책을 편찬하기 위해 참고한 역사서는 다음과 같다. 《사기》, 《전한서》, 《후한서》, 《삼국지》, 《진서》, 《송서》, 《남제서》, 《진서》, 《양서》, 《위서》, 《북제서》, 《주서》, 《수서》, 《남사》, 《북사》, 《구당서》, 《신당서》, 《구오대사》, 《신오대사》, 《송사》 등이다(이 가운데 《구당서》와 《신당서》, 《구오대사》와 《신오대사》는 각기 하나로 쳐서 모두 18권이다). 기존 역사서들의 내용을 발췌·요약한 것이기 때문에 역사서로서의 학문적 가치는 없지만, 중국 역대 왕조의 변천을 알기 쉽게 정리하였고, 재미있는 일화와 고사성어, 인물평전이 많아 많은 인기를 얻은 책이다.

세계의 모든 책

아

아나바시스

저자 크세노폰(Xenophon, BC 430?~BC 355?) **분류** 역사(그리스사)

원제 Anabasis **출간 연도** 기원전 379~기원전 371년

고대 그리스의 역사가 크세노폰의 저서. '아나바시스'는 '해안(낮은 곳)에서 내륙(높은 곳)으로 올라가기'란 의미이다. 《1만 인의 퇴각》 또는 《내륙으로의 행군》으로도 불린다. 크세노폰은 아테네 출신으로 소크라테스 밑에서 철학을 공부한 것으로 알려져 있다. 그는 기원전 401년에 그리스인 용병대의 일원으로 페르시아 제국에서 발생한 내전에 참여하였다. 이 내전은 제국의 왕위를 놓고 형 아르타크세르크세스와 동생 키루스 사이에 벌어졌다. 당시 리디아(오늘날의 터키)의 태수(총독)였던 키루스는 형의 왕위를 찬탈하고자 그리스인 용병을 고용하였다. 내전은 키루스가 바빌론 부근에서 벌어진 쿠낙사(오늘날의 이라크) 전투에서 전사하면서 아르타크세르크세스의 승리로 끝나는데, 고용주를 잃고 적지에 남겨진 1만 인의 그리스 용병대는 크세노폰의 지휘에 따라 내륙에서 해안으로 철수하게 된다. 이 책은 그리스 용병대의 퇴출과정을 기록한 일종의 탈출기이다. 용병대는 바빌론에서 북으로 행군하여 제국군의 추격을 따돌리고 적대적인 현지 부족들의 공격을 막아내며 아르메니아 설산지대와 황야를 거쳐 흑해 연안에 도달하는 데 성공하였다. 이곳에서 해안선을 따라 내려와 기원전 399년 3월에 5천 명이 소아시아로 귀환하였다. 이 책은 전쟁사의 고전으로 불리며, 한편으로는 용병대가 행군한 페르시아 제국 각지의 풍토와 민속이 기록된 인문지리서이다. 크세노폰이 이 책에서 기록한 지형묘사와 이동경로는 매우 상세하며 현대에 들어 그 정확성이 입증되었다. 또한 이 책을 통하여 페르시아의 실정과 군사력이 공개됨으로써, 알렉산더 대왕의 동방원정을 자극하는 계기를 제공하였다.

아라비안 나이트

저자 버튼(Burton, Richard Francis, 1821.3.19~1890.10.20) **분류** 문학(중동)

원제 Alf laylah wa laylah(The Arabian Nights' Entertainment)

중세 아랍 세계의 설화를 집대성한 작품. 《천일(1001)야화》라고도 하며, 페르시아 · 인도 · 아라비아 · 이집트 · 터키 · 그리스 등 여러 지역의 설화 280편이 실려 있다. 이 가운데 긴 이야기가 180편, 짧은 이야기가 100편에 이른다. 이 작품은 6세기경 사산 왕조 페르시아에서 나온 설화집 《하자르 아프사나(천의 이야기)》를 모태로 하여, 8세기경에 아랍어로 번역되면서 이후 여러 지역의 설화가 추가되어 13~15세기 사이에 현재의 형태를 갖추게 되었다고 한다. 여기에 실린 설화의 내용은 연애 · 범죄 · 모험 · 역사 · 교훈 등 다양하지만, 이슬람 신앙을 바탕으로 한 권선징악과 인과응보로 끝난다는 공통점을 가진다. 줄거리는 사산 왕조의 왕 샤흐르 야르가 왕비의 불륜에 충격을 받은 나머지 모든 여자를 증오하게 되는 데서 시작한다. 왕은 매일같이 새로운 신부를 맞아 첫날밤을 보낸 후 다음날 아침에 신부를 처형시킨다. 그리하여 온 나라의 처녀가 없어질 지경에 이르자 대신의 딸 샤흐라자드가 자청하여 왕의 신부가 되는데, 첫날밤에 왕에게 재미있는 이야기를 들려주기 시작하여 천 하루 동안 갖가지 이야기로 왕을 즐겁게 해줌으로써 여성에 대한 왕의 편견을 고치고 행복한 결말을 맞는다. 이 이야기는 1704년에 프랑스의 동양학자 앙투안 갈랑이 12권짜리 프랑스어판 《천일야화》를 출간하면서 유럽 세계에 알려지게 되었다. 당시 갈랑은 파리에 거주하던 아랍인들을 통해 〈알라딘과 요술램프〉, 〈알리바바와 사십 인의 도적〉 등의 설화를 추가하였다고 한다. 갈랑이 편역한 《천일야화》는 큰 인기를 얻으면서 거꾸로 아랍어로 번역되기에 이르렀고, 《아라비안 나이트》의 정본으로 자리 잡게 되었다. 이후 영국의 모험가 리처드 버튼은 영어판 《아라비안 나이트》 완역본을 출간하여 영어권에서는 이 판본이 널리 알려지게 되었다.

아레오파기티카

저자 밀턴(Milton, John, 1608~1674) **분류** 문학(영국)

원제 Areopagitica, a Speech of Mr. John Milton for the Liberty of Unlicensed Printing, to the Parliament of England **출간 연도** 1644년

영국의 시인 존 밀턴의 저서. 언론 · 출판의 자유를 침해하는 검열제도의 문제점을 비판하고 학문과 사상의 자유를 옹호한 팸플릿이다. 원제는

〈아레오파기티카, 검열 없는 출판의 자유를 위해 영국 의회에 고하는 존 밀턴 씨의 연설문〉이다. 아레오파기티카는 전쟁의 신을 뜻하는 그리스어 '아레이오스'와 지역을 뜻하는 '파고스'의 합성어로서, 말로써 다투는 법정이나 의회를 의미하는 '아레오파고스'에서 온 말이다. 1643년 영국 의회는 출판물에 대한 의회의 사전검열과 출판물 등록을 의무사항으로 제정하였다. 당시 밀턴은 이혼에 관한 네 편의 팸플릿을 출간하였는데, 이 문건들은 의회와 교회 당국의 검열에서 '불태워야 할 내용'이란 비난을 받았다. 밀턴은 이에 대한 항의의 표시로 검열과 등록을 거치지 않고 책을 출판하였다. 책의 내용은 검열제도의 기원에서부터 검열제도의 비효율성과 해악, 영국인의 위대성과 관용의 가치 및 그 한계에 대해서 서술하고, 양심에 따라 자유롭게 말할 수 있는 언론의 자유를 요구한 것이다. 밀턴은 언론과 출판물에 대한 가치판단은 몇몇 검열관이 아니라 시민들에게 맡겨야 하며, 검열제도는 악덕의 전파를 막을 수 없기 때문에 비효과적이며, 문화의 발전을 가로막기 때문에 오히려 사회에 해악을 끼친다고 주장하였다. 이 책은 근대 자유주의 사상의 핵심인 개인의 자유를 고찰함으로써, 개인의 양심의 자유가 사회와 사상의 발전에 필수조건이라고 주장하였기 때문에 오늘날 언론자유의 경전으로 불린다.

아르마다

저자 매팅리(Mattingly, Garrett, 1900~1962) **분류** 역사(서양사)

원제 The Defeat of the Spanish Armada(Armada) **출간 연도** 1959년

미국의 역사학자 게럿 매팅리의 저서. 초판 출간 당시의 원제는 《The Defeat of the Spanish Armada》이고, 후에 《Armada》로 개칭하였다(우리나라에서는 《아르마다》로 번역·출간되었다). '아르마다'는 스페인이 자랑하는 무적함대를 말한다. 저자는 근대 유럽 정치외교사를 전공한 역사학자로서, 이 책에서 16세기 말 영국과 스페인 간에 국운을 걸고 벌인 일대 해전(海戰)의 이념적·정치적 배경과 전투과정을 1587년 2월부터 1588년 12월까지의 역사를 따라 한 편의 논픽션처럼 생생하게 서술하였다. 저자에 따르면, 양국이 전쟁을 벌이게 된 원인은 가톨릭과 개신교의 종교이념의 차이에서 비롯된 것이다. 저자는 여기에 역시 종교 갈

등 때문에 발발한 스페인 · 네덜란드 전쟁(네덜란드 독립전쟁) 및 프랑스의 내전을 결부시킴으로써, 이 해전을 단순히 두 나라 사이의 세력다툼이 아니라 유럽의 미래를 놓고 유럽 대륙의 주요 국가들이 모두 참여한 역사적 사건으로 부각시켰다. 미 · 소 냉전 시대에 출간된 이 책은 스페인(가톨릭)과 영국(개신교)의 전투를 최초의 근대 이념전쟁으로 규정하였다. 그리고 이 전쟁에서 영국이 승리함으로써 유럽은 가톨릭이 지배하던 중세를 벗어나 근대 국민국가의 시대에 들어서게 되었다고 설명한다. 또한 아르마다 해전과 같은 근대 이념전쟁은 이후 양차 세계대전과 미 · 소 냉전으로 다시 역사에 등장하게 된다고 암시하였다.

아메리칸 딜레마

저자 뮈르달(Myrdal, Karl Gunnar, 1898~1987) **분류** 사회과학(사회학)

원제 An American Dilemma: the Negro Problem and Modern Democracy

출간 연도 1944년

스웨덴의 경제학자이자 사회학자 군나르 뮈르달의 저서. 저자가 1938년부터 1940년 사이에 카네기 재단의 위임을 받아 미국 흑인문제를 연구한 결과를 토대로 집필한 책이다. 이 책에서 저자는 미국 사회의 이상은 인간의 존엄성과 자유에 대한 존중을 바탕으로 모든 사람이 법적 · 제도적 평등을 보장받는 민주사회이지만, 현실의 미국 사회는 흑인에 대한 제도적 · 관습적 인종차별이 점차 확장되고 있다고 지적하였다. 저자에 따르면, 미국 남부지역에서의 인종차별은 백인의 편견에 의한 것이라기보다는, 지방 자치정부와 사법당국이 헌법을 지키지 않기 때문에 확대되고 있다. 그러나 저자는 미국 헌법의 근본인 민주주의 원칙에 따라 인종차별은 궁극적으로 철폐될 것이라고 전망하였다. 이 책은 미국 연방정부와 연방법원이 인종차별 문제에 보다 적극적으로 대처하게 되는 계기를 제공하였고, 1954년 브라운 대 토피카 교육위원회 사건에서 연방대법원이 학교 내 흑백분리를 철폐하도록 명령한 판결문에서 근거로 인용되었다.

아메리카의 비극

저자 드라이저(Dreiser, Theodore, 1871~1945) **분류** 문학(미국)/영화

원제 An American Tragedy **출간 연도** 1925년

미국 자연주의 문학을 대표하는 작가 시어도어 드라이저의 장편소설. 이 소설은 가난한 청년 클라이드가 성공의 꿈을 안고 대도시로 나오는 데서 시작된다. 클라이드는 부자인 큰아버지 덕분에 공장에 취직하고 여공 로버타와 사귀지만 부유한 집안의 딸 산드라와 만나면서 로버타를 버리고 산드라와 결혼할 생각을 하게 된다. 로버타가 임신 사실을 알리자 곤란하게 된 클라이드는 로버타를 죽일 결심을 한다. 클라이드는 살인을 목적으로 로버타를 산속의 호수로 유인하는데, 우연한 말다툼 끝에 로버타가 보트에서 떨어지면서 익사하고 만다. 클라이드는 살인 용의자로 체포되어 재판 끝에 결국 전기의자에서 사형을 당한다. 드라이저는 그의 첫 번째 소설 《시스터 캐리》에서부터 일관되게 물질 만능주의와 성공신화가 난무하는 19세기 말의 미국 사회를 묘사하였다. 이 소설에서도 역시 물질에 대한 욕망과 성공에 대한 야심 때문에 순수를 잃고 타락하는 한 청년의 삶을 보여주고 있다. 이 작품은 1951년에 《젊은이의 양지(A Place in the Sun)》란 제목으로 영화화되어 큰 인기를 얻었다.

아미엘의 일기

저자 아미엘(Amiel, Henri-Frédéric, 1821~1881) **분류** 문학(프랑스)

원제 Les Fragments d' un Journal Intime **출간 연도** 1883, 1923년

스위스의 철학자이자 문학자 아미엘의 일기. 아미엘은 스위스에서도 프랑스어를 사용하는 지역인 제네바 태생이면서, 베를린 대학에 유학하여 독일 철학을 전공하였기 때문에, 프랑스와 독일 두 문화를 모두 체험한 지식인이었다. 그는 평생 독신으로 지내면서 여행과 사색을 즐겼는데, 그의 일기는 그 속에 담긴 철학적 성찰과 문명비판, 문학평론으로 유명하다. 그는 평생에 걸쳐 1만 7천여 페이지에 달하는 일기를 썼고, 이 일기는 그의 사후에 《내면의 일기》라는 제목으로 출판되었다.

아버지와 아들

저자 투르게네프(Turgenev, Ivan Sergeevich, 1818~1883)

분류 문학(러시아) **원제** Ottsy i deti **출간 연도** 1862년

러시아의 소설가 투르게네프의 장편소설. 19세기 중반 러시아를 배경으로 젊은 세대와 기성세대 간의 대립과 갈등을 묘사한 작품이다. 줄거리는 다음과 같다. 1859년 봄, 주인공인 의과대학생 바자로프는 친구 아르카지이의 고향집을 방문한다. 그곳에서 바자로프는 아르카지이의 삼촌 파벨(빠아베르)과 세대차이로 인해 사사건건 충돌한다. 그러던 어느 날 바자로프는 아르카지이와 함께 읍내에 나갔다가 젊은 미망인 오친초를 만나고, 그녀에게 반해 사랑을 고백하지만, 그녀는 바자로프를 받아들이지 않는다. 실망한 바자로프는 부모님이 기다리는 고향집으로 돌아가지만, 부모의 지나친 기대에 질려 다시 아르카지이의 집으로 돌아온다. 그러나 사소한 일로 파벨과 권총 결투를 한 끝에 총상을 입히고 집으로 돌아간다. 고향에서 아버지의 진료를 돕던 바자로프는 장티푸스로 죽은 농민의 시체를 해부하다가 입은 상처가 도져 패혈증에 걸리고 만다. 임종을 앞둔 바자로프는 병상을 찾은 오친초와 부모님에게 사랑을 고백하고 숨진다. 이 소설은 바자로프와 파벨을 내세워 러시아의 신·구세대의 갈등을 묘사하였다. 아르카지이의 아버지 니콜라이와 삼촌 파벨은 농장을 경영하는 구세대 귀족으로 19세기 전반 세대를 상징하는 인물들이다. 반면 바자로프는 19세기 후반의 러시아를 상징하는 진보적 성향의 젊은이로 개인의 자유와 이성을 억압하는 일체의 제도와 관습에 저항하는 '니힐리스트'이다. 바자로프의 모습은 장차 19세기 후반에 등장하는 러시아의 청년세대를 상징한다. 그러나 작가는 소설의 뒷부분에서 중병에 걸린 바자로프를 떠나보내며 안타까워하는 부모의 모습을 묘사함으로써, 세대 간의 갈등을 초월한 사랑을 보여준다.

아벨라르와 엘로이즈

저자 아벨라르(Abélard, Pierre, 1079~1142), 엘로이즈(Héloése, 1101~1164)

분류 문학(프랑스) **원제** Magistri Petri Abaelardi et Heloissae conjugis ejus epistolae

중세 프랑스의 철학자 아벨라르와 그의 연인 엘로이즈가 주고받은 12통의 편지를 모은 서한집. 아벨라르는 파리의 신학자이자 철학자로 한창 명성을 떨치던 39세 때 당시 17세였던 엘로이즈의 가정교사를 맡게 되었다. 아벨라르가 엘로이즈를 가르치게 된 것은 엘로이즈의 삼촌인 노트르담 수도회의 수도사 퓔베르의 부탁 때문이었는데, 아벨라르는 엘로이즈의 미모와 지성에 반하고, 엘로이즈 또한 아벨라르의 학식과 재능에 반해 서로 사랑하게 되었다. 두 사람은 엘로이즈가 임신한 것을 계기로 비밀리에 결혼식을 올렸으나, 퓔베르의 완강한 반대로 인해 강제로 헤어지게 되고 아벨라르는 거세를 당하고 만다. 이후 두 사람은 각기 수도사와 수녀가 되어 직접 만나지 못하고 편지로만 서로의 사랑과 학문을 주고받았다. 1142년 아벨라르가 죽자 엘로이즈는 그의 무덤을 22년간 지키다가 1164년에 세상을 떠났고, 두 사람의 유해는 1817년에 합장되어 죽은 후에나마 함께 있게 되었다. 두 사람이 수도생활을 하면서 주고받은 12통의 편지를 살펴보면, 첫 번째 편지는 아벨라르가 자신의 불행한 생애를 고백한 내용이며, 두 번째부터 다섯 번째까지 서한은 엘로이즈가 사랑을 고백한 내용으로 〈사랑의 편지〉로 불린다. 여섯 번째부터 열두 번째 편지는 〈교도의 편지〉라 하여 엘로이즈가 학문과 수도생활에 대해 질문하고 이에 대해 아벨라르가 답하는 내용이다. 이 서한집은 두 사람의 사랑고백을 담은 문학작품일 뿐 아니라 중세의 학문과 수도생활을 살펴볼 수 있는 귀중한 자료이다.

아서 왕의 죽음

저자 말로리(Malory, Thomas, 1405~1471) **분류** 문학(신화)

원제 Le Morte D'Arthur: The History of King Arthur and of his Noble Knights of the Round Table **출간 연도** 1470년 또는 1485년

15세기 영국의 문학가 토머스 말로리가 아서 왕 전설을 집대성한 소설. 프랑스와 영국에서 전해지던 아서 왕 전설과 성배(聖杯) 전설을 중세 기사도의 시각에서 각색한 작품이다. 브리튼(영국)을 통일한 영웅 아서 왕과 그를 따르는 원탁의 기사들의 모험과 사랑이 주된 줄거리이다. 아서는 브리튼의 왕자로 태어난 몸이지만, 아버지 유더 팬드라곤이 죽

은 후 마법사 멀린의 안배에 따라 액터라는 시골 기사의 아들로 자라난다. 장성한 아서는 우연히 바위에 꽂힌 보검을 뽑게 되는데, 이 일을 계기로 자신의 출생내력과 신분을 알게 된다. 그 후 아서는 멀린의 도움으로 왕위에 오르고 호수의 여신으로부터 보검 엑스칼리버를 얻어 브리튼을 통일한다. 기네비어를 왕비로 맞은 아서는 캐멀롯을 도성으로 삼고 원탁의 기사단을 구성하여 왕국을 통치한다. 그러나 그가 아끼던 원탁의 기사 랜슬롯이 왕비 기네비어와 사랑에 빠지자 큰 충격을 받는다. 이 일로 랜슬롯은 캐멀롯을 떠나고 기네비어는 수녀원에 들어간다. 한편 거듭되는 기근과 재앙을 물리치기 위해 아서와 원탁의 기사들은 성배를 찾아 모험을 떠나게 된다. 결말 부분에서 반란을 일으킨 기사 모드레드와 싸우던 아서는 모드레드를 죽인 후 자신도 치명상을 입고 쓰러진다. 자신의 운명이 다하였음을 안 아서는 엑스칼리버를 호수의 여신에게 돌려주도록 명령하고, 요정들의 인도를 받아 전설의 섬 아발론으로 떠난다. 이 작품은 중세 영국문학의 대표작으로, 저자 말로리는 사라져가는 기사도에 대한 향수를 전설적 영웅 아서의 일대기를 빌어 표현하였다.

아웃사이더

저자 윌슨(Wilson, Colin Henry, 1931~) **분류** 문학(영국) **원제** Outsider **출간 연도** 1955년

영국의 문학평론가이자 소설가 콜린 윌슨의 저서. 기성사회의 가치관과 관습을 탈피하고 자신만의 방식으로 현실을 인식하고 대처하는 '아웃사이더'란 인물유형을 통해 서구 문화사를 해석한 문화평론집이다. 아웃사이더는 기성사회의 가치와 행동양식을 따르지 않기 때문에 사회로부터 소외되거나, 스스로 사회를 벗어난 삶을 택한 존재들이다. 따라서 이들의 존재는 기성사회에게는 위협이 되지만, 집단에 안주하지 않고 스스로의 관점에서 현실을 인식하고 대처하려는 아웃사이더들의 치열한 노력은 새로운 사회를 만드는 원동력을 제공한다. 저자는 그리스 신화에 나오는 인류에게 불을 전해준 프로메테우스로부터 고흐, 니진스키, 니체와 같은 철학자, 예술가들, 그리고 카뮈와 헤밍웨이, 헤세의 작품에 나오는 작중인물들을 아웃사이더로 규정하고, 이러한 아웃사이더들의 삶이 서양 문화사를 발전시킨 원동력이었다고 주장한다.

아이네이스

저자 베르길리우스(Vergilius Maro, Publius, BC 70~BC 19)

분류 문학(이탈리아) **원제** Aeneis

고대 로마의 시인 베르길리우스의 장편서사시. 〈아이네아드(The Aeneid)〉라고도 한다. 저자의 사망으로 인해 미완성으로 남았는데, 현재 12권이 전한다. 〈아이네이스〉란 제목의 뜻은 '아이네이아스의 노래'란 뜻이다. 아이네이아스는 트로이의 왕족 안키세스와 여신 아프로디테(비너스) 사이에 태어난 아들이며, 트로이 전쟁에서 많은 무훈을 세운 영웅이다. 전쟁의 막바지에 그리스군의 계략으로 인해 트로이가 멸망하자, 아이네이아스는 추종자들을 이끌고 바다를 건너 새로운 땅을 찾아 유랑한다. 이후 아이네이아스는 트라키아 · 크레타 · 시칠리아 등을 전전하고, 카르타고의 여왕 디도와 사랑에 빠지는 등 7년을 유랑한 끝에 이탈리아의 라티움에 상륙한다. 그곳에서 라티누스 왕의 딸 라비니아와 결혼하여 라비니움을 세우는데, 이곳이 후에 로마로 발전한다. 그러므로 이 서사시는 전설적 영웅이 로마를 세웠다는 일종의 건국신화이다. 베르길리우스는 로마 제국의 초대황제 아우구스투스 시대에 살았던 인물로서, 황제의 후원을 받으며 문필활동을 하였다. 따라서 이 서사시는 전설적 영웅 아이네이아스를 로마의 수립자로 부각시킴으로써 로마 제국의 기원에 정통성과 위엄을 부여하고자 하는 의도에서 집필한 것으로 보인다. 작품의 내용 가운데는 트로이 전쟁을 소재로 한 호메로스의 서사시 〈일리아스〉와 〈오디세이아〉를 비롯해 여러 신화와 전설에서 빌어온 이야기들이 많이 수록되어 있으며, 뛰어난 기교와 언어구사로 인해 서사시의 모범으로 불린다.

아이반호

저자 스콧(Scott, Walter, 1771~1832) **분류** 문학(영국)/영화

원제 Ivanhoe **출간 연도** 1819년

영국의 소설가 월터 스콧의 장편소설. 스콧은 영국 역사소설의 창시자로 불리는 작가로 《아이반호》와 《롭 로이》를 비롯하여 여러 편의 역사소

설을 썼다. 이 작품은 12세기 노르만 점령하의 영국을 배경으로, 색슨족 출신의 기사 아이반호의 모험과 사랑을 그린 작품이다. 색슨족 출신의 기사 아이반호는 노르만족의 왕인 사자왕 리처드 1세를 따라 십자군에 참여하는데, 이 때문에 노르만족을 증오하는 아버지 세드릭으로부터 의절 당한다. 리처드 1세가 십자군에 참가하여 영국을 떠난 사이 동생 존은 노르만 귀족들과 결탁하여 형의 왕위를 찬탈하려 하고, 이 소식을 들은 아이반호는 변장을 하고 귀국한다. 은밀하게 귀국한 아이반호는 연인인 색슨의 왕녀 로웨나 공주와 해후하고, 유대인 아이작 노인의 도움을 받아 아슈비에서 열린 마상 시합에 변장을 하고 참가한다. 마상 시합에서 노르만 기사를 연파하고 결승에 오른 아이반호는 오랜 숙적인 성당 기사 브와 길베르와 일전을 치르게 되는데 심한 부상을 입고 만다. 이때 흑기사로 변장한 리처드 왕이 등장하여 노르만 기사들을 물리치고 사라진다. 아이작 노인과 그의 딸 레베카의 도움으로 후송되던 아이반호는 길베르 일당에게 납치되고, 로웨나 공주와 아이반호의 부친도 사로잡혀 토킬스톤 성에 갇히고 만다. 리처드 왕은 셔우드 숲의 의적 로빈후드가 이끄는 색슨족과 함께 성을 공격하여 아이반호 일행을 무사히 구출한다. 그러나 길베르는 레베카를 데리고 탈출하는데, 아이반호는 길베르와 최후의 일전 끝에 승리하고 마녀로 몰려 화형당할 위기에 처한 레베카를 구출한다. 리처드 왕은 색슨족의 도움으로 동생의 반란을 진압하고 아이반호는 아버지로부터 용서받고 로웨나와의 사랑을 이룬다. 이 작품은 중세 영국을 배경으로 색슨족과 노르만족의 대립과 공존을 통해 영국인의 국민성의 기원을 형상화한 작품으로 큰 인기를 얻었다.

아큐정전

저자 루쉰(魯迅, 1881~1936) **분류** 문학(중국) **원제** 阿Q正傳 **출간 연도** 1921~1923년

근대 중국의 작가 루쉰(본명 周樹人)의 단편소설. 1923년에 출판된 첫 번째 단편집 《눌함》에 수록된 작품으로 중국 현대문학의 시초가 된 작품이라는 평가를 받고 있다. 이 작품은 신해혁명 시대의 중국을 배경으로 시골의 날품팔이 농민 아큐의 삶을 통해 중국의 문제점을 비판하고 중국인들의 각성을 풍자적으로 촉구한 작품이다. 아큐는 가진 것 없고 내

세울 것 없는 별 볼일 없는 농군이지만 자존심만은 대단한 인물이다. 아큐는 남들에게 무시당하고 모욕을 받아도, 마음속으로는 자신이 승리했다고 여기는 소위 '정신 승리법'을 사용하여 스스로를 위안하며 살아간다. 자신의 현실을 직시하지 못하고 허세와 자기기만에 빠져 살아가던 아큐는 혁명이 일어나자 공연히 들떠 나서지만, 엉뚱하게 도둑 누명을 쓰고 총살당하고 만다. 그러나 아큐의 억울한 죽음에 대해서 누구도 한탄하지 않으며, 오히려 구경거리로만 여길 뿐이다. 작가는 아큐의 허세를 통해 열강의 침략에 시달리면서도 현실을 인정하지 않는 중국인들의 허황된 대국의식을 비판하였고, 아큐의 억울한 죽음에 대한 군중의 무관심을 통해 중국인들의 무기력과 패배주의를 비판하였다.

아크로이드 살인사건

저자 크리스티(Christie, Agatha Mary Clarissa, 1890~1976) **분류** 문학(영국)/여성

원제 The Murder of Roger Ackroyd **출간 연도** 1926년

영국의 추리소설 작가 애거서 크리스티의 장편추리소설. 시골 마을의 지주 아크로이드 씨가 칼에 찔려 살해된 사건을 다룬 소설이다. 마을의 의사이자 소설의 화자(話者)인 세퍼드는 은퇴하여 그 마을에 정착한 탐정 포와로에게 수사를 의뢰한다. 세퍼드의 도움을 받아 사건을 수사한 포와로는 뜻밖의 사람을 살인자로 지목한다. 애거서 크리스티의 작품은 치밀한 구성과 교묘한 암시를 바탕으로 하여 결말 부분에서 놀라운 반전을 보여준다. 이 작품 《아크로이드 살인사건》에서도 작가는 탄탄한 플롯을 바탕으로 결말의 대반전을 제시하였다. 그렇기 때문에 독자들은 예상치 못한 반전을 보고 처음에는 경악하지만, 앞부분부터 소설의 흐름을 되새겨 보고 작가가 소설의 곳곳에 깔아놓은 복선과 암시를 발견할 수 있다. 그래서 이 반전을 납득하고 수긍하면서, 오히려 작가의 탁월한 솜씨에 경탄하게 된다.

악의 꽃

저자 보들레르(Baudelaire, Charles-Pierre, 1821~1867) **분류** 문학(프랑스)

원제 Les Fleurs du mal **출간 연도** 1857년

프랑스의 상징주의 시인 보들레르의 시집. 보들레르는 시인인 동시에 《낭만파 예술》과 《심미적 호기심》 등의 평론집을 낸 미술·문학 평론가였고, 애드거 앨런 포의 작품을 프랑스에 소개한 번역가였다. 이 시집은 〈우수(憂愁)와 이상(理想)〉·〈악의 꽃〉·〈반역〉·〈술〉·〈죽음〉의 5부로 되어 있으며, 약 100편의 시가 실려 있다. 출간 당시 종교와 사회의 풍속을 해친다는 이유로 검열을 받아 일부 작품을 삭제하고 출간되었다. 보들레르는 이 시집에서 상상력과 여러 감각을 자극하는 시적 기법을 구사하여 현실세계와 관념세계를 연결하는 상징주의 기법을 구사하였다. 이 때문에 그의 시집은 근대인의 내면세계를 묘사한 근대시의 선구적 작품으로 평가받았으며, 그의 후배인 베를렌, 랭보, 말라르메 등의 상징파 시인들에게 영향을 미쳤다.

악장가사

저자 박준(朴浚, ?~?) **분류** 문학(한국) **원제** 樂章歌詞

조선 전기에 나온 시가집. 고려 시대와 조선 전기까지 불려진 악장과 속요를 모은 시가집이다. 《국조사장》, 《국조악장》, 《속악가사》라고도 한다. 조선 중종 때 박준이 편찬하였다고 전해진다. 《악학궤범》, 《시용향악보》와 함께 고려 가요 연구에 중요한 자료이며, 특히 이 책에서만 볼 수 있는 14수의 가사가 실려 있다. 책의 구성을 살펴보면, 앞부분에는 궁중행사와 연회에서 불린 노래 44곡이 실려 있다. 뒷부분에는 〈여민락(與民樂)〉·〈감군은(感君恩)〉·〈서경별곡(西京別曲)〉·〈어부가(漁父歌)〉·〈화산별곡(華山別曲)〉·〈한림별곡(翰林別曲)〉·〈처용가(處容歌)〉·〈정석가(鄭石歌)〉·〈청산별곡(靑山別曲)〉·〈사모곡(思母曲)〉·〈쌍화점(雙花店)〉·〈이상곡(履霜曲)〉·〈가시리〉·〈유림가(儒林歌)〉·〈신도가(新都歌)〉·〈만전춘별사(滿殿春別詞)〉 등 24곡이 실려 있다.

악학궤범

저자 성현(成俔, 1439~1504) 외 **분류** 예술(음악) **원제** 樂學軌範 **출간 연도** 1493년

조선 전기에 나온 음악서적. 전 9권 3책이다. 성종 때 성현을 비롯하여 신말평 · 유자광 · 박곤 · 김복근 등이 편찬하였다. 같은 시기에 나온 《악장가사》가 가사 내용을 주로 하고, 《시용향악보》가 곡조를 위주로 한 데 반해, 《악학궤범》은 음악에 대한 이론과 실기 · 악기 · 의상 · 공연절차 · 무용 등을 모두 포괄하여 그림과 함께 설명한 종합서적이다. 내용을 살펴보면 서두에 음악 원리와 용법을 논하고, 음악을 아악과 속악, 당악으로 나누어 설명하였다. 그 다음으로 악기와 의상 · 공연절차 · 무용에 대해 그림을 곁들여 설명하였다. 이 밖에 〈정읍사〉 · 〈동동〉 · 〈처용가〉 · 〈정과정〉 · 〈납씨곡〉 · 〈북전〉 · 〈정동방곡〉 등의 고려가요와 조선 초기에 만들어진 〈문덕곡〉 · 〈봉황음〉 등이 한글로 수록되어 있어 음악사뿐 아니라 국문학사에 있어서도 중요한 자료이다.

안나 카레니나

저자 톨스토이(Tolstoi, Lev Nikolaevich, 1828~1910) **분류** 문학(러시아)/영화
원제 Anna Karenina **출간 연도** 1877년

러시아의 작가 톨스토이의 장편소설. 19세기 후반 러시아 귀족여성이 불륜에 빠진 끝에 자살로 생을 마감하는 비극적인 이야기를 통해 당시 러시아 상류층의 생활을 보여주는 작품이다. 주인공 안나는 애정 없는 결혼생활을 하는 귀족여성이다. 안나와 나이 차이가 많이 나는 남편 카레닌은 고위 관료이고 페테르스부르크의 유력인사이지만, 안나의 잠재된 욕망을 이해하지도, 받아주지도 못한다. 겉으로는 정숙한 아내와 엄마로서의 역할을 다하지만, 속으로는 자기 내면의 주체할 수 없는 무언가를 억누르며 살아가던 안나는 가족을 만나러 모스크바를 방문했다가 오빠의 친구인 브론스키를 만난다. 안나에게 반한 브론스키는 그녀를 쫓아 페테르스부르크까지 찾아오고, 처음에는 유혹을 참아내던 안나도 결국 그와 불륜의 사랑에 빠지고 만다. 그 때문에 남편으로부터 버림받고 사교계에서도 따돌림을 당하게 된 안나는 브론스키와 외국으로 떠난다. 외국생활 끝에 다시 귀국한 안나는 남편과 자식을 버린 채 브론스키

에게만 집착하게 된다. 점점 심해져 가는 안나의 집착에 브론스키가 부담스러워하자, 유일한 희망을 잃어버린 안나는 달리는 기차에 뛰어들어 자살하고 만다. 작가 톨스토이는 한 순간의 무모한 열정에 자신을 내던진 안나가 스스로의 선택으로 인해 파멸해 나가는 과정을 보여줌으로써 삶에 대한 비관적이고 염세적인 태도를 보여준다.

안네의 일기

저자 프랑크(Frank, Anne, 1929~1945) **분류** 문학(유럽)/영화

원제 The Diary of a Young Girl Anne Frank **출간 연도** 1947년

독일계 유대인 소녀 안네 프랑크가 제2차 세계대전 중에 기록한 일기. 독일의 유대인 박해를 피해 독일에서 네덜란드로 이주한 안네 일가는 전쟁이 발발하고 독일군이 네덜란드를 침공하자 다락방에 은신하게 된다. 이곳에서 안네는 부모와 언니, 다른 유대인 가족과 함께 지내며 13세 생일선물로 받은 일기장에 일기를 기록한다. 안네는 소녀다운 감수성으로 일기장을 '키티'라고 부르며 친구에게 보내는 편지글처럼 일기를 적어 나간다. 1942년 6월 12일부터 독일군에 체포된 1944년 8월 1일까지 기록된 일기에는 10대 소녀의 눈으로 본 전쟁에 대한 두려움과 불안을 엿볼 수 있다. 그러나 언제 발각되어 체포당할지 모르는 생활 속에서도 삶에 대한 긍정과 미래에 대한 희망, 인간에 대한 신뢰를 잃지 않으려고 애쓰는 모습이 잘 드러나 있다. 안네는 독일군에 체포된 후 유대인 수용소에서 병으로 세상을 떠나고, 일기는 집주인이 보관했다가, 전쟁이 끝난 후 가족 중에 유일하게 살아남은 아버지에게 전하였다. 그리고 안네의 아버지 오토 프랑크가 일기의 출판을 결심함으로써 세상에 알려지게 되었다. 이 책은 오늘날까지 제2차 세계대전과 유대인 박해의 실상을 알리는 최고의 기록문학 작품으로 널리 읽히고 있다.

안자춘추

저자 안영(晏嬰, ?~BC 500) **분류** 철학(유학) **원제** 晏子春秋

중국 춘추 시대 제나라의 재상 안영의 언행을 기록한 책. 안영은 제나라의 재상으로 제영공·제장공·제경공 등 3명의 군주를 모신 명재상이며, 관중과 함께 '관안'이라 하여 2대 명재상으로 불린다. 이 책에는 유가의 인과 묵가의 겸애를 바탕으로 한 안영의 정치와 철학이 소개되어 있다. '양두구육', '귤화위지', '양부음' 등 널리 알려진 고사성어가 실려 있어 읽는 재미를 더해준다.

알마게스트

저자 프톨레마이오스(Ptolemaeos, Klaudios, 85?~165?) **분류** 자연과학(천문학)

원제 Almagest(Megal Syntaxis ts Astoronomias) **출간 연도** 2세기경

고대 그리스의 과학자 프톨레마이오스의 저서. 전 13권이다. 원래의 제목은 《천문학 대계(Megal Syntaxis ts Astoronomias)》이지만, 중세 아랍의 학자들이 '최고의 책'이란 뜻으로 《알마게스트》라 부른 것이 오늘날에는 이 책의 제목으로 널리 알려지게 되었다. 책의 구성을 보면, 처음 두 권은 천동설에 대한 총론이며, 나머지 권에서는 선배 천문학자인 히파르코스가 만든 사인표[正弦表]를 사용하여 해와 달의 위치, 일식과 월식, 행성의 위치와 원운동 등을 수학적으로 규명하였다. 그리스어에서 아랍어로 번역된 이 책은 다시 유럽에 전해져 라틴어 번역본이 나오면서 유럽 천문학의 기본 교과서가 되었다. 이후 프톨레마이오스가 제시한 천동설과 행성의 원운동 이론은 16세기 들어 코페르니쿠스와 케플러가 각기 지동설과 행성의 타원궤도설을 제시할 때까지 천문학의 기본 원리가 되었다.

앵무새 죽이기

저자 리(Lee, Harper, 1926~) **분류** 문학(미국)/여성/영화

원제 To Kill a Mockingbird **출간 연도** 1960년

미국의 여성작가 하퍼 리의 장편소설. 1930년대 미국 남부 앨라배마주의 시골 마을을 배경으로, 어린 소녀의 시각에서 본 인종차별과 삶의

실상을 그린 소설이다. 여섯 살 난 소녀 스카웃은 어머니를 여의고 오빠 잼과 아빠 애티거스 변호사와 함께 산다. 애티거스는 이웰이라는 백인의 딸을 성폭행한 혐의로 수감된 흑인 로빈슨의 변호를 맡게 되는데, 흑인을 변호한다는 이유로 마을 사람들의 따돌림을 받게 된다. 애티거스가 무죄를 입증할 결정적인 증거를 제시했음에도 불구하고, 백인들로 구성된 배심원들은 유죄평결을 내린다. 절망한 로빈슨은 호송 도중 탈주하다가 총에 맞아 죽는다. 그리고 애티거스에게 앙심을 품은 이웰은 스카웃과 잼을 해치려다 거꾸로 죽음을 당한다. 제목의 '앵무새'는 인종차별에 희생당한 흑인과 같이, 남에게 아무런 해도 끼치지 않았는데도 억울하게 괴롭힘을 받아야 하는 존재를 뜻한다. 소설은 스카웃의 시점을 통해 전개되면서 어른들 세상의 모순과 어리석음을 날카롭게 지적하고, 타인에 대한 존중을 역설한다.

야은집

저자 길재(吉再, 1353~1419) **분류** 문학(한국) **원제** 冶隱集 **출간 연도** 1573년

고려 말의 문인 야은 길재의 시문집. 본집 3권, 속집 3권을 합쳐 전부 3책으로 되어 있다. 1573년(선조 6)에 선산부사 윤지형이 목판으로 간행하였으나, 임진왜란 중에 소실되었다. 이후 1858년(철종 9)에 길재의 후손 면주(冕周)가 본집에 실리지 못한 시문과 연보 · 행장 · 제문 등을 속집으로 만들어 본집과 함께 간행하였다. '오백년 도읍지를 필마로 돌아드니/산천은 의구하되 인걸은 간데없네/어즈버 태평연월이 꿈이런가 하노라' 라 하여 고려왕조의 유신으로서 소회를 피력한 시조 〈오백년 도읍지〉가 유명하다.

양철북

저자 그라스(Grass, Günter Wilhelm, 1927~) **분류** 문학(독일)

원제 Die Blechtrommel(The Tin Drum) **출간 연도** 1959년

현대 독일의 작가 귄터 그라스의 장편소설. 제2차 세계대전 이후의 독

일 전후문학을 대표하는 작품이다. 오스카라는 한 난장이의 삶을 통해 바이마르 공화국시대부터 나치스 시대를 거쳐 전후시대를 살아온 독일 소시민의 모습을 묘사하였다. 독일인 아버지와 폴란드인 어머니 사이에서 태어난 오스카는 세 살이 되던 해에 어른들의 세계에 속하기를 거부하고 스스로 사다리 위에서 떨어져 성장을 멈춘다. 이후 오스카는 양철북을 두드리고 다니며, 고함을 지르는 것으로 세상에 대한 분노와 저항을 표시한다. 전쟁이 끝나고 나치스였던 아버지가 처형당하는 것을 목격한 오스카는 양철북을 내던지고 성장할 것을 결심한다. 그러나 정상인이 되지 못하고 꼽추로 자라난다. 이 소설에서 오스카는 스스로 성장을 멈추고 세상에 대한 소극적 저항과 순응을 반복하는 인물로 그려지는데, 작가는 오스카를 통하여 독일 소시민들의 이성적 · 정서적 결핍이 나치스의 집권과 전쟁을 초래한 점을 통렬히 비판하고 있다. 오스카는 어른들의 세계가 가진 어리석음과 유치함을 일찍이 간파하지만, 어른들의 세계를 적극적으로 비판하거나 개선하려고 노력하는 대신, 회피하는 쪽을 택한다. 그러나 세계로부터 완전히 벗어날 수 없기에 소극적 저항과 방관 · 타협 · 순응을 반복하며 살아간다. 전쟁이 끝나고 다시 성장한 오스카가 불구로 자라는 것은 그러한 과거를 통해서는 정상적인 미래가 도출될 수 없다는 작가의 시각을 반영한 것이다.

양화소록

저자 강희안(姜希顔, 1417~1464) **분류** 문학(한국)/자연과학(농업)

원제 養花小錄(菁川養花小錄) **출간 연도** 1474년

조선 전기의 문신 강희안이 지은 원예에 대한 저서. 우리나라 최초의 전문 원예서이다. 원제는 《청천양화소록》이다. 1474년에 저자의 동생 강희맹이 조부와 부친, 형의 행장과 시문을 엮어 출판한 《진산세고(晉山世稿)》 제4권에 실려 있다. 이 책에서 저자는 17종의 꽃과 나무, 괴석에 대해 설명하고, 꽃을 화분에서 기를 때 주의해야 할 7가지 항목에 대해 자세히 기술하였다. 17종은 다음과 같다. 노송(老松), 만년송(萬年松), 오반죽(烏斑竹), 국화, 매화, 난혜(蘭蕙), 서향화(瑞香花), 연화(蓮花), 석류화(石榴花), 치자화(梔子花), 사계화(四季花), 산다화(山茶花), 자미화

(紫薇花), 일본척촉화(日本躑躅花), 귤수(橘樹), 석창포(石菖蒲), 괴석(怪石) 등이다. 저자는 각각의 나무와 화초에 대해 옛 사람들이 남긴 기록과 시문을 먼저 소개하고 이어 자신의 경험을 덧붙이는 방식으로 설명하였다. 시 · 그림 · 글씨가 모두 뛰어나 삼절(三絕)로 불린 저자는 화초를 재배함에 있어 '양생(養生)'의 마음가짐이 가장 중요하다고 강조하고, 이러한 마음가짐은 원예뿐 아니라 개인의 삶이나 나라의 정치에도 마찬가지로 통용되는 원칙이라고 제시하였다.

어느 수학자의 변명

저자 하디(Hardy, Godfrey Harold, 1877~1947) **분류** 자연과학(수학)

원제 A Mathematician's Apology **출간 연도** 1940년

영국의 수학자 고드프레이 해럴드 하디의 저서. 케임브리지와 옥스퍼드 대학에서 연구활동을 한 저명한 수학자인 저자가 자신이 생각하는 수학에 대해서 회고록 형식으로 쓴 책이다. 책의 구성은 수필 형식으로 된 29편의 짧은 글로 이루어져 있으며, 일반인들이 오해하고 있는 수학의 진면목을 알리는 내용이다. 이 책에서 하디는 수학을 '사소한 수학(응용수학)'과 '진정한 수학(순수 수학)'으로 구분하여 설명한다. 사소한 수학은 일상생활에 유용하지만, 진정한 수학은 별 도움이 되지 않는다. 그렇지만 진정한 수학은 아름다움을 추구한다는 점에서 예술과 동일하다. 또한 진정한 수학은 아름다움과 함께 진지함(중요성 · 가치)을 가지고 있는데, 이는 수학이 과학의 발전에 결정적 기여를 하기 때문이다. 수학 자체는 추상적이며 보편적이다. 그러나 개별 과학은 하나의 구체적이고 특수한 사실을 설명하기 위해 수학의 도움을 필요로 한다. 이와 같이 하디는 수학을 본질적으로 예술이나 철학과 동일하게 이 세상을 움직이는 아름다운 질서를 발견하는 일로 간주하였으며, 수학이 실용성이나 사회적 필요가 아닌 그 자체로서 중요성을 가진 학문이라고 강조하였다.

어린 왕자

저자 생텍쥐페리(Saint-Exupéry, Antoine-Marie-Roger de, 1900~1940)

분류 문학(프랑스) **원제** Le Petit Prince **출간 연도** 1943년

프랑스의 작가 앙트완 생텍쥐페리가 쓰고 직접 그림을 그린 동화. 사막에 불시착한 비행사 '나'와 다른 별에서 지구로 온 '어린 왕자'의 만남을 통해 어른들이 잊어버리고 사는 소중한 가치를 일깨워주는 작품이다. 자그만 별에서 혼자 살던 어린 왕자는 사랑하는 장미꽃을 남겨두고 여행에 나선다. 어린 왕자는 몇몇 별을 방문하며 저마다의 문제에 빠진 어른들을 만난 끝에 지구에 도착한다. 지구에 도착한 어린 왕자는 한 마리 여우를 만나면서 세상에는 눈에 보이지 않지만 소중한 것이 있다는 것과 사랑한다는 것은 서로에게 길들여져 가는 과정이라는 것을 배운다. 어린 왕자는 이런 깨달음을 주인공에게도 나누어주고, 홀연히 다른 별로 떠난다. 작가는 서문에서 이 책이 어린이를 위한 것임에도 불구하고, 이 책을 한 어른에게 바칠 수밖에 없는 사정을 이야기한다. 작가의 말처럼 이 책은 어린이를 대상으로 한 동화이면서, 동시에 어른들에게 전하는 메시지를 담고 있다. 행동을 통한 성찰과, 인간과 인간 사이의 정신적 유대를 중시했던 작가 생텍쥐페리는 동화의 형식을 빌어 자신의 그러한 문학관을 시적으로 표현하였다.

어머니

저자 고리키(Maksim Gor' kii, 1868~1936) **분류** 문학(러시아) **원제** Mat **출판 연도** 1906년

러시아의 작가 막심 고리키(본명 Aleksei Maksimovich Peshkov)의 장편소설. 1902년 소르모보 공장에서 일어난 표트르 자로모프 모자(母子) 사건을 바탕으로 한 작품이다. 가난한 노동자의 아내인 주인공이 사회주의 운동에 가담한 아들의 영향으로 새로운 인생을 살게 된다는 내용이다. 주인공 펠라게야 닐로브나 블라소바는 야수 같은 남편의 폭력에 시달리며 굴종과 인내로 살아 온 중년 여성이다. 그러나 술주정꾼에다 걸핏하면 폭력을 휘두르던 남편이 죽고, 아들 파벨이 사회주의 모임에 가입하면서 그녀의 삶도 변하게 된다. 아들의 이야기가 옳다고 믿으면서 자신의 삶에 대해서도 돌아보게 되고 주체적이고 독립적인 사람으로 탈바꿈하게 된다. 소설의 결말은 아들이 체포되자 법정에서 당당하

게 아들의 무죄를 주장하던 어머니도 함께 체포되는 것으로 끝난다. 이 작품은 사회주의 문학에 사실주의 기법을 도입하여, 역사성과 현실성을 갖춘 등장인물과 사건을 통해서 사회주의를 알리는 사회주의 리얼리즘(사회주의적 사실주의)을 최초로 시도한 작품이라는 평가를 받고 있다.

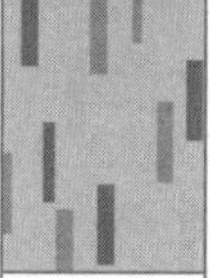

언문지

저자 유희(柳僖, 1773~1837) **분류** 문학(한국) **원제** 諺文志 **출간 연도** 1824년(순조 24)

조선 후기의 실학자 유희가 지은 한글 연구서. 조선 후기의 가장 탁월한 국어 연구서로 불린다. 훈민정음의 자모를 초성례(初聲例)·중성례(中聲例)·종성례(終聲例)·전자례(全字例)의 4가지로 분류하여 한글의 문자와 음운(音韻)체계를 밝히고, 이를 중국의 음운과 비교한 음운연구서이다. 저자 유희는 당시 중국의 한자음을 한글로 정확하게 표기하는 문제에 관심을 가지고, 그의 스승 정동유와 많은 토론을 하고 여러 가지 참고문헌을 참조한 끝에 이 책을 집필하였다고 한다. 이는 한자음을 한자로 표기하던 당시까지의 표기법에 비하면 획기적인 발상이었다. 또 보다 과학적인 음운표기를 가능하게 한 것이었으며, 한글의 우수성을 증명한 것이었다. 유희는 특히 중국 한자와 비교하여 우리 한글은 체계가 분명하여 배우기 쉽고, 글자 수가 적어 표기와 발음의 오류가 없다는 장점을 제시하여 한글의 우수성을 강조하였다.

언어본능

저자 핀커(Pinker, Steven, 1954~) **분류** 인문학(언어학)

원제 Language Instinct: How the Mind Creates Language

미국의 심리학자 스티븐 핀커의 저서. 핀커는 어린이 언어발달 연구를 전공한 언어심리학자로서 언어학의 여러 문제에 대해서 일상생활에서 볼 수 있는 언어습관을 예를 들어 쉽고 명쾌하게 설명하였다. 저자는 언어학·심리학·생물학의 최신 연구성과를 종합하여, 인간의 진화와 언어발달의 관계를 규명하였다. 저자에 따르면 언어는 후천적으로 학습되는 것이 아니라 '정보를 전달하려는 생물학적 적응방식', 즉 타고난 '본능'이다. 따라서 언어는 생물의 진화과정에서 발달한 의사소통 방법이며, 모든 생물종은 나름대로의 의사소통 방법을 가진다. 인간에게 있어 이 본능은 인간 두뇌 구조의 일부이며 어린이들에게 자연발생적으로 발달한다. 그렇기 때문에 6세 미만의 어린이들은 체계적 교육 없이도 모국어를 완벽하게 말할 수 있으며, 이 시기에 다른 언어를 접할 경우 완벽한 이중·삼중 언어 구사자가 될 수도 있다. 저자는 이어서 언어는 본능이므로 모든 언어는 그 뿌리가 하나이며, 지구상의 언어는 모두 하나의 보편문법을 바탕으로 한다고 주장하였다.

엉클 톰스 캐빈

저자 스토(Stowe, Harriet Elizabeth Beecher, 1811~1896) **분류** 문학(미국)

원제 Uncle Tom's Cabin **출간 연도** 1852년

미국의 여성작가 해리엣 비처 스토의 장편소설. 미국 남부 흑인들의 삶을 묘사함으로써 노예제도 철폐를 촉구한 작품이다. 켄터키 주의 농장에서 일하는 흑인노예 톰은 기독교적 사랑과 믿음에 충실한 인물로 주변 사람들에게도 사랑을 베풀고 구원에 대한 희망을 전파하는 인물이다. 그러던 어느 날 톰은 주인 셸비의 형편이 나빠지면서 팔려가게 된다. 톰과 같은 농장에서 일하는 여자노예 일라이저는 주인이 다섯 살 난 아들 해리를 팔려는 것을 알고 농장을 탈출한다. 일라이저는 천신만고 끝에 퀘이커 교도의 도움을 받아 캐나다로 간다. 한편 톰은 마음씨 좋은 주인 오거스틴 세인트클레어와 그의 딸 에바를 만나 잠시 동안 행복하게 지낸다. 그러나 주인들이 사망한 후 냉혹하고 잔인한 시몬 리글리의 손에 넘겨진 톰은 다른 노예들의 탈출을 돕고, 동료 노예를 매질하기를 거부하다가 심한 폭행과 학대를 당한다. 아픈 몸으로 목화농장에서 고된 노동에 시달리던 톰은 옛 주인이 그를 찾으러 오기 직전에 숨을 거두고 만다. 작가는 법이나 무력에 의해서가 아니라, 톰이 보여준 기독교적 사랑의 전파를 통해 노예제도를 철폐해야 한다는 소신을 보여준다. 이 소설은 1851년부터 1852년까지 노예제 폐지운동 기관지 〈내셔널 이어(The National Era)〉지에 연재되었다가, 1852년에 단행본으로 출간되었

다. 그리고 출간 1년 만에 30만 부가 팔린 엄청난 베스트셀러가 되면서 반노예제 정서의 확산에 크게 기여하였다.

에다

저자 스노리 스툴루손(Snorri Sturluson, 1179~1241) **분류** 문학(신화)

원제 Edda **출간 연도** 1220년경

아이슬란드의 시인 스노리 스툴루손이 지은 시학 책, 또는 아이슬란드의 학자 세문드가 편찬한 것으로 알려진 고대 시가집. 스노리의 책을 《신(新) 에다》 또는 《산문 에다》라 하고, 세문드의 책을 《구(舊) 에다》 또는 《시 에다》라고 한다. 스노리가 1220년경 쓴 《신 에다》는 옛 시를 짓는 법과 감상하는 법에 대해 쓴 책으로 내용 중에 북유럽 신화를 소개하였다. 이후 1643년에 스노리가 《신 에다》를 쓸 때 참조한 것으로 보이는 1270년경에 쓰인 시가집이 발견되었고, 이 시가집의 편찬자로 추정되는 세문드의 이름을 따 《세문드의 에다》 또는 《구 에다》·《시 에다》로 부르게 되었다. 이 시가집에 실린 시들은 북유럽 신화를 소재로 신들의 업적을 찬양한 신화시(神話詩), 그리스도교 포교 이전 북유럽인의 인생관을 담은 잠언시, 민족 대이동 시대의 영웅들을 노래한 영웅시 등이다. 〈에다〉에 실린 북유럽 신화를 살펴보면, 태초에 우주는 '긴눙가가프(기눙가)' 라는 텅 빈 심연이었다. 이 심연 밑바닥의 얼음덩이에서 거인 이미르가 태어나는데, 역시 얼음에서 태어난 아우둠라라는 암소가 이미르를 키운다. 이미르의 몸에서 거인족이 탄생하고, 아우둠라가 얼음을 핥자 얼음덩이에서 부리라는 신이 태어난다. 그리고 부리 신과 거인족 여자 사이에 '오딘' · '빌리' · '베' 라는 삼형제 신이 태어난다. 이 삼형제 신은 이미르를 죽여 그 시체로 대지와 하늘과 바다를 만들고, 물푸레나무를 깎아 남자를 만들고 느릅나무를 깎아 여자를 만들어 지상의 한 가운데 있는 미드가르드에서 살게 한다. 이러한 과정에서 살아남은 거인족은 신들과 대립하게 되고, 이미르의 시신에서 난장이족이 탄생한다. 이와 같이 형태를 갖춘 우주에 거대한 나무(世界樹) 위그드라실이 솟아나 신들의 세계 · 인간 세계 · 거인 세계 · 난장이 세계 · 죽음의 세계 등 아홉 세계를 떠받친다. 신중의 신 오딘은 신들의 세계인 아스가르드에 있는 발할라(발라스칼프) 궁에서 우주를 주재한다. 오딘은 전사(戰士)와 전쟁의 신이며, 인간 세계에서 마음에 드는 전사를 찾으면 발키리(살육의 선택자) 신으로 하여금 그의 목숨을 가져오게 한다. 그러면 발할라에서 다시 태어난 전사는 발할라에 머무르면서 최후의 날 '라그나로크(라그나뢰크)'를 대비한다. 오딘 다음가는 신은 토르 신이다. 토르는 번개와 천둥의 신으로 망치를 들고 거인과 맞선다. 그 밖에 사악한 신 로키, 번영과 풍요 · 사랑의 신들이 인간세상을 주관한다. 마침내 라그나로크의 날이 오고 아스가르드의 신들은 사악한 신 로키와 그 자식들 및 거인들의 연합군과 싸우게 된다. 치열한 전투 끝에 모든 생명이 사라지고 세상은 불덩이가 된다. 그 후 새로운 땅과 사람들이 생겨나 발드르(발데르) 신의 보호를 받으며 살아가는데, 이 세계가 바로 오늘날 우리들이 사는 세계이다.

에밀

저자 루소(Rousseau, Jean-Jacques, 1712~1778) **분류** 인문학(교육)

원제 Emile ou De l' éducation **출간 연도** 1762년

프랑스의 계몽사상가 루소의 저서. 에밀이라는 고아 소년이 유아기에서 장성하여 결혼하기까지 그의 교육과 성장과정을 통해 저자 자신의 교육관과 인간관 · 종교관을 제시하였다. 루소는 자연 상태의 인간은 선하지만, 나쁜 사회 환경에 노출되면서 악해져 간다고 생각하였다. 따라서 어린이가 잠재된 아름다운 자연본성을 꽃피울 수 있도록 세심한 교육이 필요하다고 주장하였다. 그가 생각한 교육은 직업을 위한 기술이나 종교적 믿음을 주입하는 것이 아니라 지식 · 체육 · 도덕을 함께 함양시켜 '인간을 만드는' 전인교육이었다. 그는 인간은 인간다운 가치를 지니고 태어나므로 교육이란 도덕과 종교를 강요하는 대신 학생이 스스로의 이성으로 판단하도록 이끄는 교육이 되어야 한다고 생각했다. 그에 따르면 교육의 시기는 유아기(동물적 시기) · 아동기(야만인의 시기) · 소년기(농부, 로빈슨 크루소의 시기) · 청년기(합리적 사고의 시기) · 사회인(성인기)의 시기로 구분된다. 유아기(태어나서 5세까지)에는 부모와의 유대 속에서 자연을 접하며 감성을 계발하도록 해주어야 한다. 아동

기(5세부터 12세까지)는 '소극적 교육'의 시기로 언어를 습득하고 감각과 신체를 계발할 수 있도록 도와주되, 난해한 지식이나 도덕을 주입해서는 안 된다. 소년기(12세부터 15세까지)에는 '적극 교육'을 실시하여 이성의 발달을 돕고 사회에서 필요로 하는 기술을 익히도록 한다. 이와 같은 과정을 거쳐 청년기(15세에서 20세 사이)에 비로소 도덕과 종교적 감정을 교육시켜 사회로 진출하도록 해야 한다. 이와 같이 루소의 교육관은 전인교육을 목표로 한 것이었으며, 루소에게 있어 교육관은 정치관·종교관과 분리될 수 없는 것이었다. 특히 제4부에 실린 〈사브와 보좌신부((副祭)의 신앙고백〉에서는 역사적 종교를 부정하고, 이신론(理神論)으로서의 '자연종교'를 주장하였다. 이 부분은 루소 종교관의 핵심을 이루는 내용이지만, 기성종교를 부정하였기 때문에 금서(禁書)판정을 받게 되었다. 이와 같이 루소가 이 책에서 제시한 교육관은 근대교육사상의 형성에 큰 영향을 미쳤다.

에반젤린

저자 롱펠로(Longfellow, Henry Wadsworth, 1807~1882) **분류** 문학(미국)

원제 Evangeline **출간 연도** 1847년

19세기 미국의 시인 헨리 워즈워드 롱펠로우의 장편서사시. 식민지시대 아메리카 대륙을 배경으로, 프랑스계 정착민 남녀가 전쟁으로 인해 헤어지는 슬픈 사랑 이야기를 노래한 작품이다. 아카디아 지방의 그랑프레 마을에 사는 가브리엘과 에반젤린은 서로 사랑하는 사이이다. 두 사람의 결혼식 날 영국군이 마을을 점령하면서 가브리엘과 에반젤린은 헤어지게 된다. 이후 남편을 찾아 아메리카 대륙을 헤매던 에반젤린은 마침내 필라델피아의 어느 병원에서 임종을 앞둔 남편을 만나게 된다. 이 작품은 1755년 영국군의 침공으로 프랑스계 주민들이 강제이주로 이주당한 실화를 바탕으로 하였으며, 롱펠로의 대표작으로 평가받고 있다.

에코토피아

저자 칼렌바크(Callenbach, Ernest, 1929~) **분류** 문학(미국)

원제 Ecotopia **출간 연도** 1975년

미국의 작가 어네스트 칼렌바크의 소설. '에코토피아'란 생태주의 유토피아를 의미한다. 소설에 나오는 에코토피아는 1980년에 캘리포니아 주 북부, 오리건 주, 워싱턴 주 등 미국 서북부의 주들이 미합중국 연방을 탈퇴하여 세운 국가의 이름이다. 이후 에코토피아는 미연방과 적대적 관계로 지내며 고립정책을 취한다. 그러다 마침내 20년 만인 1999년, 뉴욕 타임스 신문기자 윌리엄 웨스턴이 에코토피아 취재 허가를 받는다. 웨스턴은 인간과 환경의 조화를 추구하며, 인종차별 · 성차별이 없고, 자연으로 환원되지 않는 물건은 만들지 않으며, 자유로운 성을 추구하는 에코토피아를 보고 충격을 받는다. 에코토피아에서의 삶과 미국인의 삶 사이에서 갈등하던 웨스턴은 결국 에코토피아인이 되기로 결심한다. 작가는 이 소설을 통하여 인간과 환경의 조화를 추구하는 국가를 보여줌으로써, 소위 환경 무정부주의(에코 아나키즘)라는 정치적 환경운동론을 제시하였다.

에티카

저자 스피노자(Spinoza, Baruch de, 1632~1677) **분류** 철학(윤리학)

원제 Ethica in Ordine Geometrico Demonstrata **출간 연도** 1675년

네덜란드의 철학자 스피노자의 저서. 원제는 《기하학적 순서로 증명된 윤리학》이다. 스피노자는 '신이 곧 자연'이라고 생각한 범신론(汎神論)을 주장한 철학자이다. 당시 사람들은 그를 무신론자 · 유물론자로 생각했기 때문에 이 책은 그가 죽고 난 후에야 출판될 수 있었다. 책의 구성은 기하학의 증명 형식을 취하여 형이상학 · 존재론 · 인식론 · 윤리학의 순서로 철학문제들을 논증하는 방식으로 되어 있다. 스피노자는 먼저 신에 대해 논한 다음, 이어서 인간의 정신과 정서의 본성과 기원에 대해 논한다. 그런 다음 정서의 힘에 수동적으로 사로잡힌 채 살아가서는 인간다운 덕성과 자유를 찾을 수 없다고 강조한다. 정서가 초래하는 열정에서 벗어나려면 인식이라는 이성적 활동을 통해 우리의 정신을 단련시켜 정서를 억제해야 한다고 강조한다. 그렇게 할 때 인간은 참다운

미덕을 발휘할 수 있으며, '최고의 선(善)'을 이루는 자유의 경지에 도달할 수 있다. 스피노자의 철학은 유럽철학의 역사에서 중세철학과 근대철학을 이어주는 다리와 같은 역할을 한 것으로 평가받는다. 또한 죽음이 아닌 삶을 철학의 대상으로 설정하고, 미덕과 선을 강조한 그의 윤리학은 오늘날에도 큰 영향을 미치고 있다.

여배우 나나

저자 졸라(Zola, Emile Edouard Charles Antoine, 1840~1902) **분류** 문학(프랑스)

원제 Nana **출간 연도** 1880년

프랑스의 자연주의 작가 에밀 졸라의 장편소설. 저자의 연작소설 《루공 마카르 총서》 중의 한 권이다. 《루공 마카르 총서》는 저자가 제2제정 시대 프랑스 사회를 자연주의 · 사실주의에 입각하여 묘사한 대작이다. 아델라이드 푸크라는 여자와 남편 루공, 그리고 루공이 죽은 후 만난 애인 마카르 사이에 태어난 자손들이 사회 각 방면에 진출하여 살아가는 과정을 그린 이 연작소설은 '제2제정 시대 어느 일가족의 자연적 · 사회적 역사'라는 부제가 붙어 있다. 이 책 〈여배우 나나〉는 《루공 마카르 총서》의 제9권으로 주인공 나나는 여배우이자 고급창녀이며, 《루공 마카르 총서》의 제7권 〈목로주점〉의 주인공 제르베즈와 쿠포의 딸이다. 어려서 가출하여 카바레를 전전하던 나나는 바리에테 극장의 프리마돈나로 데뷔하면서 큰 인기를 얻는다. 빼어난 미모와 몸매를 지닌 나나에게 반한 많은 남자들은 자신들의 재물을 아낌없이 써 가며 나나를 차지하려 한다. 나나는 돈이 떨어진 남자를 냉혹하게 차버리는 모습을 보이는가 하면, 세상물정을 모르는 백치와도 같은 순진한 모습의 양면을 보여준다. 나나에게 혹한 남자들은 재산을 모두 탕진한 끝에 냉정하게 버림받고, 자살하는 사람까지 나온다. 그러나 나나는 여전히 많은 남자들의 선망의 대상이 되어 사치스럽고 퇴폐적인 생활을 즐긴다. 그러나 나나의 화려한 전성기도 지나고, 파리를 떠나 외국을 방랑하던 나나는 천연두에 걸려 파리로 돌아온 후 홀로 숨을 거둔다. 저자는 나나의 화려한 삶과 쓸쓸한 죽음을 통하여 제2제정시대 유한계급의 퇴폐적이고 허망한 삶을 있는 그대로 보여준다.

여성론

저자 베벨(Bebel, August, 1840~1913) **분류** 여성(여성학)

원제 Die Frau und der Sozialismus **출간 연도** 1879년

독일의 사회주의자 아우구스트 베벨의 저서. 원제는 《여성과 사회주의》이다. 우리나라에서는 《부인론》이라는 제목으로 번역 출간되었다. 이 책은 사회주의 관점에서 본 여성억압의 역사와 여성해방운동에 대해 서술한 책이다. 베벨은 자본주의가 발전하면서 많은 소시민이 노동자로 전락하게 되고, 여성들도 노동자가 될 수밖에 없는 처지에 내몰림으로써, 가사와 노동을 동시에 책임지게 된다고 지적하였다. 이에 따라 여성의 정신적 · 신체적 부담은 증가하고 결혼제도와 가정은 위기를 맞게 된다. 따라서 이러한 여성문제는 사회주의 혁명으로 계급이 타파된 후에야 완전히 해결될 수 있다. 베벨은 장기적으로는 사회주의 혁명을 통한 여성문제의 해소를 주장하면서, 단기적으로는 선거 · 교육 · 노동에 있어서 여성이 동등한 권리를 찾고 모성보호를 실현할 수 있도록 법률개선운동과 여성노동운동이 필요하다고 주장하였다.

여성의 권리옹호

저자 울스턴크래프트(Wollstonecraft, Mary, 1759~1797) **분류** 여성(여성학)

원제 A Vindication of the Rights of Woman **출간 연도** 1792년

영국의 여성작가 메리 울스턴크래프트의 저서. 당대의 보수주의자 에드먼드 버크의 주장을 반박하기 위해 쓴 책으로, 근대 여성주의(페미니즘)를 처음으로 표방한 책이다. 저자는 여성은 남성보다 열등하기 때문에 여성과 남성은 동등하지 않다는 당시의 사회적 통념에 이의를 제기하였다. 그리고 이러한 통념에 입각해 여성을 차별하는 기존의 법과 교육제도를 개선할 것을 주장하였다. 또한 여성은 남성의 소유물이나 일꾼이 아니며, 스스로의 이성과 감성에 따라 주체적으로 행동하는 존재라고 주장하였다. 이와 같이 여성의 법률적 · 사회적 · 성적 자유를 촉구한 울스턴크래프트의 주장은 당대에는 이해받지 못하고 비난을 샀으나, 오늘날에는 여성운동의 출발점으로서 높은 평가를 받고 있다.

여성의 신비

저자 프리단(Friedan, Betty, 1921~) **분류** 여성(여성학)

원제 Feminine Mystique **출간 연도** 1963년

미국의 여성운동가 베티 프리단의 저서. 저자는 현대 미국 여성운동을 새롭게 활성화시킨 여성운동가이다. 저자는 이 책에서 중산층 여성들이 겪는 문제를 분석하여 여성에 대한 왜곡된 시각의 극복을 주장하였다. 저자에 따르면, 대학을 졸업하고 결혼한 후 전업주부로 생활하며 가사와 육아에 전념하던 많은 여성들은 어느 날부터인가 알 수 없는 정서적 고통과 불만을 느끼게 된다. 저자는 이 문제를 '이름 붙일 수 없는 문제들'이라고 부른다. 저자는 이 문제의 이유는 가정 · 학교 · 교회 · 언론 · 직장 · 사회가 여성들에게 한 사람의 인간으로서가 아니라 어머니 · 연인 · 아내로서의 역할과 그에 어울리는 이미지(온순하고 순종적이며 헌신적이고 자애로운 여성상)를 강요하기 때문이라고 지적하였다. 이러한 왜곡된 여성관(여성을 한 사람의 인간으로 대하지 않고 신비적 존재로 대하는) 때문에 여성들은 자아를 실현하고 자신의 권리를 행사하는 데 죄책감을 느끼게 된다. 그 결과 여성의 행동범위가 위축될 뿐 아니라 인간성의 박탈을 초래하고 여러 가지 정서적 문제를 일으킨다. 저자는 이러한 여성의 신비(여성을 신비화하는 시각)로 인해 여성들이 겪는 고통은 기성의 의사나 전문가들이 해결할 수 없다고 지적한다. 저자에 따르면, 해결책은 여성들 자신이 잘못된 여성관에서 벗어나 한 인간으로서 자신을 돌아보고, 가정에 매몰되는 것이 아니라 사회활동을 통해 자아를 실현할 때에만 해결될 수 있다.

여성의 예속

저자 밀(Mill, John Stuart, 1806.5.20~1873.5.7), 테일러(Mill, Harriet Taylor, 1807~1858) **분류** 여성(여성학) **원제** The Subjection of Women **출간 연도** 1869년

영국의 경제학자이자 철학자 J. S. 밀과 그의 아내 해리엇 테일러 밀의 공저서. 자유주의 사상에 입각하여 사회적 · 제도적 남녀평등을 주장한 책이다. 이 책은 자유주의 여성운동(페미니즘)의 이론을 정립한 책이라

는 역사적 평가를 받고 있으며, 오늘날에도 자유주의 여성운동의 교과서로 불린다. 저자 밀과 테일러는 개인이 자신의 재능을 완전히 실현하고 최대한의 행복을 추구할 수 있는 법률과 제도를 마련해야 한다는 자유주의와 공리주의 사상을 여성문제에 적용시켰다. 따라서 여성이 자아를 최대한 실현하려면 우선 여성을 차별하고 예속시키는 법률과 관습을 철폐해야 한다. 저자들에 따르면, 이러한 조치는 단지 여성만을 위한 것은 아니다. 한 사회에서 차별받는 개인(집단)이 존재한다면, 그러한 사회는 진보와 발전에 필요한 활력을 스스로 봉쇄한 사회이기 때문이다. 이와 같이 저자들은 남성과 여성은 모두 보편적 이성을 갖춘 평등한 존재이고, 여성의 자유와 권리를 억압하는 사회는 바람직한 사회가 아니므로, 예속상태에서 여성이 해방되는 것은 여성만의 문제가 아니라 사회 전체를 위하는 길이라고 주장하였다.

여인의 초상

저자 제임스(James, Henry, 1843~1916) **분류** 문학(미국)

원제 The Portrait of a Lady **출간 연도** 1880~1881년

미국의 작가 헨리 제임스의 장편소설. 헨리 제임스는 미국인이지만 유럽 문화를 동경하여 영국에 거주하면서 작품 활동을 했으며, 소박한 미국인과 세련된 유럽인 사이의 문화적 차이와 갈등을 다룬 작품을 많이 썼다. 이 소설은 이자벨 아처라는 젊은 미국 여성이 유럽에서 겪는 여러 가지 시련을 통해 정신적으로 성장해 가는 과정을 보여준다. 독립심이 강하고 낭만적인 이자벨은 자유로운 삶을 찾고 세상경험을 하고자 유럽으로 건너온다. 유럽에서 많은 남자들로부터 구혼을 받지만 열정적 사랑이 없이는 결혼하지 않겠다는 이유로 물리친다. 이자벨의 사촌 랄프는 이자벨을 사랑하지만 중병으로 앞날을 기약할 수 없는 몸이다. 랄프는 이자벨이 자유로운 삶을 누릴 수 있도록 자신의 유산 절반을 이자벨이 상속받도록 한다. 이 때문에 이자벨은 음모의 표적이 되는데, 이모와 친분이 있는 멜 부인과 이탈리아 여행을 떠났다가 길버트 오스먼드라는 귀족을 만난다. 오스먼드의 정열적인 구애에 마음이 끌린 이자벨은 그와 결혼한다. 그러나 결혼 후 변해버린 남편의 태도에 당혹하던 이자벨은

남편 오스먼드가 실은 멜 부인과 연인관계이며, 멜 부인과 공모하여 유산을 노리고 이자벨과 결혼했다는 사실을 알게 된다. 병으로 쓰러진 랄프를 찾은 이사벨은 다시금 랄프의 사랑을 확인하고 자신의 실수를 후회한다. 그러나 자신의 선택에 책임을 지기로 결심한 이자벨은 새 삶을 찾으라는 친구 헨리에타의 권유를 마다하고 다시 남편에게로 돌아간다.

여자만의 나라

저자 길먼(Gilman, Charlotte Perkins, 1860~1935) **분류** 문학(미국)/여성

원제 Herland **출간 연도** 1915년

미국의 작가이자 여성운동가 샬롯 퍼킨스 길먼의 장편소설. 일종의 유토피아 소설이며, 페미니즘 문학의 시초로 불리는 작품이다. 제1차 세계대전의 전야에 테리 · 벤 · 제프라는 세 명의 미국인 청년이 남미의 오지를 탐험하던 중 '허랜드' 라는 미지의 나라를 발견하게 된다. 그곳은 여자들만이 사는 여인국으로 세 청년은 억류생활을 하면서 여인국의 삶을 관찰한다. 여자를 성적 대상으로만 생각하던 테리, 여성은 보호해야 할 대상이라고 생각해 온 제프, 여인국에 고도의 문명이 발달한 것으로 보아 분명 남자가 있을 것이라 생각한 벤 등은 여인국의 삶을 목격하고 자신들의 여성관이 잘못되었음을 깨닫는다. 여인들의 배려로 풀려난 세 사람은 그곳 여인들과 결혼하게 된다. 그러나 남성우월주의자인 테리는 여인국의 삶을 참지 못하고 문제를 일으킨 끝에 쫓겨나게 된다. 결국 벤과 테리는 여인국을 떠나고 제프는 남는다. 여성에 대해 새로운 시각을 갖게 된 벤은 여인국에서 결혼한 아내 엘라도어와 함께 여인국을 떠나면서 비밀을 지키기로 약속한다.

여자의 일생

저자 모파상(Maupassant, Guy de, 1850~1893) **분류** 문학(프랑스)

원제 Une Vie **출간 연도** 1883년

프랑스의 작가 기 드 모파상의 장편소설. 저자는 자연주의 경향의 소

설을 주로 썼으며, 눈으로 직접 보는 듯한 사실적 묘사와 비관적이고 염세적 분위기를 띠는 작품을 주로 썼다. 이 소설은 평범한 한 여성이 결혼 후 겪는 여러 가지 사건을 통해 인생의 참된 모습을 보여준 작품이다. 주인공 잔느는 노르망디 귀족 집안의 딸로 수녀원에서 교육을 받은 선량하고 평범한 여성이다. 잔느는 결혼생활에 대한 순진무구한 기대를 안고 근처 귀족가문의 아들 쥘리앙과 결혼한다. 그러나 결혼 첫날밤 남편 쥘리앙의 난폭한 행동을 본 잔느는 실망과 환멸을 느낀다. 거기다 바람둥이인 쥘리앙은 잔느가 데리고 온 하녀 로잘리를 임신시킨다. 절망한 잔느는 자살을 기도하지만 실패하고 만다. 쥘리앙은 그 후에도 이웃의 백작부인과 불륜을 저지르다 결국 백작에게 발각되어 죽고 만다. 잔느는 남편이 죽고 난 후 외아들 폴에게 모든 기대를 걸고 키우지만 폴 또한 성장해서는 아버지와 같은 길을 간다. 폴은 집을 나가 창녀와 동거하며 방탕한 생활로 집안의 재산을 거의 탕진한다. 아들로부터도 버림받은 잔느는 먼 곳으로 시집갔다 다시 돌아온 로잘리와 서로 의지하며 살아간다. 폴과 동거하던 여자가 죽자 잔느가 그 딸아이를 맡게 되는데, 손녀를 안고 돌아오는 잔느에게 로잘리는 이렇게 중얼거린다. "그러고 보면 인생이란 사람들이 생각하듯이 그렇게 행복하지도 그렇게 불행하지도 않은 것인가 봐요."

여행기

저자 이븐바투타(Ibn Battūtah, 1304~1368) **분류** 사회과학(지리학)

원제 Rihlah(Travels) **출간 연도** 1356년

중세 이슬람의 법관이자 외교관이었던 이븐 바투타의 30여 년에 걸친 여행기. 이븐 바투타는 모로코 탕헤르의 명문가 출신으로 법관으로 활동했으며, 술탄의 특사로 중국을 방문하는 등 외교관 역할도 수행하였다. 저자는 21세에 이슬람의 성지 메카 순례에 나선 이후 30년간 아시아 · 아프리카 · 유럽 대륙의 이슬람 세계를 여행하였다. 여행의 목적은 성지를 순례하고 세계 각지의 이슬람 세계를 알기 위해서였으며, 이집트 · 시리아 · 이라크 · 페르시아 · 중앙아시아 · 인도 · 중국 등을 방문하였다. 《여행기》에는 각지의 지리와 교통뿐 아니라 현지 민족의 제도와

풍습이 자세하게 기록되어 있어, 중세 이슬람사 연구의 중요 자료로 쓰인다. 그가 남긴 《여행기》 원본은 사라졌으나, 동시대의 문필가 이븐 주자이(Ibn Juzayi al-Kalbi)가 정리한 요약본이 오늘날까지 전해진다.

여씨춘추

저자 여불위(呂不韋, ?~BC 235) **분류** 역사(중국역사) **원제** 呂氏春秋 **출간 연도** 중국 진나라

중국 진나라 때의 승상 여불위가 문인들을 시켜 편찬한 책. 《여람(呂覽)》이라고도 한다. 여불위가 자신의 집에 머무르는 손님 3천 명을 모아서 26권을 편찬하였다고 전한다. 책의 내용은 〈십이기(十二紀)〉, 〈팔람(八覽)〉, 〈육론(六論)〉의 세 부분으로 나누어 도가를 비롯한 제자백가의 여러 사상 및 춘추전국 시대의 일화를 소개하였다. 오늘날에도 널리 통용되는 여러 가지 고사성어가 실려 있다. 여불위가 살았던 당시는 진나라를 중심으로 전국 시대의 혼란을 끝내고 통일제국을 수립하려는 시기였다. 따라서 진나라의 정치가였던 여불위는 새로운 통일제국의 정신적 기반을 다지기 위해 앞선 시대의 제자백가 사상 중에서 우수한 부분을 골라 통합하려는 의도에서 이 책을 편찬케 하였던 것으로 보인다.

역사

저자 폴리비오스(Polybios, BC 204~BC 125?) **분류** 역사(세계사)
원제 Histiriae(The Histories) **출간 연도** 기원전 2세기경

헬레니즘 시대 그리스의 역사가 폴리비오스(폴리비우스)의 저서. 전 40권이다. 제2차 포에니 전쟁(한니발 전쟁, 기원전 220)부터 마케도니아 전쟁의 끝(기원전 167)까지의 시대를 대상으로 로마가 세계제국으로 성장한 과정을 기술하고, 그러한 성장의 이유를 설명한 책이다. 저자는 그리스 메갈로폴리스 출생으로 아카이아 동맹의 정치가로 활동한 인물이다. 그러다 기원전 168년의 피드나 전투에 참전했다가 포로로 잡혀 로마에 끌려가게 되었다. 로마에서 교사로 생활하며 로마인들의 실상을 접한 저자는 로마가 어떻게 세계대국이 될 수 있었는지 그 원인을 밝히기

위해 이 책을 썼다고 한다. 저자에 따르면, 로마가 세계제국이 될 수 있었던 이유는 로마의 정치제도(정체(政體))가 우수했기 때문이다. 저자는 우선 정치제도를 왕정 · 귀족정 · 민주정으로 구분하였다. 그리고 이들 정치제도가 타락할 경우 각기 참주정 · 과두정 · 중우정으로 변질된다고 생각하였다. 저자에 따르면, 이러한 정치제도들은 역사의 발전에 따라 왕정–참주정–귀족정–과두정–민주정–중우정의 순서로 순환된다. 이와 같이 정치제도가 역사의 흐름에 따라 순환한다고 보는 사관을 '정체순환사관(政體循環史觀)'이라 한다. 그런데, 로마는 각 정치제도의 장점과 약점을 파악하여, '혼합정체(混合政體)'를 택하였다. 저자에 따르면, 로마는 집정관(왕정) · 원로원(귀족정) · 민회(민주정) 제도를 통해 각 정치제도의 장점을 받아들이고, 각 집단 간의 균형과 견제를 이루었기 때문에 국가발전과 세계제패를 이룩할 수 있었다. 저자는 역사책을 쓰는 데 있어 사료(史料)가 중요하다는 것을 인식하고 사료의 선별에 신경을 썼기 때문에, 이 책은 고대 지중해 지역에서 투키디데스 이후로 단절되었던 엄밀한 역사서술의 전통을 되살렸다는 평가를 받고 있다.

역사

저자 헤로도토스(Herodotos, BC 484?~BC 425?) **분류** 역사(세계사)

원제 Historiae **출간 연도** 기원전 5세기

고대 그리스의 역사가 헤로도토스가 쓴 역사서. 전 9권이다. 책의 전반부(1~5권)는 페르시아 전쟁의 배경을 설명하는 부분으로 저자 자신이 직접 여행한 페르시아 제국의 영역에 속하는 아프리카 · 중동 · 아시아 지역의 역사 · 신화 · 전설 · 민족을 소개한 내용이다. 저자는 페르시아 제국이 성장하면서 주변지역들을 하나씩 통합하는 순서대로 그 지역에 대해 설명하였다. 책의 후반부(6~9권)는 페르시아와 그리스의 전쟁에 대한 내용이다. 저자는 인간은 지나친 번영과 오만 때문에 신의 노여움을 사 몰락한다는 운명론적 역사관을 표방하였다. 그에 따르면, 페르시아가 전쟁에 진 이유는 페르시아의 지나친 번영과 군주 크세르크세스 1세의 오만 때문이다. 이 때문에 엄청난 힘의 차이에도 불구하고 군사력이 약한 그리스가 강한 페르시아를 이길 수 있었던 것으로 설명하였다.

또한 저자는 페르시아 전쟁의 역사를 동양과 서양의 충돌이라는 관점에서 서술하였다. 이것은 저자가 그리스의 식민도시 할리카르나소스 출신이며, 페르시아 전쟁의 당사국이었던 아테네에서 이야기 작가로 활동하였기 때문인 것으로 보인다. 저자는 페르시아의 전제정치와 아테네의 민주정치를 대비하고, 페르시아의 침입은 그리스를 노예로 만들려는 시도이며, 이에 맞선 그리스의 항전은 자유를 수호하기 위한 투쟁으로 묘사하였다. 이러한 관점에서 아테네가 거둔 마라톤 전투의 승리와 살라미스 해전의 승리를 강조하여, 페르시아 전쟁의 결과를 압제(페르시아)에 대한 민주주의(그리스)의 승리로 설명하였다. 이 책은 고대 그리스 산문 문학의 걸작이자 그리스 역사학의 시초로 불리며, 후세의 많은 역사가들에게 영향을 미쳤다.

역사란 무엇인가

저자 카(Carr, Edward Hallett, 1892~1982) **분류** 역사(역사이론)
원제 What Is History? **출간 연도** 1961년

영국의 역사가 에드워드 핼릿 카의 저서. 저자가 1961년에 한 강연 내용을 엮은 책이다. 저자는 '역사란 무엇인가?' 란 질문에 대해 '역사란 현재와 과거의 끊임없는 대화' 라고 답한다. 저자가 이와 같은 답을 내놓은 것은 역사란 현재의 역사가가 과거의 특정한 사실에 대해 관심을 갖고 그에 대한 해석을 내놓는 것이라고 생각했기 때문이다. 그런데 역사는 계속해서 변화하는 것이기 때문에 역사가들의 관심이나 해석도 달라질 수밖에 없고, 계속해서 새로운 해석이 나와야 한다. 저자는 이러한 규정에 입각하여 역사가와 사실의 관계 · 역사에서의 개인과 사회 · 역사의 과학성 · 역사의 진보문제 등에 대한 자신의 생각을 제시한다. 저자는 역사란 단순히 과거에 있던 사실 그 자체는 아니라고 강조한다. 역사가가 과거 사실을 해석할 때 역사는 성립한다. 이어서 저자는 역사에 있어 개인과 사회의 관계를 논하면서 역사의 원동력은 개인이 아닌 사회에 있다고 규정한다. 과거를 해석하는 역사가 또한 한 사회의 일원으로서 그가 사는 사회의 영향을 받을 수밖에 없다. 저자는 결론에서 역사는 끊임없이 진보하지만, 그 진보에는 출발점이나 종착점이 없다고 주

장하였다. 단지 인간의 지식이 깊어질수록 역사가의 인식도 변화할 것이므로, 점점 더 '넓어지는 지평선' 만이 있을 뿐이라고 말한다.

역사를 위한 변명

저자 블로크(Bloch, Marc, 1886~1944) **분류** 역사(역사이론)

원제 D' Apologie pour l' histoire ou Metier d' historien(The Historians Craft)

출간 연도 1949년

프랑스의 역사가 마르크 블로크의 저서. 원제는《역사를 위한 변명 혹은 직업으로서의 역사가》이다. 저자는 아날 학파의 1세대에 속하는 역사가로 중세 프랑스 사회경제사의 전문가였다. 이 책은 저자가 역사란 무엇이며, 역사가의 역할은 무엇인지에 대해 설명한 책이다. 저자는 "아빠, 역사란 도대체 무엇에 쓰는 거예요?"란 아들의 질문에 답하기 위해 이 책을 구상하게 되었다고 한다. 책의 구성은 서론과 다섯 장으로 되어 있는데 마지막 장은 미완성으로 남아 있다. 제2차 세계대전이 발발하고 독일이 프랑스를 침공하자 저자는 프랑스군의 대위로 참전하였고, 프랑스가 항복한 후에는 레지스탕스 활동에 참여했다가 독일군에게 총살당했기 때문이다. 저자는 책의 서두에서 역사는 '시간 속의 인간들에 관한 학문' 이며, 이미 지나간 과거가 아니라 현재와 미래를 이해하는 학문이라고 설명하였다. 또한 역사가의 역할은 탐정이 사건을 추적하듯이 과거 인간들의 모습을 추적하는 것이며, 탐정이 증거를 수집하듯이 역사가도 엄격한 방법론을 사용하여 사료를 연구하는 직업이라고 설명하였다. 저자는 조국이 점령당한 암울한 시기에 이 책을 썼지만, 결코 역사를 비관적으로 보지 않았다. 오히려 역사를 올바로 이해하고자 한다는 것은 인간을(그리고 인간들이 모여서 만든 사회를) 바르게 이해하고자 하는 것이며, 결코 그러한 노력을 포기해서는 안 된다고 강조하였다.

역사와 계급의식

저자 루카치(Lukacs, Georg, 1885~1971) **분류** 철학(마르크스주의 철학)

원제 History and Class Consciousness **출간 연도** 1923년

헝가리의 철학자 게오르그 루카치의 논문집. 마르크스주의 철학의 여러 가지 문제를 다룬 8편의 논문이 실려 있다. 8편의 논문은 다음과 같다. 제1장 〈정통 마르크스주의란 무엇인가〉, 제2장 〈마르크스주의자로서의 로자 룩셈부르크〉, 제3장 〈계급의식〉, 제4장 〈사물화와 프롤레타리아트의 의식〉, 제5장 〈사적 유물론의 기능 변화〉, 제6장 〈합법성과 비합법성〉, 제7장 〈로자 룩셈부르크의 '러시아 혁명 비판'에 대한 비판적 고찰〉, 제8장 〈조직문제의 방법론〉 등이다. 이 논문들 가운데 특히 제4장이 유명하다. 저자는 여기서 '사물화(물화)'라는 개념을 제시하였는데, 이 개념은 인간의 노동이 인간으로부터 독립하여 인간의 의식을 지배한다는 의미로, 저자의 스승 막스 베버의 '합리화' 개념의 영향을 받은 것이다. 베버는 합리화 과정을 통해 인간이 신비주의에서 벗어날 수 있다고 보았다. 그러나 저자는 합리화 과정이 인간의 의식을 마비시키고 비인간화시킨다고 규정하였다. 그리고 사물화에서 벗어나는 방법은 노동자 계급의식의 성숙을 통해서만 가능하다고 주장하였다. 이러한 사물화 개념과 합리화에 대한 비판은 이후 프랑크푸르트 학파를 비롯한 서유럽의 신마르크스주의자들에게 큰 영향을 미쳤으며, 마르크스주의 철학을 일신한 것으로 평가받았다.

역사의 연구

저자 토인비(Toynbee, Arnold Joseph, 1889~1975) **분류** 역사(역사이론)

원제 Study of History **출간 연도** 1934~1961년

영국의 역사가 아놀드 토인비의 저서. 저자는 역사를 설명하는 기본 단위(주체)를 문명으로 보고 세계사를 26개 문명이 성장 · 발전 · 쇠망한 과정으로 설명하였다. 저자는 한 국가의 역사를 이해하려면 필연적으로 다른 국가의 역사를 알아야 하기 때문에 국가는 역사의 기본 단위가 될 수 없으며, 보다 포괄적인 '문명권'이란 개념을 사용하여 역사를 설명하고자 하였다. 저자에 따르면, 과거의 여러 문명은 하나의 유기체와 같이 일정한 주기에 따라 성장과 소멸의 과정을 거쳤으며, 이러한 순환 과정이 바로 인류의 역사이다. 저자는 문명의 순환과정을 '도전과 응전'이라는 개념으로 설명하였다. 문명은 환경이나 다른 문명의 '도전'에 맞서

'응전' 하는 과정에서 성장하며, 문명의 성장은 창조적 의지를 가진 소수가 주도한다. 따라서 문명은 주어진 조건에 따라 성장하게끔 되어 있는 것이 아니라, 주어진 조건을 극복하려는 '창조적 소수' 의 노력에 의해서 발전하는 것이다. 그리고 창조적 의지를 상실할 때 문명은 쇠퇴한다. 그러나 저자는 이러한 쇠퇴가 운명적으로 정해진 것이라고는 생각지 않았다. 그와 반대로 도전에 대한 응전을 계속할 창조적 의지를 유지하는 한 문명은 계속 성장할 수 있다고 생각하였다. 이와 같이 저자는 문명의 흥망성쇠를 능동적 · 낙관적으로 이해하였으며, 서유럽 문명이 창조성을 유지하는 한 계속 번영할 수 있다는 견해를 제시하였다.

역사의 종말

저자 후쿠야마(Fukuyama, Fransis, 1952~) **분류** 역사(역사이론)

원제 The End of History and the Last Man **출간 연도** 1990년

미국의 정치학자 프랜시스 후쿠야마의 저서. 원제는 《역사의 종말과 최후의 인간》이다. 저자가 잡지 〈National Interest〉 1989년 여름호에 기고한 논문을 개작한 책이다. 사회주의 체제의 붕괴로 인해 자유민주주의의 우월함이 입증되었으며, 앞으로 자유민주주의를 대체할 이념은 등장할 수 없다는 주장을 담은 책이다. 저자가 주장한 '역사의 종말' 은 인류가 추구한 보편적 진리, 보편적 역사를 의미한다. 저자는 칸트와 헤겔의 철학을 자주 인용하는데, 칸트는 일찍이 역사에 종말이 있을 것으로 예측하였다. 여기서 역사의 종말은 인류사회의 최종목적, 즉 인간 자유의 완전한 실현을 의미한다. 저자는 자유민주주의는 인류가 고안한 가장 보편적이고 모순점이 없는 진리이므로, 이 이상의 보편 진리가 나올 수 없다는 의미로 '역사의 종말' 이란 용어를 사용하였다.

역사철학강의

저자 헤겔(Hegel, Georg Wilhelm Friedrich, 1770~1831) **분류** 철학(역사철학)

원제 Vorlesungen ber Geschichte der Philosophie **출간 연도** 1833~1836년

19세기 독일의 철학자 헤겔의 저서. '인간정신의 본성은 '자유이다' 라는 명제를 바탕으로 하여, 인류역사를 '자유'가 실현되는 과정이라고 논증한 책이다. 이 자유를 실현하는 것은 겉으로 보기에는 특정한 민족정신으로 보인다. 그러나 내면적으로 민족정신은 '세계정신'의 지배를 받는다. 이와 같이 세계정신이 겉으로 드러나지 않게 민족정신을 지배하는 것(인류역사의 흐름을 주도하는 것)을 '이성의 간지(간특한 지혜)' 라 한다. 세계정신이야말로 세계사의 실체이며, 세계사는 세계정신이 자유를 확장해 나가는 과정이다. 저자는 세계사를 이와 같이 인식하여 다음과 같은 유명한 말을 남겼다. "동양에서는 한 사람(황제)만이 자유롭고, 그리스 · 로마에서는 몇몇 사람이 자유로우며, 게르만 세계에서는 모든 인간이 절대적으로 자유라는 것을 알고 있다" 저자에 따르면, 인류역사는 프랑스 혁명(1789)에 이르러 모든 사람이 자유로울 수 있는 단계에 들어섰으며, 역사의 완성과정에 도달하였다.

역옹패설

저자 이제현(李齊賢, 1287~1367) **분류** 문학(한국)

원제 櫟翁稗說 **출간 연도** 1342년(고려 충혜왕 복위 3)

고려 말기의 정치가이자 문인 이제현의 저서. 수필과 시문학 비평을 모은 책이다. 저자가 서문에서 언급한 바에 따라 《낙옹비설》 또는 《늑옹패설》로 읽어야 한다는 주장도 있다. 책의 구성은 〈전집(前集)〉 2권 · 〈후집(後集)〉 2권과 〈습유(拾遺)〉 등 4권 1책으로 되어 있다. 수록된 글은 두 부류로 나눌 수 있다. 첫 번째는 저잣거리에 떠도는 소문이나 기이한 이야기 및 골계담 등의 패관문학이며, 두 번째는 시와 그림 · 글씨에 대한 비평이다. 특히 이 책에 실린 우리나라 역대 시문학에 대한 비평은 이인로(李仁老)의 《파한집(破閑集)》 및 최자(崔滋)의 《보한집(補閑集)》과 함께 고려 시대 3대 비평문학서로 꼽힌다. 그 밖에 이 책에 실린 당시 세태에 대한 글들도 중요한 패관문학 및 수필로 평가받고 있다.

연암집

저자 박지원 **분류** 문학(한국) **원제** 燕巖集 **출간 연도** 1901년(광무 5)

조선 후기의 북학파 실학자이자 문인 박지원의 문집. 전 17권 6책이다. 저자의 주요 작품이 대부분 실려 있는데, 이 가운데 농업서 《과농소초(課農小抄)》(16~17권), 중국 기행문 《열하일기(熱河日記)》(11~15권), 소설 〈허생전〉(《열하일기》 제10권), 〈양반전〉(제8권에 실린 〈방경각외전(放璚閣外傳)〉에 수록) 등이 유명하다. 《과농소초》는 저자가 정조의 명령에 따라 당시 중국과 우리나라의 농업서를 종합하여 편찬한 농업서로 농업기술과 농업정책을 함께 논한 책이다. 저자는 이 책에서 농업정책의 개혁책으로 한전법을 제시하였다. 《열하일기》는 저자가 1708년(정조 4) 6월부터 8월까지 사신의 일행으로 중국에 다녀 온 기행문이다. 요동에서 북경, 그리고 열하로 갔다가 다시 베이징으로 돌아오기까지 중국 산천의 풍물과 문물제도, 중국 문인들과 교류한 내용을 날짜순으로 항목별로 기록하였다. 저자는 이 책에서 중국의 역사 · 지리 · 풍속 · 인물 · 과학 · 건축 · 교통 · 의학 · 사회 · 문화 등을 자세히 설명하고 이용후생(利用厚生)의 관점에서 조선이 받아들여야 할 신문물에 대해 소개하였다. 또한 《열하일기》 제10권에는 소설 〈허생전(許生傳)〉이 실려 있어 소설문학에 있어서도 매우 중요한 책이다. 그 밖에 〈방경각외전〉에는 〈마장전〉 · 〈예덕선생전(穢德先生傳)〉 · 〈민옹전(閔翁傳)〉 · 〈광문자전(廣文者傳)〉 · 〈양반전(兩班傳)〉 · 〈김신선전(金神仙傳)〉 · 〈우상전(虞裳傳)〉 · 〈역학대도전(易學大盜傳)〉 · 〈봉산학자전(鳳山學者傳)〉 등 9편의 한문소설이 실려 있는데, 뒤의 두 편은 사라지고 제목만 전한다. 이 소설들은 대부분 농민이나 머슴 등 서민층을 등장시켜 양반층의 위선과 타락상을 비판한 작품들로 한국 소설문학사에 있어 중요한 작품들이다.

연애소설 읽는 노인

저자 세풀베다(Sepúlveda, Luis, 1949~) **분류** 문학(중남미)
원제 Un viejo que leia novelas de amor(The Old Man Who Read Love Stories)
출간 연도 1989년

칠레 태생의 작가 루이스 세풀베다의 장편소설. 아마존 유역의 정글을 배경으로 인간과 자연의 갈등과 화해를 다룬 작품이다. 주인공 안토니오 호세 볼리바르 프로아뇨 노인은 정글과 인접한 엘 이딜리오 마을에서 홀로 살아간다. 볼리바르 노인은 젊은 시절에 아내와 함께 살길을 찾아 정글로 들어왔다. 그러나 정글은 아내의 목숨을 가져간다. 노인은 처음에는 정글을 '푸른 지옥'이라며 원망했으나, 인디오들과 함께 살아가며 정글을 '주인 없는 푸른 자유의 땅'으로 이해하게 된다. 이제 노인은 6개월마다 들리는 치과의사가 가져다주는 연애소설을 읽으며 소일한다. 노인은 연애소설을 읽으며 자신이 가보지 못한 세상과 느껴보지 못한 감정에 놀라워한다. 그러나 이렇게 한적한 노인의 삶도 엘 이딜리오 마을에 개발의 물결이 밀려들면서 흔들리기 시작한다. 그러던 어느 날 거대한 살쾡이(오셀롯)에게 당한 백인 밀렵꾼의 시체가 발견되면서 마을은 공포 분위기에 휩싸인다. 살쾡이는 새끼를 잃은 복수로 인간을 공격한 것이다. 정글을 잘 아는 노인은 어쩔 수 없이 총을 들고 정글로 들어간다. 살쾡이와 목숨을 건 대결 끝에 승리한 노인은 너무도 아름다운 살쾡이의 주검 앞에서 눈물을 흘린다. 노인은 살쾡이의 주검을 백인들이 손대지 못하도록 아마존 강에 떠내려 보낸다. 그리고는 자신의 오두막으로 돌아가 다시 연애소설을 읽는다. 작가는 노인과 살쾡이의 대결을 자연에 대한 인간의 승리로 묘사하지 않는다. 그와 반대로 문명의 횡포에 생채기가 난 자연을 달래고 위로하는 과정으로 묘사함으로써, 자연에 순응하며 살아가는 삶의 아름다움을 보여준다.

연려실기술

저자 이긍익(李肯翊, 1736~1806) **분류** 역사(한국사)

원제 燃藜室記述 **출간 연도** 1776년경(영조 52)

조선 후기의 문인 이긍익의 저서. 한 사건의 발생부터 결말까지를 추적하여 기술하는 기사본말체(記事本末體) 형식의 역사서이며, 조선 시대 야사(野史)문학을 집대성한 책이다. 《원집(原集)》 33권, 《속집(續集)》 7권, 《별집(別集)》 19권 등 3편으로 되어 있으며, 400여 가지 야사가 실려 있다. 《원집》의 내용은 태조 때부터 현종 때까지(1392~1674)의 주요 사건과 신료들의 전기이며, 《속집》은 숙종 시대(1674~1720)에 관한 기록이다. 《별집》은 조선왕조의 문물제도와 문학 · 과학에 대해 항목별로 설명한 내용이다. 《원집》과 《속집》이 정치 분야를 주로 다루었다면, 《별집》은 문화 분야를 주로 다루었다. 책의 구성은 본문에 여백을 두고 계속해서 새로운 사실을 추가하는 방식으로 되어 있다. 이 책은 야사이면서도 방대한 자료 수집과 짜임새 있는 구성을 갖추었으며, 저자의 공정하고 객관적인 역사서술로 인해 높은 평가를 받고 있다.

열린 사회와 그 적들

저자 포퍼(Popper, Karl, 1902~1994) **분류** 철학(서양철학)

원제 Open Society and Its Enemies **출간 연도** 1945년

오스트리아 출신으로 영국에서 활동한 철학자 칼 포퍼의 저서. 전체주의 사회를 '닫힌 사회'로 규정하고 그 대안으로 '열린 사회'를 이룩할 것을 주장한 책이다. 저자는 열린 사회와 닫힌 사회를 구분하는 기준으로 '반증 가능성(증명을 통해 오류임이 판명될 수 있는 가능성)'이란 개념을 제시한다. 저자에 따르면, 닫힌 사회는 그 사회에 문제점과 오류가 있다는 것을 인정하지 않는다. 따라서 문제점에 대한 비판이나 토론도 없고 문제의 해결이나 개선도 없다. 반면 열린 사회는 그 사회에 문제점이 있을 수 있는 가능성을 인정한다. 따라서 문제에 대한 비판이나 토론이 가능하고 문제의 해결이나 개선이 가능한 사회이다. 저자는 열린 사회의 이념을 '비판적 합리주의'로 규정하고, 닫힌 사회의 이념을 '역사주의(역사의 흐름에는 하나의 법칙이 있으며, 이 법칙을 알면 역사를 예측할 수 있다는 견해)' 또는 '유토피아주의'로 규정하였다. 이러한 구분에 따라 저자는 완벽한 이상 사회를 촉구한 플라톤, 헤겔, 마르크스 등을 '열린 사회의 적'으로 규정하였다. 저자가 보기에 마르크스의 역사발전 법칙은 역사주의의 일종으로서, '반증 가능성'을 인정하지 않기 때문에 과학이 아니며, 일종의 예언이고 사람들을 현혹시키는 사이비 과학이다. 이러한 반증 가능성 이론에 입각해 볼 때 모든 사회 문제를 한번에 해결하는 혁명이란 있을 수 없다. 여러 가지 사회 문제는 사회구성원들의 토론과 합의를 거쳐 개별적이고 구체적으로 해결해 나가야 한다. 저자는 이러한 자신의 관점을 '점진적 사회공학'이란 개념으로 정립하

였다. 이와 같이 저자는 과학철학의 이론을 사회과학에 적용하여 인류 사회가 닫힌 사회 대신 열린 사회로 나아가야 한다고 주장하였다.

열자

저자 열자(列禦寇, ?~?) **분류** 철학(도가철학) **원제** 列子

중국 전국 시대의 도가 사상가인 열자(본명 열어구)의 저서. 《충허진경(沖虛眞經)》 또는 《충허지덕진경(沖虛至德眞經)》이라고도 한다. 전 8편이며, 《노자》, 《장자》와 함께 도가삼서(道家三書)로 불린다. 열자는 기원전 400년경에 정(鄭)나라에 살았다고 하나, 그에 대한 자세한 기록은 전하지 않는다. 다만 《장자》의 〈소요유편(逍遙遊篇)〉에 '열자는 바람을 타고 하늘을 날았다' 고 언급한 대목이 있는 것으로 보아 허구의 인물일 가능성도 있다. 이 책은 열자가 서술한 내용을 제자들이 보완하여 만들었다고 전해지지만, 위진남북조 시대에 열자의 이름을 빌어 쓰였다는 주장도 있다. 〈천서(天瑞)〉·〈황제(黃帝)〉·〈주목왕(周穆王)〉·〈중니(仲尼)〉·〈탕문(湯問)〉·〈역명(力命)〉·〈양주(楊朱)〉·〈설부(說符)〉 등 8편으로 되어 있다. 내용은 도가 사상을 설파한 것이며, '우공이산(愚公移山)'·'조삼모사(朝三暮四)'·'기우(杞憂)' 등의 고사가 실려 있다. 송나라 이후로 도교가 성행하면서 도교의 경전이 되었다.

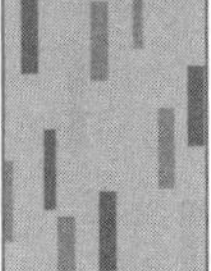

영국 노동계급의 형성

저자 톰슨(Thompson, Edward Palmer, 1924~1993) **분류** 역사(영국사)
원제 The Making of the English Working Class **출간 연도** 1963년

영국의 역사가 에드워드 톰슨의 저서. 1780년대부터 1830년대 사이에 영국에서 노동계급이 형성되는 과정을 서술한 책이다. 저자는 1780년대에 영국 최초의 노동자 급진파 조직인 런던 교신협회의 창립에서부터 1830년대 차티스트 운동까지 50여 년의 역사에 대한 서술을 통하여 영국 노동계급과 노동자 의식·노동운동의 형성과정을 보여준다. 저자는 이 책에서 '계급' 이란 역사적으로 새로운 현상이라고 규정하였다. 즉 과

거에는 사회의 지배층과 피지배층이 '신분'에 따라 구분되었으나, 산업혁명과 자본주의 발전으로 '계급'이 등장하였다는 것이다. 이러한 의미에서 계급은 근대 자본주의의 발전에 따라 역사적으로 형성되었다고 주장하였다. 더 나아가 계급은 단순히 경제적 관계에서 형성된 것이 아니라 정치·문화적인 측면에서 계급의식이 성장하면서 형성되었다고 주장한다. 즉 노동자 계급은 자본가가 노동자들을 고용하면서 자연발생적('마치 태양이 일정한 시간에 떠오르듯이')으로 형성된 것이 아니라, 노동자들이 노동자로서의 자신을 인식하고 단결하여 자본가에게 맞서는 과정에서 주체적으로 형성되어 갔다는 것이다. 저자는 이 형성과정에서 중요한 것은 '집단적 경험의 공유'라고 강조한다. 이러한 내용을 저자는 "계급은 어떤 사람들이 공통된 경험을 한 결과, 자신들 사이에는 타인들과 대립되는 동일한 이해관계가 존재함을 분명히 깨닫게 될 때 나타난다"고 정리하였다. 이와 같이 저자의 계급관은 실증주의 경제사관이나 마르크스주의 역사학에 입각한 계급관의 한계를 넘어서, 계급에 대해 보다 종합적인 이해를 제시하였다. 이러한 저자의 역사관은 소위 '아래로부터의 역사'로 불리며, 1960년대 이후 유럽 역사학계의 노동사·사회사 연구에 큰 영향을 미쳤다.

영락대전

분류 총서(총서) **원제** 永樂大典 **출간 연도** 1408년(영락 6)

중국 명나라 때 영락제(성조)의 명령으로 편찬된 일종의 백과사전(類書). 전부 22,877권이며, 목록만 60권에 달하는 방대한 저작이다. 1403년(영락 원년) 영락제의 명을 받아 해진(解縉) 등이 유서의 편찬을 시작하여 2천 명의 학자가 작업한 끝에 1407년에 완성하였다. 이처럼 엄청난 사업이었기에 정본과 부본 두 부밖에 만들지 못하였다. 정본은 명나라가 멸망될 때 소실되었고, 부본이 남아 청나라 시대 《사고전서》를 만들 때 참고자료로 활용되었다. 이후 1860년 영국과 프랑스 연합군이 베이징을 공격하면서 부본도 대부분 유실되었다. 《영락대전》은 백과사전으로서 거의 모든 항목을 다루었으며, 항목의 배열은 《홍무정운》의 음운 순서에 따랐다. 음운에 따라 글자 하나(單字)마다 그 글자와 관련이 있는 천문 · 지리 · 인물 · 문학 사항을 원전을 인용하여 설명하였다.

예기

분류 철학(유학) **원제** 禮記

고대 중국의 유가(儒家) 경전. 《춘추》·《시경》·《서경》·《주역》과 함께 유교 오경(五經)의 하나이며, 《주례(周禮)》·《의례(儀禮)》와 함께 삼례(三禮)로 불린다. 공자가 편찬하였다고 하며, 기원전 2세기 전한(前漢) 시대의 대대(大戴, 본명은 戴德)와 그의 사촌 소대(小戴, 본명은 戴聖)가 당시까지 전해지던 《예기》 200편을 49편으로 정리하여 편찬하였다고 한다. 원래 공자가 직접 편찬한 책에 대해서는 '경'이라는 이름을 붙이기 때문에 이 책도 원제는 《예경》이었을 것이다. 그러나 후인들이 편집하였기 때문에 《예기》라 부른다. 《예기》의 내용은 유가에서 중시하는 '예'에 대한 포괄적 안내서라 할 수 있다. 《대학(大學)》·《중용(中庸)》도 원래는 《예기》의 한 부분이었는데, 1190년 주희가 이를 각기 별도의 책으로 분리하여 《논어》·《맹자》와 함께 유교 입문서인 사서(四書)에 포함시켰다.

오디세이아

저자 호메로스(Homeros, BC 800?~BC 750) **분류** 문학(그리스)/영화 **원제** Odysseia

고대 그리스의 시인 호메로스가 쓴 장편서사시. 전부 24권, 12,110행으로 되어 있다. 저자의 또 다른 장편서사시 〈일리아스〉가 그리스군의 트로이 침공을 다룬 내용이라면, 〈오디세이아〉는 그 뒤의 이야기를 다루고 있다. 주인공인 이타카의 왕 오디세우스는 속이 빈 목마를 이용하여 트로이를 멸망시킨 후 배를 타고 고향 이타카를 향해 귀국길에 오른다. 그러나 신들의 저주를 받아 10년간 고향에 돌아가지 못하여 각지를 떠돌며 여러 가지 모험을 하게 된다. 이 작품은 크게 세 부분으로 나누어진다. 첫 번째 부분은 오디세우스가 귀국하지 않은 지 7년째 되던 해 그의 고향 이타카에서 시작된다. 오디세우스가 자리를 비운 사이 그의 궁전에는 여러 명의 구혼자들이 오디세우스의 아내 페넬로페에게 청혼하기 위해 몰려든다. 오디세우스의 아들 텔레마코스는 구혼자들의 횡포를 참다못해 그들에게 맞설 결심을 하고 아버지를 찾아 떠난다.(제1~5권). 두 번째 부분에서 님프 칼립소에게 잡혀 있던 오디세우스가 고향으로 돌아가기 위해 애쓴 끝에 마침내 귀국한다(제6~12권). 이 과정에서 파이에케스인의 왕 알키노오스에게 자신이 겪은 모험담을 들려주는데, 외눈박이 거인 키클로프스, 태양의 딸 키르케, 바다의 마녀 세이렌 등의 이야기가 나온다. 세 번째 부분에서 몰래 귀국하여 거지 행색으로 사태를 파악한 오디세우스는 아들 텔레마코스와 함께 구혼자들을 응징하고 아내와 재회한다(제13~24권). 이 작품은 〈일리아스〉와 함께 고대 그리스 문학의 대표작일 뿐 아니라 후대의 서양문학에 큰 영향을 미쳤다.

오레스테이아

저자 아이스킬로스(Aeschylos, BC 525?~BC 456) **분류** 문학(그리스)

원제 Oresteia **출간 연도** 기원전 458년

고대 그리스의 비극시인 아이스킬로스가 쓴 비극 삼부작으로 〈아가멤논〉·〈코에포로이〉·〈에우메니데스〉 등 세 편의 비극으로 이루어져 있다. 트로이 전쟁에서 그리스군을 지휘한 아가멤논과 그 가족에 얽힌 전설을 연극으로 각색한 작품이다. 트로이의 왕자 파리스가 스파르타의 왕 메넬라오스의 아내 헬레네를 납치하자, 메넬라오스의 형 아가멤논은 그리스군을 이끌고 트로이를 향해 출항한다. 그러나 아르테미스 여신의 분노 때문에 항해에 필요한 바람이 불지 않는다. 아가멤논은 자신의 딸 이피게니아를 제물로 바쳐 신의 노여움을 달랜 끝에 항해에 성공한다. 그 후 아가멤논은 10년간의 전쟁 끝에 트로이를 멸망시키고 귀국한다. 그러나 그의 아내 클리템네스트라는 이피게니아의 죽음에 원한을 품고 정부 아이키스토스와 짜고 아가멤논을 살해한다(제1부 〈아가멤논〉). 아가멤논이 죽자 그의 아들 오레스테이아는 외국으로 피신한다. 장성한 오레스테이아는 아폴로 신의 도움을 받아 귀국하고, 누이 엘렉트라와 함께 아버지의 원수를 갚는다. 그러나 오레스테이아는 어머니를 살해한 죄로 복수의 여신에게 쫓기는 신세가 된다(제2부 〈코에포로이〉). 오레스테이아는 아폴로 신의 명령으로 아테나 여신이 연 법정에 출두하고, 신

들의 도움으로 무죄판결을 받는다(제3부 〈에우메니데스〉). 작가는 이 삼부작을 통하여 신의 뜻에 좌우되는 인간의 운명과 희생을 감수하고 운명을 받아들이는 인간의 모습을 장엄하게 묘사하였다.

오리엔탈리즘

저자 사이드(Said, Edward W, 1935~2003) **분류** 문학(문학이론)

원제 Orientalism **출간 연도** 1978년

팔레스타인 출신으로 미국에서 활동한 영문학자 에드워드 사이드의 저서. 저자는 문명비판의 관점에서 동양에 대한 서양인들의 왜곡된 관점을 분석하여 이를 '오리엔탈리즘'으로 규정하였다. 저자에 따르면, 오리엔탈리즘은 동양에 대한 서양인들의 편견과 왜곡에서 비롯된 허상이자, 동양을 지배하기 위해 서양인들이 여러 세대에 걸쳐 치밀하게 쌓아올린 편견의 체계이다. 즉 오리엔탈리즘은 서양은 합리적 · 발전적 · 인도적인 데 비해, 동양은 비합리적 · 정체적 · 비인도적이라고 보는 관점이며, 이에 입각하여 동양의 현실을 해석하려는 시도이다. 그런 의미에서 저자는 오리엔탈리즘을 '동양에 대한 서양의 사고방식이자 지배방식'으로 규정한다. 그런데 실제로는 동양이 정체된 것이 아니라 오리엔탈리즘이 동양에 대한 과거의 이미지에 집착하여 현대 동양의 현실을 외면하고 있는 것이다. 오리엔탈리즘의 이러한 왜곡되고 비현실적인 동양 이해는 결국 동양에 대한 무지와 편견을 낳고, 서양인들 사이에 동양은 서양에 비해 열등하며, 서양 문명에 위협이 되므로 통제해야 하는 대상이라는 생각을 퍼뜨렸다. 또한 저자에 따르면 서양의 대학과 연구기관에 만연된 오리엔탈리즘은 동양을 자기 스스로를 규정할 수 없는 대상, 서양에 의해서만 규정될 수 있는 대상으로 취급하고 있다. 그러나 저자는 오리엔탈리즘의 대안으로 옥시덴탈리즘(서양을 보는 동양의 관점)을 주장하지 않는다. 저자는 진정한 학문을 위해서는 먼저 '우리(서양)'와 '그들(동양)'이라는 이분법적 구별에서 벗어나야 한다고 강조한다.

오만과 편견

저자 오스틴(Austen, Jane, 1775~1817) **분류** 문학(영국)/여성/영화
원제 Pride and Prejudice **출간 연도** 1813년

영국의 소설가 제인 오스틴의 장편소설. 19세기 빅토리아 시대 영국을 배경으로 두 남녀가 서로 사랑하게 되는 과정을 통해 당시의 사회상과 연애관을 보여주는 작품이다. 이 작품은 원래 1797년 무렵 《첫인상》이라는 제목으로 출판하려다 나서는 출판사가 없어 무산되었다. 그러다 1813년 《오만과 편견》으로 개작하여 출판되었다. 소설의 주인공은 엘리자베스와 다아시라는 두 남녀다. 엘리자베스는 중류층 지주인 베넷 가문의 둘째 딸로 결혼이란 재산이나 명예를 떠나서 서로에 대한 이해를 바탕으로 해야 한다고 믿는 지적이고 자존심 강한 아가씨다. 베넷 가문의 이웃에 빙리 가족이 이사 오면서 베넷 가의 큰딸 제인은 빙리와 사랑에 빠지게 된다. 이어 등장한 빙리의 친구 다아시는 귀족의 칭호와 많은 재산, 자신의 장원까지 소유한 청년신사다. 마을에는 다아시가 냉정하고 오만한 인물이라는 소문이 퍼지고, 엘리자베스도 그에 대한 편견을 가지게 된다. 무도회에서 엘리자베스를 본 다아시는 그녀에게 관심을 갖지만, 다아시에 대한 편견을 가진 엘리자베스는 그를 무시한다. 그러나 차츰 다아시의 진정한 모습을 알게 된 엘리자베스는 조금씩 그에 대한 편견을 버리게 되고, 마침내 다아시의 진심을 받아들이게 된다. 소설은 엘리자베스가 편견에서 벗어나는 과정을 통해 한 여성이 자신과 주변 사람들을 알아가며 성장하는 과정을 보여주며, 19세기 영국의 부조리한 사회상을 풍자적으로 보여준다.

오셀로

저자 셰익스피어(Shakespeare, William, 1564~1616) **분류** 문학(영국)/영화
원제 Othello **출간 연도** 1622년

영국의 극작가 셰익스피어가 쓴 희곡. 〈햄릿〉·〈리어 왕〉·〈맥베스〉와 함께 셰익스피어 4대 비극으로 불리는 작품이다. 주인공 오셀로가 열등감과 나약함 때문에 아내를 의심하게 되고, 질투와 복수심에 사로잡히면서 파멸하는 과정을 그리고 있다. 오셀로는 무어인(흑인)으로 베니

스 공국의 장군이다. 많은 전공을 세워 인정받은 장군이 된 그는 사랑하는 여인 데스데모나와 결혼식을 올린다. 오셀로의 기수 이아고는 오셀로가 부관으로 자기 대신 캐시오를 임명하자, 이에 앙심을 품는다. 이아고는 오셀로가 캐시오와 데스데모나 사이를 의심하게끔 음모를 꾸미고, 이아고의 음모에 넘어간 오셀로는 질투와 복수심에 사로잡힌 나머지 분별력을 잃고 아내를 죽이고 만다. 그러나 진실이 드러나자 오셀로는 슬픔과 후회에 빠져 스스로 목숨을 끊고, 이아고는 처형된다. 작가는 오셀로와 같이 완벽에 가깝고 사회적으로 인정받는 인물도 인간이 보편적으로 가지는 감정적 약점에 빠져 사랑하는 사람과 자기 자신을 파멸로 이끌 수 있다는 것을 보여주며, 인간의 허약함과 양면성을 파헤쳤다.

오이디푸스 왕

저자 소포클레스(Sophocles, BC 496~BC 406) **분류** 문학(그리스)

원제 Oidipous Tyrannos

고대 그리스의 비극시인 소포클레스가 쓴 희곡. 주인공 오이디푸스('부어오른 다리' 라는 뜻)가 자신도 모르는 사이에 신들이 쳐 놓은 운명의 덫에 걸려 파멸하는 과정을 그린 비극 작품이다. 테베의 왕 오이디푸스는 나라에 전염병이 창궐하자 신탁을 구한다. 선왕을 살해한 범인을 추방해야 한다는 신탁에, 오이디푸스는 범인을 찾기 위해 애쓰다가 자신이 범인이라는 것을 알게 된다. 자신이 테베로 오기 직전에 우연한 시비 끝에 살해한 사람이 선왕이었으며, 그가 자신의 생부이고 그 후에 결혼한 왕비는 자신의 생모라는 사실을 안 오이디푸스는 절망한다. 원래 오이디푸스는 테베의 왕 라이오스와 왕비 이오카스테의 아들로 태어났다. 라이오스 왕은 이 아이가 장차 아버지를 죽이고 어머니를 범할 것이라는 신탁을 듣고, 못으로 아이의 발꿈치를 뚫은 뒤 산에 갖다 버리도록 명령한다. 명령을 받은 양치기 부부는 차마 그 명령대로 하지 못해 아이를 다른 사람에게 넘기고 오이디푸스는 코린토스의 왕 폴리보스의 양자로 성장하게 된다. 장성한 오이디푸스는 자신의 출생 내력을 알기 위해 델포이의 신탁을 들으러 갔다가 자신이 아버지를 죽이고 어머니와 결혼할 운명이라는 신탁을 듣는다. 고민 끝에 코린토스로 돌아가지 않기로

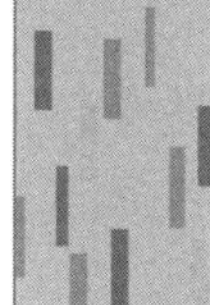

결심하고 방랑하던 오이디푸스는 길에서 우연한 시비 끝에 라이오스 왕을 죽이고 만다. 그 후 테베로 들어온 오이디푸스는 괴물 스핑크스가 낸 수수께끼의 정답이 인간이라는 것을 맞추어 스핑크스를 물리치고 왕비와 결혼한 것이다. 모든 사실을 알게 된 오이디푸스는 바늘로 자신의 눈을 찔러 맹인이 되고, 이오카스테는 스스로 목숨을 끊는다. 그 후 오이디푸스는 어머니와의 사이에서 나은 딸 안티고네의 인도를 받아 온 세상을 떠돌아다니게 된다. 이 작품은 운명의 장난으로 파멸하는 인간의 모습을 보여줌으로써 인간의 나약함과 삶의 무상함을 그린 작품이다.

오자

저자 오기(吳起, BC 440~BC 381) **분류** 사회과학(군사학)

원제 吳子 **출간 연도** 중국 전국 시대

중국 전국 시대의 병법가 오기의 저서. 《손자》·《사마법》·《위료자》·《이위공문대》·《삼략》·《육도》와 함께 '무경칠서(武經七書)'라 하여, 중국의 대표적 병서(兵書)로 불리는 책이다. 오기 또는 그의 제자들이 편찬한 것으로 알려져 있다. 책의 구성은 〈도국(圖國)〉·〈과적(料敵)〉·〈치병(治兵)〉·〈논장(論將)〉·〈응변(應變)〉·〈여사(勵士)〉 등 6편으로 이루어져 있다. 이 책의 특징은 병법서이면서도 유교적 색채가 가미되어 있다는 점이며, 《손자》와 함께 오늘날에도 널리 읽히고 있다.

오적

저자 김지하(金芝河, 1941~) **분류** 문학(한국) **원제** 五賊 **출간 연도** 1970년

김지하의 담시(譚詩). 1970년 5월 〈사상계〉 지에 발표된 작품이다. 담시란 서정시보다는 길고 단편소설보다는 짧은 분량의 이야기 시로서, 주로 정치적 문제를 소재로 한 문학 장르이다. 저자는 한국 구비문학과 판소리 사설의 전통을 계승하여, 나라를 망치는 다섯 명의 도적(재벌, 국회의원, 고급공무원, 장성, 장차관)을 풍자적으로 비판하였다. 저자는 다섯 도적의 이름을 '犬(개 견)' 자가 들어가는 한자로 표현하여 풍자하였으

며, 오적을 고발한 민초 꾀수가 오히려 무고죄로 옥살이를 하는 것으로 묘사하여 왜곡된 사회정의를 비판하였다. 저자는 결말 부분에 가서 오적과 그 주구인 포도대장이 급살을 맞고 죽는 것으로 처리함으로써 고전소설의 기법을 차용하여 올바른 정치와 사회정의의 구현을 희망하였다. 저자는 이 작품 외에도 〈비어〉·〈오행〉·〈앵적가〉·〈똥바다〉·〈김흔들 이야기〉·〈고무장화〉·〈이 가문 날에 비구름〉 등의 담시를 연달아 발표하여 한국문학사의 새로운 장르를 개척하였다.

옥단춘전

분류 문학(한국) **원제** 玉丹春傳 **출간 연도** 조선 후기

조선 후기에 쓰인 작자 미상의 소설. 시대 배경은 조선 숙종 때로 서울에 사는 선비 이혈룡이 어린 시절의 친구였던 평양감사 김진희를 찾아가는 데서 시작한다. 진희는 거지 행색을 한 혈룡이 찾아오자 그를 박대하며 죽이려고 한다. 혈룡은 믿었던 친구에게 배반당해 목숨을 잃을 위기에 처했다가, 평양기생 옥단춘의 도움으로 살아난다. 이를 계기로 혈룡과 옥단춘은 사랑하는 사이가 되고, 이후 혈룡은 과거에 장원급제하여 암행어사가 된다. 암행어사가 된 혈룡은 일부러 신분을 숨기고 거지 행색으로 옥단춘 앞에 나타나지만 옥단춘은 변함없이 그를 맞이하고 두 사람은 서로의 사랑을 확인한다. 진희가 연 잔치에 나타난 혈룡은 자신의 신분을 밝히고 그 자리에서 진희를 파직하여 압송하는데, 진희는 호송 도중 벼락을 맞고 죽는다. 이후 혈룡은 평양감사를 거쳐 우의정의 자리에 이르고 옥단춘을 부인으로 맞이하여 행복한 결말을 이룬다. 이 작품은 몰락한 양반과 기생의 사랑을 다룬 작품으로 등장인물(이몽룡과 성춘향/이혈룡과 옥단춘)과 이야기 전개가 〈춘향전〉과 비슷해 〈춘향전〉의 아류작으로 불리는 작품이다.

옥중수고

저자 그람시(Gramsci, Antonio, 1891~1937) **분류** 정치(사회주의)

원제 Quaderni del Carcere **출간 연도** 1929~1935년

이탈리아의 사회주의자 안토니오 그람시의 저서. 1926년 무솔리니의 파시즘 정부에 의해 투옥된 저자가 1929년에서 1935년 사이에 감옥에서 쓴 33권의 노트를 모아 엮은 책이다. 저자는 감옥에서 〈지식인론〉·〈헤게모니론〉·〈시민사회론〉·〈문학론〉 등에 대해 방대한 분량의 원고를 집필하였다. 이 원고들은 모두 자본주의가 발달한 시민사회에서 일어날 사회주의 혁명을 전제로 하고 혁명의 사전조건과 수행방식의 문제에 대해 쓴 것들이다. 저자는 특히 '헤게모니' 라는 개념을 제시하였다. 헤게모니란 한 사회의 지배계급이 피지배계급을 통치하는 데 있어 무력을 사용한 지배 외에 피지배층의 자발적 동의를 얻어내기 위해 사용하는 지적·도덕적·정치적 지배(통치력)를 말한다. 이러한 헤게모니는 서유럽과 같이 자본주의가 발달한 시민사회에서 큰 비중을 차지한다. 시민사회에서는 무력을 통한 지배가 아니라 여러 가지 제도·관습·통념을 통한 문화적 지배가 주를 이루기 때문이다. 이러한 사회의 지배층들은 피지배층으로부터 소위 '권력의 정통성' 을 인정받기 때문에 무력으로 지배할 필요가 없다. 저자는 이와 같이 발달된 시민사회에서 사회주의 혁명을 이루려면 피지배층이 지배층의 헤게모니를 거부하도록 사회주의자들이 대항 헤게모니를 장악해야 한다고 강조하고, 이 과정을 장기적이고 점진적인 과정이라는 의미로 '진지전(陣地戰)' 이라 불렀다. 이와 같은 저자의 헤게모니론과 시민사회론은 서유럽 신마르크스주의에 큰 영향을 미쳤다.

올리버 트위스트

저자 디킨스(Dickens, Charles John Huffam, 1812~1870) **분류** 문학(영국)/영화

원제 Oliver Twist **출간 연도** 1837년

영국의 작가 찰스 디킨스가 쓴 장편소설. 고아소년 올리버가 런던 뒷골목에서 겪는 삶을 통해 당시 영국 하류층의 삶을 사실적으로 묘사한 작품이다. 올리버 트위스트는 빈민원에서 사생아로 태어난 고아 소년이다. 올리버의 어머니 엘리자베스는 그를 낳다 죽고, 아버지 리포드는 유산을 노린 부인과 아들 몽스에게 살해당한다. 그러나 리포드의 친구 브라운로는 고인의 유언장에 따라 유산 상속자인 올리버를 찾으려 하고,

유산을 노린 리포드 부인과 몽스도 올리버의 행방을 추적한다. 고아원에서 추위와 굶주림에 시달리던 올리버는 장의사의 심부름꾼으로 팔려 간다. 장의사 밑에서 학대받던 올리버는 견디다 못해 런던으로 도망치는데, 런던에서 소매치기 두목인 악당 파긴에게 붙잡힌다. 사실 파긴은 몽스의 사주를 받아 전부터 올리버를 찾고 있었다. 파긴은 올리버가 범죄를 저지르면 유산을 몰수한다는 유언장의 조항을 이용하여 브라운로가 보는 앞에서 올리버에게 도둑 누명을 씌운다. 그러나 목격자의 증언 덕에 올리버는 무죄로 풀려나고 브라운로의 보호를 받으며 함께 살게 된다. 그러자 파긴 일당은 다시 올리버를 납치하는데, 올리버는 우여곡절 끝에 탈출한다. 한편 파긴의 부하 낸시는 브라운로를 찾아가 모든 사실을 털어놓는다. 진상을 알게 된 브라운로는 파긴 일당을 응징하고 올리버를 정당한 유산상속인으로 받아들인다. 이 작품은 당시 영국 하층민의 삶과 사회적 부조리를 있는 그대로 묘사하여 큰 반향을 일으킨 작품이다. 사실적이면서도 풍자와 해학을 가미한 문체와 주인공 올리버의 기구한 이야기 때문에 오늘날에도 널리 읽히고 있다.

왕오천축국전

저자 혜초(慧超, 704~787) **분류** 종교(불교) **원제** 往五天竺國傳

출간 연도 727년(신라 성덕왕 26)

신라의 승려 혜초가 서역을 거쳐 인도를 다녀 온 후 남긴 기행문. 1908년 프랑스의 동양학자 폴 펠리오가 둔황 천불동 제17 석굴에서 발견하여 세상에 알려졌다. 저자가 여행길에 들른 서역 및 인도(인도를 동서남북과 중앙의 다섯 지역으로 나누어 오천축국이라 하였다)의 종교·문화·지리·교통·언어에 대해 상세한 기록이 실려 있다. 혜초는 중국 광저우에서 출발해 바닷길로 인도 동천축에 도착하였고, 이어 육로로 인도를 돌아본 후 북상하여 페르시아와 아랍에 들렀다. 다시 파미르 고원을 넘어 중앙아시아를 거쳐 당나라의 수도 장안에 이른 것으로 추정된다. 여행기의 순서는 부처의 생애를 따라 중천축–남천축–서천축을 순례하고 북천축으로 이어진다. 북천축국에서 캐시미르와 간다라 지방을 거쳐 파미르 고원을 넘어 당나라의 안서도호부까지 여행한 기록이 실려 있다. 이 책은 8세기 인도 · 중앙아시아 · 중국을 연구하는 데 있어 중요한 자료이며, 한국문학사에 있어 최초의 외국 기행문이자 불교 유적 순례기이다.

외투

저자 고골(Gogol', Nikolai Vasil'evich, 1809~1852) **분류** 문학(러시아)
원제 Shinel **출간 연도** 1842년

러시아의 작가 고골이 쓴 중편소설. 가난한 하급 관리 아까끼 아까끼예비치의 삶을 통해서 관료사회의 모순과 사회적 약자의 억울함을 풍자적으로 묘사한 작품이다. 주인공 아까끼 아까끼예비치는 오랫동안 입던 낡은 외투가 해지는 바람에 새 외투를 장만하려 한다. 가난한 아까끼는 오직 외투를 사기 위해 밥을 굶어가면서 돈을 모은다. 드디어 바라던 새 외투를 장만하지만, 얼마 지나지 않아 강도에게 빼앗기고 만다. 아까끼는 외투를 찾기 위해 경찰과 고관을 찾아가지만, 오히려 바보 취급만 받는다. 외투를 빼앗긴 상심과 바보 취급을 받은 억울함에 시달리던 아까끼는 열병에 걸려 죽고 만다. 그런데 아까끼가 죽은 후부터 밤마다 지나가는 사람들의 외투를 빼앗는 유령이 출몰한다. 그 유령은 급기야 아까끼를 바보 취급한 고관의 외투까지 빼앗고서는 어디론가 사라진다. 작가는 이 소설을 통해서 당시 러시아 하층민의 삶을 사실주의 수법으로 묘사하였으며, 여기에 괴기적 요소와 풍자를 곁들여 러시아의 사회현실을 비판하였다.

요재지이

저자 포송령(蒲松齡, 1640~1715) **분류** 문학(중국) **원제** 聊齋志異 **출간 연도** 1766년

중국 명나라 말기 · 청나라 초기 시대의 문인 포송령이 쓴 괴기소설. 중국 팔대기서(八大奇書)의 하나이다. 중국의 사대기서(四大奇書)인 《삼국지연의》, 《수호전》, 《서유기》, 《금병매》에 《요재지이》, 《유림외사》, 《홍루몽》, 《금고기관》을 포함하여 중국의 팔대기서라고 한다. 제목의

'요재'는 포송령의 서재 이름으로 '요재가 기록한 기이한 이야기'라는 뜻이며, 저자가 민간에서 전해지는 기이한 이야기를 모아 494편의 단편으로 소설화하였다. 각 단편의 주제는 남녀의 사랑 이야기, 천상 세계의 일화, 동물과 식물의 변신, 부패한 사회상과 서민의 고통 등 다양하며, 귀신과 요괴 · 정령이 등장하는 환상적인 내용 가운데 인간의 어리석은 욕망과 사회 모순에 대한 비판을 담았다. 중국 환상문학의 대표작으로 꼽히는 이 책은 각국어로 번역되어 세계적으로 널리 알려졌으며, 후대 작가들에 큰 영향을 미쳤다.

욕망이라는 이름의 전차

저자 윌리엄스(Williams, Tennessee, 1911~1983) **분류** 문학(미국)/영화

원제 A Streetcar Named Desire **출간 연도** 1947년

미국의 극작가 테네시 윌리엄스가 쓴 희곡. 전 3막이다. 미국 남부를 배경으로 과거에 사로잡혀 현실을 외면하는 도피적 성격의 여주인공 블랜치가 잔인한 현실 앞에 무너지는 과정을 묘사한 작품이다. 몰락한 지주의 딸 블랜치는 이미 사라져 버린 과거의 전통에 사로잡혀 병적인 허세와 사치에 몰두하며 살아가는 여자다. 여자로서의 성적 욕망을 억누르고 귀부인 행세를 하며 살아가던 블랜치는 정신적 안식처를 찾아 뉴올리언스에 사는 동생 스텔라를 찾아가는데, 스텔라의 남편 고왈스키는 환상에 빠져 사는 블랜치를 조소한다. 결국 고왈스키는 잔인한 방법으로 블랜치에게 현실을 인식시키고, 그녀를 겁탈한다. 그 후 블랜치는 주체할 수 없는 자신의 욕망과 받아들일 수 없는 현실 때문에 미치고 만다. 작가는 냉혹한 현실을 직시할 용기가 없어 환상의 세계로 도피를 일삼던 블랜치가 결국 정신병원에 입원한다는 결말을 보여줌으로써, 인간의 억압된 욕망과 갈등이 초래한 비극을 희곡으로 형상화하였다.

용비어천가

저자 정인지(鄭麟趾, 1396~1478), 안지(安志, ?~?), 권제(權踶, 1387~1445)

분류 문학(한국) **원제** 龍飛御天歌 **출간 연도** 1447년(세종 27)

조선 세종 때 정인지 · 안지 · 권제 등이 지은 한글 악장(樂章)으로, 음악으로 만들어져 궁중연회와 종묘제례에서 연주되었다. 한글로 쓰인 최초의 서사시로 전 10권 5책 125장이다. 세종의 명을 받고 지은 이 작품은 조선 왕조의 역대 왕들의 업적을 칭송하고, 조선 건국의 정당성을 주장하며, 왕조의 발전과 후대 왕들에게 권계하는 내용이다. 각 장은 2행, 각 행은 4구로 되어 있는데, 1장(3구)과 125장(9구)만 예외이다. 제1장과 2장은 개국송(開國頌) 부분으로 조선 개국을 찬양하는 내용이고, 제3장부터 109장까지는 사적찬(事蹟讚) 부분으로 첫 행에 중국 역대 제왕들의 업적을 칭송하고, 둘째 행에서는 이에 빗대어 조선 왕조 목조(穆祖) · 익조(翼祖) · 도조(度祖) · 환조(桓祖) · 태조(太祖) · 태종(太宗) 등 6대 임금의 업적을 찬양하였다. 제110장에서 125장은 계왕훈(戒王訓) 부분으로 후대 왕들에 대한 권고와 훈계를 담고 있다. 이 부분은 흔히 '물망장(勿忘章)'이라 불리기도 한다. 이 작품은 〈월인천강지곡〉과 함께 조선 초 악장문학의 대표적 작품이며, 15세기 시대상을 알 수 있는 귀중한 자료이다.

용담유사

저자 최제우(崔濟愚, 1824~1864) **분류** 종교(천도교)

원제 龍潭遺詞 **출간 연도** 1881년(고종 18)

동학의 창시자 최제우가 지은 한글 가사집. 1881년에 동학의 2대 교주 최시형이 발간하였다. 《동경대전》과 함께 동학의 기본경전이다. 〈용담가〉 · 〈안심가(安心歌)〉 · 〈교훈가(敎訓歌)〉(이상 1860년 작) · 〈도수사(道修詞)〉 · 〈검결(劍訣)〉(이상 1861년 작) · 〈몽중노소문답가(夢中老少問答歌)〉(1861~1862년 작) · 〈권학가(勸學歌)〉(1862년 작) · 〈도덕가(道德歌)〉 · 〈흥비가(興比歌)〉(이상 1863년 작) 등 9편의 가사가 실려 있다. 〈용담가〉는 최제우가 득도한 후 자신의 고향인 경주 구미산 용담의 경치와 득도의 기쁨을 노래한 내용이며, 〈안심가〉는 부녀자들의 덕을 칭송하고 여성이 주체가 되는 세상이 올 것을 예언한 것이다. 〈교훈가〉는 교도들에게 수도에 정진할 것을 촉구한 내용이며, 〈몽중노소문답가〉는 자식이 없는 노인이 금강산에서 기도한 끝에 아이를 얻는데 이 아이가 자라 득도한다는 내용으로, 최제우의 삶과 득도과정을 알리는 것이다. 〈도수사〉

는 제자들에게 수도에 정진할 것을 당부하는 내용이며, 〈권학가〉는 동학을 믿을 것을 권하는 내용이다. 〈도덕가〉는 도덕의 중요함을 강조한 내용이며, 〈흥비가〉는 〈시경〉의 노래체인 흥과 비를 이용하여 수도법을 가르치는 것이다. 〈검결(칼노래)〉은 개벽의 의지를 담은 내용으로, 이 노래 때문에 최제우는 처형당하게 되었다. 이 노래는 최제우가 정치적 변혁을 생각하였음을 보여주며, 후에 동학군의 군가가 되었다.

용재총화

저자 성현(成俔, 1439~1504) **분류** 문학(한국) **원제** 慵齋叢話 **출간 연도** 1525년(중종 20)

조선 초의 문신 성현의 수필집. 문학과 미술에 대한 비평 및 인물평·세간에 떠도는 일화와 야사 등이 수록되어 있는 패관문학 작품이다. '패관(稗官)' 이란 옛날에 중국에서 민간의 사정을 알기 위해 저잣거리에 나도는 소문을 모아 기록하던 관리를 말하며, 거리의 이야기를 모아 각색한 작품을 패관문학이라 한다. 이 책은 고려 시대 및 조선 초기의 민간 풍속이나 문물제도의 변천사를 연구하는 데 중요한 자료이다.

우서

저자 유수원(柳壽垣, 1694~1755) **분류** 정치(한국정치) **원제** 迂書 **출간 연도** 1737년

조선 후기의 북학파 실학자 유수원의 저서. 전 10권 9책이다. 저자의 사회개혁안을 77개 항목의 문답형식으로 제시하였다. 처음 6항목은 서론, 다음의 69개 항목은 본론, 마지막 2항목이 결론에 해당한다. 저자는 조선 사회의 문제점이 신분제도의 변질로 인한 사·농·공·상 직업의 세습과 부의 편중 때문이라고 규정하고, 조선 초기의 법에 따라 모든 백성을 양인과 천인의 두 신분으로 재편할 것을 주장하였다. 그리하여 양인 가운데서 능력에 따라 사·농·공·상으로 분업화·전문화를 유도하여 직업의 세습을 방지할 것을 주장하였다. 저자는 이와 같은 신분제 개혁론에 이어 국가를 부강하게 만들기 위해서는 상공업을 진흥하고 화폐를 유통시켜야 한다고 주장하였다. 그러기 위해서 저자는 상업에 대

한 왜곡된 인식을 시정하고 화폐유통을 촉진시켜 상품유통을 원활히 함으로써 국가재정과 민간경제의 발전을 이룰 수 있다고 주장하였다. 이와 같이 저자의 사회개혁안은 현실주의적 입장에서 상공업의 육성을 강조한 북학파의 주장을 따르고 있다.

우신예찬

저자 에라스무스(Erasmus, Desiderius, 1469~1536) **분류** 문학(유럽)

원제 Encomium Moriae **출간 연도** 1511년

네덜란드의 인문주의자 에라스무스의 저서. 저자가 이탈리아 여행 중 착상하여 영국 방문 중에 저자의 친구 토마스 모어의 집에서 열흘 만에 썼다고 한다. 《모리아 예찬》 또는 《광우 예찬》이라고도 하는데, 모리아는 어리석음의 여신이며, 광우는 광기 또는 불합리 · 부조리 · 몰지각 및 그러한 행동을 말한다. 어리석음의 여신 모리아가 이 세상에 얼마나 많은 어리석은 행태가 있는지를 이야기하면서 자신의 힘을 자랑하는 내용이다. 이 여신은 사람들이 결혼하는 이유, 철학자와 신학자들의 쓸데없는 논쟁, 기독교 성직자들의 위선 등을 들면서 이런 것들이 바로 자신이 승리한 증거라고 내세운다. 저자는 어리석음의 여신이 들려주는 이야기를 통하여 인간사회에 만연한 무지와 독선을 풍자하고 비판하였다. 이 책은 기독교에 대한 비판과 중세적 사회구조에 대한 풍자 때문에 르네상스 인문주의의 대표작으로 불린다.

우파니샤드

분류 철학(인도철학) **원제** Upanisad **출간 연도** 기원전 600년~기원후 300년경

고대 인도의 철학서. 바라문교의 경전인 베다의 일부이며, 산스크리트어로 쓰였다. 베다의 마지막 부분에 해당하기 때문에 베단타(Vednta, 베다의 말미 · 극치)라고도 한다. 《우파니샤드》는 고(古)우파니샤드와 신(新)우파니샤드로 나뉘는데, 고우파니샤드는 기원전 600년에서 기원후 300년 사이에 나온 10여 종을 말하며, 신우파니샤드는 그 후대에 성립

된 판본을 말한다. '우파니샤드'는 스승과 제자 사이에 '가까이 앉음'이라는 의미로 스승과 제자 간에 긴밀하게 전수되는 '신비한 가르침'을 뜻한다. 《우파니샤드》는 오랜 세월에 걸쳐 인도인들이 탐구하고 성찰한 우주와 인간에 대한 사색을 담고 있으며, 어느 한 사람이 정리한 것이 아니라 여러 사람이 편찬한 것으로 보인다. 그 핵심은 대우주의 본체인 '브라만'과 개인의 본질인 '아트만'이 하나라고 하는 '범아일여(梵我一如)' 사상이다. 《우파니샤드》는 바라문교의 경전이지만, 특정 종교의 형식에 얽매이지 않고 우주와 자아의 문제를 논하였기 때문에 이후 불교·자이나교·힌두교에서도 이를 받아들여 독자적으로 발전시켰다. 그렇기 때문에 《우파니샤드》는 인도 철학의 원천으로 불린다.

우화집

저자 라퐁텐(La Fontaine, Jean de, 1621~1695) **분류** 문학(프랑스)

원제 Fables **출간 연도** 1668년(제1집), 1678년(제2집), 1694년(제3집)

프랑스의 시인 라퐁텐이 쓴 우화시집. 〈시골쥐와 도시쥐〉, 〈여우와 황새〉, 〈황금 알을 낳는 암탉〉, 〈고양이 목에 방울 달기〉, 〈황소와 개구리〉, 〈토끼와 거북이〉 등 동물을 주인공으로 하는 우화 약 240편이 실려 있다. 수록된 우화의 대부분은 그리스의 우화작가 이솝의 동물우화를 각색하여 우화시(寓話詩)로 만든 것이며, 그 밖에 라퐁텐의 자작시도 실려 있다. 제1집은 이솝과 로마의 시인 파에도르스의 우화를 시로 만든 것이며, 제2집은 인도의 우화작가 필페이의 우화를 시로 만든 것이다. 제3집은 저자의 창작품들이다. 동물을 주인공으로 등장시켜 인간의 욕심과 어리석음을 풍자한 이 우화시집은 읽는 이로 하여금 반성과 성찰의 시간을 갖게 하는 책이다.

운영전

분류 문학(한국) **원제** 雲英傳 **출간 연도** 조선 중기

조선 중기에 쓰인 작자 미상의 한문소설. 《수성궁몽유록(壽聖宮夢遊

錄)》, 또는 《유영전(柳泳傳)》이라고도 한다. 줄거리를 살펴보면, 선조 때 유영이라는 선비가 안평대군의 궁인 수성궁에 놀러 갔다가 술기운에 잠이 든다. 유영은 꿈속에서 안평대군의 궁녀 운영과 김진사를 만나 그들의 사랑 이야기를 듣게 된다. 궁 안에 갇혀 살던 운영은 안평대군을 찾아 온 선비 김진사를 보고 마음속으로 사모하게 된다. 이후 두 사람은 서로의 마음을 담은 시를 주고받으며 사랑을 키우다가 급기야는 김진사가 운영의 처소에 월담하여 몰래 만나는 사이가 된다. 두 사람의 행동을 안평대군이 의심하자 운영은 궁을 탈출하려다 발각되어 그날 밤 자결한다. 운영이 죽자 김진사 역시 스스로 목숨을 끊는다. 유영이 꿈에서 깨어보니 두 사람은 간 곳 없고, 두 사람의 사연을 적은 책자만이 놓여 있다. 유영은 그 책자를 가지고 돌아와 잘 보존한 후 식음을 전폐하고 명산대천을 돌아다니다 자취를 감춘다. 이 소설은 꿈속에서 벌어진 일을 다루었다는 점에서 몽유소설, 죽은 사람의 혼령이 나온다는 점에서 환혼소설, 남녀의 사랑 이야기를 다루었다는 점에서 염정소설, 소설의 이야기 속에 또 다른 이야기가 나온다는 점에서 액자소설로 분류할 수 있다. 대부분의 고대소설이 행복한 결말을 맞는 데 비해 이 소설은 주인공들이 모두 비극적 결말을 맞는다는 점이 특이하다. 또한 꿈에서 혼령을 만난다는 환상적인 이야기 구조를 빌려서 남녀의 자유연애를 사실적으로 묘사했다는 점에서 인간본연의 애정을 억압하는 당대의 사회윤리에 대한 비판을 담고 있다고 할 수 있다.

원조비사

분류 역사(중국사) **원제** 元朝秘史(Monggol-un nigucha tobchiyan) **출간 연도** 13세기

몽골 제국의 역사서. 1257년 이후에 쓰인 것으로 추정된다. 원제는 《몽골의 숨겨진 역사(Monggol-un nigucha tobchiyan)》이며, 명나라 초기에 이 책이 한자로 음역되면서 《원조비사》로 불리게 되었다. 원래는 위구르 몽골 문자 또는 파바 몽골 문자로 기록되었을 것으로 추정되며, 1380년대에 한자로 음역되었다. 책의 내용은 몽골족의 역사 · 칭기즈칸과 그 아들 오고타이 칸 등 몽골족 지배자들의 생애와 치적을 서술한 것이다. 그 밖에 몽골족의 신화 · 전설 · 사상 · 정치 및 군사제도 · 사회조

직 · 언어에 대한 설명이 수록되어 있다. 이 책은 282절로 구성되었으며, 제1절부터 58절까지는 칭기즈칸의 선조에 관한 내용, 59절부터 201절까지는 칭기즈칸이 성장하여 대칸에 이르기 직전까지의 내용, 202절부터 268절까지는 칭기즈칸의 대칸 즉위에서 위구르 · 금 · 호라즘 · 서하 정벌, 그리고 칭기즈칸의 사망에 관한 내용, 269절부터 282절까지는 오고타이 칸의 즉위와 치적에 관한 내용이다. 이 책은 이란의 역사가 라시드 앗딘이 쓴 《집사(集史)》, 중국인이 쓴 《원사(元史)》와 함께 몽골 제국에 대한 삼대 역사서로 불린다. 그중에서도 몽골인들 자신의 손으로 쓴 역사서라는 점 때문에 중요한 자료로 평가받고 있다. 우리나라에서는 《몽골비사》라는 제목으로 완역본이 출간되었다.

월인석보

저자 세종, 세조 **분류** 문학(한국) **원제** 月印釋譜 **출간 연도** 1459년(세조 5)

조선 세조 때 간행된 석가모니의 일대기. 모두 25권이었던 것으로 추정되며 현재까지 20권이 발견되었다. 세종이 지은 〈월인천강지곡(月印千江之曲)〉과 세조가 지은 〈석보상절(釋譜詳節)〉을 합본한 책이다. 1457년에 세조의 아들 왕세자 도원군이 사망하자 세조가 아들과 부왕 세종의 명복을 빌기 위해 당대의 고승과 학자들에게 명령하여 증보 · 편찬한 책이다. 내용은 〈월인천강지곡〉을 본문으로 하고 〈석보상절〉을 주석으로 하여 편찬하였다. 〈월인천강지곡〉은 〈용비어천가〉와 함께 조선 초기 악장 문학의 대표작이며, 〈석보상절〉은 훈민정음 창제 이후 불경의 내용을 한글로 번역 · 표기한 최초의 산문 작품이다. 두 책의 내용은 모두 석가모니의 일대기를 다룬 것으로 〈월인천강지곡〉은 악장(노래)으로, 〈석보상절〉은 산문으로 번역하였다. 이 책은 훈민정음 창제 직후의 한글 작품이자 조선 초기 왕실 불교의 면모를 잘 보여주는 작품으로 국문학사 · 불교사 · 서지학 분야에서 매우 귀중한 자료이다.

월든

저자 소로(Thoreau, Henry David, 1817~1862) **분류** 문학(미국)

원제 Walden, or Life in the Woods **출간 연도** 1854년

미국의 문인 헨리 데이비드 소로가 쓴 수필집. 저자는 1845년부터 1847년까지 월든 호숫가에서 홀로 생활하였는데, 이때의 체험을 바탕으로 쓴 책이다. 저자가 실제로는 2년 2개월을 숲에서 살았지만 책의 구성은 봄부터 이듬해 봄까지 1년 동안으로 압축하였다. 책의 내용은 숲 속 생활을 따라 전개되며, 밭을 일구고 물고기를 잡아 자급자족하며 자연 속에서 생활하는 즐거움에 대해 서술하였다. 이 책은 출간 당시에는 주목받지 못했으나, 현재는 문명비판과 환경 · 생태운동의 선구적 작품으로 높은 평가를 받고 있다.

월든 투

저자 스키너(Skinner, Burrhus Frederic, 1904~1990) **분류** 문학(미국)
원제 Walden Two **출간 연도** 1948년

미국의 심리학자 스키너가 쓴 소설. 심리학적 행동통제 기법에 의해 운영되는 '월든 투' 라는 이상사회를 그린 작품으로 일종의 유토피아 소설이다. 이 이상사회는 천여 명 남짓한 소집단에서 시작하여 점차 전 사회로 확대되며, 월든이라는 이름은 헨리 데이비드 소로가 쓴 《월든》에서 따온 것이다. 이 책에서 저자가 그린 이상사회는 구성원들이 최대의 행복을 누리는 사회이며, 사회 구성원 전체가 노동을 하기 때문에, 개개인의 노동 시간은 매우 작고 나머지 시간에는 여가를 즐기도록 되어 있다. 월든 투의 구성원들은 하루 네 시간 정도의 노동만 하면 나머지 시간은 자유롭게 자신이 원하는 일을 할 수 있다. 저자는 이러한 사회를 움직이는 방식으로 '행동공학' 을 제시하였다. 저자에 따르면 인간은 주어진 조건에 반응하는 동물이다. 따라서 행동공학에 입각하여 적절한 조건을 부여하면 모든 사람들이 욕심이나 게으름 없이 노동에 참여하고 자신의 적성을 계발하면서 행복과 보람을 느끼고 사는 사회를 만들 수 있다. 또한 아이들은 모두 행동공학에 입각한 공동부양으로 키우기 때문에 새로운 인간으로 성장하게 된다. 저자는 이 소설에서 심리학의 기법을 사회 운영에 적용함으로써 이상사회를 이룩할 수 있다는 새로운 형태의 유토

피아론을 제시하였다.

위대한 개츠비

저자 피츠제럴드(Fitzgerald, Francis Scott Key, 1896~1940) **분류** 문학(미국)/영화

원제 The Great Gatsby **출간 연도** 1925년

미국의 작가 스콧 피츠제럴드가 쓴 장편소설. 1920년대 미국을 배경으로 주인공 개츠비의 이루지 못한 사랑을 그린 작품이다. 소설은 중서부에서 대학을 졸업하고 증권업에 종사하기 위해 동부로 이주한 닉의 관점에서 전개된다. 닉이 사는 집 근처에 개츠비라는 큰 부자가 매일 밤마다 파티를 연다. 개츠비는 닉의 사촌인 데이지라는 여인을 사랑했지만, 제1차 세계대전에 참전하기 위해 그녀와 이별한다. 그로부터 5년 후, 주류밀매로 큰돈을 번 개츠비는 이미 다른 남자와 결혼한 데이지를 다시 찾는다. 개츠비는 데이지가 남편 톰 부캐넌과 결혼한 것은 단지 돈 때문이며, 자신과 데이지의 사랑은 변함이 없다고 믿는다. 그는 데이지가 사는 집 바로 앞의 큰 저택으로 이사한 후 매일 밤 데이지를 기다리며 파티를 연다. 개츠비는 닉의 도움으로 데이지와 다시 만나고, 잃었던 사랑을 되찾았다고 생각한다. 그러나 순수한 개츠비는 상류사회의 치정에 얽혀 희생되고 만다. 데이지가 운전하는 차를 타고 가던 개츠비는 데이지가 사람을 치어 죽이는 장면을 목격한다. 공교롭게도 피살자는 데이지의 남편 톰과 바람을 피우던 여자였다. 데이지를 사랑하는 개츠비는 비밀을 지킨다. 그러나 데이지는 남편 톰과 짜고 개츠비에게 혐의를 씌운다. 결국 개츠비는 피살자의 남편이 쏜 총을 맞고 숨을 거둔다. 개츠비의 장례식 날, 데이지는 참석조차 하지 않는다. 홀로 개츠비의 장례식을 지켜보던 닉은 데이지와 동부사람들의 삶에 환멸을 느끼고 고향으로 돌아간다. 이 소설은 헛된 꿈을 꾸다가 비극적 결말을 맞이하는 미국인의 모습을 보여줌으로써 미국 사회의 단면을 드러내었다는 평가를 받았다. 순수하고 낭만적인 청년 개츠비는 데이지와의 사랑이라는 '꿈'을 이루기 위해 노력한다. 그러나 개츠비는 그토록 이루고자 했던 그 '꿈' 때문에 어이없는 죽음을 맞는다. 탐욕과 이기심에 가득 찬 데이지는 순수한 개츠비를 이용한 후 내팽개친다. 결국 개츠비의 꿈은 추구할 가치

가 없는 것이었으며, 오히려 개츠비를 파멸시킨다. 작가는 데이지를 1920년대 물질문명의 풍요와 타락의 상징으로 묘사하고, 개츠비는 그러한 풍요와 타락 속에서 가치관을 잃고 방황하다 현실에 부딪혀 좌절하는 젊은 세대(소위 '상실의 세대')의 상징으로 묘사하였다. 이 작품은 1920년대 미국의 시대상을 극적으로 묘사하였다는 점 때문에 20세기 미국문학을 대표하는 작품으로 꼽힌다.

유림외사

저자 오경재(吳敬梓, 1701~1754) **분류** 문학(중국) **원제** 儒林外史 **출간 연도** 1745~1749년

중국 청나라 때의 문인 오경재가 쓴 소설. 모두 55회(56회본도 있음)로 이루어져 있다. 출세를 위해 과거시험에 몰두하는 사람들의 이야기를 '열전' 방식으로 구성하였다. 여기서 '열전'이란 중국의 역사서술 방식의 하나로 유명한 인물의 전기를 여러 편 이은 것을 말한다. 이 소설도 과거시험에 급제하기 위해 애쓰는 여러 인물들의 이야기를 열전과 같이 각 회마다 주인공을 바꿔서 다루고 있다. 작가는 이러한 방식을 통하여 청나라 유림(선비)들의 세계를 풍자적으로 묘사하고, 과거시험의 부패상과 팔고문의 폐해를 비판하였다. 이 소설은 표준적인 구어체 백화문을 사용하였으며, 《홍루몽》과 함께 청나라 시대 구어체 소설의 대표작으로 불린다.

유충렬전

분류 문학(한국) **원제** 劉忠烈傳 **출간 연도** 조선 인조~숙종 시대

조선 후기에 나온 저자 미상의 소설. 군담(軍談)소설 또는 영웅소설로 분류된다. 명나라를 배경으로 나라를 구한 영웅 유충렬의 일대기를 그린 작품이다. 명나라 영종황제 시대에 유심이라는 신하가 있었다. 유심 부부는 아이가 없어 치성을 드린 끝에 충렬이라는 아들을 얻는다. 충렬이 일곱 살 되던 해에 아버지 유심은 간신 정한담과 논쟁을 벌이다 정한담의 모함에 걸려 유배를 당한다. 정한담 일당은 이에 그치지 않고 충렬

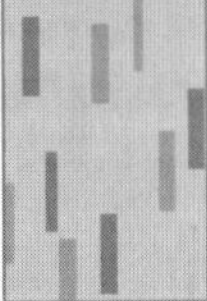

의 집을 불태우고 충렬과 어머니를 해치려 한다. 어머니와 함께 도피하다 헤어져 홀로 된 충렬은 강승상의 도움을 받아 목숨을 건진다. 그 후 충렬은 강승상 댁에 머물며 강승상의 딸 강소저와 혼례를 올린다. 그러나 강승상 역시 정한담의 음모로 유배당하고, 충렬은 광덕산 백룡사에 들어가 도승 밑에서 수도하며 때를 기다린다. 마침내 간신들의 모반으로 호국(胡國)군이 도성을 공격하고 황실 가족을 사로잡는 위기의 순간이 오자 충렬이 나서 적군을 물리치고 황제의 신임을 얻어 부모님을 구한다. 이 소설은 비록 명나라를 배경으로 하고 있지만, 실제로는 병자호란 이후 조선의 정서를 반영하고 있다. 유심과 정한담의 대결은 청나라에 대한 주전파와 주화파의 대립을 나타내며, 주인공 유충렬이 많은 위기를 극복한 끝에 호국을 두 차례나 정벌하고 호국왕을 죽이는 내용은 당시 조선인들의 반청감정을 대변한다고 할 수 있다. 또한 유심과 유충렬 부자를 충신으로, 정한담 일파는 간신으로 설정한 다음, 충신 부자가 몰락하였다가 다시 집권하는 것으로 이야기를 전개시킴으로써, 조선 후기 당파싸움에서 몰락한 계층의 염원을 반영하고 있다.

유토피아

저자 모어(More, Thomas, 1477~1535) **분류** 문학(영국) **원제** Utopia **출간 연도** 1516년

르네상스 시대의 영국 인문주의자 토마스 모어가 쓴 소설. 원래는 라틴어로 쓰였으며, 저자가 사망한 후 영역본이 나왔다. '유토피아'란 원래 그리스어로 '어디에도 없는 나라'라는 뜻이지만, 이 소설을 계기로 인류의 이상향이라는 의미를 갖게 되었다. 작가는 이 소설에서 기성세계의 인물이 여행 중에 미지의 이상세계(유토피아)를 방문하게 된다는 설정을 보여주었는데, 이러한 설정은 이후 《잃어버린 지평선》이나 《여자만의 나라》 등 유토피아 소설의 공식이 되었다. 소설의 내용은 저자가 유토피아를 방문한 히스로디라는 선원의 체험을 소개한 것으로 유토피아의 사회제도를 상세히 설명하였다. 유토피아의 사람들은 매일 몇 시간의 노동만 한 후 여가시간을 즐기며, 종교적 · 정치적으로 완전한 자유를 누리고 산다. 이러한 사회는 작가 모어가 이상적이라고 생각한 사회일 뿐 아니라, 르네상스 시대 유럽 인문주의자들이 바라던 사회상이

었다. 모어가 이러한 소설을 쓴 것은 현실도피적인 공상취향이라기보다는, 현실에 존재하지 않는 이상사회를 내세워 현실을 비판하고 개선하려는 의도였던 것으로 보인다.

유한계급론

저자 베블렌(Veblen, Thorstein, 1857~1929) **분류** 사회과학(경제학)

원제 The Theory of the Leisure Class: An Economic Study **출간 연도** 1899년

미국의 경제학자 소스타인 베블렌의 저서. 저자는 미국 제도주의 경제학파의 창시자이다. 이전의 경제학파가 경제현상을 이해하기 위하여 개인 · 기업 · 정부 같은 경제 주체에 대한 연구에 치중했다면, 제도학파는 그 주체들이 처한 사회적 · 제도적 환경을 중시하는 학파이다. 저자는 특히 경제 주체의 행동동기를 다른 주체와의 비교 또는 차별화로 설명하였다. 이 책에서 저자는 '유한계급'과 '과시적 소비'라는 개념을 가지고 자본주의 사회 부유층의 행태를 설명하였다. 저자에 따르면, 유한계급은 사회적으로 천시받는 노동과 관련이 없는 직업을 가진 사람들이다. 여기에는 자본가뿐 아니라 정치인 · 종교인 · 운동선수 · 교수 등이 포함된다. 저자는 이러한 유한계급은 '노동'이 아니라 '강탈'을 통해 살아간다고 규정하였다. 자본주의 사회의 유한계급은 과시적 소비와 과시적 여가를 통하여 대중들에게 자신들의 '능력(강탈 능력)'과 사회적 지위를 과시한다. 이러한 과시는 사회의 기득권층으로서의 자신들의 신분을 확인하고 유지하며 자신들과 하위계층을 차별화하는 기능을 가진다. 봉건사회에서는 이러한 과시가 사회의 최상층에 국한된 것이었다. 그러나 자본주의 사회에서는 이러한 소비양식이 사회 전체로 확산되어 하층계급도 상층계급의 소비양식을 모방하고 추종하려는 경향을 띤다. 그러므로 이러한 과시적 소비는 상류층(유한계급)에게는 신분의 과시와 확인을, 하류층에게는 상대적 상실감을 불러일으킨다. 저자는 여기서 더 나아가 이러한 과시 행태가 단지 경제적 소비 분야에 한정된 것은 아니라고 지적한다. 저자에 따르면, 자본주의 사회의 정치 · 군사 · 종교 · 스포츠 · 학문 · 문화 분야에서도 이러한 과시를 통한 차별화가 존재한다. 이와 같이 저자는 과시를 통한 사회적 차별화라는 개념으로 자본주의 사회의 삶을

설명하고자 시도하였으며, 그런 점에서 볼 때 이 책은 경제학뿐 아니라 사회학 및 사회평론에 있어서도 많은 시사점을 제기하였다.

육도삼략

분류 사회과학(군사학) **원제** 六韜三略

고대 중국의 병법서. 《육도》 6권과 《삼략》 3권을 합쳐 《육도삼략》이라 한다. 중국의 대표적 병법서를 모은 무경칠서(武經七書)에 속한다(무경칠서는 다음과 같다. 《손자(孫子)》, 《오자(吳子)》, 《사마법(司馬法)》, 《위료자(尉子)》, 《이위공문대(李衛公問對)》, 《삼략(三略)》, 《육도》). 《육도》는 깊이 감춘 병법의 요체를 뜻하며, 〈문도(文韜)〉 · 〈무도(武韜)〉 · 〈용도(龍韜)〉 · 〈호도(虎韜)〉 · 〈표도(豹韜)〉 · 〈견도(犬韜)〉 등 6권으로 되어 있다. 주나라 태공망(강태공)이 지었다고 하나 후세의 누군가가 태공망의 이름을 빌린 것으로 보인다. 《삼략》은 〈상략(上略)〉 · 〈중략〉 · 〈하략〉의 3편으로 이루어져 있으며 저자는 태공망, 황석공 등으로 전해지나 이 역시 후세의 위작으로 보인다. 《육도삼략》은 병법서이면서도 제자백가의 여러 사상이 섞여 있으며, 군사 관련 지식뿐 아니라 인간관계와 조직경영의 요체를 설명하고 있어 오늘날에는 기업 경영 측면에서도 읽히고 있다.

육조단경

분류 종교(불교) **원제** 六祖壇經

중국 남종선(南宗禪)의 창시자 육조 혜능(慧能)의 설법을 기록한 책. 혜능을 육조라 하는 것은 달마대사로부터 이어지는 중국 선불교의 법맥을 계승한 제6대라는 뜻이다. 혜능을 등장인물로 하여, 후대의 여러 선승(禪僧)들이 가필한 것으로 보인다. 이 책에서 혜능은 선종의 기본 종지(宗旨)인 직지인심(直指人心) · 견성성불(見性成佛)을 설법하였는데, 이는 깨달음을 얻어 부처가 되는 것이 아니라, 자신의 본성이 부처임을 깨닫는다는 취지이다. 육조의 남종선은 이후 임제종(臨濟宗) · 위앙종(仰宗) · 조동종(曹洞宗) · 운문종(雲門宗) · 법안종(法眼宗) 등의 5가(五

家)를 이루었으며, 이 가운데 임제종이 신라에 전해져 9산 선문(九山禪門)을 이루었고 후대 한국 불교의 주류가 되었다.

육사시집

저자 이육사(李陸史, 1904~1944) **분류** 문학(한국) **원제** 陸史詩集 **출간 연도** 1946년

독립운동가이자 시인 이육사의 유고 시집. 1944년 시인이 베이징 감옥에서 작고한 뒤 2년 후 문단 친구들이 20편의 유작을 모아 출간하였다. 〈청포도〉, 〈교목〉, 〈황혼〉 등 서정시와 〈광야〉, 〈절정〉, 〈꽃〉 등 독립운동의 의지를 담은 시들이 실려 있다. 이 시집은 이후 1964년에 《청포도》라는 제목으로, 1971년에는 《광야》라는 제목으로 재발간되었다.

은세계

저자 이인직(李人稙, 1862~1916) **분류** 문학(한국) **원제** 銀世界 **출간 연도** 1908년

대한제국 시대 이인직이 쓴 신소설. 1908년 원각사(圓覺社)에서 창극으로 상연되었다. 개화를 강조한 정치소설에 속한다. 현재 상권만 전하고 하권의 출간 여부를 알 수 없으므로 미완성 소설로 추정된다. 강원도 강릉에 사는 농민 최병도는 개화당의 주역 김옥균에게 감화를 받아 구국의 일념으로 재산을 모아 부자가 된다. 그러나 그의 재산을 노린 강원도 관찰사의 음모에 빠져 고초를 겪다 죽고, 부인은 정신이상이 된다. 최병도가 죽자 친구이자 개화파인 김정수가 그의 재산을 관리하고 최병도의 딸 옥순, 아들 옥남 두 남매와 함께 미국으로 유학을 떠난다. 미국 유학 도중 김정수는 재산을 모두 날린 후 술로 세월을 보내다 죽고, 옥순 남매도 자살을 시도하다 미수에 그친다. 이후 남매는 미국인의 도움으로 유학생활을 마치고 10년 만에 귀국하여 어머니를 찾는다. 정신이상이 된 어머니는 남매를 보고 정신을 차리고, 다음날 아버지의 명복을 빌러 절을 찾은 가족은 그곳에서 의병을 만난다. 의병을 설득하던 옥남은 그들에게 붙잡혀 가고 상권의 내용은 여기서 끝이 난다. 이 작품의 전반부는 판소리 〈최병두 타령〉을 소설화한 것으로 추정되며, 〈농부가〉·〈나무꾼

의 노래〉·〈상두소리〉 등 민요조의 가요가 많이 삽입되어 있다. 한편 후반부는 옥순·옥남 남매를 중심으로 전개되는데 전반부의 주제와 차이가 나기 때문에 서로 다른 두 이야기를 하나로 합쳐 놓은 것으로 보인다.

음향과 분노

저자 포크너(Faulkner, William Cuthbert, 1897~1962) **분류** 문학(미국)

원제 The Sound and the Fury **출간 연도** 1929년

미국의 작가 윌리엄 포크너의 장편소설. 미국 남부의 제퍼슨이라는 가공의 지역을 배경으로 콤프슨 가문이라는 명문가가 몰락하는 과정을 그린 작품이다. 소설은 콤프슨 가의 가족들(신경질적인 어머니, 사생아를 낳은 딸, 누이동생과 근친상간을 했다는 환상에 시달리다 자살하는 큰아들, 돈에 집착하는 작은아들, 백치인 막내아들 등)이 각자의 관점에서 이야기를 전개하는 방식을 택해 가족 각자의 복잡한 심리를 세밀하게 묘사하였다. 작가는 등장인물들의 독백을 통한 내면 묘사, 시간의 단절을 통한 극적 긴장 강조, 영화의 몽타주 수법 등을 사용하여 가족 간의 반목과 갈등을 생생하게 보여줌으로써 남부 상류사회의 위선과 부도덕함을 한 가문이 몰락해가는 과정을 통하여 파헤쳤다.

의지와 표상으로서의 세계

저자 쇼펜하우어(Schopenhauer, Arthur, 1788~1860) **분류** 철학(서양철학)

원제 Die Welt als Wille und Vorstellung **출간 연도** 1819년

독일의 철학자 쇼펜하우어의 저서. 저자는 인간이 인식하는 세계는 실재가 아니라 하나의 '표상' 일 뿐이라고 주장하였다. 그런 의미에서 저자는 "세계는 나의 표상이다"라고 규정하였다. 저자에 따르면 표상에 불과한 세계를 움직이는 실재(본질)는 '주관적 의지' 이며, 인간은 표상 너머에 있는 이 의지를 이성적으로 인식할 수 있다. 저자는 이 의지를 맹목적인 '살고자 하는 의지' 로 규정하고, 이 의지가 주관적이고 불안정하며 비이성적이기 때문에 세계는(인간의 삶은) 끊임없는 욕망과 고통의

상태에 처한다고 파악하였다. 따라서 인간의 삶을 불행으로 이끄는 가장 큰 원인인 고통은 바로 '의지'에서 기인하는 것이므로 이 의지에서 벗어나면(해탈) 극복할 수 있다. 그러므로 인간은 이성을 통하여 이 의지를 부정함으로써 자아의 고통에서 벗어나고 타인의 고통에 공감할 수 있다. 저자는 타인의 고통에 대한 동고(同苦, Mitleid)을 최고의 덕이자 윤리의 근본원리로 규정하였다. 이와 같은 저자의 철학은 독일 관념론 철학과 불교를 비롯한 인도철학의 영향을 받은 동·서 사상이 혼합된 독특한 철학으로 19세기의 철학과 문학에 큰 영향을 미쳤다.

이기적인 유전자

저자 도킨스(Dawkins, Richard, 1941~) **분류** 자연과학(생물학)

원제 The Selfish Gene **출간 연도** 1976년

영국의 생물학자 리처드 도킨스의 저서. 진화생물학(사회생물학)의 관점에서 생명체 진화의 역사를 설명한 책이다. 저자는 생명체 개체의 행동을 결정하는 기준은 유전자의 이익이라고 규정하고, 이 기준에 입각하여 진화가 이루어졌다고 설명하였다. 저자에 따르면, 유전자는 자기 복제를 목적으로 하며 생명체는 이러한 유전자의 목적 달성을 위해 움직이는 하나의 기계와 같다. 유전자는 생존과 복제를 위해 이기적으로 행동하기 때문에 유전자들 사이에는 경쟁·이용·속임수가 일어나며, 이것은 생명체의 서로 다른 종들 사이의 경쟁 및 같은 종 내에서 세대별·성별 경쟁으로 나타난다. 한편 저자는 인간에 대해서는 기본적으로 유전자의 영향을 인정하면서도 '밈(문화 유전론)'이라는 개념을 사용하여 인간의 문화적 전승과 이타적 특성을 설명하였다. 밈이란 모방을 의미하며 문화적 진화의 단위이다. 유전자는 한 생명체에서 다른 생명체로 복제된다. 반면 밈은 모방을 통해 한 인간의 뇌에서 다른 인간의 뇌로 복제된다. 저자는 이와 같은 모방을 통한 문화의 유전으로 인해 인간의 문화적 특징이나 이타적 관습이 형성되었다고 설명하였다.

이데올로기와 유토피아

저자 만하임(Mannheim, Karl, 1893~1947) **분류** 사회과학(사회학)

원제 Ideologie und Utopie **출간 연도** 1929년

헝가리 출신으로 독일에서 활동한 지식 사회학자 칼 만하임의 저서. 저자는 사회학자로서 마르크시즘의 영향을 받았으나, 마르크시즘의 한계를 넘어서는 새로운 사회학을 정립하려고 시도하였다. 저자는 이러한 시도에 입각하여 근대사회에서 이데올로기와 유토피아라는 개념을 분석하였다. 저자에 따르면, 이데올로기는 현실을 정당화하는 것이며, 유토피아는 현실을 부정하고 미래를 지향하는 것이다. 저자는 이데올로기에 대한 마르크스의 관점을 비판적으로 받아들여 자신의 이데올로기론을 정립하였는데, 마르크스가 이데올로기와 지식은 계급적 이해에 따라 규정된다고 달라진다고 본 반면, 저자는 그러한 영향을 인정하면서도 계급적 이해뿐 아니라 그 밖에 문화적 · 사회적 요인이 중요한 영향을 미친다고 주장하였다. 저자는 이러한 관점에 입각하여 '지식사회학' 이란 새로운 학문을 창시하였다. 지식사회학이란 '존재구속성' 을 연구하는 학문으로 지식이 사회적 요인에 의해 제약(영향)을 받는다는 것을 전제로 하여 연구하는 학문이다. 존재구속성이란 지식이 사회적 존재에 의해 구속되는 방식을 말하며, 지식사회학은 그러한 방식을 분석하여 지식과 그 지식에 영향을 미친 사회적 요인의 관계를 연구한다. 이와 같이 저자는 지식이란 단순히 계급적 이해관계뿐 아니라 문화적 · 사회적 관계에 의해 영향을 받는다고 규정하였으며, 그러한 지식의 생산과 보급을 담당하는 주체로서 지식인의 역할을 강조하였다.

이바르의 책(성찰의 책)

저자 이븐 할둔(Ibn khaldun, 1332~1406) **분류** 역사(세계사)

원제 Kitab al-'Ibar **출간 연도** 1375~1378년

모로코의 역사가 이븐 할둔의 저서. 원제는 《성찰의 책, 아랍인과 페르시아인과 베르베르인 및 그들과 동시대에 존재했던 탁월한 군주들에 관한 초기 및 그 후대 역사의 집성》이다. 이 책은 아랍 민족 · 페르시아

민족 · 베르베르 민족의 역사를 기록한 일종의 세계사이다. 책의 구성은 전 3부 7권으로 되어 있으며, 제1부는 문명의 성립과 존속에 관한 일반론, 제2부는 천지창조에서 할둔이 살던 시대까지의 아랍인과 그 밖의 민족들의 역사, 제3부는 베르베르족과 마그리브 왕조의 역사를 다루었다. 저자는 이 책의 서론에 해당하는 〈역사서설(무캇다마)〉에서 독특한 순환사관을 제시하여 세계사의 흐름을 설명하였다. 그에 따르면, 인간사회는 유목민과 도시 정주민으로 구분된다. 거친 사막에서 생활하는 유목민족은 생존을 위해 구성원들이 단결하는 '집단의식(아사비야)' 을 가짐으로써 강력한 세력으로 성장한다. 그러나 유목민족이 정주(定住) 민족을 지배하고 도시화 · 문명화되면 이 집단의식이 깨어지면서 쇠퇴의 길로 접어들게 된다. 그러면 새로운 유목민족이 지배자로 등장하게 된다. 이와 같이 저자는 단순히 과거에 일어난 일을 서술하는 데 그치지 않고, 과거 속에서 역사의 법칙을 찾으려고 하였다. 이러한 역사인식 때문에 오늘날의 많은 학자들은 저자를 근대 역사학과 사회학의 선구자로 평가하고, 그의 이론과 근대 학문과의 연관성을 연구하고 있다.

이반 데니소비치의 하루

저자 솔제니친(Solzhenitsyn, Aleksandr Isayevich, 1918~) **분류** 문학(러시아)

원제 Odin Den' Ivana Denisovicha **출간 연도** 1962년

현대 러시아의 작가 알렉산더 솔제니친의 중편소설. 스탈린 시대 강제수용소에 갇힌 죄수의 하루 일과를 묘사한 작품이다. 주인공 이반 데니소비치 슈호프는 농민 출신으로 제2차 세계대전에 참전했다가 독일군의 포로가 된다. 간신히 탈주하여 복귀하지만 간첩으로 몰려 10년 형을 선고받고 강제수용소에 수용되고 만다. 소박하고 현실적인 성격의 슈호프는 수용소의 비인간적 처우에 저항하거나 탈출할 생각 없이 그저 하루하루를 무사히 보내기만을 바라며 살아간다. 소설은 슈호프가 수용소 생활 8년째의 어느 아침에 눈을 뜰 때부터 밤에 침상에 누워 눈을 감을 때까지 하루 일과를 따라 전개된다. 이날 슈호프는 영창에 가지도 않았고, 식사도 배불리 먹었으며, 생활도구로 쓸 줄칼도 손에 넣었기 때문에 만족스러운 하루였다. 잠자리에 든 슈호프는 내일도 이런 운수좋은 날

이 되기를 바라며 잠든다. 저자는 가혹한 환경에서 살아가는 인간의 모습을 사실적으로 묘사하면서, 여기에 유머와 풍자를 더하여 수용소의 비인간적 삶이 더 극명하게 드러나는 문학기법을 사용하였다. 특히 주인공 슈호프가 보여주는 현실을 묵묵히 감내하는 순박한 농민의 이미지는 19세기 러시아 문학의 전통을 계승하였다는 평가를 받았다.

이방인

저자 카뮈(Camus, Albert, 1913~1960) **분류** 문학(프랑스)

원제 L'étranger **출간 연도** 1942년

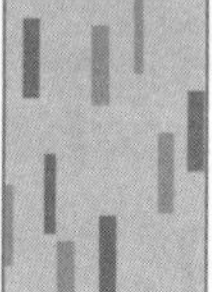

프랑스의 작가 알베르 카뮈의 소설. '부조리'와 '반항'의 작가로 알려진 저자의 첫 번째 소설이다. 저자는 이 소설에서 주인공 뫼르소의 삶을 통해 인간 존재의 부조리를 묘사하였다. 주인공 뫼르소는 세상만사에 무관심하고 냉담한 태도를 유지하며 사는 인물이다. 어머니의 장례식 다음날 애인과 바닷가에 놀러 가고, 사소한 다툼 끝에 우발적으로 살인을 저지르지만, 그 모든 일들이 그에게는 의미 없는 것일 뿐이다. 살인의 대가로 사형을 선고받고 사형집행을 기다리는 순간에도 뫼르소의 마음은 담담하다. 저자는 뫼르소를 통해서 이 세상이란 모순 덩어리이며, 인간이 이해할 수 없는 부조리로 가득 찬 곳이라고 말한다. 그런 세상에 살아가도록 던져진 인간의 삶도 역시 부조리할 수밖에 없다. 대부분의 사람들은 그 부조리를 받아들이고 살아가지만 뫼르소는 그러지 않는다. 뫼르소는 자신이 이해할 수 없는 부조리를 받아들이려 하지 않는다. 다시 말해서 사회가 자신에게 요구하는 역할을 이해하지 못하기에 받아들이려 하지 않는 것이다. 그렇기 때문에 그는 부모의 죽음에 대한 무관심하고 살인을 저지르는 등 사회적 일탈을 보이지만 그에게 있어서는 그 또한 부조리한 세계와 인생의 일부일 뿐이다. 뫼르소는 자신이 이해할 수 없는 일을 거부함으로써 자신에게 솔직했을 뿐이며, 부조리한 세상에 반항한 것이다. 이 작품은 저자의 실존주의 철학을 극명하게 표현하였으며, 실존주의 문학의 기념비적 작품으로 평가받고 있다.

이상한 나라의 앨리스

저자 캐럴(Carroll, Lewis, 1832~1898) **분류** 문학(영국)
원제 Alice's Adventures in Wonderland **출간 연도** 1865년

영국의 수학자이자 작가인 루이스 캐럴(본명 Charles Lutwidge Dodgson)이 쓴 동화. 앨리스라는 어린 소녀가 흰 토끼를 따라 이상한 나라를 여행하며 겪는 모험담을 그린 동화이다. 원제는 《앨리스의 지하 세계 모험(Alice's Adventures Under Ground)》이다. 옥스퍼드 대학의 수학 교수였던 저자가 그 대학의 학장 헨리 리들의 아이들에게 들려준 이야기를 책으로 쓴 것이라고 한다. 앨리스는 이상한 나라에서 말하는 동물들과 움직이는 물건들, 이상한 공작부인과 트럼프 여왕을 만나는 등, 지상의 나라에서는 볼 수 없는 갖가지 모험을 한다. 앨리스의 눈에 비친 이 세계는 분명 이상한 세계이지만, 이상한 세계에서는 오히려 앨리스가 이상한 사람 취급을 받는다. 어른이라면 당황하겠지만, 앨리스는 오히려 호기심을 느끼고 새로운 친구들과의 만남을 즐긴다. 결말 부분에서 억울한 누명을 쓰고 재판을 받던 앨리스는 소리를 지르다 잠에서 깨어난다. 저자는 전래동화를 새롭게 패러디하고 거기에 자신의 창작을 더해서 한 편의 멋진 동화를 만들어 내었다. 특히 아이들의 시각에서 자유분방한 상상력을 마음껏 발휘하여 그려낸 이상한 나라에 대한 묘사는 오늘날에도 큰 인기를 끌고 있다.

이솝 우화집

저자 이솝(Aesop, BC 6?) **분류** 문학(그리스) **원제** Aesop's Fable

고대 그리스의 우화작가 이솝이 지었다고 전하는 우화집. 동물을 주인공으로 등장시켜 인간의 탐욕과 어리석음 · 위선을 풍자한 작품이다. 이솝의 창작으로 전해지지만, 그가 당시 전하던 우화를 편찬하였을 가능성도 있으며, 후대에 인도 등지의 많은 우화가 추가된 것으로 보인다. 이와 같이 전해져 온 우화를 14세기에 콘스탄티노플의 수도사 플라누데스가 편집하여 오늘날과 같은 형태의 우화집이 나오게 되었다. 〈황새와 여우〉, 〈시골쥐와 도시쥐〉, 〈오만한 노새〉, 〈황소와 개구리〉, 〈북풍과 태

양〉, 〈개미와 비둘기〉, 〈사자와 여우〉, 〈여우와 포도〉, 〈거북과 토끼〉 등의 우화가 실려 있다.

25시

저자 게오르규(Gheorghiu, Constantin-Virgil, 1916~1992) **분류** 문학(유럽)

원제 Vingt-cinquième heure **출간 연도** 1949년

루마니아의 작가 게오르규의 장편소설. 작가가 파리로 망명한 후 프랑스어로 출판한 작품이다. 루마니아의 순박하고 선량한 농부 요한 모리츠가 제2차 세계대전의 소용돌이에 휩쓸려 겪는 인생유전을 다룬 작품이다. 모리츠는 유대인이라는 모함을 받아 유대인 수용소에 수감된다. 모리츠는 자신은 유대인이 아니라고 항변하지만, 간수들도 유대인 수용자들도 그를 유대인으로 몰아세운다. 모리츠는 어쩔 수 없이 수용소를 탈출하여 헝가리로 도피하는데, 이번에는 루마니아인이라는 이유로 체포되어 고초를 겪고 강제노역에 동원되어 독일로 끌려간다. 나치스의 강제노동 수용소에 보내진 모리츠는 어이없게도 게르만 민족의 원류인 영웅족의 후예로 인정되어 졸지에 독일군이 된다. 포로 수용소의 감시병 노릇을 하던 모리츠는 프랑스 포로를 구출하여 함께 연합군 지역으로 탈주하는데, 이번에는 적국의 시민이라는 이유로 연합군에 의해 수용소에 갇히게 된다. 이곳저곳 수용소를 거치며 영문도 모른 채 갇힌 생활을 하던 모리츠는 어느 날 역시 이유도 모른 채 석방된다. 풀려난 모리츠는 아내와 재회하지만, 이번에는 제3차 세계대전이 일어나 동유럽인이라는 이유로 다시 갇히는 신세가 되면서 소설은 끝난다. 저자는 전쟁에 말려든 한 인간이 자신의 의지와 무관하게 이용당하고 억압받는 과정을 통해 인간을 인간으로 인정하지 않고 도구나 수단으로 간주하는 기계문명과 전체주의의 독선과 해악을 날카롭게 비판하였다. 또한 주인공 모리츠가 모든 고난을 참고 견디며 끝까지 인간다움을 버리지 않는 모습을 통해 인간성 회복의 희망을 강조하였다.

이중나선

저자 왓슨(Watson, James D., 1928~) **분류** 자연과학(생물학)

원제 The Double Helix **출간 연도** 1967년

미국의 분자생물학자 제임스 왓슨의 저서. 저자는 1953년에 크릭과 공동으로 DNA 구조의 이중나선 모델을 발표하였는데, 이 공로로 1962년 노벨 생리·의학상을 수상하였다. 이 발견으로 생물학의 일대 혁신이 일어났으며, 오늘날 유전자 공학의 기초가 되었다. 저자는 이 책에서 DNA 이중나선 구조를 발견하게 된 과정과 과학자들 간의 협력과 경쟁관계에 대해 설명하였다. 책의 내용을 보면, 미국 출신의 저자가 영국에서 겪은 문화적 충격, 화학지식의 부족으로 인한 좌절, DNA 연구를 위한 엑스선 회절법 자료를 구하기 위해 케임브리지 대학에 오게 된 사연, 크릭과의 공동 연구과정, 로잘린드 프랭클린의 엑스선 회절 자료를 분석한 왓슨과 크릭이 DNA의 구조는 나선 모양이라고 확신하게 되는 과정 등이 생생하게 묘사되어 있다. 이 책은 세계를 변화시킨 대발견의 과정과 그 이면에 얽힌 뒷이야기를 들려줌으로써 현대과학에 대한 이해를 도와준다.

2001 스페이스 오디세이

저자 클라크(Clarke, Arthur Charles, 1917~) **분류** 문학(미국)/영화

원제 2001 A Space Odyssey **출간 연도** 1968년

영국의 공상과학소설가 아서 클라크가 쓴 공상과학소설. 저자는 아이작 아시모프, 로버트 하인라인과 함께 공상과학소설의 '빅3'로 불리는 작가이다. 이 소설은 스탠리 큐브릭 감독의 영화로도 널리 알려져 있다. 소설은 선사시대의 유인원들이 어느 날 알 수 없는 검은 돌판(모노리스)과 마주치면서 시작된다. 이 검은 돌판은 유인원들에게 도구의 사용법을 가르치는 등 커다란 영향을 미치고, 이에 자극받은 유인원들은 문명을 향한 진화를 시작한다. 오랜 세월 동안 진화를 거듭한 인간은 드디어 지구 바깥으로 진출하게 되고, 달에서 검은 돌판을 발견하면서 외계문명의 존재를 깨닫게 된다. 지구인들은 검은 돌판과 외계문명의 수수께끼를 풀기 위해 토성으로 탐사선을 발사한다. 탐사선 디스커버리호에 탑승한 조종사 보우먼과 폴은 인공지능 컴퓨터 할 9000의 도움을 받아

토성으로 향한다. 그런데 할이 갑자기 반란을 일으켜 폴은 죽고 보먼도 위기를 맞는다. 간신히 할을 무력화시킨 보먼은 마침내 토성에 도달하여 검은 돌판을 발견한다. 그 순간 보먼은 우주공간으로 빨려 들어가는 신비한 체험을 한다. 초우주의 세계에서 보먼은 인류문명을 만든 창조자(외계인)와 자신의 미래, 그리고 인류의 미래를 보게 된다. 작가는 인류문명이 고도의 능력을 가진 외계문명에 의해 창조되었다고 설정하고, 인류가 외계문명과 만나 그들의 의도를 알아가는 과정을 과학적 원리에 입각한 묘사를 통해 보여주었다. 특히 인간과 컴퓨터와의 대결을 통해 인류가 기계문명의 발달을 통제하지 못하면 재앙을 초래할 수 있다는 것을 보여줌으로써 과학의 발달로 인한 무한한 가능성과 심각한 문제점을 동시에 보여주었다.

이탈리아 르네상스의 문화

저자 부르크하르트(Burckhardt, Jacob, 1818~1897) **분류** 역사(서양사)

원제 Die Kultur der Renaissance in Italien **출간 연도** 1860년

스위스의 역사가 야코프 부르크하르트의 저서. 저자는 르네상스 문화사 연구의 대가로서 '르네상스'를 문화사의 한 시대로 정립시킨 학자이다. 저자는 14세기부터 16세기까지 이탈리아 문화의 변천과정을 연구하여 그 시대에 인간에 대한 새로운 인식이 등장하고, 보다 근대적인 사고방식이 형성되었다는 것을 발견하였다. 이 책에서 저자는 당시 사람들의 언어와 관습을 비롯한 일상생활과 사회질서의 거의 모든 부분을 연구하여 이를 6부로 구성하였다. 제1부 〈예술품으로서의 국가〉에서는 13~16세기 이탈리아 정치사를 당시 이탈리아인들의 의식구조와 연관 지어 설명하였으며, 제2부 〈개인의 발전〉에서는 중세시대에는 중요하게 여겨지지 않던 '개인'과 '개성'에 대한 의식이 르네상스 시대에 들어 주목받게 된 과정을 설명하였다. 제3부 〈고대의 부활〉에서는 이러한 개인주의의 대두를 고대 그리스 · 로마 문화의 부활이라는 관점에서 설명하였으며, 제4부 〈세계와 인간의 발견〉에서는 이 시대에 자연에 대한 새로운 인식이 등장하고 자연과학이 발전한 결과 인간과 자연에 대한 유럽인의 의식이 변화하는 계기가 되었다고 설명하였다. 이어 제5부 〈사교와 축제〉에

서는 각 사회계층들의 사교생활과 가정생활, 여성 지위의 변천과정을 설명하였으며, 제6부 〈도덕과 종교〉에서는 기독교 도덕의 문화적 변천과정을 설명하였다. 이러한 연구를 통해서 저자는 이 시대에 형성되기 시작한 새로운 문화가 근대 유럽 문화의 밑바탕이 되었다고 주장하였다.

인간 등정의 발자취

저자 브로노우스키(Bronowski, Jacob, 1908~1974) **분류** 자연과학(과학일반)

원제 The Ascent of Man **출간 연도** 1973년

폴란드 출신으로 영국에서 활동한 수학자이자 문학자 브로노우스키의 저서. 1973년 BBC에서 방영한 같은 제목의 13부작 과학 다큐멘터리의 내용을 중심으로 엮은 책이다. 저자는 이 책에서 인간이 이룩한 문화적 진화를 '인간의 등정' 이라 부르면서, 인간이 다른 동물들과 달리 어떻게 문화적, 과학적으로 '진보' (진화)했는지를 인간지성의 발달사를 통해 설명하였다. 저자는 선사시대 오스트랄로피테쿠스의 두개골에서 시작하여 빙하시대–농업혁명–고대 천문학과 수학의 발전–지동설과 만유인력의 발견–진화론과 상대성 이론의 등장–대량학살과 핵무기의 시대에 이르기까지 과학뿐 아니라 문화 · 예술 · 건축 등 모든 분야에 걸친 인간지성의 발전과정을 소개하면서, 과학이란 인간을 인간답게 만드는 '인간적 지식' 이라는 자신의 자연철학을 강조하였다.

인간 문제

저자 강경애(姜敬愛, 1906~1943) **분류** 문학(한국)/여성 **원제** 人間問題 **출간 연도** 1934년

일제 시대의 여성작가 강경애의 장편소설. 1934년 8월부터 12월까지 〈동아일보〉에 연재되었던 작품이다. 1930년대 농민과 노동자의 삶과 노동운동의 실상을 묘사한 소설이다. 소설의 전반부는 용연읍이라는 농촌을 배경으로 농민문제를 그렸으며, 후반부는 인천을 배경으로 당시의 노동현실과 노동운동을 다루었다. 용연읍의 지주 정덕호는 소작인들을 착취하는 악덕 지주로 악명이 높은 인물이다. 정덕호의 집에서 몸종으

로 살던 선비와 간난이는 정덕호에게 성폭행을 당하고 탈출하여 서울로 간다. 선비와 같은 마을에 사는 청년 첫째는 정덕호에게 밉보여 땅을 빼앗기고 인천부두에서 노동자 생활을 하게 되는데, 그곳에서 대학생 출신의 유신철을 만나 노동운동에 눈을 뜨게 된다. 한편 선비와 간난이는 인천의 방직공장에서 노동자 생활을 하게 되고, 유신철의 도움으로 노동운동에 동참하게 된다. 열성적 노동운동가가 된 첫째는 유신철의 지원으로 부두 노동자 파업을 주도하는데, 믿었던 유신철이 체포된 후 전향하였다는 소식을 듣고 충격을 받는다. 여기에 선비마저 폐결핵으로 세상을 떠나자 슬픔과 분노로 고뇌하던 첫째는 결국 인간 문제는 지식인이 아니라 노동자 자신이 해결할 수밖에 없다는 결론을 내린다. 작가는 연재에 앞서 "이 시대에 있어서 인간의 문제를 해결할 인간이 누구며, 그 인간으로서의 갈 바를 지적하려 했다"고 밝혔으며, 이 소설은 일제 시대 농촌현실과 노동문제를 사실적으로 보여준 대표작으로 꼽힌다.

인간과 상징

저자 융(Jung, Carl Gustav, 1875~1961) 외 **분류** 자연과학(심리학)/인문학(신화학)

원제 Man and His Symbol **출간 연도** 1968년

스위스의 정신분석학자 칼 융과 그 제자들이 쓴 책. 융은 분석심리학의 창시자이며, 정신분석에 있어 집단적 경험의 중요성을 강조한 '집단 무의식' 개념을 제시하였다. 융은 이 집단무의식의 개념을 통해 신화, 전설, 꿈 등이 인간 정신에 미치는 영향을 연구하였다. 융에 따르면, 집단무의식은 인간의 꿈에 나타나는 '상징'을 통해서 인간에게 영향을 미친다. 융은 이와 같이 신화, 전설, 꿈을 통해서 반복적으로 나타나는 이미지를 '원형'의 이미지라고 설명하였다. 이 원형개념에 의하면, 신화, 전설, 꿈 등은 인간 존재의 기본적 상황을 나타내는 것이다. 따라서 원형은 인간정신을 이해하고 인간정신의 산물인 문화 · 예술 · 과학을 이해하는 출발점이다. 이 책은 융이 자신의 분석심리학을 대중들에게 알리기 위해 쓴 안내서로 집단무의식의 세계에 대해 알기 쉽게 소개하였다. 책의 구성은 5부로 되어 있으며, 제1부 〈무의식에의 접근〉은 개론에 해당하며 융 자신이 집필하였다. 제2부 〈고대 신화와 현대인〉은 조셉 핸더슨이 집필하였으

며, 고대 신화 속에 나타나는 원형에 대해 설명하였다. 제3부 〈개성화의 과정〉은 마리 루이제 폰 프란츠가 집필하였으며, 개인의 정신 속에 작용하는 의식과 무의식의 관계를 설명하였다. 제4부 〈시각 예술에 나타난 상징성〉은 아니엘라 야페가 집필하였으며, 미술작품에 나타난 무의식의 상징에 대해 설명하였다. 제5부 〈개인 분석에 나타난 상징〉은 욜란드 야코비가 집필하였으며, 정신분석 사례를 통해 꿈의 상징성을 설명하였다.

인간불평등 기원론

저자 루소(Rousseau, Jean-Jacques, 1712~1778) **분류** 사회과학(사회학)/정치(계몽주의)

원제 Discours sur l' origine et les fondements de l' inégalité parmi les hommes

출간 연도 1755년

프랑스의 계몽사상가 장 자크 루소의 논문. 1753년 디종 아카데미에서 현상 공모한 '인간 사이에 있어 불평등의 기원은 무엇인가, 그리고 불평등은 자연법에 의해 정당화될 수 있는가' 라는 주제의 논문현상모집에 응모한 논문이다. 그러나 이 공모에서는 낙선하였고, 1755년에 네덜란드에서 출판되었다. 루소는 인간 사이에 있어 불평등을 자연적 불평등과 인위적 불평등으로 구분하였다. 자연적 불평등은 건강 · 신체 · 외모 · 두뇌의 차이에서 유래하는 자연적인 것이다. 반면 인위적 불평등은 사회생활에서 기인하는 것이다. 루소는 그러한 인위적 불평등의 기원으로 사유재산을 꼽았으며, 역사의 발전에 따라 사유재산의 격차에 따른 불평등은 더욱 심화되었다고 설명하였다. 루소에 따르면, 인간은 본래 공동체를 이루지 않고 살아가는 존재이며 이것이 인간의 '자연상태' 이다. 그러나 공동생활을 하고 사유재산이 생기면서 인간들 사이에 불평등이 시작되었다. 따라서 논문 공모에서 제기한 '불평등이 자연법에 의해 옹호될 수 있는가?' 란 질문에 대해 루소는 옹호될 수 없다는 답변을 한 것이다. 루소는 이러한 논지를 1 · 2부로 나누어 1부에서는 인간의 자연상태를 묘사하고, 2부에서는 공동생활로 인한 불평등과 타락과 불행의 역사를 설명하였다.

인간오성론

저자 로크(Locke, John, 1632~1704) **분류** 철학(서양철학)

원제 An Essay Concerning Human Understanding **출간 연도** 1690년

영국의 철학자 존 로크의 저서. 로크는 영국 경험론 철학의 대표적 철학자이다. 저자는 이 책에서 인간 지식의 원천, 지식의 확실성과 범위를 고찰하여 인간의 지성을 이해하고자 시도하였다. 책의 구성은 전부 4권으로 제1권은 본유의 개념에 대하여, 제2권은 관념론에 대하여, 제3권은 언어론에 대하여, 제4권은 지식론에 대하여 다루었다. 제1권에서 저자는 인간의 마음속에 어떤 본질적(선천적) 원리나 관념이 존재하는 것이 아니며, 인간의 모든 지식은 감각과 반성이라는 후천적 경험을 통해 얻어진다는 경험론의 입장을 분명히 밝혔다. 제2권에서는 인간의 오성(지성)의 대상은 관념이고, 이 관념은 경험에서 나온다고 규정하였다. 저자는 관념을 다시 단순관념과 복합관념으로 나누어 설명하였다. 경험을 통해 직접 얻어지는 것은 단순관념이며, 이러한 단순관념들에서 복합관념이 형성된다. 저자는 형이상학자들이 말하는 '실체'나 '본질'과 같은 추상적 개념은 모두 복합관념일 뿐이라고 지적하면서 형이상학을 배격하였다. 제3권에서는 언어를 논하면서, 언어는 사물을 표기하는 기호가 아니라 '사물의 관념'을 표기하는 기호로 규정하였다. 제4권에서는 지식을 즉각적 지식, 논증적 지식, 감각적 지식으로 나누어 설명하였다. 저자에 따르면, 지식이란 관념 사이의 일치 또는 불일치를 지각하는 것이다. 이상과 같이 저자는 이 책에서 영국 경험론의 기본 체계를 확립하였으며, 저자의 경험론 철학은 이후 버클리와 흄이 계승하였다.

인간의 굴레

저자 몸(Maugham, William Somerset, 1874~1965) **분류** 문학(영국)

원제 Of Human Bondage **출간 연도** 1915년

영국의 작가 서머셋 몸의 장편소설. 주인공 필립 케어리가 어려서 양친을 잃고 어렵게 성장한 후 연애를 경험하면서 인생의 의미를 깨닫는 일종의 성장소설이다. 필립은 아홉 살 때 부모를 잃고 삼촌 밑에서 자란

다. 날 때부터 다리가 불구인 필립은 고아라는 굴레와 장애인이라는 굴레 때문에 내성적인 성격에 책을 좋아하는 소년이 된다. 독일과 프랑스 등지에서 공부한 필립은 영국으로 돌아와 의학 공부를 시작하는데, 밀드레드 로저스라는 웨이트리스를 만나게 된다. 필립은 밀드레드를 짝사랑하게 되지만, 밀드레드는 필립의 마음을 받아들이지 않고 밀러라는 독일인과 결혼한다. 그러나 밀드레드는 곧 밀러와 헤어지고 그와의 사이에 낳은 딸을 데리고 필립 앞에 나타난다. 필립은 밀드레드와 그녀의 딸을 받아들여 보살피지만, 밀드레드는 여전히 필립을 우롱한 끝에 떠나버린다. 필립은 그녀가 떠난 뒤에도 여전히 사랑의 굴레에서 벗어나지 못하고 괴로워한다. 거리의 창녀로 전락한 밀드레드와 다시 만난 필립은 이번에도 그녀를 받아들이지만, 밀드레드 때문에 의학 공부조차 포기하고 여러 가지 직업을 전전하며 자포자기 상태로 살아간다. 그러던 필립은 샐리라는 아가씨를 만나면서 비로소 마음의 안정을 찾고 선박 의사가 되어 세계를 여행할 꿈을 세운다. 그러나 샐리가 임신했다는 소식을 들은 필립은 그 꿈을 포기하는데, 그러면서 자신이 진정 원하고 앞으로 살아갈 길이 무엇인지를 깨닫게 된다. 그러면서 필립은 밀드레드라는 사랑의 굴레에서 벗어나게 된다. 샐리와 결혼하여 시골 의사로 정착한 필립은 그동안 자신을 괴롭혀 온 모든 굴레에서 벗어나 삶에 대한 자신감을 찾은 한 사람의 인간으로 살아간다.

인간의 그늘에서

저자 구달(Goodall, Jane, 1934~) **분류** 자연과학(생물학)/여성

원제 In The Shadow of Man **출간 연도** 1971년

영국의 동물행동학자 제인 구달의 저서. 저자가 1960년대부터 11년간 아프리카 탄자니아의 곰비 국립공원에서 침팬지를 연구한 연구 보고서이다. 저자가 침팬지를 연구하게 된 동기, 낯선 사람을 경계하던 침팬지들과 6개월 만에 친숙해지게 된 과정, 침팬지의 사회생활에 대한 상세한 설명이 실려 있다. 저자에 따르면, 침팬지는 무리를 이루어 사회생활을 하며, 태어나서 죽을 때까지 다른 침팬지들과 사회적 관계를 맺으며 살아간다. 침팬지들은 연령과 성별에 따라 무리 내에서 각자의 서열을 가

지며, 자신의 서열에 맞는 사회적 행동을 한다. 저자는 특히 침팬지가 풀줄기를 이용해 흰개미를 잡아먹는다는 것을 발견함으로써 인간만이 도구를 사용한다는 기존의 통념을 뒤집었다. 또 침팬지들의 다양한 의사소통 방식을 연구하여 침팬지들도 인간과 마찬가지로 풍부한 감정과 정서를 가지고 있음을 밝혔다. 저자는 이와 같은 발견을 바탕으로 동물과 자연에 대한 인간의 무지와 오만을 비판하였다. 이 책은 에드워드 윌슨의 《개미》와 함께 동물행동학의 고전으로 불린다.

인간의 역사

저자 일린(Il' in, Mikhail, 1895~1953) **분류** 자연과학(생물학)

원제 Il ya Yakovevich Marshak **출간 연도** 1946년

러시아의 과학 저술가 미하일 일린과 그의 아내 세가르의 공저서. 원제는 《인간은 어떻게 해서 거인이 되었는가》이다. 저자는 일반인들에게 과학의 성과를 알리는 책을 많이 썼는데, 이 책은 그중에서 저자의 대표작으로 꼽힌다. 이 책에서 저자는 인류 문화의 발생과 진보과정, 과학과 기술의 성장, 노동의 역할에 대해서 알기 쉽게 설명하였다.

인간의 조건

저자 말로(Malraux, André-Georges, 1901~1973) **분류** 문학(프랑스)

원제 La Condition humaine **출간 연도** 1933년

프랑스의 작가 앙드레 말로의 장편소설. 1927년 중국 상하이 쿠데타를 배경으로 고독과 허무를 극복하려는 인간의 노력을 묘사한 작품이다. 소설은 국민당 지도자 장제스(지앙카이셸)가 공산당과의 합작을 깨고 공산당을 탄압하기 시작하자, 상하이의 공산당 조직이 무장봉기를 준비하는 시점에서 시작한다. 주인공 기요는 공산당의 요원이며 유럽인과 일본인 사이에서 난 혼혈아다. 기요는 자신의 태생에서 오는 고독과 허무를 공산주의 운동에 참여하여 해소하려 한다. 한편 기요의 친구 첸은 공산주의 테러리스트이며, 기요와는 반대로 조직운동을 하면서 고독

과 허무에 더욱 깊이 빠져들어 간다. 장제스의 군대가 상하이를 향해 진군하는 가운데 상하이의 공산주의자들은 러시아인 카토프의 지휘 아래 봉기를 일으키고 기요와 첸도 여기에 참여한다. 그러나 준비되지 않은 봉기는 장제스군의 무력진압으로 실패하고 대규모 처형이 이어진다. 기요와 첸 또한 죽음을 맞이하게 되는데, 두 사람은 죽음 앞에서 비로소 진한 동지애를 느끼고 고독과 허무에서 벗어난다. 작가는 인간의 내면 심리 묘사에 치중하는 프랑스문학의 전통을 이어받으면서도, 내면의 의식을 행동으로 표출하는 새로운 인간형을 보여준다.

인구론

저자 맬서스(Malthus, Thomas Robert, 1766~1834) **분류** 사회과학(경제학)
원제 An Essay on the Principle of Population **출간 연도** 1798년

영국의 경제학자 맬서스의 저서. 저자는 고전파 경제학자로서 콩도르세와 고드윈 등 이상주의자들의 인구론을 반박하기 위해 이 책을 집필하였다고 한다. 고드윈과 같은 이상주의자들은 인간의 진보는 무한하며 미래에는 사회변혁을 통해 결혼제도가 사라지고 인간이 성보다 지식 탐구에 몰입하게 될 것이므로 인구문제는 없을 것이라고 주장하였다. 그러나 저자는 인간이 생존하기 위해서는 식량이 필요하고, 인간의 성욕은 미래에도 지속될 것이므로, 인간의 생존에 필요한 식량의 생산속도는 인간의 성욕의 결과로 인한 인구증가를 따라잡지 못할 것이라고 예상하였다. 이는 식량은 산술급수적으로 증가하는 데 비해 인구는 기하급수적으로 증가하기 때문이라고 설명하였다. 저자에 따르면, 이러한 식량과 인구의 불균형에서 빈곤과 사회악이 발생한다. 저자는 인구증가의 법칙은 자연법칙이므로 사회의 변혁이나 개혁으로는 바꿀 수 없으며, 인구증가는 오직 기근이나 질병 · 천재지변 등의 적극적 억제(자연적 억제)를 통해서만 억제할 수 있다고 주장하였다. 이 저서가 출판된 후 맬서스와 고드윈은 논쟁 끝에 서로의 주장을 일부 수정하였고, 맬서스는 이러한 변화를 1803년에 출간한 《인구론》 재판에 반영하였다. 재판에서 맬서스는 인간의 이성적 능력을 인정하여 성적 방종을 억제하고 결혼 연령을 늦추어 인구증가를 완화시킬 수 있다는 도덕적 억제(소극

적 억제)의 가능성을 인정하였다. 이와 같은 맬서스의 인구론은 허버트 스펜서의 사회학과 찰스 다윈의 진화론에 큰 영향을 미쳤으며, 이후 출산율을 낮추어 인구증가를 억제하는 신맬서스주의로 계승되었다.

인도로 가는 길

저자 포스터(Forster, Edward Morgan, 1879~1970) **분류** 문학(영국)/영화
원제 A Passage to India **출간 연도** 1924년

영국의 작가 E. M. 포스터의 장편소설. 영국이 인도를 식민통치하던 시대를 배경으로 영국인과 인도인의 문화충돌과 갈등을 묘사한 작품이다. 영국인 여성 아델라는 약혼자를 만나기 위해 인도에 도착한다. 아델라는 약혼자인 로니의 어머니 무어 부인과 함께 로니가 근무하는 찬드라포아로 향하면서, 영국과 다른 인도의 문화에 이질감과 함께 호기심을 느낀다. 아델라와 무어 부인은 서구식 교육을 받은 인도인 의사 아지즈를 알게 되고 그를 통해 진정한 인도문화를 알고자 한다. 아델라는 아지즈를 통해 인도를 알아가면서, 로니의 인종차별적 태도에 실망하게 되고 그와의 결혼을 단념한다. 그러던 어느 날 아델라는 아지즈의 안내로 마라바르 동굴을 관광하던 중에 알 수 없는 불안과 공포를 느끼고 동굴을 뛰쳐나오고 만다. 이 사건으로 아지즈는 아델라를 성추행하려 했다는 혐의를 쓰고 체포된다. 그리고 사건은 영국인과 인도인 두 민족 간의 갈등으로 비화된다. 한편 영국인 대학 학장 세실 필딩은 아지즈와의 우정을 지키고 민족 간의 화해를 위해 노력한다. 법정에서 모든 사람들이 지켜보는 가운데 증언대에 선 아델라는 자신의 고소를 취하한다. 이 모든 일에 실망한 무어 부인은 영국으로 돌아가는 배 안에서 숨을 거두는데, 죽기 전에 '진정한 인도'란 없으며 다만 여러 개의 얼굴을 가진 여러 인도가 있을 뿐이라는 것을 깨닫는다. 영국인들이 인도인에게 가하는 모욕에 진절머리가 난 아지즈는 이 일을 계기로 영국인에 대해 적개심을 품게 되고, 필딩이 아델라와 가깝게 지내자 절교를 선언한다. 2년이 지난 후, 필딩과 아지즈는 우연히 다시 만나지만 식민통치와 민족차별이 존재하는 현실에서 민족을 넘어선 우정이란 아직 이루어질 때가 아니라는 것을 다시 한 번 확인하게 된다. 작가는 이 소설을 통해 민족

을 넘어선 인간으로서의 우정과 서로에 대한 이해는 추구할 만한 고귀한 가치이지만, 식민통치와 민족갈등이 존재하는 현실에서는 이루기 어렵다는 것을 보여준다.

인성론

저자 흄(Hume, David, 1711~1776) **분류** 철학(서양철학)

원제 A Treatise of Human Nature **출간 연도** 1739~1740년

영국의 철학자 데이비드 흄의 저서. 영국 경험론 철학을 완성하였다는 평가를 받는 책이다. 전 3권으로 제1권 《오성에 대하여》, 제2권 《정념에 대하여》, 제3권 《도덕에 관하여》로 이루어져 있다. 저자는 로크에서 버클리로 이어지는 영국 경험론 철학을 계승하여, 인간에게는 어떤 본질적(선천적) 관념이나 원칙이 내재하는 것이 아니며, 인간의 오성(지성)은 감각과 반성을 통한 후천적 경험만을 대상으로 한다는 입장을 취하였다. 이러한 입장을 바탕으로, 저자는 제1권 《오성에 대하여》에서 인간의 지각을 인상과 관념으로 구분하였다. 여기서 인상이란 감각 또는 정념을 통한 심상이나 지각이며, 관념은 인상에서 유래하는 심상이다. 저자에 따르면, 얼핏 보기에 복잡하고 알 수 없는 것처럼 보이는 인간의 정신활동은 모두 여러 관념이 합쳐진 복합관념의 작용이다. 저자는 제2권 《정념에 대하여》에서는 인간의 정념을 직접적인 것과 간접적인 것으로 구분하여 설명하였다. 직접적 정념은 대상을 직접 경험함으로써 생기는 고통이나 쾌락을 의미하며, 간접적 정념은 관념을 통해 생기는 사랑이나 미움을 의미한다. 저자는 이러한 정념(감성)은 관념과 마찬가지로 복합적으로 작용하여 인간의 정신을 이룬다고 보았다. 그러나 저자는 인간에게 있어 이성과 감성은 별개로 구분되어 있으며, 인간은 이성보다는 감성을 따른다고 주장하였다. 그에 따르면, 인간은 정념을 토대로 하여 자연적 관계를 맺는다. 제3권 《도덕에 대하여》에서는 도덕구별의 원천이 쾌감과 불쾌감에 있다고 주장하면서, 개인의 필요에 따라 사회가 성립하고 사회를 유지하기 위해 정의라는 개념이 생겨났다고 설명하였다. 이러한 도덕관은 도덕적 정당성과 유용성을 결합시켜 훗날 공리주의의 밑바탕이 되었다.

인형의 집

저자 입센(Ibsen, Henrik, 1828~1906) **분류** 문학(유럽)

원제 Et dukkehjem **출간 연도** 1879년

노르웨이의 극작가 입센이 쓴 희곡. 전 3막이다. 주인공 노라는 변호사 헬메르의 아내이자 세 아이의 어머니이다. 크리스마스를 맞이하여 들뜬 분위기 속에 남편 헬메르가 새해부터 은행장에 취임하게 되어 집안은 행복한 분위기가 넘친다. 그런데 노라에게는 남편에게 숨겨온 한 가지 비밀이 있다. 신혼 초에 남편이 결핵을 앓아 요양을 해야 했는데 돈이 없었던 것이다. 노라는 다급한 마음에 아버지의 서명을 위조하여 고리대금업자 크로그스타에게 돈을 빌렸다. 노라는 어렸을 때나 결혼한 후에도 아버지와 남편으로부터 애완동물이나 인형과 같이 귀여움을 받으며 살았고, 그 덕분에 어린아이 같은 순진한 마음에 법에 어긋나는지도 모르고 그런 일을 저질렀던 것이다. 그런데 이 사실을 모르는 남편 헬메르는 행장에 취임한 후 크로그스타를 비리 혐의로 해임하려 한다. 이에 크로그스타는 모든 사실을 폭로하겠다고 노라를 협박한다. 곤경에 처한 노라는 자살을 결심할 정도로 자포자기하지만, 그러면서도 남편이 사실을 알면 자신을 이해하고 지지할 것이라 굳게 믿는다. 그러나 크로그스타의 투서를 읽고 사실을 알게 된 헬메르는 아내의 처지를 이해하려 하지 않고 위조사건 때문에 자신의 사회적 체면이 손상될 것만 걱정하며 노라를 몰아세운다. 그러면서 사회적 체면 때문에 형식적인 부부관계는 유지하겠지만 어머니로서의 모든 자격을 박탈하겠노라 선언한다. 그동안 이 사건을 혼자만의 비밀로 간직한 채 남편을 믿었던 노라는 그제야 남편에게 있어 자신은 인격을 갖춘 한 사람의 성인이 아니라 인형이나 애완동물 같은 존재였음을 깨닫는다. 이때 노라의 친구이자 크로그스타의 옛날 애인이었던 크리스틴의 도움으로 크로그스타가 차용증을 돌려주면서 모든 일이 없었던 것으로 해결된다. 그러자 헬메르는 아무 일도 없었던 것처럼 노라를 다시 받아들이려 한다. 그러나 남편의 위선과 비겁, 이중적 태도를 확인한 노라는 아내와 어머니 이전에 한 사람의 책임 있는 인간으로 살기를 원한다면서 집을 나간다. 작가는 이 작품에서 인격을 갖춘 한 사람의 인간으로 대우받지 못하는 여성의 현실을 사실적으로 묘사하였으며, 이 작품은 근대 신연극의 대표작이자 20

세기 여성운동의 출발을 알린 선구적 작품이라는 평가를 받았다.

일동장유가

저자 김인겸(金仁謙, 1707~?) **분류** 문학(한국) **원제** 日東壯遊歌

조선 영조 때 김인겸이 지은 한글 가사. 전부 4책 8천 구에 달하는 장편가사이다. 작가가 1763년(영조 39) 8월부터 1764년 7월까지 일본 통신사의 서기로 통신사를 수행하여 일본에 갔다 온 후 일본의 풍물에 대한 인상과 여행의 추억을 가사형식에 담아 지은 작품이다. 따라서 형식은 가사이지만 내용상으로는 기행문이다. 작품의 구성은 제1권(212구)에는 여행 동기와 서울에서 부산까지의 여정을 기록하였고, 제2권(5845구)에는 부산에서 대마도를 거쳐 일본 본토에 상륙하기까지의 여정을 기록하였다. 제3권(368구)에는 오사카 · 교토를 거쳐 에도(동경)에 도착하기까지의 여정을 기록하였고, 제4권(1818구)에서는 에도에서 서울로 돌아오기까지의 여정을 기록하였다. 작가는 이 작품에서 일정과 이동 경로를 정확히 기록하여 기록문학으로서 가치를 높였을 뿐 아니라, 일본의 자연환경과 민간풍속, 문물제도와 일본인들에 대한 인상을 문학적으로 표현하였다. 이 작품은 홍순학(洪淳學)의 〈연행가(燕行歌)〉와 함께 조선 후기의 기행문학의 대표작으로 꼽힌다.

일뤼미나시옹

저자 랭보(Rimbaud, Jean-Nicolas-Arthur, 1854~1891) **분류** 문학(프랑스)
원제 Les Illuminations **출간 연도** 1886년

프랑스의 상징주의 시인 랭보가 쓴 산문시집. 시인이 1872년에서 1875년 사이에 쓴 것으로 추정되며, 1886년에 잡지 〈라 보그〉에 발표되었다. 산문시 46편과 자유시 2편이 실려 있다. 랭보의 대표작으로 불리는 이 시집은 난해한 이미지와 상징성, 잠재의식의 흐름을 쫓는 글쓰기 등으로 인해 상징주의 시문학의 대표작이자 초현실주의의 선구적 작품으로 불린다.

일리아스

저자 호메로스(Homeros, BC 800?~BC 750) **분류** 문학(그리스)/영화

원제 Ilias **출간 연도** 기원전 900년경

고대 그리스의 시인 호메로스가 지었다고 전하는 장편서사시. 전 24권 15,693행이다. 고대 그리스인들이 소아시아의 도시 트로이를 침공하여 멸망시켰다는 전설을 소재로 하였다. 전설에 따르면 트로이의 왕자 파리스가 그리스로 건너와 스파르타의 왕 메넬라오스의 아내 헬레네를 유혹해 함께 트로이로 도망친다. 메넬라오스의 요청을 받은 그리스인들은 군사를 일으켜 아가멤논을 총사령관으로 하는 원정군을 결성한다. 그리스 원정군은 트로이에 상륙하여 10년 동안 공격을 감행하지만 트로이 성을 함락시키지 못한다. 호메로스는 이 작품에서 10년간 계속된 트로이 전쟁의 마지막 해에 일어난 일들을 그리스의 영웅 아킬레우스를 중심인물로 한 서사시로 형상화하였다. 원정대장 아가멤논은 아폴론 신을 모시는 사제의 딸을 납치하는데, 이에 분노한 아폴론은 그리스군 진영에 전염병을 퍼뜨린다. 이 사태를 수습하기 위해 장군들끼리 모인 대책회의에서 아가멤논과 그리스군의 영웅 아킬레우스 사이에 말다툼이 벌어지고, 모욕을 당한 아킬레우스는 전투에서 손을 뗀다. 아킬레우스가 전투를 외면하는 동안 그리스군은 트로이군에게 참패하고, 이를 보다 못한 아킬레우스의 친구 파트로클로스는 아킬레우스의 갑옷과 전차를 빌려 출전했다가, 트로이의 왕자 헥토르에게 죽임을 당한다. 친구의 죽음에 분노한 아킬레우스는 다시 싸움터로 나가 헥토르와 일대일 대결을 벌인 끝에 헥토르를 죽이고 목을 자른 다음 시체를 전차에 묶어 끌고 다니며 분풀이를 한다. 헥토르의 아버지 프리아모스 왕은 아들의 죽음을 접하고 비탄에 잠겼다가 신들의 도움으로 어둠을 틈타 아들의 시신을 수습해 온다. 이 작품에서 호메로스는 분수를 넘어선 인간의 오만과 독선에 신들이 벌을 내려 응징한다는 그리스의 신화관에 입각하여 신들이 인간의 행위에 개입하여 양측의 군대를 돕거나 방해하는 것으로 묘사하였다. 이러한 관점은 이 작품의 뒷이야기에 해당하며 그리스군의 영웅 오디세우스가 트로이 전쟁에서 승리한 후 고향으로 돌아가는 과정에서 겪는 모험담을 그린 서사시 〈오디세이아〉에서도 그대로 적용된다. 신들의 총애를 받아 헥토르를 죽인 그리스군의 영웅 아킬레우스도 결국

감정에 치우친 나머지 인간적 약점을 노출하고 이것이 빌미가 되어 죽음을 당하고 만다. 이 작품은 그리스문학의 대표작일 뿐 아니라 유럽문학의 대표작으로서 후대의 문학작품에 많은 영향을 끼쳤다.

일반상대성 이론의 기초

저자 아인슈타인(Einstein, Albert, 1879~1955) **분류** 자연과학(물리학)

원제 The Foundation of the General Theory of Relativity **출간 연도** 1916년

독일의 물리학자 아인슈타인의 논문. 1916년 〈물리학 연보〉에 발표한 논문이다. 저자는 이 논문에서 자신의 특수상대성 이론에 중력현상에 대한 이론을 추가하여 이를 일반상대성 이론으로 정립하였다. 저자는 중력은 뉴턴 물리학에서 말하는 것처럼 힘이 아니며, 중력은 질량의 존재로 인해 시간과 공간의 연속체에서 구부러진 장이라고 주장하였다. 즉 물질의 존재가 주위의 시간과 공간에 변형을 일으켜 그 변형이 중력장을 형성한다는 것으로서, 이는 시간과 공간이 물질성을 가지고 있다는 의미이다. 저자의 가설에 따르면, 강한 중력장 속에서는 빛이 구부러지게 된다. 이 가설은 1919년 영국의 일식관측대가 일식 동안 별빛을 관찰하여 별빛이 태양 가까이를 지날 때 휘어지는 현상을 확인함으로써 입증되었다. 아인슈타인의 상대성 이론은 이전까지 물리학의 정설로 받아들여지던 뉴턴 물리학의 체계를 뒤집음으로써 물리학의 새로운 장을 열었으며, 이후 현대 물리학의 기초이론이 되었다. 또한 물리학뿐 아니라 20세기 전반의 철학과 문학 분야에도 큰 영향을 미쳐 세계와 인간을 상대적 관점으로 보는 현대사상의 풍조를 일으켰다.

일반언어학강의

저자 소쉬르(Saussure, Ferdinand de, 1857~1913) **분류** 인문학(언어학)

원제 Cours de Linguistique Générale **출간 연도** 1916년

스위스의 언어학자 페르디낭 드 소쉬르의 저서. 저자의 사후에 그의 제자인 샤를 발리와 알베르 세슈에가 강의노트를 편집하여 출판한 책이

다. 저자는 언어를 '랑그(langue)'와 '빠롤(parole)'이라는 두 가지 측면에서 이해하였다. 랑그란 인간의 머릿속에서 언어를 만들어내는 원칙, 빠롤은 그 원칙에 따라 실제로 말을 하는 행위를 말한다. 따라서 랑그는 보편적 · 영구적이며, 빠롤은 개별적 · 일시적이다. 저자는 또한 언어를 하나의 '기호체계'로 보고, 인간의 머릿속에 있는 사물에 대한 개념이 그 사물을 지칭하는 특정한 소리와 결합할 때 언어가 된다고 보았다. 저자는 인간의 머릿속에 있는 사물에 대한 개념을 기의(시니피에, signifie)라 하고, 사물을 지칭하는 소리를 기표(시니피앙, signifiant)라 불렀다. 저자는 이와 같이 언어를 기호들 사이의 구조로 이해하였기 때문에 저자의 언어학을 구조주의 언어학이라 부른다. 이 구조주의 언어학은 현대 언어학에 큰 영향을 미쳤을 뿐 아니라, 철학과 문학 분야에도 영향을 미쳐 소위 구조주의 학파의 형성에 밑바탕이 되었다.

일본서기

저자 도네리 친왕 **분류** 역사(일본사) **원제** 日本書紀 **출간 연도** 720년

일본 나라[奈良] 시대에 관찬(官撰)된 역사서. 《고사기(古史記)》와 함께 일본의 가장 오래된 역사서이다. 전 30권으로 되어 있으며 덴무[天武] 천황의 명으로 도네리 친왕[舍人親王]이 중심이 되어 680년경에 착수하여 720년에 완성된 것으로 추정된다. 일본 6국사(六國史, 《일본서기》 · 《속 일본기》 · 《일본후기》 · 《속 일본후기》 · 《일본문덕천황실록》 · 《일본삼대실록》) 중의 첫째로 꼽히는 정사(正史)로서 왕실을 중심으로 하여 순한문의 편년체(編年體)로 엮었으며, 제1~2권은 신대(神代), 제3권부터는 진무[神武] 천황(BC 660~585)부터 지토[持統] 천황(672)대까지 기술하였다. 그러나 사료의 신빙성에 대해서는 논란이 있다.

일성록

분류 역사(한국사) **원제** 日省錄

조선 후기 국왕의 언행을 기록한 일기형식의 역사서. 전부 2,329책이

다. 정조가 세손이던 1752년(영조 28)부터 일기체로 적기 시작한 《존현각 일기》에서 비롯되었다. 정조가 왕위에 오른 후 1779년에 규장각을 설치하면서 규장각에 근무하는 신하들로 하여금 국왕의 언행을 기록하도록 지시하였다. 이후 1785년에 최초의 《일성록》이 편찬되었으며, 규장각에서 기록을 담당하여 1910년(융희 4)까지 기록하였다. 《조선왕조실록》, 《승정원일기》, 《비변사등록》 등과 함께 조선 시대의 대표적 연대기이며, 조선 시대 연구의 중요한 일차사료이다. 그러나 《일성록》이 위에 언급한 사서들과 다른 점은 왕조실록 등은 일단 편찬이 완료되면 사고에 보관하고, 국왕도 선대 왕의 실록을 볼 수 없었던 데 비해, 《일성록》은 국왕이 언제든지 열람하여 참고자료로 활용할 수 있었다는 점이다. 《일성록》은 이러한 용도로 활용하기 위하여 항목별로 분류하고, 기사마다 요약문을 실어 필요한 부분만 찾아볼 수 있도록 편찬하였다.

일차원적 인간

저자 마르쿠제(Marcuse, Herbert, 1898~1979) **분류** 철학(서양철학)

원제 One Dimensional Men: Studies in Ideology of Advanced Industrial Society

출간 연도 1964년

독일의 철학자 헤르베르트 마르쿠제의 저서. 저자는 프랑크푸르트 학파의 일원으로 헤겔, 마르크스, 프로이트 등의 영향을 받은 학자이다. 이 책은 저자가 나치스의 박해를 피해 미국으로 망명한 후 영어로 쓴 책이다. 저자는 고도산업사회에서 살아가는 현대인은 비판의식이 마비된 채 기성의 가치와 질서를 무비판적으로 받아들이며 살아간다는 의미에서 현대인을 '일차원적 인간'으로 규정하였다. 저자에 따르면, 이성적 비판(부정적 사유) 능력은 창조적인 사회를 이룩할 원동력인데, 오늘날의 고도산업사회는 바로 이러한 능력을 말살하는 사회이다. 따라서 비판능력을 상실한 인간은 현실(일차원의 세계) 너머에 이상(이차원의 세계)이 존재한다는 것을 깨닫지 못하고, 현실을 곧 이상으로 받아들이는 일차원적 사고를 하게 된다. 또 고도산업사회의 기술발전은 물질적 풍요를 통해 사회의 구성원들에게 상품과 소비, 여가와 레저에 대한 '허위욕구'를 만들어 냄으로써 구성원들을 기존 질서에 동화시킨다. 이러한 허위욕구는 인간의 본질적 욕구가 아님에도 불구하고 사회적으로 그것이 중요하고도 본질적인 것처럼 선전되고 주입된다. 저자는 그의 후속작 《에로스와 문명》에서 소비사회가 주입하는 물질(상품)에 대한 허위욕구를 극복할 힘으로 인간의 성 본능을 제시하면서, 이러한 본능의 추구를 통해 일차원적 인식에서 벗어나 현실에 존재하는 모순을 깨달을 수 있다고 주장하였다.

잃어버린 시간을 찾아서

저자 프루스트(Proust, Marcel, 1871~1922) **분류** 문학(프랑스)

원제 A la recherche du temps perdu **출간 연도** 1913~1927년

프랑스의 작가 마르셀 프루스트가 쓴 대하소설. 제1부 《스완네 집 쪽으로》, 제2부 《꽃피는 아가씨들의 그늘에》, 제3부 《게르망트 쪽》, 제4부 《소돔과 고모라》, 제5부 《사로잡힌 여인》, 제6부 《사라진 알베르틴(달아난 여인)》, 제7부 《되찾은 시간》 등 전부 7부 16권에 이르는 대작이다. 이 가운데 제5부부터는 작가의 사후에 간행되었다. 1870년대에서 1910년대까지 소위 '벨 에포크(좋은 시대)'의 프랑스 사회를 배경으로 파리의 부르주아이자 문학청년인 주인공 '나(마르셀)'의 일인칭 시점으로 유년 시절에서 청소년기, 청년기의 경험을 화자의 기억에 따라 재구성한 작품이다. 주인공은 어린 시절의 추억을 따라 기억에 의지하여 과거를 재구성하여 그것을 자신의 마음속에서 재현한다. 주인공의 성장과정을 따라 진행된 소설은 마지막 편인 《되찾은 시간》에 이르러 완결된다. 예전에 좋아했던 사람들과 다시 만난 파티에서 변해 버린 사람들의 모습을 본 주인공은 모든 것을 파괴하는 시간의 힘을 느끼고 절망한다. 그러나 무의식 속에 잠재되어 있던 옛 추억을 창작으로 되살림으로써 시간을 극복할 방법을 찾아내고 희망을 되찾는다. 이 소설은 정확한 관찰과 치밀한 심리묘사, 인간내면의 의식의 흐름을 따라 진행되는 독특한 소설기법으로 20세기 전반기를 대표하는 소설로 불린다. 이 소설에서 프루스트가 보여준 '의식의 흐름' 기법은 이후 제임스 조이스, 프란츠 카프카 등의 20세기 소설가들에게 이어지면서 현대소설의 한 경향을 이루었다.

잃어버린 지평선

저자 힐튼(Hilton, James, 1900~1954) **분류** 문학(영국)

원제 Lost Horizon **출간 연도** 1933년

영국의 작가 제임스 힐튼이 쓴 환상모험소설. 티베트 곤륜 산맥 속에 있는 이상향 '샹그릴라'를 배경으로 한 일종의 유토피아 소설이다. 샹그릴라는 티베트말로 '마음속의 해와 달'이라는 뜻이다. 소설은 화자인 루더포드가 친구 휴 콘웨이가 겪은 신비한 체험을 소개하는 데서 시작한다. 영국 외교관인 콘웨이는 인도 북부에서 일어난 내란을 피해 비행기를 타고 피신하던 중 정체불명의 조종사가 비행기를 납치한다. 피랍된 비행기는 험준한 산맥 어딘가에서 불시착하고, 첩첩산중에 고립된 콘웨이를 비롯한 탑승객들은 장노인이라는 인물의 초대를 받아 깊은 계곡 속에 위치한 샹그릴라라는 사원에 머물게 된다. 콘웨이는 샹그릴라에 알 수 없는 의문이 있다고 느낀다. 그리고 샹그릴라의 특별한 공기 때문에 그곳의 사람들은 늙지도 죽지도 않으며, 오로지 평화 속에서 학문과 수양에만 전념한다는 사실을 알게 된다. 샹그릴라가 진정한 이상향이라는 것을 의심한 콘웨이는 샹그릴라를 벗어나고자 하는 중국인 소녀 로첸과 함께 탈출한다. 그러나 샹그릴라를 벗어난 로첸이 급속도로 노화되어 죽음에 이르는 것을 본 콘웨이는 비로소 샹그릴라가 진정한 이상향이었음을 깨닫는다. 콘웨이는 샹그릴라로 다시 돌아가기 위해 사라지고, 그 후로 그의 소식은 알려지지 않았다. 작가는 이 작품에서 동양적 이상향인 샹그릴라를 통해 서구적 유토피아와는 다른 동양의 이상향을 소개하고 있으며, 이상향을 발견하고도 자신의 의심 때문에 그곳을 벗어나는 콘웨이와 이상향에서 영원히 살기보다는 바깥세상에서 평범하게 살고자 하는 로첸의 모습을 통해 '과연 인간에게 필요한 이상향이란 무엇인가'라는 질문을 던진다.

임꺽정

저자 홍명희(洪命熹, 1888~1968) **분류** 문학(한국) **원제** 임꺽정 **출간 연도** 1928~1939년

홍명희의 장편소설. 《임꺽정전》이란 제목으로 1928년부터 1939년까

지 〈조선일보〉에 연재되었으며, 1940년에 잡지 〈조광〉에도 발표되었다. 〈봉단편〉, 〈피장편〉, 〈양반편〉, 〈의형제편〉, 〈화적편〉 등 5편으로 이루어져 있다. 조선 명종 때의 도적 임꺽정을 주인공으로 하여 전반부 4편에는 어지러운 세상에서 꺽정과 의형제들이 도적이 되는 과정을 묘사하고, 제5편에서는 꺽정은 서울을 드나들며 신출귀몰하고, 그가 이끄는 화적들이 관군과 맞서 싸우는 모습을 그렸다. 임꺽정은 경기도 양주에 사는 백정의 아들로 태어나 어려서 서울로 올라와 갖바치 양주팔을 스승으로 모신다. 스승을 따라 백두산에서 제주도까지 전국을 돌아다닌 꺽정은 여섯 명의 의형제들과 함께 황해도 청석골에서 자리를 잡고 화적떼를 결성한다. 꺽정이 이끄는 화적떼는 관군을 물리치고 마음대로 재물을 탈취한다. 소설은 꺽정이 평산 전투에서 관군에 승리하는 대목에서 미완성으로 끝난다. 작가는 이 소설에서 여러 가지 야담과 전래설화 등을 전통적인 이야기식 문체와 토속적인 어휘로 담아내어 한국문학에 대하역사소설의 전통을 세웠다. 이러한 대하역사소설의 전통은 이후 황석영의 《장길산》, 김주영의 《객주》 등의 작품에서 계승되었다.

임진록

분류 문학(한국) **원제** 壬辰錄

조선 시대에 쓰인 작자 · 연대 미상의 소설. 한글본과 한문본이 있으며, 경판본 · 완판본 등의 판본과 필사본이 전한다. 임진왜란을 배경으로 한 군담소설이지만, 실제 역사적 사실을 바탕으로 한 것이 아니라 가상의 인물들과 신비한 도술이 등장하며, 임진왜란에서 조선이 승리하는 것으로 묘사하였다. 소설에 등장하는 역사적 인물인 이순신 · 조헌 · 곽재우 · 김덕령 · 강홍립 · 서산대사 · 사명대사 등도 모두 신통력을 발휘하거나 또는 신비한 도인들의 도움으로 왜군을 물리치는 것으로 그려져 있다. 한문본의 경우 명나라 장군 이여송의 활약에 큰 비중을 둔 반면, 한글본은 가상의 인물들과 신통력이 등장하는 허구적 성격이 강하다. 소설의 구성은 특정 인물을 주인공으로 한 것이 아니라 전쟁의 전개과정을 따라 여러 명의 등장인물들을 내세워 에피소드 식으로 구성하였다. 줄거리를 살펴보면, 먼저 임진왜란이 일어나기 직전의 국내 사정과 국제 정세를 언급하고 왜군의 침공 계획을 묘사하는 데서 시작한다. 왜군의 침략으로 관군은 연패하고 국왕은 의주로 피신하지만, 각지에서 일어난 의병들이 왜군에 맞서 항전하고 바다에서는 이순신이 왜군을 무찌른다. 이어 명나라의 참전으로 왜군은 수세에 몰리고 철수하게 된다. 왜군이 철수한 후 사명대사가 일본에 건너가 항복문서를 받고 돌아오는 것으로 소설은 끝난다. 이 소설은 역사적 사실에 허구와 과장을 섞은 대체역사적 전쟁소설로 임진왜란 이후 왜적에 대한 적개심을 고취하고 자긍심을 불러일으키기 위해 쓰인 것으로 보인다.

세계의 모든 책

자

자기만의 방

저자 울프(Woolf, Adeline Virginia, 1882~1941) **분류** 문학(영국)/여성

원제 A Room of One's Own **출간 연도** 1929년

영국의 여성작가 버지니아 울프의 수필집. 작가가 1928년에 케임브리지의 여자대학에서 한 강연내용을 정리하여 출간한 책이다. 작가는 이 책에서 여성문학과 여성작가에 대한 작가의 견해를 제시하고 여성운동에 대한 작가의 입장을 6장으로 나누어 화자(話者)를 바꾸어 가면서 서술하는 독특한 기법을 사용하여 서술하였다. 작가는 우선 서구사회의 오랜 전통이었던 인간을 남성과 여성으로 나누는 이분법에 이의를 제기하였다. 작가에 따르면, 이러한 이분법은 인간에 대한 올바른 이해를 가로막는 환상이며, 현실세계에서 여성에 대한 차별과 억압을 일으키는 원인이다. 글을 쓰는 여성작가들 또한 이러한 이분법이 만들어낸 사회적 편견(여성은 지적 · 육체적으로 열등하다)에 시달리고 있다. 작가는 이러한 편견과 차별을 극복하기 위해 여성들은 자신만의 독립적인 공간(자기만의 방)과 경제력(연간 500파운드의 수입)을 갖추어야 한다고 주장하였다. 이 책은 여성이 사회적 편견과 차별로 인해 겪는 물질적 · 정신적 고통을 지적하면서, 여성들이 이러한 편견과 차별을 극복할 현실적 · 정신적 대안을 문학가의 관점에서 제시하였다.

자본론

저자 마르크스(Marx, Karl Heinrich, 1818~1883) **분류** 사회과학(경제학)/정치(사회주의)

원제 Das Kapital, Kritik der politischen Oeconomie **출간 연도** 1867년

독일의 사회주의자 칼 마르크스의 저서. 저자가 사회주의 관점으로 자본주의 경제를 분석한 내용이다. 제1권 《자본의 생산과정》은 1867년에 출판되었으며, 제2권 《자본의 유통과정》, 제3권 《자본제적 생산의 총과정》은 저자의 사후에 동료 엥겔스가 1885년과 1894년에 출판하였다. 이후 독일의 사회주의자 칼 카우츠키가 제4권에 해당하는 부분을 정리하여 《잉여가치학설사》란 제목으로 출판하였다. 저자는 이 책에서 자본주의 경제가 어떻게 움직이는지를 설명하고자 하였으며, 이를 위해 먼

저 상품의 가치에 대한 분석을 시도하였다. 이어서 상품의 교환으로서 화폐에 대해 분석하고, 화폐가 자본으로 전환되는 과정을 설명하였다. 그런 다음 노동을 통한 잉여가치의 생산을 설명하고, 잉여가치를 다시 절대적 잉여가치와 상대적 잉여가치로 나누어 분석하였다. 저자는 이와 같이 단순하고 추상적인 범주에서 시작하여 보다 복잡하고 구체적인 범주로 나아가는 방식으로 서술하였다. 이에 따라 1권에서는 상품 · 화폐 · 자본 · 잉여가치 등을 설명하고, 2권에서는 자본이 순환하는 형태, 자본의 재생산과정을 설명하였으며, 3권에서는 잉여가치의 분배와 자본주의 사회의 계급을 설명하였다. 이 책은 마르크스주의 경제학의 교과서이자 사회주의 고전으로 이후 카우츠키, 베른슈타인, 레닌 등 사회주의 이론가들에게 큰 영향을 미쳤다.

자본주의 · 사회주의 · 민주주의

저자 슘페터(Schumpeter, Joseph Alois, 1883~1950) **분류** 사회과학(경제학)

원제 Capitalism, Socialism and Democracy **출간 연도** 1942년

오스트리아 출신으로 미국에서 활동한 경제학자 요제프 슘페터의 저서. 자본주의 · 사회주의 사회의 경제와 정치를 이야기하면서 앞으로의 전망을 제시한 책이다. 저자는 이론경제학자로서 '한계효용학파'의 학설을 완성하였다는 평가를 받았으며, 특히 자본주의의 위기 문제를 집중적으로 연구하였다. 저자는 이 책에서 '자본주의가 앞으로 살아남을 수 있는가'라는 문제를 던지고, 그 문제에 대한 해답을 찾기 위해 자본주의와 사회주의의 장 · 단점 및 민주주의와의 관계를 규명하려 하였다. 이를 통해서 자본주의는 앞으로 '혁신'을 통해 고도로 발전하겠지만, 결국 지나친 발전으로 인해 붕괴한 후 사회주의 체제가 될 것이라고 예측하였다. 저자에 따르면, 자본주의의 성공 자체가 그 성공을 가능하게 한 사회제도를 파괴할 것이기 때문에 결국 자본주의는 사회주의로 갈 수 밖에 없다. 책의 구성은 5부로 되어 있는데, 1부 〈마르크스 학설〉에서는 마르크스 경제학의 모순을 비판하였고, 2부 〈자본주의는 살아남을 수 있는가〉에서는 자본주의 붕괴이론을 제시하였다. 제3부 〈사회주의는 작동할 수 있는가〉에서는 자본주의 이후 사회주의의 등장을 긍정적으로 설명하

였으며, 제4부 〈사회주의와 민주주의〉에서는 사회주의와 민주주의의 공존 가능성에 대해 설명하였다. 제5부 〈사회주의 정당의 역사적 개관〉에서는 앞으로의 세계가 점진적으로 사회주의화될 것이라 예측하였다.

자산어보

저자 정약전(丁若銓, 1760~1816) **분류** 자연과학(생물학)

원제 玆山魚譜 **출간 연도** 1814년(순조 15)

조선 후기의 실학자 정약전이 쓴 한국 최초의 해양 생물학 연구서. 《현산어보》로 읽어야 한다는 주장도 있다. 현재 원본은 전하지 않고 3권 1책으로 된 필사본만 남아 있다. 이 책은 저자가 흑산도에서 유배생활을 하던 중에 저술하였다고 전하며, 제목의 '자산'은 흑산을 의미한다고 한다. 책의 구성은 227종의 해양생물을 인류(비늘이 있는 어류), 무인류(비늘이 없는 어류), 개류(단단한 껍질이 있는 어류), 잡류(기타 어류) 등으로 나누어 각 어류마다 명칭 · 분포 · 형태 · 습성 · 식용 및 약용 효과에 대해 소개하였다. 이 책은 한국 최초의 해양 생물 연구서라는 점에서 큰 의의가 있을 뿐 아니라, 조선 후기 실학자들의 실사구시적 학문태도를 알 수 있는 중요한 자료이다.

자연의 체계

저자 린네(Linne, Carl von, 1707~1778) **분류** 자연과학(생물학)

원제 Systema Naturae **출간 연도** 1735년

스웨덴의 식물학자 카를 폰 린네의 저서. 동물 · 식물 · 광물의 분류와 명명법의 체계를 확립한 책이다. 1735년 초판이 나왔으며, 1788년 13판이 나올 정도로 개정에 개정을 거듭한 전 12권의 대작이다. 저자는 이 책에서 동물과 식물의 이름을 속명과 종명으로 표기하는 이명법 체계를 확립하였다. 여기서 속명과 종명은 라틴어 내지는 라틴어화한 단어를 사용하며, 이때 속명은 고유명사로, 종명은 형용사나 속명과 동격인 명사로 표기한다. 이 체계에 입각하여 동물을 종 · 속 · 목 · 강 · 계로 분류

하는 오늘날 생물학의 분류 체계가 수립되었다. 저자는 이 이명법에 따라 인간에게 호모 사피엔스(Homo Sapiens)라는 학명을 붙였다.

자유론

저자 밀(Mill, John Stuart, 1806~1873) **분류** 철학(서양철학)

원제 On Liberty **출간 연도** 1859년

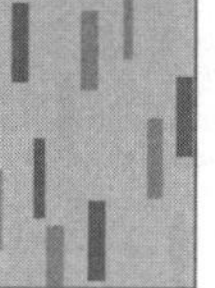

영국의 철학자 존 스튜어트 밀의 저서. 저자는 초기에는 부친인 제임스 밀의 영향으로 공리주의 철학을 연구하다가, 후기에는 인간 정신의 자유를 강조하는 자유주의 철학을 정립하였다. 이 책은 저자의 자유주의 철학 사상을 체계적으로 정리한 것이다. 책의 구성은 전부 5장으로 되어 있으며, 1장 〈서론〉에서는 자유의 영역을 인간 정신의 자유(양심과 사상 · 감정의 자유)와 자신의 선택에 따라 살아갈 자유 및 결사의 자유로 규정하였다. 2장 〈사상과 언론의 자유〉에서는 자유를 진리의 발견에 필수불가결한 요소이자 인류의 정신적 행복의 기초로 규정하고, 이러한 자유에 대한 억압은 잘못이라고 주장하면서, 사회적 소수의 권리를 옹호하였다. 3장 〈행복의 한 요소로서의 개성〉에서는 개인에게는 행동과 생활의 자유가 있으며, 개성의 추구는 개인과 사회의 정체를 막고 진보와 행복의 원동력이 된다는 점을 강조하였다. 4장 〈개인에 대한 사회적 권위의 한계〉에서는 사회생활에서 개인의 영역과 사회의 영역에 대해서 규정하고, 개인의 행위에 대해서 사회가 어느 정도까지 규제하여야 하며, 어떤 방식으로 간섭해야 하는지에 대한 저자의 견해를 설명하였다. 5장 〈원리의 적용〉에서는 정부의 권력 행사는 개인들의 활동에 비해 비효율적이라는 점을 지적하면서 정부의 권력을 억제 · 분산해야한다는 것과 관련 개인들의 자발적 활동을 강조하였다. 저자는 이와 같은 내용을 통해서 국가나 사회보다는 개인을 중시하고, 공권력 행사보다는 개인들 간의 문제해결 방식을 선호하는 영국의 정치적 · 사회적 자유주의의 전통을 확립하였다.

자유종

저자 이해조(李海朝, 1869~1927) **분류** 문학(한국) **원제** 自由鐘 **출간 연도** 1910년

구한말의 소설가 이해조가 쓴 신소설. '토론소설'이라는 표제가 붙어 있다. 소설의 배경은 구한말로 전반부는 이매경이라는 부인의 생일잔치에 모인 부인들이 밤새 토론을 벌이는 내용이며, 후반부는 부인들이 꿈에 본 이상사회에 대해 이야기하는 대화체 소설이다. 생일잔치에 모인 부인들은 여성의 권리문제, 자녀 교육문제, 자주독립과 계급, 지역차별 철폐, 유교의 개혁 등의 주제를 놓고 토론을 벌인 다음 각자의 꿈을 이야기한다. 작가는 부인들의 토론을 통하여 국민 모두가 주권을 가지고 참여하는 자주독립 국가의 수립을 주장하였으며, 한편으로는 '공자교'의 수립을 통하여 유교를 새롭게 개혁하여 국민이념으로 삼고자 하였다. 이 소설에는 개화기의 사회의식이 잘 드러나 있으며, 소설의 토론체 형식은 근대소설로 넘어가는 과도기적 모습을 보여준다. 등장인물들이 자신의 주장을 이야기하는 방식으로 전개되는 소설은 《금수회의록》 등 구한말 소설에서 흔히 나타나는 형식인데, 《금수회의록》이 일방적인 연설체 형식이라면, 이 소설은 등장인물들 간의 견해 차이와 의견 대립을 보여 줌으로써 보다 극적인 요소를 추가했다고 할 수 있다. 한편 주인공들이 꿈에 본 세상을 이야기하는 부분은 조선 시대의 몽유소설과의 관련성을 보여준다.

자치통감

저자 사마광(司馬光, 1019~1086) **분류** 역사(중국사)
원제 資治通鑑 **출간 연도** 1065~1084년

중국 북송 시대에 사마광이 쓴 역사서. 《통감》이라고도 한다. 편년체 서술방식으로 기원전 403년부터 기원후 960년까지의 중국 역사를 서술한 책이다. 시대적으로는 전국 시대의 시작에서 송나라가 천하를 통일하기 직전까지의 시기를 다루었으며, 이 기간 동안 중국을 통치한 주(周)·진(秦)·한(漢)·위(魏)·진(晉)·송(宋)·제(齊)·양(梁)·진(陳)·수(隋)·당(唐)·후량(後梁)·후당(後唐)·후진(後晉)·후한(後漢)·후주(後周) 등 16왕조의 역사를 모두 16기(紀) 294권으로 편찬하였다. '자치통

감'이란 제목은 '정치적 자료가 되는 통시적 거울'이란 뜻으로, 국가의 통치에 자료가 되고 역사를 통하여 귀감이 된다는 뜻이다. 책의 내용 또한 제목과 같이 역사상 중국 대륙을 통치했던 여러 왕조의 흥망성쇠의 원인을 분석한 것인데, 이러한 분석은 공자가 편찬한 《춘추》의 서술방식을 따라 정치적 정통성과 대의명분을 중시하는 관점을 따랐다. '자치통감'은 출간 이후 중국 역사학의 교과서로 불리며 수많은 요약본과 해설서가 나왔는데, 북송 말기에 강지가 요약한 《통감절요》와 주자가 요약한 《자치통감강목》이 특히 유명하다. 이 책은 우리나라에도 큰 영향을 끼쳐 세종 때 《자치통감훈의》가 나왔으며, 어린이들이 학문을 배울 때 《천자문》·《동몽선습》·《사서》를 배운 다음에는 《자치통감》을 배우게 되었다.

작은 것이 아름답다

저자 슈마허(Schumacher, Ernst Friedrich, 1911~1978) **분류** 사회과학(경제학)
원제 Small is Beautiful **출간 연도** 1973년

독일 태생으로 영국에서 활동한 경제학자 에른스트 프리드리히 슈마허의 저서. 저자의 경제학 사상을 집대성한 책이다. 책의 구성은 제1부 〈현대세계〉, 제2부 〈자원〉, 제3부 〈제3세계〉, 제4부 〈조직과 소유권〉으로 되어 있으며, 저자는 이 책에서 현대 경제학과 경제정책의 문제점을 지적하고 저자 나름대로의 대안을 제시하였다. 저자는 근대화를 통한 발전(성장)의 문제점을 지적하면서도 그 대안으로 과거로의 퇴보나 현상유지를 제시하지는 않는다. 그 대신 저자는 소규모의 분산적·유기적 경제구조를 통한 자유롭고 창의적인 발전을 제시하였다. 저자에 따르면, 인간은 자신의 필요에 따라 기술을 만들어 내었지만 현대사회에서는 기술이 지나치게 발전하는 바람에 인간의 필요에 부응하지 못하는 비인간적 모습으로 변질되어 버렸다. 저자는 기술에는 생물체가 갖는 자율적 자기조정 능력이 없다고 지적하고, 그렇기 때문에 지나치게 발달한 기술과 그 기술에 입각해 수립된 정치·경제·사회 시스템은 인간을 억압하고 자원을 고갈시키며 생태계를 파괴하는 것이라고 설명하였다. 저자는 이러한 문제의 대안으로 대규모가 아닌 중간 규모의 자조·자립적 기술을 제시하였다. 이러한 중간 기술을 사용한다는 것은 단지

기술적 측면에 국한된 변화가 아니라 '기술 중심의 경제'에서 '인간 중심의 경제'로 경제관과 철학이 변화한다는 것을 의미한다. 저자는 앞으로 인류가 인간 중심의 경제를 채택하고 인간도 자연과 우주의 일부분일 뿐이라는 것을 인정할 때에만 자원고갈과 생태계 파괴라는 재앙을 막고 조화로운 삶을 이룰 수 있다고 주장하였다.

장길산

저자 황석영(黃晳暎, 1943~) **분류** 문학(한국) **원제** 張吉山 **출간 연도** 1974~1984년

황석영이 쓴 장편역사소설. 1974년부터 1984년까지 〈한국일보〉에 연재되었던 작품이다. 조선 숙종 때의 도적 장길산의 실화를 소재로 하여 작가가 역사적 상상력을 발휘하여 쓴 대하소설이다. 주인공 장길산은 노비의 아들로 태어나 구월산 광대패들의 손에서 자라난다. 장성한 길산은 서민을 착취하는 간상 신복동을 응징하다가 살인 혐의를 쓰고 처형당할 위기에 처한다. 송도 상인 박대근의 도움으로 옥을 빠져 나온 길산은 미래의 동지들이 될 우대용 · 마감동 · 이갑송 등을 사귀게 된다. 그리고 금강산 은부 대사 밑에서 무예를 닦으며 새 세상을 만들 꿈을 키워 나간다. 금강산에서 삼년 수도를 마친 길산은 다시 낭림 산맥 운봉산에 들어가 수련을 거듭한 끝에 새 세상을 세울 뜻을 품고 구월산으로 돌아온다. 구월산과 자비령에 산채를 둔 길산은 활빈도를 자처하며 관가와 부호의 집을 털어 굶주린 백성들을 구제한다. 한편 서울에서는 노비들이 결성한 검계와 살주계가 양반을 살육하고 재물을 약탈하는데, 이들은 경기도 일대의 화적들과 결탁하면서 점차 미륵신앙에 입각한 용화세상을 꿈꾸게 된다. 이에 포도청에서는 포도 종사관 최형기를 수사에 투입하고 최형기는 검계와 살주계 조직을 와해시켜 나가는데, 그 배후에 더 큰 세력이 있음을 눈치 챈다. 최형기는 경기 일대의 역모 세력의 배후에 장길산이 있음을 파악하고 안성 사당패 고달근의 밀고로 구월산을 토벌한다. 그러나 길산은 근거지를 북방으로 옮기고 고달근과 최형기를 응징한 후 자취를 감추었다고 전한다. 이 작품은 일제 시대 벽초 홍명희가 쓴 《임꺽정전》과 박경리가 쓴 《토지》의 뒤를 잇는 대하역사소설이라는 평가를 받았으며, 조선 후기의 사회상에 대한 사실적 묘사와 여러 가지 전설 · 설화 ·

민담 · 민요를 삽입하여 작품의 깊이와 생동감을 더하였다.

장미의 이름

저자 에코(Eco, Umberto, 1932~) **분류** 문학(유럽)/영화

원제 Il nome della rosa **출간 연도** 1980년

이탈리아의 기호학자이자 작가 움베르토 에코의 장편소설. 중세 이탈리아의 어느 수도원에서 일어난 살인사건을 통해 중세인들의 심성을 파헤친 작품이다. 프란체스코 교단의 수도사 윌리엄은 모종의 임무를 띠고 제자 아드소와 함께 이탈리아 북부에 있는 베네딕트 교단의 수도원을 방문한다. 윌리엄이 도착한 날부터 수도원에서는 연쇄살인 사건이 일어나 수도사들이 하나씩 죽어 나간다. 더욱 기이한 점은 연쇄살인이 《성서》 중 〈요한묵시록〉의 예언에 따라 일어난다는 점이다. 사건의 수사를 맡은 윌리엄 수도사는 뛰어난 추리력으로 뒤엉킨 실마리를 하나씩 풀어 헤쳐 나가면서 이 사건에 엄청난 배후가 있음을 직감한다. 한편 윌리엄의 젊은 제자 아드소는 수도원에 몰래 잠입한 여인과 하룻밤 사랑을 나누고서 삶과 신앙에 대해 회의하기 시작한다. 사건 해결을 위해 수도원 도서관에 잠입한 윌리엄과 아드소는 수도사들의 죽음이 한 권의 책 때문이었다는 것을 알게 된다. 도서관의 비밀 장서고에서 문제의 책을 찾은 윌리엄은 살인범과 논쟁을 벌이면서 그의 독선과 불관용을 준열히 질타한다. 윌리엄을 독살하려다 실패한 살인범은 스스로 목숨을 끊으면서 장서고에 불을 지르고 결국 수도원 전체가 불길에 휩싸인다. 세월이 흐른 후 이제 늙어버린 아드소는 스승과 함께 했던 지난날의 모험을 회상하면서 지난날의 장미는 이제 이름만 남은 덧없는 것이 되고 말았다고 한탄한다. 이 소설은 중세 유럽의 수도원을 배경으로 독단과 집착이라는 광기에 빠져 연쇄살인을 저지르는 광신자와, 지식과 논리를 통해 미혹에서 벗어나려는 윌리엄 수도사의 대결을 보여준다. 두 사람의 대결에 끼어든 젊은 수도사 아드소는 여인과의 사랑 때문에 삶에 대해 새로운 눈을 뜨게 되고, 우연히 사건 해결의 결정적 실마리를 찾아낸다. 작가는 이 소설을 통하여 인간은 천성적으로 오류에 빠지기 쉽다는 것을 보여주면서 오류를 벗어나는 길은 인간의 오류 그 자체를 인정하

는 데서 비롯된다는 메시지를 전하였다.

장생전전기

저자 홍승(洪昇, 1659~1704) **분류** 문학(중국) **원제** 長生殿傳奇 **출간 연도** 1688년

중국 청나라 초기에 홍승이 지은 희곡. '장생전'이 제목이며 '전기'는 중국 명나라 · 청나라 시대에 유행한 남방의 노래극인 '남곡'의 각본을 뜻한다. 남곡은 '남희'라고도 불렸으며 명나라 중기에 '곤곡(崑曲)'이란 극 형식이 만들어지면서 발전하였다. 곤곡은 장쑤성(江蘇省) 쿤산(崑山)의 명창 위양보(魏良輔)가 가정연간(嘉靖年間, 1522~1566)에 창시하였다고 하며, 명나라 말기에서 청나라 초기에 걸쳐 전성기를 맞았다. 이 작품은 홍승이 당(唐)나라 현종(玄宗)과 양귀비(楊貴妃)의 사랑 이야기를 소재로 1679~1688년에 완성한 상 · 하 2권, 전 50막의 곤곡이다. 작품의 소재는 백거이(白居易)의 〈장한가(長恨歌)〉에서 가져오고, 원나라 때 백박(白樸)이 지은 〈오동우(梧桐雨)〉, 왕백성(王伯成)이 지은 〈천보유사(天寶遺事)〉 등의 내용을 부연하여 보충한 작품이다. 상권은 양귀비가 죽기 전까지 현종과의 애정생활을 그렸으며, 하권은 죽은 후 두 사람이 선계(仙界)에서 다시 만나는 장면을 그렸다. 이 작품은 공상임의 〈도화선〉과 함께 청나라 초기의 대표적 곤곡으로 많은 사랑을 받았으며, 중국 연극의 발전에 크게 기여하였다.

장자

저자 장자(莊子, BC 369~BC 289?) **분류** 철학(도가철학) **원제** 莊子

중국 전국 시대에 활약한 도가(道家) 사상가 장자의 저서. 당나라 현종(玄宗)이 《남화진경(南華眞經)》이라 부른 이후로 《남화진경》이라고도 한다. 인위(人爲)를 배척하고 무위자연(無爲自然)으로 돌아가라는 노자(老子)의 설을 계승 · 발전시킨 내용을 담았다. 원래 52편(篇)이었다고 하는데, 현존하는 것은 진대(晉代)의 곽상(郭象)이 편집한 33편(內篇 7, 外篇 15, 雜篇 11)이다. 이 중 내편 7편이 장자의 저작이며 나머지는 제자들이

집필한 것이라 한다. 내편 중에서도 〈소요유(逍遙遊)〉와 〈제물론(齊物論)〉의 2편이 장자 사상의 핵심으로 꼽힌다. 〈제물론〉 편에서 장자는 노자와 마찬가지로 우주만물의 생성변화의 이치로서 '도(道)'를 제시하였고, 〈소요유〉 편에서는 이러한 도에 순응하여 편안하고 자유로운 생활을 하는 '유(遊)'를 제시하였다. 〈장자〉는 〈노자〉와 함께 중국 도가 철학을 대표하는 저작으로 현재까지 수많은 주석서와 해설서 · 축약본이 나왔다. 또한 도교의 경전이 되었을 뿐 아니라, 위 · 진 시대의 현학이나 당나라 때의 선불교, 송나라 때의 성리학 등 후대 중국 사상의 형성에 큰 영향을 미쳤고, 많은 문인들에게 영감을 제시하는 원천이 되었다.

재즈

저자 모리슨(Morrison, Toni, 1931~) **분류** 문학(미국)/여성 **원제** Jazz **출간 연도** 1992년

미국의 여성 작가 토니 모리슨(본명 Chloe Anthony Wofford)의 장편소설. 《비러브드(Beloved)》, 《파라다이스》와 함께 작가의 소설 삼부작을 이루는 작품이다. 1926년 뉴욕에서 실제로 일어난 살인사건을 소재로 남녀 간의 사랑이 불러온 지나친 집착과 그로 인한 파국을 그린 소설이다. 주인공 남녀는 남부 농촌에서 뉴욕으로 이주한 50대 흑인 부부이다. 남편 '조'는 화장품 외판원이며 아내 '바이올렛'은 무자격 미용사로, 두 사람 다 결손가정에서 부모의 사랑을 모르고 자란 사람들이다. 부부는 낯선 도시에서 갖은 고생을 다한 끝에 겨우 자리를 잡는다. 그러나 중년에 접어든 이들 부부는 삶의 허무함을 견디기 위해 각자 자신만의 방식으로 일탈을 꿈꾼다. 바이올렛이 아기를 가지는 환상에 빠져 사는 사이, 조는 '도카스'라는 십대 소녀와 사랑에 빠진다. 도카스에 대한 조의 감정은 사랑을 넘어 집착의 단계에 이르고, 조는 도카스가 헤어질 것을 요구하자 그녀를 총으로 쏘아 죽인다. 조가 깊은 절망과 고통에 빠진 사이, 남편을 빼앗아간 여자에 대한 미움과 질투에 사로잡힌 바이올렛은 죽은 소녀의 장례식장에서 시신을 칼로 그으려 한다. 그러나 도카스의 이모 맨프레드 부인과 도카스의 친구 펠리스를 만나면서 점차 죽은 소녀를 이해하게 되고, 자신의 삶을 돌이켜 보게 된다. 바이올렛은 도카스의 삶을 알아가면서 자신을 이해하게 되고, 있는 그대로의 자신을 받아들이게 된

다. 이 작품은 작가의 여섯 번째 소설로 남부에서 동부의 대도시로 이주한 흑인들의 삶과 정체성의 모색이라는 주제 속에 여성들 간의 자매의식과 여성성의 추구라는 문제를 현란한 구성과 유려한 문장으로 융합시킨 작품이다. 작가는 이 작품으로 1993년 노벨 문학상을 수상하였다.

적과 흑

저자 스탕달(Stendhal, 1783~1842) **분류** 문학(프랑스)

원제 Le Rouge et le Noir **출간 연도** 1830년

19세기 프랑스의 작가 스탕달(본명 Marie Henri Beyle)이 쓴 장편소설. 스탕달은 발자크와 함께 19세기 프랑스 소설을 대표하는 양대 소설가로 불리는 작가이다. 이 소설은 나폴레옹이 몰락하고 왕정복고가 이루어진 1830년대 프랑스를 배경으로 평민 출신의 젊은이가 출세를 위해 몸부림치다 스스로 몰락하는 과정을 묘사한 작품이다. 제목의 '적'과 '흑'은 각각 출세의 상징인 군복과 사제복을 의미한다. 주인공 줄리앙은 시골 목재상의 아들로 나폴레옹을 숭배하는 감수성이 풍부하고 야심을 가진 청년이다. 성직자가 되어 출세할 꿈을 가진 줄리앙은 시골 귀족 레날의 집에 가정교사로 들어가게 되는데, 그곳에서 레날 부인과 불륜에 빠진다. 그러나 출세를 위해 사랑을 단념한 줄리앙은 신학교에 입학하고, 그곳에서 능력을 인정받아 파리의 권력자인 라 몰 후작의 비서로 발탁된다. 라 몰 후작의 비서가 된 줄리앙은 다시 후작의 딸 마틸드를 유혹한 끝에 후작으로부터 결혼 허가를 받는다. 성직을 포기하고 군대에 들어간 줄리앙은 귀족의 딸과 결혼하여 출세의 꿈을 달성하기 직전에 이르렀지만, 질투에 사로잡힌 레날 부인이 라 몰 후작에게 과거 연애사건을 폭로하는 바람에 모든 것이 물거품이 된다. 절망한 줄리앙은 레날 부인을 총으로 쏘고 체포된다. 감옥에서 레날 부인과 마틸드 두 여인의 사랑을 확인한 줄리앙은 담담한 마음으로 단두대에 오른다. 작가는 이 소설에서 평민 신분에서 벗어나 출세하고자 하는 줄리앙의 인생역정을 통해 19세기 초 프랑스 사회의 대귀족 · 소귀족 · 부르조아 · 성직자 · 소시민 등 각 계층의 모습을 생생하게 묘사하였다. 또한 정치적 힘을 잃고 나태와 무기력에 빠진 채 낡은 관습만을 추종하는 상층 계급의 모습과

가난하지만 재능을 무기로 삼아 출세와 사랑에 정열적으로 매진하는 소시민의 모습을 대비시켜, 미래를 이끌어 나갈 열정과 의지가 어느 계층에 있는지를 보여주었다. 이 소설은 프랑스 사실주의 문학의 선구적 작품으로 불리며, 야망과 사랑이라는 인간의 보편 심리를 탁월하게 묘사하여 오늘날에도 널리 읽히고 있다.

적벽가

분류 문학(한국) **원제** 赤壁歌 **출간 연도** 조선 후기

조선 후기에 널리 불린 판소리로 판소리 열두 마당 가운데 하나이다. 조선 후기에 신재효가 〈화용도(華容道)〉라는 이름으로 개작하였다. 중국의 소설 《삼국지연의》의 내용을 소재로 하여 만든 작품이지만, 소설에는 나오지 않는 일반 병사와 서민들의 애환을 노래한 〈군사설움〉·〈적벽강불〉·〈새타령〉·〈장승타령〉·〈군사점고〉 등등의 대목이 많다. 〈적벽가〉의 구성은 유비·관우·장비 세 사람이 도원결의를 하는 대목에서 시작하여 유비가 삼고초려 끝에 제갈량을 군사로 모시는 대목, 장비가 장판교에서 호통을 쳐 조조군을 물리치는 대목, 적벽에서 제갈량이 하늘에 동남풍을 비는 대목, 오나라 군대의 화공(火攻)으로 조조군이 대패하는 대목, 도망치던 조조를 붙잡은 관운장이 조조를 죽이지 않고 놓아주는 대목 등으로 이루어져 있다. 적벽대전 부분에서는 웅장하고 박진감 넘치는 전개로 긴장을 고조시키고, 적벽대전에서 패한 조조가 허겁지겁 도망가다 관운장에게 잡히자 비굴하게 목숨을 구걸하는 대목에서는 해학적인 사설을 결합하여 긴장의 완급효과를 극대화시켰다. 〈적벽가〉의 소재는 《삼국지연의》에서 가져왔으나, 영웅을 주인공으로 내세운 소설과는 달리 이름 없는 군사들을 내세워 원작을 새롭게 해석했다는 점에서 조선 후기 판소리 창자들의 창의성과 시대정신이 돋보이는 작품이다.

전국책

저자 유향(劉向, BC 79?~BC 8?) **분류** 정치(중국정치)

원제 戰國策 **출간 연도** 중국 전한 시대

중국 전한(前漢) 시대의 학자 유향이 편찬한 책. 전 12책 33권이다. 중국 역사에서 기원전 770년에서 404년까지를 공자가 편찬한 노나라의 역사서 《춘추》의 이름을 따서 '춘추 시대'라고 하며, 기원전 403년(주나라 원왕 때)부터 기원전 221년(진시황의 천하통일)까지를 《전국책》의 이름을 따서 '전국 시대'라 한다. 원래 전국 시대에 종횡가(외교 전문학파) 계열의 사상가가 저술한 것을 전한 시대에 들어 유향이 정리한 것으로 보인다. 유향이 한나라 황실의 서고에 있는 장서를 정리하다가 〈국책(國策)〉·〈국사(國事)〉·〈단장(短長)〉·〈수서(修書)〉 등의 죽간을 발견하고, 이를 국가별로 정리하여 서주(西周)·동주(東周)·진(秦)·제(齊)·초(楚)·조(趙)·위(魏)·한(韓)·연(燕)·송(宋)·위(衛)·중산(中山)의 12책으로 나누어 각 국가별 인물들의 일화 중심으로 편집하였다. 오늘날에도 유명한 '사족'·'어부지리'·'순망치한'·'소 잃고 외양간 고치다'·'끼리끼리 모인다' 등의 일화가 실려 있다. 전국 시대를 연구하는 데 빼놓을 수 없는 역사서이기도 하다. 유향 이후로 여러 학자들이 이 책에 주석을 달았는데, 유학자들로부터 《춘추》에 비해 의리를 경시하고 잔재주에 치우치며 득보다 실이 많다는 평가를 받았다. 그러나 이 책에 실린 여러 일화는 오늘날에도 널리 인용되고 있으며, 사마천의 《사기》도 이 책을 참조했을 정도로 전국 시대의 역사를 알 수 있는 중요한 사료이다. 또한 이 책의 문장은 《사기》와 함께 대표적인 고문체(古文體) 문장으로 유명하다.

전등신화

저자 구우(瞿佑, 1347~1433) **분류** 문학(중국) **원제** 剪燈新話 **출간 연도** 1378년

중국 명나라 때의 문인 구우가 쓴 문어체(文語體) 전기 소설집. '전등신화'라는 제목은 '초의 심지를 잘라 불빛을 밝혀가며 읽을 진기한 이야기'라는 뜻이다. 전부 21편의 단편소설이 실려 있는데, 〈등목취유취경원기〉·〈수궁경회록〉·〈모란등기〉와 같이 사람과 귀신의 사랑이나 선계 체험 등을 소재로 하였다. 이 소설은 당나라 만당(晩唐) 시대의 소설 양식을 본떠 기이하고 경이로운 이야기에 골계와 해학을 가미하였으며, 이후 이정(李禎)의 《전등여화(剪燈餘話)》, 소경첨(邵景詹)의 《남등인화(覓燈因話)》 등 많은 아류작을 낳았다. 《전등신화》는 조선에도 전해져,

김시습이 《금오신화》를 집필하는 데 큰 영향을 미쳤으며, 일본문학에도 많은 영향을 미쳤다.

전습록

저자 왕양명(王陽明, 1472~1528) **분류** 철학(유학) **원제** 傳習錄

중국 명나라 때의 유학자 왕양명(왕수인)의 어록과 편지를 제자들이 모아 만든 책이다. 상 · 중 · 하 3권으로 되어 있으며, 상권과 하권은 각기 왕양명이 40세 때 남긴 어록과 50세 때 남긴 어록을 모아 만든 책이고, 중권은 왕양명의 편지를 모아 만든 책이다. 왕양명이 창시한 양명학의 주요 학설이 망라되어 있다. 상권에서는 '지행합일(知行合一)' · '심즉리(心卽理)' 등의 양명학 개념에 대해 설명하였고, 하권에서는 '치량지(致良知)' · '만가성인(滿街聖人)' 등 양명학의 수행체계에 대해 설명하였다. 왕양명이 창시한 양명학은 중국에서는 주자학과 함께 신유학의 양대 학파로 널리 알려졌으나, 조선에서는 퇴계 이황이 《전습록논변》을 지어 양명학을 비판한 이후로 이단시되어 크게 알려지지 못하였다. 최근 국내 양명학 연구자들이 한글 번역본을 출간하였다.

전쟁과 평화

저자 톨스토이(Tolstoi, Lev Nikolaevich, 1828~1910) **분류** 문학(러시아)/영화
원제 Voina i mir **출간 연도** 1864~1869년

러시아의 작가 톨스토이의 장편역사소설. 19세기 러시아를 배경으로 안드레이, 나타샤, 피에르라는 세 사람의 귀족 남녀와 그 집안 일가를 주인공으로 하여 당시 러시아 귀족들의 삶과 나폴레옹 군대의 침략에 맞서 저항하는 러시아 민중들의 모습을 그린 작품이다. 아우스터리츠 전투, 나폴레옹의 러시아 침공, 보로디노 전투, 모스크바 대화재를 거쳐 러시아의 혹독한 겨울을 견디지 못한 프랑스군이 비참하게 퇴각하는 장면 등 역사적 실화를 바탕으로 하고, 거기에 작가가 창조한 허구의 인물들을 주인공으로 등장시켜 역사와 예술, 사실과 허구를 조화시켰다. 1805년

러시아와 프랑스 사이에 전쟁이 일어나자 귀족 청년 안드레이 포르콘스키는 임신한 아내를 남겨 두고 전쟁에 참전한다. 아우스터리츠 전투에서 중상을 입은 안드레이는 전쟁의 영광이나 개인의 야심 같은 것이 삶의 본질이 될 수는 없음을 깨닫는다. 한편 안드레이의 친구 피에르는 많은 재산을 상속받은 모스크바 사교계의 유명인사이지만, 아내의 부정행위 때문에 결투를 벌여 상대방에게 부상을 입힌다. 결투와 이혼으로 인한 충격 때문에 삶의 의미에 대해 고민하던 피에르는 프리메이슨(종교적 비밀단체)에 가입하여 새로운 삶을 찾으려 한다. 부상을 입고 귀향한 안드레이는 아내가 출산 도중 사망하자 자신의 인생은 이미 끝났다고 생각하고 영지에 틀어박혀 은둔생활을 한다. 그러던 어느 날 모스크바의 로스토프 백작 저택을 방문한 안드레이는 백작의 딸 나타샤를 만나게 된다. 꾸밈없는 자연 그대로의 생명력으로 가득 찬 나타샤의 모습을 본 안드레이는 자신의 인생이 아직 끝나지 않았음을 느끼고 나타샤와 약혼한다. 그러나 안드레이가 외국에 나간 사이 나타샤는 피에르의 처남 아나톨리의 유혹에 빠져 안드레이와 파혼하고 만다. 1812년 프랑스군이 러시아를 침공하자 안드레이는 다시 전쟁에 참전하여 보로디노 전투에서 중상을 입는다. 부상병을 간호하던 나타샤는 중상을 입은 안드레이를 발견하고 그를 간호하지만, 안드레이는 나타샤에 대한 변함없는 사랑을 고백한 뒤 숨지고 만다. 한편 피에르는 프랑스군의 포로가 되어 많은 시련을 겪지만, 그 과정에서 농민 출신 러시아 포로들의 삶에 대한 긍정적 자세로부터 많은 감화를 받는다. 혹독한 러시아의 겨울 추위를 견디지 못한 프랑스군은 비참하게 퇴각하고 피에르는 모스크바에서 나타샤와 만나 그녀와 결혼한다. 이 작품은 《안나 카레니나》와 함께 톨스토이의 대표작이자, 19세기 러시아 사실주의 문학의 걸작으로 불린다. 또한 사실과 허구를 절묘하게 결합시켜 역사와 예술의 조화를 이룩한 작품이라는 평가를 받았다. 작가는 이 작품에서 주인공들의 삶과 사랑을 통해 '삶의 의미는 삶을 살아가는 데 있다'는 긍정적 인생론을 제시하였다.

전쟁과 평화의 법

저자 그로티우스(Grotius, Hugo, 1583~1645) **분류** 사회과학(법학)

원제 De jure belli ac pacis **출간 연도** 1625년

'국제법의 아버지'로 불리는 네덜란드의 법학자 그로티우스의 저서. 저자는 법학사에 있어 후기 스콜라 학파를 계승한 법학자로서 자연법과 국제법의 기초가 되는 일반법 이론을 발전시켰다는 평가를 받고 있다. 이 책은 자연법 사상에 입각하여 국가들 간에 일어나는 전쟁의 원인 · 권리 · 교전수칙 · 포로에 대한 처우 등을 논한 책으로 근대 국제법학의 토대를 형성한 책이다. 전 3권으로, 1권에서는 전쟁의 개념 · 권리 · 종류에 대해 논하였고, 2권에서는 전쟁의 정당원인 · 재산권 · 징벌 등에 대하여, 3권에서는 교전수칙에 대해 논하였다. 저자는 이 책에서 당사자 간의 합의에 따라 체결되고 그에 의거하여 도덕적 구속력을 가지는 '계약' 개념을 정립하여 이를 국가 간의 관계에 적용하였다. 이것은 법의 권위를 신앙에서 찾는 대신 개인과 개인, 국가와 국가 사이의 '약속(계약)'에서 찾는다는 의미이다. 그럼으로써 저자는 고대 자연법을 근대적 이성법으로 전환시켜 근대법의 기틀을 마련하였다.

전쟁론

저자 클라우제비츠(Clausewitz, Karl von, 17801~1831) **분류** 사회과학(군사학)

원제 Vom Kriege **출간 연도** 1832년

독일(프로이센)의 군인 클라우제비츠의 저서. 저자가 프로이센군의 일원으로 나폴레옹의 러시아 원정(1812)과 워털루 전투(1815)를 비롯한 여러 전투에 참전한 경험을 바탕으로 당시 유행하던 헤겔 철학의 영향을 받아 정치적 관점에서 전쟁의 본질을 규명하려고 한 책이다. 저자의 사후에 출간된 《전쟁과 작전술에 관한 카를 폰 클라우제비츠 장군의 유고집》 10권 가운데 제3권으로 출판되었다. 책의 구성은 제1편 〈전쟁의 본질〉, 제2편 〈전쟁이론〉, 제3편 〈전략〉, 제4편 〈전투〉, 제5편 〈전투력〉, 제6편 〈방어〉, 제7편 〈공격〉, 제8편 〈전쟁 계획〉으로 되어 있다. 이 가운데 7편과 8편은 미완성 초고이다. 저자는 '전쟁의 본질' 편에서 '전쟁은 다른 수단에 의해 수행되는 정치의 연장이다'라고 규정하여 전쟁을 국가 이익의 실현을 위한 수단이라고 이해하였다. 저자는 이와 같이 국가 이익을 실현하기 위한 전쟁에는 적군을 괴멸시켜야 하는 전면전쟁과 일정한 목표 달성에 국한된 제한전쟁의 두 가지가 있다고 구분하였다. 저

자는 이 두 가지 유형의 전쟁은 그 목적과 수단이 다르므로 국가가 전쟁을 준비할 때는 그 전쟁의 유형과 목적이 무엇인지를 명확하게 규정하고 그러한 유형에 맞게 대비해야 한다고 하였다. 이 책은 전쟁에 대한 연구를 단지 용병술 차원에만 국한하지 않고 정치와 결부시켜 통합적으로 이해하려 시도한 점 때문에 높은 평가를 받았으며, 현대 군사학의 기초를 만든 책으로 불린다.

전체주의의 기원

저자 아렌트(Arendt, Hanna, 1906~1975) **분류** 정치(전체주의)

원제 The Origins of Totalitarianism **출간 연도** 1951년

독일계 유대인으로 미국에서 활동한 한나 아렌트의 저서. 독일의 나치즘을 주요 분석대상으로 삼아 전체주의의 등장 원인과 그 특성에 대해 설명한 책이다. 저자는 전체주의의 등장 원인을 근대 유럽에서 공공영역의 몰락으로 인한 개인의 원자화 · 고립화에서 찾았다. 저자에 따르면, 공공영역이 없어짐으로써 개인과 개인 간의 의사소통과 공론화의 장이 사라지게 되었고, 개인은 거대한 조직체의 일원으로서 기계적인 삶을 살게 되었다. 이러한 때에 등장한 나치즘과 파시즘은 특정 인종 · 민족 · 계급을 구심점으로 한 이데올로기를 내세우고, 이 이데올로기의 실현을 위해 육체적 · 심리적 폭력을 사용하는 테러 정치를 수단으로 삼았다. 전체주의자들은 일단 집권하면 국가 자체를 전체주의적으로 개조하여 비밀경찰과 강제수용소, 선전기관을 이용하여 국민들에게 전체주의 이데올로기를 주입하고 반대하는 국민들을 탄압한다. 저자는 이러한 전체주의를 예방하려면 대중의 적극적인 정치 참여가 이루어져야 하며, 정치적 자유를 보장하는 정치적 공동체를 확립해야 한다고 주장하였다. 저자에 따르면, 이러한 참여와 자유가 보장될 때 개인들 간의 소통과 공론화의 장이 살아나고 바람직한 삶에 대한 집단적 모색이 가능해진다. 저자는 이 책을 통하여 전체주의 연구에 대한 학문적 연구의 틀을 마련하였을 뿐 아니라, 전체주의가 현대사회의 문제점에서 발생하였다고 지적함으로써 현대문명에 대한 성찰의 계기를 제공하였다.

젊은 그들

저자 김동인(金東仁, 1900~1951) **분류** 문학(한국) **원제** 젊은 그들 **출간 연도** 1930~1931년

김동인이 쓴 장편역사소설. 1930년 9월부터 1931년 11월까지 〈동아일보〉에 연재되었다. 조선 왕조 말기에 대원군 세력과 민비 세력 간에 벌어졌던 치열한 정권 다툼을 배경으로 주인공 남녀의 사랑을 다룬 작품이다. 작가의 또 다른 장편역사소설 《운현궁의 봄》(1933~1934)의 뒷부분에 해당하는 작품이다. 소설은 대원군이 민비 일파에 의해 권좌에서 물러난 이후를 시대적 배경으로 하여 전개된다. 대원군은 타의에 의해 정계에서 은퇴하기는 했지만 은밀하게 다시 정권을 잡을 준비를 한다. 대원군을 따르는 청년 세력은 활민숙이라는 비밀 단체를 조직하여 대원군의 재집권을 돕는다. 활민숙의 숙생 안재영, 명인호, 이인화, 연연 등은 서양 학문을 배우고 무기 사용법을 훈련하며 때를 기다리고, 그 사이 인호와 연연은 사랑하는 사이가 된다. 은인자중하며 때를 기다리던 활민숙 숙생들은 임오군란이 일어나자 대원군과 함께 공개적으로 활동에 나선다. 그러나 대원군이 청군에 의해 납치되고 민비 일파가 다시 득세하면서 활민숙도 쇠퇴하게 되고, 숙생들은 자결하고 만다. 이 소설은 1920년대 중반의 '국민문학파'의 문학경향을 보여주는 작품으로 역사적 소재를 택해 민족의식과 역사의식을 고취하려는 의도를 띠고 있다. 작가는 이 소설에서 대원군을 민족의식을 대변하는 이상적 정치가로 미화하고, 작가가 창조한 허구의 인물들을 대원군의 추종세력으로 등장시켜 현실과 허구를 조화시키는 소설 기법을 사용하였다.

젊은 베르테르의 슬픔

저자 괴테(Goethe, Johann Wolfgang von, 1749~1832) **분류** 문학(독일)

원제 Die Leiden des jungen Werthers **출간 연도** 1774년

독일 고전파 문학의 대가 요한 볼프강 폰 괴테가 쓴 장편소설. 친구의 약혼녀 샤를로테를 사랑하다 실연당한 작가 자신의 체험과 대학 동기 예루잘렘이 실연 후 자살한 사건을 소재로 하여 소설화시킨 작품이다. 이 작품은 순수하고 감성적인 젊은 청년 베르테르를 주인공으로 하여

베르테르가 1771년 5월 4일부터 1772년 12월 23일까지 친구와 연인에게 쓴 편지글 형식으로 전개된다. 젊은 변호사 베르테르는 복잡한 주변 문제에서 벗어나 자연 속에서 안정을 취하기 위해 어느 산간 마을을 찾는다. 마을의 무도회에서 '로테' 라는 여인을 알게 된 베르테르는 그녀를 사랑하게 된다. 그러나 로테에게 이미 약혼자 알베르트가 있다는 사실을 알고 외국으로 떠난다. 외국생활에 적응하지 못한 채 귀국한 베르테르는 다시 로테를 찾아가지만, 그녀는 이미 결혼하여 가정을 가진 상태다. 로테는 베르테르를 따뜻하게 맞아주지만, 베르테르는 오히려 고독감을 느낀다. 베르테르는 마지막으로 그녀에게 사랑을 고백하지만 로테는 받아들이지 않고, 절망한 베르테르는 권총 자살로 생을 마감한다. 주인공 베르테르는 낭만적인 감수성과 순수한 열정을 지닌 청년으로 기성세대의 가치관과 타협하지 않으며 자신만의 절대적 가치를 찾으려 한다. 베르테르는 로테에 대한 사랑에서 자신이 찾던 그 가치를 발견했다고 생각하지만, 그것이 이룰 수 없는 것임을 알고 스스로 생을 끝내고 만다. 여주인공 로테 역시 베르테르와 정서적으로 교감하지만 결혼과 가정을 지키기 위해 자신의 감정을 억누르고 베르테르의 사랑을 받아들이지 않는다. 이 작품은 당시 독일에서 유행하던 문학의 개성해방 운동인 '질풍노도(슈트룸 운트 트랑)' 운동의 대표작으로 불리며, 낭만적이고 비극적인 사랑을 통해 삶과 예술의 참모습을 보여주려 하였다.

젊은 예술가의 초상

저자 조이스(Joyce, James Augustine Aloysius, 1882~1941) **분류** 문학(영국)

원제 A Portrait of the Artist as a Young Man **출간 연도** 1916년

아일랜드 태생으로 파리에서 활동한 작가 제임스 조이스가 쓴 장편소설. 1914년부터 1916년까지 잡지 〈에고이스트〉에 연재되었으며, 작가의 자전적 체험을 '의식의 흐름' 기법을 사용하여 소설화한 작품이다. 줄거리는 스티븐 디덜러스라는 젊은 예술가가 유년기에서 대학 시절에 이르기까지 성장과정과 어린 시절에 대한 회상을 교차시키면서, 진정한 예술가가 되기 위해 정치 · 종교 · 가정을 떠나 방황하는 모습을 묘사하였다. 스티븐은 예수회 신부들이 운영하는 초등학교를 다니면서 종교에 대한

반발심을 갖게 되지만 한편으로는 종교적 문제의식을 갖게 된다. 대학에 입학한 스티븐은 연애와 성을 체험하지만 그의 마음 깊은 곳에 자리 잡은 종교적 죄의식 때문에 괴로워한다. 신학교에 들어갈 것을 고민하던 스티븐은 어느 소녀가 바다를 바라보는 모습을 보고 영감을 얻어 종교의 길 대신 예술의 길을 택하기로 결심한다. 진정한 예술가가 되려면 종교와 국가를 초월해야 한다고 느낀 스티븐은 새로운 미래를 향해 떠난다. 작가는 이 소설에서 의식의 흐름 기법을 사용하여 주인공의 내면세계를 드러내 보였으며, 회고와 묘사를 통해 상징적 장면을 제시하는 '에피파니' 라는 기법도 사용하였다. 작가는 이 작품 이후 《율리시즈》, 《피네간의 경야》 등 대작을 잇달아 발표하여 현대 유럽문학에 큰 영향을 미쳤다.

정감록

분류 철학(예언서) **원제** 鄭鑑錄 **출간 연도** 조선 중기

조선 중기 이후에 나온 예언서. 풍수지리 · 참위설 · 도교 사상 등을 바탕으로 한 여러 가지 비기를 모은 것이다. 조선 왕조의 선조인 이심(李沁)과 조선 왕조를 무너뜨리고 새 왕조를 열 정씨의 조상 정감(鄭鑑)이 나눈 대화 형식으로 구성되었다. 출간된 이후 세월이 가면서 여러 가지 내용이 추가되었고, 《정이감여론(鄭李堪輿論)》 · 《정이문답(鄭李問答)》 · 《감결(鑑訣)》 · 《정인록(鄭寅錄)》 등의 제목으로 수많은 이본이 나왔다. 《정감록》의 핵심은 지금 세상이 무너지고 새 세상이 온다는 말세 예언이며, 새 세상이 오기 전에 닥칠 여러 가지 재앙과 환난에 대한 예언을 담고 있다. 《정감록》에 따르면, 이씨가 한양을 도읍으로 조선 왕조를 세운 후 몇백 년이 지나면 정씨가 계룡산을 도읍으로 새 왕조를 세운다는 것이다. 그리고 정씨 다음에는 범씨 · 완씨 · 왕씨 순으로 새 왕조가 들어선다는 예언이 나온다. 그리고 그 중간에 일어날 전쟁(임진왜란과 병자호란)과 재난을 예언하면서 백성들이 살려면 재난이 미치지 않는 십승지지(十勝之地)의 피란처를 찾아 피해야 한다고 언급하였다. 《정감록》은 조선 중기 이후 서민층에 큰 영향을 미쳐 19세기에 일어난 농민 봉기나 여러 역모 사건의 사상적 배경이 되었으며, 이를 바탕으로 한 많은 신흥종교와 수도자 집단이 나타났다. 또한 실제로 많은 백성들이 가

족과 함께 십승지지를 찾아 산간으로 들어가는 일도 벌어졌다. 이와 같이 《정감록》은 조선 후기의 사상과 민중문화에 큰 영향을 미쳤으며, 당시의 불안하고 혼란스런 시대상을 보여주는 자료라 할 수 있다.

정관정요

저자 오긍(吳兢, 670~749) **분류** 정치(중국정치) **원제** 貞觀政要

중국 당나라 태종(太宗, 627~649)과 신하들이 정치에 관해 주고받은 대화 내용을 태종의 사후 측천무후 시대의 사관(史官) 오긍이 편찬한 책. 전 10권 40편이다. '정관'은 태종의 연호이며, 태종의 치세를 일컫는 '정관의 치(貞觀之治)'는 당 현종의 연호를 딴 '개원(開元)의 치'와 함께 당나라뿐 아니라 중국 역사상에 있어 훌륭한 정치가 이루어진 시대로 불린다. 책의 내용은 태종이 위징(魏徵)·방현령(房玄齡)·두여회(杜如晦) 등 45명의 신하들과 통치자의 자질과 역할·의무·덕목에 대해 묻고 답하는 대화로 구성되어 있다. 또, 국가 통치의 기본 방향, 군주와 신하의 관계, 관리의 선발, 태자의 교육 등 통치와 관련된 다양한 주제를 다루었다. 중국의 역대 황제뿐 아니라 고려·조선과 일본의 통치자들도 애독하였다.

정글

저자 싱클레어(Sinclair, Upton Beall, 1878~1968) **분류** 문학(미국)
원제 The Jungle **출간 연도** 1906년

미국의 소설가이자 언론인·사회 비평가 업톤 싱클레어가 쓴 장편소설. 작가는 사회주의 성향의 정치인이자 폭로 언론인(머크레이커, Muckraker)으로 활동하였다. 소설의 주인공 저기스 러드커스는 부와 자유의 기회를 찾아 가족과 함께 리투아니아에서 미국으로 이민 온 청년이다. 러드커스 가족은 시카고의 정육공장에서 노동자로 일하면서 저임금과 부당한 노동관행, 위험하고 불결한 작업환경에 직면하게 된다. 그러나 저기스의 병든 아버지와 임신한 아내까지 일하지 않으면 살아갈

수 없는 가혹한 현실에 쪼들리며 하루하루 살아간다. 궁핍한 생활 끝에 아내와 자식을 잃고 감옥신세까지 진 저기스는 환멸을 느낀 나머지 가족을 버리고 시카고를 떠난다. 시골에서 뜨내기 노동자로 살다 다시 시카고로 돌아온 저기스는 구걸과 범죄를 일삼다 감옥을 들락거리게 되고 범죄세계의 일원이 되면서 기업가와 정치인이 결탁하는 시카고의 현실을 알게 된다. 부패 정치인의 하수인 노릇을 하던 저기스는 우연히 사회당 집회에 참석하면서 자신이 겪은 불행의 원인이 자본주의 때문이라는 것을 깨닫고 사회주의에 빠져든다. 사회당원들의 도움으로 직장을 구하고 가족과 재회한 저기스가 언젠가는 시카고의 현실을 개선하리라 다짐하면서 소설은 끝난다. 이 소설은 작가가 시카고 정육 가공공장(소시지 제조 공장)의 불결한 환경과 가혹한 노동현실을 고발하기 위해 쓴 작품으로 출간되자마자 미국 대중에게 경악과 분노를 불러일으켰다. 이 소설로 인해 사회적 파장이 커지자 연방정부는 식품 및 의약품에 관한 법률을 제정하여 식품제조 과정의 위생환경을 개선하는 계기가 되었다. 이 소설은 스토우 부인의 《엉클 톰스 캐빈》이 노예제의 참상을 널리 알린 것처럼, 공공의 이익을 위해 정부가 기업을 규제해야 한다는 발상을 공론화시키는 계기를 제공하였다.

정글 북

저자 키플링(Kipling, Joseph Rudyard, 1865~1936) **분류** 문학(영국)/영화

원제 The Jungle Books **출간 연도** 1894년

영국의 시인이자 작가인 루디야드 키플링의 장편소설. 키플링은 인도 태생으로 인도의 자연과 대영제국 통치하의 인도의 삶을 다룬 여러 편의 작품을 발표했다. 8편의 단편소설로 구성된 이 작품은 인도의 정글에서 늑대들과 함께 살아가는 소년 모글리의 이야기와 하얀 표범, 코끼리, 몽구스 등 동물을 주인공으로 한 이야기로 구성되어 있다. 호랑이 시아칸에게 쫓기던 모글리는 늑대들의 도움으로 살아난 뒤 정글에서 살게 된다. 모글리는 늑대 형제들과 큰 곰 발루, 검은 표범 바기라와 함께 원숭이 무리, 빨간 개 무리와 싸우는 등 갖가지 모험에 나선다. 장성한 모글리는 인간의 마을을 보면서 자신이 인간이라는 것을 깨닫고 마을로

내려가지만, 인간의 추악한 모습에 실망하고 정글로 돌아간다. 정글로 돌아온 모글리는 숙적 시아칸을 물리치고 정글의 평화를 이룬다. 이 소설은 동물을 의인화시켜 동물의 관점에서 인도의 자연을 묘사한 동물소설의 걸작이자 아동소설의 대표작으로 오늘날까지 널리 읽히고 있다.

정몽

저자 장재(張載, 1020~1077) **분류** 철학(유학) **원제** 正蒙 **출간 연도** 중국 북송 때

중국 북송 때의 학자 장재(장횡거, 張橫渠)의 저서. 저자는 주자(朱子) 이전에 성리학의 기초를 세운 학자로 유명하며 《정몽》과 함께 《경학이굴(經學理窟)》, 《서명(西銘)》 등의 저서를 남겼다. 저자는 이 책에서 송나라 성리학자들 가운데 최초로 '기일원(氣一元)'의 세계관을 제시하여 우주만물의 생멸변화를 기가 모였다가 흩어지는 과정으로 이해하였다. 저자에 따르면, 기의 본체는 태허(太虛)이며 태허가 곧 기이다. 기는 형체가 없어 눈에 보이지 않으나 끊임없이 움직이며 모였다가 흩어진다. 생명체와 무생물을 비롯한 우주 만물은 모두 기의 작용으로 생긴 것이며 기의 이합집산에 따라 변화한다. 저자는 기에는 맑은 기와 탁한 기가 있기 때문에 인간에게 선하고 현명함과 악하고 어리석음의 차이가 나타난다고 보았으며, 이러한 차이를 독서와 예(禮)를 통하여 보완해야 한다고 주장하였다. 저자는 다른 성리학자들과 마찬가지로 젊은 시절 유학의 경전뿐 아니라 불교와 도교에도 심취하였으나 성리학의 체계를 세운 후에는 사상적으로 불교와 도교를 배척하는 입장을 취하였다. 저자가 이 책에서 정리한 기일원의 세계관은 주자에게 계승되어 성리학의 세계관으로 정립되었다.

정신현상학

저자 헤겔(Hegel, Georg Wilhelm Friedrich, 1770~1831) **분류** 철학(서양철학)
원제 Phenomenologie des Geistes **출간 연도** 1807년

독일의 철학자 헤겔의 저서. 헤겔이 자신의 철학 사상을 정립한 초기의

저작이며, 칸트의 《순수이성비판》과 함께 유럽철학사의 고전으로 불리는 책이다. 현상학(現象學, phenomenology)이라는 용어는 원래 본체의 본질을 연구하는 본체학과 달리 본체의 현상을 연구한다 하여 현상학으로 불렸다. 그러나 이후 여러 철학자들이 각자 다른 개념으로 사용하였으며, 이 책에서 헤겔이 말한 '정신현상학'은 감각의 확실성에서 출발하여 절대적 지식에 이르기까지의 의식의 발전과정을 서술하는 학문이란 의미이다. 헤겔에 따르면, 인간의 정신은 감각에서 비롯되어 단계별로 과학적 오성-이성적 사회의식-종교로 나아가는 데 이때 변증법적 발전 과정을 거친다. 그리하여 마지막으로 절대적 지식(완전한 자각)에 이르게 된다. 헤겔은 인류의 역사를 이성의 진보과정으로 설명한 것처럼 인간의 정신작용 또한 변증법적 발전과정을 밟는 것으로 이해하였으며, 이와 같은 역사와 이성의 진보 개념은 이후 유럽철학에 큰 영향을 미쳤다.

정지용 시집

저자 정지용(鄭芝溶, 1902~1950) **분류** 문학(한국) **원제** 鄭芝溶詩集 **출간 연도** 1935년

시인 정지용의 첫 번째 시집. 87편의 시와 2편의 산문이 실려 있다. 이 시집은 모두 5부로 이루어져 있는데, 1부와 4부는 가톨릭 신앙을 주제로 한 신앙시 위주이며, 2부는 시인의 초기 시편들을 수록하였고, 3부는 동요와 민요풍의 시를 위주로 수록하였다. 5부에는 두 편의 산문이 실려 있다. 정지용은 원래 1920년대에는 절제된 언어를 바탕으로 한 서정적이고 감각적인 시를 주로 발표하였다. 그 후 1933년부터 가톨릭에 귀의하면서 〈불사조〉 등의 종교적인 시를 많이 썼으며, 1930년대 후반부터는 〈옥류동〉·〈구성동〉·〈장수산〉·〈백록담〉 등 동양적 정서를 담은 작품도 발표하였다. 이 시집은 정지용의 문학 인생에 있어 중간기인 1935년에 출간된 시집으로 시인의 초기 시들과 종교시들이 함께 실려 있다. 특히 초기 시에 자주 등장하는 바다를 소재로 한 〈바다 1〉·〈바다 2〉·〈해협〉 등의 시들은 시인 특유의 간결하면서도 감각적인 시어를 통해 자연을 바라보는 시인의 심상을 선명하게 보여준다. 특히 사투리와 고어(古語), 신조어 등을 자유자재로 구사하는 시인의 솜씨는 근대 한국 시문학 가운데 독보적이라 할 수 있다. 널리 알려진 〈향수〉·〈카페 프란

스〉 등의 작품도 이 시집에 실려 있다.

정치경제학의 국민적 체계

저자 리스트(List, Friedrich, 1789~1846) **분류** 사회과학(경제학)

원제 Das Nationale System der Politischen Okonomie **출간 연도** 1841년

독일 태생으로 미국에서 활동한 경제학자 프리드리히 리스트의 저서. 리스트는 산업정책론과 경제발전단계설을 주장하여 소위 역사학파를 창시한 경제학자 가운데 한 사람으로 불린다. 저자는 이 책에서 당시 경제 선진국 영국이 여타 국가들에게 자유무역을 촉구하고 영국의 경제학자 아담 스미스 등이 자유주의 경제론을 주장한 데 대한 반론을 제기하였다. 저자에 따르면, 영국도 산업 발전 초기 단계에는 엄격한 보호주의를 실시했으며, 산업생산이 높은 수준에 오른 뒤에야 비로소 자유무역을 주장하기 시작했다. 따라서 영국보다 산업발전이 뒤진 독일이나 미국이 영국과 자유무역을 할 경우 영국의 경제 종속국이 될 수밖에 없다. 여기서 저자는 영국이 자유무역을 주장하는 것은 '사다리 걷어차기'라고 비판하였다. '사다리 걷어차기'란 사다리를 타고 정상에 오른 사람(영국)이 다른 사람들(후발 국가들)이 정상에 오르지 못하도록 사다리를 없애 버리는 행위를 말한다. 그러므로 후발 국가들이 자국 산업을 보호하고 국내시장을 육성하기 위해서는 보호무역을 실시할 수밖에 없다는 것이 저자의 주장이다. 이와 같은 저자의 주장은 이후 독일의 경제학자 W. 로셔, B. 힐데브란트, K. G. 크니스 등으로 이어지면서 역사학파 경제학을 형성하였다. 역사학파 경제학자들은 아담 스미스를 비롯한 영국 고전학파 경제학자들이 추구하는 보편적이고 추상적인 경제법칙을 통해 경제학을 비판하였다. 역사학파는 경제현상이나 국민경제는 각 민족과 국가의 역사적 발전단계에 따라 개별적 · 상대적으로 이해해야 하며, 그러므로 각 나라마다 경제발전단계에 따라 상이한 경제정책을 채택해야 한다고 주장하였다.

정치학

저자 아리스토텔레스(Aristoteles, BC 384~BC 322) **분류** 정치(정치이론) **원제** Politics

고대 그리스의 철학자 아리스토텔레스의 저서. 아리스토텔레스는 정치와 윤리를 구분하여 생각하지 않았으며, 정치를 윤리의 완성으로 보았다. 그에 따르면 인간은 사회적 동물로 공동생활을 하는 존재이기 때문이다. 인간이 사회적 동물이라는 것은 곧 정치적 동물이라는 의미이며, 그러한 인간이 세운 국가는 어떤 선(善)의 구현을 목적으로 성립되었으며, 그 목적을 위해 존재한다. 여기서 아리스토텔레스는 국가를 인간 개인이 자기실현을 위해 혼자서 하기 어려운 일들을 이루게끔 도와주는 대행자로 간주하였다. 그는 이러한 국가의 목적을 수행하는데 가장 적합한 정부형태를 한 사람의 지배(왕정), 소수의 지배(귀족정), 다수의 지배(민주정)의 세 가지로 구분하고 각각의 장·단점을 논하였다. 그리고 정치에 참여할 시간적 여유와 능력을 갖춘 집단에서 통치자가 나오되 주기적으로 교체되는 정부형태가 가장 바람직하다고 주장하였다. 이러한 집단이 통치할 경우에 국가는 인간이 선한 삶을 완성하도록 도울 수 있다. 이어서 아리스토텔레스는 혁명에 대해 논하면서 혁명은 인간이 평등을 원하기 때문에 발생한다고 규정하였다. 그는 각각의 정부형태에 따라 혁명을 예방할 수 있는 방책을 제시하면서, 귀족정과 민주정을 혼합하여 중간계급이 정부의 중심을 이루는 정부형태가 바람직하다고 제시하였다. 이와 같은 아리스토텔레스의 정치학은 그의 스승 플라톤의 이상적이고 급진적 정치론과 달리 보다 현실적이고 온건한 것이었으며, 윤리와 정치를 뗄 수 없는 것으로 보아 국가란 인간의 궁극적 목적 실현을 돕는 존재로 규정하였다. 아리스토텔레스의 정치사상은 이후 서구 정치사상사의 형성에 큰 영향을 미쳤다.

제국주의론

저자 홉슨(Hobson, John Atkinson, 1858~1940) **분류** 사회과학(경제학)

원제 Imperialism: A Study **출간 연도** 1902년

영국의 경제학자 홉슨의 저서. 저자는 경제학자뿐 아니라 언론인으로

활동하면서 사회문제에 관해서도 깊은 관심을 갖고 저술활동을 펼쳤다. 정치적으로 온건한 페이비언 사회주의자(점진적 · 평화적 사회주의자)였던 저자는 이 책에서 제국주의를 자유주의 경제학의 관점에서 분석 · 비판하였다. 저자에 따르면, 제국주의는 자본의 집중과 과두지배로 인해 발생하며, 군국주의적 속성을 띤다. 저자는 이러한 견해를 이 책에서 서론 〈제국주의와 민족주의〉외, 1부 〈제국주의 경제학〉 및 2부 〈제국주의 정치학〉으로 나누어 설명하였다. 서론에서 저자는 민족주의가 국제주의로 발전하지 못하고 변질된 것이 제국주의라고 설명하였다. 제국주의는 한 민족이 다른 민족을 침략함으로써 민족 간의 전쟁을 초래하며, 여러 민족이 공존하는 건전한 국제주의를 저해한다. 이어 1부에서는 제국주의의 경제적 측면을 분석하면서 제국주의 정책은 상업적 가치가 미미하며 국민 전체에 이익을 주는 것이 아니라 과잉생산과 과잉자본을 투자하기를 원하는 일부 제조업자 · 운송업자 · 금융 투기세력 · 군인들의 특수한 이익을 위한 정책이라고 규정하였다. 2부에서는 제국의 정치적 측면을 분석하면서 제국주의 정책은 식민지와 본국인들의 자유를 억압하는 군국주의를 초래하며, 다른 제국주의 국가와의 전쟁 위험성을 높임으로써 민주주의와 문명의 발전을 가로막는 정책이라고 비판하였다. 이와 같이 저자는 제국주의를 한 국가에서 일부 집단(특히 금융투기세력)의 경제적 이익을 위한 정책으로 규정하였으며, 자본주의 국가의 경제 · 정치상의 모순점으로 인해 제국주의가 확산된다고 주장하였다. 이와 같은 저자의 주장에 대해서 훗날 슘페터를 비롯한 자유주의 경제학자들은 제국주의는 자본주의 경제의 모순으로 인해 생겨난 것이 아니라 한 사회의 문화적 태도에서 비롯된다고 비판하였으며, 레닌과 같은 사회주의자들은 홉슨의 제국주의론이 개량적이라고 비판하였다. 그러나 제국주의가 자본주의에서 비롯되었다고 보는 홉슨의 기본입장은 사회주의자들에게 큰 영향을 미쳤으며, 레닌은 그의 저서 《제국주의: 자본주의의 최고단계》에서 제국주의를 독점자본주의의 결과로 설명하고 자본주의가 폐지되어야 제국주의가 사라진다고 주장하였다.

제민요술

저자 가사협(賈思勰, ?~?) **분류** 자연과학(농업) **원제** 齊民要術 **출간 연도** 532~544년

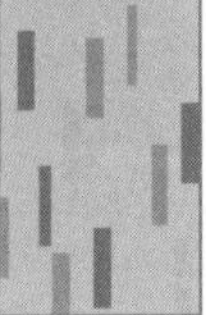

현존하는 중국 최고의 농업 기술서. 전 10권. 532~544년경에 북위(北魏)의 북양태수(北陽太守)였던 가사협(賈思勰)이 저술하였다고 한다. 제민은 서민을 뜻한다. 제1권은 총론으로 조의 경작법에 대한 내용이며, 제2권부터는 조 이외의 주요 곡물, 이어서 채소, 과수, 상마(桑麻) 재배법, 가축의 사육법, 술, 간장의 양조법을 차례로 다루고, 제10권에서는 화북 이외 지역의 물산을 다루고 있다. 당시까지 나온 180여 종의 참고문헌을 인용하였으며, 조, 수수로 대표되는 화북지방의 건조농법에 대한 최고의 종합 기술서이다. 특히 한민족의 음식인 김치와 젓갈을 담그는 법에 대해서도 나와 있으며, 오늘날에도 즐겨먹는 당면이나 순대, 파이를 만드는 법에 대해서도 소개하고 있어 음식문화의 기원을 연구하는 데 중요한 자료로 쓰인다.

제3의 길

저자 기든스(Giddens, Anthony, 1938~) **분류** 사회과학(사회학)/정치(정치이론)

원제 The Third Way: The Renewal of Social Democracy **출간 연도** 1998년

영국의 사회학자 앤서니 기든스의 저서. 사회주의와 자본주의의 문제점을 탈피한 새로운 사회이론의 가능성을 제시한 책이다. '제3의 길'이란 사회주의와 자본주의의 문제점을 피하고 현대사회의 문제에 대처할 수 있는 새로운 사회 발전의 길을 의미한다. 저자는 마르크스 · 베버 · 뒤르켐 등 사회과학의 고전과 최근의 사회학 이론을 결합하여 현대사회와 자본주의를 이해하려고 시도하였다. 저자에 따르면, 사회주의는 행정과 경제 분야에서 비효율적이라는 것이 드러났으며, 최근 유행하는 신자유주의는 지나친 방임주의로 인해 기술의 발달과 사회구조의 변화에서 새롭게 등장한 사회문제를 해결할 수 없다. 따라서 사회주의와 자유주의는 모두 낡은 이론이 되어 버렸으며, 두 이론을 혼합 · 절충한다고 해서 현대의 문제를 해결할 수는 없다. 이러한 문제점을 지적하면서 저자는 성장과 분배, 자유와 규제, 개발과 보존을 동시에 충족시킬 수 있는 사회이론이 필요하다고 강조하였다. 이 책은 저자가 1994년에 발표한 논문 〈좌파와 우파를 넘어서〉를 바탕으로 하였으며, 저자가 이 책에서 주장한 제3의 길에 대해서 사회민주주주의자들이 중산층을 끌어들

이기 위해 고안한 말장난이라거나 혹은 신자유주의를 그럴듯하게 포장한 '미소 띤 신자유주의'에 불과하다는 비판도 있었다. 그럼에도 불구하고 이 책에서 제시한 기든스의 주장은 영국의 토니 블레어나 독일의 게르하르트 슈뢰더, 프랑스의 리오넬 조스팽 등 1990년대에 유럽에서 집권한 중도좌파 정치인들에게 큰 영향을 미쳤다.

제3의 물결

저자 토플러(Toffler, Alvin, 1928~) **분류** 사회과학(미래학)

원제 The Third Wave **출간 연도** 1980년

미국의 미래학자 앨빈 토플러의 저서. 저자는 언론인 출신으로 미래사회의 변화를 예측한 《미래의 충격》(1970), 《권력이동》(1991) 등의 책을 썼다. 그중에서도 이 책 《제3의 물결》은 저자의 대표작으로 불린다. 저자는 이 책에서 인류의 역사를 물결(wave)이라는 개념을 통하여 해석하고 앞으로 다가올 미래사회의 모습을 예측하였다. 저자에 따르면, 인류의 역사에는 농업혁명과 산업혁명이라는 두 차례의 물결이 일었으며 머지않은 미래에 제3의 물결인 정보화혁명이 일어날 것이다. 인류는 수천 년 전 신석기 시대에 농업혁명을 겪었으며, 300년 전에는 산업혁명을 겪었다. 그리고 이 두 차례의 혁명은 기술의 진보뿐 아니라 사회 구조와 가치관까지 변화시켰다. 저자는 앞선 두 차례의 물결에 대한 분석을 토대로, 다가올 정보화혁명 역시 단순히 새로운 기술의 등장을 의미하는 것이 아니라 개인의 가치관 · 가족관계 · 사회계층까지 변화시킬 것이라고 예측하였다. 저자에 따르면, 정보화혁명으로 등장할 정보화 사회는 지식과 정보가 부와 권력의 핵심이 되는 사회이다. 지식과 정보의 교환은 새로운 부를 창출하며, 이러한 지식과 정보의 교환을 주도하는 사람들이 기존의 관료와 경영자를 제치고 새로운 권력층이 된다. 기존의 노동/자본 · 생산/소비 관계는 보다 빠르고 탄력적인 관계로 변화하며, 지식과 정보를 가진 사람들이 이 과정을 주도할 것이라고 주장한다. 이러한 사회변화는 그에 적합한 개인적 · 사회적 가치관과 태도의 변화를 필요로 하며, 개인과 사회는 새로운 생각을 받아들여 변화의 흐름을 주도해야 한다. 이 책에서 저자가 예견한 미래의 모습은 오늘날 대부분 실현

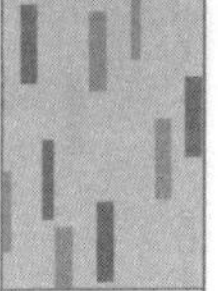

되었거나 실현되는 과정에 있으며, 저자가 컴퓨터나 이동통신의 보급이 이루어지지 않았던 1980년에 이러한 예측을 하였다는 점에서 저자의 미래예측이 정확하였다는 것을 알 수 있다.

제왕운기

저자 이승휴(李承休, 1224~1300) **분류** 문학(한국)

원제 帝王韻紀 **출간 연도** 1287년(고려 충렬왕 13)

고려 시대의 문신 이승휴가 쓴 중국과 한국의 역사시. 상 · 하권으로 이루어져 있으며, 상권은 신화 시대부터 금나라 때까지 중국의 역사를 7언시로 기술하였고, 하권은 한국의 역사를 7언시와 5언시로 기술하고 주기를 붙였다. 상권에서는 중국 신화 시대부터 삼황오제, 하 · 은 · 주 · 진 · 한 · 위 · 진 · 송 · 제 · 양 · 진 · 수 · 당 · 오대 · 송 · 금 · 원까지 역대 왕조의 역사를 7언 고시 264구에 담았다. 역사서술에 있어서는 역사적 사실의 기록과 함께 저자의 주석을 달았는데, 춘추필법을 따라 각 시대마다 정통 왕조와 방계 왕조를 구분하고 선 · 악의 구분을 명확히 하였다. 하권은 다시 1 · 2부로 나뉘는데, 제1부 〈동국군왕개국연대〉는 고려 왕조 이전까지의 역사를 7언 고시 264구 1,460언에 담았으며, 제2부 〈본조군왕세계연대〉는 충렬왕 때까지의 고려 왕조사를 5언 고시 162구 700언에 담았다. 1부의 내용을 보면 서문과 지리기(地理記)에 이어 단군의 전조선(前朝鮮) · 기자의 후조선 · 위만조선(衛滿朝鮮) · 한사군 · 삼한 · 신라 · 고구려 · 부여 · 후고구려 · 백제 · 후백제 · 발해(渤海)의 역사가 실려 있다. 2부에는 고려 왕조의 창건에 얽힌 일화에서부터 충렬왕 때까지를 기록하였다. 하권의 역사서술도 상권과 같이 춘추필법에 입각하여 정통과 이단, 선과 악을 엄격하게 구분하였으며, 몽골의 침략으로 국토가 황폐화된 시대상황에서 민족정신을 고취하려는 목적에 따라 서술되었다. 특히 전조선 부분은 단군신화에 대한 기록이 실려 있어 《삼국유사》와 함께 단군신화를 연구하는 데 귀중한 자료로 쓰인다. 이 책은 문학사적으로 고려 시대의 대표적 장편서사시일 뿐 아니라 내용상으로도 우리민족의 역사와 신화를 연구하는 데 중요한 자료이다.

제2의 성

저자 보부아르(Beauvoir, Simone de, 1908~1986) **분류** 여성(여성학)

원제 Le Deuxiéme Sexe **출간 연도** 1949년

프랑스의 작가 시몬 드 보부아르가 쓴 책. 현대 여성운동이 정립되는 시기에 그 이론적 기초가 된 책들 가운데 한 권으로 꼽힌다. 1부 〈사실과 신화〉, 2부 〈체험〉 편으로 이루어져 있다. 저자는 1부에서 여성에 대한 통념은 자연적인 것이 아니라 사회적 · 인위적으로 만들어진 것이라고 주장하였다. 저자에 따르면, 여자가 남자보다 열등하며 남자에게 종속된 존재라는 통념은 남성의 시각으로 기록된 신화와 역사를 통해 사회적 · 문화적으로 만들어진 것이며, 이러한 통념 때문에 여성은 남성보다 열등한 존재로 비하되고 사회적 진출에 제약을 받아왔다. 저자는 이러한 주장을 뒷받침하기 위하여 생물학, 철학, 정신분석학의 연구를 소개하고, 클로델, 스탕달 등 유명한 남성작가들의 작품에 나타난 왜곡된 여성상을 들어 이러한 통념을 비판하였다. 이어 2부에서는 저자가 유년 시절부터 사춘기를 거쳐 성인이 되기까지 겪은 체험을 통해 여성이 성장하는 과정에서 주입되는 왜곡된 여성상의 문제를 비판하였다. 저자는 이와 같은 내용을 통해 남성과 여성을 차별하는 태도는 생물학적인 것이 아니라 사회 · 문화적인 통념에서 나온 것이라는 점을 지적하여 차별의 원인과 사회적 기능을 밝혔으며, 이러한 차별이 갖는 부당함과 모순을 폭로하여 여성에 대한 올바른 인식을 촉구하고, 여성의 사회진출의 정당성을 옹호하였다. 이러한 문제제기를 통해 이 책은 현대 여성운동의 형성기에 중요한 이론서 역할을 하였으며, 오늘날에는 여성운동의 고전으로 불린다.

제인 에어

저자 브론테(Brontë, Charlotte, 1816~1855) **분류** 문학(영국)/영화

원제 Jane Eyre **출간 연도** 1847년

영국의 작가 샬롯 브론테가 쓴 장편소설. 고아 소녀 제인 에어가 불우했던 어린 시절과 사랑의 상처를 딛고 한 사람의 독립적인 여성으로 살아가는 모습을 그린 작품이다. 제인은 부모를 잃고 숙모 집에서 더부살

이를 하면서 부당한 억압을 참지 않는 성격 때문에 갈등을 겪으며 지낸다. 부당한 처우에 항의하다 기숙학교로 보내진 제인은 엄격한 학교생활을 견디며 스스로 자립할 길을 찾는다. 졸업 후 쏜필드 홀이라는 시골 저택의 가정교사로 들어간 제인은 저택의 주인 로체스터와 사랑하는 사이가 되지만, 두 사람의 결혼식 날 로체스터에게 정신병에 걸린 부인이 있으며, 그녀가 저택의 골방에 갇혀 있다는 사실이 드러난다. 충격을 받은 제인은 함께 있어줄 것을 호소하는 로체스터를 뿌리치고 저택을 떠나 방황한다. 마음의 상처 때문에 죽음까지 생각하던 제인은 세인트 존 리버스라는 목사의 집에 머물게 된다. 세인트 존의 청혼을 받은 제인은 고민하던 끝에 세인트 존에 대한 자신의 감정은 단지 존경심이며 자신이 사랑한 것은 로체스터임을 깨닫고 그에게 돌아가기로 결심한다. 쏜필드 홀로 돌아온 제인은 로체스터 부인이 저택에 불을 지르고 타 죽었으며, 로체스터는 눈이 멀었음을 알게 된다. 로체스터를 다시 만난 제인은 그의 곁에서 반려자가 될 것을 약속한다. 이 작품의 주인공 제인은 당시 빅토리아 시대 영국의 여성상인 아름다운 외모와 고분고분한 성격의 소유자가 아니라 자신의 인생을 자주적이고 적극적으로 선택하고 개척해 나가는 여성이다. 제인은 사회의 통념과 인습을 따르기보다는 자신의 이성과 정열이 이끄는 삶을 선택하고 그 속에서 행복을 찾는 인물이다. 그런 면에서 이 소설은 19세기 중반 영국의 이상적 여성상과 정반대의 인물을 주인공으로 내세워 출간 당시에 큰 화제를 일으켰으며, 오늘날에는 여성주의 문학의 선구적 작품으로 연구되고 있다.

조선고가연구

저자 양주동(梁柱東, 1903~1977) **분류** 문학(한국) **원제** 朝鮮古歌研究 **출간 연도** 1942년

국문학자 양주동 박사의 향가 연구서. 《사뇌가전주(詞腦歌箋註)》라고도 한다. 저자는 일제 시대 일본학자들이 주도하던 향가 연구 풍토에서 한국인으로서는 최초로 향가 연구서를 출판하였다. 책의 내용은 《삼국유사》와 《균여전》에 실린 향가 25수를 해석한 것이며, 1929년에 일본인 학자 오구라 신페이[小倉進平]가 쓴 《향가 및 이두의 연구》의 오류를 밝혀내고, 이를 정정하여 향가 연구를 새로운 단계로 끌어올렸다는 평가

를 받았다. 이후 저자는 고려가요 연구서인 《여요전주》를 출간하여 한국 고가연구의 기틀을 확립하였다.

조선문명사

저자 안확(安廓, 1886~1946) **분류** 역사(한국사) **원제** 朝鮮文明史 **출간 연도** 1923년

일제 시대의 국학자 안확이 쓴 한국 정치통사. 저자가 《조선문명사》라는 이름으로 구상한 8권짜리 총서 가운데 한 권이다. 저자의 원래 구상에 따르면 《조선민족사고》·《조선미술사개론》·《조선학예사》·《조선정치사》·《조선문학사》·《조선경제사》·《조선외교사》·《조선육해군사》 등 8권의 책을 《조선문명사》라는 이름으로 집필할 계획이었으나, 이 가운데 《조선문학사》와 《조선정치사》만 출간되었다. 이 책은 한국 정치학사상 최초의 통사이며, 식민지 치하에서 국학에 대한 연구와 계몽을 통하여 민족정신을 고취하고자 하는 의도로 씌어졌다. 책의 구성은 1장 서언, 2장 태고 부락시대(단군–삼한 시대), 3장 상고 소분립 정치시대(고대사), 4장 중고 대분립 정치시대(삼국 시대), 5장 근고 귀족정치시대(고려 시대), 6장 근세 군주독재 정치시대(조선 시대) 등 전부 6장 140절로 되어 있다. 저자는 정치발전의 관점에서 한국사를 통사적으로 서술하였는데, 역사적으로 정치에 대한 민중의 참여가 확대되는 과정을 중시하였다. 특히 당쟁에 대해서는 정치 참여를 늘리고 정치를 활성화시켰다고 평가하였는데, 당시의 통설은 당쟁으로 인해 조선이 망국의 길로 들어섰다는 것이었지만, 저자는 오히려 당쟁은 정치에 활력과 긴장을 불어넣는 요소였으며, 당쟁이 끝나고 세도정치가 시작되면서 정치가 경색되기 시작했다는 평가를 내렸다. 이 책은 최초의 한국 정치통사일 뿐 아니라 처음으로 정치사에 시대 구분을 도입하는 등 한국 정치사의 선구적 작품이며, 역사학적으로도 큰 기여를 한 책이다.

조선민족사개론

저자 손진태(孫晋泰, 1900~?) **분류** 역사(한국사) **원제** 조선민족사개론 **출간 연도** 1948년

민속학자이자 역사학자인 손진태의 저서. 저자는 일제 시대에는 민속학자로 활동하면서 한국 고유의 민간신앙에 대한 연구를 주로 했으며, 해방 후에는 국사교육에 주력하여 한국사 관련 논문과 저서를 주로 발표하였다. 이 책 《조선민족사개론》도 그 가운데 하나이며, 그 밖에 《우리 민족이 걸어 온 길》·《국사대요》·《국사강화》·《이웃나라의 생활》 등을 집필하였다. 이 책은 저자의 신민족주의 사관에 입각하여 한국사를 서술한 것으로 원래 상·하권으로 기획하였다. 그러나 한국 전쟁의 발발로 인해 저자가 납북되면서 고려 시대와 조선 시대를 다루기로 했던 하권은 서문만 쓴 상태에서 중단되었다. 저자의 신민족주의 사관은 역사를 소수 지배계층 중심이 아니라 민족 전체의 삶을 반영하는 것으로 보고, 민중의 생활과 문화를 중시하는 사관이었다. 저자는 과거 민중의 삶을 구체적이고 실증적으로 규명하기 위하여 조선 시대 실학자들의 문헌을 참고하고 직접 현지조사를 했을 뿐 아니라 주변 민족의 문화와 비교하는 방법을 사용하였다. 이처럼 저자의 역사학은 민속학의 방법과 성과를 활용한 역사민속학이라 할 수 있다.

조선불교통사

저자 이능화(李能和, 1869~1943) **분류** 역사(한국사)/종교(불교)

원제 朝鮮佛敎通史 **출간 연도** 1918년

조선 후기에 태어나 일제 시대를 산 역사학자이자 민속학자 이능화의 저서. 저자는 《조선문명사》의 저자 안확과 함께 이른바 계몽파 사학자로 분류되는 학자로서 한국정신의 실체를 규명하고 이를 널리 알림으로써 식민지 시대를 극복하려 하였다. 이를 위해서 저자는 역사·민속학의 여러 주제를 연구하여 《조선기독교급외교사(朝鮮基督敎及外交史)》·《조선신화고(朝鮮神話考)》·《조선유교지양명학(朝鮮儒敎之陽明學)》·《조선유학급유학사상사(朝鮮儒學及儒學思想史)》·《조선상제예속사(朝鮮喪制禮俗事)》·《조선여속고(朝鮮女俗考)》·《조선해어화사(朝鮮解語花史)》·《조선무속고(朝鮮巫俗考)》·《조선도교사(朝鮮道敎史)》 등의 저서를 남겼다. 이 책은 전 3권 2책의 한문본으로 상권 《불화시처(弗化時處)》에서는 삼국 시대부터 고려 시대까지의 한국불교사를 편년체로 기술하고 당시 조선불교의 30본산(本山)과 그 말사(末寺)에 관한 자세한 기록을 실었다. 중권《삼보원류(三寶源流)》에서는 인도와 중국의 불교사와 대표적인 종파 및 고승의 행적에 대한 해설을 실었으며, 하권《이백품제(二百品題)》에서는 불교 관련 200항목을 '장회소설(章回小說)' 식으로 기술하였으며 그 밖에 한국 고유의 신앙과 여타 종교에 관한 자료도 수록하였다. 이 책은 한국불교의 역사를 집대성한 통사이자 조선 불교 연구의 중요한 자료로서 오늘날까지도 불교사 연구에 있어 그 가치를 인정받고 있는 대작이다.

조선사연구

저자 정인보(鄭寅普, 1892~1950) **분류** 역사(한국사)

원제 朝鮮史硏究 **출간 연도** 1946, 1947년

일제 시대에 활동한 국학자 정인보가 단군에서 삼국 시대까지 한국 고대사에 대해 통사 형식으로 쓴 책. 원래 1935년에 〈동아일보〉에 〈오천년간 조선의 얼〉이라는 제목으로 연재했던 글을 해방 후에 출판한 것이다. 저자는 민족의식 계몽을 통해 일제 식민지 치하의 현실을 극복하려한 민족주의 사학자였다. 저자는 이 책에서 민족의 역사를 '민족의 얼(민족정신)'을 반영하는 것으로 보는 정신사적 역사관에 입각하여 한국 고대사를 서술하였다. 역사를 연구하는 것은 바로 민족의 얼을 찾는 것이며, 역사가는 이 얼의 큰 줄기를 찾아야 한다고 강조하여 일제 식민사학을 비판하고 신채호 등의 민족주의 사학을 옹호하였다. 저자는 이러한 민족사관을 바탕으로 하여 민족사의 기원을 단군으로 보고 단군의 역사적 실체를 규명하기 위해 노력하였다. 저자에 따르면, 단군은 신이 아니라 인간이며 고조선의 지배자였는데, 후대에 신적인 존재로 신화화됨으로써 그 역사성이 가려지게 되었다고 한다. 저자는 단군에 대한 신화를 걷어내고 남은 역사적 사실을 통해 민족사의 기원을 밝히고자 하였으며, 그 밖에 신채호의 '부여 · 고구려 중심의 고대사'와 '백제 요서 경략설', '한사군의 대륙 존재설' 등을 받아들여 이를 역사적으로 규명하려고 노력하였다. 저자의 민족주의 사관에 대해서는 역사를 지나치게 정신사 위주로 보았다는 점과 문헌 고증에 소홀하였다는 비판이 제기되

기도 했으나, 일제 시대 민족정신을 고취하고자 한 저자의 노력은 높이 평가받고 있다.

조선상고사

저자 신채호(申采浩, 1880~1936) **분류** 역사(한국사) **원제** 朝鮮上古史 **출간 연도** 1948년

역사학자 신채호가 단군 시대부터 백제 멸망까지의 한국 고대사를 서술한 책. 1931년에 〈조선일보〉에 연재되었던 글을 1948년에 단행본으로 출간하였다. 저자가 연재를 시작할 때는 한국사 전체를 서술 대상으로 계획하였으나 고대사 부분만 집필하고 연재가 중단되어 단행본으로 출간할 때 《조선상고사》라는 제목으로 나오게 되었다. 책의 구성은 전 12편으로, 총론에 이어 단군조선, 고조선, 부여, 고구려, 백제, 신라의 역사를 다루었다. 저자는 1편 총론에서 역사를 '아(我)와 비아(非我)의 투쟁'으로 규정하고 이러한 투쟁을 통해 역사가 발전한다고 주장하였다. 저자는 이러한 역사관에 입각하여 한국사의 흐름을 대단군조선-고조선-부여-고구려 중심으로 기술하였다. 저자는 단군을 신이 아니라 정치·종교 지도자로 설명하였으며, 한사군의 한반도 존재설을 부정하였다. 또한 고구려를 한국사의 정통으로 규정하고 고구려와 수·당의 전쟁을 민족사의 대사건으로 서술하였으며, 백제가 중국의 산둥(山東) 지역을 경영했다는 '요서경략설'을 제시하였으며, 일본 또한 백제의 식민지였다고 주장하였다. 이와 같이 저자는 고구려와 백제를 대중국 전쟁과 해외진출의 주역으로 높이 평가한 반면, 신라에 대해서는 신라의 통일전쟁을 '음모'로 비하하여 신라정통론을 부정하고 신라의 삼국통일을 부정적으로 평가하였다. 이 책은 저자의 민족주의 사관이 드러난 대표작으로서 일제 시대 민족주의 사학의 역사관과 한국사 서술방식을 잘 보여주는 저작이다.

조선여속고

저자 이능화(李能和, 1869~1943) **분류** 역사(한국사)/여성(여성학)

원제 朝鮮女俗考 **출간 연도** 1927년

일제 시대의 역사학자이자 민속학자 이능화가 한국 여성의 풍속에 대해 쓴 책. 전부 26장으로 여성과 관련된 결혼, 출산, 민간신앙 등의 풍속을 출전과 함께 소개하였다. 오늘날에도 잘 알려진 '남남북녀'나 '삼신할미 신앙' 등에 대해서 당시의 풍속과 함께 그 유래를 설명하고 있다. 저자는 이 책을 출간한 이후 여성연구의 후속편으로 조선 시대 기생의 복식 · 교육 · 연중행사 등을 소개한 《조선해어화사(朝鮮解語花史)》를 출간하였다. 이와 같은 저자의 여성 관련 저서들은 한국 여성사 연구의 선구적 저작으로 평가받고 있다.

조선 왕조실록

분류 역사(한국사) **원제** 朝鮮王朝實錄

태종부터 철종까지 조선 왕조의 역사를 기록한 편년체 관찬(官撰) 역사서. 전부 1,893권 888책으로 1413년(태종 13)에 《태조실록》이 처음 편찬되었고, 1865년(고종 2)에 《철종실록》이 편찬되었다. 《실록》의 편찬과정은 국왕이 사망한 후 실록청을 설치하여 《승정원일기》와 《비변사등록》, 《일성록》 등 여러 자료를 취합하여 집필하는 식으로 이루어졌으며, 작성과정에 있어 기록의 공정성과 집필자의 익명성을 철저히 보장하였다. 완성된 실록은 안전을 위해 여러 곳의 사고(史庫)에 분산 · 배치하였다. 조선 전기에는 춘추관 · 충주 · 전주 · 성주 4곳에 사고가 있었으며 임진왜란 이후에는 춘추관 · 묘향산 · 태백산 · 오대산 · 강화도 마리산(마니산)에 새로 사고를 설치하여 《실록》을 보관하였다. 이후 마리산 사고의 《실록》은 1678년(숙종 4)에 정족산 사고로 이전하였고, 묘향산 사고는 1633년에 전라도 적상산으로 옮겼다. 조선 왕조가 멸망한 후 일제는 각 사고의 《실록》을 서울과 도쿄로 옮겼으며, 해방과 남북분단을 거치면서 현재는 남한과 북한에 각각 보관되어 있다. 《실록》은 역대 왕의 치적과 정치 · 외교 · 군사 · 제도 · 법률에 관련된 내용뿐 아니라 경제 · 문화 · 사회 · 풍속 · 종교에 이르기까지 다방면에 걸쳐 당대의 역사를 기록하고 있어 조선 시대 역사연구의 기본자료로 활용되고 있다.

조선책략

저자 황준헌(黃遵憲, 1848~1905) **분류** 정치(한국정치)

원제 私擬朝鮮策略 **출간 연도** 1880년경

조선 후기에 청나라 외교관 황준헌(황쭌셴)이 쓴 외교관계 저서. 저자는 일본 주재 청국 외교관으로, 1880년(고종 17) 일본에 온 조선수신사 김홍집을 만나 이 책을 전달하였다. 책의 요지는 조선은 장차 러시아의 남하정책에 맞서 서양의 기술과 제도를 배우고 일본 · 청국 · 미국과 연합해야 한다(親中國 結日本 聯美邦)는 것이다. 저자는 이 책에서 조선이 장차 '중국과 친하고(親中國), 일본과 결합하며(結日本), 미국과 연결(聯美國)' 하는 외교정책을 채택해야 한다고 제시하였다. 그러나 저자의 핵심 요지는 조선이 친중국 정책을 취하도록 하여 대외관계에서 중국의 영향을 받도록 하는 데 있었다. 저자는 중국이 러시아를 능가하는 대국이며, 조선은 1,000년 이상을 중국의 속국으로 지내왔기 때문에 앞으로도 우호를 증대해야 한다고 주장하였다. 따라서 조선은 쇄국정책을 포기하고 개국정책을 채택하여 중국과 일본에 유학생을 보내 서구문물을 익히고 학교를 세우고 무기를 구입하는 한편, 친중국 · 결일본 · 연미국의 외교정책을 따라야 한다고 제시하였다. 김홍집은 귀국한 후 이 책자를 고종에게 바쳤고 고종은 이를 대신들에게 검토하도록 지시하였는데, 조정에서 이 책을 놓고 찬반양론이 벌어졌다. 또한 전국의 유생들에게도 이 책자를 배포하였다가 유생들이 크게 반발하는 바람에 김홍집은 인책되었다.

조웅전

분류 문학(한국) **원제** 趙雄傳 **출간 연도** 18~19세기

조선 시대에 쓰인 작자미상의 한글 고대소설. 군담소설(軍談小說)의 대표작으로 불리며 널리 읽힌 작품으로, 중국 송나라를 배경으로 충신 조웅이 간신 이두병의 음모에 맞서 나라를 지킨다는 내용을 담고 있다. 소설의 전개는 조웅이 여러 가지 시련을 겪은 끝에 빛나는 무훈을 세운다는 영웅소설의 형식을 따랐으며, 짜임새 있는 구성과 실감나는 묘사

로 큰 인기를 얻었다. 송나라 문제 때 좌승상 조정이 간신 이두병의 참소를 받아 자결하자 이를 안타깝게 여긴 황제는 조승상의 아들 조웅을 궁중으로 불러 태자와 함께 지내도록 한다. 태자와 조웅이 형제처럼 지내자 이두병은 후환을 없애기 위해 조웅을 죽이려 한다. 이에 위협을 느낀 조웅은 어머니와 함께 피신한다. 문제가 죽고 어린 태자가 즉위하자 이두병이 정권을 장악하고 국정을 농단하다가 마침내 황제를 쫓아내고 자신이 제위에 오른다. 한편 조웅 모자는 각지를 전전하다가 산사에 몸을 의탁하게 되고, 조웅은 도사를 찾아가 무예를 닦는다. 원수를 갚고 나라를 바로잡을 목적으로 수련에 정진하던 조웅은 우연히 만난 장소저에게 반해 하룻밤 인연을 맺고 우여곡절 끝에 장소저와 혼인한다. 수련을 마친 조웅은 변방의 전란을 평정하고 남해 외딴 섬에 갇힌 태자를 구출하니 천하의 의로운 이들이 조웅에게 가세한다. 이후 조웅은 각지의 의군을 규합하여 이두병을 처단하고 태자를 다시 등극시켜 천하를 바로잡고 장소저와 함께 새로 위왕의 딸을 아내로 맞아 두 부인을 거느리며 널리 이름을 떨친다. 이 작품은 여러 종의 필사본 · 목판본 · 활판본이 있는데 내용은 등장인물의 이름 등 몇 가지를 제외하고는 대동소이하다. 다른 군담소설들과 비교해 볼 때 이 작품은 주인공을 천상에서 인간세계로 내려온 초인으로 설정하지 않았으며, 주인공 조웅이 《춘향전》과 유사하게 결혼 전에 동침하는 것으로 그려져 있어 당시 소설 독자층의 취향에 맞게 통속성을 강화한 것으로 보인다.

존재와 무

저자 사르트르(Sartre, Jean-Paul, 1905~1980) **분류** 철학(실존철학)

원제 L' Etre et le neant: Essai d' ontologie phenomenologique **출간 연도** 1943년

프랑스의 실존주의 철학자 장 폴 사르트르의 저서. 저자의 철학을 체계적으로 정리한 대표작으로 '현상학적 존재론에 대한 논문' 이라는 부제가 붙어 있다. 저자는 후설과 하이데거 등 독일의 철학자들로부터 영향을 받아 자신의 실존주의 철학을 체계화하였으며, 특히 하이데거의 저서 《존재와 시간》으로부터 많은 영향을 받았다. 그런 의미에서 이 책의 제목 '존재와 무' 는 《존재와 시간》으로부터 받은 영향을 반영하는 것

이자 《존재와 시간》에 대한 저자의 비판적 도전을 의미한다. 사르트르는 《존재와 시간》에서 '본질'과 '실존'에 대한 기존의 형이상학 개념을 재정립한 데 영향을 받아 《존재와 무》에서 '실존은 본질에 앞선다'는 명제를 제시하고, '실존주의는 휴머니즘이다'라고 규정하였다(그러나 하이데거는 사르트르가 자신의 '본질' 및 '실존' 개념을 곡해했으며, 자신의 철학과 실존주의 · 휴머니즘은 관계가 없다고 부정했다). 사르트르는 이와 같이 실존주의의 존재론적 · 휴머니즘적 특성을 규정하여 인간의 주체성을 강조한 무신론적 실존주의를 정립함으로써 전후 프랑스 철학계에 큰 영향을 미쳤다.

존재와 시간

저자 하이데거(Heidegger, Martin, 1889~1976) **분류** 철학(실존철학)

원제 Sein und Zeit **출간 연도** 1927년

독일의 철학자 마르틴 하이데거의 저서. 원래 2부 6편으로 출간할 예정이었으나 1부 1 · 2편만 출간되고 나머지는 미완성으로 남았다. 저자는 20세기 독일 철학계의 대표적 철학자로 프라이부르크 대학에서 현상학자 후설에게 철학을 배웠다. 이 책에서 저자는 유럽의 형이상학자들이 인간의 '존재'를 이해해 온 방식을 비판하면서 인간 존재에 대한 새로운 해석을 제시하였다. 저자에 따르면, 그동안 유럽의 형이상학자들은 인간의 보편적 '본질'을 찾는 데만 급급하여 시간 속에 존재하는 개별적 인간의 실존을 도외시하였다. 이에 대해서 저자는 실존이 본질에 우선한다고 규정함으로써, 인간은 미리 정해진 존재가 아니라 각자 자신의 존재를 만들어 나가는 가능성을 가진 존재이며 스스로를 변화시켜 나감으로써만 존재한다고 설명하였다. 저자는 또한 기존의 철학자들은 인간의 영원불변하는 본질을 탐구하는 데 매몰되어 '시간'의 문제를 도외시한 점을 비판하고 인간의 존재는 시간 속에서만 가능하다는 점을 분명히 하였다. 저자의 이러한 인간 존재론은 인간 존재를 특정한 시대를 살아가는 개인의 실존 속에서 이해하려 하였다는 점에서 1940년대 이후 프랑스 실존철학에 큰 영향을 미쳤다. 그러나 저자 자신은 실존철학과의 연관성을 부정하였다. 하이데거의 철학은 실존철학에 국한되지 않고 해석학, 현상

학, 사회철학, 생태철학 등 다양한 분야에 걸쳐 깊은 영향을 미쳤다.

좁은 문

저자 지드(Gide, André-Paul-Guillaume, 1869~1951) **분류** 문학(프랑스)

원제 La Porte étroite **출간 연도** 1909년

프랑스의 소설가 앙드레 지드가 쓴 장편소설. 지드는 소년 시절에 청교도적 금욕주의에 사로잡혀 있다가 청년기에 들어서면서 인생의 의미는 아무런 제약 없이 생명 본연의 아름다움을 추구하는 데 있다는 것을 깨달으면서 문학 인생에 있어 전환점을 맞이하였다. 이후 지드는 도덕과 종교에 의한 인간 본성의 억압과 위선을 통렬히 비판하는 소설을 주로 썼는데, 이 작품도 그러한 범주에 들어간다. 작가는 주인공 제롬과 사촌누이 알리사의 사랑이 지상에서의 사랑을 버리고 오직 천상에서의 사랑만을 추구하려는 알리사의 종교심으로 인해 깨어지는 과정을 두 주인공 남녀의 내면 심리묘사를 통해 보여준다. 알리사는 청교도적 금욕주의에 깊이 경도되어 제롬에 대한 사랑을 신에 대한 자기희생으로 승화시키려고 노력하지만, 신에 대한 사랑과 제롬에 대한 사랑 사이에서 갈등하다 결국 정신적 고뇌와 피로 때문에 쓸쓸하고 허무하게 생을 마감하고 만다. 소설의 제목인 '좁은 문'은 성경에 나오는 구절로 알리사가 목사의 설교를 듣고 정한 삶의 최종 목표를 의미하는데, 알리사는 이 좁은 문의 의미를 신앙을 위해 모든 세속적 가치(제롬에 대한 사랑마저도)를 버려야 한다는 뜻으로 받아들인다. 그러나 제롬에 대한 사랑의 끈을 놓을 수 없었던 알리사는 정신적 고통 때문에 눈을 감으면서 정말로 사랑이 희생할 만한 가치 있는 일이 있는지 의문을 품는다. 이런 면에서 알리사는 작가 자신의 정신적 갈등과 전향을 체현한 일종의 분신이라 할 수 있으며, 작가는 알리사의 짧고도 고뇌에 찼던 삶과 허무한 죽음을 통해서 인간에게 있어 사랑의 감정은 다른 가치나 목적으로 대체할 수 없는 것이며, 사랑을 억압하는 종교와 도덕은 주객이 전도된 그릇된 것임을 보여주었다.

종의 기원

저자 다윈(Darwin, Charles Robert, 1809~1882) **분류** 자연과학(생물학)

원제 On the Origin of Species by Means of Natural Selection **출간 연도** 1859년

영국의 생물학자 찰스 다윈의 저서. 원제는 《자연 선택에 의한 종의 기원에 대하여》이며, 전 15장으로 구성되어 있다. 책의 주제는 제목에서 밝힌 것처럼 자연 선택에 의한 생명체의 진화이다. 자연 선택이란 환경에 적합한 생명체의 종이 살아남아 진화한다는 이론이다. 다윈은 이러한 자연 선택의 과정에서 개체들 간에 경쟁이 일어나며 환경에 적합하도록 변이를 일으킨 개체가 살아남는다는 논리를 폈다. 전반부에서 다윈은 생명체는 다수의 후손을 생산하는 데 비해 성장환경은 제한되어 있기 때문에 생명체들 간에는 더 좋은 생육조건을 얻기 위한 생존경쟁이 발생한다는 사실을 지적하면서 논의를 전개시킨다. 이러한 경쟁의 과정에서 생명체는 변이를 일으키며 이 변이는 미리 정해진 것이 아니라 환경에 적응하는 과정에서 임의적이고 우발적으로 일어나지만, 세대를 거치며 유전적으로 축적된다. 이러한 유전적 변이를 통해 환경에 성공적으로 적응한 개체가 생존과 번식에 있어 보다 유리해진다. 그리고 생존경쟁과정에서 환경적응에 실패한 개체는 자연 도태된다. 이러한 자연 선택의 과정이 누적되면서 새로운 종이 출현한다. 이와 같은 진화과정은 오랜 세월에 걸쳐 점진적으로 일어나며, 모든 생물은 이러한 진화의 산물이다. 그리고 진화는 현재와 미래에도 계속될 것이며, 개체가 환경에 적응하는 과정에서 일어나는 변이가 우연적인 것처럼 진화 역시 아무런 목적이나 방향성이 없으며 발전과정도 아니며 단지 생명체가 환경에 적응해 나가는 과정이라는 것이 전반부의 요지이다. 후반부에서는 진화론에 입각해 변이, 본능, 잡종에 대해 설명하고 지질학 및 지리학과 진화론의 상관관계를 논하였다. 이 책은 1859년 간행될 당시부터 초판이 전부 매진될 정도로 큰 반향을 일으켰으며, 과학계에 국한되지 않고 사회 전반에 걸쳐 많은 비판과 논쟁을 불러일으키며 1872년에 6판까지 출간되었다. 다윈의 진화론은 기독교의 창조론과 배치되는 이론이었기 때문에 창조론을 옹호하는 기독교도들로부터 많은 비판이 제기되었다. 반면 스펜서와 헉슬리를 비롯한 사회사상가들은 다윈이 제시한 '경쟁'과 '적자생존'이라는 생물학 개념을 사회현상을 설명하는 데 차용하여

생물의 '진화' 과정을 인류사회의 '진보' 과정에 대입하여 이해하는 '사회진화론'을 창시하였다. 이 밖에 마르크스는 '생존경쟁' 개념을 '계급투쟁'에 적용하였으며, 많은 문인 · 예술가들도 진화론의 영향을 받은 작품을 발표하였다. 이와 같이 다윈이 이 책에서 제시한 진화론은 생물학 연구에 새로운 시각을 제시한 가설인 동시에 아직까지도 과학적으로 완전한 검증이 이루어지지 않았기 때문에 많은 학문적 논란과 연구가 진행되고 있다. 그러나 생물학계 외부에서 진화론은 하나의 정설로 받아들여져 19세기 중반부터 현재까지 종교 · 철학 · 정치 · 경제 · 사회 · 역사 · 예술을 이해하는 관점으로서 큰 영향을 미치고 있다.

죄와 벌

저자 도스토예프스키(Dostoevskii, Fyodor Mikhailovich, 1821~1881)

분류 문학(러시아)/영화 **원제** Prestuplenie i nakazanie **출간 연도** 1866년

러시아의 작가 도스토예프스키가 쓴 장편소설. 도스토예프스키 문학 후기의 대표작이다. 19세기 중반 러시아에 유행하던 혁명을 통한 사회개조 사상과 용서와 희생을 바탕으로 하는 종교적 인간애를 대조적으로 보여주는 소설이다. 소설은 대학생 라스콜리니코프가 전당포를 운영하는 노파를 살해한 사건을 중심으로 전개된다. 라스콜리니코프는 일종의 초인(비범한 인물)사상에 사로잡혀 인류를 위해 선택된 영웅적 인물은 사회의 도덕에 구애받지 않는다는 생각을 갖게 된다. 초인의 행동은 보통 사람들(범인)들에게는 범죄로 보일 수 있지만, 실은 인류의 진보를 가져올 새 시대를 열기 위해 사회악을 일소하는 과정일 뿐이다. 자신을 그러한 초인으로 간주한 라스콜리니코프는 자신에게는 인간을 괴롭히는 해충이나 다를 바 없는 고리대금업자 노파를 죽일 권리가 있다는 신념을 가진 끝에 이를 실행하고 만 것이다. 그러나 노파와 그 동생까지 도끼로 살해하고 난 후부터 라스콜리니코프는 양심의 가책으로 죄의식을 느끼게 되고 무엇이 선이고 정의인가 하는 심리적 갈등 때문에 고민하게 된다. 사건 수사에 나선 경찰은 페인트공 니콜라이를 의심하지만 예심판사 포르피리는 이 사건을 확신범에 의한 범죄로 판단하여 라스콜리니코프를 의심한다. 한편 라스콜리니코프는 우연히 소냐라는 창녀를

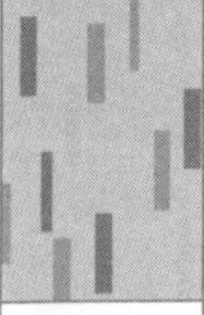

만나게 되는데, 가족을 위해 희생하며 살아가는 소냐의 모습을 보면서 자신이 초인도 영웅도 선택받은 인물도 아니라는 것을 깨닫는다. 결국 라스콜리니코프는 소냐에게 자신의 죄를 고백하고 그녀의 권유로 자수하여 시베리아로 유형을 떠나고, 소냐 또한 라스콜리니코프와 함께한다. 이 작품은 1860년대 러시아 사회가 겪은 사상적 · 도덕적 혼란과 갈등양상을 배경으로 하고 있다. 작가는 서유럽에서 들어온 이성을 중시하는 인간관과 러시아 고유의 종교적 인간관의 갈등을 라스콜리니코프라는 대학생의 내면 심리에 대한 묘사와 내적 갈등의 표출로서의 외부적 행동에 대한 묘사를 번갈아 서술하는 방식으로 보여주었다. 특히 작가는 라스콜리니코프의 꿈속에 나타나는 이미지를 통하여 그의 불안한 심리상태를 드러내는 수법, 라스콜리니코프가 다른 인물들과 나누는 긴 대화를 통하여 극적 긴장감을 고조시키는 방식 등을 사용하여 이 작품의 소설로서의 완성도를 한층 높였을 뿐 아니라, 이성과 이념보다는 사랑과 용서를 강조하는 작가의 주제의식을 보다 극명하게 표현하였다.

주역

분류 철학(유학) **원제** 周易

유교의 경전. 《역경(易經)》 또는 《역(易)》이라고도 한다. 《시경(詩經)》 · 《서경(書經)》과 함께 유교의 3대 경전(3경)을 이루며 여기에 《예기(禮記)》와 《춘추(春秋)》를 더해 5경이라고도 한다. '주역' 이란 이름은 '주나라의 역' 이란 뜻으로, 이 책은 인간사의 길흉화복(吉凶禍福)을 점치는 점복서(占卜書)이다. 여기서 역(易)의 의미는 '1. 간이(簡易): 변화는 간단하고도 쉽다, 2. 변역(變易): 만물은 변화한다, 3. 불역(不易): 변화는 불변의 법칙이다.' 이며, 우주의 근본원리를 끊임없는 변화와 순환에서 찾은 당시 사람들의 철학을 반영한 용어이다. 《주역》의 구성은 8괘(八卦) · 64괘 · 괘사(卦辭) · 효사(爻辭) · 십익(十翼)으로 이루어져 있다. 전설의 인물인 복희(伏羲)와 신농(神農)이 각각 8괘와 64괘를 만들었고, 주 문왕(文王), 주공(周公)이 각기 괘사와 효사를 지었으며, 공자가 이를 해설한 십익을 지었다고 알려져 있으나 정확한 저자가 누구인지는 확실하지 않다. 《주역》에서 말하는 변화의 원리는 태극(太極)이 음과 양으로 변화하면서 시작된다. 천지만물은 모두 음과 양으로 이루어져 있는데, 예컨대 하늘 · 해 · 남성은 양이고, 땅 · 달 · 여성은 음에 해당한다. 《주역》에서는 이 음과 양을 각각 양효(陽爻, 일직선 형태)와 음효(陰爻, 가운데가 끊어진 직선 형태)라는 상징부호로 표시하며, 3개의 효를 가지고 다시 8괘(건(乾) · 태(兌) · 이(離) · 진(震) · 손(巽) · 감(坎) · 간(艮) · 곤(坤))를 만든다. 이때 3개의 효는 각기 하늘(天) · 땅(地) · 사람(人)의 삼재(三才)를 상징한다. 8괘는 음양의 변화를 자연현상에 반영하여 설명한 것으로, 이를 좀 더 상세하게 설명하기 위해 8괘를 두 번 겹쳐, 즉 6개의 효를 사용하여 64괘를 만들었다. 8괘를 소성괘(小成卦), 64괘를 대성괘(大成卦)라 하며, 이 64괘에 붙인 설명이 괘사와 효사인데, 64개의 각 괘를 설명한 64개의 괘사와 각 괘의 6효를 하나씩 설명한 384개의 효사가 있다. 십익('역전'이라고도 한다)은 공자가 주역의 해석과 설명을 위해 붙인 글로서, 〈단전(彖傳)〉 상 · 하, 〈상전(象傳)〉 상 · 하, 〈계사전(繫辭傳)〉 상 · 하, 〈문언전(文言傳)〉, 〈설괘전(說卦傳)〉, 〈서괘전(序卦傳)〉, 〈잡괘전(雜卦傳)〉 등이다. 《주역》은 유교의 우주론을 반영하는 저작으로 유가철학의 핵심경전이며, 오랜 세월에 걸쳐 많은 중국 유학자들이 주역을 연구하였다. 이와 같이 주역을 연구하는 학문을 역학(易學)이라 하는데, 역학에는 《주역》을 수리나 예언서로 보는 상수학파와, 철학서로 간주하는 의리학파가 있다. 이 가운데 위(魏)나라 때의 학자 왕필(王弼, 226~249)이 상수학파를 허황된 미신으로 비판하면서 노장(老莊)사상에 입각하여 《주역》을 해석하려 시도한 이후 의리학파가 역학의 정통이 되었다. 《주역》은 중국뿐 아니라 동아시아 여러 국가의 철학 발전에 지대한 영향을 끼쳤다.

주홍글씨

저자 호손(Hawthorne, Nathaniel, 1804~1864) **분류** 문학(미국)/영화

원제 The Scarlet Letter **출간 연도** 1850년

19세기 미국의 소설가 나다니엘 호손이 쓴 장편소설. 19세기 미국 소설문학의 대표작으로 꼽히는 작품이다. 17세기 보스턴의 청교도 사회를 배경으로 간통사건에 얽힌 남녀 주인공이 엄격한 청교도 윤리 때문에 심리적 고뇌와 갈등을 겪는 과정을 상징적 수법으로 묘사하였다. 여주

인공 헤스터 프린은 늙은 의사 칠링워드와 결혼하여 남편보다 먼저 미국으로 건너온다. 그러나 뒤따라오기로 했던 남편은 아무 소식이 없고 홀로 생활하던 헤스터는 젊은 목사 아서 딤스데일과 남몰래 불륜에 빠진 끝에 펄이라는 여자아이를 낳는다. 간통으로 사생아를 출산한 헤스터는 그 벌로 '간통(Adultery)'을 상징하는 주홍색 글자 'A'를 평생토록 가슴에 달고 살라는 벌을 받는다. 그럼에도 불구하고 헤스터는 간통 상대자가 딤스데일이라는 것을 밝히지 않고 사람들의 천대를 감수하며 홀로 펄을 키우며 살아간다. 한편 딤스데일은 자책과 죄의식에 갈등하면서도 신도들에게 엄격한 윤리와 죄악에 대한 처벌을 설교하는 이중적인 삶을 살아간다. 이때 소식이 끊겼던 헤스터의 남편 칠링워드가 나타나는데, 칠링워드는 헤스터의 불륜 상대가 딤스데일이라는 것을 눈치 채고 그에게 복수하기 위해 딤스데일의 죄의식과 정신적 고통을 부추긴다. 결국 마음의 고통으로 인해 쇠약해진 딤스데일은 사람들이 모인 장소에서 자신의 비밀을 공개하고 쓰러져 숨을 거둔다. 이 작품은 17세기 미국 청교도 사회의 인간미를 상실한 비정한 윤리관과, 복수심에 사로잡힌 전 남편의 악마적 비정함을 통해 죄 많고 불완전한 영혼을 가진 인간이 완전무결한 삶과 사회를 추구하다가 오히려 인간성을 상실하고 만다는 이야기를 담고 있다. 작가는 이를 통해서 인간은 연약하고 애잔하며 불완전한 존재이지만, 인간이 이러한 인간 본연의 모습을 망각하거나 잃어버릴 때 더 큰 고통과 재앙을 초래하며, 외부세계의 질서와 윤리를 무조건 추종하기보다 자신의 가슴속(내면세계)에 담긴 진실을 따르는 것이 인간다운 삶이라는 것을 보여주었다.

죽음에 이르는 병

저자 키르케고르(Kierkegaard, Sren Aabye, 1813~1855) **분류** 철학(서양철학)
원제 Sygdommen til Døden **출간 연도** 1849년

덴마크의 그리스도교 사상가 키르케고르의 저서. '교화와 각성을 위한 그리스도 교인의 심리학적 논술'이라는 부제가 붙어 있다. 책의 내용은 부제와 같이 저자의 그리스도교 사상을 토로한 책이다. 키르케고르가 말한 '죽음에 이르는 병'은 몸의 병이 아니라 정신의 병을 의미한다.

그에 따르면, 이 정신의 병은 그리스도교에서 약속하는 영원한 생명을 상실함으로써 생기는 절망이다. 즉 인간은 올바른 그리스도교 신앙을 잃어버림으로써 절망하게 되는데, 절망이란 자기상실을 의미한다. 저자는 인간은 자신의 절망을 인식하고 그리스도교 신앙을 되찾아 이 병에서 회복해야 한다고 주장하였다. 키르케고르는 자신의 저술이 '학문적'이라기보다는 '교화적'이며, '논리적 엄밀함'보다는 '인간의 삶과 신앙, 내면세계에 대한 엄밀함'을 추구한다고 전제하였다. 그에 따르면, 근대 학문은 이성적이고 논리적인 엄밀함을 추구하는 과정에서 개인의 삶을 도외시하는 까닭에 비인간적인 것이 되고 말았다. 그러나 키르케고르 자신이 추구하는 그리스도교 학문은 인간 개인에 대한 '관심'에서 출발하며 그리스도교의 진리는 '실존적 · 개별적 · 직접적' 관계 속에서만 인식될 수 있다. 키르케고르는 인간은 자신의 절망을 인식함으로써 이러한 관계에 들어가며 신과 자신의 관계를 회복함으로써 진정한 자아를 찾을 수 있다고 주장하였다. 이상과 같이 키르케고르의 저작은 문학 · 철학 · 신학이 한데 어우러진 사상서이며, 인간 개인의 실존성을 강조하는 그의 사상은 이후 실존주의 철학에 영향을 미쳤다.

중국의 과학과 문명

저자 니덤(Needham, Joseph, 1900~1995) **분류** 역사(과학사, 중국사)
원제 Science and Civilisation in China **출간 연도** 1954~1993년

영국의 생화학자이자 과학사가인 조지프 니덤의 저서. 고대부터 17세기까지 중국 전통과학의 특성과 기술적 성과를 각 분야별로 상세히 기술한 대작이다. 1954년에 니덤 개인의 저술로 제1권이 나온 이후, 여러 분야의 학자들이 참여하여 6권 17책이 출간되었으며, 1995년 저자 사후부터는 케임브리지 대학교 니덤 연구소에서 공동저술사업으로 제7권을 집필 중이다. 각 권의 목차는 다음과 같다. 제1권 《서론》, 제2권 《과학사상사》, 제3권 《수학, 하늘과 땅의 과학》, 제4권 《물리학과 물리기술》, 제5권 《화학과 화학기술》, 제6권 《생물학과 생물학기술》, 제7권 《사회적 배경》. 이 시리즈는 일반인이 읽기에는 지나치게 방대한 분량이기 때문에 케임브리지 대학 교수인 콜린 로넌이 정리하고 니덤이 감수한 4권짜리

축약본이 있으며, 우리나라에도 번역본이 나와 있다. 저자는 이 시리즈를 통하여 중국 전통 과학기술의 역사를 체계적으로 기술함으로써 서구에 편향되어 있던 과학사 연구의 지평을 넓혔을 뿐 아니라, 서양 근대과학과 중국 전통과학을 비교하여 동양 과학의 특성과 성과를 명확히 규명하여 중국사 연구에도 크게 기여하였다. 그러나 한편으로는 저자가 17세기 이후 유럽에서 정립된 과학을 '근대과학'으로 설정하고, 그 이전의 유럽 과학이나 중국 과학은 모두 이 근대과학이라는 큰 강으로 흘러드는 물줄기로 이해한 관점에 대해서는 일부 학자들이 비판을 제기하였다. 물론 니덤 이전의 서구인 동양학자들이 '중국 문명의 특징은 과학정신의 결여'라고까지 동양 문명을 폄하했던 데 비해, 니덤은 중국 과학이 근대과학의 발전에 많은 기여를 했음을 강조하고 있다. 그러나 토마스 쿤이 《과학혁명의 구조》에서 '패러다임'론을 제기한 이후 과연 '정상과학'이 존재하는가에 대한 논쟁이 일었다. 즉 근대과학을 '정상과학'으로 규정하고 근대과학의 범주에 들지 못하는 전통과학(풍수지리, 점성술, 침술) 등을 '사이비 과학'으로 간주하여 과학사 서술에서 배제하는 니덤의 관점에 대해서는 과연 '보편적이며, 근대적이며, 정상적인' 과학이 존재하며, 그러한 보편적 과학 패러다임에 맞추어 고대부터 현대까지의 과학사를 기술해야 하는지에 관해 논란이 일었다. 이상과 같은 논란에도 불구하고 《중국의 과학과 문명》 시리즈는 과학사 연구의 새로운 지평을 연 역사적 대작일 뿐 아니라, 오늘날에도 중국 과학사 연구의 한 중심으로 계속 출간되고 있으며, 서양과 동양, 학계와 독서대중을 모두 아울러 중국의 과학문명을 최초로 재발견하여 소개한 저작으로 평가받고 있다.

중국의 붉은 별

저자 스노(Snow, Edgar Parks, 1905~1972) **분류** 역사(중국사)

원제 Red Star Over China **출간 연도** 1937년

미국의 신문기자 에드가 스노가 국공내전(國共內戰) 시기의 중국 공산당과 그 지도자들을 취재한 취재기. 제목의 '붉은 별'은 중국 공산당의 군대인 '홍군(紅軍)'을 상징한다. 스노는 1928년부터 1941년까지 중국에 체류하면서 중국의 실상을 서방에 알렸다. 특히 1936년 6월부터 10

월까지 공산당이 장악하고 있던 중국 서북부 섬서(陝西) 지방에 잠입하여 체류하면서 현지의 실상을 취재하였고, 모택동을 비롯한 공산당 지도자들과 인터뷰를 가졌다. 이후 스노는 당시의 취재 경험을 정리하여 이 책을 출간하였다. 당시 중국 공산당은 1934년 국민당의 토벌작전을 피해 중국 서부의 오지를 가로질러 탈출한 소위 '대장정(大長征)' 끝에 섬서 지방에 도착하여 그곳을 근거지로 세력을 확장하던 중이었다. 스노는 고위간부로부터 나이 어린 병사와 시골 노인에 이르기까지 여러 사람을 취재하여 공산당 점령지구인 '홍구(紅區)'의 실상을 소개하고, 공산당 간부들의 이력과 중국 공산당의 정책에 대해 소개하였다. 특히 당시 내부 권력투쟁 끝에 당의 실권을 장악하고 지도자가 된 모택동의 이력과 그와 가진 인터뷰는 모택동 연구의 1차 자료로 활용되고 있다. 취재 당시 30세의 젊은 기자였던 스노는 국민당과 군벌 세력들의 부패와 무능에 비해 공산당이 상대적으로 참신하며 이상적이라는 논조로 기사를 썼으며, 언젠가는 중국 혁명이 성공하리라고 예측하였다. 이 책은 중국 공산당의 초기 역사와 모택동을 비롯한 공산당 지도자들의 이력을 알 수 있는 입문서로서 현재까지도 널리 읽히고 있다.

중용

저자 자사(子思, BC 483?~BC 402?) **분류** 철학(유학) **원제** 中庸

공자의 손자인 자사가 지은 것으로 알려진 유교경전. 《논어》, 《맹자》, 《대학》과 함께 사서(四書)의 하나이다. 현재 전해지는 《중용》은 송나라 때 오경(五經) 가운데 하나인 《예기(禮記)》의 〈중용편(中庸篇)〉을 떼어 별도의 책으로 만든 것이다. 원래 송나라 때 재용이 《예기》의 일부를 분리하여 《중용전》 2권을 만들었다고 하나 지금은 전하지 않는다. 이후 송나라의 사마광이 《중용광의》를 지었고, 성리학자인 정호와 정이 형제가 《중용》을 비롯한 4서를 확립하였으며, 이것을 주희가 《중용장구》로 정리하여 성리학의 기본경전으로 삼았다. 원래 《예기》 〈중용편〉은 33절이지만, 정씨 형제가 37절로 늘였던 것을 주희가 33장으로 정리하였다. 주희의 해석에 따르면 '중용'에서 '중(中)이란 치우치지 않음이요, 용(庸)이란 바뀌지 않는 것'이라 하여, 중용을 우주만물의 기본이자 일상생활의 도리로 규정하였다. 《중용》의 첫 구절을 보면 하늘의 명(천명)을 '성(性)' 이라 하고, '성' 을 따르는 것을 '도(道)' 라 하며, '도' 를 닦는 것을 '교(敎)' 라 한다 하였는데, 이 '교' 의 가장 중요한 덕목으로 '중용' 을 강조하였다. 《중용》은 4서 가운데서도 철학적인 내용이 많아 성리학의 형이상학 체계를 설명하는 기본경전으로 중시되었다.

지각의 현상학

저자 메를로 퐁티(Merleau-Ponty, Maurice, 1908~1961) **분류** 철학(서양철학)

원제 La phenomenologie de la perception **출간 연도** 1945년

프랑스의 철학자 모리스 메를로 퐁티의 대표작. 메를로 퐁티는 프랑스 현상학의 대가로 이 책에서 '현상학적 실증주의' 를 주창하여 새로운 '지각(知覺)' 이론을 제시하였다. 퐁티는 인간의 정신(의식)과 관념을 중시하는 근대 서양철학을 뛰어넘어 인간의 몸 · 지각 · 감정을 우선시하는 '탈(脫)관념론 철학' 을 구상하였다. 근대 서양철학에서는 세계를 인지하는 주체로서 인간의 '의식(意識)' 을 중시해 온 데 반해, 메를로 퐁티는 인간은 의식보다 앞서 '몸' 을 통해서 세계와 관계를 맺는다고 규정하였다. '몸' 은 타인과 세계를 인식하는 '인식 주체' 이자 동시에 '인식 대상' 이다. 메를로 퐁티는 몸을 떠나서는 순수한 객관세계나 순수한 주관세계는 존재할 수 없다는 것을 밝혀 근대 서양철학의 주된 문제였던 객관주의와 주관주의의 대립을 해소하였다. 그는 《지각의 현상학》에서 객관세계와 주관세계 사이의 '체험세계' 가 진정한 세계이며, 살아 있는 인간의 몸은 지각이 이루어지는 '현상의 장' 이라고 규정하였다. 그렇기 때문에 인간은 다른 인간 및 세계와 맺은 관계를 통해 존재하는 관계들의 매듭(교차점)으로 존재한다. 메를로 퐁티는 이야말로 인간의 실존이며, 이 관계를 넘어선 초월적 관념의 세계란 없다는 것을 분명히 함으로써 근대 서양철학의 잘못된 문제의식을 지적하였다.

지리산

저자 이병주(李炳注, 1921~1991) **분류** 문학(한국) **원제** 지리산 **출간 연도** 1985년

작가 이병주의 장편소설. 1972년 9월부터 〈월간세대〉에 연재되었다가 1977년 일시 중단된 후 1985년에 완결된 대작이다. 일제 시대인 1938년부터 한국 전쟁 이후인 1956년까지를 시대배경으로 지리산 일대에서 활동한 빨치산들의 일대기를 그렸다. 소위 '빨치산 문학'의 선구적 작품으로 이 작품 이후 이태의 《남부군》, 조정래의 《태백산맥》 등 빨치산을 소재로 한 여러 작품들이 출간되었다. 소설은 이규와 박태영이라는 두 사람의 지식인 청년의 생애를 중심으로 전개된다. 규는 1940년에 일본으로 건너가 유학을 하면서 민족의식에 눈을 뜨게 된다. 규의 중학교 친구인 태영도 일본으로 건너오지만, 학업을 포기하고 독립운동에 뜻을 두었다가 공산주의를 접하게 된다. 1941년 일본이 미국을 침공하면서 조선인 청년들에 대한 징병이 실시되자 태영은 징병을 피해 하준규, 노동식 등과 지리산으로 들어가고 규도 그 뒤를 따른다. 태영은 그곳에서 공산당 지도자 이현상과 만나게 되고 해방이 되면서 공산당 활동을 하게 된다. 한편 규는 고향으로 돌아왔다가, 1946년에 프랑스 유학을 떠난다. 하준규는 다시 지리산으로 입산하고 태영은 공산당의 노선을 비판했다가 출당조치를 당하지만, 개인적으로 빨치산의 보급을 돕다가 경찰의 추적을 받게 된다. 이후 하준규는 월북하고 태영은 경찰에 체포되어 서대문 구치소에 수감되었다가 6·25가 터지면서 풀려난다. 인천 상륙작전으로 전세가 뒤집어지면서 태영은 공산당원이 아니면서도 다시 지리산에 입산하여 이현상이 이끄는 남부군에 배속된다. 휴전회담이 시작되고 군·경의 토벌작전이 강화되면서 지리산 골짜기를 전전하던 남부군은 괴멸상태에 이르고 지리산 최후의 빨치산이 되고자 했던 태영은 끝까지 투항을 거부하다가 사살된다. 이 작품은 시기적으로는 일제 시대로부터 해방 정국과 한국 전쟁 이후까지를 다루었으며, 공간적으로는 지리산 일대는 물론이고 서울과 일본을 배경으로 하였다. 등장인물에 있어서는 좌·우익의 역사적 중요 인물뿐 아니라 일반 병사와 서민에 이르기까지 다양한 인물들을 등장시켜 한 시대를 총체적으로 묘사하였다. 주인공 박태영은 공산주의에 동조하면서도 공산당에 맹목적으로 충성하기를 거부하였고, 역사의 흐름을 방관하거나 회피하지 않고 행동으로 맞서려다 결국 지리산 최후의 빨치산으로 삶을 마감하는 인물로 나온다. 작가는 태영의 삶을 통해 수난과 좌절 속에 회의하고 체념하면서도 역사의식을 잃지 않고 행동하는 비극적 인간상을 그렸다.

지봉유설

저자 이수광(李睟光, 1563~1628) **분류** 총서(백과사전)

원제 芝峰類說 **출간 연도** 1614년(광해군 6)

조선 중기의 학자 이수광이 편찬한 백과사전. 전 20권 10책의 목판본이다. 여러 고서(古書)에서 발췌한 기사를 편찬 수록하였으며, 저자가 세 차례에 걸쳐 사신으로 중국을 방문한 경험을 바탕으로 중국, 일본을 비롯한 아시아 각국 및 유럽의 문물까지 소개하였다. 각 권의 구성은 권1에 천문(天文)·시령(時令)·재이(災異), 권2에 지리(地理)·제국(諸國), 권3에 군도(君道)·병정(兵政), 권4에 관직(官職), 권5에 유도(儒道)·경서(經書), 권6에 경서, 권7에 경서·문자(文字), 권8~14는 문장(文章), 권15는 인물·성행(性行)·신형(身形), 권16은 어언(語言), 권17은 인사(人事)·잡사(雜事), 권18은 기예(技藝)·외도(外道), 권19는 궁실(宮室)·복용(服用)·식물(食物), 권20은 훼목(卉木)·곤충(昆蟲) 등이다. 전부 348명의 저서를 참고하여 총 3,435항목을 25부문으로 분류하여 수록하였다. 《지봉유설》은 당시 조선의 지식계에 새로운 정보를 소개했을 뿐 아니라, 조선 후기의 실사구시 학풍으로 이어지는 새로운 학문의 방향성을 제시하였다는 점에서 중요한 의의가 있는 저작이다.

지식의 고고학

저자 푸코(Foucault, Michel Paul, 1926~1984) **분류** 철학(포스트모더니즘)

원제 L'archologie du savoir **출간 연도** 1969년

프랑스의 철학자 미셸 푸코의 저서. 한 시대의 지식(앎)의 밑바탕에는 무의식적인 심리·사회·언어 구조가 자리 잡고 있다는 구조주의 철학을 주장한 저자의 대표작이다. 저자에 따르면, 이러한 구조가 한 시대의 담론(談論)을 만들고, 지식의 기준을 설정하며, 정상과 비정상을 구분 짓는 경계선을 정한다고 한다. 저자는 이 책에서 이러한 과정을 고고학에서 유적과 유물을 연구하는 것처럼, 언어로 표현된 의식의 역사를 통해 과거의 지식이 남긴 흔적과 자취를 살펴봄으로써 규명하고자 하였다. 그에 따르면, 언어로 표현된 의식의 역사는 각 시대별로 '단절' 된다.

예를 들어 '광기'라는 말은 중세시대에는 신에게 다가가는 예지(叡智)로 여겨졌지만, 근대에 들어서면서는 비정상적인 질병을 나타나게 되었다. 푸코는 '지식의 고고학'에 대한 연구를 통해서 기존의 '관념(의식 · 지식)' 중심의 역사인식, 즉 어떤 관념이나 의식이 특정한 제도를 만들어 낸다는 역사인식 대신에 제도적 실천이 새로운 지식(관념)을 만들어 낸다는 역사인식을 제시하였다. 그 예로써 푸코는 정신병리학이라는 '지식'의 성립으로 정신병원이라는 '제도'가 등장한 것이 아니라, 정신병원이라는 제도(또는 구조)가 시행되면서 정신병리학이라는 새로운 지식체계가 형성되었다는 것을 보여주었다. 이와 같이 푸코는 지식의 조건으로써 제도적 실천과 내면적 갈등을 제시하였다. 이와 같이 이 책은 푸코의 이전 저작들인 《광기의 역사》, 《임상의학의 탄생》, 《말과 사물》에서 보여준 고고학적 연구 성과를 집대성하여 푸코 철학의 기본적 문제의식과 방법론을 정리한 대표작이다.

지킬 박사와 하이드

저자 스티븐슨(Stevenson, Robert Louis Balfour, 1850~1894)

분류 문학(영국)/영화 **원제** The Strange Case of Dr. Jekyll and Mr. Hyde

출간 연도 1886년

영국의 작가 로버트 스티븐슨의 장편소설. 지킬 박사의 이중생활을 통하여 인간의 마음속에 있는 선과 악의 양면성을 파헤친 작품이다. 학식과 덕망이 높은 의사인 지킬 박사는 인간의 마음속에 있는 선악을 분리하는 약을 개발하는 데 성공한다. 약을 복용한 지킬 박사는 악의 화신인 하이드로 변신하게 되고, 아무런 거리낌 없이 자유롭게 사는 데 쾌감을 느낀다. 지킬 박사는 그때부터 낮에는 지킬, 밤에는 하이드로 살아가는 이중생활을 하게 된다. 한편 지킬 박사의 친구인 변호사 와트슨은 전혀 어울리지 않는 지킬과 하이드 사이에 이상한 관계가 있음을 발견하고 두 사람의 관계를 추적한다. 이중생활을 즐기던 지킬 박사는 자신의 내면에 자리 잡은 하이드의 악한 기운이 강해지면서 점차 하이드를 통제할 수 없게 되고, 마침내 약의 도움 없이도 하이드로 변신하게 된다. 지킬 박사가 일주일째 방에서 나오지 않는다는 소식을 들은 와트슨은 지킬 박사를 찾아갔다가 독약을 먹고 자살한 하이드의 시신을 발견하게 된다. 그리고 그가 남긴 유언장을 보고 사건의 전말을 알게 된다. 이 소설의 주제는 서양사상의 주요 논점인 선과 악의 대립이라는 이원론(二元論)이다. 작가는 인간의 마음속에서 선과 악을 분리하려는 인위적 시도에 빗대어 빅토리아 시대(19세기 중 · 후반) 영국 사회의 위선과 도덕적 억압을 비판적으로 풍자하였으며, 선과 악을 양분하려는 시도가 초래한 비극적 결말을 통해 인간의 본성은 무엇이며, 본성에 대한 억압과 왜곡이 어떤 결과를 초래하는지를 보여주었다.

진달래꽃

저자 김소월(金素月, 1902~1934) **분류** 문학(한국) **원제** 진달래꽃 **출간 연도** 1925년

시인 김소월의 시집. 한국적인 한(恨)의 정서와 민요조의 운율을 담은 시들을 수록하였다. 1920년 이래 시인이 발표한 작품 126편이 전부 수록되어 있다. 특히 〈진달래꽃〉, 〈산유화〉, 〈금잔디〉, 〈달맞이〉, 〈예전엔 미처 몰랐어요〉, 〈엄마야 누나야〉, 〈봄밤〉, 〈못잊어〉, 〈자나깨나 앉으나 서나〉, 〈먼 후일〉, 〈꽃촉불 켜는 밤〉 등이 유명하다. 이 작품들은 그 제재에 있어서 민담, 민요, 토속적 소재를 활용하였으며, 표현에 있어서는 여성적인 정조와 민요적 율조를 사용하였다. 시집에 실린 시들은 전통적 정서와 운율을 낭만주의적 현대시로 표현한 김소월의 전반기 작품 경향을 나타내며, 1920년대 한국 시문학의 큰 성과로 평가받고 있다.

진리와 방법

저자 가다머(Gadamer, Hans Georg, 1900~2002) **분류** 철학(서양철학)

원제 Wahrheit und Methode: Grundzuge einer philosophischen Hermeneutik

출간 연도 1960년

독일의 철학자 한스 게오르그 가다머의 저서. '진리와 방법: 철학적 해석학의 기본 성격'이라는 부제가 붙어 있다. 저자는 딜타이, 하이데거 등의 철학자들의 영향을 받아 철학, 특히 해석학을 연구한 끝에 자신의

독자적 관점을 확립하였으며, 하버마스 등 후배 철학자들에게 큰 영향을 미쳤다. 이 책은 저자가 1948년부터 1960년까지 12년에 걸쳐 저술한 대표작으로 철학뿐 아니라 유럽문학과 역사학은 물론이고, 신학 · 법학 · 사회학 · 언어학 · 예술철학에 이르기까지 저자의 폭넓은 식견을 담고 있다. 특히 해석학 분야의 기념비적 저작으로 불리는 작품이다. 저자는 기존의 유럽철학계가 진리에 이르는 방법(인식론)으로 데카르트적인 객관적 · 실증적 방법론만을 중시한 것을 비판하면서 정신과학적 경험세계를 통해 진리에 이를 수 있음을 제시하였다. 그는 이러한 정신과학적 진리체험을 설명하기 위해 예술적 경험을 예로 들었는데, 예술작품의 감상을 통해 과학적 방법으로는 도달할 수 없는 진리를 경험한다는 것을 강조하였다. 이와 같이 가다머는 인간의 이해(인식)는 주관성을 띠기 때문에 예술 · 문학 · 신학 등에 있어 객관적인 단 하나의 이해란 존재할 수 없으며, 그렇기 때문에 이해란 사람들 사이에 의사소통을 통한 의견의 일치라고 강조하였다. 이러한 견해는 인간은 근본적으로 유한한(완전하지 않은) 존재이며, 그러한 인간이 절대불변의 진리를 추구한다는 것은 지적 오만이라는 가다머의 해석학을 바탕으로 한 것이다. 그는 이러한 이해의 과정을 영향사(影響史)라는 개념을 통해 설명하였다. 영향사란 전통이 행사하는 영향력을 말하며, 새로운 해석은 전통의 영향과 제약 속에서 나타난다는 가다머의 견해를 반영한다. 고전에 대한 기존의 이해는 주관적이지만 새로운 주관적 이해(선입견)에 영향을 미치며, 대화와 토론을 통한 의견일치를 통해 보다 풍부하고 새로운 이해를 만들어 낸다. 이러한 가다머의 해석학은 철학뿐 아니라 문학 · 언어학 · 예술철학 · 신학 등 학문의 전 방위에 걸쳐 영향을 미쳤으며, 독일뿐 아니라 세계적으로 널리 연구되고 있다.

진서

저자 방현령(房玄齡, 578?~648) 외 **분류** 역사(중국사) **원제** 晉書 **출간 연도** 644년

중국 당나라 때 편찬된 진(晉)나라 역사서. 당 태종의 명으로 방현령, 저수량(褚遂良), 허경종(許敬宗) 등 3인이 감수를 맡고, 당대의 유명한 문인들이 장영서(臧榮緖)의 《진서》 110권을 비롯한 여러 자료를 바탕으

로 분담 집필하여 모두 130권으로 편찬하였다. 책의 구성은 《본기(本紀)》(제기, 帝紀) 10권, 《지(志)》 20권, 《열전(列傳)》 70권, 《재기(載記)》 30권으로 되어 있다. 《본기》 10권은 〈서진(西晉)〉 5권, 〈동진(東晉)〉 5권이며, 《지》는 천문 · 지리 · 율력 · 예 · 악 · 직관 · 여복 · 식화 · 오행 · 형법 등을 다루었다. 《열전》에서는 모두 772명의 인물을 다루었으며, 《재기》는 5호 16국 시대에 대한 기록이다. 《진서》 이전까지 중국의 정사(正史)는 사마천의 《사기》와 같이 개인이 저술하였으나, 《진서》 이후로는 여러 사람의 사관(史官)이 분담 · 집필하는 방식이 일반화되었다. 《진서》는 진나라 시대에 관한 유일한 역사서이자, 5호 16국 시대에 대해 다른 책에서는 찾아볼 수 없는 귀중한 정보를 담은 책이다. 또한 삼국에 관한 내용이 많아 한국사 연구의 중요 자료이기도 하다.

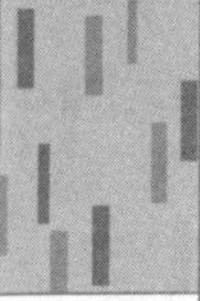

징비록

저자 유성룡(柳成龍, 1542~1607) **분류** 역사(한국사) **원제** 懲毖錄 **출간 연도** 1643년

조선 선조 때의 문신 유성룡이 남긴 임진왜란 야사(野史). 임진왜란 당시 영의정을 지냈던 저자가 전쟁의 원인과 전개과정 및 후세에 전하는 교훈 등을 글로 남긴 책이다. 전 16권 7책의 활자본으로 현재 4종의 판본이 전한다. 제목의 '징비'는 《시경(詩經)》 〈소비편(小毖篇)〉에 나오는 '미리 징계하여 후환을 경계한다(豫其懲而毖役患)'는 구절에서 따온 것이다. 책의 구성은 권1~2는 전쟁의 원인 및 전황에 대한 기록, 권3~5는 〈근포집(芹曝集, 箚 · 啓辭)〉, 권6~14는 〈진사록(辰巳錄, 狀啓)〉 등 임금에게 보낸 공문, 권15~16은 〈군문등록(軍門謄錄, 文移)〉 · 〈난후잡록(亂後雜錄)〉 등으로 되어 있다. 책의 내용 가운데는 정사에 해당하는 자료도 있지만, 야사에 해당하는 당시의 상황 묘사 등도 있으며, 〈난후잡록〉 부분은 일종의 군담소설에 해당한다. 저자는 이 책에서 임진왜란의 원인을 분석하면서 국가가 외침(外侵)에 대한 경계심을 상실하고, 국론 분열과 국가적 목표를 상실하며, 외교와 국방을 소홀히 한 까닭에 외침을 당할 수밖에 없었다고 지적하고, 후세 사람들도 이를 명심해야 한다고 강조하였다.

세계의 모든 책

차

차라투스트라는 이렇게 말했다

저자 니체(Nietzsche, Friedrich Wilhelm, 1844~1900)

분류 철학(서양철학) **원제** Also sprach Zarathustra **출간 연도** 1883~1891년

독일의 철학자 니체의 저서. 고대 페르시아 배화교의 교조 차라투스트라(조로아스터)가 산 속에서 수도하다 깨달음을 얻고 하산하여 인간세계를 편력하면서 가르침을 전한다는 내용의 철학적 산문시이다. 서설과 본문 4부로 구성되어 있다. 서설 및 1부에서는 10년간 산에서 수도하던 차라투스트라가 '신은 죽었다'는 깨달음을 얻고, 인간세계로 내려와 자신의 가르침을 설파한다. 2부에서는 깨달음을 전하던 차라투스트라가 자신의 한계를 느끼고 다시 산으로 들어가기까지의 과정이 나온다. 3, 4부에서는 동굴에서 수도생활을 하던 차라투스트라가 현인들과의 만남을 통해 영원회귀 사상을 완성하고 산을 떠나는 과정을 그렸다. 니체는 자신의 분신인 차라투스트라의 입을 통하여 '신은 죽었다'라고 선언함으로써, 유럽문명의 근본인 그리스도교 윤리에서 탈피해 새로운 가치관을 창출해야 한다고 주장하였다. 그는 이러한 새로운 가치체계를 정립할 존재로 초인(超人)을 상정하였는데, 초인은 기존의 모든 가치를 변혁하고 세계의 본질인 '힘에의 의지'를 체현하며 영원회귀 사상을 신봉하는 인간으로 묘사된다. 니체는 그리스도교 윤리가 인간에게 타율적·피동적 성실성을 요구한다고 보고, 인간은 이러한 타율적 성실함을 벗어나 자기 자신에게 성실함으로써 완전한 자유를 얻는다고 주장하였다. 그는 이와 같은 단계를 통해 인간은 자기초극(自己超克)을 이루어 초인이 된다고 보았다. 그러므로 초인은 외부세계의 윤리와 규범에 성실한 사람이 아니라 자신에게 성실한 사람을 말한다. 니체에 따르면, 인간은 초인이 됨으로써 새로운 세계의 창조에 나서게 되는데, 이 창조의 원동력이야말로 인간의 삶의 본질인 '힘에의 의지'라고 설명하였다. 니체는 이 과정을 낙타(피동적)–사자(자유)–어린아이(창조)의 비유를 통해 설명하였다. 이와 같이 이 책은 니체 사상의 핵심인 초인·권력에의 의지·영원회귀 등을 비유적으로 설명하여 크게 주목받았으며, 우리나라에서도 10여 종 이상의 번역서와 여러 종의 해설서가 출간되었다.

참을 수 없는 존재의 가벼움

저자 쿤데라(Kundera, Milan, 1929~) **분류** 문학(유럽)/영화

원제 The Unbearable Lightness of Being **출간 연도** 1984년

체코 출신의 작가 밀란 쿤데라의 장편소설. 1968년 프라하 사태 전후의 체코를 배경으로 서로 다른 인생관과 개성을 지닌 네 남녀의 사랑과 삶을 묘사한 작품이다. 프라하의 외과의사 토마스는 자유분방한 애정행각을 통해 자유로운 삶을 추구하고 실현하며 살아간다. 한곳에 얽매이기를 거부하는 토마스이지만 시골 카페에서 우연히 만난 여종업원 테레사가 그를 찾아 프라하로 오자, 자신에 대한 테레사의 사랑이 인생을 송두리째 걸 정도로 '무거운' 것임을 알면서도 그녀를 받아들인다. 테레사는 토마스와의 만남이 운명이라고 믿지만 토마스는 테레사를 사랑하면서도 동시에 화가 사비나를 비롯한 여러 여자들과 관계를 가지면서 자신의 인생관에 충실하게 살아간다. 테레사는 사랑과 성에 대한 토마스의 '가벼움'을 이해하지 못하면서도 자신이 여전히 그를 사랑한다는 사실에 갈등하며 괴로워한다. 토마스의 가벼움을 이해하지 못하던 테레사도 사비나의 개방적 태도와 가벼운 인생관에는 매혹을 느끼게 되고, 사비나의 도움으로 사진가로 활동하게 된다. 1968년 이른바 '프라하의 봄'으로 알려진 체코 민주화 운동이 일어나고, 프라하에 진입한 소련군이 무력으로 시위를 진압하는 사태가 발생한다. 사비나는 스위스의 취리히로 떠나고, 토마스와 테레사도 뒤를 따른다. 이국생활의 외로움과 계속되는 토마스의 애정행각을 견디지 못한 테레사는 토마스에게 그가 원하는 인생을 돌려주기로 결심하고 다시 프라하로 돌아간다. 그러나 어느새 테레사가 없는 삶을 견딜 수 없게 되어버린 토마스는 테레사를 따라 귀국한다. 두 사람은 다시 돌아온 프라하에서 공산당의 철저한 통제로 인해 자유를 박탈당한 삶에 직면한다. 토마스는 공산당과 저항세력 양쪽으로부터 유혹을 받지만 정치적으로 이용당하는 삶을 거부하고 유리창 청소부로 살아간다. 한편 바텐더가 된 테레사는 토마스의 '가벼움'을 이해해 보고자 자신도 불륜을 시도하지만, 오히려 더 비참해지는 자신을 발견하고 좌절한다. 결국 테레사는 토마스를 설득하여 시골로 내려가는데, 잠시 동안 평화로운 삶을 즐기던 두 사람은 어느 날 밤 자동차 사고로 함께 숨진다. 제네바에 머문 사비나는 대학교수인 유부남

프란츠와 사귀게 되는데, 프란츠는 테레사와 비슷하게 삶과 사랑에 대한 '무거움'을 간직한 인물이다. 프란츠는 사비나를 사랑하면서도 아내인 마리-클로드를 배신해야 하는데 고통을 느끼지만, 사비나는 오히려 '배신이야말로 미지의 세계로 나아가는 첫걸음'이라 생각한다. 갈등하던 프란츠가 아내를 떠나자 사비나는 갑자기 제네바를 떠나 파리를 거쳐 미국으로 간다. 토마스와 테레사가 죽었다는 소식을 접한 사비나는 자신과 과거를 이어주던 마지막 끈이 끊어졌음을 느끼며 미국에서 철저한 고립 속에서 자유를 느끼며 살아간다. 한편 홀로 남겨진 프란츠는 사비나를 그리워하며 살다가 뜻하지 않은 죽음을 맞고, 그의 전 처 마리-클로드는 프란츠의 시신을 인수하여 매장하고 '오랜 방황 끝에 다시 돌아오다'라는 묘비명을 쓴다. 작가는 사랑과 성, 역사와 인생 앞에서 '가벼움'을 선택한 토마스와 사비나, 그리고 '무거움'을 선택한 테레사와 프란츠가 어떻게 변해 가는지를 보여준다. 가벼움을 선택했던 토마스는 테레사의 무거움에 영향을 받고, 테레사는 토마스의 가벼움을 이해하게 되면서 두 사람은 결국 함께 최후를 맞이한다. 반면 사비나는 끝까지 가벼움을 택하여 영원한 망명자로 살아가고, 자신의 무거움을 유일하고 절대적인 가치로 고수하던 프란츠는 숨을 거두기 직전에야 자신이 사비나를 잘못 이해한 것은 아니었는지 의구심을 품으며 죽어간다. 이처럼 작가는 소설의 결말에서 네 사람 모두 죽거나 행복하지 못한 삶을 사는 것으로 끝내면서, 삶에 대한 가벼움과 무거움 가운데 어떤 것이 바람직한지는 말할 수 없으며, 살아가면서 내리는 선택과 그로 인한 결과 역시 어떤 것이 낫다고 할 수 없고, 인생은 오히려 모순과 역설로 가득 찬 불완전함 속에서 살아가는 것이라는 메시지를 전하고 있다.

창조적 진화

저자 베르그송(Bergson, Henri, 1859~1941) **분류** 철학(서양철학)

원제 L'évolution créatrice **출간 연도** 1907년

프랑스의 철학자 앙리 베르그송의 저서. 베르그송은 프랑스 정신주의 철학을 바탕으로 다윈의 진화론과 스펜서의 사회진화론을 접목하여 생명의 창조적 진화를 주장하는 '생(生)철학'을 주창하였다. 베르그송에

따르면, 진화는 예정된 목적을 향해 나아가는 것이 아니라 예측 불가능한 인간 내면의 힘에 의한 생명의 비약(élan vital)으로 이루어지는 창조적 진화이다. 창조적 진화는 정적(靜的, 공간적)인 대상을 파악하는 지성(知性)으로는 파악되지 않으며, 인간 내면의 생명력을 동적(動的, 지속적)으로 파악하는 직관에 의해서만 파악할 수 있다. 이와 같이 베르그송은 인간 사유의 한 부분인 지성을 지나치게 맹신하는 이성만능주의의 한계를 지적하면서 인간 정신의 진화는 본능(직관)에서 지성으로 진화된 것이 아니라 본능과 직관이 각기 다른 진화 과정을 거쳐 오늘에 이르렀다고 주장하였다. 베르그송은 지성과 과학에 반대하여 직관과 철학을 내세운 것이 아니라 지성과 실증과학의 역할과 효용을 인정하면서도 그 한계를 지적하였던 것이다. 그에 따르면, 실증과학의 한계를 보완하기 위해서는 철학이 필요한데, 이 철학은 사물을 공간적(단속적)으로 대상화시켜 추상적(법칙적) 이해를 추구하는 실증과학과 달리 사물의 운동을 지속적 과정으로서 이해하는 철학이라야 하며, 이 철학이 바로 제논과 플라톤에서 비롯된 서양 형이상학의 전통을 거부하는 새로운 형이상학, 내면적 직관을 중시하는 과정철학(생철학)이다. 그는 이러한 이해에 입각하여 획일적 과학기술의 발달로 인해 인간이 목적이 아닌 수단으로 전락하는 세태에 맞서 직관에 의한 '인간성 회복'을 강조하는 '생철학'을 창시하였다. 베르그송과 생 철학은 20세기 전반기 유럽의 문화 · 예술계에 큰 영향을 미쳤으며, 20세기 후반에 들어서도 들뢰즈 등 프랑스 사상가들에게 많은 영향을 미쳤다.

채근담

저자 홍자성(洪自誠) **분류** 철학(중국철학) **원제** 菜根譚 **출간 연도** 중국 명나라 말기

중국 명나라 말기 신종 시대의 문인 홍자성의 어록. 〈전집(前集)〉 222조와 〈후집(後集)〉 134조로 되어 있다. 전집의 내용은 대인관계와 처세술을 주제로 하였으며, 후집은 벼슬에서 물러나 자연 속에 은거하는 삶을 주제로 하였다. 전집과 후집으로 구분하는 방식 외에 〈섭세편〉 · 〈도심편〉 · 〈자연편〉 · 〈수성편〉 등으로도 구분한다. 제목의 뜻은 송(宋)나라 왕신민(汪信民)이 지은 《소학(小學)》 가운데 '인상능교채근즉백사가

성(人常能咬菜根卽百事可成, 사람이 항상 채근(풀뿌리)을 씹을 수 있다면 이루지 못할 일이 없다)' 라는 구절에서 따온 것이다. 《채근담》의 사상적 배경은 유교를 바탕으로 도교와 불교 사상을 접합한 것으로, 이는 명나라 말기 지식인들의 보편적 교양이었다. 저자는 이러한 사상적 배경에서 우러나온 처세훈을 대구(對句) 형식의 간결한 단문으로 표현하였다. 우리나라에는 1962년에 시인 조지훈 선생의 번역으로 출간된 이래 수양과 처세의 책으로 널리 읽히고 있다.

채털리 부인의 사랑

저자 로렌스(Lawrence, David Herbert, 1885~1930) **분류** 문학(영국)/영화

원제 Lady Chatterley' s Lover **출간 연도** 1928년

영국의 작가 D. H. 로렌스의 장편소설. 귀족가문의 부인이 산지기와 불륜에 빠진다는 설정과 적나라하면서도 환상적인 성애묘사 때문에 외설 시비에 휘말려 영국에서 출판되지 못하고, 이탈리아에서 먼저 출판된 문제작이다. 귀족가문의 딸 코니는 같은 귀족계급의 청년 클리퍼드 채털리와 결혼한다. 그러나 제1차 세계대전에 참전했던 클리퍼드가 하반신 불수의 몸으로 귀국하면서 코니와 클리퍼드의 결혼생활은 어긋나기 시작한다. 불구가 된 클리퍼드는 마음마저 편협해진 채 지적 성취에만 매달리고, 코니는 애정 없는 결혼생활에 지친 나머지 삶의 의미를 상실하고 만다. 외로움을 느낀 코니는 극작가 마이클리스와 불륜 관계를 맺지만 성을 자신의 쾌락을 위한 수단으로만 생각하고 상대방과의 교감을 도외시하는 마이클리스의 이기적인 태도에 실망한다. 마이클리스와의 관계를 정리한 어느 날 코니는 우연히 산지기 멜러즈를 만나게 되는데, 스스로 선택하여 은둔생활을 하며 살아가는 과묵하면서도 섬세한 그의 인간성에 끌리게 된다. 두 사람은 비 오는 날 숲 속의 오두막에서 뜻하지 않게 관계를 갖는데, 코니는 멜러즈와 관계를 맺으면서 몸과 마음이 모두 충만해지는 사랑을 알게 된다. 또 멜러즈를 통해서 '지성' 이나 '육체' 가 아닌 인간에 대한 사랑을 알게 되고 그의 아이를 임신하게 된다. 그러나 코니가 베니스로 여행을 간 사이 멜러즈의 아내가 돌아오고, 멜러즈는 질투에 찬 아내가 추문을 퍼뜨리는 바람에 해고된다. 코니

는 남편 클리포드에게 멜러즈와의 관계를 털어놓지만, 클리포드는 자존심 때문에 이혼하려 하지 않는다. 소설의 결말에서 멜러즈는 농장에서 일하면서 아내와의 이혼수속을 밟고, 코니는 자매와 함께 살면서 언제가 멜러즈와 다시 만날 날을 기다린다. 작가 로렌스는 이 작품에서 현대의 상류층은 지적활동에만 매몰되어 '육체'를 상실하면서 진정한 인간다움에 이르는 길을 잃어버렸고, 노동계급은 대량생산 과정에서 개성을 상실한 익명의 존재가 되고 말았다고 비판하였다. 그는 이러한 인간성 상실을 극복하는 방법으로 몸과 마음이 모두 일치하는 성을 제시하였으며, 주인공 코니가 여러 남자들을 거치면서 성을 통해 인간다움을 회복하는 과정을 소설로 보여주었다.

천공개물

저자 송응성(宋應星, 1587~1648?) **분류** 자연과학(천문학) **원제** 天工開物 **출간 연도** 1637년

중국 명나라 때의 지방관이자 학자였던 송응성이 지은 산업기술서. 고대의 기술백과사전이라 불리는 책이다. 상·중·하 3권으로 상권은 천산(天産), 중권은 인공(人工), 하권은 공용(功用)에 관한 내용이다. 천산이라 함은 농업을 의미하며 상권에는 곡물 재배, 병충해 방제, 사람과 짐승의 힘을 이용해 물을 대는 방법, 누에치기, 직조, 염색 등 농업기술에 대한 내용이 실려 있다. 인공이란 사람이 만든 물품의 제조기술을 말하며 벽돌, 도자기, 기와, 옹기, 종, 솥, 동상, 거울, 돈, 수레와 선박 제조, 제지술 등이 수록되어 있다. 공용은 물품의 제조를 말하며, 하권은 금속의 제련법과 먹, 안료, 누룩, 종이, 보석 제조법 등의 공업기술에 대한 내용이다. 특히 하권에는 활과 화약, 여러 가지 총포, 지뢰, 기뢰 등의 제조법을 실은 무기편이 함께 수록되어 있다. 이상과 같이 18개 분야의 제조법과 생산공정을 모두 123개의 그림을 곁들여 자세하게 설명하였다. 저자는 《천공개물》에서 중국의 전통사상인 '기(氣)'와 '오행(五行)'을 사상적 배경으로 하여 당대의 산업과 기술을 논하였으며, 역사적으로는 17세기 중국 산업생산의 증대와 기술의 발전을 보여주고 있다. 이 책은 조선에 전해져 북학파를 비롯하여 과학기술에 관심을 가졌던 당대 지식인들에게 많은 영향을 미쳤으며, 오늘날에는 과학기술사 연구

에 중요 자료로 활용되고 있다. 최근 번역본이 출간되었다.

천구의 회전에 관하여

저자 코페르니쿠스(Copernicus, Nicolaus, 1473~1543) **분류** 자연과학(천문학)

원제 De revolutionibus orbium coelestium **출간 연도** 1543년

폴란드의 천문학자 코페르니쿠스의 저서. 당시까지 유럽 천문학계의 주류학설이었던 천동설(天動說, 지구 중심설)을 반박하고 지동설(地動說, 태양 중심설)을 제시한 책이다. 성직자였던 코페르니쿠스는 젊었을 때 이탈리아에 유학하여 철학과 천문학을 공부하면서 당시 유행하던 신(新)플라톤주의의 영향을 받아 우주가 단순하면서도 명확한 수학적 조화로 이루어져 있다는 생각을 갖게 되었다. 그는 이후 자신의 생각을 입증하기 위해 천문학 연구에 몰두하였다. 매일 밤마다 하늘을 지켜보며 관측과 연구에 몰두한 끝에 1425~1430년경 이 책의 원고를 완성하였다. 그러나 당시에는 가톨릭교회가 천동설을 공인하고 있었다. 코페르니쿠스는 자신의 책이 가톨릭교회에 대한 공격으로 비쳐질 것을 우려하여 출판을 자제하다가 임종 직전에 비로소 출판하였다. 책은 전 6권으로 되어 있는데, 1권은 지동설 이론에 대한 개요, 2권은 천체 위치의 계산 방법(구면천문학과 실지천문학), 3권은 지구의 운동(세차), 4권은 달의 운동, 5권은 행성의 경도 방향 운동, 6권은 행성의 위도 방향 운동에 대한 내용이다. 코페르니쿠스가 주장한 지동설에 따르면, 지구를 중심으로 별들이 회전하는 것이 아니라, 태양을 중심으로 가까운 순서대로 수성·금성·지구·화성·목성·토성 등의 행성들이 일정한 속도로 원운동을 한다. 코페르니쿠스는 자신의 지동설을 뒷받침할 천문 관측 자료를 제시하지는 못하였지만, 그가 세운 가설은 티코 브라헤와 케플러, 갈릴레오 등 천문학자들의 관측과 연구에 의해 입증되었다. 다만 코페르니쿠스는 행성들의 공전궤도가 원이라고 생각하였으나, 케플러에 의해 행성의 공전궤도는 타원이라는 것이 입증되었다. 이와 같이 코페르니쿠스의 가설은 지구가 우주의 중심이라는 가톨릭교회의 공인학설에 정면으로 배치되었기 때문에 그의 사후에 금서로 지정되었다. 그러나 후배 천문학자들의 노력으로 코페르니쿠스의 가설이 정확하다는 것이 입증

되었으며, 과학계뿐 아니라 유럽인의 사상체계를 뒤흔들어 놓아 '코페르니쿠스적 전환' 이라고까지 불리게 되었다.

1984년

저자 오웰(Orwell, George, 1903~1950) **분류** 문학(영국)/영화

원제 Nineteen Eighty-Four **출간 연도** 1949년

영국의 작가 조지 오웰의 장편소설. 가상의 국가 오세아니아를 배경으로 전체주의 지배가 인간성을 억압하고 말살하는 과정을 충격적으로 묘사한 작품이다. 오웰이 1948년에 쓴 이 소설은 미래사회를 비관적으로 그린 디스토피아 SF 소설이자 정치풍자소설이라 할 수 있다. 그가 상상한 1984년의 세계는 오세아니아, 유라시아, 이스트아시아라는 거대 국가로 나누어져 끊임없는 전쟁상태에 있다. 전쟁이 끝없이 계속되는 오세아니아 사회는 전체주의화되어 국민 개개인의 생활은 물론이고 정신까지 지배하려 한다. 국가와 동일시되는 당은 '전쟁은 평화, 자유는 예속, 무지는 힘' 이라는 슬로건 아래 언어의 의미까지 바꾸는 철저한 사상통제를 실시하고, 자신들의 지배를 정당화하기 위해 역사까지 뜯어고치는 과거 통제를 실시한다. 또한 성관계 또한 당을 위한 일꾼을 출산하기 위한 수단으로서만 인정할 뿐 남녀 간의 사랑조차 금지시킨다. 소설의 주인공 윈스턴 스미스는 하급 당원으로서 '진실부' 라는 곳에서 역사를 뜯어고치는 일을 담당한다. 윈스턴은 겉으로는 당과 그 지도자 '빅 브라더' 의 지배에 순응하지만, 내면적으로는 획일적 통제에 반감을 가진 인물이다. 사상범으로 몰릴 위험을 무릅쓰고 몰래 일기장을 구입한 윈스턴은 일기를 기록하면서 당에 맞서 저항운동을 벌이는 지하조직 형제단을 동경한다. 그러던 어느 날 윈스턴은 직장 동료인 줄리아를 만나면서 그녀와 금지된 사랑에 빠지게 된다. 줄리아와의 관계가 깊어질수록 언젠가는 발각되어 체포될 것이라는 두려움에 시달리면서도, 당에 대한 윈스턴의 혐오감은 더욱 커져간다. 마침내 윈스턴은 형제단의 지도자로 알려진 오브라이언으로부터 초대를 받아 그와 만나게 되지만, 그토록 기대하던 오브라이언은 실은 비밀경찰이었고 윈스턴과 줄리아는 체포되고 만다. 사상범 교정시설인 '애정부' 에서 가혹한 고문과 세뇌

를 받은 윈스턴은 줄리아에 대한 사랑까지 잃어버리고 당에 순종하는 인간이 되어 풀려난 후 무의미한 삶을 살아가게 된다. 작가 오웰은 전체주의의 실상과 그 위험성을 폭로하기 위해 이 소설을 썼다고 하는데, 그가 염두에 둔 전체주의의 해악은 특정한 시대나 국가 혹은 이념에 대한 것이 아니라, 인간 내면의 집단적 · 획일적 경향이 아무런 제재 없이 확장될 경우, 자유와 개성을 말살하고 가장 소중한 인간적 가치인 사랑마저 빼앗을 수 있음을 의미하는 것이었다. 이 소설에서 고문을 받으면서도 끝까지 저항하던 윈스턴은 결국 고문에 못 이겨 그가 가장 소중하게 여긴 것이자 당의 획일적 통제에 맞설 수 있게 한 가장 강력한 무기였던 줄리아와의 사랑을 포기하면서 모든 것을 잃고 무너져버리고 만다. 이와 같이 전체주의의 해악을 폭로한 이 작품은 오늘날에도 그 생명력과 시사성을 잃지 않고 널리 읽히고 있다.

천금익방

저자 손사막(孫思邈, 581~682) **분류** 자연과학(의학) **원제** 千金翼方 **출간 연도** 중국 당나라

중국 당나라 때에 의사 손사막이 지은 의서(醫書). 전 30권이다. 당나라 때의 대표적 의서로 불린다. 원래 손사막은 이 책을 저술하기 이전에 《비급천금요방(備急千金要方)》(650~659?) 30권을 저술하였는데, 《천금익방》은 《천금요방》에서 제시한 문제를 보충하여 완성함으로써 두 책을 합하여 한 쌍의 날개를 이룬다는 의미에서 '익방' 이라는 이름을 붙였다. 《천금요방》과 《천금익방》은 그 이전 시기까지의 중국 의학을 정리한 최초의 의학전서로써 수나라 때의 어의(御醫) 양산선(楊上善)이 편찬한 《황제내경태소(黃帝內經太素)》의 영향을 받은 것으로 추정된다. 책의 구성은 의학개론에서 시작하여 부인병을 비롯한 각 부문별 질환의 원인과 증상을 설명하고, 해당 질환에 대한 약물치료, 식이요법, 침구치료법을 서술하였다. 특히 고대 중국의 여러 의료학파의 사상 및 불교의 의료정신을 종합하여 의사의 윤리에 대해 강조하였다. 이 책은 당나라 이후 중국 의학의 기본 교과서로써 중국 의학 발달의 밑바탕이 되었으며, 한국을 비롯한 동북아시아 의학에도 많은 영향을 미쳤다.

천로역정

저자 버니언(Bunyan, John, 1628~1688) **분류** 문학(영국)/영화

원제 The Pilgrim's Progress **출간 연도** 1678~1684년

영국의 그리스도교 전도사 존 버니언이 쓴 종교적 우의(愚意, 알레고리)소설. 저자 버니언은 영국 국교회가 아닌 비국교회 설교자로 활동하다가 국교회파의 탄압을 받아 두 차례 투옥되었고, 1675년에 두 번째 수감생활을 하면서 이 책을 집필하여 1678년에 출판하였다. 이어 1684년에는 제2부를 출판하였다. 작품의 설정은 저자 버니언이 꿈속에서 겪은 이야기로 되어 있으며, 1부는 주인공 크리스천이 고향을 떠나 여러 가지 역경을 겪은 끝에 '천상의 도시'에 당도하는 내용이다. 버니언은 꿈에서 등에 무거운 짐을 지고 손에는 한 권의 책을 든 사람을 만나는데, 그가 바로 크리스천이다. 그는 구원을 찾아 고향인 '파멸의 도시'를 떠나 빛을 향해 떠난다. 빛을 쫓아 '좁은 문'에 이른 크리스천은 축복을 받아 등에 진 무거운 짐을 벗고 다시 길을 떠난다. 이후 크리스천은 '어려움의 산', '겸손의 골짜기', '죽음의 그늘진 골짜기', '허영의 도시'를 지나며 악마와 싸우고 고난을 겪는다. 그리고 '의심의 성'에서 '구원의 열쇠'를 얻어 마침내 '천상의 도시'에 도착한다. 2부는 크리스천의 아내 크리스티아나가 네 자녀와 함께 남편의 뒤를 따라 비슷한 역경을 겪는 내용이다. 이 작품은 원래 종교적 목적으로 집필되었지만 오늘날에는 문학작품으로 많이 읽히며, 조선 후기에 선교사를 통해 전해져 최초의 번역소설로 출간된 작품이기도 하다.

천변풍경

저자 박태원(朴泰遠, 1909~1987) **분류** 문학(한국) **원제** 川邊風景 **출간 연도** 1936년

작가 박태원이 쓴 장편소설. 1936~1937년 사이에 월간 〈조광〉에 두 차례에 걸쳐 연재된 작품이다. 서울 청계천변을 배경으로 어느 해 2월부터 이듬해 2월까지 1년 동안 천변에서 살아가는 사람들의 일상을 묘사한 작품이다. 특정한 주인공이나 줄거리 없이 남자들이 모이는 이발소와 여자들이 모이는 빨래터를 주요 무대로 해서 70여 명의 등장인물들

이 나오는 50개의 크고 작은 삽화로 구성되어 있다. 재력을 믿고 선거에 나갔다가 떨어진 민 주사, 민 주사의 젊은 첩 안성댁, 한약국집 가족, 약국에서 행랑살이 하는 만돌 어멈, 포목전 주인, 카페 여급 하나코와 기미코, 시집을 갔다가 소박맞고 친정으로 돌아온 이쁜이, 이쁜이를 짝사랑하는 점룡이, 처녀 과부 신세로 무작정 상경한 시골 색시 금순이, 시골에서 올라와 서울 깍쟁이로 변해가는 창수, 동팔이, 이발소 사환 재봉이와 젊은 이발사 김 서방, 청계천 다리 밑 움막의 거지들 등 1930년대 서울의 중하층 서민들이 등장한다. 작가는 특별한 줄거리 없이 전통과 근대, 낡은 관습과 새로운 풍조가 공존하며, 서울 토박이들과 시골서 상경한 사람들이 함께 살아가는 청계천변의 모습을 자연주의적 필치로 세밀하게 묘사하였다. 이 때문에 이 작품은 1930년대 모더니즘 소설의 대표작이자 세태(世態)소설로 불린다.

천부경

분류 종교(기타 종교) **원제** 天符經

대종교의 경전. 《삼일신고(三一神誥)》, 《참전계경(參佺戒經)》과 함께 3대 경전을 이룬다. 대종교의 교리에 따르면, 한배 하느님이 백두천산(白頭天山)에 내려와 인간을 교화하고 승천하면서 《삼일신고》와 함께 인간들에게 내린 경전이라고 한다. 대종교 교단의 주장으로는, 그 후 태백산에 있는 단군전비(檀君篆碑)에 새겨진 가림토 문자(한글의 원류라고 주장하는 고대문자)를 최치원(崔致遠)이 한자로 번역하였으며, 이를 1916년에 계연수(桂延壽)가 재발견하여 대종교에 전하였다고 한다. 《천부경》의 구성은 〈천지장(天之章)〉·〈지지장(地之章)〉·〈인지장(人之章)〉 등 전부 3장 81자로 되어 있다. 〈천지장〉은 우주 생성의 원리, 〈지지장〉은 만물의 생성, 〈인지장〉은 인간 궁극의 문제에 대한 내용이며, 1부터 10까지의 숫자 원리를 통해 천·지·인 삼극(三極)의 생·로·병·사 및 삼극이 하나(한배 하느님)로 통일되는 귀일(歸一)의 원리를 논하였다. 대종교 교단의 주장에 따르면 《천부경》이 세계에서 가장 오래된 경전이자 유(儒)·불(佛)·선(仙) 및 음양오행 사상은 모두 《천부경》에서 영향을 받아 비롯되었다고 한다.

천자문

저자 주흥사(周興嗣, 470?~521) **분류** 인문학(언어학)

원제 千字文 **출간 연도** 중국 남북조(南北朝) 시대

중국 남북조 시대에 남조(南朝) 양(梁)나라의 문신 주흥사가 편찬한 한문 기초학습서. 명필 왕희지(王羲之)가 남긴 탁본 글씨를 모아 문장으로 만들었다고 하며 전부 1,000자이다. 이후 어린이들에게 한문을 가르치는 입문 교재로 널리 쓰였으며, 많은 서예가들이 《천자문》을 다시 썼는데, 그중에서도 왕희지의 7대손 지영(智永)이 쓴 《진초천자문(眞草千字文)》, 조선 선조 때의 명필 한석봉(韓石峯)이 쓴 《석봉천자문》이 유명하다. 《천자문》이 인기를 얻으면서 《속천자문》 등의 아류작까지 나왔으며, 오늘날에도 여러 종의 천자문이 나와 있다.

천주실의

저자 마테오 리치(Matteo Ricci, 1552~1610) **분류** 종교(기독교)

원제 天主實義 **출간 연도** 1603년

이탈리아 출신의 예수회 수도사 마테오 리치가 중국 선교를 목적으로 쓴 전도서. 최초의 중국 선교사였던 마테오 리치는 중국에서 그리스도교를 전도하기 위해서는 먼저 지식인층을 공략해야 한다고 판단하고 중국의 전통철학과 비교하여 이 책을 저술하였다. 상 · 하권에 4편씩 모두 8편 174항목으로 이루어졌으며, 그리스도교 사상을 소개하는 서사(西士)와 중국의 유 · 불 · 도 철학의 입장에 선 중사(中士)가 토론하는 형식으로 되어 있다. 저자 리치는 중국 관료와 사대부 계층이 유교를 기본 교양을 삼는다는 데 착안하여 유교적 입장에서 그리스도교를 소개하려고 시도하였다. 이에 따라 그리스도교의 하느님을 '상제(上帝)'로 번역하는 등 친유교적 입장에서 불교와 도교를 비판하고 그리스도교를 중국인의 정서와 생활습관에 친숙한 형태로 소개하였다. 이러한 노력 덕분에 중국의 지식인들 사이에서 호평을 받았으며, 서광계(徐光啓)나 이지조(李之藻) 같은 당대의 일류 지식인 · 관료들을 천주교로 개종시킬 수 있었다. 그러나 가톨릭교회 내부에서는 그리스도교를 지나치게 유교화

(儒教化)된 형태로 소개하였다 하여 비판이 일었으며, 책의 내용 가운데 그리스도교의 핵심인 계시신학 부분이 빠져 있어 본격적인 전도서라기보다는 전도예비서 정도로 평가되었다. 한편 이 책은 조선에 전해져 소위 '서학(西學)' 의 핵심 경전으로 당시 조선 지식인들 사이에 화제작이 되었으며, 18세기 조선 천주교회 설립의 밑바탕이 되었을 뿐 아니라 번역본을 통해 일반 대중에게까지 널리 소개되었다. 이 책은 단순한 전도서를 넘어서 서양과 동양 사상에 두루 통달한 저자 마테오 리치가 두 문화를 모두 이해하는 입장에서 문명 간의 교류와 대화를 시도한 의미 있는 작품이라 할 수 있다. 최근 천주교 신자로서 동양학을 전공한 학자들에 의해 한글 번역본이 출간되었다.

천체역학

저자 라플라스(Laplace, Pierre Simon, 1749~1827) **분류** 자연과학(천문학)

원제 Traite du Mecanique Celeste **출간 연도** 1800~1825년

프랑스의 수학자이자 물리학자인 라플라스의 대표작. 1800년부터 1825년 사이에 전부 5권으로 출판되었다. 중력이론에 대한 기존의 가설을 총망라하고 거기에 라플라스 자신의 독자적 연구를 더한 기념비적 대작이다. 이 책에서 라플라스는 뉴턴이 정립한 역학(力學) 체계를 가지고 태양계 행성의 운동, 행성의 형태, 행성 간의 중력으로 인한 조수간만 현상을 설명하였으며, 행성의 운동에 있어 신을 비롯한 초자연적 존재의 개입을 배제하고 자연의 모든 결과는 몇 가지 불변법칙의 수학적 결론일 뿐이라고 단언하였다. 라플라스의 이러한 자연관은 자연과 우주에 대한 비(非)종교적 이해를 추구하는 근대 과학철학의 기본 전제가 되었다. 라플라스와 뉴턴 역학에 입각한 자연관은 20세기 들어 양자 역학으로 대체되었으나 근대과학의 형성에 미친 영향만큼은 오늘날에도 높이 평가되고 있다.

천하군국이병서

저자 고염무(顧炎武, 1613~1682) **분류** 정치(중국정치)

원제 天下郡國利病書 **출간 연도** 청나라 초기

중국 명말청초(明末淸初)의 학자 고염무의 저서. 전 120권 53책이다. 역대 왕조의 정사(正史), 군현(郡縣)의 지방지(地方誌), 상소문과 문집 등에서 정치와 민생에 관련된 부분만 뽑아 각 성(省) 별로 정리하여 편찬한 책이다. 책의 구성은 지리, 수리(水利), 세수, 둔전(屯田), 관세, 군사, 교통 등으로 이루어져 있으며, 경제와 군사 부분을 주안점으로 하였다. 고염무는 고증학(考證學)의 선구자로 불리는 인물로서 젊은 시절 명나라가 멸망하자 청 왕조에 맞서 반청(反淸)운동을 했던 것으로 알려져 있다. 그는 명이 몰락한 이유가 성리학과 양명학 등 송대(宋代) 이후의 유학 학파들이 비현실적 공리 · 공론에만 집착하여 고대 유학 사상이 가진 정치적 · 현실적 측면을 도외시했기 때문이라고 평가하였으며, 이를 극복하기 위해서는 직접 유교의 원전을 고증하고 주석하는 연구하는 경학(經學)을 통해 현실에 적용할 수 있는 경세치용(經世致用)의 학문을 해야 한다고 주장하였다. 이 책은 고염무의 경세치용의 학문관이 그대로 적용된 저작이라 할 수 있으며, 원전을 중시하는 고염무의 학문 방법론은 청대 고증학자들에게 계승되었다.

철학의 위안

저자 보에티우스(Boetius, Anicius Manlius Torquatus Severinus, 470?~524)

분류 철학(서양철학) **원제** De consolatione philosophiae **출간 연도** 525년경

중세 초기 로마의 신학자이자 철학자, 정치가였던 보에티우스의 저서. 전 5권으로 산문과 운문이 번갈아 가며 나오는 형태이다. 저자 보에티우스는 서로마 제국 멸망 이후 이탈리아를 지배한 고트 왕국 치하에서 로마의 집정관과 고트 왕국의 궁재(宮宰)를 지낸 대정치가였으나, 만년에 무고(誣告)에 휘말려 사형수의 몸으로 유배지인 파비아의 감옥에서 이 책을 저술하였다. 책의 구성은 대화 형식으로 신의 은총과 인간의 자유의지, 인간의 행복, 신의 섭리와 예지, 우연, 운명 등의 문제를 논하였으며, 저자는 그리스도교 신자이거나 그리스도교 사상을 잘 이해하는 고전 철학자로서의 면모를 보여준다. 제1권에서 보에티우스가 자신의 처지를 한탄하고 있을 때 한 여인이 나타나 그를 위로하는데, 보에티우스는 그녀가 바로 자신의 위안자인 '철학' 임을 알아본다. 철학은 그의

슬픔을 해결하기 위해 신과 인간에 대한 질문을 던진다. 보에티우스는 철학과의 문답을 통해 자신은 신이 이 세계를 주관한다는 것은 알지만, 이 세계에서 자신이 무엇인지는 모른다는 것을 깨닫는다. 제2권에서 철학은 보에티우스에게 '운명'을 소개하고 보에티우스는 운명과 토론을 벌인다. 제3권에서 철학은 보에티우스에게 진정한 행복은 오직 신 안에서만 가능하며, 신은 최고선(最高善)이며, 최고선이 진정한 행복이고 신이 진정한 행복이라고 가르친다. 또한 신은 전능하며 악을 원하지 않기 때문에 진정한 악은 존재하지 않는다는 것도 알려준다. 제4권에서 보에티우스는 우주를 주관하는 신이 선하다면 어째서 악이 존재하며, 선한 사람 대신 악한 사람이 승리하는지를 질문한다. 이에 대해서 철학은 궁극적으로 처벌받지 않는 악인은 없으며 보상받지 못하는 선인도 없음을 알려준다. 이어서 철학은 섭리와 운명의 근본을 논하면서 모든 운명은 선한 것이라고 설파한다. 제5권에서는 인간의 자유의지와 신의 예지에 대한 문제를 논하면서 신은 모든 사건의 예지자이며, 신은 인간의 모든 행위를 주재하며 보상과 처벌을 내린다는 결론을 내린다. 이 책은 중세 그리스도교 철학의 형성에 큰 영향을 미쳐 수많은 번역본과 주석서가 나왔으며, 사도 바울의 《옥중 서신》, 존 버니언의 《천로역정》과 함께 세계 3대 옥중문학(獄中文學)으로 불린다.

청구야담

분류 문학(한국) **원제** 靑丘野談 **출간 연도** 조선 후기 18세기

조선 후기에 나온 작자 미상의 한문 야담집. 전부 6책에 178편의 민담, 전설, 일화, 전(傳), 야담이 소설 형식으로 실려 있다. 시대적 배경은 18세기로 추정된다. 현존하는 《청구야담》은 몇 가지 판본이 있는데, 판본에 따라 수록된 민담의 수가 다르다. 《청구야담》에 실린 민담은 이전에 나온 《기문총화(記聞叢話)》나 《학산한언(鶴山閑言)》 같은 야담집에 실린 이야기들을 약간의 첨삭을 가하거나 또는 그대로 옮긴 것과 《청구야담》의 편찬자가 시정에 떠도는 이야기들을 직접 채록한 것이 있는데, 서민층의 정서와 가치관이 반영된 내용이 많다. 따라서 《청구야담》에 수록된 한문 단편들은 서민층과 가까운 몰락 양반층의 저자가 당시 서민

들 사이에 전해지던 민담을 서사적으로 각색한 작품으로 추정된다. 이 책은 조선 후기 문학이 설화에서 소설로 넘어가는 변천양상을 보여줄 뿐 아니라 당시 사회와 문화에 대해서 알 수 있는 귀중한 자료이다.

청구영언

저자 김천택(金天澤, ?~?) **분류** 문학(한국) **원제** 靑丘永言 **출간 연도** 1728(영조 4)

조선 후기의 시조 작가이자 가객(歌客) 김천택이 편찬한 시조집. 1권 1책이다. 고려 시대부터 당시까지 역대 시조를 수록하였다. 현존하는 가장 오래된 가집(歌集)이며 《해동가요(海東歌謠)》, 《가곡원류(歌曲源流)》와 함께 3대 시조집으로 불린다. 김천택은 중인(中人) 출신으로 같은 중인들끼리 가단(歌壇)을 조직하여 활동했으며, 시조의 발전과 보급을 위해 노력하였다. 따라서 《청구영언》은 18세기 중인층의 정서와 취향이 반영된 시조집이라 할 수 있으며, 하나의 문학 장르로서 시조가 완성 단계에 접어들었음을 보여주는 전집이다. 현재 《청구영언》은 몇 가지 판본이 전하는데, 판본에 따라 수록된 시조와 가사의 수가 다르다.

청록집

저자 박두진(朴斗鎭, 1916~1998), 박목월(朴木月, 1916~1978), 조지훈(趙芝薰, 1920~1968) **분류** 문학(한국) **원제** 靑鹿集 **출간 연도** 1946년

박두진, 박목월, 조지훈 3인의 공저 시집. 박목월 15편, 조지훈 12편, 박두진 12편 등 총 39편의 시가 수록되어 있다. '청록'이라는 제목은 박목월의 시 〈청노루〉에서 딴 것으로 이들은 《청록집》 출판을 계기로 '청록파'로 불리게 되었다. 박목월의 〈임〉, 〈윤사월〉, 〈청노루〉, 〈나그네〉, 조지훈의 〈고풍의상〉, 〈승무〉, 〈완화삼〉 등, 박두진의 〈묘지송〉, 〈도봉〉, 〈설악부〉 등이 실려 있다. 세 시인은 자연을 소재로 한 서정시를 통한 자연예찬의 시풍을 공유하는 가운데 박목월의 경우는 전통적 율조와 회화적 감각을 통한 향토적 서정 묘사, 조지훈은 민족정서와 전통에 대한 향수를 표현하는 선비적 시풍, 박두진은 기독교 사상을 바탕으로 민족의 수난과

절망에 대한 극복 의지의 표현이라는 각각의 시적 특색을 보여주었다.

청마시초

저자 유치환(柳致環, 1908~1967) **분류** 문학(한국) **원제** 青馬詩抄 **출간 연도** 1939년

시인 유치환의 두 번째 시집. 3부로 나뉘어 55편의 시를 수록하였다. 1부에 〈박쥐〉, 〈깃발〉, 〈병처〉 등 24편이, 2부에 〈죽〉, 〈산 3〉, 〈정적〉, 〈항구에 와서〉, 〈조춘〉, 〈청조여〉 등 21편, 3부에 〈향수〉, 〈원수〉, 〈비력의 시〉, 〈가마귀의 노래〉 등 10편의 작품이 실려 있다. 수록된 시들은 모두 자연과 인생을 소재로 서정적 묘사와 명상적 시풍을 보여주어 1930년대 후반 '생명파' 로 불린 시적 경향을 보여준다.

청장관전서

저자 이덕무(李德懋, 1741~1793) **분류** 문학(한국) **원제** 青莊館全書 **출간 연도** 조선후기

조선 후기의 북학파 실학자의 일원이자 문인이었던 이덕무의 문집. 전 71권 32책이다. 이덕무의 사후에 그의 아들 광규(光葵)가 편집하였다. 저자가 생전에 지은 〈아정유고(雅亭遺稿)〉, 〈영처고(嬰處稿)〉(이덕무의 시문), 〈청장관고(青莊館稿)〉, 〈사소절(士小節)〉(일상생활의 예절교범), 〈청비록(淸脾錄)〉, 〈기년아람(紀年兒覽)〉(어린이용 역사교과서), 〈이목구심서(耳目口心書)〉(일상생활의 견문기록), 〈한죽당섭필(寒竹堂涉筆)〉(경상도 지역 견문기), 〈예기억(禮記臆)〉(〈예기〉에 대한 연구), 〈송사보전(宋史補傳)〉(중국사) 등이 수록되어 있다. 이덕무는 서얼 출신으로 사상적으로는 북학파 실학자들에 공감하였고, 문학적으로는 같은 서얼 출신 문인들과 새로운 문학 운동을 펼쳐 중국에까지 문명(文名)을 떨쳤다. 또한 박학다식한 독서가로서 그의 학문적 관심사는 매우 다양하였다. 그런 까닭에 《청장관전서》에 수록된 글은 역사, 지리, 금석학, 무예, 창작, 문학비평, 풍속, 언어, 국내외 여행기, 일상생활의 기록과 편지글 등 여러 분야를 아우르고 있으며, 18세기 영 · 정조 시대 조선의 새로운 사상 · 문화 운동의 성과를 집약적으로 보여주고 있다.

초사

저자 유향(劉向, BC 79?~BC 8?) **분류** 문학(중국) **원제** 楚辭

한나라 때의 문인 유향이 전국 시대 초(楚)나라의 문인 굴원(屈原, BC 343?~BC 277?)과 그밖에 초나라 문인들의 '사(辭)'를 모아 수록한 작품집. 전 16권이다. 굴원의 자전적 장편 서사시로 볼 수 있는 〈이소(離騷)〉와 굴원이 지은 25편의 부(賦) 및 초나라 문인들의 작품과 유향 자신의 작품이 수록되어 있다. 《초사》에 실린 굴원의 대표작 〈이소〉는 초나라의 중신이었던 굴원이 초나라 왕과 의견충돌로 인해 관직에서 물러난 후 자신의 억울함과 국가를 생각하는 마음을 운(韻)에 따라 미사여구를 사용한 미문(美文)에 담아 표현한 작품이다. 《초사》에 실린 굴원의 다른 작품으로는 〈구가(九歌)〉, 〈천문(天問)〉, 〈구장(九章)〉, 〈원유(遠遊)〉, 〈복거(卜居)〉, 〈어부(漁父)〉 등이 있으며, 그밖에 송옥(宋玉), 경차(景差), 회남소산(淮南小山), 동방삭(東方朔), 엄기(嚴忌), 왕포(王褒) 등 남방 문인들의 작품과 유향과 왕일 등 초사를 편집·주석한 한(漢)나라 문인들의 작품이 실려 있다. 《초사》는 《시경(詩經)》과 함께 고대 중국 시문학을 대표하는 양대 작품이다. 《시경》이 황하 유역을 중심으로 한 북방문학을 대표한다면 《초사》는 양자강 유역의 남방문학을 대표한다고 할 수 있다. 그런 만큼 《초사》에 실린 작품들은 북방문학에서는 찾아볼 수 없는 격렬한 감정표현과 낭만적 정서가 있다. 원래 사(辭)라는 문체는 고대 제정일치 시대에 신관들이 제사나 점복(占卜) 의식에서 사용하던 문장이므로 《초사》에 실린 작품들 가운데도 제사나 점복에 관한 내용이 있고 신화나 전설에 관한 내용이 많다.

촌담해이

저자 강희맹(姜希孟, 1424~1483) **분류** 문학(한국) **원제** 村談解頤 **출간 연도** 조선 성종대

조선 전기의 문신이자 문장가 강희맹이 편찬한 야담집. 조선 전기의 대표적인 한문 패관문학(稗官文學) 작품 가운데 하나이다. 강희맹은 관료 출신이면서도 농촌의 민요와 설화에 관심이 많아 농요를 모아 편찬한 《농구십사장(農謳十四章)》이란 책을 내기까지 하였다. 이 책 《촌담해

이》는 농촌에서 전해지는 야담과 설화를 모아 엮은 것으로, 제목의 뜻은 '웃다가 턱이 빠질 만큼 재미있는 시골 이야기'라는 뜻이다. 현재 조선 시대의 야담집 《고금소총(古今笑叢)》에 10편이 수록되어 있다. 이 10편의 야담은 모두 기생, 하인, 타락한 승려, 어리석은 양반, 귀신 등이 등장하며, 하인과 기생 등이 어리석은 양반을 우롱하거나 승려들의 탐욕을 조롱하며, 과부와 총각이 벌이는 음담패설 등이 주된 내용이다. 전체적으로 외설과 폭소가 혼합된 내용이 많고, 신통술을 가진 승려와 귀신이 등장하는 괴기적 요소가 섞인 외설도 있다.

추자

저자 추연(騶衍, ?~?) **분류** 철학(중국철학) **원제** 鄒子

중국 전국 시대의 제자백가(諸子百家) 가운데 음양가(陰陽家) 사상을 주창한 사상가 추연의 저서. 전 49편이라 하나 오늘날에는 전해지지 않고, 다른 사상가들의 저서를 통해 그 내용만 전해지고 있다. 추연은 중국 사상사에 있어 음양오행설(陰陽五行說)을 최초로 정립한 사상가로 알려져 있다. 음양오행설에 따르면 세상만물은 음과 양, 그리고 토(土)·목(木)·금(金)·화(火)·수(水)의 오행이 서로 상생(相生)·상극(相剋)하여 이루어진 것이며, 이 음양오행의 법칙을 이해함으로써 우주의 질서와 역사의 흐름을 이해할 수 있을 뿐 아니라 미래까지 예측할 수 있다. 추연은 이 오행설을 가지고 역대 중국 왕조의 흥망성쇠를 설명하는 '오덕종시설(五德終始說)'을 제시하였는데, 그에 따르면 우(虞)는 토덕(土德), 하(夏)는 목덕(木德), 은(殷)은 금덕(金德), 주(周)는 화덕(火德)으로 천하를 얻을 수 있었다고 한다. 오행은 역사뿐 아니라 일상생활의 모든 영역에서 작용하는데, 토(土)는 생출(生出)의 덕으로 중앙에 위치하여 사계절의 주가 되며, 목(木)은 육성(育成)의 덕을 가지며 동쪽과 봄을 나타내고, 금(金)은 형금(刑禁)의 덕을 가지며 서쪽과 가을을 나타내고, 화(火)는 변화(變化)의 덕을 가지며 남쪽과 여름, 수(水)는 임양(任養)의 덕으로 북쪽과 겨울을 나타낸다. 오행은 서로 상생·상극하며 우주의 질서와 인간의 역사를 만들어 가는데, 상생은 목생화(木生火), 화생토(火生土), 토생금(土生金), 금생수(金生水), 수생목(水生木)으로 그 순서는 목화토금수이다. 상극은 수극화(水剋火), 화극금(火剋金), 금극목(金剋木), 목극토(木剋土), 토극수(土剋水)를 말하며, 그 순서는 수화금목토이다. 이와 같은 음양오행사상은 한(漢)왕조 때 이후로 크게 유행하였다. 그러나 점차 초기의 철학적 깊이를 상실하고 미신에 가깝게 변질되고 말았으며, 정치적 반란과 역성혁명을 정당화하는 데 이용되기도 했다.

추월색

저자 최찬식(崔瓚植, 1881~1951) **분류** 문학(한국) **원제** 秋月色 **출간 연도** 1912년

최찬식의 신소설. 개화기를 배경으로 남녀의 사랑 이야기 속에 민중 봉기와 자유연애, 신교육 등 시대의식을 넣은 작품이다. 연극으로도 상연되어 큰 인기를 끌었다. 주인공 이정임과 김영창 두 남녀는 부모들끼리 정혼을 약속한 사이로 어린 시절을 함께 보낸다. 그러나 영창이 열 살 되던 해 아버지 김승지가 초산 군수로 부임하면서, 두 사람은 헤어지게 된다. 그 후 초산에서 민란이 발생하여 김승지 내외는 난민들에 의해 뒤주 속에 갇힌 채 압록강에 버려지고, 부모를 찾아 헤매던 영창은 영국인 스미드 박사의 도움으로 영국 유학을 떠나게 된다. 한편 영창 일가가 모두 죽은 줄 알고 좌절한 정임은 부모가 자신을 딴 남자에게 시집보내려 하자 몰래 일본으로 유학을 떠나 음악을 공부한다. 그러던 어느 날 밤 정임은 우에노 공원을 산책하다가 평소 그녀를 짝사랑하던 강한영이란 남자에게 폭행을 당하게 되는데, 마침 영국에서 귀국하던 길인 영창이 정임을 구한다. 오해로 인해 영창은 살인미수범으로 재판을 받게 되지만 결국 무죄가 밝혀져 석방되고, 두 사람은 신식결혼식을 올리게 된다. 만주로 신혼여행을 떠난 영창과 정임은 중국인 도적들에게 잡혀가게 되는데, 뜻밖에도 그곳에서 영창의 부모와 재회한다. 이리하여 두 집안 식구들은 오랜만에 다시 만나 지난 일을 회상하며 소설은 끝난다. 이 작품은 고전소설에서 근대소설로 넘어가는 과도기적 형태인 신소설로 자유연애와 신교육을 설파하는 계몽적 성격을 띠고 있다. 작가 최찬식의 작품은 이러한 신소설의 특징을 남녀의 사랑 이야기에 담은 경우가 많으며, 작품 전반에 걸쳐 서구문명에 대한 동경과 아시아에서 서구문명을 먼저 받아들인 일본을 모범으로 보는 시각이 깔려 있다.

춘추

저자 공자(孔子, BC 552~BC 479) **분류** 역사(중국사) **원제** 春秋

공자가 편찬한 노(魯)나라의 역사서. 《시경(詩經)》·《서경(書經)》·《예기(禮記)》·《악기(樂記)》·《역경(易經)》과 함께 육경(六經)으로 불린다. 공자가 역대 사관(史官)의 기록을 바탕으로 기원전 722년 은공(隱公) 원년에서 기원전 481년 애공(哀公) 14년까지 242년 동안의 노나라 역사를 편년체로 기술한 내용이다. 《춘추》는 《상서(尙書)》와 함께 고대 문장의 모범으로 불리며, 《전국책(戰國策)》과 함께 춘추전국 시대의 역사를 알려주는 기본 사료이다. 이와 같은 《춘추》의 중요성으로 인해 《춘추》의 내용을 보충한 《좌씨전(左氏傳)》, 《공양전(公羊傳)》, 《곡량전(穀梁傳)》 등의 작품이 나왔으며, 그중에서도 《좌씨전》은 《춘추》를 널리 알리는데 중요한 역할을 하였다. 공자는 요순(堯舜) 시대와 주공(周公)의 정치를 이상으로 여겼으며, 춘추전국 시대 들어 그러한 이상으로부터 멀어지고 있다고 여겨 이를 바로잡기 위한 목적으로 《춘추》를 집필하였다. 따라서 《춘추》는 대의명분에 입각하여 선악을 구분하며, 왕도(王道)를 높이고 패도(覇道)를 낮추어 보며, 중국을 문화의 중심으로 보고 주변국을 야만으로 본다. 이러한 기준은 이와 같은 구분이 일시적인 것이 아니라 영원불변이라고 주장하는 춘추사관을 바탕으로 하였다. 이후 이러한 역사관은 중국인들의 역사서술의 기본이 되었다.

춘향전

분류 문학(한국)/영화 **원제** 春香傳 **출간 연도** 조선 후기

조선 후기에 나온 한국 고대소설의 대표작. 판소리 12마당의 하나이다. 원래 민간설화로 전해지던 내용이 판소리로 불리게 되었고, 다시 판소리에서 소설화된 것으로 보인다. 조선 후기에 소설로 나온 이후 현대에 이르러 창극, 영화, 연극, 오페라로 각색되어 상연되었다. 줄거리는 남원부사의 아들 이몽룡과 퇴기 월매의 딸 춘향의 사랑 이야기이다. 아버지를 따라 남원에 온 이몽룡은 과거 준비를 하다 시종 방자와 함께 광한루로 바람을 쐬러 나간다. 광한루에서 그네를 타는 춘향을 본 이몽룡

은 그날 밤 춘향의 집을 찾아 백년가약을 맺는다. 몽룡이 부친이 따라 서울로 돌아간 후, 춘향은 신임 남원부사 변학도의 수청 요구를 거절했다가 옥에 갇힌다. 한편 과거에 급제한 몽룡은 암행어사가 되어 남원으로 돌아오는데, 일부러 거지 행색을 하여 변학도의 학정을 파악하고 춘향의 변함없는 사랑을 확인한다. 신분을 감추고 변학도의 생일잔치에 나타난 몽룡은 어사 출두를 외치며 자신의 정체를 드러내고, 변학도를 파직시킨 후 춘향을 구해낸다. 이 작품은 양반인 이몽룡과 기생의 딸 춘향의 신분을 넘어선 사랑을 통해 조선 후기 평민층의 신분상승 욕구를 반영하였으며, 어사가 된 몽룡이 백성을 수탈하는 변학도를 응징하는 장면을 통해 지배층의 전횡에 대한 평민층의 반감을 표출하였다. 또한 춘향이 몽룡에 대한 정절을 끝까지 지키는 점이나, 양반인 몽룡이 과거에 급제하여 변학도의 학정을 응징하고 춘향을 구해낸다는 설정이 양반층의 취향에도 부합하였기 때문에 양반과 평민 모두에게 큰 인기를 얻었다. 오늘날까지 한국을 대표하는 국민문학으로 불린다.

춘희

저자 소(小)뒤마(Dumas, Alexandre, 1824~1895) **분류** 문학(프랑스)/영화

원제 La Dame aux camélias **출간 연도** 1848년

프랑스의 작가 알렉상드르 뒤마의 장편소설. 작가는 《삼총사》, 《몽테크리스토 백작》 등으로 유명한 알렉상드르 뒤마의 아들이며, 아버지는 대(大)뒤마, 아들은 소(小)뒤마로 불린다. 《춘희》는 순진한 청년을 사랑한 고급 창녀의 비극적 사랑을 다룬 작품이다. 주인공 마르그리트 고티에는 파리의 고급창녀로 사교계의 꽃이라 불린다. 그녀는 한 달에 25일은 흰 동백꽃, 5일은 빨간 동백꽃으로 장식하고 다녀 '춘희'라는 별명을 갖고 있다. 어느 날 마르그리트는 순수한 청년 아르망 뒤발을 만나고 두 사람은 사랑에 빠진다. 마르그리트와 아르망은 둘만의 보금자리에서 잠시 행복한 생활을 즐기지만, 수입이 없는 두 사람은 결국 생활고에 시달리게 된다. 이때 아르망의 아버지가 마르그리트를 찾아와 아르망에게서 떠나줄 것을 요청하는데, 마르그리트는 사랑하는 아르망의 장래를 위해 이를 받아들인다. 마르그리트가 이전의 창녀생활로 돌아가자 실망한 아르망

은 멀리 떠나고, 이에 좌절한 마르그리트는 폐병에 걸려 사경을 헤맨다. 뒤늦게 아버지로부터 모든 사실을 알게 된 아르망은 다시 마르그리트를 찾지만, 그녀는 이미 숨을 거둔 뒤였다. 소뒤마는 남자들의 이기심, 사회의 무관심과 인습에 희생당하는 비련의 여인을 주인공으로 한 소설과 희곡을 주로 썼으며, 그의 작품은 당대에 큰 사회적 반향을 일으켰다. 이 작품이 소설로 큰 인기를 얻자 소뒤마는 이를 희곡으로 각색하여 역시 큰 성공을 거두었으며, 이탈리아의 작곡가 베르디는 《춘희》를 오페라로 각색하여 〈라 트라비아타〉라는 제목으로 발표해 역시 호평을 받았다.

침묵의 봄

저자 카슨(Carson, Rachel L., 1907~1964) **분류** 자연과학(환경)/여성

원제 Silent Spring **출간 연도** 1962년

미국의 해양생물학자 레이첼 카슨의 저서. 미국의 잡지 〈뉴요커〉에 연재했던 글을 모아 출간한 책이다. 환경오염의 결과가 미래의 삶에 어떤 영향을 미칠지를 충격적으로 묘사한 작품이다. 저자는 이 책의 서두에서 농약의 사용이 동 · 식물에게 어떠한 영향을 미치며 최종적으로 인간에게 어떤 결과를 초래할 것인지에 대해서, 봄은 왔지만 새들이 더 이상 노래하지 않는 침묵의 봄을 맞은 어느 시골 마을의 이야기를 통해 매우 비관적으로 묘사하였다. 저자는 이어서 병충해를 방제하기 위해 사용하는 DDT를 비롯한 살충제가 토양과 수질에 어떠한 영향을 미치며, 땅 속과 물 속에 잔류한 농약성분이 동 · 식물에 어떠한 영향을 초래하는지를 설명하였다. 저자에 따르면, 먹이사슬을 거치며 축적된 농약의 화학물질은 결국 인간을 포함한 생태계 전체의 공멸을 초래한다. 이 책은 미국의 대중에게 환경에 대한 위기의식을 처음으로 불러일으켰으며, 이 책이 일으킨 사회적 파장으로 인해 연방정부가 환경정책 수립에 적극적으로 나서는 계기가 되었다. 최근 정식 번역본이 국내에 출간되었다.

세계의 모든 책

카

카네기 인생론

저자 카네기(Carnegie, Dale, 1888~1955) **분류** 사회과학(경영, 처세술)

원제 How To Win Friend and Influence People **출간 연도** 1937년

미국의 저술가 데일 카네기의 저서. 저자는 세일즈맨 출신으로 토론과 화술 교사로 일하면서 많은 저서를 남겼다. 오늘날 대인관계 · 처세술 분야의 선구자로 불린다. 이 책은 저자의 경험과 연구를 바탕으로 일상생활, 사업, 사교 차원에서 만나는 사람들과 친교를 맺고 영향력을 행사할 수 있는 비결을 제시하고 있다. 저자는 이 책에서 〈사람들을 대하는 기본 법칙〉, 〈사람들이 당신을 좋아하게 만드는 여섯 가지 방법〉, 〈사람들이 당신의 사고방식을 받아들이게 만드는 방법〉, 〈지도자가 되는 법: 상처를 주거나 화나게 만들지 않으면서 사람들의 생각을 바꾸는 법〉에 대해 설명하였다. 먼저 〈사람들을 대하는 기본 법칙〉은 우선 상대방을 비판하거나 비난하거나 불평을 늘어놓지 말고 솔직하고 진지하게 대하면서 그 사람의 잠재된 열정을 일깨우라고 조언하였다. 다음으로 〈사람들이 당신을 좋아하게 만드는 여섯 가지 방법〉에서는 '다른 사람에게 진실한 관심을 가지라', '미소를 지어라', '이름을 부르라. 그 사람의 이름은 그 사람이 가장 듣기 좋아하는 말이다', '남의 말을 잘 듣는 사람이 되라. 다른 사람들이 그들 자신에 대해 이야기하도록 만들라', '그 사람의 입장에서 말하라', '듣는 사람이 자신을 중요하게 여기게끔 만들라' 라는 조언을 제시하였다. 이어서 〈사람들이 당신의 사고방식을 받아들이게 만드는 방법〉에서는 '논쟁을 피하고 남의 의견을 존중하라. 절대 '당신이 틀렸다' 라고 말하지 말라. 주로 남의 말을 경청하고 사람들의 의견을 북돋워주라' 고 제시하였다. 〈지도자가 되는 법〉에서는 '지도자의 역할은 사람들의 태도와 행동을 바꾸는 것' 이라고 지적하면서 다른 사람의 실수를 관대히 포용하고 자신의 실수를 객관적으로 공개하며, 지시보다는 질문을 통해, 면박을 주기보다는 격려와 조언을 통해, 변화를 유도해 내라고 조언하였다. 결론적으로 저자는 '다른 사람을 움직이고 싶다면 자신의 관점이 아닌 그 사람의 관점에서 생각해 보는' 태도가 대인관계의 기본 법칙임을 강조하였다. 이 책은 1937년 처음 출판된 이래 지금까지 1,500만 부라는 엄청난 판매부수를 기록하며 영어권 대중에게 큰 영향을 미쳤을 뿐 아니라, 이 책과 비슷한 처세술 분야의 책들이 출판시장에서

하나의 장르로 자리매김하게 한 계기가 되었다.

카라마조프의 형제들

저자 도스토예프스키(Dostoevskii, Fyodor Mikhailovich, 1821~1881)

분류 문학(러시아)/영화 **원제** Brat' ya Karamazovy **출간 연도** 1879~1880년

러시아의 작가 도스토예프스키의 장편소설. 19세기 제정 러시아를 배경으로 탐욕스런 지주인 아버지와 그의 아들 4형제가 벌이는 갈등을 통해 당시 러시아가 겪고 있던 정신적 혼란과 인간본성의 문제를 다룬 작품이다. 1878년부터 1880년 사이에 집필된 이 작품의 서문에서 작가는 이 작품이 미완성이며 계속 집필할 것이라는 의도를 밝혔으나, 작가가 1881년에 갑자기 사망하면서 영원히 미완성인 채로 남게 되었다. 카라마조프 가문의 가장인 표도르는 돈과 여자에 집착하는 탐욕의 화신 같은 인물이다. 두 번의 결혼으로 세 아들을 둔 그는 아내가 죽자 자식들을 친지들에게 보내 버린다. 표도르의 큰 아들 드미트리는 거칠지만 순수한 영혼을 가진 인물이며, 둘째 이반은 무신론과 허무주의를 신봉하는 냉소적 지식인으로, 머리는 좋으나 자신의 이기심을 극대화하는 데만 관심을 가진 인물이다. 드미트리의 요청으로 집으로 돌아온 이반은 드미트리의 약혼녀 카테리나를 사랑하게 된다. 조시마 장로 밑에서 수도원 생활을 하다 집으로 돌아온 셋째 알료사는 카라마조프 집안에서 유일하게 정상적인 인물이자 아버지와 형들 사이를 중재하며 가문의 불화를 극복하려고 노력한다. 신을 부정하는 이반은 '모든 것이 다 허용 된다' 는 자신의 생각을 〈대심문관〉이라는 극시(劇詩)에 담아 동생 알료사에게 들려주지만, 알료사는 '모든 인간에 대한 사랑과 용서를 통한 그리스도교적 인류애의 실천' 을 역설하며 반박한다. 그러면서도 알료사는 형을 사랑하고 포용하며 그의 마음을 돌리기 위해 애쓴다. 이반이 대변하는 냉소적 이성만능주의와 알료사의 그리스도교적 사랑의 대립은 이 작품의 정신적 배경을 이루며, 작가는 표도르 살인사건을 통해 이성만능주의가 초래하는 끔직한 결과를 보여준다. 마지막으로 표도르와 정신장애인 여자 사이에서 출생한 넷째 스메르자코프는 겉으로는 충직하게 아버지의 뜻에 따르는 듯하지만, 마음속으로는 다른 형제들보다 아버지를 더 증오하며 둘

째 이반의 냉소적 이성만능주의를 자기 나름의 간악한 방식으로 추종하는 인물이다. 큰아들 드미트리는 상속문제로 아버지와 반목하다가 아버지의 여자인 그루센카를 사랑하게 되면서 더욱 아버지를 미워하게 된다. 역시 표도르를 증오하던 스메르자코프는 결국 아버지를 살해하고 마는데, 스메르자코프 대신 큰아들 드미트리가 누명을 쓰고 유죄판결을 받는다. 한편 스메르자코프를 추궁한 끝에 진실을 알게 된 이반은 스메르자코프가 자신의 영향을 받아 '영혼이란 불멸이 아니며, 도덕이란 존재하지 않고, 선악의 구분은 무의한 것' 이라는 믿음을 갖고 살인을 저질렀다는 사실을 알고 충격을 받은 나머지 정신병에 걸리고 만다. 자신의 범행을 이반에게 실토한 스메르자코프는 그날 밤 스스로 목숨을 끊고, 정신병에 걸린 이반의 증언이 인정되지 않음에 따라 드미트리는 시베리아로 유형 판결을 받는다. 그러나 알료샤와 카테리나는 드미트리가 감옥에서 탈출하여 그루센카와 함께 미국으로 떠나도록 돕는다. 작품의 결말에서 알료샤는 친구 일류샤의 장례식장에서 '인간에 대한 사랑' 을 역설한다. 이 작품에서 작가 도스토예프스키는 인간 정신의 갈등과 대립, 인간의 자유의지와 신앙심의 문제를 깊이 있게 다루면서 '신앙심을 바탕으로 형제애의 실천을 통한 인류의 결합' 을 제시하였다.

카르멘

저자 메리메(Mérimé, Prosper, 1803~1870) **분류** 문학(프랑스)/영화

원제 Carmen **출간 연도** 1845년

프랑스의 작가 프로스페르 메리메의 중편소설. 스페인을 배경으로 병사와 집시 여인 간의 비극적 치정을 다룬 작품이다. 소설로 발표될 당시에는 큰 인기를 얻지 못했지만 1875년 작곡가 비제가 이 작품을 오페라로 각색하여 유명해졌다. 이 작품은 스페인을 방문 중인 프랑스 고고학자가 감옥에 갇혀 사형집행을 기다리는 주인공 돈 호세를 인터뷰한다는 구조를 가진다. 병사였던 돈 호세는 세비야의 병영 앞에서 보초를 서다가 근처 담배공장의 여공 카르멘을 만난다. 집시 여인 카르멘의 매력에 끌린 호세는 동료 여공과의 싸움으로 체포된 카르멘을 호송하던 중 그녀의 유혹에 넘어가 풀어주고 만다. 그 후 호세는 카르멘과 밀회를 가지

면서 점점 그녀에게 빠지지만, 자유분방한 카르멘은 호세와 만나면서도 다른 남자들과의 관계를 계속한다. 질투에 사로잡힌 호세는 상관을 찔러 죽이고 탈영한 뒤, 카르멘과 함께 밀수업자 패거리에 가담한다. 호세는 카르멘의 애인이자 패거리의 두목인 가르시아마저 살해하지만, 카르멘은 다시 투우사 루카스에게 가 버린다. 절망한 호세는 카르멘을 찾아가 마지막으로 호소하지만 받아들여지지 않자 카르멘을 찌르고 자수한다. 이 작품은 메리메의 대표작이며 그의 문학적 성취가 집약된 작품이다. 메리메는 이국문화에 대한 관심과 체험을 바탕으로 한 소설을 주로 썼으나 낭만적인 소재와 달리 그의 문체는 간결하고 냉정한 어조로 비극적 결말을 간결하고 명확하게 묘사하였다.

카오스

저자 글리크(Gleick, James) **분류** 자연과학(과학일반)

원제 Chaos: Making a New Science **출간 연도** 1987년

미국의 과학전문 언론인 제임스 글리크의 저서. 상대성 이론, 양자 역학과 함께 20세기 물리학의 3대 혁명으로 꼽히는 카오스 이론을 대중에게 널리 알린 책이다. 카오스는 원래 그리스 신화에서 하늘과 땅이 분리되고 이 세상이 만들어지기 이전인 태초의 혼돈상태를 말한다. 20세기의 과학자들은 이전에는 무질서하고 불규칙하게만 생각했던 자연계의 여러 현상이 사실은 혼돈 속에 감추어진 창조적 질서가 발현된 결과라고 이해하는 비선형 역학 가설에 이 이름을 붙여 '카오스 이론'이라 명명하였다. 이 책에서 저자는 카오스 이론을 발전시킨 과학자들의 연구와 일화를 소개하면서 자연현상의 예측불가능성을 입증한 카오스 이론을 설명하였다. 저자는 괴짜 과학자들의 일화와 일상적인 자연현상에 대한 예를 들면서, 복잡한 가설이나 방정식을 통해서 카오스 이론을 소개하는 것이 아니라 사진과 그림을 곁들인 친절한 설명으로 일반 대중이 카오스 이론을 이해하게끔 돕고 있다. 저자에 따르면, 기존의 과학계가 '자연의 질서'를 밝히는 데 전념해 온 반면, 카오스 이론을 연구하는 과학자들은 '자연의 무질서'에 주목한다. 대기와 바다, 곤충집단의 증감, 심장박동과 뇌파 등은 모두 '자연의 무질서'한 측면에 해당된다.

1970년대부터 몇몇 과학자들이 이러한 무질서를 이해하는 방법을 찾기 시작했으며, 기성 과학계의 자연관과는 전혀 다른 '신과학'에 입각한 자연관을 제시하기 시작했다. 더 나아가 오늘날의 카오스 이론은 인문과학과 사회과학 연구에까지 확장되어 미세한 조건의 차이가 전혀 다른 결과를 만들어 내는 복잡성의 패턴을 밝히는 데 활용되고 있다.

카인의 후예

저자 황순원(黃順元, 1915~2000) **분류** 문학(한국) **원제** 카인의 후예 **출간 연도** 1954년

황순원의 장편소설. 1953년 〈문예〉지에 연재되다가 1954년에 단행본으로 출간되었다. 1945년 광복 이후 평안도의 양짓골이란 마을을 배경으로 토지개혁을 둘러싸고 벌어지는 갈등과 대립을 다룬 작품이다. 지주 가문의 아들 박훈은 고향을 떠나 평양으로 유학을 떠나는데, 훈이 평양에서 공부하는 사이 할아버지와 아버지가 사망하면서 훈은 지주가 된다. 고향으로 돌아온 훈은 야학을 운영하면서 자신의 토지를 관리하는 마름 도섭 영감의 딸 오작녀를 사랑하게 된다. 오작녀와 훈은 어린 시절부터 알던 사이로 오작녀는 이미 결혼을 한 몸이지만 남편이 집을 나가자 훈의 집에 기거하면서 그의 뒷바라지를 한다. 그러나 훈은 오작녀를 사랑하면서도 애정표현을 못하고 망설인다. 일제가 패망하고 소련군을 따라 진주한 북한 정권이 토지개혁을 실시하자, 훈은 체념과 방관으로 이를 받아들인다. 한편 도섭 영감은 마름으로 일한 과거 때문에 불이익을 당할 것이 두려워 생존을 위해 토지개혁에 앞장선다. 농민대회장에서 인민재판을 받고 숙청당할 위기에 몰린 훈은 오작녀의 도움으로 간신히 위기를 모면한다. 이후 오작녀와 함께 월남을 준비하던 훈은 인민재판에서 숙청당한 삼촌 용제 어른의 자살을 목도하고, 도섭 영감을 살해할 결심을 한다. 도섭 영감을 산으로 유인한 훈은 그에게 상처를 입히나 훈을 돕는 도섭영감의 아들 삼득이의 만류로 포기하고 오작녀와 함께 마을을 떠난다. 작가는 공산당의 집권과 토지개혁으로 , 기존의 사회서열과 인간관계가 하루아침에 뒤바뀌는 혼돈 속에서 이에 대처하는 여러 인간군상의 모습을 사실적으로 묘사하였다.

칼릴라 와 딤나

저자 이븐 알 무카파(Abd' Allah bn' al-Muqqafa, 724~759) **분류** 문학(중동문학)

원제 Kallah wa Dimnah **출간 연도** 750년경

아라비아의 문인 이븐 알 무카파가 산스크리트어로 된 인도의 우화집 《판차탄트라》를 번역한 작품. 문어체 아랍어로 기록된 아랍산문문학 사상 최초의 작품으로 불린다. 인도에서 전래된 《판차탄트라》는 아랍 세계에서 먼저 페르시아어로 번역되었던 것을 무카파가 다시 아라비아어로 옮겼다. 《칼릴라 와 딤나》의 원본인 《판차탄트라》는 '다섯 편의 이야기'라는 뜻의 동물 우화집으로, 〈친구와의 이별〉·〈친구를 얻음〉·〈갈까마귀와 올빼미의 싸움〉·〈얻은 것의 상실〉·〈사려 없는 행위〉 등 5장으로 구성되어 있다. 무카파가 번역한 책의 제목 중 '칼릴라'와 '딤나'는 사자왕(獅子王)의 고문인 두 마리 재칼의 이름이다. 우화집의 구성은 현자 바이다바가 다브샬림 왕의 요청으로 칼릴라와 딤나를 비롯하여 사자, 원숭이, 까마귀, 두루미, 낙타, 코끼리 등을 등장시켜 인간의 어리석음과 탐욕을 풍자하며, 한편으로는 올바른 통치자의 길과 처세법에 대한 권고를 들려주는 방식으로 되어 있다. 《칼릴라 와 딤나》는 10세기 이래로 각국 언어로 번역되어 지중해 일대와 유럽에 전해졌으며 세계문학사에 큰 영향을 미쳤다.

캉디드

저자 볼테르(Voltaire, 1694~1778) **분류** 문학(프랑스)/정치(계몽주의)

원제 Candide: ou l'optimisme **출간 연도** 1759년

프랑스의 작가이자 계몽사상가 볼테르(본명 François-Marie Arouet)가 쓴 풍자소설이자 철학소설. '캉디드: 낙천주의'라는 부제가 붙어 있다. '캉디드'는 프랑스어로 '순진한' 또는 '순박한'이라는 뜻이며, '순진해서 잘 속는 사람', '세상의 악덕에 물들지 않은 백지상태인 사람'이란 의미도 내포되어 있다. 소설의 내용은 제목과 같이 순진무구한 청년 캉디드가 세상에 나와 여러 가지 체험을 한 끝에 인간에게 바람직한 삶이란 어떤 것인지를 깨닫는다는 내용이다. 독일 베스트팔렌 지방의 아

름다운 성에 성주의 조카인 캉디드라는 청년이 살고 있었다. 팡글로스 박사에게서 '이 세상은 있을 수 있는 최선의 상태에 있다' 는 낙천주의를 배운 캉디드는 성주의 딸이자 사촌인 퀴네공드를 사랑했다는 이유로 성에서 쫓겨나게 된다. 갑자기 세상 속으로 던져진 캉디드는 방랑하면서 인간세상의 온갖 재난과 부조리와 악행을 목격하게 된다. 우여곡절 끝에 퀴네공드와 다시 만난 캉디드는 퀴네공드와 함께 남아메리카에 도착하지만, 돈 때문에 그녀로부터 버림받고 방황하다가 황금의 땅 '엘 도라도' 에 도착한다. 넘치는 황금과 보석을 얻었지만, 퀴네공드를 못 잊은 캉디드는 다시 그녀를 찾아 낙원을 떠난다. 그러나 악당을 만나 재물을 모두 빼앗기고 실의에 빠져 유럽으로 돌아간다. 돌아가는 배 안에서 염세주의 철학자 마르탱을 만난 캉디드는 그와 여행하던 도중 행운을 만나 빼앗긴 재물을 되찾는다. 유럽으로 돌아온 후 콘스탄티노플에서 마침내 퀴네공드와 재회한 캉디드는 조그만 농장에 정착한다. 캉디드는 그곳에서 밭을 개간하며 '스스로의 운명은 스스로가 개척해 나가야 하는 것' 임을 잊지 않고 살아가리라 다짐하며 소설은 끝난다. 볼테르는 날카로운 조소를 담은 풍자를 통해 당대의 사회 모순뿐 아니라 인간의 어리석음과 불합리성을 비판하였다. 그의 소설에는 베스트팔렌 전쟁, 리스본 지진, 아메리카 대륙의 식민지에서 벌어지는 참혹한 수탈상 등 당대의 여러 사건들이 등장하며, 절대왕정, 억압적 종교, 비현실적인 철학에 대한 비판이 담겨 있다. 이러한 비판을 통해서 볼테르는 인간이 눈앞의 현실을 직시하지 못하는 이유는 극단적 낙천주의나 극단적 염세주의처럼 현실을 도외시하는 철학적 담론에 빠져 있기 때문이라고 지적하였다. 그리고 개인의 운명을 개척하고 사회의 현실을 개선하려는 노력과 실천이 보다 중요한 것이라는 주제를 제시하였다.

캐치 22

저자 헬러(Heller, Joseph, 1923~1999) **분류** 문학(미국) **원제** Catch 22 **출간 연도** 1961년

미국의 작가 조셉 헬러의 장편소설. 제2차 세계대전 중에 지중해의 작은 섬에 있는 미 공군 기지에서 벌어지는 사건을 통해 전쟁의 광기와 무의미함, 군대라는 거대조직에 압도당한 개인들이 스스로의 인간성을 지

키기 위해 발버둥치는 비극적 상황을 풍자적으로 묘사한 작품이다. 주인공 요사리언은 이탈리아 연안 근처 지중해의 피아노사라는 섬에 주둔한 폭격 비행대 소속 공군 대위다. 전적을 올리기 위한 상관들의 무모한 출격 명령 때문에 요사리언과 동료들은 잔인하면서도 무의미한 전투로 내몰린다. 불합리하고 비인간적인 군대조직에 환멸을 느낀 요사리언은 임무를 수행하던 도중 전우가 그의 품 안에서 숨지는 일을 겪는다. 그는 전쟁 때문에 목숨을 잃어서는 안 된다고 결심하고, 각종 질병을 핑계 삼아 전투에 빠지려고 한다. 군대에서 빠져나갈 방법을 찾던 요사리언은 정신이상자는 군복무를 면제받는다는 조항을 발견하고 자신이 정신이상임을 주장한다. 그러나 요사리언의 주장은 정신상태가 정상인 사람이라면 위험한 폭격임무 앞에서 누구나 자신의 정신상태가 비정상이라고 주장할 것이란 이유로 기각된다. 즉 미친 사람은 자신이 미쳤다고 주장할 수 없다는 것이다. 이와 같이 모든 원칙에는 반드시 예외가 있다는 군대용어가 바로 '캐치 22'이다. 캐치 22의 상황은 마치 함정이나 덫처럼 그 상황에 걸려든 인간을 옭아매며, 일단 걸려든 사람은 빠져나갈 수 없다. 요사리언을 비롯해 비행대의 모든 군인들은 이 캐치 22의 상황에 빠진 채 허우적거리는 존재들이다. 사랑을 갈구하던 네이틀리는 사랑을 이루자마자 전사하고, 보급장교 밀로는 군수품을 빼돌려 암시장의 황제로 군림한다. 네이틀리의 죽음에 충격을 받은 요사리언은 부대를 벗어나 방황하다가 체포되는데, 군사재판을 받는 대신 모든 폭격기 승조원은 80회 출격을 채워야 한다는 상관들의 방침을 지지하면 명예제대를 시켜주겠다는 회유를 받는다. 갈등하던 요사리언은 탈영해서 중립국 스웨덴으로 망명한다. 그럼으로써 요사리언은 캐치 22의 상황을 벗어나 스스로 자신의 인생을 결정한다. 이 작품은 단순한 반전(反戰)소설이라기보다는 개인의 가치를 도외시하는 부도덕한 거대 조직사회 속에서 개인의 도덕적 선택 문제에 초점을 맞춘 작품이다. 작품의 제목이자 핵심 모티브인 캐치 22는 영어사전에 오를 정도로 큰 반향을 일으켰다.

캔터베리 이야기

저자 초서(Chaucer, Geoffrey, 1342~1400) **분류** 문학(영국)

원제 The Canterbury Tales **출간 연도** 1387~1400년

영국의 시인 제프리 초서의 유작. 궁정 로맨스, 성자전(聖者傳), 우화, 설교 등 중세 영국문학의 운문과 산문을 모두 아울러 집대성한 작품이다. 작자 초서가 캔터베리 대성당을 순례하기 위해 길을 나섰다가 템스 강변의 어느 여관에서 하룻밤을 묵게 되는데, 초서 자신을 비롯해 영국 사회의 각계각층에서 온 33명의 순례자들이 여관 주인의 권유로 각자 이야기를 하는 형식으로 되어 있다. 원래 초서는 순례자들이 성당으로 가는 길에 각자 두 편씩, 돌아오는 길에 두 편씩 해서 모두 120편가량을 쓸 계획으로 1387년부터 집필을 시작했다. 그러나 24편의 이야기만 완성하고 1400년에 사망하였다. 이 24편 가운데 널리 알려진 〈기사 이야기〉, 〈방앗간 주인 이야기〉, 〈목수 이야기〉, 〈바쓰의 여장부 이야기〉, 〈옥스퍼드 서생의 이야기〉, 〈시골 유지의 이야기〉, 〈면죄부 판매자의 이야기〉 등이 실려 있다. 이밖에도 기사의 시종, 수녀원 원장과 사제, 법률가, 탁발수도사, 설교자, 의사, 선원, 상인 등의 이야기가 있다. 이야기의 화자가 다양한 계층에서 나온 것처럼 이야기의 방식이나 거기에 담긴 관점과 취향 역시 다양한데, 예를 들어 첫 번째 이야기인 〈기사의 이야기〉가 우아한 궁정 연애담이라면, 두 번째 이야기인 〈방앗간 주인 이야기〉는 바로 앞의 이야기를 서민들의 익살과 풍자를 담아 패러디한 작품이다. 이와 같이 초서는 다양한 신분과 직업을 가진 인물들을 내세워 지극히 종교적인 이야기에서부터 시장바닥에 떠도는 세속적 이야기까지, 우아한 귀족의 생활을 묘사한 이야기에서부터 서민의 삶을 익살스럽게 표현한 이야기까지 다양한 형식과 관점으로 중세 영국 사회를 조망하였다. 이 작품은 영국 중세문학을 집대성한 대작으로 중세사회가 와해되고 르네상스 시대로 넘어가는 시기에 집필되었다. 소재와 형식면에서는 동시대의 작가 보카치오의 작품 《데카메론》의 영향을 많이 받았지만, 《데카메론》이 상류층 화자들의 독립적 이야기로 구성된 데 비해 《캔터베리 이야기》는 화자가 사회의 모든 계층에서 나오며, 각각의 이야기들이 안배에 따라 유기적으로 연결되는 모습을 보여준다. 따라서 이 작품은 낡은 관습이 무너지고 새로운 사회로 넘어가는 과정에서 나타나는 혼란스런 모습, 그 가운데 움트는 새로운 사회의식을 잘 보여주고 있다.

코란

저자 마호메트(Mahomet, 570?~632) **분류** 종교(이슬람)

원제 Qur' an(Koran) **출간 연도** 651년

이슬람교의 창시자 마호메트(무하마드, Muammad)가 천사를 통해 알라(신)로부터 받았다고 하는 계시와 신도들 앞에서 한 설교를 모은 책으로, 이슬람교의 근본 경전이다. 이후 암송과 부분적 기록으로 전해져 오다가 이슬람교의 제3대 칼리프 오스만 시대(646~656)에 현재와 같은 형태의 경전으로 결집되었다. '코란' 이라는 말은 '모음집(collect)' 또는 '한데 묶음(tie together)', '읽어야 할 것(read)', '암송해야 할 것(recite)' 등으로 해석되며, 일반적으로는 '읽어야 할 것' 으로 해석된다. 《코란》은 아랍어의 메카 방언(고전 아랍어)으로 기록되어 있으며, '사즈으' 라고 하는 운율이 있는 산문체로 되어 있다. 《코란》의 구성은 114장 6,342구절로 되어 있다. 《코란》은 유대교와 그리스도교의 구약 및 신약성서로부터 많은 영향을 받았으나, 이 두 종교와 다른 이슬람교만의 특징을 담고 있다. 예컨대 《코란》에 나오는 인간의 조상 아담은 낙원에서 죄를 지어 이 세상으로 추방된 것이 아니라 신의 대리인으로 이 땅을 관리하기 위해 온 사람이며, 만물 가운데 으뜸인 존재로 신과 직접 통한다. 예수는 신의 아들이 아니라 인간이며 선지자의 한 사람으로 인정한다. 그리스도교가 성부 · 성자 · 성신의 삼위일체론을 믿는 반면, 이슬람은 오직 유일신만을 믿는다. 《코란》에 따르면, 이슬람 신도들은 유일신과 천사의 존재를 믿고, 신이 보낸 경전과 선지자를 믿으며, 세상 만사가 신의 섭리대로 이루어지며, 종말과 심판의 날을 믿어야 한다. 그리고 이러한 믿음을 실천하기 위해 신앙을 고백하고, 하루에 다섯 차례 예배를 보며, 이슬람 세를 내고, 단식을 해야 하며, 일생에 한 번은 메카로 성지순례를 해야 한다. 이와 같이 《코란》은 이슬람 신도들에게는 알라의 계시가 담긴 경전이며, 이슬람을 연구하는 학자들에게는 마호메트의 종교관과 포교활동에 대해 알 수 있는 귀중한 자료다. 또한 이슬람 신도들의 신앙생활과 일상생활에 믿음과 실천을 규정하는 실정법이자 윤리의 지침이며, 아랍어와 아랍문학의 정수가 담긴 책이다.

코스모스

저자 세이건(Sagan, Carl Edward, 1934~1996) **분류** 자연과학(천문)
원제 Cosmos **출간 연도** 1980년

미국의 천문학자 칼 세이건의 저서. 저자는 미항공우주국(NASA)에서 활동한 저명한 천체물리학자로 대중에게 과학계의 최신 성과를 소개하는 책과 TV 다큐멘터리를 다수 집필 · 제작하였다. 《코스모스》는 과학의 대중화를 위한 노력의 일환으로 책으로 먼저 나온 뒤 13부작 다큐멘터리로 제작되었다. 이는 전 세계 60개국에서 걸쳐 5억 명 이상이 시청하는 큰 성공을 거두었고, 이후 비슷한 성격의 과학 다큐멘터리들의 원조가 되었다. 책의 서두에서 세이건은 우주에 대한 인류의 보편적 관심을 자신을 집필 동기로 들면서, 생명 · 지구 · 우주의 기원과 미래에 대한 현대과학의 연구 성과를 알기 쉽게 서술하였다. 이 책에는 독자들의 이해를 돕기 위해 토성 탐사위성 보이저 1 · 2호가 전송해 온 위성사진을 비롯한 여러 귀중한 사진과 도판이 포함되어 있다. 세이건은 시종일관 과학자이자 무신론자의 입장에서 생명과 우주를 논하고 있는데, 이 점 때문에 논란이 일어나기도 했다.

키타브알아가니

저자 아부 알 파라지 알 이스바하니(Abu al-Faraj al-Isbahani, 897~967)
분류 문학(중동) **원제** Kitab al-aghani(Book of Songs) **출간 연도** 10세기 무렵

고대부터 중세까지 아랍의 시가(詩歌)를 집대성한 시가집. 전 20권이다. 이란 이스파한 출신의 시인 아부 알 파라지 알 이스바하니가 편찬하였다. 이스바하니는 고대부터 그의 시대까지 아라비아의 유명한 시를 수록하면서 해당 작품을 지은 시인, 작곡가, 가수들의 생애와 일화를 소개하였다. 이 책에 실린 시들은 원래 노래로 불리던 것으로 음악 기호가 붙어 있지만, 오늘날에는 이 기호의 의미가 실전되었다. 이 책에는 문학이나 음악에 관련된 기사뿐 아니라 당대의 생활이나 중요 사건에 대해서도 기록하고 있어 아랍문학과 음악 및 역사 연구의 보고로 불린다.

킨제이 보고서

저자 킨제이(Kinsey, Alfred Charles, 1894~1956) **분류** 자연과학(의학)

원제 Kinsey Report **출간 연도** 1948, 1953년

미국의 생물학자 킨제이 박사가 남성과 여성의 성생활에 대해 연구·발표한 보고서. 1948년에 발표한 〈인간 남성의 성행위〉와 1953년에 발표한 〈인간 여성의 성행위〉가 있다. 킨제이 박사는 1938년부터 10여 년 동안 주로 35세 미만의 대학교육을 받은 백인 중산층 미국인 남성 5,300명을 면접한 자료를 토대로 남성편을 발표하였으며, 여성편의 경우는 역시 비슷한 배경의 여성 5,940명을 면접한 자료를 토대로 작성하였다. 남성편이 발표되었을 때 미국인의 성생활을 사실적으로 밝혔다는 점 때문에 큰 화제를 불러 일으켰으며, 보수적 인사들로부터 동성애를 비롯한 비정상적 성행위를 부추긴다는 비난을 받았다. 당시까지 미국 사회에서 성은 결혼한 부부 사이에서만 이루어지는 행위로 간주되었으며, 여성의 경우 성은 단지 생식을 위한 목적으로만 여겨졌다. 그러나 킨제이 보고서는 정확한 통계수치를 제시하며 이러한 고정관념을 뒤엎었다. 보고서는 남성의 92%와 여성의 62%가 자위행위를 한다고 밝혀 자위행위가 가장 빈번하고 가장 중요한 성적 배출구임을 입증하였으며, 그때까지 정확한 실태조사가 이루어지지 않았던 혼외정사(남성 50%, 여성 26%가 혼외정사 경험이 있음)와 동성애(남성 37%, 여성 13%가 동성애 경험이 있으며, 남성의 4%, 여성의 1~3%는 완전한 동성애자임), 매춘(남성의 69%가 매춘 경험이 있음)에 대해 정확한 통계를 제시하였다. 또한 여성편에서는 당시 미국 사회의 통념과 달리 여성들도 성에 대해 관심이 높으며 오르가슴을 느낀다는 것을 정확한 수치(여성의 50%가 결혼 전에 성경험이 있으며, 남성의 혼전 성경험률은 68%, 20세 여성의 50%가 오르가슴을 체험하며, 35세는 90%가 체험함)를 밝혀 충격과 논란을 일으켰다. 보고서는 예상보다 많은 수의 남녀가 혼전성관계, 혼외정사, 동성애 경험이 있음을 밝혀 당시 미국 사회의 성에 대해 고정관념과 실제 성생활 간에 큰 격차가 있음을 보여주었다. 〈킨제이 보고서〉 이후 미국에서는 성이 학문연구의 대상으로 인정되어 '성(性)과학' 이 학문 분야로 자리 잡고 〈레드북 보고서〉, 〈하이테 보고서〉, 〈제너스 보고서〉, 〈섹스 인 아메리카〉 등 여러 편의 성문제 보고서가 출간되었다. 이러한 학

문적 성과 외에도 〈킨제이 보고서〉는 성에 대한 일반 대중의 이해를 높이는 계기가 되었으며, 특히 여성의 성에 대한 사회적 인식을 바꾸는 데 기여하였다.

세계의 모든 책

타

타르튀프

저자 몰리에르(Moliére, 1622~1673) **분류** 문학(프랑스) **원제** Le Tartuffe **출간 연도** 1664년

프랑스의 극작가 몰리에르(본명 Jean Baptiste Poquelin)가 쓴 전 5막의 희극. 1664년에 초연되었으나 종교를 비방했다는 이유로 상연이 금지되었다가 1669년에 다시 상연되어 큰 인기를 얻었다. 〈타르튀프〉는 가짜 신앙인에 속는 부유한 시민의 이야기를 통해 종교적 위선을 풍자한 작품이다. 파리의 부유한 시민 오르공은 독실한 신앙인 타르튀프에게 매료되어 그를 손님으로 받아들이는데, 타르튀프는 실은 신앙을 가장한 사기꾼이다. 타르튀프는 오르공의 후처 에르밀을 유혹하는 한편 오르공을 속여서 그의 재산을 가로채려 한다. 타르튀프의 정체를 눈치챈 가족과 친지들이 오르공에게 사실을 알리지만, 이미 타르튀프에게 넘어간 오르공은 이를 믿지 않는다. 결국 가족들이 꾸민 책략으로 타르튀프의 정체는 폭로되고, 오르공 가족은 가정의 평화를 되찾는다. 이 작품은 몰리에르의 장기인 '성격희극(性格喜劇)'에 속하는 작품이다. 성격희극이란 한 시대나 특정집단의 문제점을 주인공의 성격에 집약시켜 상징적으로 묘사한 희극으로, 단순한 풍속 묘사나 풍자에 그치는 것이 아니라 웃음 속에 인간의 본질에 대한 고찰을 담고 있다. 몰리에르는 〈타르튀프〉·〈수전노〉·〈돈 주앙〉 등의 성격희극 작품을 통하여 당시 프랑스 사회의 문제점이었던 성직자의 타락과 위선, 귀족들의 퇴폐상, 신분 상승에 눈이 멀어 몰락을 자초하는 시민계층 등을 비판하였다.

타임머신

저자 웰스(Wells, Herbert George, 1866~1946) **분류** 문학(영국)/영화
원제 The Time Machine **출간 연도** 1895년

영국의 작가 H. G. 웰스의 공상과학소설. '시간여행' 이라는 개념에 최초로 과학적 고찰을 결합시켜 설명함으로써 SF 소설 장르의 효시가 된 작품이다. 또한 작가 웰스는 시간여행을 통해 디스토피아적인 미래세계를 묘사함으로써, 현대사회의 문제를 우화적으로 비판하였다. 19세기 말의 영국에 사는 발명가인 주인공 '시간여행자' 는 과거와 미래로 여행할

수 있는 타임머신을 발명한다. 타임머신을 타고 19세기 말의 영국에서 802701년의 미래에 도착한 시간여행자는 그곳에서 두 종류의 인류를 발견한다. '엘로이'는 아름답지만 작고 연약한 종족으로 지상에 거주하며, 흉칙한 용모의 '몰록족'은 지하세계에 거주한다. 작가는 각기 19세기 영국의 퇴폐적인 상류계급과 자본주의로 인해 변모하는 노동계급을 패러디해서 두 종족을 형상화했다고 한다. 엘로이는 지식과 기술을 상실하고 하는 일 없이 어린 아이처럼 하루하루를 보내며 살아간다. 반면 어느 정도 기술을 보유한 몰록은 엘로이들이 살아가는 데 부족함이 없도록 사육하면서 그들을 잡아먹는다. 몰록족이 탈취해 간 타임머신을 되찾기 위해 그들의 지하세계에 잠입한 시간여행자는 치열한 싸움 끝에 간신히 타임머신에 오르는 데 성공하고 다시 미래로 향한다. 시간여행을 계속한 끝에 3천만 년 후의 세계에 도달한 시간여행자는 태양이 식어 버리고 추위와 정적만이 감도는 지구를 발견한다. 실망한 시간여행자는 다시 자신이 살던 현재로 돌아와 친구들에게 자신의 여행담을 들려준다. 며칠 후 시간여행자는 반신반의하는 친구들을 남겨 놓고 다시 시간여행에 나서고, 그 이후로 종적을 감춘다. 작가 웰스는 자연과학의 성과를 소재로 한 소설을 많이 썼을 뿐 아니라 사회문제에 많은 관심을 가진 온건 사회주의자였다. 이 작품 《타임머신》에는 이러한 작가의 관심사가 들어 있을 뿐 아니라 우주와 인간의 미래에 대한 질문이 담겨 있다.

탁류

저자 채만식(蔡萬植, 1902~1950) **분류** 문학(한국) **원제** 濁流 **출간 연도** 1937~1938년

작가 채만식의 장편소설. 1937년 12월부터 1938년 5월까지 〈조선일보〉에 연재되었던 작품이다. 1930년대의 항구도시 군산을 배경으로 한 여인의 불행한 삶을 통해 당시의 시대상을 풍자와 아이러니를 담아 사실적으로 묘사하였다. 정 주사 일가는 시골에서 토지를 정리하고 새 삶을 찾아 일본인들이 조선의 쌀을 반출해 가는 항구도시 군산으로 이사를 한다. 군산에서 정 주사는 곡물 거래 투기인 미두(米豆)에 뛰어들었다가 크게 손해를 보고, 그의 딸 초봉이는 어려워진 집안 형편 때문에 아버지의 친구 박제호의 약국에서 일하게 된다. 초봉의 집에 하숙하며 의학을

공부하는 남승재는 그녀를 좋아하면서도 용기가 없어 청혼하지 못하고 망설이는데, 초봉의 미모에 반한 은행원 고태수가 자신의 부를 과시하며 초봉에게 청혼한다. 결국 초봉은 부모의 권유로 고태수와 결혼한다. 그러나 고태수는 집안이 부유한 것이 아니라 친구 장형보와 공모하여 은행 공금을 빼내 미두에 투자했다가 실패하여 파산직전 상태이었으며, 한 참봉의 부인 김씨와 불륜관계를 맺고 있는 방탕하고 무능한 인물이었다. 고태수를 질투한 장형보는 한 참봉에게 장형보와 김씨의 불륜을 밀고한다. 고태수는 불륜현장을 덮친 한 참봉에게 맞아 죽고, 그날 밤 장형보는 초봉을 겁탈한다. 죽을 결심을 하고 군산을 떠난 초봉은 기차에서 박제호를 만나 그를 따라 서울로 올라간다. 박제호의 첩이 된 초봉은 얼마 지나지 않아 송희라는 딸을 낳는다. 그러나 장형보가 다시 나타나 송희가 자기 딸임을 주장하고, 아내에게 들킬까 겁을 먹은 박제호는 순순히 초봉을 포기한다. 형보와 살림을 차린 초봉은 여동생 계봉을 서울로 불러 함께 생활하게 되는데, 언니와 달리 활달하고 자주적인 성격의 계봉은 직업을 구해 자립한다. 한편 의사가 된 승재는 계봉과 사랑하는 사이가 되고 계봉으로부터 초봉의 딱한 사정을 듣고 그녀를 구출하기 위해 찾아간다. 그러나 초봉은 이미 장형보의 횡포를 견디다 못해 그를 살해한 뒤였고, 승재의 권유로 초봉은 자수를 결심한다. 작가 채만식은 일제강점기에 도쿄 유학을 할 정도로 부유한 집안 출신이었으나, 가세가 기울면서 와세다 대학을 중퇴하고 궁핍한 생활을 하며 문필 활동에 전념하였다. 그의 작품은 지식인의 시각에서 식민지 시대 조선의 현실을 냉소적이고 풍자적으로 묘사하고 있지만, 한편으로는 사회모순에 대한 비판과 현실 개선에 대한 바람 또한 찾아볼 수 있다. 작가는 초봉의 삶을 금강의 흐름에 빗대어 묘사하면서 비록 맑았던 강물이 탁하게 변해 버렸지만 언젠가는 다시 맑은 강물이 넘쳐 흐를 것임을 승재와 계봉의 사랑을 통해 긍정적으로 암시하였다.

탈무드

분류 종교(유대교) **원제** Talmud

고대 유대교에서 구전되던 관습법과 그에 대한 해설 및 주석을 기록한 책. '탈무드'란 히브리어로 '배움'이란 뜻이다. 원래 유대교의 랍비(율법학자)들 사이에서 구전으로 전해지던 것을 후대에 책으로 정리한 것으로, 몇 권의 책이 아니라 하나의 문학 장르라고 해야 할 정도로 내용이 방대하다. 《탈무드》는 구전으로 전해지는 관습법(미쉬나)과 그에 대한 해설과 주석(게마라), 두 부분으로 구성되어 있다. 미쉬나는 다시 여섯 가지 주제군(세다림)과 여러 편의 논문(마세크토트)로 구성된다. 구전으로 전해지던 《탈무드》의 내용은 200년경에 유다 하-나시가 미쉬나를 수집하여 편찬하면서 경전(소페림) 형태로 기록되기 시작하였다. 그리고 이와 같이 경전으로 기록된 미쉬나에 주석을 다는 과정에서 게마라가 형성되었다. 이후 팔레스타인 학파와 바빌로니아 학파에 의해 각기 《팔레스타인(예루살렘) 탈무드》(4세기 말, 약 2천 페이지)와 《바빌로니아 탈무드》(6세기, 약 6천 페이지)가 편찬되었다. 이 두 가지 《탈무드》 가운데 《바빌로니아 탈무드》가 보다 내용이 많고 포괄적이며 체계화되어 있다. 이후 바빌로니아 유대인들이 유대민족의 주류가 되고 팔레스타인의 유대인 사회가 몰락하면서, 10세기 이후로 《바빌로니아 탈무드》가 탈무드로서의 권위를 인정받게 되었다. 《탈무드》는 법률에 관한 내용뿐 아니라 천문 · 지리 · 역사 전승 · 가정생활 · 민담에 이르기까지 방대한 분야를 포괄하고 있다. 이러한 내용 가운데 율법이나 규범에 관한 부분을 '할라카'라 하고, 할라카를 설명하기 위한 잠언, 이야기, 우화, 전설, 비유 등을 '하가다'라 한다. 10세기 이후로 유대민족은 전 세계를 떠돌게 되었지만, 그 가운데서도 랍비들은 계속해서 미쉬나에 대한 주석(게마라)를 달아 오늘날까지 방대한 분량의 게마라가 축적되었다. 경우에 따라서는 《탈무드》라고 할 때는 게마라만을 의미하기도 한다. 그런 의미에서 《탈무드》는 시간의 흐름에 따라 고대의 관습법에 계속해서 새로운 해석을 덧붙여 축적된 유대민족의 역사를 보여주는 저작이라고 할 수 있다. 오늘날 《탈무드》는 정통파 유대교의 가장 권위 있는 경전이며, 정통파 유대교에서 《탈무드》의 권위는 《토라》(구약성서의 모세 5경)보다 앞선다. 정통파 유대교의 랍비들은 《탈무드》를 집중적으로 연구하여 종교적 권위를 세우며, 민족종교로서 유대교의 전통을 고수하고 있다.

태백산맥

저자 조정래(趙廷來, 1943~) **분류** 문학(한국)/영화 **원제** 太白山脈 **출간 연도** 1986~1989년

작가 조정래의 장편대하소설. 전 4부 10권이다. 전라남도 벌교와 주변 지역을 무대로 1948년 10월의 여순 반란사건에서부터 한국전쟁의 발발과 1953년의 빨치산 토벌에 이르기까지 격동의 현대사를 다룬 작품이다. 소설은 여순 반란사건이 진압된 직후의 벌교에서 시작된다. 벌교의 대지주 김사용의 아들이자 독립군 출신인 김범우는 순천에서 교사생활을 하며 좌 · 우익 대립 속에서 중도 민족주의를 고수하려 애쓴다. 김범우의 어릴 적 친구인 염상진은 좌익활동에 투신하여 여순 반란사건에 가담했다가 빨치산 지도자가 된다. 한편 염상진의 동생 염상구는 벌교의 깡패 두목으로 우익 청년단의 감찰부장이 되어 형과 대립한다. 이 세 사람은 각기 당시의 중도파와 좌익, 우익을 상징하는 인물들이다. 좌익과 우익의 대결이 격화되면서 염상진 형제는 각기 빨치산과 토벌대가 되어 싸우게 되고, 갈등하던 김범우는 서울로 올라간다. 한국전쟁이 발발하면서 염상진은 산에서 내려와 사회주의 실현을 꿈꾸지만, 유엔군의 반격으로 다시 산으로 들어간다. 북한으로부터 버림받고 지리산 일대에 고립된 빨치산은 국군의 토벌작전으로 점차 세력이 약화되고, 마지막까지 사회주의 사상을 고수하던 염상진은 자살한다. 자살한 염상진의 목이 벌교 읍내에 내걸리자 염상구는 '살아서나 빨갱이지, 죽어서도 빨갱이냐' 며 형의 수급을 챙겨 사라진다. 이 작품은 한국 현대사에서 빨치산이 가진 역사성을 복원시켜 그것을 문학적으로 형상화했다는 평가를 받았으며, 이념대립을 다루면서도 이념을 넘어선 구체적 묘사를 이루어냈다는 평가를 받았다. 작가는 좌익과 우익, 그리고 중도 진영에 속했던 수많은 등장인물 하나하나마다 시대적 전형성과 인물 나름의 개성을 결합시키고 여기에 전라도 방언과 풍물에 대한 생생한 묘사를 더해 마치 살아 숨 쉬는 인물처럼 형상화하는 데 성공하였다. 이 작품은 출간 직후부터 이적표현물이라는 비판과 법정소송에 시달리면서 현대 한국 사회의 이념대립의 상징으로 부각되었다.

태평광기

저자 이방(李昉, 925~996) **분류** 문학(중국) **원제** 太平廣記 **출간 연도** 997년

중국 송나라 때 출간된 설화집. 일종의 문학 백과사전(유서)으로 전 500권이다. 송 태종의 칙명으로 이방 등 저명한 문인 · 학자 12인이 편찬하였다. 이방이 편찬한 《태평어람(太平御覽)》(전 1,000권, 983년 편찬) 및 왕흠약(王欽若)이 편찬한 《책부원귀(册府元龜)》(전 1,000권, 1013년 편찬)와 함께 송나라 때 황제의 칙명으로 편찬된 3대 유서로 불린다. 《태평광기》는 원래 《태평어람》을 편찬하기 위해 모은 자료 가운데 소설과 설화를 뽑아 편찬한 책으로 475종의 고서에서 발췌한 7천 가지 이야기를 요괴 · 귀신 · 화상 · 신선 · 도사 등 92개 대류(대주제)와 150여 개 소류(소주제)로 분류하여 수록하였다. 현재 전해지지 않는 많은 책의 내용을 소개하고 있어 중국 고전문학 연구의 중요한 자료일 뿐만 아니라, 한국고대 소설의 원형이 되는 작품들이 수록되어 있어 국문학 연구에도 중요한 자료로 평가받고 있다.

태평어람

저자 이방(李昉, 925~996) **분류** 총서(총서) **원제** 太平御覽 **출간 연도** 983년

중국 송나라 때 출간된 백과사전(유서). 송 태종의 칙령으로 이방 등이 편찬하였다. 이방이 편찬한 《태평광기》 및 왕흠약(王欽若)이 편찬한 《책부원귀(册府元龜)》와 함께 송나라 시대에 황제의 칙명으로 편찬된 3대 유서로 불린다. 《태평어람》은 전부 1천 권에 달하는 방대한 분량으로 원래 제목은 《태평총류(太平總類)》였으나, 태종이 하루에 세 권씩 일 년 만에 다 읽었다 하여 《태평어람》으로 제목을 바꾸었다. '태평' 이라는 제목은 당시에 유행하던 도교의 영향을 받은 것으로 보인다. 이 백과사전은 55부문으로 구성되어 있으며 1,690종의 참고문헌을 인용했다고 하는데, 그 가운데 현재는 전하지 않는 여러 책의 내용을 소개하고 있어 귀중한 자료로 평가받고 있다.

택리지

저자 이중환(李重煥, 1690~1756) **분류** 사회과학(지리)

원제 擇里志 **출간 연도** 1751년(영조 27)

조선 후기의 학자 이중환이 지은 인문지리서. 《박종지(博綜誌)》·《팔역복거지(八域卜居志)》·《팔역지(八域志)》·《팔역가거지》·《동국산수록》·《진유승람》·《동국총화록》·《형가승람》·《동국지리해》라고도 한다. 한문본과 한글본이 있으며, 필사본으로 전해지던 것을 1912년에 육당 최남선이 교정을 보아 조선광문회에서 활자인쇄본으로 간행하였다. 이 책은 원래 제목이 분명치 않아 후세 사람들이 제각기 여러 제목을 붙였으며, 택리지라는 제목도 원제는 아니다. '택리'라는 의미는 《논어》 〈이인〉편에 나오는 '군자는 살만한 곳을 찾아 거한다'는 구절에서 나온 것으로, '가거지(可居地)'는 곧 살만한 곳을 찾는다는 뜻이다. 책의 구성은 서론에 해당하는 〈사민총론〉과 본론격인 〈팔도총론〉·〈복거총론〉, 결론부분인 〈총론〉으로 되어 있다. 〈사민총론〉에서는 사농공상의 구분과 사대부의 역할에 대해 논하였으며, 〈팔도총론〉은 전국을 8도로 나누어 각 도의 자연환경·지리·교통·상업·지역색·당색(당파)·풍습·인물에 대해 다루었다. 〈복거총론〉에서는 풍수지리학적 입장에서 살기 좋은 고장을 소개하고 그 이유를 설명하였으며, 〈총론〉은 종합편으로 지리와 인간의 상호관계를 논하였다. 이 책은 시종일관 사대부의 입장에서 사대부가 살만한 가거지를 찾는데 초점을 맞추고 있는데, 이는 당파싸움이 극심했던 조선 후기의 시대상을 반영한 것이다. 특히 〈복거총론〉에서는 살기 좋은 곳의 조건을 풍수에 해당하는 '지리', 농업과 상업에 유리한 입지를 강조한 '생리', 풍속을 강조한 '인심', 자연의 아름다움을 뜻하는 '산수'로 나누어 소개하였다. 이 책은 당시의 경제발전을 반영하여 전국을 행정구역이 아닌 생활권, 지역권으로 나누어 상업과 교역을 중심으로 소개하였다. 또 전쟁과 각종 재난의 피해를 면할 수 있는 안전한 거주지를 찾으려는 풍수적 관심을 담고 있어 조선 후기의 사회분위기를 보여준다. 이 책은 조선 후기 최고의 인문지리서로 후대 지리서의 전범이 되었다.

털 없는 원숭이

저자 모리스(Morris, Desmond, 1928~) **분류** 자연과학(생물)

원제 The naked Ape **출간 연도** 1967년

영국의 동물학자 데스먼드 모리스의 저서. 제목과 같이 동물학자의 입장에서 동물의 한 종으로서 인간의 행동을 설명한 책이다. 저자에 따르면 현재 지구상에는 193종의 영장류 동물이 있는데, 그 가운데 유일하게 털로 덮여 있지 않은데다 다리가 팔보다 길고 발 모양이 이상한 별종이 바로 인간이다. 저자는 이러한 관점에 입각하여 전부 8개장에 걸쳐 인간의 행동을 설명하였다. 1장 〈기원〉에서는 영장류의 일원으로서 인간의 진화를 소개하였다. 2장 〈짝짓기〉에서는 인간의 신체적 특징(코와 입술 · 젖가슴 등)의 발달과 성적 행동의 상관관계를 설명하면서 인간이 성적으로 매우 발달한 동물이라는 점을 지적하였다. 3장 〈기르기〉에서는 인간의 신체적 발달과정과 연관 지어 육아에 대해 설명하였으며, 4장 〈모험심〉에서는 인간이 진화하는 과정에서 환경의 변화를 적극적으로 이용한 덕분에 오늘날과 같은 특징을 갖추게 되었다고 설명하였다. 5장 〈싸움〉에서는 인간의 폭력 사용의 기원에 대해서, 6장 〈먹기〉에서는 인간의 식생활에 대해서 설명하였으며, 7장 〈몸손질〉에는 몸단장과 몸짓이 사회생활에서 가지는 의미에 대해서, 8장 〈다른 동물들과의 관계〉에서는 인간이 다른 동물들을 어떻게 다루는지를 설명하였다. 결론적으로 저자 모리스 박사는 인간이 생물학적 본능으로부터 큰 영향을 받으며, 인간의 문화적 행동은 이러한 본능을 충족시키기 위해서 이루어진다고 주장하였다. 따라서 인류가 발전시킨 사회와 문화와 과학은 이성의 산물로서 본능을 억압하거나 본능을 뛰어넘는 것이 아니라, 실은 본능을 충족시키기 위해 노력하는 과정에서 발전하였다는 것이다. 이와 같이 저자는 인간의 역사는 변화하는 환경에 적응하며 진화한 과정이라고 지적하고, 이러한 변화는 오늘날에도 계속되고 있다고 강조한다. 저자는 인구증가와 사회구조의 변화로 인해 21세기에는 전통적인 짝짓기와 기르기 방식에 변화가 일어날 것이라고 예측하면서 이러한 변화는 그간의 방식이 실패했기 때문이 아니라 지나치게 성공한 결과라고 평가하였다.

테스

저자 하디(Hardy, Thomas, 1840~1928) **분류** 문학(영국)/영화

원제 Tess of the D' Urbervilles: a Pure Woman **출간 연도** 1891년

영국의 작가 토머스 하디의 장편소설. 원제는 《더버빌 가의 테스: 순결한 여성》이다. 주인공 테스의 비극적 삶을 통해 사회의 인습과 편견 때문에 좌절하는 인간의 모습을 극적으로 묘사하였다. 순박한 시골 처녀 테스 더비필드는 더버빌 가문에 일하러 갔다가 바람둥이 알렉 더버빌과 강제로 관계를 맺은 후 임신한다. 주변 사람들의 비난 어린 시선을 받으며 집으로 돌아온 테스는 사생아를 출산하지만, 아이는 곧 숨진다. 새 삶을 찾아 마을을 떠난 테스는 농장의 젖 짜는 여자가 되어 생활하던 중 엔젤 클레어라는 남자를 만난다. 신앙심이 깊은 엔젤과 사랑에 빠진 테스는 그와 결혼을 약속한다. 결혼식을 올린 후, 엔젤이 테스에게 자신의 과거를 고백하고 용서를 구하자 테스도 자신의 과거를 고백한다. 그러나 엔젤의 과거를 기꺼이 용서한 테스와 달리 엔젤은 테스의 과거를 받아들이지 못하고 언젠가는 돌아오겠다는 말만 남긴 채 브라질로 떠나 버린다. 좌절한 테스는 자포자기 상태에서 우연히 다시 만난 알렉과 동거하게 된다. 그러나 떠났던 엔젤이 돌아와 용서를 구하고 새출발을 원하자 테스는 알렉을 살해하고 엔젤과 함께 도망친다. 며칠간의 짧은 도피생활 끝에 테스는 체포되어 교수형을 당한다. 작가는 테스를 순박하고 세상물정을 모르지만 감수성이 예민하고 가슴 속에 열정을 감춘 여인으로 형상화하였다. 그리고 테스는 소설의 전개과정에서 그녀의 힘으로 어쩔 수 없었던 연이은 불행을 겪음으로써 한 개인을 넘어서 19세기 후반 영국 사회의 도덕적 위선과 편견에 희생당하는 사회적 약자(농촌 여성)를 상징하게 된다. 또한 작가는 테스의 삶을 통해 우연과 운명에 좌우되는 인간의 모습을 묘사함으로써 테스를 한 시대의 상징을 넘어선 보편적 인간 비극의 상징으로 만들었다. 이러한 보편적 상징성 때문에 이 작품은 19세기 후반 영국문학의 대표작으로 꼽히며, 19세기 정서와 20세기를 연결하는 작품으로 평가받고 있다.

토정비결

저자 이지함(李之菡, 1517~1578) **분류** 철학(한국철학)
원제 土亭秘訣 **출간 연도** 1969~1995년

조선 중기의 학자 토정(土亭) 이지함이 지었다고 알려진 점복서. 《주역》의 괘를 기본으로 하여, 매년 그 해의 간지와 매달의 월건(月建), 날짜의 육십갑자(六十甲子)를 계산하여 한 해 열두 달의 운세를 점치는 책이다. 《주역》을 기본으로 하고 있지만 《주역》이 년 · 월 · 일 · 시로 괘를 만드는 데 비해 《토정비결》에서는 년 · 월 · 일로만 괘를 만들며, 《주역》이 424개의 괘로 점을 치는 데 비해 《토정비결》은 144개의 괘를 사용하는 등의 차이점이 있다. 《토정비결》의 점괘는 4언 시구로 표현된 비유와 상징을 통해 한 해의 운세를 예언하고 있어, 조선 중기 이후로 서민층을 중심으로 새 해가 되면 《토정비결》을 통해 한 해의 운세를 알아보고 점괘에 따라 몸가짐을 조심하는 것이 사회적 유행이 되었다.

토지

저자 박경리(朴景利, 1927~) **분류** 문학(한국) **원제** 土地 **출간 연도** 1969~1995년

작가 박경리의 대하소설. 1969년 〈현대문학〉에 처음 연재된 이래 1995년까지 전 5부작으로 완성된 작품이다. 구한말과 일제 치하를 거쳐 광복에 이르기까지 한국 근현대사의 격동기를 배경으로 경상남도 하동의 만석꾼 최씨 집안의 몰락과 재기를 그린 작품이다. 하동 평사리의 대지주 최씨 가문에 구천이라는 머슴이 들어온다. 구천은 사실 최씨 가문의 안주인 윤씨가 젊은 시절 불공을 드리러 갔다가 동학 접주 김개주에게 겁탈당해 낳은 아들 김환이다. 아버지를 따라 동학운동에 가담했다가 쫓기는 몸이 된 김환은 최씨 집안의 머슴으로 몸을 숨긴 것이다. 머슴 노릇을 하던 김환은 윤씨의 아들이자 최씨 집안의 주인 최치수의 아내 별당아씨와 사랑에 빠져 함께 지리산으로 야반도주한다. 아내가 도망간 후 폐인이 된 최치수는 최씨 가문의 재산을 노린 귀녀와 김평산에게 살해당하고, 집안을 지탱하던 어른 윤씨 부인마저 콜레라에 걸려 죽고 만다. 그러자 최치수의 이종형 조준구가 일본인들과 결탁하여 최치수의

딸 서희를 몰아내고 최씨 집안의 재산을 차지한다. 졸지에 가문의 몰락을 맞은 서희는 하인 길상 및 마을사람들과 함께 조준구의 마수를 피해 북간도 용정으로 이주한다. 조준구에 대한 복수와 집안의 부흥을 결심한 서희는 윤씨가 물려준 재물을 밑천으로 용정에서 장사에 뛰어들어 큰 성공을 거둔다. 한편 서희는 아버지의 친구였던 독립운동가 이동진의 아들 이상현을 사모하지만 자존심 때문에 길상과 결혼하여 두 아들 윤국과 환국을 낳는다. 그러나 길상은 과거에 주종관계였다는 점과 복수에 대한 서희의 집념 때문에 넘을 수 없는 벽을 느낀다. 결혼생활에 회의를 느끼던 길상은 김환을 만나 독립운동에 참여한다. 마침내 서희는 그동안 모은 자본을 바탕으로 조준구를 몰락시키고 집안의 토지를 되찾고 귀향하지만, 길상은 간도에 남아 독립운동에 전념한다. 한편 김환은 독립운동을 하던 중 체포되어 모진 고문을 받다 자살하고, 길상 또한 체포되어 옥살이를 한다. 마침내 출소한 길상은 도솔암이란 암자에 들어가 관음보살의 탱화를 그리면서 서희와 진심으로 애정 어린 결혼생활을 하지 못한 허전함을 달랜다. 서희 또한 상현과의 못 이룬 인연과 학병으로 끌려간 아들을 걱정하며 살아간다. 태평양전쟁이 막바지에 다다를 무렵 길상은 다시 수감되고, 서희는 옥바라지를 위해 가족을 이끌고 서울로 올라온다. 소설은 일제로부터 해방된 1945년 8월 15일에 대단원을 맺는다. 이 작품은 현대 한국문학사의 주요한 흐름 가운데 하나인 대하역사소설 분야의 대표작으로 불리며, 반세기에 걸친 시간적 배경과 하동, 간도, 서울, 일본을 오가는 방대한 공간적 배경 속에 수백 명의 등장인물을 등장시켜 한 시대를 형상화했다는 평가를 받았다.

티베트 사자의 서

저자 파드마삼바바(Padma sambhava, 8세기) **분류** 종교(불교)

원제 The Bardo Thodol(The Tibetan Book of the Dead) **출간 연도** 8세기

티베트 불교의 고승 파드마삼바바가 썼다고 알려진 경전. 파드마삼바바는 인도 출신으로 750년경 티베트에 처음으로 불교를 전했다고 한다. 원제는 《바르도 퇴돌》이며, 1927년에 티베트의 승려 카지 다와 삼둡과 영국의 종교학자 에반스 웬츠가 영어로 편역본을 출간하면서 《티베트

사자의 서》라는 이름을 붙였다. '바르도'는 '이승과 저승 사이'라는 뜻으로 사람이 죽어 다시 환생할 때까지 머무르는 중간계를 말한다. 중간계에 머무르는 기간은 사람에 따라 다르지만, 대개 49일 동안이다. '퇴돌'은 '들음으로써 영원한 해탈'이란 뜻으로 이 경전을 죽기 직전과 중간계에 머물 때 들음으로써 영원한 해탈에 이를 수 있다는 의미이다. 따라서 《바르도 퇴돌》은 '중간계에서 들음으로써 해탈에 이르는 책'이란 뜻으로, 티베트인들은 가족이나 친지가 사망한 후 49일 동안 이 경전을 크게 낭송하여 죽은 이에게 들려줌으로써 해탈을 돕는다. 이 경전은 인도에서 전래된 불교와 티베트 고유의 민간신앙인 본교(Bonism)가 결합된 내세관을 보여주며, 영역본으로 출간되면서 서구 사상계에 큰 영향을 미쳤다. 특히 정신분석학의 대가인 심리학자 칼 융은 이 책을 '가장 높은 차원의 심리학'이라 극찬하였다. 또한 《티베트 사자의 서》의 인기는 단지 학계에 국한된 것이 아니라 1960년대 미국의 청년문화에 큰 영향을 미쳤고, 이로부터 한국에까지 소개되었다.

세계의 모든 책

파

파리대왕

저자 골딩(Golding, William, 1911~1993) **분류** 문학(영국)/영화

원제 Lord of the Flies **출간 연도** 1954년

영국의 작가 윌리엄 골딩의 장편소설. 무인도에 고립된 소년들이 겪는 모험을 통해 인간 본성에 잠재된 사악함을 우화적으로 다룬 작품이다. 전쟁의 위험을 피해 25명의 영국 소년을 태우고 안전한 장소로 가던 비행기가 태평양에 추락한다. 조종사는 사망하고 무인도에 고립된 소년들은 처음에는 문명사회의 관습을 따라 공동체의 질서를 유지하려고 노력하지만, 고립된 야생 환경에 적응하는 과정에서 점차 폭력과 지배욕에 물들게 된다. 소년들 가운데 가장 연장자인 랠프는 구조대가 올 것이라는 희망을 고수하며 질서를 유지하기 위해 애쓴다. 그러나 충동적인 성격의 잭은 낯설고 거친 자연환경에 적응해야 할 필요성을 강조하며, 멧돼지 사냥을 통해 소년들을 규합하고 자신의 세력을 키운다. 랠프와 잭 사이에서 동요하던 소년들은 점차 생존을 위한 현실적 필요 때문에 피기와 사이먼, 쌍둥이 형제를 제외하고 모두 잭의 편으로 기운다. 섬에 괴수가 산다는 소문이 돌자 잭은 소년들의 두려움을 이용하여 자신의 세력을 키우고, 돼지를 죽여 그 머리를 공물로 바친다. 잭 일당이 떠난 후 사이먼은 벌레가 들끓는 돼지 머리를 발견하고 '파리대왕' 이라는 이름을 붙여준다. 사이먼이 보기에 '파리대왕' 이야말로 인간의 어리석음과 사악함의 상징이며, 인간 자신에게서 나왔기 때문에 인간이 결코 죽일 수 없는 괴수였다. 파리대왕을 떠나 섬을 탐색하던 사이먼은 낙하산에 매달린 조종사의 시체를 발견하고 소년들이 괴수로 착각했던 것이 실은 조종사의 시체였다는 것을 알게 된다. 그러나 진실을 알리기 위해 소년들을 찾아간 사이먼은 공포로 인해 착란상태에 빠진 소년들에게 살해당한다. 랠프와 피기는 마지막으로 문명사회의 관습에 따라 잭을 찾아가 호소하지만 피기마저 잭 일당에게 살해당하고 랠프는 탈출한다. 쫓기던 랠프가 간신히 해안가에 도착한 순간 영국 해군의 구조대를 만나 소년들은 문명세계로 귀환한다. 이 작품은 1950년대 후반과 1960년대 초반에 기성사회에 회의적이던 청년문화에 부응하여 영국과 미국의 대학가에서 큰 인기를 끌었으며, 인간 내면의 사악함과 권력욕을 상징적으로 묘사하였다는 평가를 받아 1983년에 노벨 문학상을 수상하였다.

파우스트

저자 괴테(Goethe, Johann Wolfgang von, 1749~1832) **분류** 문학(독일)

원제 Faust **출간 연도** 1790~1831년

독일의 작가 괴테가 쓴 희곡. 악마 메피스토펠레스(메피스토)에게 영혼을 판 마술사 파우스트의 전설을 소재로 한 2부 12,111행의 운문 희곡(劇詩)이다. 파우스트 전설은 당시 독일과 영국에서 여러 차례 연극 또는 인형극으로 상연되어 큰 인기를 얻었다. 괴테 또한 10살 때 인형극을 통해 파우스트 이야기를 접한 후 22세부터 작품을 구상하여 57세에 1부를 완성하고, 80세에 처음으로 상연할 때까지 50여 년에 걸쳐 완성하였다. 모든 학문에 통달한 파우스트 박사는 인간의 지식으로는 우주의 비밀과 인생의 의미를 알 수 없다는 데 절망하여 자살을 시도한다. 이때 파우스트를 타락시키기로 신과 내기를 한 악마 메피스토가 나타나 파우스트의 영혼을 대가로 거래를 제안한다. 거래의 조건은 메피스토가 파우스트의 하인이 되어 세상을 두루 여행하고 온갖 아름다운 것을 다 보여주는 대신, 파우스트가 그 아름다움에 만족하여 '멈추어라! 너는 정말로 아름답다' 고 외치는 순간 파우스트의 영혼은 메피스토가 소유한다는 것이었다. 인생과 우주의 진리를 갈망하던 파우스트는 메피스토의 제안을 받아들여 함께 여행에 나선다. 메피스토의 마법으로 20대 청년으로 변신한 파우스트는 여행길에서 그레트헨이란 아가씨와 사랑에 빠지지만, 그레트헨은 파우스트와의 잘못된 사랑으로 감옥에 갇혀 사형당하게 된다. 파우스트는 메피스토의 도움으로 그레트헨을 구출하려 하지만, 그레트헨은 이를 거부하고 벌을 받아들임으로써 영혼의 구원을 선택한다. 다시 길을 나선 파우스트는 이번에는 트로이 전설의 미인 헬레네를 저승에서 불러내어 결혼하고 아들을 얻는다. 그러나 아들이 사고로 죽자 슬픔에 잠긴 헬레네는 다시 저승으로 돌아가 버린다. 아름다움의 추구에 진력이 난 파우스트는 많은 사람들을 돕는 일에 관심을 가지고 황제를 도와 반란군을 무찌른 공으로 얻은 영토에서 자유로운 낙원을 건설하는 데 매진한다. 세월이 흘러 100세가 된 파우스트는 자신이 이룩한 이상향에 만족하여 '멈추어라, 아름답다' 라는 말을 외친다. 그러나 파우스트는 자신의 쾌락이 아니라 타인에 대한 사랑으로 인류의 이상세계를 만들기 위해 노력했기 때문에 그의 영혼은 메피스토에게서 벗어나

그레트헨의 인도를 받으며 천상으로 올라간다. 작가 괴테는 주인공 파우스트의 일대기를 통해 현실적 · 육체적 쾌락을 원하면서도 동시에 이상적 · 정신적 가치를 추구하는 인간의 양면성을 묘사하였으며, 인간은 끊임없는 노력을 통해서만 구원에 이를 수 있다는 메시지를 전달하였다. 이후 이 작품은 독일 고전주의 문학의 대표작뿐 아니라, 유럽문학을 대표하는 작품으로서 높이 평가받게 되었다.

파운데이션

저자 아시모프(Asimov, Isaac, 1920~1992) **분류** 문학(미국)

원제 Foundation **출간 연도** 1951~1992

미국의 SF 작가 아이작 아시모프의 연작 SF 소설. 작가는 화학 교수로 재직하다가 과학 분야의 전업 작가로 변신하여 대중에게 과학 발전의 성과를 소개하는 책과 칼럼을 다수 집필했으며, 《아이, 로봇》을 비롯하여 로봇이 주인공으로 등장하는 여러 편의 SF 소설을 출간하였다. 그 가운데서도 《파운데이션》 시리즈는 작가가 발표한 여러 SF 소설을 통합하는 대표작이자, SF 소설의 고전으로 꼽힌다. 머나먼 미래, 인류는 지구를 벗어나 은하제국을 건설한다. 은하제국에는 인간이 거주하는 행성만 2,500만 개에 달하며 전체 인구는 10경에 이른다. 그러나 번성하던 대제국에도 멸망의 조짐이 나타나고, 이를 예감한 수학자 해리 셀던은 그가 통계학과 심리학을 결합하여 창안한 '역사심리학'을 통해 다가올 미래를 예측한다. 셀던의 예측에 따르면 현 상태가 지속될 경우 은하제국은 500년 이내에 멸망하며, 이후 새로운 제국이 나타날 때까지 무지 · 야만 · 전쟁이 횡행하는 3만 년간의 암흑시대가 지속된다. 셀던은 은하제국의 변방 행성 두 곳에 다가올 인류의 위기에 대처할 두 집단(파운데이션)을 건설한다. 파운데이션은 은하제국의 멸망을 막을 수는 없지만, 암흑시대를 1천 년으로 단축할 수 있으며, 마치 중세 유럽의 수도원과 같이 《은하대백과사전》을 편찬하여 인류가 쌓은 지식을 보존한다. 제1파운데이션은 과학(원자력)을 바탕으로 하며, 제2파운데이션은 정신과학을 토대로 하여 서로 협력하며 암흑시대를 극복하고 새로운 제국을 건설해 나간다. 아시모프는 1951년에 《파운데이션》을 발표했으며, 이후 《파운데이션과 제국

(Foundation and Empire)》(1952), 《제2파운데이션(Second Foundation)》(1953)을 차례로 발표하여 파운데이션 3부작을 완성하였다. 그러나 이 3부작은 시기적으로 천 년 암흑시대의 초반에서 끝이 났기 때문에, 독자들은 아시모프에게 속편을 쓸 것을 요청하였다. 이에 아시모프는 1980년대 들어 《파운데이션의 끝(Foundation' s Edge)》(1982)과 《파운데이션과 지구(Foundation and Earth)》(1986)를 발표하여 마무리를 지으려 하였다. 그러나 이 역시 암흑시대의 중반까지만 다루어 미진한 감이 있어, 이번에는 시간적으로 제1권 이전으로 거슬러 올라가 해리 셀던이 역사심리학을 창시하는 과정을 서술한 《파운데이션의 전주곡(Prelude to Foundation)》(1988)과 《파운데이션을 향하여(Forward the Foundation)》(1992)를 발표하였다. 또 아시모프의 사후, 많은 후배 SF 작가들이 파운데이션 시리즈의 후속작품과 단편소설을 발표하였다. 《파운데이션》은 영화와 드라마로 각색되어 큰 인기를 얻었으며, 조지 루카스의 〈스타워즈〉를 비롯한 수많은 SF 소설과 영화에 많은 영향을 미쳤다.

파한집

저자 이인로(李仁老, 1152~1220) **분류** 문학(한국) **원제** 破閑集 **출간 연도** 1260년

고려 명종 시대의 문신 이인로가 남긴 우리나라 최초의 시화집. 저자의 사후에 아들 이세황(李世黃)이 3권 1책으로 간행하였다. 시평, 수필, 시화, 문담, 기행문 등 전부 300여 편의 작품이 실려 있다. 《파한집》이라는 제목은 '한가로움을 깨기 위한 책' 이란 뜻으로 자연 속에서 한가로움을 추구하면서 읽기 위해 여러 가지 글을 모은 책이라는 의미이다. 제목처럼 당시 개경의 풍속과 저잣거리에 떠도는 이야기들을 소개하고, 신라의 옛 풍습과 전설, 그리고 원효, 김유신 등 역사적 인물들의 일화를 소개한 글들이 수록되어 있다. 이와 함께 최치원, 정지상, 오세재 등 고금 문인들의 시와 두보 등 중국 시인들의 작품과 그에 대한 비평이 실려 있다. 이러한 내용 때문에 이 작품은 패관문학의 선구적 작품으로 불리며, 우리나라 최초의 문학비평집으로 평가받고 있다.

판다의 엄지

저자 굴드(Gould, Stephen Jay, 1941~2002) **분류** 자연과학(생물학)

원제 The Panda's Thumb: More Reflections in Natural History **출간 연도** 1980년

미국의 진화생물학자이자 지질학자인 스티븐 제이 굴드의 과학 에세이집. 저자가 과학잡지 〈내추럴 히스토리(Natural History)〉에 연재했던 31편의 에세이를 모아 출간한 책이다. 굴드 박사는 생물은 환경이 안정적일 때(평형상태)에는 오랜 기간 동안 변화하기 않다가 환경의 급작스런 변화(빙하기, 운석충돌)가 일어나 평형상태가 깨지면 갑작스럽게 멸종하거나 진화한다는 '단속평형이론'을 제시하여 진화론을 새롭게 발전시켰다는 평가를 받았다. 또 사회운동에 많은 관심을 가지고 과학의 성과를 일반인들에게 소개하는 데 노력하였다. 굴드 박사는 《판다의 엄지》에서 판다의 엄지손가락, 바다거북의 이동, 아귀아목 물고기의 사냥법, 진드기의 일생 등 여러 가지 사례를 통해 진화론과 생물현상에 대해 소개하였다. 첫 번째 에세이 〈판다의 엄지〉에서는 판다의 엄지손가락은 실은 손가락이 아니라 대나무를 먹기 위해 뼈가 발전한 형태라는 사실을 지적하면서 동물들이 자연에 적응할 필요성 때문에 신체부위를 변화시켰다는 진화론적 입장을 제시하였다. 저자에 따르면, 이러한 진화는 미리 예정된 단계를 밟아 낮은 단계에서 높은 단계로 올라가는 것이 아니라, 생명체가 환경에 적응하는 과정에서 우연하고 불완전하며, 예측 불가능하게 발생하는 것으로, 진화는 창조적 변화일 뿐 보다 높은 가치로 발전하는 것은 아니다. 박사는 이러한 견해를 인간사회에 만연한 각종 편견에도 적용하여 여성의 뇌가 남성보다 작다고 생각하는 남성우월주의나 다운 증후군을 명명한 다운 박사의 인종차별주의가 과학적 근거가 없는 것임을 밝힘으로써, 진화론이 인종 · 성 차별이나 제국주의, 자유방임주의를 옹호하는 이데올로기로 이용되는 것을 비판하고, 자연과 인간사회에 대한 편견이 과학적 근거가 없는 것임을 지적하였다.

판단력비판

저자 칸트(Kant, Immanuel, 1724~1804) **분류** 철학(서양철학)

원제 Kritik der Urteilskraft **출간 연도** 1793년

독일의 철학자 임마누엘 칸트의 저서. 저자가 앞서 펴낸 《순수이성비판》 및 《실천이성비판》과 함께 비판 3부작을 이루며, 저자의 비판철학을 집대성한 저작이다. 칸트는 《판단력비판》에서 앞서 《순수이성비판》과 《실천이성비판》에서 논한 순수이성과 실천이성을 연결 짓고, 인식능력(오성)과 욕구능력(이성)을 매개하는 판단력에 대하여 논하였다. 여기서 칸트는 판단력을 미적 판단력과 목적론적 판단력으로 구분하여 논하였다. 칸트에 따르면 미적 판단력은 사물을 미학적 규칙에 따라 '아름답다' 또는 '아름답지 않다'로 판단하는 특수한 능력이며, 목적론적 판단력은 보편적 원리에 따른 반성적 판단력이다. 특히 칸트는 미적 판단력 비판을 통하여 미적 판단에 도덕적 판단과는 다른 독자성을 부여함으로써 미학을 철학의 한 분야로 정립하는 데 기여하였다.

80일간의 세계 일주

저자 베른(Verne, Jules, 1828~1905) **분류** 문학(프랑스)/영화

원제 Le Tour du monde en quatre-vingts jours(Around the world in 80days)

출간 연도 1873년

프랑스의 작가 쥘 베른의 공상과학소설. 쥘 베른은 과학기술이 비약적으로 발전한 19세기 후반에 과학적 지식에 상상력을 더하여 미지의 세계를 여행하는 《기구를 타고 5주일》, 《지하세계 여행》, 《달세계 일주》, 《해저 2만 리》 등의 작품을 주로 썼다. 이 작품 《80일간의 세계 일주》 역시 한 영국신사가 80일 안에 세계 일주를 한다는 내기를 실행하는 과정을 그리고 있으며, 여기에 철도와 증기선의 도입으로 인한 여행 시간의 '단축'으로 상징되는 근대화된 세계를 묘사하였다. 시간을 철저히 지키는 과묵한 영국신사 필리어스 포그는 클럽의 친구들과 80일 안에 세계 일주를 할 수 있는지를 놓고 2만 파운드짜리 내기를 한다. 포그는 프랑스인 하인 파스팔투를 데리고 런던을 출발하여 동쪽으로 세계 일주에 나서는데, 포그를 은행강도범으로 의심한 형사 픽스가 몰래 그의 뒤를 추적한다. 런던에서 증기선과 철도를 이용하여 이집트의 수에즈 운하를 거쳐 인도에 도착한 포그 일행은 아유다라는 젊은 미망인이 산 채로 화형당할 위기에 처한 것을 목격하고 구출한다. 인도에서 홍콩과 요코하

마를 거쳐 미국에 도착한 포그 일행은 인디언의 습격을 받는가 하면, 썰매를 타고 대초원을 횡단하는 등 여러 가지 모험을 겪는다. 우여곡절 끝에 포그 일행은 대서양을 건너 런던에 도착하는데, 이때 픽스가 은행강도 혐의로 포그를 체포하는 소동이 벌어진다. 포그는 강도범이라는 혐의는 벗었지만, 이 사건 때문에 하루 늦게 런던에 도착한다. 그러나 동쪽으로 여행했기 때문에 시차로 인해 하루를 벌었다는 사실을 뒤늦게 안 포그는 간신히 시간 안에 클럽에 도착하여 내기에서 승리하고 아유다 부인과 결혼한다. 이 작품은 과학적 상상력을 발휘하여 알려지지 않은 세계를 여행한다는 쥘 베른의 특성이 잘 드러난 작품이며, 19세기 후반에 이르러 과학기술의 발달에 힘입어 지구가 하나의 공동체로 변모하는 양상이 잘 묘사되어 있다.

팡세

저자 파스칼(Pascal, Blaise, 1623~1662) **분류** 문학(프랑스)

원제 Pensées **출간 연도** 1670년

프랑스의 수학자이자 물리학자, 철학자 파스칼의 유고문집. 파스칼은 만년에 자신의 그리스도교 사상론을 집대성한 《그리스도교의 변증론》이란 저작을 4년간 집필하였으나 완성을 보지 못하고 사망하였다. 그가 사망한 후 주변사람들이 파스칼이 남긴 924편의 단편 초고들을 정리하여 《파스칼 씨의 사후, 그의 유고 중에서 발견된 종교 및 그 밖의 여러 문제에 관한 사상집》이란 제목으로 펴낸 책이 바로 오늘날 널리 알려진 《팡세》이다. 《팡세》의 제1부에서 파스칼은 신이 없는 무신론자의 비참함에 대해 논하고, 제2부에서는 신과 함께 하는 인간의 행복함에 대해 논하였다. 특히 제1부에서 파스칼은 '신이 없는 인간의 비참함' 이란 주제로 인간의 불완전함과 그리스도교 신앙의 필요성을 강조하였다. 파스칼에 따르면, 인간이란 '생각하는 갈대' 이며 신을 찾아가는 존재이다. 세상에는 세 부류의 인간이 있는데, 첫째 부류는 신을 찾아 섬기는 사람, 둘째 부류는 신을 찾으려고 노력하는 사람, 세째 부류는 신을 찾으려 하지 않는 사람이다. 이와 같이 파스칼은 《팡세》에서 자신의 그리스도교론을 기하학적인 명쾌한 논리와 신비주의적인 감성이 결합된 짧은

단상으로 표현하였으며, 이러한 문체와 논리, 섬세한 감성의 매력 때문에 오늘날까지도 널리 읽히는 작품으로 남아 있다.

패관잡기

저자 어숙권(魚叔權, ?~?) **분류** 문학(한국) **원제** 稗官雜記 **출간 연도** 조선 중기

조선 중기의 문신 어숙권이 편찬한 패관문학 작품집. 전 6권이다. '패관'이란 시정에 떠도는 이야기를 모아 임금에게 보고하는 관리를 말하는데, 패관문학이란 곧 민간의 풍습이나 여러 가지 일화를 모은 일종의 수필이라고 할 수 있다. 이 작품에는 명나라와 일본, 대마도, 류큐(오키나와)에 전해지는 풍습과 문물을 소개하고, 당시 관료와 문인들의 언행, 시정의 풍속과 동요 등을 수록하였다. 대표적인 패관문학 작품이자 조선 중기의 역사를 알 수 있는 중요한 자료이다.

펠로폰네소스 전쟁사

저자 투키디데스(Thukydides, BC 460?~BC 400?) **분류** 역사(그리스역사)

원제 History of the Peloponnesian War **출간 연도** 기원전 5세기

고대 그리스 역사가 투키디데스가 펠로폰네소스 전쟁(BC 431~BC 404)의 원인과 전개과정, 전쟁이 남긴 교훈에 대해 기술한 책. 아테네 출신의 투키디데스는 펠로폰네소스 전쟁 당시에 아테네군의 장군으로 참전하였다가 작전의 실패로 추방당해 20년간 망명생활을 하였다. 투키디데스는 망명생활 동안 이 책의 집필을 구상하고 아테네와 스파르타의 자료를 모아 8권의 《펠로폰네소스 전쟁사》를 집필하였다. 투키디데스는 선배 역사가인 헤로도토스나 이야기꾼들(로고그라포이)과 달리 역사를 대중의 갈채를 받기 위한 흥미로운 이야깃거리 또는 신의 뜻이 구현되는 과정으로 이해하지 않았다. 그리고는 자신의 서술목적이 동시대인들의 찬사나 지지를 받는 것이 아니라 시대를 초월하여 전해질 교훈을 남기는 데 있다는 것을 분명히 밝혔다. 투키디데스는 역사란 신의 뜻에 따라 움직이는 것이 아니라, 인간의 선택과 행동이라는 원인에 따라 결과가 나

오는 인과관계의 작용과정이라고 이해하였다. 그에 따르면, 펠로폰네소스 전쟁은 아테네와 스파르타 간에 벌어진 일련의 사소한 분쟁에서 비롯되었지만, 전쟁의 진정한 원인은 아테네의 국력신장과 그에 대한 스파르타의 두려움 때문이었다고 지적하였다. 스파르타와 그 동맹국들이 아테네의 성장에 두려움을 느낀 이유는 아테네가 다른 국가들을 대하는 방식이 비이성적이고 오만했기 때문이며, 전쟁은 이러한 도덕적 문제가 근본 원인이 되어 일어난다고 보았다. 이와 같이 인과관계에 입각한 인간 중심의 역사 서술에 있어서 투키디데스는 과거의 일에 대해 전해져 오는 풍문을 그대로 받아들이는 대신 먼저 그 역사적 정확성을 검증하려고 시도했기 때문에 '사료비판'에 입각한 근대적 역사학의 선구자로 불린다.

포박자

저자 갈홍(葛洪, 283~343) **분류** 철학(도가) **원제** 抱朴子 **출간 연도** 317년

중국 동진(東晋)의 도교 사상가 갈홍이 지은 도교 경전. 갈홍은 강남의 귀족가문 출신으로 벼슬길에 올랐다가 깨달음을 얻어 나부산에 들어가 도사가 되었다는 인물이다. '포박자'란 노자(老子)의 《도덕경(道德經)》 중 19장 〈환순(還淳)〉편에 나오는 '소박함을 보고 껴안음'이란 뜻의 '견소포박(見素抱樸)'이란 구절에서 딴 것이다. 현재 〈내편(內篇)〉 20편과 〈외편(外篇)〉 50편이 전하는데, 〈내편〉은 신선사상에 대한 내용이며, 〈외편〉은 유가사상의 입장에서 시정풍속을 논한 것이다. 오늘날 《포박자》라 하면 주로 〈내편〉만을 가리킨다. 〈내편〉에서 갈홍은 누구나 도를 닦기만 하면 신선이 될 수 있다고 주장했으며, 도를 닦는 방법으로 상약(불사약)을 만들어 복용하고, 호흡 수련을 하며, 성행위를 조절하는 방중술을 강조하여 이에 대해 상세히 기술하였다. 그렇기 때문에 이 책은 도교 사상사적 가치뿐 아니라 고대 중국의 의학, 성생활, 약학, 화학(연금술)에 대한 정보가 많이 수록되어 있는 중국 과학사 연구의 귀중한 자료이다.

포은집

저자 정몽주(鄭夢周, 1337~1392) **분류** 문학(한국) **원제** 圃隱集 **출간 연도** 1439년

고려 말의 문신 정몽주의 시문집. 포은 정몽주는 목은 이색 및 야은 길재와 함께 고려 말 '삼은'으로 불리며, 이성계가 세운 조선 왕조에 출사하기를 거부하고 고려 왕조에 대한 지조를 지킨 대표적 인물이다. 《포은집》에는 권1 · 2에 시(詩) 251수, 권3에 잡저(雜著) · 습유(拾遺) · 유묵(遺墨), 권4에 연보(年譜), 권5에 전(傳) 2편, 권6에 행장(行狀), 권7에 부록으로 서(書) · 기(記) 28편, 권8에 발문 4편, 권9에 포은선생집신증부록(圃隱先生集新增附錄) 등 14편이 실려 있다. 정몽주는 성리학에 정통하였을 뿐 아니라 시문에도 뛰어났으며, 이 문집에는 문학성 높은 작품들이 다수 실려 있다. 훗날 조선 태종이 되는 이방원(李芳遠)과 주고받았다는 〈하여가(何如歌)〉와 〈단심가(丹心歌)〉의 한역본도 실려 있다.

폭풍의 언덕

저자 브론테(Brontë, Emily Jane, 1818~1848) **분류** 문학(영국)/영화/여성

원제 Wuthering Heights **출간 연도** 1847년

영국의 작가 샬롯 브론테의 장편소설. 남녀 주인공의 이루지 못한 애증관계를 통해 삶의 비극성을 묘사한 작품이다. 영국 요크셔 지방의 외딴 마을, 일 년 내내 비바람이 몰아치는 황야의 언덕에 '폭풍의 언덕(워더링 하이츠)'이라는 저택이 서 있다. 어느 날 이 저택의 주인 언쇼 씨는 히스클리프라는 집시 소년을 데려다 자신의 아들 힌들리, 딸 캐서린과 함께 키운다. 언쇼가 죽은 후 힌들리는 집안의 폭군으로 군림하며 히스클리프를 학대하지만, 캐서린은 '번개 같고 불 같은 영혼'을 가진 히스클리프를 좋아하게 된다. 그러나 사랑하던 캐서린이 자신을 버리고 근처 지주 가문의 아들 에드거와 결혼하려 하자, 좌절한 히스클리프는 폭풍의 언덕을 떠난다. 폭풍의 언덕을 떠난 히스클리프는 많은 재산을 모으는데 성공하고, 자신을 괴롭힌 사람들에게 복수하기 위해 다시 폭풍의 언덕으로 돌아온다. 히스클리프는 겉보기에는 유복하고 교양 있는 신사 행세를 하며 비뚤어진 성품의 힌들리를 도박과 마약에 끌어들여 몰락하게 만든다. 그리고 폭풍의 언덕을 차지한 후, 힌들리의 아들 헤어턴을 하인으로 부리며 학대한다. 힌들리에게 복수한 히스클리프는 이번에는 캐서린에게 복수하기 위해 에드거의 누이동생 이사벨라와 결혼한다. 히스클

리프와의 이루지 못한 사랑 때문에 갈등하던 캐서린은 정신이상을 일으키고 딸 캐서린 2세를 낳은 후 숨을 거둔다. 세월이 흘러 히스클리프 또한 세상을 떠나 캐서린의 무덤 옆에 묻히고, 캐서린 2세와 헤어턴은 결혼하여 부모 세대의 은원이 사라진 폭풍의 언덕에서 사랑을 이룬다. 작가 에밀리 브론테는 사회의 관습이나 도덕에 구애받지 않고, 자신의 감정에 충실한 실존적 개인인 히스클리프와 캐서린이라는 인물을 창조했다. 이 작품의 발표 당시에는 '음침한 반도덕적 자각' 라는 비판을 받았으나, 오늘날에는 시대를 앞선 작품이었다는 평가를 받고 있다.

푸른 꽃

저자 노발리스(Novalis, 1772~1801) **분류** 문학(독일)

원제 Heinrich von Ofterdingen **출간 연도** 1802년

독일의 시인 노발리스(본명 프리드리히 폰 하르덴베르크 Friedrich von Hardenberg)가 쓴 미완성 장편소설. 13세기 초반의 기사 시인 하인리히 폰 오프터딩겐의 일대기에서 소재를 따 젊은 기사가 여행길에 나서면서 여러 가지 체험을 겪은 끝에 사랑의 의미를 깨달아 위대한 시인이 되는 과정을 묘사한 일종의 성장소설(교양소설)이다. 이 소설의 원래 제목 또한 '하인리히 폰 오프터딩겐' 이지만 소설 속에 나오는 '푸른 꽃' 이 낭만주의 문학에서 말하는 '무한한 동경' 과 이상향의 상징으로 불릴 정도로 유명해졌기 때문에 소설의 제목도 《푸른 꽃》으로 불리게 되었다. 주인공 하인리히는 어느 날 나그네로부터 '푸른 꽃' 의 전설을 들은 뒤 푸른 꽃이 아름다운 소녀로 변하는 꿈을 꾼다. 어머니의 고향 아우구스부르크로 여행을 떠난 하인리히는 가는 길에 광부와 상인, 군인과 은둔자를 비롯한 여러 사람들을 만나고 아틀란티스 전설과 십자군 원정 이야기를 들으며 정신적으로 성장한다. 아우구스부르크에 도착한 하인리히는 외할아버지의 집에서 시인 클링스오르를 만나는데, 클링스오르의 딸 마틸데에게서 꿈에 본 푸른 꽃의 모습을 발견한다. 마틸데와의 사랑, 그리고 마틸데의 죽음을 겪으면서 하인리히는 한 사람의 시인으로 성장한다. 여기까지가 제1부의 내용이며, 제2부에서는 시인으로서 하인리히의 본격적인 활동이 펼쳐질 예정이었으나, 2부 1장에서 중단되었다. 이 작품

은 18세기 후반 독일 낭만주의 문학의 대표작으로 불리며, 낭만주의가 추구하는 시와 사랑이 조화된 소설이라는 평가를 받고 있다.

풀잎

저자 휘트먼(Whitman, Walt, 1819~1892) **분류** 문학(미국)

원제 Leaves of Grass **출간 연도** 1855년

미국의 시인 월트 휘트먼의 시집. 1855년에 자비로 출판한 초판에는 12편의 시가 실렸으나, 여러 번 개정판을 낼 때마다 증보하여 1892년에 출간된 제9판에는 393편이 수록되었다. 그 가운데는 널리 알려진 〈내 자신의 노래〉, 〈아메리카의 노랫소리〉, 〈아, 민주주의 그대를 위해〉 등이 실려 있다. 《풀잎》에 실린 휘트먼의 시는 운율에 얽매이는 전통적인 시 형식을 벗어난 '자유시(free verse)'로서 미국의 문학적 정체성을 수립했다는 평가를 받았다. 시의 형식뿐 아니라 휘트먼이 시에서 노래한 정신 역시 민주적 인간 개인에 대한 믿음과 날로 성장해가는 새로운 국가 미국에 대한 자긍심으로 가득 차 있다. 특히 그는 민주주의의 근본으로서 인간에 대한 존중과 사랑을 중시했으며, 개성이 넘치면서도 보편적인 인간성을 바탕으로 대중과 함께 어울리며 민주주의를 구현하는 개인을 노래했다. 그래서 그는 자신의 시집 《풀잎》에 대해 "이것은 책이 아니다. 이 책에 손을 대는 사람은 인간을 만지게 된다"라고 단언하였다.

풍속의 역사

저자 푹스(Fuchs, Eduard, 1870~?) **분류** 역사(서양사)

원제 Illustrierte Sittengeschichte vom Mittelalter bis zur Gegenwart **출간 연도** 1909년

독일의 문화사가 에두아르트 푹스의 성풍속사. 전 3권으로 르네상스 시대, 절대주의 시대, 부르주아 시대의 성도덕과 성풍속을 통해 유럽 근대사를 조망한 작품이다. 저자 푹스는 역사상의 한 시대를 그 시대의 '성행동 방식'을 통해 이해하려는 당시로서는 매우 새로운 시도를 했기 때문에 오늘날 성풍속사 연구의 선구자로 불린다. 사회주의자였던 푹스

는 한 시대의 성행동 방식은 그 시대의 경제적 생산양식이라는 하부구조와 연관성을 가진다는 전제하에 많은 그림과 문헌을 통해 이를 입증하려 시도하였다. 푹스는 이와 같이 한 시대의 성풍속과 정치경제적 토대를 연관 지어 이해하기 위해 특정 시대의 복장, 연애, 결혼, 사교생활, 매춘, 교회와 도덕, 음식점과 살롱, 출판과 광고 등 한 사회를 전방위적으로 파헤쳤다.

풍요한 사회

저자 갤브레이스(Galbraith, John Kenneth, 1908~) **분류** 사회과학(경제학)

원제 The Affluent Society **출간 연도** 1958년

미국의 경제학자 존 케네스 갤브레이스가 현대경제의 문제를 일반인들이 이해하기 쉽도록 풀어 쓴 책. '풍요로운 사회'로 불리는 현대 미국 사회를 분석한 책이다. 갤브레이스는 먼저 기존의 경제학은 대부분의 사람들이 빈곤하고 생산이 부족했던 19세기에 성립한 것이라 상품이 넘쳐나는 현대 소비사회를 분석하는데 부적절한 '기성관념(conventional wisdom)'이라고 지적하였다. 현대 미국 사회는 대부분의 사람들이 풍족하며, 꼭 필요하지 않은 물건들의 생산이 점점 더 늘어나고 있다. 이러한 상품들은 생존을 위해 꼭 필요한 것이 아니기 때문에 제조업자는 광고를 통하여 대중의 취향을 형성하고 소비심리를 부추김으로써 과잉소비를 이끌어 내어 과잉생산을 해소하려 한다. 그 결과 불필요한 소비로 인해 개인과 정부는 점점 더 많은 부채를 지게 된다. 이와 같이 갤브레이스는 현대 미국 경제에 있어 생산과 광고, 소비 사이의 연관관계를 규명하였으며, 풍요의 이면에 가려진 빈곤과 경제적 불평등을 지적하고 이를 해결하기 위해 정부가 교육과 의료 등의 공공사업에 대한 지출을 크게 늘려야 한다고 주장하였다. 이러한 주장은 1960년대 케네디와 존슨 행정부의 사회복지 정책에 큰 영향을 미쳐 당시 '빈곤과의 전쟁(War on Poverty)' 프로그램 실시에 이론적 바탕이 되었으며, 《풍요한 사회》는 오늘날 소비사회와 복지정책 분야의 고전이 되었다.

프랑켄슈타인

저자 셸리(Shelley, Mary Wollstonecraft, 1797~1851) **분류** 문학(미국)/여성/영화

원제 Frankenstein: The Modern Prometheus **출간 연도** 1818년

영국의 작가 메리 울스턴크래프트 셸리의 장편괴기소설. 작가 셸리는 《여성의 권리옹호》를 쓴 당대의 여권운동가 메리 울스턴크래프트의 딸이자 시인 셸리의 아내로, 스위스에 머물던 중에 남편 및 시인 바이런과 이야기를 나누다가 이 소설을 착상하게 되었다고 한다. 제네바의 과학자 빅토르 프랑켄슈타인은 죽은 사람의 몸을 이용하여 2미터 40센티에 이르는 거인을 만들어낸다. 인위적으로 생명을 얻은 거인은 거대한 몸집과 추한 용모 때문에 사람들로부터 공포와 배척의 대상이 된다. 외로움과 절망감에 시달린 나머지 자신을 창조한 빅토르에게 복수심을 느낀 거인은 빅토르의 친지들을 해치기 시작한다. 거인은 빅토르에게 자신과 함께 살 여자를 만들어 달라고 요구하지만, 빅토르는 거인의 요청을 받아들이지 않는다. 이에 분노한 거인은 빅토르의 아내 엘리자베스를 살해하고, 서로에 대한 복수심에 가득 찬 두 사람은 세상 끝까지 쫓고 쫓기는 추격전을 벌이다 결국 둘 다 파멸한다. 이 소설은 18세기 중반부터 19세기 초반 사이에 영국에서 유행한 '고딕소설'의 범주에 속한다. 고딕소설이란 중세의 오래된 고성에서 벌어지는 무섭고 괴기스러운 사건을 다룬 작품을 말한다. 그러나 《프랑켄슈타인》은 고딕소설에 속하면서도 여자의 몸에서 나오지 않고 남성이 만들어낸 끔찍한 생명체가 부른 비극을 통해 남성중심사회를 비판하였기 때문에, 오늘날에는 여성주의 문학이라는 측면에서 많은 연구가 이루어지고 있다.

프로테스탄티즘의 윤리와 자본주의 정신

저자 베버(Weber, Max, 1864~1920) **분류** 사회과학(사회학)

원제 Die Protestantische Ethik und der Geist des Kapitalismus(Protestant Ethic and the Spirit Capitalism) **출간 연도** 1905년

독일의 경제학자이자 사회학자 막스 베버의 저서. 1904~1905년에 걸쳐 잡지 〈사회과학 및 사회정책(Archiv für Sozialwissenschaft und

Sozialpolitik)〉에 연재한 논문이다. 베버는 이 논문의 서두에서 먼저 근대사회를 만든 수학, 과학, 법학, 정부행정, 경제질서의 합리화는 서구에서(만) 일어났다는 전제를 제시하였다. 베버는 그러므로 근대화(사회의 합리화)는 서구사회의 독특한 특성에서 비롯된 것이라고 주장하고, 이러한 근대화와 합리화의 배경이 된 서구사회의 특성을 논하였다. 베버는 많은 수의 자본가와 기술인력들이 프로테스탄트 신도라는 점을 근거로 프로테스탄티즘, 특히 칼뱅주의 청교도파의 종교관(구원의 예정설)이 서구 자본주의 발달에 하나의 요소로써 영향을 미쳤다고 주장하였다. 그에 따르면, 프로테스탄티즘은 개인이 자신의 직업에 대한 책임을 종교적 의무로 여기게 함으로써 자본주의에 엄격한 도덕성을 불어넣었다. 그러므로 자본주의는 단순한 개인의 이윤추구에서 비롯된 것이 아니라 종교적인 '소명의식'을 갖춘 개개인의 금욕(禁慾)과 직업정신을 바탕으로 비롯되었다고 주장하였다. 이러한 금욕과 직업정신을 갖춤으로써 자본주의는 비로소 개인의 욕망과 충동을 합리적으로 조절하고 억제하는 근대적 경제질서로 발전할 수 있었다는 것이 베버의 논지이다. 그에 따르면, 프로테스탄티즘과 자본주의는 이와 같은 합리성과 근대성을 근대인의 정신과 직업을 비롯한 사회생활의 모든 영역에 불어 넣음으로써 근대의 과학, 예술, 문화, 학문, 정치, 사회사상 형성의 밑바탕이 되었다. 다만 베버는 이 논문에서 프로테스탄티즘이 자본주의를 만들었다고 주장한 것은 아니다. 베버가 주장한 것은 프로테스탄티즘이 자본주의의 성립에 영향을 미친 요소였다는 것이다. 프로테스탄티즘의 종파 가운데에는 자본주의에 별 영향을 미치지 않은 종파도 많으며, 반대로 자본주의가 프로테스탄티즘에 미친 영향도 지대하다고 언급한다. 이 논문은 한 사회의 종교와 경제 · 사회질서 간의 상관관계를 연구하려 했던 베버의 시도 가운데 하나이며, 그는 이후 불교, 유교, 유대교 등이 경제 · 사회질서에 미친 영향에 대한 연구를 계속하였다.

프린키피아

저자 뉴턴(Newton, Isaac, 1642~1727) **분류** 자연과학(물리학)

원제 Philosophiae Naturalis Principia Mathematica(Mathematical Principles of Natural Philosophy) **출간 연도** 1687년

영국의 수학자이자 물리학자 아이작 뉴턴의 저서. 원제는 《자연철학의 수학적 원리》이다. 전 3편으로 되어 있으며 1 · 2편은 물체의 운동에 대한 일반론, 3편은 천체의 운동을 논하였다. 뉴턴은 수학과 광학(光學) 분야에서 뛰어난 업적을 이루었으나 그의 최대 업적은 역학(力學) 분야에서 나왔으며, 《프린키피아》는 뉴턴 역학을 집대성한 것이다. 특히 뉴턴 자신이 창안한 유율법(流率法)을 사용하여 중력이 행성의 운동에 미치는 영향을 수학적으로 규명한 '만유인력' 의 법칙이 포함되어 있다. 이로써 뉴턴 역학의 체계가 완성되어 이후 이론물리학의 기초가 되었다.

플루타르크 영웅전

저자 플루타르코스(Plutarchos, 46?~120?) **분류** 역사(서양사)

원제 Bioi Paralleloi(Parallel Lives or Plutarch' s Lives)

그리스 출신으로 로마 제국의 시민이 된 철학자이자 작가이며 신관이자 정치가였던 플루타르코스(플루타르크 Plutarch)가 지은 전기. 원제는 《비교 전기》이다. 그리스와 로마의 위인을 각기 한 사람씩 선정해서 두 사람의 성격과 품성을 대비하여 서술하는 형식으로 되어 있다. 그리스 1인, 로마 1인 씩 모두 23쌍 46명의 생애를 대비하여 서술하고, 말미에 비교 인물평을 붙였으며, 그 밖에 별도로 4명의 단독 전기를 추가하여 모두 50명의 전기를 수록하였다. 수록된 인물들은 테세우스(그리스)와 로물루스(로마), 알렉산더와 카이사르, 데모스테네스와 키케로 등 서로 대비되는 점이 있는 그리스와 로마의 정치인들이다. 이밖에도 헤라클레스, 스키피오 아프리카누스, 에파미논다스 등의 이름이 플루타르코스의 저술목록에 올라 있지만, 이들의 전기는 오늘날 전해지지 않는다. 플루타르코스는 역사적 사실을 시간적으로 기술하는 것이 아니라 두 사람의 위인들의 대비되는 성품과 행동을 통해 사람들에게 귀감이 될 교훈을 전하는 것을 이 책의 집필 목적으로 삼았다. 그런 까닭에 이 책에는 전설에 해당하는 내용도 실려 있고, 사실을 있는 그대로 기술하기보다는 교훈과 철학을 전달하기 위한 문학적 글쓰기에 치중하였다. 그러나 이러한 문학성 때문에 이 책은 오히려 수준 높은 철학적 전기로 평가받아 당시의 많은 로마인 독자들로부터 호평을 받을 수 있었다. 플루타르코

스가 활동했던 시기는 로마 제국의 전성기였고, 당시 로마의 상류층들은 그리스 문화와 위인들에 대해 잘 알고 있었다. 이와 같이 《플루타르크 영웅전》은 로마 제국 시대에 큰 인기를 얻었기 때문에 중세 시대에도 보존되어 전해질 수 있었다. 또한 르네상스 시대 들어 고전과 고대에 대한 관심이 커지면서 다시 한 번 대중적 인기를 얻게 되었다. 오늘날에는 서양 고전문학의 대표작 가운데 하나로 불린다.

픽션들

저자 보르헤스(Borges, Jorge Luis, 1899~1986) **분류** 문학(중남미)

원제 Ficciónes **출간 연도** 1944년

아르헨티나의 시인 · 소설가이자 중남미 문학을 대표하는 환상적 리얼리즘의 거장 호르헤 루이스 보르헤스의 단편소설집. 1941년에 단편소설 8편을 모아 출간한 《미로정원》이라는 소설집에 9편의 단편소설을 더하여 《픽션들》이라는 제목으로 출간하였다. 이 소설집에 수록된 대표적인 작품들로는 〈끝없이 두 갈래로 갈라지는 길들이 있는 정원〉, 〈삐에르 메나르, 돈키호테의 저자〉, 〈바벨의 도서관〉, 〈기억의 천재 푸네스〉, 〈남부〉 등이 있다. 이 소설집에서 보르헤스는 17편의 단편소설을 통해 기존의 질서와 관념이 해체되고 시간이 여러 갈래로 뻗어가는 미궁과 같은 삶의 모습을 보여주었다. 그는 시간, 무한, 거울, 도서관, 기억, 언어 등을 주제로 삼아 현실과 환상을 넘나들면서 현실 속의 환상, 환상 속의 현실을 보여주는 독특한 수법을 구사하였다. 이런 특성 때문에 보르헤스는 포스트모더니즘에 지대한 영향을 미친 작가로 평가받는다.

세계의 모든 책

하

하늘과 바람과 별과 시

저자 윤동주(尹東柱, 1917~1945) **분류** 문학(한국) **원제** 하늘과 바람과 별과 시

출간 연도 1948년

시인 윤동주의 시선집. 윤동주는 북간도 용정 출신으로 1938년 연희전문 문과에 진학하였다. 시인은 간도 시절부터 시를 쓰기 시작했으며 1941년에 졸업 기념으로 자선(自選) 시집 《하늘과 바람과 별과 시》를 출간하려 하였으나 뜻을 이루지 못하였다. 1942년 일본으로 건너가 릿교 대학과 도지샤 대학에서 공부하다 1943년 독립운동 혐의로 체포되어 1945년 후쿠오카 형무소에서 사망하였다. 그의 사후 1948년에 동생 윤일주와 친구 정병욱이 자선 시집 《하늘과 바람과 별과 시》에 실린 19편과 유작 12편을 모아 유고(遺稿) 시집 《하늘과 바람과 별과 시》를 출간하였다. 이후 1955년에 유작 62편을 더하여 2판을 출간하였고, 1976년에 다시 23편을 추가해 3판을 출간하였다. 《하늘과 바람과 별과 시》는 모두 5부로 이루어져 있다. 1부에는 자선 시집에 실렸던 〈서시〉, 〈자화상〉, 〈소년〉, 〈별 헤는 밤〉 등 18편의 작품이 실려 있으며, 2부는 도쿄 유학 시절의 작품들로 〈흰 그림자〉, 〈사랑스런 추억〉 등 5편, 3부는 습작 시절의 작품들로 〈참회록〉 등 42편, 4부는 동요 〈산울림〉 등 22편, 5부는 산문으로 〈달을 쏘다〉, 〈별똥 떨어진 데〉, 〈화원에 꽃이 핀다〉, 〈종시〉 등 5편이 실려 있다.

하멜 표류기

저자 하멜(Hamel, Hendrik, ?~1692) **분류** 역사(한국)

원제 Relation du Naufrage d' un Vaisseau Hollandois **출간 연도** 1668년

조선 시대 제주도에 표류한 네덜란드 선원의 14년간의 한국 체류기. 저자 헨드릭 하멜은 네덜란드 동인도회사 소속 서기로 1653년(효종 4) 1월에 상선 스페르웨르(Sperwer) 호를 타고 네덜란드 텍슬 항을 출발하여 6월에 바타비아(자카르타)에 도착하였다. 당시 하멜은 22세의 젊은 청년이었다. 스페르웨르 호는 다시 바타비아를 출발하여 7월에 포모사(타이완)을 거쳐 일본 나가사키로 가던 도중 8월 중순 제주도 부근에서 폭풍우

를 만나 난파되었다. 64명의 선원 가운데 하멜을 포함하여 살아남은 선원 37명은 8월 16일 제주도에 상륙하였다. 제주도에서 관헌에 억류된 하멜 일행은 서울로 호송되었다. 서울로 호송된 하멜 일행은 하멜보다 22년 전에 역시 나가사키로 가던 도중 제주도에 표류한 네덜란드인 벨테브레(박연)의 통역으로 효종 앞에서 심문을 받는다. 북벌을 꿈꾸던 효종은 네덜란드인들이 지닌 신무기 제조기술을 활용하기 위해 이들을 훈련도감을 비롯한 군영에서 생활하게 한다. 그러나 고향으로 돌아가기를 염원하던 하멜 일행은 조선을 방문한 청나라 사신 행렬에 뛰어들어 자신들의 처지를 호소하려 하고, 입장이 난처해진 효종은 이들을 전라도 지방으로 보낸다. 이후 하멜은 전라도 지방의 병영에서 일하다 1666년(현종 7) 9월에 하멜을 포함한 8명이 탈출하여 해안가에서 배를 타고 나가사키에 도착, 1668년 7월에 네덜란드로 귀국하였다. 귀국한 하멜은 14년의 억류기간 동안 밀린 체불임금과 보상금을 청구하기 위한 근거를 남기고자 《난선제주도난파기(蘭船濟州島難破記, Relation du Naufrage d' un Vaisseau Hollandois)》와 그 부록 《조선국기(Description du Royaume de Core)》를 저술하였다. 하멜은 보상금을 받기 위해 14년의 억류생활 동안 겪은 고초를 상세하게 묘사하였으며, 《조선국기》에서는 조선의 지리와 문물, 정치와 제도, 사회풍속을 소개하였다. 이와 같은 사정으로 출간된 《하멜 표류기》는 오늘날에는 조선을 유럽에 소개한 최초의 문헌으로 사료적 가치가 높은 저작이 되었다.

한국독립운동지혈사

저자 박은식(朴殷植, 1859~1925) **분류** 역사(한국사)

원제 韓國獨立運動之血史 **출간연도** 1920년

구한말의 민족사학자이자 독립운동가 박은식이 저술한 독립운동사. 상 · 하편 31장이며 한문으로 쓰였다. 이 책은 1884년 갑신정변부터 3 · 1 운동 직후인 1920년까지 일제의 조선 침략과 조선 독립운동의 역사를 기술한 책이다. 주요 내용은 갑신정변, 동학농민전쟁, 명성황후 시해사건과 의병운동, 을사조약과 한일합방, 일제 총독부의 학정과 해외 독립운동, 상해임시정부 소개 등이다. 박은식은 1915년에 근대역사학 방법

론에 입각하여 흥선대원군 시대부터 1911년까지 한국근대사를 서술한 《한국통사》를 출간하였고, 이후 본격적인 독립운동사를 구상하여 1919년에 《한일관계 사료집》을 출간하였다. 이어 1920년에 사료집에 수록된 자료와 독립운동가들의 체험을 바탕으로 상하이에서 이 책을 간행하였다. 박은식은 이 책의 서문에서 '인종의 자격이 서로 같고, 종교 · 역사 · 언문 · 풍속에 국혼(國魂)이 멸(滅)하지 않는 자는 일시적으로 타국에 병합되어도 종래에는 분리 · 독립하게 되며, 국혼이 강한 우리나라는 반드시 광복의 날을 맞을 것' 이라며 독립운동에 있어 민족혼의 유지가 중요하다는 것을 강조하였다. 그에 따르면, 민족국가를 유지하려면 국교 · 국학 · 국어 · 국문 · 국사 등 내면적 · 정신적인 혼(魂)과 전곡(錢穀) · 졸승(卒乘) · 성지(城池) · 선함(船艦) · 기계(機械) 등 외형적 · 물질적인 백(魄)이 필요한데, 혼이 없으면 백이 있어도 죽은 것이나 마찬가지라고 보았다. 박은식은 이 사상에 입각하여 한민족은 민족혼이 강하기 때문에 반드시 일제의 지배를 벗어날 수 있다는 믿음을 피력하였다.

한국전쟁의 기원

저자 커밍스(Cumings, Bruce, 1943~) **분류** 역사(한국사)

원제 The Origins of the Korean War **출간 연도** 1981년

미국의 역사학자 브루스 커밍스가 한국전쟁의 원인에 대해 쓴 저서. 한국전쟁에 대한 '수정주의' 역사학파의 대표작으로 불리며, 국내 학계에 커다란 충격과 반향을 일으킨 문제작이다. 이 책에서 커밍스 교수는 한국전쟁을 직접적으로 누가 일으켰는가에 대해서는 아직 충분한 연구가 이루어져 있지 않다는 점을 들어 유보적인 입장을 취하면서, 1945년 해방 이후부터 1950년 한국전쟁 발발까지의 5년 동안의 기간에 주목하였다. 커밍스 교수는 일제가 한반도에서 물러간 후 갑자기 생긴 해방공간에서 정치 · 사회 · 경제 과제들을 해결하는 방식에 있어 남과 북은 커다란 차이를 보이며 대립했다고 보았다. 이러한 차이와 대립으로 인해 생긴 갈등으로 대구폭동, 4 · 3 사태, 여순사건 등이 발생했고, 한국전쟁은 이러한 갈등이 최종적으로 폭발한 것이라고 규정하였다. 커밍스 교수는 한국전쟁은 이러한 남북의 내부모순을 해결하기 위한 불가피한 선

택이었음을 강조함으로써 한국전쟁이 민족 간의 '내전'이었음을 강조하였다. 이후 커밍스 교수는 1997년에 출간한 《브루스 커밍스의 한국현대사(Korea's Place in the Sun)》에서 최신 연구성과에 입각하여 김일성의 전쟁책임론을 강조하였다. 그럼에도 불구하고 커밍스 교수는 '전쟁에 대한 나의 판단은 바뀐 적이 없다. … 전쟁이 1950년 6월 25일에 시작된 것은 어느 누구의 잘못도 아니다. … 내전은 시작하는 것이 아니라 복잡한 역사 속에서 자라난다'는 자신의 관점을 견지하였다.

한국통사

저자 박은식(朴殷植, 1859~1925) **분류** 역사(한국사) **원제** 韓國痛史 **출간 연도** 1915년

구한말과 일제강점기를 산 민족사학자이자 독립운동가 박은식이 저술한 한국근대사. 1864년 흥선대원군의 집권부터 한일합방 직후인 1911년까지 한국근대사를 일제의 침략과정과 이에 맞선 독립운동의 전개라는 관점에서 3편 114장에 걸쳐 한문으로 기술한 책이다. 3편 가운데 제1편은 우리나라의 지리와 단군신화에서 흥선대원군 집권 이전까지의 역사를 약술하였고, 제2편에서는 흥선대원군의 집정부터 아관파천까지를 다루었다. 여기서 저자는 흥선대원군이 정치개혁의 성과는 이루었으나 국제정세에 어두워 국가발전을 가로막았다고 평가하였다. 반면 민씨 정권에 대해서는 자주적 근대화의 실력 없이 문호개방을 서두름으로써 조선을 열강의 각축장으로 만들었다고 비판하였다. 제3편에서는 1898년 대한제국의 성립에서 1911년 105인 사건까지를 다루면서, 일제의 조선병합과정을 자세히 서술하였다. 저자는 1914년 상하이 〈국시일보(國是日報)〉의 주간으로 활동하면서 이 책을 집필하여 1915년 상하이에서 태백광노(太白狂奴)라는 가명으로 출간하였다. 저자는 이 책의 서문에서 '옛 사람이 말하기를, 나라는 멸망할 수 있으나 그 역사는 결코 없어질 수 없다고 했으니, 이는 나라가 겉모양이라면 역사는 정신이기 때문이다. 이제 우리나라의 모양은 허물어져 버리고 말았지만, 정신은 살아남아야 할 것이다. 바로 이 때문에 나는 우리나라의 역사를 집필하는 것이다.'라고 집필의도를 밝혔다. 이 책은 인과론에 입각하여 역사적 사실을 분석하고 비판하는 근대역사학 방법론을 도입한 우리나라 최초의 저작

으로 불리며, 저자의 민족주의 민족혼 사관이 담긴 작품이다.

한단고기

저자 계연수(桂延壽, ?~1920) **분류** 역사(한국사) **원제** 桓檀古記 **출간 연도** 1911년

단군 시대 한국 상고사를 서술한 책. 일제강점기에 계연수가 《삼성기(三聖記)》, 《단군세기(檀君世記)》, 《북부여기(北夫餘紀)》, 《태백일사(太白逸史)》 등을 묶어 편찬하였으며, 그의 제자 이유립이 1979년에 출간하였다. 수록된 책들을 보면 《삼성기》 상 · 하 2편은 신라의 승려 안함로(安含老)와 원동중(元董仲)이 환인(桓因) · 환웅(桓雄) · 단군(檀君)을 중심으로 우리 민족의 기원과 단군조선의 역사를 서술한 책이다. 환인으로부터 7세 단인까지 3301년의 역사와 신시 시대의 환웅으로부터 18세 단웅까지 1565년의 역사가 기록되어 있다. 〈단군세기〉는 1363년(고려 공민왕 12)에 문신 이암(李嵒)이 1대 단군왕검부터 47대 단군고열가까지 단군조선의 역사를 기록한 책이다. 《북부여기》는 고려 말의 학자 범장(范樟)이 북부여의 역사를 서술한 책으로 북부여의 시조 해모수에서 6대 고무서까지 204년의 역사와 가섭원부여 108년의 역사를 서술하였으며, 《태백일사》는 이암의 후손이자 조선 중기의 학자 이맥(李陌)이 한국(桓國) · 신시 시대 · 고려에 대해 기술한 책이다. 《한단고기》는 1980년대 재야사학자들의 한국고대사 재해석 붐에 편승하여 알려졌으나, 기성 사학계에서는 이 책의 성립과정이 불분명하고 수록내용이 비현실적이라는 점을 들어 위서(僞書)로 평가하고 있다. 현재 《한단고기》는 상고 시대 한민족의 중국대륙 지배설을 주장하는 재야사학자들의 사료로 인용되고 있다.

한비자

저자 한비(韓非, BC 280?~BC 233) **분류** 철학(중국철학)

원제 韓非子 **출간 연도** 중국 전국 시대

중국 전국 시대 말기의 법가(法家) 사상가 한비와 그 일파의 저서. 55편 20책이다. 한비는 한(韓)나라의 공자(公子)로 젊은 시절에 훗날 진나

라의 재상이 되는 이사(李斯)와 함께 순자(荀子)의 문하에서 법가 사상을 공부하였다고 한다. 《한비자》에는 한비가 직접 지은 것으로 보이는 〈오두(五蠹)〉, 〈현학(顯學)〉, 〈고분(孤憤)〉 등의 저작, 한비와 같은 법가 사상가들이 유가의 덕치론을 비판한 저작인 〈난(難)〉, 〈난일(難一)〉부터 〈난사(難四)〉, 〈난세(難勢)〉, 〈문변(問辨)〉, 〈문전(問田)〉, 〈정법(定法)〉 등의 저작, 법가 사상을 담은 설화집인 〈설림(說林)〉, 〈내외저설(內外儲說)〉, 〈십과(十過)〉 등의 저작, 한비 이후의 법가 사상가들의 사상을 담은 〈유도(有度)〉, 〈이병(二柄)〉, 〈팔간(八姦)〉, 〈심도(心度)〉, 〈제분(制分)〉 등의 저술이 실려 있다. 이와 같이 《한비자》에 실린 사상은 기존의 유가, 법가, 도가 등 제자백가 사상의 허실을 두루 검토한 끝에 나온 독자적인 사상이라 할 수 있다. 한비가 주장한 법가 사상의 핵심은 지혜로운 현인이 중심이 되어 덕으로써 다스리는 덕치(德治)를 비판하고, 군주가 중심이 되어 법으로써 다스리는 법치(法治)를 강조한 데 있다. 이는 개인의 인성(人性)과 주관에 좌우되는 인치(人治) 대신 객관적이고 공개적이며 일관성을 갖춘 법률로써 다스릴 것을 강조했다는 점에서 주관보다 객관을 중시하고 개인의 사적 자유보다 국가의 공적 이익을 앞세운 통치철학이라 할 수 있다. 이와 같은 한비의 법가 사상은 진나라 시황제에게 영향을 미쳐 진나라가 다른 제후국을 무너뜨리고 중국에 통일제국을 세우는 데 사상적 기초가 되었다.

한서

저자 반고(班固, 32~92) **분류** 역사(중국사) **원제** 漢書 **출간 연도** 중국 후한 시대

중국 후한(後漢)의 역사가 반고가 편찬한 전한(前漢) 시대 역사서. 남북조(南北朝) 시대에 송(宋)나라의 범엽(范曄)이 지은 《후한서(後漢書)》와 구분하여 《전한서(前漢書)》 또는 《서한서(西漢書)》라고도 부른다. 원래 반고의 아버지 반표(班彪)가 사마천이 지은 《사기》를 보충하기 위해 《후전(後傳)》 65편을 편집하다가 사망하자, 아버지의 유업을 이어받아 사서 편찬을 계속하였다. 이후 반고가 원고를 일차 완성하고 〈팔표(八表)〉와 〈천문지(天文志)〉가 미완성인 상태에서 죽자, 그의 누이동생 반소(班昭)와 마속(馬續)이 미완성 부분을 보완하여 완성하였다. 《한서》의

특징은 전한 시대만을 다루었다는 데 있으며, 한고조 유방부터 왕망의 난까지 12대 230년의 역사를 12제기(帝紀) · 8표(表) · 10지(志), 70열전(列傳)으로 구성하였다. 오늘날에는 《사기》와 함께 중국 역사서를 대표하는 2대 작품으로 불린다.

해국도지

저자 위원(魏源, 1794~1856) **분류** 정치(중국정치) **원제** 海國圖志 **출간 연도** 1844년

중국 청나라의 학자 위원이 지은 세계지리서. 1844년에 50권으로 처음 간행되었다가, 1847년에 60권으로 증보간행되었으며, 그 후 다시 보완을 거쳐 1852년에 100권으로 간행되었다. 1842년 아편전쟁의 패배로 그때까지 서양을 무시하던 중국의 전통적 서양관은 무너졌으며, 중국의 지식인들 사이에서는 서양을 다시 보자는 풍조가 일어났다. 《해국도지》는 이러한 당시 중국 지식인들의 풍조를 반영하여 서양의 자료를 수집하여 편찬한 책이다. 초간본 50권에는 임칙서(林則徐)가 영국인 머레이(Hugh Murray)의 《세계지리대전》을 번역한 《사주지(四洲志)》 24권이 포함되어 있으며, 중간본 60권은 초간본에다 서양무기에 대한 10권 분량을 추가한 것이고, 100권본은 여기에 《영환지략(瀛環志略)》의 내용을 추가한 것이다. 《해국도지》 1 · 2권에서 저자 위원은 서양의 침략에 맞서 중국을 지키기 위한 국방문제에 대해 자신의 견해를 피력하였다. 그에 따르면, 이 책은 서양인의 관점에서 서양을 말한 것이며, '이적(夷狄, 서양)으로 이적을 견제하며 … 이적의 기술을 배워 이적을 견제하고자' 지은 것이라고 피력하였다. 즉 아편전쟁 이후 중국의 지식인들이 외교와 군사기술 발전을 통해 서양에 대처하고자 했음을 보여준다. 이어서 3권부터 70권까지는 동남양(東南洋, 일본에서 필리핀까지 동남아시아 연안도서 국가)–서남양(西南洋, 인도)–소서양(小西洋, 아프리카)–대서양(大西洋, 유럽)–북양(北洋, 러시아와 폴란드)–외대서양(外大西洋, 남북아메리카)의 순서로 각국의 지리 · 역사 · 정치 · 문화를 지도와 함께 소개하였다. 세계 각국 가운데 특히 아편전쟁에서 중국에게 수모를 준 영국에 대해 자세히 기술하였으며, 일본은 동남양 국가에 포함하였으나 조선은 배제시켰다. 71권부터 100권까지는 서양에 대한 여러 가지 정보

와 중국과 서양의 교류역사, 서양의 군사과학기술을 소개하였는데, 특히 서양무기에 대해 자세히 설명하였다. 《해국도지》는 1845년 조선에 전해져 큰 관심을 일으켰으며, 흥선대원군 시대에 《해국도지》의 내용을 바탕으로 전함과 대포를 만들었다는 기록이 《승정원일기》에 남아 있다.

해동고승전

저자 각훈(覺訓, ?~?) **분류** 종교(불교) **원제** 海東高僧傳 **출간 연도** 1215(고려 고종 2)

고려 시대의 승려 각훈이 지은 한국 승려전. 현재는 2권 1책만 전한다. 각훈은 화엄종의 고승으로 오관산(五冠山) 영통사(靈通寺)의 주지를 지냈으며, 왕명으로 이 책을 저술하였다고 한다. 영통사는 대각국사 의천이 출가한 사찰로 고려 왕실에서 자주 찾는 중요한 사찰이었다. 때문에 각훈은 불교계에서 상당히 높은 지위의 인물이었던 것으로 추정되며, 이규보, 이인로, 최자 등 당대의 문인들과도 교류하였다는 사실로 볼 때 유학에도 일가견이 있었을 것이다. 《해동고승전》과 비슷한 책으로 신라 성덕왕(702~737) 때 김대문(金大問)이 지은 《고승전(高僧傳)》이 있으나 현존하지 않으므로 《해동고승전》이 한국불교의 역사를 알 수 있는 가장 오래된 책이다. 《해동고승전》의 앞부분에는 왕명에 의해 편찬되었음을 밝히는 구절이 있는 것으로 보아, 국가적 차원에서 한국불교의 역사를 정립하기 위해 편찬된 것으로 보인다. 현존하는 《해동고승전》 1·2권에는 삼국 시대에 불교를 전한 서역, 인도, 중국 승려 19명의 행적을 소개하고, 그들의 행적을 찬탄하는 시를 수록하였다. 그러나 원래는 삼국 시대부터 고려 고종 때까지 한국 고승들의 일대기를 전부 수록하여 분량이 상당하였을 것으로 짐작된다. 《해동고승전》의 형식은 중국 양나라, 당나라, 송나라의 《고승전》을 참고한 것으로 보이나, 내용에 있어서는 한국 고유의 불교사를 표방하여 민족문화에 대한 자긍심을 강조하던 당시 지식인들의 정서를 반영하고 있다. 현재 《해동고승전》은 한국 불교사를 연구하는 데 있어 중요한 자료이자 한국에서 가장 오래된 문헌 가운데 하나이다.

해동역사

저자 한치윤(韓致奫, 1765~1814) **분류** 역사(한국사) **원제** 海東繹史 **출간 연도** 조선 후기

조선 후기의 실학자 한치윤이 지은 기전체(紀傳體) 한국통사. 85권 6책이다. 한치윤은 남인(南人) 출신으로 벼슬할 뜻을 버리고 평생 학문에 정진하였다고 한다. 원래 한치윤이 직접 편찬한 책은 70권이나 그의 사후 조카 한진서(韓鎭書)가 미완성인 《지리고(地理考)》 15권을 완성하여 속편으로 보충하였다. 집필에 있어 청나라 마숙(馬驌)이 찬술한 《역사(繹史)》를 참고로 하였기 때문에 《해동역사》라는 제목을 붙였다고 한다. 내용은 1~16권은 단군 시대부터 고려 시대까지 역대 왕조의 역사를 편년체(編年體)로 기술한 〈세기(世紀)〉, 17~59권은 〈성력지(星曆志)〉, 〈예지(禮志)〉, 〈악지(樂志)〉, 〈식화지(食貨志)〉, 〈물산지(物産志)〉, 〈풍속지(風俗志)〉, 〈예문지(藝文志)〉 등의 〈지(志)〉, 60권 이후는 〈숙신씨고(肅愼氏考)〉, 〈비어고(備禦考)〉, 〈인물고(人物考)〉, 〈지리고(地理考)〉 등이다. 기전체 형식이지만 연표(年表)는 빠져 있다. 서술방식은 주로 중국과 일본의 사료 550여 종에서 한국사 관련 기사를 발췌한 후 〈세기〉·〈지〉·〈전기〉로 분류하여 게재하고, 여기에 주석과 비평을 다는 식으로 이루어졌다. 《해동역사》는 정사(正史)의 서술양식인 기전체 형식을 취했으면서도 정치사인 〈세기(世紀)〉보다는 문화사인 〈지(志)〉에 비중을 둔 역사서이다. 전체 85권 가운데 〈지〉의 비중이 가장 많고 다양하며 객관적이고 실증적으로 기술하였다. 이러한 특징은 편저자 한치윤이 청나라에 머물면서 고증학의 영향을 받은 것으로 보인다. 사료 선정에 있어 주로 외국자료에 의존하였다는 점에서 한계가 있으나, 한국사를 객관화시켜 실증적으로 기술하고자 한 서술방식에 있어서는 높은 평가를 받고 있다. 또한 중국 중심의 성리학적 역사관에서 벗어나지는 못하였지만, 단군조선, 삼한, 발해의 역사를 한국사의 본류에 포함시키고 고구려의 역사를 비중 있게 다루어 당시 실학자들의 주체적 역사관을 어느 정도 반영하고 있다.

해방 전후사의 인식

저자 송건호(宋建鎬, 1927.9.27~2001.12.21) 외 **분류** 역사(한국사)

원제 해방 전후사의 인식 **출간 연도** 1979년

송건호 외 11인이 1945년 일제 패망 후의 한국현대사에 대해 쓴 논문집. 출간과 함께 판매금지와 압류처분을 당했으나, 다시 발행되어 1980년대 학생운동에 큰 영향을 미친 대표적인 책이 되었다. 이 책에 수록된 논문은 〈해방의 민족사적 인식〉(송건호)·〈미군정의 정치사적 인식〉(진덕규)·〈분단의 배경과 고정화 과정〉(김학준)·〈반민특위의 활동과 와해〉(오익환)·〈일제 말 친일군상의 실태〉(임종국)·〈8·15 직전의 독립운동과 그 시련〉(조동걸)·〈김구의 사상과 행동의 재조명〉(백기완)·〈이승만노선의 재검토〉(김도현)·〈8·15를 전후한 여운형의 정치활동〉(이동화)·〈해방 후 농지개혁의 성격〉(유인호)·〈미군정 경제의 역사적 성격〉(이종훈)·〈소설을 통해 본 해방 직후의 사회상〉(염무웅) 등이다. 저자들은 해방 이후 남한에 진주한 미군정의 성격과 분단과정, 반민특위를 통한 친일파 청산 노력이 실패로 끝난 전말, 김구, 이승만, 여운형 등 정치가들의 노선과 농지개혁을 비롯한 경제정책의 성격에 대해 비판적으로 검토함으로써 반공 이데올로기 일색이던 해방 전후사 연구에 새로운 시각을 제시하였다. 《해방 전후사의 인식》이 제시한 새로운 시각은 1980년대 한국 학생운동의 역사인식에 큰 영향을 미쳤으며, 1980년대의 정치·사회·경제적 문제의 근원이 1945년 해방정국에서 비롯되었다는 인식을 확산시켰다. 이후 《해방 전후사의 인식》은 1989년까지 모두 6권이 출간되었으며, 2004년에 재출간되었다.

해상권력사론

저자 머핸(Mahan, Alfred Thayer, 1840~1914) **분류** 사회과학(군사)

원제 The Influence of Sea Power Upon History; 1660~1783, (海上權力史論)

출간 연도 1890년

미국 해군대학의 교수 앨프리드 세이어 머핸의 저서. 서양 근대사를 분석하여 미국이 '제해권(制海權, control of the sea)'을 가진 '해양대국(sea power)'으로 발전해야 한다고 주장한 책이다. 이 책에서 머핸은 1660년부터 1783년 사이에 유럽과 아메리카 대륙에서 벌어진 여러 차례

의 해전을 분석하고, 당시 세계 제일의 대국이던 대영제국의 성공비결을 연구하여 국가가 발전하고 번영을 누리기 위해서는 해상무역이 발달해야 하며, 해상무역을 보호하기 위해서는 강력한 해군력이 필요하다고 주장하였다. 머핸에 따르면, 한 국가가 해양대국이 되기 위해서는 충분한 상선이 있어야 하며, 우세한 해군력을 바탕으로 제해권을 확보해야 하고, 제해권을 확보하기 위해서는 해외에 해군기지를 확보해야 한다고 주장하였다. 이와 같은 조건을 충족하여 제해권을 갖춘 해양대국은 지상군 위주의 대륙 국가들보다 우세하며 해상봉쇄를 통하여 대륙국가(예를 들어 프랑스, 독일, 러시아)를 무력화시킬 수 있으므로 미국은 해군력을 증강하고 해외에 해군기지를 확보해야 한다는 것이 머핸의 결론이다. 머핸의 주장은 훗날 미국의 대통령이 된 시어도어 루스벨트를 비롯한 팽창주의 성향의 정치인들에게 큰 영향을 미쳤다. 이후 미국 정부는 머핸이 주장한 바에 따라 하와이를 병합하고 파나마 운하를 차지했으며, 미·서 전쟁을 통하여 필리핀을 식민지로 삼는 등 해외 해군기지와 식민지 확보에 나서게 되었다. 또한 머핸의 주장은 단지 미국 정부에만 영향을 미친 데 그치지 않고 독일과 일본 등 당시 열강의 해군정책에 큰 영향을 미쳤으며, 오늘날에도 국가전략 연구에 활용되고 있다.

해파리의 노래

저자 김억(金億, 1893~?) **분류** 문학(한국) **원제** 해파리의 노래 **출간 연도** 1923년

김억의 시집. 한국 최초의 근대시집이다. 김억은 1921년에 한국 최초의 번역 시집이자 최초의 현대 시집인 《오뇌(懊惱)의 무도(舞蹈)》를 출간하였다. 《오뇌의 무도》는 보들레르와 베를렌의 시를 번역한 것으로, 김억은 이들 시인이 구사한 퇴폐적이고 상징적인 분위기와 실험적인 시어(詩語)의 영향을 받아 창작시집 《해파리의 노래》를 출간하였다. 《해파리의 노래》에는 〈꿈의 노래〉, 〈해파리의 노래〉, 〈표박(漂泊)〉, 〈스핑크스의 설움〉, 〈황포의 바다〉, 〈반월도〉, 〈저락(低落)된 눈물〉, 〈황혼의 장미〉, 〈북방의 소녀〉 등 9장에 걸쳐 83편의 시가 실려 있다. 김억은 한국 최초로 서구의 시와 시론(詩論)을 소개하였을 뿐 아니라 우리 민요의 운율을 살린 민요시 운동의 주창자로서도 널리 알려져 있다. 《해파리의 노래》는

민요시로 관심을 돌리기 이전의 서구 시인들의 영향을 많이 받은 자유시 위주로 구성되어 있다. 《해파리의 노래》는 1920년대의 한국 문단에 큰 영향을 주어 퇴폐적이고 상징적인 분위기의 시를 쓰는 시인들이 대거 등장하게 되었다.

햄릿

저자 셰익스피어(Shakespeare, William, 1557~1623) **분류** 문학(영국)/영화

원제 Hamlet **출간 연도** 1601년경

영국의 극작가 윌리엄 셰익스피어의 희곡. 〈오셀로〉, 〈맥베스〉, 〈리어왕〉과 함께 셰익스피어 4대 비극으로 불리는 작품이다. 12세기 덴마크 왕국을 배경으로 아버지의 복수로 인해 갈등과 고뇌를 겪다 비극적 최후를 맞는 왕자 햄릿을 통해 인간 존재의 비극성을 묘사한 작품이다. 덴마크의 국왕이 갑작스럽게 세상을 떠난 후 국왕의 동생 클로디어스가 왕위를 계승하고 선왕의 왕비이자 햄릿의 어머니 거트루드와 재혼한다. 아버지의 갑작스런 죽음과 어머니의 재혼으로 상심한 햄릿은 친구 호레이쇼로부터 매일 밤 자정이 되면 성벽 위에 망령이 나타난다는 말을 듣는다. 성벽 위에서 아버지의 망령을 만난 햄릿은 그로부터 자신은 동생 클로디어스에게 독살당했다는 이야기를 듣는다. 망령의 이야기를 듣고 충격을 받은 햄릿은 더욱 더 갈등과 고뇌에 빠지고, 클로디어스의 의심을 피하기 위해 일부러 미친 척 하며 애인 오필리아의 사랑마저 물리친다. 햄릿은 망령의 이야기가 사실인지 확인하기 위해 클로디어스 앞에서 살인 장면을 담은 연극을 공연하도록 하는데, 클로디어스가 연극을 끝까지 보지 못하고 나가는 것을 보고 그가 살인자임을 확신한다. 한편 거트루드는 햄릿을 불러 그의 행동을 꾸짖으려 하는데, 햄릿은 오히려 어머니의 행실을 책망한다. 두 사람이 이야기를 하던 도중 햄릿은 커튼 뒤에 누군가 숨어 있음을 눈치 채고 클로디어스인 줄 알고 칼을 뽑는다. 그러나 햄릿의 칼에 찔린 사람은 오필리아의 아버지 폴로니어스였고, 이 일로 햄릿은 영국으로 추방된다. 아버지의 죽음에 충격을 받은 오필리아는 정신이상이 된 채 방황하다가 물에 빠져 죽고, 폴로니어스의 아들 레어테스는 클로디어스의 사주를 받아 아버지와 동생의 복수를 위해

햄릿을 죽이기로 결심한다. 우여곡절 끝에 덴마크로 돌아온 햄릿은 레어테스와 검술시합을 하게 되는데 클로디어스는 햄릿을 죽이기 위해 독이 묻은 칼과 독주(毒酒)를 준비한다. 시합 도중 햄릿은 레어테스가 휘두른 독이 묻은 칼에 찔리고, 거트루드는 무심결에 독주를 마셨다가 숨진다. 결투 끝에 레어테스는 햄릿의 칼에 쓰러지고, 죽기 전에 클로디어스의 음모를 털어 놓는다. 햄릿은 마지막 힘을 모아 클로디어스를 찌르고 복수를 마친 채 죽어간다. 이 작품에서 작가 셰익스피어는 복수 이야기를 줄거리로 하면서도 복수가 어떻게 이루어지는가에 초점을 맞추는 대신 복수를 앞두고 고뇌와 갈등을 겪는 햄릿의 내면 묘사에 집중하였다. 셰익스피어는 햄릿이라는 개인의 고뇌와 갈등을 통해 모든 사람이 갖는 보편적인 인간존재의 비극성을 드러내 보였다. 때문에 이 작품은 후대 문학가들에게 많은 영향을 미쳤고, '햄릿'은 사색적인 지식인의 대명사가 되었다.

허클베리 핀의 모험

저자 트웨인(Twain, Mark, 1835~1910) **분류** 문학(미국)/영화

원제 The Adventures of Huckleberry Finn **출간 연도** 1884년

미국의 작가 마크 트웨인의 장편소설. 작가가 1876년에 발표한 《톰 소여의 모험》의 속편격인 작품이지만, 전편보다 더 높은 문학성을 지녔다고 평가받는다. 전편 《톰 소여의 모험》에서 미시시피 강변을 끼고 있는 미주리 주의 마을에 사는 부랑아 소년 허클베리(허크) 핀은 친구 톰 소여와 모험을 벌인 끝에 약간의 돈을 얻고 더글라스 부인 집으로 입양된다. 그러나 술주정뱅이에다 걸핏하면 허크를 때리던 아버지가 다시 나타나 허크를 납치 · 감금하고, 허크는 아버지에게서 벗어나기 위해 자신이 죽은 것처럼 꾸민 후 탈출한다. 섬에 숨어 있던 허크는 도망친 흑인 노예 짐을 만나 함께 뗏목을 타고 미시시피 강을 따라 내려가면서, 여러 가지 사건을 겪으며 세상에 눈을 뜬다. 여행 도중 왕과 공작이라는 2인조 사기꾼을 만난 허크와 짐은 이들의 사기행각에 동참하다가 환멸을 느끼고 떠나려 하는데 사기꾼들이 짐을 노예로 팔아버린다. 짐을 구출하기 위해 짐이 팔려간 펠프스 씨 네에 들어간 허크는 그를 조카 톰 소

여로 오인한 펠프스 네 식구들을 보고 톰 행세를 하게 된다. 허크는 톰 행세를 하며 짐을 구출할 기회를 엿보는데, 진짜 톰 소여가 펠프스 네에 도착한다. 허크로부터 사정을 들은 톰은 허크를 도와 짐을 구출하기로 하고, 자신은 동생 시드 행세를 하며 기상천외한 작전을 세워 짐을 탈출시킨다. 그러나 톰은 추격대를 피해 도망치다 총격을 받아 발목을 다치고, 짐은 자신의 자유를 포기하고 톰을 살리기 위해 의사에게 데려간다. 이튿날 아침 병상에서 일어난 톰은 짐의 주인 미스 왓슨이 짐을 해방시키기로 결정한 것을 알게 된다. 그리고 톰은 자신이 벌인 그간의 탈출극은 전부 모험을 즐기고픈 마음에서 꾸민 일이었다고 고백한다. 마침 톰의 이모 폴리가 도착해 허크와 톰의 정체 또한 드러나고, 허크는 펠프스 부인으로부터 함께 살자는 제안을 받는다. 그러나 어른들 세계의 교양과 문명에 진저리가 난 허크는 서부로 떠나겠노라 포부를 밝힌다. 이 작품은 미국 남부 미시시피 강변을 무대로 남부 사투리와 흑인 특유의 표현을 사용하여 남부의 삶을 유머러스하게 묘사하면서도 동시에 신랄한 비판을 가한 작품이다. 백인 부랑아 소년 허크는 도망친 노예 짐과 여행하면서 남부 백인사회의 위선과 폭력성을 깨닫게 되며, 결국 어른들 세계의 법과 도덕, 종교를 어기면서까지 자신의 양심에 따라 짐이 탈출하도록 돕고 자신의 새로운 꿈을 찾아 서부로 떠난다. 이 작품은 기성사회의 권위와 관습을 풍자하고 비판했다는 점 때문에 출간 당시에는 대중적 인기와 함께 혹평도 받았다. 그러나 오늘날에는 미국문학의 고전으로, 그리고 후대 미국 작가들에게 가장 큰 영향을 준 작품으로 불린다.

현대물리학과 동양사상

저자 카프라(Capra, Fritjof, 1939~) **분류** 자연과학(과학일반)/철학(과학철학)

원제 The Tao of Physics: An Exploration of the Parallels Between Modern Physics and Eastern Mysticism **출간 연도** 1975년

미국의 물리학자 프리초프 카프라의 저서. 기존 과학의 기계론적 · 환원론적 세계관을 비판하고, 현대물리학과 동양사상의 연관성을 주장하여 소위 '신과학' 운동의 확산에 크게 기여한 화제작이다. 저자는 현대 양자물리학은 뉴턴 물리학의 기계론적 세계관보다는 인간과 우주(자연)

를 하나의 연결된 유기체로 보는 고대 동양사상과 유사하다고 주장하였다. 저자에 따르면, 아인슈타인의 상대성이론 이후 현대 물리학은 관찰자와 관찰대상이 서로 영향을 주고받는 주관적 관계라는 관점에서 새로운 이론을 전개했으며, 이는 개인의 자아와 우주의 본체가 하나라고 믿는 힌두교, 불교, 도교 사상과 공통점을 가진다. 카프라 박사는 이러한 공통점을 근거로 해서 '인간과 우주를 비롯해 모든 것은 연관되어 있다'는 주장을 폈으며, 이러한 주장은 세계적으로 큰 관심과 반향을 일으켰다. 이 책은 23개 언어로 번역되어 43판을 찍으면서, 신과학 운동, 생태론, 환경 운동, 각종 신비주의 운동에 큰 영향을 미쳤다.

현대성의 철학적 담론

저자 하버마스(Habermas, Jurgen, 1929~) **분류** 철학(서양철학)

원제 Der philosophische Diskurs der moderne **출간 연도** 1985년

독일의 철학자 유르겐 하버마스의 저서. 하버마스는 전통적인 좌파 사회비판철학을 새롭게 정립한 학자로서 합리적 비판과 의사소통의 공론화라는 측면에서 근대세계를 이해하려고 시도하였다. 이 책에서 하버마스는 먼저 헤겔에서 니체에 이르기까지 서구 철학자들이 현대를 어떻게 규정했는지를 설명하고, 이어서 프랑크푸르트 학파에 속하는 호르크하이머와 아도르노, 현상학자 하이데거 등의 현대 이해를 소개하였다. 하버마스에 따르면, 프랑크푸르트 학파와 하이데거는 선배 철학자들이 규정한 현대성의 개념을 비판하고 현대에 대한 새로운 철학적 이해를 모색함으로써 현대성 담론에 새로운 국면을 열었다. 다음으로 하버마스는 데리다, 바타이유, 푸코 등 포스트모더니즘 철학자들의 현대 이해를 소개하였다. 그에 따르면, 이들 포스트모더니즘 철학자들은 현대라는 개념의 해체를 통하여 주체로서의 자아를 재발견하고자 했으나, 의사소통과 합리적 비판이 가능한 근대적 이성의 주체로서의 자아를 경시하는 오류를 범하였다. 이와 같이 하버마스는 포스트모더니즘 철학자들의 현대성 담론의 문제점을 비판하면서 합리적 이성에 입각한 새로운 현대 이해의 가능성을 모색하였다.

현상학의 이념

저자 후설(Husserl, Edumund, 1859~1938) **분류** 철학(서양철학)

원제 Die Idee der Phanomenologie **출간 연도** 1909년

현상학의 창시자인 독일의 철학자 후설의 저서. 후설이 1907년 괴팅겐 대학에서 한 강의를 모아 출간한 책으로, 현상학의 기본 원리와 개념을 정리한 책이다. 후설은 철학을 모든 학문의 기초가 되는 보편적 학문이자 엄밀한 학문으로 정립하려고 하였으며, 현상학적 방법을 사용하여 자아(自我)와 세계의 관계를 규명하려 하였다. 후설이 이러한 문제에 관심을 갖게 된 배경은 자연과학의 발달로 인해 과학적 객관주의가 주관적인 인간 정신세계를 연구하는 인문학 분야에까지 침투하고 있다는 위기의식 때문이었다. 후설은 이러한 객관주의에 입각한 자연주의 철학이나 역사주의 철학이 특수한 분야의 규명에만 관심을 가지고 보편적인 가치나 의미의 문제를 도외시하는 것을 보고 인간정신을 연구하는 데 있어 객관주의의 한계를 절감하였다. 이러한 각성을 바탕으로 후설은 객관주의의 한계를 극복하고, 이성을 구제하고 영혼의 본성을 파악하는 엄밀한 과학으로 철학을 재정립하려고 시도한 것이다. 후설에게 있어서 이 세계의 모든 존재는 자아에게 의미 있는 것이 될 때 비로소 타당성을 갖는다. 따라서 자아가 없으면 세계도 없으며, 인간은 자아를 통해서만 세계의 의미를 찾을 수 있다. 이러한 후설의 현상학은 이후 하이데거에게로 계승되었으며, 사르트르를 비롯한 프랑스 실존철학자들에게 큰 영향을 미쳤다.

혈의 누

저자 이인직(李人稙, 1862~1916) **분류** 문학(한국) **원제** 血의 淚 **출간 연도** 1906년

구한말 이인직이 쓴 한국 최초의 신소설. 1906년 〈만세보(萬歲報)〉에 연재되었던 작품이다. 상 · 하편으로 이루어져 있는데 상편은 50회에 걸쳐 연재되었으며, 하편 《모란봉(牡丹峰)》은 1913년 〈매일신보(每日申報)〉에 연재되다가, 65회를 마지막으로 미완성으로 끝났다. 이후 《모란봉》은 1912년에 출간되었다. 청일전쟁의 와중에 평양에 사는 김관일과

그의 아내 최씨 부인 그리고 딸 옥련 일가는 피난길에 서로 헤어지게 된다. 가족을 잃은 김관일은 구국의 뜻을 품고 미국 유학길에 오르고, 최씨 부인은 평양에 남아 남편과 딸을 기다린다. 한편 부모를 잃은 소녀 옥련은 일본군 군의관 이노우에의 도움을 받아 일본으로 건너간다. 일본에서 공부하던 옥련은 이노우에 군의관의 죽음으로 후원자를 잃고 방황하다가 구완서라는 청년을 만나 함께 미국으로 건너간다. 미국에서 유학하게 된 옥련은 그곳에서 10년 만에 아버지와 재회한다. 이어 어머니가 평양에 있다는 사실을 확인한 옥련은 기뻐하며 편지를 띄운다. 구완서와 옥련은 결혼을 약속하며 서로 조선의 문명개화와 조선 여성들의 권리증진과 교육에 헌신할 것을 다짐한다. 이 소설은 이야기 중심으로 진행되며, 우연성이 강한 고대소설의 특성을 탈피하여 사실적 인과성을 바탕으로 갈등구조를 전개시키고 등장인물의 성격 묘사에 치중하여 한국 최초의 근대소설로 인정받고 있다. 주제 또한 자주독립, 신학문, 자유결혼 등 개화기 계몽사상을 다루고 있다.

형이상학

저자 아리스토텔레스(Aristoteles, BC 384~BC 322) **분류** 철학(서양철학)

원제 Metaphysica **출간 연도** 기원전 300년경

고대 그리스의 철학자 아리스토텔레스의 저서. 전 14권으로 아리스토텔레스의 저작 가운데 철학과 신학에 대한 부분을 모은 것이다. '형이상학(메타피지카)' 이란 말은 자연학(피지카)의 뒤(메타)에 있는 것이란 뜻으로, 그 유래는 아리스토텔레스의 사후 1세기에 로마의 철학자 안드로니코스가 아리스토텔레스의 강의를 모은 《저작집》을 편찬할 때, 저작물의 배열 순서상 자연학 다음에 위치한 저작물이란 뜻에서 유래했다고 한다. 《형이상학》의 내용은 사물을 성립시키고 질서를 부여하는 제1의 원리 · 원인을 논한 것이다. 다른 학문이 존재하는 사물의 일부를 대상으로 하는 특수학문인데 비해, 형이상학은 존재하는 모든 사물의 근본원인(제1원리)을 탐구하는 보편학문이다. 그런 의미에서, 아리스토텔레스는 이 제1원리를 탐구하는 형이상학을 진정한 '지혜' 이자 '제1철학' 이라고 불렀다. 그는 또한 제1원리를 탐구하는 형이상학은 제1의 존재

인 신과 연관되므로, 형이상학은 '신의 지혜', 신학이라고도 규정하였다. 아리스토텔레스에 따르면, 신은 제1의 존재이며, 모든 사물을 존재하게 하는 제1의 원인이다. 신은 자신은 움직이지 않으면서 모든 사물을 움직이게 하는 '부동의 제1동자(動者)' 이다. 이와 같은 아리스토텔레스의 형이상학은 만물의 창조주로서 신의 존재를 믿는 그리스도교와 유사한 점이 있어 중세 그리스도교 사상에 큰 영향을 미쳤다. 그러나 근대에 들어 그리스도교의 영향력이 줄어들고 과학이 발달하면서 철학자들은 형이상학의 학문적 근거를 비판하기 시작하였다. 근대 철학을 정립한 독일의 철학자 임마누엘 칸트는 형이상학이 이론적 학문으로서 근거가 없음을 규명하였고, 이후 형이상학에 대한 연구는 쇠퇴하였다.

호모 루덴스

저자 호이징가(Huizinga, Johan, 1872~1945) **분류** 철학(서양철학)

원제 Homo Ludens **출간 연도** 1938년

네덜란드의 문화사학자 요한 호이징가의 저서. '호모 루덴스' 는 '놀이하는 인간' 이란 뜻으로, 인간의 본성이 '호모 사피엔스(생각하는 인간)' 나 '호모 파베르(노동하는 인간)' 보다는 호모 루덴스(놀이하는 인간)에 있음을 나타낸다. 호이징가는 중세와 르네상스 시대의 문화사를 연구한 학자로 문화사적 관점에서 인간의 놀이 활동을 고찰하였다. 호이징가는 먼저 놀이를 인간의 원초적 본능이자, 하나의 문화현상이며 사회구조로 이해하였다. 그에 따르면, 놀이는 문화보다 더 오래되었으며, 놀이야말로 인간 문명의 본질이다. 이어서 그는 놀이 개념이 언어, 게임, 법률, 전쟁, 지식, 시, 신화, 철학, 예술에서 어떤 식으로 적용되고 발현되는지를 서술하였다. 인간의 언어와 신화에 스며 있는 비유나 상징, 의식은 모두 놀이 양식이며, 놀이가 인간 삶의 본질적인 형식임을 보여준다. 호이징가는 놀이의 본질은 규칙에 따른 경쟁이며, 게임, 법률, 전쟁은 모두 규칙에 따른 놀이의 성격을 띤다고 이해하였다. 따라서 놀이는 규칙이 지켜지고 공정한 경쟁이 이루어질 때 본래의 의미를 구현하게 되며, 올바른 문화와 도덕은 공정한 경쟁을 통해 발전한다고 규정하였다. 그는 서구 현대문명이 노동과 생산을 중시하게 되면서 놀이

의 가치가 무시되고, 놀이가 무의미한 행위로 간주되었다고 지적하였다. 그에 따르면, 현대문명은 놀이의 기본인 규칙의 준수를 잊었기 때문에 도덕과 문화의 저하를 초래하였다고 주장하였다. 이와 같은 호이징가의 놀이론은 현대의 사회학과 문화이론에 큰 영향을 미쳤다.

호밀밭의 파수꾼

저자 샐린저(Salinger, Jerome David, 1919~) **분류** 문학(미국)

원제 The Catcher in the Rye **출간 연도** 1951년

미국의 작가 제롬 데이비드 샐린저의 장편소설. 감수성이 예민한 청소년이 획일적인 기성사회에 환멸을 느끼고 반항하면서도 순수한 마음에 희망을 걸고 인생의 의미를 찾아가는 과정을 그린 작품이다. 주인공 홀든 콜필드가 정신병원에서 치료를 받으며 자신의 이야기를 들려주는 식으로 전개된다. 열여섯 살의 소년 홀든은 시험을 망치는 바람에 다니던 고등학교에서 퇴학 처분을 받게 된다. 자신을 이해해 주지 못하는 교사와 친구들에게 진절머리가 난 홀든은 부모님과 여동생이 사는 집으로 돌아가지 않고, 3일 동안 뉴욕의 거리를 배회한다. 짧은 3일 동안 여러 부류의 사람들을 만난 홀든은 어른들이란 하나같이 믿을 수 없는 사람들이라고 생각한다. 어른들의 세계에 실망한 홀든은 뉴욕을 떠나 서부로 갈 결심을 한다. 홀든은 마지막으로 여동생 피비를 만나러 한밤중에 몰래 집에 들린다. 피비에게서 빌린 돈을 가지고 기차역으로 간 홀든은 그곳에서 가방을 들고 서 있는 피비를 발견한다. 함께 떠나겠다며 떼를 쓰는 피비를 달래 공원으로 간 홀든은 피비의 순수한 마음을 통해 타락한 세상의 희망을 본다. 그리고 피비에게 자신이 이 세상에서 하고 싶은 일은 한 가지뿐이라고 말한다. "난 아득한 절벽 위에 서 있어. 내가 할 일은 아이들이 절벽으로 떨어질 것 같으면, 재빨리 붙잡아주는 거야. 애들이란 앞뒤 생각 없이 마구 달리는 법이니까 말이야. 그럴 때 어딘가에서 내가 나타나서는 꼬마가 떨어지지 않도록 붙잡아주는 거지. 온종일 그 일만 하는 거야. 말하자면 호밀밭의 파수꾼이 되고 싶다고나 할까." 이 작품은 청소년의 눈을 통해 투영되는 현대 미국 사회의 획일성과 위선적 가치관을 비판하면서도, 그런 세상에도 순수는 남아 있다는 희망

의 메시지를 전하고 있다. 이러한 사회비판적 시각과 순수함을 추구하는 주인공의 모습 때문에 이 소설은 출간 50년이 지난 현재까지도 청소년들로부터 많은 사랑을 받으며, 수많은 예술가들에게 영감의 원천이 되고 있다.

혼돈으로부터의 질서

저자 프리고진(Prigogine, Ilya, 1917~2003), 스텐저스(Stengers, Isabelle, 1949~)
분류 자연과학(과학일반) **원제** La Nouvelle Alliance(영문판 Order out of Chaos)〉
출간 연도 1979년

물리학자이자 화학자 일리야 프리고진과 철학자 이사벨 스텐저스의 공저서. 과학철학의 근본문제를 다시 정립하고, '복잡계(complex system)의 과학'에 대해 소개한 책이다. 프리고진은 비평형 열역학이라는 학문분야를 창시하여 1977년에 노벨 화학상을 수상한 바 있다. 이 책에서 프리고진은 자신의 연구를 바탕으로 과학일반뿐 아니라 우주와 생명에 대한 새로운 시각을 제시하였다. 그 때문에 이 책은 인문학과 신학 분야까지 큰 반향을 일으켰다. 프리고진은 우선 근대과학의 자연관(自然觀)이 보편적인 것이 아님을 지적한다. 자연계가 뉴턴 역학에서 법칙화한 것처럼 기계적 · 결정론적으로 움직이는 경우는 예외적인 경우이며, 일부에 국한되어 있다. 뉴턴 역학에서 법칙화한 자연은 언제나 평형을 유지하며 항상 똑같은 반복이 일어나기 때문에 예측가능한 '닫힌 계(closed system)'이다. 그러나 자연의 대부분은 그러한 평형에서 멀리 떨어져 있으며, 비(非)평형이기 때문에 불안정하며, 미시적으로 요동하는 예측불가능한 '열린계(open system)'이다. 프리고진에 따르면, 열린계에서 일어나는 미시적 요동은 주변 에너지를 흡수하여 엔트로피(무질서도)를 감소시키고 새로운 구조를 만들어 낸다. 프리고진이 '소산(消散, dissipative)구조'라 부른 이 구조는 '자기 조직화(self-organization)'를 통해 자발적으로 형성되며, 이러한 소산구조를 통해 혼돈으로부터 질서가 생겨난다. 프리고진은 이와 같이 뉴턴 이래 기계론적 · 결정론적 자연관 대신 자율적이며 자생적인 자연관을 제시함으로써, 신과학 운동에 큰 영향을 미쳤으며, 인문 · 예술 · 사회과학 분야에도 많은 영향을 미쳤다.

홍길동전

저자 허균(許筠, 1569~1618) **분류** 문학(한국) **원제** 洪吉童傳 **출간 연도** 조선 중기

조선 중기의 문신 허균이 지은 한국 최초의 한글 고대소설. 양반의 서자로 태어난 홍길동이 적서차별(嫡庶差別)에 항거하여 집을 나간 뒤, 활빈당(活貧黨)의 두목이 되어 부패한 관리를 응징하고 빈민을 구휼하다가, 나중에는 무리를 이끌고 남해 율도국을 점령하여 이상국가(理想國家)를 세운다는 내용이다. 주인공 길동은 홍 판서와 계집종 춘섬 사이에 태어난 서자로, 아버지를 아버지로 부르지 못하고 형을 형으로 부르지 못하며 자란다. 홍 판서의 첩 초란은 길동을 질시하여 특재라는 자객을 보내 길동을 해치려 한다. 길동은 한밤중에 침입해 목숨을 노린 특재를 물리친 후 자신이 있을 곳이 없음을 깨닫고, 홍 판서와 어머니에게 하직을 고하고 집을 나온다. 길을 떠난 길동은 도적의 괴수가 되어 스스로 활빈당이라 이름 짓고, 각지의 탐관오리와 토호를 응징하며 빈민을 돕는다. 길동을 잡으려다 번번이 실패한 조정에서는 그에게 벼슬을 제수하며 회유한다. 조정의 제안을 받아들인 길동은 자신이 있을 곳은 조선 땅이 아님을 깨닫고, 무리 3천을 이끌고 율도국을 정벌한다. 이어 왕위에 오르고 태평성대를 구가하다 어느 날 홀연히 승천하였다. 이 작품은 당시의 실존인물이었던 도적 홍길동을 주인공으로 하여 영웅소설의 줄거리를 따르고 있다. 그러나 체제를 옹호하는 일반적인 영웅소설과 달리, 이 작품은 적서차별 타파와 탐관오리 응징을 주장하며 사회모순 비판과 혁명사상을 고취하고 있다. 또한 결말 부분의 율도국 정벌은 이상국가 건설이라는 유토피아적 모습을 보여준다.

홍루몽

저자 조설근(曹雪芹, 1715~1763) **분류** 문학(중국) **원제** 紅樓夢 **출간 연도** 1791년

중국 청나라 시대에 조설근이 지은 장편소설. 이 작품은 《삼국지》·《수호지》·《서유기》처럼 '장(章)'이나 '회(回)'로 나누어지는 여러 편의 이야기로 된 '장회소설(章回小說)'이다. 원저자 조설근은 80회까지 집필하고 사망하였으며, 이후 고악(高鶚)이 40회를 추가하여 120회본으로

출간하였다. 조설근의 미완성본을 《석두기(石頭記)》라고 불렀으며, 그 밖에 《금옥연(金玉緣)》, 《금릉십이차(金陵十二釵)》, 《정승록(情僧錄)》, 《풍월보감(風月寶鑑)》이라고도 부른다. 이 작품은 금릉(金陵, 오늘날의 남경)의 귀족 가문인 가씨(賈氏) 가문의 저택을 배경으로, 가씨 가문의 도련님 가보옥(賈寶玉)과 임대옥(林黛玉), 설보채(薛寶釵)라는 두 여자주인공의 애정관계를 묘사한 고전소설이다. 보옥은 벼슬살이에 뜻을 두지 않고 답답한 귀족생활과 사회관습에 염증을 내며, 여성을 존중하는 인물이다. 보옥과 대옥, 보채 세 사람은 어릴 때부터 함께 자라난 사이지만, 성장하면서 보옥은 대옥에게 호감을 가지게 된다. 그러나 집안의 어른인 할머니 사태군(史太君)은 보옥을 보채와 결혼시키기 위해 계략을 꾸미고, 여기에 속은 보옥은 결혼식장에 가서야 신부가 대옥이 아닌 보채임을 알고 깜짝 놀란다. 한편 대옥은 사랑하는 보옥을 잃고 상심한 끝에 세상을 떠나고, 보옥은 집을 뛰쳐나와 강호를 떠돈다. 이 작품은 간결하면서도 생동감 넘치는 문체, 등장인물들에 대한 다면적 · 다층적 성격묘사, 단선(單線)이 아닌 복선적(伏線的) 갈등구조 전개, 봉건사회의 관습에 대한 비판적 관점이 한데 어우러진 걸작으로 불린다. 또 연애와 결혼생활을 소재로 하여 당대 사회현실과 세태를 반영하는 중국의 고전소설 장르인 인정소설(人情小說)의 대표작으로 불린다. 《홍루몽》은 발간 직후부터 폭발적인 인기를 얻었으며, 중국뿐 아니라 조선과 일본 등 동아시아를 아우르는 세계문학 작품이 되었다. 이후 《후홍루몽(後紅樓夢)》, 《속홍루몽(續紅樓夢)》, 《홍루복몽(紅樓復夢)》, 《홍루몽보(紅樓夢輔)》, 《보홍루몽(補紅樓夢)》 등의 아류작(亞流作)들이 쏟아졌을 뿐 아니라, 《홍루몽》을 소재로 한 시, 산문, 희곡, 영화가 오늘날까지도 계속해서 나오고 있다. 19세기 이후 중국문학계에서는 《홍루몽》만을 전문적으로 연구하는 '홍학(紅學)' 이라는 분야가 생길 정도로 이 작품은 청대 소설문학을 대표하는 작품으로 인정받고 있다.

화랑세기

저자 김대문(金大問, ?~?) **분류** 역사(한국사) **원제** 花郎世記 **출간 연도** 신라 성덕왕 때

통일신라 시대의 문인 김대문이 쓴 신라 화랑(花郎)의 전기. 김대문은

유학자이자 한산주(오늘날의 경기도) 도독을 지낸 당대의 고위정치인이었다. 실전(失傳)된 것으로 알려져 있었으나, 1989년에 조선 순조 때의 필사본이 발견되어 세상에 알려졌다. 이 필사본은 박창화(朴昌和, 1889~1962)가 일본 황실도서관에서 한국 관련 문헌담당 사서로 근무할 때 필사하였다. 박씨의 사후 그의 제자 김종진(金鍾鎭)이 물려받아 보관했다가, 김씨의 사후 아내 김경자 씨가 세상에 공개하였다. 《화랑세기》의 구체적인 내용을 보면 540년부터 681년까지 화랑도(花郎徒)의 우두머리인 풍월주(風月主) 32명의 전기가 수록되어 있다. 1세 풍월주 위화랑(魏花郎)부터 5세 사다함(斯多含), 13세 김용춘(金龍春), 15세 김유신(金庾信), 18세 김춘추(金春秋), 19세 김흠순(金欽純), 32세 신공(信功)에 이르기까지 32명의 풍월주들 각자의 생애를 비롯해, 전부 418명의 신라인들이 등장한다. 이들의 삶을 통해 화랑의 선발과정, 조직, 신라 왕실의 왕위계승 방식, 왕실과 귀족층의 생활상과 성풍속이 자세히 소개되어 있다. 책에 따르면, 화랑도는 원래 신선도(神仙道)를 수련하는 종교단체였으며, 화랑들은 선도의 제사를 주관하는 제관(祭官)이었고, 신라향가(鄕歌)는 화랑들이 지은 시였다. 그러나 시간이 지나면서 화랑도는 본래의 종교적 성격 대신 군사적 · 정치적 성격을 띠게 되었고, 인재를 육성하는 교육기관의 역할도 담당하였다. 화랑도는 신분과 나이에 따라 상급집단인 화랑, 중간집단인 낭두(郎頭), 하급집단인 낭도(郎徒)의 세 부분으로 구성되어 있었다. 이 가운데 상부조직인 화랑의 우두머리인 풍월주를 중심으로 그 밑에 여러 화랑 계파가 있었으며, 신라의 정치는 화랑 계파 간의 붕당체제로 운영되었다. 또한 화랑 중심의 정치에는 화랑의 어머니와 부인들이 다수 개입하여 신라 여성의 사회적 지위를 짐작하게 한다. 한국 고대사를 알 수 있는 국내 사료가 《삼국사기(三國史記)》와 《삼국유사(三國遺事)》뿐인 실정에서 《화랑세기》의 출현은 기존의 한국고대사 연구를 뒤엎을 수 있는 놀라운 일이었다. 특히 《화랑세기》에는 화랑의 선발과정과 화랑도 조직의 운영, 신라 사회의 생활상과 성풍속 등에 있어 이전까지의 연구와는 전혀 다른 내용이 수록되어 있어, 학계에 큰 충격을 던졌다. 그러나 《화랑세기》가 위작(僞作)이라는 주장 또한 제기되어 현재까지 《화랑세기》의 진위(眞僞)여부를 놓고 치열한 논란이 진행 중이다.

화사집

저자 서정주(徐廷柱, 1915~2000) **분류** 문학(한국) **원제** 花蛇集 **출간 연도** 1941년

시인 서정주의 첫 시집. 1948년에 발표한 시집 《귀촉도》와 함께 시인의 초기 작품경향을 보여주는 시집이다. 서시 〈자화상〉 외에 화사 편에 〈화사〉, 〈문둥이〉, 〈가시내〉 등의 작품이, 노래 편에 〈봄〉, 〈벽〉, 〈엽서〉 등이, 지귀도시 편에 〈웅계〉 상(上), 하(下) 등이, 문 편에 〈바다〉, 〈부활〉 등 24편의 시가 실려 있다. 이 시집은 보들레르 등 서구 시인들의 영향을 받아 인간의 원죄의식, 관능적 아름다움, 원초적인 생명력을 표현했다는 평가를 받았다. 표제작인 〈화사〉는 뱀과 여자를 등장시켜 인간의 원죄와 관능적 아름다움을 표현한 작품이다.

화엄경

분류 종교(불교) **원제** Buddh vatamsaka-n m-mah vaipulya-s tra(산스크리트어), 大方廣佛華嚴經 **출간 연도** 1~2세기

대승불교의 초기 주요 경전 가운데 하나이며, 불교 화엄종(華嚴宗)의 화엄경전 가운데 대표적인 경이다. 원제는 〈대방광불화엄경(大方廣佛華嚴經)〉이다. 제목은 '불타가 꽃으로 크고 광대하고 장엄한 것을 깨치는 경' 이라는 뜻이다. 산스크리트어로 쓰인 원본은 현재 〈십지품〉과 〈입법계품〉만 전한다. 한문번역본은 불타발타라(佛陀跋陀羅)가 번역한 60권본(34장, 418~420), 실차난타(實叉難陀) 역의 80권본(39장, 695~699), 반야(般若) 역의 40권본(45장, 795~798)이 있다. 《화엄경》은 1~2세기 이래로 전해지던 여러 경전이 4세기경에 하나의 경전으로 묶인 것으로 추정된다. 《화엄경》의 내용은 석가의 진신(眞身)이며 화엄종의 본존불(本尊佛)인 비로자나불(毘盧遮那佛)을 교주로 하여, 불타의 깨달음을 천상과 지상의 여러 장소에서 설법한 것으로, 불타와 중생, 세상 만물이 둘이 아니라 하나라는 사상을 담고 있다. 이러한 사상을 '사사무애(事事無礙)' 와 '법계연기(法界緣起)' 사상이라 하는데, 그 뜻은 '궁극의 진리를 통해 볼 때, 일체만물은 상호연관 되어 있으며, 서로 걸림이 없다' 는 뜻이다. 특히 《화엄경》 〈입법계품(入法界品)〉에는 선재동자(善財童子)가

세상을 여행하면서 53인의 사람들을 만나며 깨달음을 찾는 구도여행 이야기가 나온다. 선재동자가 만난 선지식(善知識, 수행자의 스승) 가운데는 사회각계각층의 남녀노소가 모두 포함되어 있어 대승불교의 평등사상이 잘 나타나 있다. 《화엄경》이 한문으로 번역되면서 중국에서는 화엄 신앙을 믿는 화엄종이 성립하였으며, 여러 종류의 주석본이 나왔고, 한국과 일본에도 전해져 불교의 주요 종파가 되었다.

화이트칼라

저자 밀스(Mills, Charles Wright, 1916~1962) **분류** 사회과학(사회학)

원제 White Collar: The American Middle Class **출간 연도** 1951년

미국의 사회학자 C. 라이트 밀스의 저서. 밀스 교수는 미국 사회학의 주류인 탈고트 파슨즈의 기능주의 사회학에 이의를 제기하고, 비판이론을 주창한 것으로 널리 알려져 있다. 주류 사회학에 대한 그의 비판은 1959년에 발표한 저서 《사회학적 상상력(sociological Imagination)》에 담겨 있다. 밀스 교수는 사회학이 단순히 사회의 각 구성요소들을 경험적 · 기능적으로 이해하고 분석하는 것이 아니라, 비판적 시각에 입각해서 개인과 집단, 집단과 집단 간의 갈등을 연구하며, 사회학적 상상력을 발휘하여 미시적 차원의 연구와 거시적 차원의 연구를 결합함으로써, 개인과 사회를 아우르는 역사적 의미를 밝혀야 한다고 주장하였다. 밀스 교수는 특히 20세기 미국 사회의 중간층을 이루는 화이트칼라(사무직 근로자)에 관심을 가졌다. 이 책에서 저자는 실증적인 자료를 바탕으로 20세기 미국 사회에서 화이트칼라 계층이 형성된 과정, 신생 화이트칼라의 역할과 의의, 화이트칼라의 한계와 미래를 논하였다.

황금가지

저자 프레이저(Frazer, James George, 1854~1941) **분류** 인문학(신화학)

원제 The Golden Bough: A Study in Magic and Religion **출간 연도** 1890~1937년

영국의 인류학자 제임스 조지 프레이저의 저서. 고대세계의 주술 · 신

화 · 종교를 하나의 문화현상으로 이해하고, 주술과 종교의 기원 및 사회적 기능에 대해서 설명한 책이다. 제목의 '황금가지'는 고대 로마의 종교의식에서 사용되던 참나무의 기생목(寄生木)인 겨우살이를 말한다. 로마에서 멀지 않은 네미 호수를 둘러싸고 있는 디아나 숲에는 사냥과 풍요의 여신 디아나와 남편 비르비우스를 모시는 신전이 있다. 이 신전의 제사장이 되고자 하는 자는 황금가지를 꺾어 제사장을 죽이면 새로운 제사장이 될 수 있다. 프레이저는 이 일화를 비롯해서 그가 오랫동안 연구해온 주술과 종교의 기원에 대한 세계적 탐사결과를 소개한다. 프레이저에 따르면, 고대종교는 풍요를 비는 의식에서 비롯되었으며, 그 의식의 핵심은 신성한 힘을 가진 왕(또는 사제)에 대한 숭배와 살해이다. 여기서 왕이나 사제는 신의 화신이며, 자연의 질서를 상징하는 존재다. 즉 왕은 죽음과 탄생, 겨울과 봄, 건기(乾期)와 우기(雨期)의 순환이라는 자연 질서의 상징이다. 그런 까닭에 자연재해가 일어나거나, 왕이나 사제가 늙고 쇠약해지면 그를 살해하고 새로운 인물을 추대하는 것이다. 황금가지 일화에서 참나무숲은 부족 전체를 상징하며, 겨우살이는 사제를 상징한다. 참나무와 기생목 겨우살이의 관계는 곧 부족과 사제의 관계를 나타내는 것이다. 그러므로 새로운 제사장이 되려는 자는 겨우살이 가지를 꺾음으로써 사제를 상징적으로 살해하는 것이다. 프레이저에 따르면 고대세계의 주술, 신앙, 종교행사는 모두 근본적으로 위와 같은 숭배의식이며, 이것은 고대인이 자연의 질서를 이해하는 방식에 근본적인 동질성이 있기 때문이라고 한다. 그리고 이러한 동질성은 고대종교에서 근대종교로 발전하는 과정에서 그대로 전수되었다. 1890년에 발간된 초판은 2권이었으나, 이후 계속 자료를 추가한 증보판이 나와 1915년에 출간한 제3판은 12권으로 늘어났다. 이와 같이 주술이 가지는 자연질서의 상징성에 대한 프레이저의 연구는 이후 인류학의 연구 방향을 바꾸어 놓았으며, 당대의 문인들에게도 큰 영향을 미쳤다. 오늘날의 문화인류학자들은 프레이저가 개별 사례들의 특이성을 무시하고 지나치게 보편성을 강조한 데 대해서 비판적이지만, 그럼에도 불구하고 프레이저가 인류학에 미친 영향은 오늘날에도 지속되고 있다.

황제내경

분류 자연과학(의학) **원제** 黃帝內徑 **출간 연도** 중국 진한(秦漢) 시대

고대 중국의 의학서. 전설에 나오는 고대 중국의 통치자 삼황오제(三皇五帝) 가운데 한 사람인 황제(黃帝)가 그의 신하이자 천하의 명의인 기백, 뇌공 등 6명과 의술에 대해 주고받은 질문과 답변을 모은 책이다. 그러나 실제로는 진한 시대에 황제의 이름을 빌려 지은 책으로 추정된다. 오늘날 우리가 부르는 《황제내경》은 《소문(素問)》과 《영추(靈樞)》라는 두 권의 책을 합친 것이다. 두 책은 각각 81편으로 도합 162편이다. 《소문》은 건강과 의술에 대한 총론에 해당한다. 중국의 전통철학사상인 '천인합일설(天人合一說)', '음양오행설(陰陽五行說)'을 바탕으로 인체 오장육부의 구조와 기혈순환의 흐름을 소개하고, 질병의 종류와 진단법 및 치료법, 건강을 유지하기 위한 양생법(養生法) 등을 소개하였다. 《영추》는 구체적인 각론으로 경락의 흐름과 침을 놓는 법에 대해서 상세히 설명하고 있다. 《황제내경》은 중국 의학을 대표하는 저작으로, 오늘날에도 한의학을 공부하는 데 있어 필독서로 불린다.

회남자

저자 유안(劉安, BC 179?~BC 122) **분류** 철학 (중국철학)
원제 淮南子 **출간 연도** 중국 전한(前漢) 시대

중국 전한 시대의 회남왕(淮南王) 유안이 지은 〈내편(內篇)〉·〈외편(外篇)〉·〈중편(中篇)〉이 있었으나 현재는 〈내편〉의 일부만 전한다. 유안은 한고조(漢高祖) 유방(劉邦)의 손자로 수춘(壽春, 오늘날의 안후이성 소우현[安徽省 壽縣]) 일대를 다스렸다. 이 책은 유안의 문하에 있던 여러 문인·학자들의 지식을 집대성한 것으로, 유안은 한 왕실의 무궁한 번영을 바라는 마음에서 이 책을 저술하여 조카인 한무제(漢武帝)에게 바쳤다고 한다. 《회남자》는 도가(道家)의 정치철학인 황로학(黃老學)과 중국 고유의 우주관인 기론(氣論)을 바탕으로 제자백가사상을 통합하였다. 황로학에서는 '무위(無爲)의 통치'를 강조한다. 여기서 무위는 아무것도 하지 않는다는 뜻이 아니라 능동적·개방적인 통치를 뜻한다. 또한 인재를 등용하고, 법과 제도를 정비하며, 통치권의 확립을 주장하여 법가사상의

영향을 보여준다. 이와 같이 《회남자》는 황로학의 통치철학을 바탕으로 천문 · 지리 · 군사 · 의학에 이르기까지 방대한 분야를 포괄하여, 전한 시대의 전반적인 지식수준을 보여준다. 오늘날 우리가 알고 있는 중국 문화의 기틀이 전한 시대에 형성된 것임을 감안할 때, 《회남자》는 중국 문화의 원형이 담겨 있는 귀중한 저작이다.

후기 산업사회의 도래

저자 벨(Bell, Daniel, 1919~) **분류** 사회과학(미래학)

원제 The Coming of Post Industrial Society: A venture in Social Forecasting

출간 연도 1973년

미국의 사회학자 다니엘 벨의 저서. 벨은 사회변동과 정치제도의 변천을 주로 연구하였으며, 최초로 후기 산업사회(탈산업사회 또는 탈공업화사회라고도 한다)라는 개념을 정립하였다. 벨에 따르면, 산업사회에서 후기 산업사회로의 이행은 기술적 합리성이 경제 · 사회 · 정치 등 사회 각 분야로 확산되면서 이루어진다. 산업사회에서는 산업자본가가 사회를 주도했지만, 후기 산업사회에서는 관료와 과학자들이 사회를 이끌어 나간다. 산업사회에서는 제조업이 중심이지만, 후기 산업사회에서는 서비스업과 지식산업이 주가 된다. 산업사회에서는 자유경쟁이 중시되어 시장경제가 주류를 이루지만, 후기 산업사회에서는 능률과 실용성이 중시되므로 정부의 경제 감독과 관리가 강화되는 계획경제가 주류가 된다. 벨에 따르면, 미국은 제2차 세계대전 이후 혁신적 기술발전에 힘입어 후기 산업사회로 진입하였다. 기술의 비중이 높은 후기 산업사회에서는 재력이나 정치력 대신 지식과 정보가 권력의 기반이자 사회발전의 원동력이 된다. 이러한 이유로 벨은 후기 산업사회에서는 기업 대신 대학이 사회의 핵심조직이 될 것이라고 예측하였다. 이와 같이 벨이 예상한 후기 산업사회는 기능적 효율성과 실용성이 중시되는 사회이다. 그리고 벨은 사회적으로 무엇이 '효율적'이며 무엇이 '실용적'인지 판단하는 기준은 무엇이며, 누가 판단을 내리는가를 놓고 정치 · 사회적 갈등이 심화될 수 있다는 점 또한 지적하였다. 이와 같은 후기 산업사회의 개념은 그때까지 현대사회를 자본주의와 사회주의라는 이분법으로 이해하던 사회학계에 새로운 개념틀을 제시함으로써 사회학 발전에 크게 기여하였다.

후처기

저자 임옥인(林玉仁, 1915~1995) **분류** 문학(한국)/여성 **원제** 後妻記 **출간 연도** 1957년

소설가 임옥인의 창작집. 〈고영(孤影)〉, 〈구혼〉, 〈그리움〉, 〈전처기(前妻記)〉, 〈후처기〉, 〈샘물〉, 〈서울역〉, 〈해저믄 거리〉, 〈화장(火葬)〉 등의 작품이 실려 있다. 이 가운데 특히 〈후처기〉가 유명하다. 〈후처기〉는 소설가 임옥인의 출세작이자 사실주의에 입각한 의식의 흐름 묘사가 돋보이는 작품이다. 〈후처기〉는 1930년대 말, 지방 소도시 S읍을 배경으로 노처녀 여교사가 의사의 재취로 들어가면서 겪는 일상을 그린 작품이다. 기독교 신여성으로 사회계몽운동에 적극적이었던 임옥인은 문학에서도 계몽적 관점에 입각한 소설을 주로 썼다. 또한 일제강점기와 해방정국, 한국전쟁이라는 격변기를 여성의 시각으로 바라보고, 혼란 속의 여성생활사를 섬세하게 묘사하였으며, 기독교로 상징되는 신문명과 전통관습 간의 대립이 여성의 삶에 어떤 영향을 미치는지를 다루었다. 이러한 특징 때문에 임옥인의 소설들은 한국문학사에서 대표적인 여성문학작품으로 평가받고 있다.

훈몽자회

저자 최세진(崔世珍, 1473~1542) **분류** 문학(한국)
원제 訓蒙字會 **출간 연도** 1527년(중종 22)

조선 중기의 언어학자 최세진의 저서. 어린이들의 한자(漢字) 학습을 위해 만든 책이다. 최세진은 중국어와 음운학의 대가였으며, 국어학에 큰 기여를 한 학자이다. 특히 《훈몽자회》에서 한글 자모음(子母音)의 이름을 밝히고, 자모의 순서와 받침 사용법 등을 체계화하였다. 최세진은 당시 어린이들이 한자를 배울 때 먼저 중국에서 만든 《천자문(千字文)》을 배우고, 다음으로 조선에서 만든 《유합(類合)》을 배우지만, 두 교재

모두 어휘에 대한 적절한 설명이 부족하여 한자입문교재로 적당하지 않다고 비판하였다. 최세진은 이러한 문제를 해결하고 배우기 위한 한자 교재를 만들기 위해 일상생활에서 많이 쓰이는 실용적 한자 3,360자를 뽑아 각 글자마다 새김, 자음, 주석을 붙여 상 · 중 · 하 3권 33항목으로 편찬하였다. 이 가운데 상권 앞부분에 '언문자모(諺文字母)'에 대한 내용을 실어 한글의 체계와 사용법을 정리하였으며, 한자마다 붙인 새김과 자음표기는 국어와 한자음 연구에 중요한 자료로 쓰인다.

흥부전

분류 문학(한국) **원제** 興夫傳 **출간 연도** 조선 시대

조선 시대에 나온 작자 미상의 판소리계 고대소설. 원래 설화에서 비롯되어 판소리로 불리다가 소설화된 것으로 보인다. 놀부와 흥부 두 형제를 주인공으로 하여, 권선징악(勸善懲惡)을 주제로 이야기를 전개해 나가면서 당대의 시대상을 보여주는 작품이다. 충청 · 전라 · 경상도 접경에 사는 연 생원(판본에 따라서는 박(朴)씨로 나오거나 성이 나오지 않는다)은 놀부와 흥부라는 두 아들을 두었다. 연 생원이 죽은 뒤 큰아들 놀부는 아버지의 유산을 독차지 하고 동생 흥부 가족을 내쫓는다. 쫓겨난 흥부는 가족을 부양하려고 열심히 일하지만 좀체 가난을 벗어나지 못한다. 그러던 어느 날 흥부는 다리가 부러진 제비를 치료해 주고 그 보답으로 박씨 한 개를 얻는다. 흥부가 다 자란 박을 열자 박 속에서 온갖 보물이 쏟아져 나와 하루아침에 벼락부자가 된다. 동생에게서 부자가 된 사연을 들은 놀부는 일부러 제비 다리를 부러뜨리고 역시 박씨를 얻는다. 그러나 놀부가 심은 박씨에서는 도깨비, 귀신, 거지떼가 쏟아져 나오고, 놀부는 삽시간에 재산을 잃고 패가망신한다. 형에게 천대를 받았지만 우애 깊은 흥부는 놀부를 위로하며 함께 살아간다. 이 작품은 나쁜 형제가 착한 형제를 흉내 내다가 실패한다는 선악형제(善惡兄弟) 설화, 착한 사람의 도움을 받은 동물이 은혜를 갚는다는 동물보은(動物報恩) 설화, 우연히 얻은 신기한 물건에서 끊임없이 보물이 쏟아져 나온다는 무한재보(無限財寶) 설화가 합쳐진 것으로 보이며, 〈춘향가〉 · 〈심청가〉와 함께 판소리계 3대 소설로 불린다. 권선징악과 형제애라는 표면

적 주제 이면에는 조선 후기 신흥 부농(富農)과 유랑농민의 갈등이 나타나며, 화폐경제가 발달하고 물질주의 가치관이 널리 퍼지는 가운데 농민계층이 부농과 빈농으로 갈라지고, 경제적으로는 몰락했으면서도 체면치레에 집착하는 몰락양반(잔반)들의 모습 등 당시의 시대상을 보여준다. 문체 또한 서민적이고 해학적인 필치를 구사하여 조선 시대 평민문학의 대표작으로 불린다.

책 목록

가

가	파금(바진)/문학(중국)
가람시조집	이병기/문학(한국)
가루지기 타령	신재효/문학(한국)
가르강튀아와 팡타그뤼엘	라블레/문학(프랑스)
가족 · 사유재산 및 국가의 기원	엥겔스/역사(고대사)/정치(사회주의)
가치와 자본	힉스/사회과학(경제학)
가이아	러브록/자연과학(환경)
간양록	강항/문학(한국)
개미	베르베르/문학(프랑스)
개미제국의 발견	최재천/자연과학(생물)
간화결의론	지눌/종교(불교)
갈관자	갈관자/철학(도가철학)
갈리아 전기	카이사르/역사(로마사)
갈매기의 꿈	바크/문학(미국)
감옥으로부터의 사색	신영복/문학(한국)
갑신일록	김옥균/역사(한국사)
강대국의 흥망	케네디/역사(역사이론)/사회과학(미래학)
강희자전	강희제/총서(어학사전)
거대한 변환	K. 폴라니/사회과학(경제학)/인문학(인류학)
거대한 뿌리	김수영/문학(한국)

건축4서	팔라디오/예술(건축)
건축서(건축10서)	비트루비우스/예술(건축)
걸리버 여행기	스위프트/문학(영국)/영화
게르마니아	타키투스/역사(로마사)
게마인샤프트와 게젤샤프트	퇴니에스/사회과학(사회학)
겐지 이야기	무라사키 시키부/문학(일본)/여성/영화
격암유록(남사고비결)	남사고/철학(예언서)
경국대전	사회과학(법학)
경마장 가는 길	하일지/문학(한국)/영화
경세유표	정약용/정치(한국정치)/역사(한국사)
경제 및 과세의 논리	리카도/사회과학(경제학)
경제분석의 기초	새뮤얼슨/사회과학(경제학)
경제표	케네/사회과학(경제학)
경제학 논문집	토빈/사회과학(경제학)
경제학 원론(맨큐의 경제학)	맨큐/사회과학(경제학)
계원필경	최치원/문학(한국)
고금가곡	송계연월옹/문학(한국)
고금도서집성	강희제/총서(총서)
고대법	메인/사회과학(법학)
고대에의 정열	슐리만/역사(고고학)
고도를 기다리며	베케트/문학(프랑스)
고독한 군중	리스먼/사회과학(사회학)
고려사	김종서, 정인지 등/역사(한국사)
고려사절요	김종서/역사(한국사)
고문진보	황견/문학(중국)
고봉집	기대승/철학(유학)
고사기	오노 야스마로/역사(일본역사)

고산유고	윤선도/문학(한국)
고양이 대학살	단턴/역사(서양사)
고용, 이자 및 화폐의 일반이론	케인스/사회과학(경제학)
곤충기	파브르/자연과학(생물학)
골짜기의 백합	발자크/문학(프랑스)
공산당 선언	마르크스, 엥겔스/정치(사회주의)
과학과 근대세계	화이트헤드/철학(과학철학)/자연과학(과학일반)
과학, 신념, 사회	M.폴라니/철학(과학철학)/자연과학(과학일반)
과학적 관리법	테일러/사회과학(경제학)
과학혁명의 구조	쿤/자연과학(과학일반)
관자	관중/철학(중국철학)
관촌수필	이문구/문학(한국)
광기와 우연의 역사	츠바이크/역사(세계사)
광인일기	루쉰/문학(중국)
광장	최인훈/문학(한국)
구당서	역사(중국사)
구름	아리스토파네스/문학(그리스)
구운몽	김만중/문학(한국)
국가론	보댕/정치(절대주의)
국가론	플라톤/철학(서양철학)
국경의 밤	김동환/문학(한국)
국부론	스미스/사회과학(경제학)
국화와 칼	베네딕트/인문학(인류학)/여성
군주론	마키아벨리/정치(정치이론)
궁정인	카스틸리오네/정치(정치이론)
그리스도교 강요	칼뱅/종교(기독교)
그리스 로마 신화	불핀치/문학(신화)

그리스의 역사가들	핀리/역사(그리스사)
그림 동화집	그림 형제/문학(독일)(아동)
근사록	주희, 여조겸/철학(유학)
금각사	미시마 유키오/문학(일본)
금강	신동엽/문학(한국)
금강삼매경론	원효/종교(불교)
금병매	난릉소소생/문학(중국)
금삼의 피	박종화/문학(한국)
금오신화	김시습/문학(한국)
금융자본론	힐퍼딩/사회과학(경제학)
금수회의록	안국선/문학(한국)
기암성	르블랑/문학(프랑스)/영화
기탄잘리	타고르/문학(인도)
기하학원본	유클리드/자연과학(수학)
기효신서	척계광/사회과학(군사)
길가메시 서사시	문학(신화)
길 위에서	케루악/문학(미국)
꿈의 해석	프로이트/자연과학(심리학)

나

나는 야한 여자가 좋다	마광수/문학(한국)
나목	박완서/문학(한국)/여성
나무를 심은 사람	지오노/문학(프랑스)/영화
나의 라임오렌지 나무	바스콘셀로스/문학(중남미)
나의 문화유산 답사기	유홍준/역사(한국사)

나의 투쟁	히틀러/정치(전체주의)
나자와 사자	메일러/문학(미국)/영화
난설헌집	허난설헌/문학(한국)/여성
난장이가 쏘아올린 작은 공	조세희/문학(한국)
난중일기	이순신/문학(한국)
날개	이상/문학(한국)
남명집	조식/문학(한국)
남해기귀내법전	의정/문학(중국)
내게 거짓말을 해 봐	장정일/문학(한국)/영화
노계집	박인로/문학(한국)
노동과 나날	헤시오도스/문학(그리스)
노동의 새벽	박노해/문학(한국)
노동의 종말	리프킨/사회과학(경제학, 미래학)
논어	공자/철학(유학)
논리철학논고	비트겐슈타인/철학(서양철학)
농가집성	[illegible]속/자연과학(농업)
농경시	베르길리우스/문학(이탈리아)
농사직설	정초, 변효문/자연과학(농업)
농정전서	서광계/자연과학(농업)
농포문답	정상기/정치(한국정치)
느릅나무 밑의 욕망	오닐/문학(미국)
니벨룽겐의 노래	문학(신화)
니코마코스 윤리학	아리스토텔레스/철학(윤리학)
님의 침묵	한용운/문학(한국)

다

닥터 지바고	파스테르나크/문학(러시아)/영화
단자론	라이프니츠/철학(서양철학)
달려라 토끼	업다이크/문학(미국)
담헌서	홍대용/자연과학(과학일반)
당신들의 천국	이청준/문학(한국)
대동서	캉유웨이/역사(중국사)/정치(중국정치)
대당서역기	현장/문학(중국)/종교(불교)
대동야승	문학(한국)
대동지지	김정호/사회과학(지리학)
대승기신론소	원효/종교(불교)
대위의 딸	푸슈킨/문학(러시아)/영화
대중의 반란	오르테가 이 가세트/철학(서양철학)
대지	벅/문학(미국)/여성/영화
대학	공자/철학(유학)
데미안	헤세/문학(독일)
데카메론	보카치오/문학(이탈리아)
도덕경	노자/철학(도가철학)
도덕적 인간과 비도덕적 사회	니부어/철학(서양철학)
도련님	나쓰메 소세키/문학(일본)
도리언 그레이의 초상	와일드/문학(영국)
도선비기	도선/철학(한국철학)
도화선전기	공상임/문학(중국)
독사신론	신채호/역사(한국사)
독일 국민에게 고함	피히테/문학(독일)
돈키호테	세르반테스/문학(에스파냐문학)

동경대전	최제우/종교(천도교)
동국문헌비고	총서(백과사전)
동국병감	역사(한국사)
동국사략	권근, 이첨, 하륜/역사(한국사)
동국세시기	홍석모/역사(한국사)
동국여지승람	사회과학(지리)
동국이상국집	이규보/문학(한국)
동국정운	집현전/인문학(언어학)
동국통감	서거정/역사(한국사)
동몽선습	박세무/철학(유학)
동문선	서거정/문학(한국)
동물기	시턴/자연과학(생물학)
동물철학	라마르크/자연과학(생물학)
동방견문론	마르코 폴로/문학(이탈리아)/역사(중국사)
동사강목	안정복/역사(한국사)
동양학 어떻게 할 것인가	김용옥/철학(한국철학)
동의보감	허준/자연과학(의학)
동의수세보원	이제마/자연과학(의학)
두 도시 이야기	디킨스/문학(영국)/영화
두 문화	스노우/자연과학(과학일반)
두이노의 비가	릴케/문학(독일)
듄	허버트/문학(미국)/영화
뜻으로 본 한국역사	함석헌/역사(한국사)

라

라마야나	발미키/문학(인도)
라모의 조카	디드로/문학(프랑스)
러브 스토리	시걸/문학(미국)/영화
레미제라블	위고/문학(프랑스)/영화
로드 짐	콘래드/문학(영국)/영화
로리타	나보코프/문학(미국)/영화
로마법대전	유스티니아누스/사회과학(법학)
로마법의 정신	예링/사회과학(법학)
로마사	리비우스/역사(로마사)
로마인 이야기	시오노 나나미/역사(로마사)
로마 제국 쇠망사	기번/역사(로마사)
로만체로	하이네/문학(독일)
로미오와 줄리엣	세익스피어/문학(영국)/영화
로빈슨 크루소	디포/문학(영국)/영화
롤랑의 노래	문학(프랑스)/영화
료마가 간다	시바 료타로/문학(일본)
루어투어 시앙쯔	라오서/문학(중국)
르시드	코르네유/문학(프랑스)/영화
리그베다	종교(힌두교)
리바이어던	홉스/철학(서양철학)
리어 왕	셰익스피어/문학(영국)/영화

마

마농 레스코	프레보/문학(프랑스)/영화
마누 법전	사회과학(법학)
마의 산	만/문학(독일)
마음은 외로운 사냥꾼	매컬러스/문학(미국)/여성/영화
마하바라타	문학(인도)
만다라	김성동/문학(한국)/영화
만물의 본성에 대하여	루크레티우스/철학(서양철학)
만엽집	문학(일본)
말타의 매	해미트/문학(미국)/영화
말콤 X 자서전	말컴 X/문학(미국)/영화
매디슨 카운티의 다리	월러/문학(미국)/영화
매천야록	황현/역사(한국사)
맥베드	/문학(영국)/영화
맨큐의 경제학 → 경제학 원론	
맹자	맹자/철학(유학)
머나먼 쏭바강	박영한/문학(한국)
멋진 신세계	헉슬리/문학(미국)/영화
메가트랜드	나이스비트/사회과학(경제학)(미래학)(경영 · 처세술)
메데이아	에우리피데스/문학(그리스)
면암집	최익현/문학(한국)
명남루총서	최한기/총서(총서)
명상록	아우렐리우스/철학(서양철학)
명심보감	추적/철학(유학)/인문학(교육)
명이대방록	황종희/철학(중국철학)
모란정환혼기	탕현조/문학(중국)

모르그 가의 살인 사건	포/문학(미국)
모비 딕	멜빌/문학(미국)/영화
모모	엔데/문학(독일)/영화
모히칸족의 최후	쿠퍼/문학(미국)/영화
목민심서	정약용/정치(한국)/역사(한국사)
몬테크리스토 백작	뒤마/문학(프랑스)/영화
몽구	이한/철학(유학)/인문학(교육)
무기여 잘 있거라	헤밍웨이/문학(미국)/영화
무명인의 편지	종교(기독교)
무소유	법정/종교(불교)/문학(한국)
무엇을 할 것인가	레닌/정치(사회주의)
무예도보통지	이덕무, 박제가, 백동수/사회과학(군사학)
무원록	왕여/자연과학(의학)
무장독립운동비사	채근식/역사(한국사)
무정	이광수/문학(한국)
무진기행	김승옥/문학(한국)
묵자	묵자/철학(중국철학)
문명의 공존	뮐러/정치(정치이론)/사회과학(미래학)
문명의 충돌	헌팅턴/정치(정치이론)/사회과학(미래학)
문명화 과정	엘리아스/역사(서양사)
문선	소명태자/문학(중국)
문학과 예술의 사회사	하우저/예술(예술사)
문헌통고	마단림/역사(중국사)
문화의 수수께끼	해리스/인문학(인류학)
물과 원시림 사이에서	슈바이처/문학(독일)/철학(서양철학)
물질문명과 자본주의	브로델/역사(서양사)
미국의 민주주의	토크빌/정치(미국정치)(민주주의)/역사(미국사)

미국 역사에 있어서 프론티어	터너/역사(미국사)
미국의 송어 낚시	브로티건/문학(미국)
미디어의 이해	맥루한/철학(문화철학)
세계화와 그 불만	스티글리츠/사회과학(경제학)
미야모토 무사시	요시카와 에이지/문학(일본)/영화
민주주의와 교육	듀이/인문학(교육)

바

바가바드기타	비아사/문학(인도)
바람과 함께 사라지다	미첼/문학(미국)/여성/영화
박물지	플리니우스/자연과학(생물학)
반계수록	유형원/정치(한국정치)
반야심경	종교(불교)
반지의 제왕	톨킨/문학(영국)/영화
발해고	유득공/역사(한국사)
방드르디	투르니에/문학(프랑스)
방법서설	데카르트/철학(서양철학)
배비장전	문학(한국)
백과전서	디드로/달랑베르/총서(백과사전)
백 년 동안의 고독	마르케스/문학(중남미)
백범일지	김구/정치(한국정치)
백팔번뇌	최남선/문학(한국)
범죄와 형벌	베카리아/사회과학(법학)
법구경	법구/종교(불교)
법의 정신	몽테스키외/사회과학(법학)/정치(계몽주의)

법학제요	가이우스/사회과학(법학)
보바리 부인	플로베르/문학(프랑스)/영화
베니스의 상인	셰익스피어/문학(영국)
베버리지 보고서	베버리지/사회과학(사회학)
베어울프	문학(신화)
변신이야기	오비디우스/문학(신화)
별들의 고향	최인호/문학(한국)
보한집	최자/문학(한국)
본초강목	이시진/자연과학(의학)
봉신연의	문학(중국)
부분과 전체	하이젠베르크/자연과학(과학일반)
부활	톨스토이/문학(러시아)/영화
북간도	안수길/문학(한국)
북학의	박제가/문학(한국)
북회귀선	밀러/문학(미국)/영화
분노의 포도	스타인벡/문학(미국)/영화
불국기	법현/문학(중국)/종교(불교)
불한당들의 세계사	보르헤스/문학(중남미)
블레이드 런너	딕/문학(미국)/영화
비변사등록	비변사/역사(한국)
비파기	고명/문학(중국)
빌헬름 텔	실러/문학(독일)/영화
뿌리	헤일리/문학(미국)/영화

사

사고전서	총서(총서)
사기	사마천/역사(중국사)
사단칠정분이기왕복서	이황, 기대승/철학(유학)
사람의 아들	이문열/문학(한국)/영화
사랑의 요정	상드/문학(프랑스)/여성
사반의 십자가	김동리/문학(한국)
사명당대사집	유정/종교(불교)
사모아의 성년	미드/인문학(인류학)
사서대전	호광 외/철학(유학)
사서집주	주희/철학(유학)
사씨남정기	김만중/문학(한국)
사이버네틱스	위너/자연과학(과학일반)
사자의 서	종교(기타종교)
사통	유지기/역사(중국사)
사티리콘	페트로니우스/문학(이탈리아)/영화
사회계약론	루소/사회과학(사회학)/정치(계몽주의)
사회분업론	뒤르켐/사회과학(사회학)
사회생물학	윌슨/자연과학(생물학)
산경표	신경준/사회과학(지리학)
산림경제	홍만선/자연과학(농업)
산해경	문학(중국)
살리카법전	사회과학(법학)
삼강행실도	설순/인문학(교육)
삼국사기	김부식/역사(한국사)
삼국유사	일연/역사(한국사)

삼국지	진수/역사(중국사)
삼국지연의	나관중/문학(중국)
삼대	염상섭/문학(한국)/영화
삼대목	위홍, 대구화상/문학(한국)
삼민주의	쑨원/정치(중국정치)
삼봉집	정도전/문학(한국)/정치(한국정치)
삼일신고	종교(대종교)
삼총사	뒤마/문학(프랑스)/영화
상군서(상자)	상앙/철학(중국철학)
상록수	심훈/문학(한국)/영화
상서(서경)	공자/철학(유학)
상식	페인/정치(미국정치)(계몽주의)
상실의 시대	무라카미 하루키/문학(일본)
상정고금예문	최윤의/철학(한국철학)
상한론	장중경/자연과학(의학)
새로운 건축을 향하여(건축을 향하여)	르 코르뷔지에/예술(건축)
새로운 아틀란티스	베이컨/문학(영국)
색경	박세당/자연과학(농업)
생각의 속도	게이츠/사회과학(경제학)(경영 · 처세술)
생명의 기원	오파린/자연과학(생물학)
생명이란 무엇인가	마굴리스, 세이건/자연과학(생물학)
생명이란 무엇인가	슈뢰딩거/자연과학(생물학)
생활의 발견	린위탕/문학(중국)
샤머니즘	엘리아데/종교(종교학)
샤쿤탈라	칼리다사/문학(인도)
서구의 몰락	슈펭글러/철학(역사철학)/역사(역사이론, 서양사)
서머힐	닐/인문(교육)

서부전선 이상 없다	레마르크/문학(독일)/영화
서상기	왕실보/문학(중국)
서양 미술사	곰브리치/예술(예술사)
서유견문	유길준/문학(한국)
서유기	오승은/문학(중국)/영화
서정 가요집	워즈워스, 콜리지/문학(영국)
서 푼짜리 오페라	브레히트/문학(독일)
선가귀감	휴정/종교(불교)
설국	가와바타 야스나리/문학(일본)/영화
설문해자	허신/총서(어학사전)
성	카프카/문학(독일)
성과 속	엘리아데/종교(종교학)
성리대전	철학(유학)
성서	종교(기독교)
성장의 한계	로마 클럽/사회과학(미래학)
성학십도	이황/철학(유학)
성학집요	이이/철학(유학)
성호사설	이익/문학(한국)
세계사 편력	네루/역사(세계사)
세계 자본주의의 위기	소로스/사회과학(미래학, 경제학)
세계 풍속사	프리샤우어/역사(서양사)
세계화의 덫	마르틴, 슈만/사회과학(미래학)(경제학)
세속도시	콕스/종교(기독교)
세일즈맨의 죽음	밀러/문학(미국)/영화
셜록 홈스의 모험	코난 도일/문학(영국)
소유냐 삶이냐	프롬/철학(서양철학)
소크라테스의 변명	플라톤/철학(서양철학)

소피의 선택	스타이런/문학(미국)/영화
소학	주희/철학(유학)
속대전	사회과학(법학)
속장경	종교(불교)
손자병법	손무, 손빈/사회과학(군사학)
송강가사	정철/문학(한국)
수궁가	신재효/문학(한국)
수상록	몽테뉴/철학(서양철학)
수필집	베이컨/문학(영국)
수호지	시내암, 나관중/문학(중국)/영화
숙영낭자전	문학(한국)
순수법학	켈젠/사회과학(법학)
순수의 시대	와튼/문학(미국)/여성/영화
순수이성비판	칸트/철학(서양철학)
순애보	박계주/문학(한국)
순자	순자/철학(중국철학)
숫타니파타	석가/종교(불교)
슬픈 열대	레비스트로스/인문학(인류학)
시각예술에서의 의미	파노프스키/예술(미술)
시간의 역사	호킹/자연과학(물리학)
시경	문학(중국)
시계태엽 오렌지	버제스/문학(영국)/영화
시조유취	최남선/문학(한국)
시용향악보	예술(음악)
시학	아리스토텔레스/문학(문학이론)
신곡	단테/문학(이탈리아)
신과학	비코/철학(서양철학)

신국론	아우구스티누스/종교(기독교)
신기관(노붐 오르가눔)	베이컨/철학(논리)
신당서	역사(중국사)
신의 가면	캠벨/인문학(신화학)
신증동국여지승람	이행, 홍언필/사회과학(지리)
신천문학	케플러/자연과학(천문학)
신통기	헤시오도스/문학(신화)
신학대전	아퀴나스/종교(기독교)
실락원	밀턴/문학(영국)
실증철학강의	콩트/철학(서양철학)
실천이성비판	칸트/철학(서양철학)
심청전	문학(한국)
십팔사략	증선지/역사(중국사)

아

아나바시스	크세노폰/역사(그리스사)
아라비안 나이트	문학(중동)
아레오파기티카	밀턴/문학(영국)
아르마다	매팅리/역사(서양사)
아메리칸 딜레마	뮈르달/사회과학(사회학)
아메리카의 비극	시어도어 드라이저/문학(미국)/영화
아미엘의 일기	아미엘/문학(프랑스)
아버지와 아들	투르게네프/문학(러시아)
아벨라르와 엘로이즈	아벨라르/문학(프랑스)
아서 왕의 죽음	말로리/문학(신화)

아웃사이더	윌슨/문학(영국)
아이네이스	베르길리우스/문학(이탈리아)
아이반호	스콧/문학(영국)/영화
아큐정전	루쉰/문학(중국)
아크로이드 살인사건	크리스티/문학(영국)/여성
악의 꽃	보들레르/문학(프랑스)
악장가사	박준/문학(한국)
악학궤범	성현/예술(음악)
안나 카레니나	톨스토이/문학(러시아)/영화
안네의 일기	프랭크/문학(유럽)/영화
안자춘추	안영/철학(유학)
알마게스트	프톨레마이오스/자연과학(천문학)
앵무새 죽이기	리/문학(미국)/여성/영화
야은집	길재/문학(한국)
양철북	그라스/문학(독일)
양화소록	강희안/문학(한국)/자연과학(농업)
어느 수학자의 변명	하디/자연과학(수학)
어린 왕자	생텍쥐페리/문학(프랑스)
어머니	고리키/문학(러시아)
언문지	유희/문학(한국)
언어본능	핀커/인문학(언어학)
엉클 톰스 캐빈	스토/문학(미국)
에다	문학(신화)
에밀	루소/인문학(교육)
에반젤린	롱펠로/문학(미국)
에코토피아	칼렌바크/문학(미국)
에티카	스피노자/철학(윤리학)

예기	철학(유학)
오디세이아	호메로스/문학(그리스)/영화
오레스테이아	아이스킬로스/문학(그리스)
오리엔탈리즘	사이드/문학(문학이론)
오만과 편견	오스틴/문학(영국)/여성/영화
오셀로	셰익스피어/문학(영국)/영화
오이디푸스 왕	소포클레스/문학(그리스)
오자	오기/사회과학(군사학)
오적	김지하/문학(한국)
옥단춘전	문학(한국)
옥중수고	그람시/정치(사회주의)
올리버 트위스트	디킨스/문학(영국)/영화
왕오천축국전	혜초/종교(불교)
외투	고골리/문학(러시아)
요재지이	포송령/문학(중국)
욕망이라는 이름의 전차	윌리엄스/문학(미국)/영화
용비어천가	권제, 정인지/문학(한국)
용담유사	최제우/종교(천도교)
용재총화	성현/문학(한국)
우서	유수원/정치(한국정치)
우신예찬	에라스무스/문학(유럽)
우파니샤드	철학(인도철학)
우화집	라퐁텐/문학(프랑스)
운영전	문학(한국)
원조비사	역사(중국사)
월인석보	세종, 세조/문학(한국)
월든	소로/문학(미국)

월든 투	스키너/문학(미국)
위대한 개츠비	피츠제럴드/문학(미국)/영화
유림외사	오경재/문학(중국)
유충렬전	문학(한국)
유토피아	토마스 모어/문학(영국)
유한계급론	베블렌/사회과학(경제학)
육도삼략	사회과학(군사학)
육조단경	종교(불교)
육사시집	이육사/문학(한국)
은세계	이인직/문학(한국)
음향과 분노	포크너/문학(미국)
의지와 표상으로서의 세계	쇼펜하우어/철학(서양철학)
이기적인 유전자	도킨스/자연과학(생물학)
이데올로기와 유토피아	만하임/사회과학(사회학)
이바르의 책(성찰의 책)	이븐 할둔/역사(세계사)
이반 데니소비치의 하루	솔제니친/문학(러시아)
이방인	카뮈/문학(프랑스)
이상한 나라의 앨리스	캐럴/문학(영국)
이솝 우화집	이솝/문학(그리스)
25시	게오르규/문학(유럽)
이중나선	왓슨/자연과학(생물학)
2001 스페이스 오디세이	클라크/문학(미국)/영화
이탈리아 르네상스의 문화	부르크하르트/역사(서양사)
인간과 상징	융/자연과학(심리학)/인문학(신화학)
인간등정의 발자취	브로노우스키/자연과학(과학일반)
인간 문제	강경애/문학(한국)/여성
인간불평등 기원론	루소/사회과학(사회학)/정치(계몽주의)

인간오성론	로크/철학(서양철학)
인간의 굴레	몸/문학(영국)
인간의 그늘에서	구달/자연과학(생물학)/여성
인간의 역사	일린/자연과학(생물학)
인간의 조건	말로/문학(프랑스)
인구론	맬서스/사회과학(경제학)
인도로 가는 길	포스터/문학(영국)/영화
인성론	흄/철학(서양철학)
인학	담사동/철학(중국철학)
인형의 집	입센/문학(유럽)
일동장유가	김인겸/문학(한국)
일리아스	호메로스/문학(그리스)/영화
일반상대성이론의 기초	아인슈타인/자연과학(물리학)
일본서기	도네리친왕/역사(일본사)
일반언어학강의	소쉬르/인문학(언어학)
일뤼미나시옹	랭보/문학(프랑스)
일성록	역사(한국사)
일차원적 인간	마르쿠제/철학(서양철학)
잃어버린 시간을 찾아서	프루스트/문학(프랑스)
잃어버린 지평선	힐튼/문학(영국)
임꺽정	홍명희/문학(한국)
임진록	문학(한국)

자

자기만의 방	울프/문학(영국)/여성

자본론	마르크스/사회과학(경제학)/정치(사회주의)
자본주의 · 사회주의 · 민주주의	슘페터/사회과학(경제학)
자산어보	정약전/자연과학(생물학)
자연의 체계	린네/자연과학(생물학)
자유론	밀/철학(서양철학)
자유종	이해조/문학(한국)
자치통감	사마광/역사(중국사)
작은 것이 아름답다	슈마허/사회과학(경제학)
장길산	황석영/문학(한국)
장미의 이름	에코/문학(유럽)/영화
장생전전기	홍승/문학(중국)
장자	장자/철학(도가철학)
재즈	모리슨/문학(미국)/여성
적과 흑	스탕달/문학(프랑스)
적벽가	문학(한국)
전국책	유향/정치(중국정치)
전등신화	구우/문학(중국)
전습록	왕양명/철학(유학)
전쟁과 평화	톨스토이/문학(러시아)/영화
전쟁과 평화의 법	그로티우스/사회과학(법학)
전쟁론	클라우제비츠/사회과학(군사학)
전체주의의 기원	아렌트/정치(전체주의)
젊은 그들	김동인/문학(한국)
젊은 베르테르의 슬픔	괴테/문학(독일)
젊은 예술가의 초상	조이스/문학(영국)
정감록	철학(예언서)
정관정요	오극/정치(중국정치)

정글	싱클레어/문학(미국)
정글 북	키플링/문학(영국)/영화
정몽	장재/철학(유학)
정신현상학	헤겔/철학(서양철학)
정지용 시집	정지용/문학(한국)
정치경제학의 국민적 체계	리스트/사회과학(경제학)
정치학	아리스토텔레스/정치(정치이론)
제국주의론	홉슨/사회과학(경제학)
제민요술	가사협/자연과학(농업)
제3의 길	기든스/사회과학(사회학)/정치(정치이론)
제3의 물결	토플러/사회과학(미래학)
제왕운기	이승휴/문학(한국)
제2의 성	보부와르/여성(여성학)
제인 에어	브론테/문학(영국)/영화
조선고가연구	양주동/문학(한국)
조선문명사	안확/역사(한국사)
조선민족사개론	손진태/역사(한국사)
조선불교통사	이능화/역사(한국사)/종교(불교)
조선사연구	정인보/역사(한국사)
조선상고사	신채호/역사(한국사)
조선여속고	이능화/역사(한국사)/여성(여성학)
조선왕조실록	역사(한국사)
조선책략	황준헌/정치(한국정치)
조웅전	문학(한국)
존재와 무	사르트르/철학(실존철학)
존재와 시간	하이데거/철학(실존철학)
좁은 문	지드/문학(프랑스)

종의 기원	다윈/자연과학(생물학)
죄와 벌	도스토예프스키/문학(러시아)/영화
주역	철학(유학)
주홍글씨	호손/문학(미국)/영화
죽음에 이르는 병	키르케고르/철학(서양철학)
중국의 과학과 문명	니덤/역사(과학사, 중국사)
중국의 붉은 별	스노/역사(중국사)
중용	자사/철학(유학)
지각의 현상학	메를로 퐁티/철학(서양철학)
지리산	이병주/문학(한국)
지봉유설	이수광/총서(백과사전)
지식의 고고학	푸코/철학(포스트모더니즘)
지킬 박사와 하이드	스티븐슨/문학(영국)/영화
진달래꽃	김소월(한국)
진리와 방법	가다머/철학(서양철학)
진서	방현령/역사(중국사)
징비록	유성룡/역사(한국사)

차

차라투스트라는 이렇게 말했다	니체/철학(서양철학)
참을 수 없는 존재의 가벼움	쿤데라/문학(유럽)/영화
창조적 진화	베르그송/철학(서양철학)
채근담	홍자성/철학(중국철학)
채털리 부인의 사랑	로렌스/문학(영국)/영화
천공개물	송응성/자연과학(산업기술)

천구의 회전에 관하여	코페르니쿠스/자연과학(천문학)
1984년	오웰/문학(영국)/영화
천금익방	손사막/자연과학(의학)
천로역정	버니언/문학(영국)/영화
천변풍경	박태원/문학(한국)
천부경	종교(기타 종교)
천자문	주흥사/인문학(언어학)
천주실의	마테오 리치/종교(기독교)
천체역학	라플라스/자연과학(천문학)
천하군국이병서	고염무/정치(중국정치)
철학의 위안	보에티우스/철학(서양철학)
청구야담	문학(한국)
청구영언	김천택/문학(한국)
청록집	박두진, 박목월, 조지훈/문학(한국)
청마시초	유치환/문학(한국)
청장관전서	이덕무/문학(한국)
초사	유향/문학(중국)
촌담해이	강희맹/문학(한국)
추자	추연/철학(중국철학)
추월색	최찬식/문학(한국)
춘추	공자/역사(중국사)
춘향전	문학(한국)/영화
춘희	뒤마(소)/문학(프랑스)/영화
침묵의 봄	카슨/자연과학(환경)/여성

카

카네기 인생론	카네기/사회과학(경영, 처세술)
카라마조프의 형제들	도스토예프스키/문학(러시아)/영화
카르멘	메리메/문학(프랑스)/영화
카오스	클리크/자연과학(과학이론)
카인의 후예	황순원/문학(한국)
칼릴라와딤나	이븐 알 무카파/문학(중동)
캉디드	볼테르/문학(프랑스)/정치(계몽주의)
캐치 22	헬러/문학(미국)
켄터베리 이야기	초서/문학(영국)
코란	종교(이슬람)
코스모스	세이건/자연과학(천문)
키타브알아가니	아부 알 파라지 알 이스바하니/문학(중동)
킨제이 보고서	킨제이/자연과학(의학)

타

타르튀프	몰리에르/문학(프랑스)
타임머신	웰스/문학(영국)/영화
탁류	채만식/문학(한국)
탈무드	종교(유태교)
태백산맥	조정래/문학(한국)/영화
태평광기	이방/문학(중국)
태평어람	이방/총서(총서)
택리지	이중환/사회과학(지리)

털없는 원숭이	모리스/자연과학(생물)
테스	하디/문학(영국)/영화
토정비결	이지함/철학(한국철학)
토지	박경리/문학(한국)
티베트 사자의 서	파드마삼바바/종교(불교)

파

파리대왕	골딩/문학(영국)/영화
파우스트	괴테/문학(독일)
파운데이션	아시모프/문학(미국)
파한집	이인로/문학(한국)
판다의 엄지	굴드/자연과학(생물학)
판단력비판	칸트/철학(서양철학)
80일간의 세계 일주	베른/문학(프랑스)/영화
팡세	파스칼/문학(프랑스)
패관잡기	어숙권/문학(한국)
펠로폰네소스 전쟁사	투키디데스/역사(그리스)
포박자	갈홍/철학(도가)
포은집	정몽주/문학(한국)
폭풍의 언덕	브론테/문학(영국)/영화/여성
푸른 꽃	노발리스/문학(독일)
풀잎	휘트먼/문학(미국)
풍속의 역사	푹스/역사(서양사)
풍요한 사회	갤브레이스/사회과학(경제학)
프랑켄슈타인	셸리/문학(미국)/여성/영화

프로테스탄티즘의 윤리와 자본주의 정신	베버/사회과학(사회학)
프린키피아	뉴턴/자연과학(물리학)
플루타르크 영웅전	플루타르코스/역사(서양사)
픽션들	보르헤스/문학(중남미)

하

하늘과 바람과 별과 시	윤동주/문학(한국)
하멜 표류기	하멜/역사(한국)
한국독립운동지혈사	박은식/역사(한국사)
한국전쟁의 기원	커밍스/역사(한국사)
한국통사	박은식/역사(한국사)
한단고기	역사(한국사)
한비자	한비/철학(중국철학)
한서	반고/역사(중국사)
함무라비법전	사회과학(법학)
해국도지	위원/정치(중국정치)
해동고승전	각훈/종교(불교)
해동역사	한치윤/역사(한국사)
해방전후사의 재인식	역사(한국사)
해상 권력사론	머핸/사회과학(군사)
해파리의 노래	김억/문학(한국)
햄릿	셰익스피어/문학(영국)/영화
향약구급방	자연과학(의학)
허클베리 핀의 모험	트웨인/문학(미국)/영화
현대물리학과 동양사상	카프라/자연과학(과학일반)/철학(과학철학)

현대성의 철학적 담론	하버마스/철학(서양철학)
현상학의 이념	후설/철학(서양철학)
혈의 누	이인직/문학(한국)
형이상학	아리스토텔레스/철학(서양철학)
호모 루덴스	호이징가/철학(서양철학)
호밀밭의 파수꾼	샐린저/문학(미국)
혼돈으로부터의 질서	프리고진/자연과학(과학일반)
홍길동전	허균/문학(한국)
홍루몽	조설근/문학(중국)
화랑세기	김대문/역사(한국사)
화사집	서정주/문학(한국)
화엄경	종교(불교)
화이트칼라	밀스/사회과학(사회학)
황금가지	프레이저/인문학(신화학)
황제내경	자연과학(의학)
회남자	유안/철학(중국)
후기 산업사회의 도래	벨/사회과학(미래학)
후처기	임옥인/문학(한국)/여성
훈몽자회	최세진/문학(한국)
흥부전	문학(한국)

저자 목록

가

나

다

라

마

바

사

아

자

차

카

타

파

하

World Book Dictionary